Δ Fliegerhorste des
KG 55 „Greif"

# KAMPFGESCHWADER 55 »GREIF«

Eine Chronik
aus Dokumenten und Berichten
1937–1945

Wolfgang Dierich

# KAMPFGESCHWADER 55 »GREIF«

Motorbuch Verlag Stuttgart

Umschlag-Zeichnung: Carlo Demand.
Einband und Umschlag-Konzeption: Siegfried Horn.

Bildquellen: Ade (1), Degner (1), Dörscher (66), Dr. Ernst (1), Frick (1), Gabriel (1), Gerlach (1), Dr. Glieden (1), Grah (3), Gross (3), Harland (1), Heyna (2), Jordan (4), Junglehner (2), Justen (2), Dr. Kühl (10), Kugler (1), Meyer z. Felde (1), Graf zu Münster (7), Mylius (11), Pfefferle (1), Queisner (9), Rabenstein (4), Wronsky (1), Archiv (30).

Zeichnungen: BMVg (1), Lüdke (2), Pilot Press (2), Thoms (3), Wehrwissenschaftliche Rundschau (1)

Die Umschlag-Zeichnung zeigt eine He 111 P in der Bemalung des Geschwaderstabes der Stabsstaffel. Die Ausführung des Geschwaderwappens wies hier und da kleine Unterschiede auf, jeweils abhängig von der Kunstfertigkeit des verantwortlichen »Wappenmalers«, dessen Können maßgeblich von der Verfügbarkeit geeigneter Farben beeinflußt war.

ISBN 3-87943-340-2

1. Auflage 1975


Eine Abteilung des Buch- und Verlagshauses Paul Pietsch GmbH. & Co. KG.

Satz und Druck: Süddeutsche Verlagsanstalt und Druckerei GmbH., 714 Ludwigsburg.
Bindung: Verlagsbuchbinderei Karl Dieringer, Stuttgart.
Printed in Germany.

# INHALTSVERZEICHNIS

*»An meinem Leben und meinem Schicksal liegt nichts,*
*an den Wirkungen meines Lebens liegt unendlich viel ...«*

*Fichte*

*Den Gefallenen des Greifengeschwaders*

# *Vorwort*

Schon bald nach dem Kriege versuchte die Traditionsgemeinschaft des ehemaligen Kampfgeschwaders 55, der »Kameradenkreis Greif«, eine Geschwaderchronik zu schaffen.
In den zahlreichen »Greifenbriefen« wurden bereits Episoden aus dem Geschwaderleben veröffentlicht. Siegfried Zantke und Dr. Ernst Kühl (†) haben sich beim Sammeln, Sichten und Bearbeiten von Unterlagen für die Geschwadergeschichte in den sechziger Jahren große Verdienste erworben. Nur fehlte die Zeit, ein Buch entstehen zu lassen, weil ein jeder der Geschwaderangehörigen damit beschäftigt war, seine neue Existenz im zivilen Leben aufzubauen.
Friedrich Jordan, dem Leiter und nimmermüden Motor des »Kameradenkreises Greif«, verdanken wir es, Oberstleutnant Wolfgang Dierich gewonnen zu haben, aus Dokumenten und Berichten die Chronik des Kampfgeschwaders 55 »Greif« zu schreiben und zu gestalten.
Wolfgang Dierich gehört nicht zur Kriegsgeneration. Er ist Fliegeroffizier der Bundeswehr und Kommandeur einer Fliegenden Gruppe eines schweren Jagdbombergeschwaders. Diese Jabogeschwader sind ihren Aufgaben nach die Nachfolger der alten Kampfgeschwader.
Dem Verfasser gelang es, anhand vorhandener Unterlagen, mittels ausführlichem Briefwechsel und in zahlreichen Gesprächen mit ehemaligen »Greifen« diese Chronik zu schreiben, wobei ihm seine Erfahrung als Soldat und Flieger half, manche Zusammenhänge und Erlebnisse erst richtig zu erfassen und darzustellen. Er verstand es, das Geschwaderleben weder als nachträgliche Glorifizierung noch als verspätetes Nachtrauern vergangener Zeiten wohlabgewogen zwischen persönlich Erlebtem der Ehemaligen des Geschwaders und den nüchternen, nackten Tatsachen des Krieges darzustellen.
Das Wappen der Stadt Gießen, der rote Greif, war allen Landsern in Polen, Frankreich und Rußland bekannt, weil es alle He 111 des KG 55 am Rumpf als Geschwaderwappen trugen.
An vielen erfolgreichen Operationen nahm das Geschwader teil; keiner der Überlebenden wird jedoch das Ringen um Stalingrad vergessen, woran das KG 55 maßgeblichen Anteil hatte. Daß etwa 1500 Gefallene und Vermißte ihr Leben auf den verschiedenen Kriegsschauplätzen lassen mußten, mag die Härte der Einsätze andeuten und Mahnung für die Jugend sein.
Wer immer nach Erscheinen dieser Chronik glaubt, nicht gehört worden zu sein, möge dazu beitragen, noch vorhandene Lücken zu schließen und dem Verfasser Fakten und Fehler mitzuteilen, damit der

Text in zukünftigen Veröffentlichungen verbessert oder ergänzt werden kann.
Besonderer Dank gebührt dem Militärgeschichtlichen Forschungsamt der Bundeswehr in Freiburg und dem Zentralarchiv Kornelimünster, die dem Verfasser in unermüdlicher und aufgeschlossener Weise in Details halfen.
Die kritische Durchsicht mit wertvollen Ergänzungen des Manuskriptes besorgten die Herren Grah, Höfer, Jordan, Widmann und Wobst. Dem Verlag, der diese Arbeit förderte, sei Dank für die ansprechende äußere Gestaltung des Buches.
Kampfflieger, ob fliegende Besatzungen oder Bodenpersonal, waren keine frisch-fröhlichen Abenteurer, sondern Männer, die durch das harte, unerbittliche Kriegserlebnis geprägt wurden, die ein besonderes Zusammengehörigkeitsgefühl entwickelten und deren Leistungen in Gemeinschaftserfolgen, im Verband bzw. in einer Besatzung zum Ausdruck kamen.
Möge sich der Leser stets darüber bewußt sein, daß der Krieg wahrlich das letzte Mittel, aber auch die erbärmlichste Art politischer Problemlösung darstellt.

(Antrup)
Brigadegeneral a. D.

# *Die Zeit vor dem Kriege*

(154 — 254 — 155 — 55)
— GEBURTSDATEN EINES KAMPFGESCHWADERS —

*Ein Neuer kam zum »Haufen«, damals in steingrauer Vorzeit in Eschwege. Von der Schreibstube war er zur Halle geschickt worden, um sich beim Oberwerkmeister zu melden. Leider waren an den schwarzen Monturen die Dienstgrade nicht gut zu erkennen. Der Gute machte seine erste Meldung bei einem, schon damals gab es das, uralten Obergefreiten. Dem war das gerade recht. Keine fünf Minuten waren es her, daß er vom Oberwerkmeister, Fw. Georgi, einen saftigen Anschiß verpaßt bekommen hatte. »Warte«, dachte er. Freundlichst gab er dem Neuen Auskunft, machte ihn auf sein Versehen aufmerksam und belehrte ihn: »Da müssen Sie sich bei Fw. Simpel melden!« Simpel aber war, unschwer zu erraten, der Spitzname des Oberwerkmeisters. Der Neue stampfte also in die Halle auf die ihm gewiesene Ecke zu. »Simpel« war gerade dabei, ein anderes armes Würstchen herunterzuputzen. Er hatte offensichtlich seinen schlechten Tag. Mitten in seine diesmal dem Obergefreiten Biedermann geltende Tirade pflanzte sich der Neue in Habachtstellung vor ihm auf und prustete los: »Herr Feldwebel, ich soll mich hier bei Herrn Feldwebel Simpel melden!« Was dann geschah — man erzählt sich, die Hallentore seien aufs Vorfeld geknallt, nachdem sie sich zuvor etwas verbogen hatten! —*

Wenn Eschwege schon zur steingrauen Vorzeit zählt, so fehlen dem Chronisten die Worte, wieweit zurück wohl die Tage von Hannover, Wunstorf, Delmenhorst oder gar Faßberg lagen. Für die damals jungen Flieger und Männer des Bodenpersonals der Reichsluftwaffe wahrlich eine lange Zeit.
Nun, die Reichsluftwaffe bestand zwar nur zwölf Jahre, im Gegensatz zur Luftwaffe der Bundeswehr, die im Jahre 1974 bereits auf fünfzehn Jahre ihres Bestehens zurückblicken konnte. Diese zwölf Jahre einer selbständigen Waffe sind dennoch Wert, den Aufbau und Werdegang eines ausgezeichneten und bewährten Kampfgeschwaders der Reichsluftwaffe in chronologischer, sicher nicht immer vollständiger Form, aufzuzeigen.
Von 1934 bis 1939 machte die Luftwaffe insgesamt sechs Aufstellungsabschnitte mit und — durch.

In jedem Jahr mußten aus bereits bestehenden Rumpfkampfverbänden neue aufgestellt werden. »Kalben« nannte das die Truppe damals. Trotz sogenannter »Überbrückungseinheiten«, die als Personalüberhang helfen sollten, nicht allzuviel Unruhe in den Einheiten aufkommen zu lassen, war es für jeden Kommandeur und Einheitsführer stets ein Problem, wen er denn nun für eine neue Einheit abstellen sollte. Für das stete Wachsen eines Verbandes und einer Einheit, die alle unter Zeitdruck versuchten, den Ausbildungsstand zu halten oder gar zu heben, wirkte das alles nur störend. Auch derjenige, der aus dem Personal-Sammelsurium Neues aufstellen mußte, hatte keinen beneidenswerten Stand. Mit Disziplin alleine konnte man Flieger nicht führen. Sie mußten eingeschult, mit neuer Umgebung und neuen Flugzeugtypen und Taktiken vertraut gemacht und dazu noch weiter im Sinne der Kampffliegerausbildungsanweisungen zusammengeschweißt werden. Daß dabei auch übermäßig hohe Friedensverluste auftraten, darf nicht verwundern.
Kampffliegerausbildung ist kein infanteristischer Drill. In der dritten Dimension gibt es keine Balken, an die man sich notfalls klammern kann. Nur das individuelle fliegerische Können, das von alten »Aviateuren« stetig vermittelt werden muß, gepaart mit Selbstdisziplin und Kampfgeist, ergeben den Kampfflieger, der seine Besatzung in allen Lagen zu führen weiß.

## FASSBERG (1934—1935)

Als am 5. März 1935 auf Befehl des »Führers und Obersten Befehlshabers der Deutschen Wehrmacht« die deutsche Luftwaffe (offizielle Bezeichnung »Reichsluftwaffe«) als dritter Wehrmachtsteil neben Heer und Marine geschaffen wurde, war dieser Tag keineswegs der Geburtstag des ersten Bombengeschwaders nach dem Weltkriege, er war vielmehr äußere Anerkennung für eine verborgene, aber zähe eineinhalbjährige Aufbauarbeit. Wer kennt schon den »Punkt 99«, einen der vielen unbedeutenden wie tausend andere auf der Karte 1 : 100 000, irgendwo inmitten der Lüneburger Heide?
Hier sammelten sich im Frühjahr 1934 Männer aus allen Teilen der Reichswehr und der Luftfahrt. Kurze Zeit zuvor hatte man ihnen die Frage gestellt, ob sie Flieger werden wollten. Obwohl es noch keine deutsche Luftwaffe gab, meldeten sie sich mit Begeisterung. Nachdem die Freiwilligen der »Hähnelt-Gruppen« in Berlin, Schleißheim und Lechfeld eine kurze Fachausbildung vermittelt bekommen hatten, wurden sie zur HANSEATISCHEN FLIEGERSCHULE E. V. Faßberg kommandiert.
Die Freiwilligen trugen blaugraue Uniformen wie der deutsche Luftsport-Verband (DLV), grüßten mit dem deutschen Gruß und nannten sich z. B.

Oberwart, Kettenführer, Schwarmführer, Vizekommodore etc. Trotz des zivilistischen Scheines, der gewahrt werden mußte, um die Tarnung nicht zu gefährden, waren sie Soldaten, die unter dem Befehl des bewährten Kommodore Keller (»Bombenkeller«) standen. Bis zum 1. Juni 1934 wurde eine Einteilung der Angehörigen der »Hanseatischen Fliegerschule e. V.« in fünf Gruppen vorgenommen. Flugdienst konnte vorerst nicht durchgeführt werden. Es mangelte an Flugzeugen. Also wurde Ausbildung »zu Fuß« betrieben. Und das im tiefgehenden Sand der Heide!!

Am 18. Juli 1934 war es soweit. Die *erste* Maschine, eine Do 11, Kennzeichen D-3082, traf ein. Alle fünf Gruppen wollten sie fliegen, sie mußte die Runde machen, wie eine ... — einzelne Maschine — es eben machen mußte. Aufgerüstet war sie nicht, die Kanzel offen, MG nicht eingebaut. Und doch war sie das erste deutsche Kampfflugzeug bei einem Kampfverband. Mit gerührtem Blick standen die flugscharfen Flieger vor diesem »wunderschönen« Flugzeug, das doch soviele Tücken hatte.

Laufend folgte dann die Aufrüstung mit Maschinen des Typs Do 11, Do 23 und Ju 52. Am 30. Oktober 1934 konnte zum ersten Male mit drei Do 11 im Kettenverband geflogen werden. Der Reichswehrminister, Generaloberst von Blomberg, besichtigte am 6. Oktober bereits Faßberg. Der Reichsminister der Luftfahrt, General Göring, folgte ihm am 16. November und überreichte dem Kommodore das Ehrenschwert. Die ersten Worte in seiner Ansprache: »Ich stehe hier vor dem ersten deutschen Bombengeschwader ...«

Als Fliegerschwarmführer Kaufmann am 6. Dezember 1934 eine weitere Do 11 von Friedrichshafen nach Faßberg überführen sollte, stürzte er kurz nach dem Start mit seiner Besatzung tödlich ab. Das war der erste Flugunfall.

Mit ihm fanden (Uffz.) Jessen, (Gefr.) Schubert und Flieger Scholtz, den Tod. Bei der Trauerfeier durfte keine Reichskriegsflagge gezeigt werden. Und doch waren Soldaten den Fliegertod in Ausübung ihres Dienstes gestorben.

Das Jahr 1935 begann mit weiterhin fieberhafter Arbeit zum Aufbau der Luftwaffe. Die »geheime« Fliegergruppe Faßberg wurde mit Ju 52 ausgerüstet. Tag und Nacht wurde daran gearbeitet, die ohne jede militärische Ausrüstung von den Flugzeugwerken geholten Maschinen für eine Verwendung bei der Luftwaffe aufzurüsten. Dabei steckte die deutsche Militärfliegerei noch in den Anfängen. »Kinderkrankheiten« traten häufig auf. So wurde die Do 11 für den Flugdienst gesperrt, weil die weichen Flügelenden der Do 11 allzu weich wurden, vor allem in böigem Wetter! Man mußte sie zurück ins Dornier-Werk nach Friedrichshafen überführen, um die Tragflächen verkürzen und verstärken zu lassen.

Besuche hochgestellter Persönlichkeiten sorgten dafür, daß der Parademarsch neben der fliegerischen Ausbildung nicht zu kurz kam. Vom 15. bis

18. Januar 1935 besuchten der Staatssekretär der Luftfahrt, General der Flieger Milch (»Meine Herren, Sie haben eine glänzende Karriere und Zukunft vor sich!« — Versprechungen hatten auch damals schon Weile. —), Kommodore Sperrle und Kapitän Jeschonnek das »Geschwader«. Auch General Wever wollte sehen, wie sich die »Wiege der Kampfflieger« machte.
Am 4. März wurde der erste Geschwaderflug mit vierzehn Ju 52 durchgeführt.
Nach der Enttarnung wurden am 8. März 1935 anstelle des Deutschen Grußes die militärische Ehrenbezeigung »Anlegen der rechten Hand an die Kopfbedeckung« und die militärischen Dienstgrade wieder eingeführt. Anläßlich der Wiedereinführung der allgemeinen Wehrpflicht paradierte das Geschwader. Beim Besuch von General Sperrle am 25. März wurden bereits Bombenwerfen, Schießen aus der Luft und Luftkampf vorgeführt. Kurz danach mußte Oberst Keller das Kampfgeschwader 154 an den Staffelkapitän der 3. Staffel, Major Fink, übergeben. Am 3. April 1935 verlieh Adolf Hitler dem Geschwader den verpflichtenden Namen: »Fliegergeschwader Boelcke«.
Die Soldaten des Verbandes trugen ab sofort das Erinnerungsband »Geschwader Boelcke« als Ärmelstreifen.

DER FÜHRER UND REICHSKANZLER

Die als neuer Wehrmachtsteil geschaffene Reichsluftwaffe ist dazu berufen, die ruhmreiche fliegerische Überlieferung des Weltkrieges fortzuführen.
Neben dem unvergeßlichen Rittmeister Freiherr von Richthofen sind es

Oberleutnant IMMELMANN
und
Hauptmann BOELCKE,

die unvergänglichen Ruhm mit ihren Namen verbunden haben. Sie sollen in neuen Geschwadern der Luftwaffe fortleben.

Ich befehle deshalb:

Das Fliegergeschwader Schwerin führt fortan die Bezeichnung:

»Fliegergeschwader IMMELMANN«,

das Fliegergeschwader Faßberg (später Hannover) die Bezeichnung

»Fliegergeschwader BOELCKE«,

die Offiziere, Unteroffiziere und Mannschaften der beiden Geschwader tragen am Rock ein Erinnerungsband mit dem Namen:

»Geschwader IMMELMANN«
und
»Geschwader BOELCKE«.

Nähere Befehle hierzu erläßt der Reichsminister der Luftfahrt.

Ich vollziehe diesen Erlaß in der Gewißheit, daß die Fliegergeschwader Immelmann und Boelcke – durchdrungen von der hohen Bedeutung der ihnen übertragenen Überlieferung – sich in Geist und Leistung der damit verbundenen Verpflichtung stets gewachsen zeigen werden.

(gez.) Adolf Hitler    (gez.) Göring

Berlin, 3. April 1935
(gez.) v. Blomberg

Staffelkapitäne im »Fliegergeschwader Boelcke« waren zu dieser Zeit:
1. Staffel: Major Rieke
2. Staffel: Hauptmann Salengre de Drappe
3. Staffel: Major Freiherr von Althaus († 6. 6. 1935)
Die Ausrüstung des Geschwaders mit Do 23 (einer Weiterentwicklung der Do 11) wurde zügig vorgenommen, sodaß bereits am 9. September nach Giebelstadt und Würzburg verlegt werden konnte, um an den Vorbereitungen für den Reichsparteitag teilzunehmen. Hier wurde all das an Verbandsflug nachgeholt, was über der Lüneburger Heide bisher zu kurz gekommen war. —
Als der Reichsmarschall in Fürth die jungen Flieger versammelt sah, hielt er eine kurze Rede und erwähnte u. a.: »Kameraden, ihr müßt das tarnen, was wir noch nicht haben, es wird dreimal in verschiedenen Geschwaderformationen an der Tribüne vorbeigeflogen. Und später habt ihr das zu tarnen, was wir haben, dann gibt's nur eine Runde und jedes Geschwader darf eine Staffel nach Nürnberg entsenden!« — Am 16. September flog das Geschwader anläßlich des »Tags der Wehrmacht« während des Reichsparteitages in Nürnberg als Demonstration der Luftmacht zur allgemeinen Überraschung vieler ausländischer Beobachter einen ganz beachtlichen Verbandsflug in Anwesenheit des Führers und Reichskanzlers. Kurz danach fanden die ersten deutschen Luftmanöver statt, woran das Geschwader mit zwei Staffeln auf der »blauen« Seite teilnahm. Noch mit zivilen Zulassungsnummern wurde die Ausbildung weiter verbessert.
Der Absturz der Ju 52 D-AVIN bei Versen (Uelzen) am 9. Dezember 1935 spricht für das Problem »Orientierung«. Die Besatzung verlor während eines Werkstattfluges die Orientierung, kurvte zu tief, um das Bahnhofsschild Uelzen lesen zu können und stürzte ab!

## WUNSTORF — DELMENHORST — LANGENHAGEN (1936)

Am 27. Februar 1936 wurde das Geschwader von (inzwischen) Oberstleutnant Fink an Oberstleutnant Dr. Knauss übergeben.
Bevor das »Geschwader« überhaupt einen echten militärischen Einsatzwert besaß, erhielt es zum 7. März 1936 seinen ersten Mobilmachungsbefehl. Während einer rauschenden Ballnacht befahl Kommodore

Dr. Knauss um Mitternacht seine Offiziere zu sich und eröffnete, daß die Rheinlandbesetzung bevorstünde.
Welch turbulente Mobilmachungsnacht! Kaum waren die wenigen MG 15 samt Trommeln aus der Waffenkammer beschafft worden, wurde alles abgeblasen. Nur vom »Jagdgeschwader Richthofen« (Berlin) war eine Staffel zur Rheinlandbesetzung entsandt worden.
Bald darauf, zur Erfüllung der Aufgaben für den 3. Aufstellungsabschnitt, wurde das »Fliegergeschwader Boelcke« geteilt. Getreu dem Motto ›aus eins mach zwei‹ stellten auf:
1. Staffel: II./Fliegergeschwader ›Boelcke‹, Wunstorf
2. Staffel: III./Fliegergeschwader ›Boelcke‹, Delmenhorst
3. Staffel: I. Fliegergeschwader ›Boelcke‹, Langenhagen
Der Umzug auf die neuen Horste stieß auf viele Schwierigkeiten. Die Rollfelder waren allzu dürftig, bei Regen glichen sie Schlammfeldern. Die Unterkünfte waren teilweise noch nicht fertiggestellt. So startete Hauptmann Schultz-Heyn (später Kommandeur der III. Gruppe im Kampfgeschwader 51 »Edelweiß«) am 26. März 1936 mit der D-AMOI nach Langenhagen, um den Platz zu »entjungfern«. Die Landung war ein butterweiches Gedicht, aber die D-AMOI versank beim Ausrollen bis an die Achsen im Schlamm! So war das damals mit den Plätzen.
Im April war die Verlegung halbwegs abgeschlossen. Die Unterkünfte waren notdürftig hergerichtet. Hallen gab es nicht. Man wußte sich zu helfen und lagerte nach nahegelegenen Plätzen (z. B. Vahrenwald) aus.
In Hannover zog die I. Gruppe »Fliegergruppe Hannover« dann endlich am 4. April unter reger Beteiligung der Öffentlichkeit in die Garnison ein. General der Flieger Halm nahm in Gegenwart des Oberbürgermeisters von Hannover die Parade ab.
Nur langsam bekamen die Fliegerhorste das schöne, in die jeweilige Landschaft passende äußere Bild, das in großzügiger, aber auch kostspieliger Weise für alle deutschen Fliegerhorste geplant worden war. General Keßelring hielt sein strenges Auge als Verantwortlicher darauf.
Reger Flugbetrieb setzte ein. Schlechtwetter- und Nachtflugstrecken wurden nach Lechfeld (südlich Augsburg) und auf den »Reichsbahnstrecken« der Lufthansa beflogen. Die Maschinen trugen fortan die militärische Kennung 42 +.
Der intensive Flugbetrieb forderte Verluste. Leider auch auf Grund disziplinlosen Verhaltens.
Mancher Unfall hatte ein kriegsgerichtliches Nachspiel. Hierbei hatte der »Inspekteur für Flugsicherheit und Gerät«, »Papa« Greim, ein gewichtiges Wort mitzureden. Er versuchte immer wieder, seinen jungen Fliegern beizubringen (»Greims Märchen«), wie wichtig die Aspekte der militärischen Flugsicherheit bei jeder Art von Einsatz sind. Man sollte sie nur beachten.

Aber die Jugend glaubte und glaubt dem erfahrenen Flieger nur schwer oder gar nicht und mußte deshalb ihre Experimente leider oft mit dem Leben bezahlen.

Endlich, am 17. Juli 1936, wurden die Tarnbezeichnungen für die Geschwader und Gruppen aufgehoben.

Fortan führten die Gruppen die Bezeichnung:

II./KG »Boelcke« Nr. 154 (Wunstorf)
I./KG »Boelcke« Nr. 254 (Delmenhorst)
I./KG »Boelcke« Nr. 154 (Langenhagen)

Es folgten eine Vielzahl von größeren Übungen. So die Übung »Westerland«, an der die I. Gruppe alleine mit vierzehn Do 23 teilnahm und nach Sylt verlegte. Oder die »E-Hafen-Übung Achmer«, bei der die Erprobung eines Einsatz-Fliegerhorstes mit den neu geschaffenen, weitaus beweglicheren Flughafenbetriebskompanien durchgeführt wurde. Bis in den Raum Greifswald wurden Übungsziele im Bombenwurf (mit Zementbomben natürlich!) bekämpft.

Bald darauf nahmen die Gruppen am Heeresmanöver 1936 teil. Eine nette Abwechslung bot die Offiziergeländebesprechung im Eifel—Moselgebiet vom 13. bis 15. Oktober 1936. In Zivil ließ man sich den Traben-Trarbacher Wein besonders munden. Eine Rheindampferfahrt sorgte für mehr als Stimmung und schwere Köpfe!

Inzwischen tobte in Spanien der Bürgerkrieg. Aus allen Fliegerhorsten wurden Besatzungen für die sogenannte »Übung Rügen« zur Sonderverwendung abgestellt.

Das Jahr 1937 begann im Fliegergeschwader »Boelcke« mit häufigen Chefbesprechungen. Im Frühjahr 1937, dem 4. Aufstellungsabschnitt der Luftwaffe, mußten neue Verbände geschaffen werden. Das bedeutete wiederum für die Einheiten doppelte Besetzung aller Stellen. Durch das Los wurde bestimmt, welche »Crew« abzugeben war. Damit verhinderte man, daß eine allzu einseitige »Selbstbedienung« der Geschwader vorgenommen wurde.

Anfang 1937 beunruhigte das Geschwader eine Prüfgruppe der »Inspektion Flugsicherheit«, die alle Flugzeuge und Geräte auf Brauchbarkeit überprüfte. Daraufhin ruhte die fliegerische Ausbildung bis Ende März. Technische Änderungen mußten vorgenommen werden. Die Offiziere waren mit der bevorstehenden Teilung ihrer Einheiten beschäftigt.

Für die neue Fliegergruppe Diepholz (III./254) mußten schon im Februar fünf Do 23 abgegeben werden, die I./154 sollte He 111 und die I./254 Ju 86 bekommen. Die ersten neuen Vögel trafen im März ein. Daß alles auch wie geplant klappte, veranlaßte den Höheren Fliegerkommandeur, Generalmajor Keller, seinen alten Verband zu inspizieren.

## LIPPSTADT — ESCHWEGE (1937)

Am 1. März 1937 war es mit der organisatorischen Trennung soweit. Nachdem am 12. März der Luftkreis IV in Luftkreis IV und VII aufgeteilt worden war, führten die I./Kampfgeschwader Boelcke den Namen I./KG »Boelcke« Nr. 157 und die I./KG 254 den Namen I./KG 257 (Lüneburg), die dem Geschwader unter Oberst Putzier vorerst unterstellt blieb. Auch in diesem Jahr wurden laufend Besatzungen nach Spanien abgestellt. Kleine Überführungsflüge in die Türkei (Stieglitz, Ju 86) boten zusätzliche Reize für die Flieger, die froh waren, von dem täglichen Dienstbetrieb entbunden zu sein. Blindfluglehrgänge unter Hauptmann Dr. Bormann verlangten allen das Letzte ab. Auch das Schleppsackschießen zur Verbesserung der Luftkampfausbildung wurde neu eingeführt, die einer realistischen Ausbildung im Hinblick auf die Luftzielbekämpfung weitaus besser gerecht wurde. Nachdem die neuen Standorte für das Geschwader in Langendiebach/Hanau und Gießen noch nicht voll infrastrukturell fertiggestellt worden waren, wurden als vorläufige Standorte Lippstadt und Eschwege gewählt. Die Delmenhorster Gruppe verlegte als I./KG 254 nach Lippstadt, während Teile der Wunstorfer Gruppe die II./KG 254 (Oberstleutnant Hilgers) in Eschwege aufstellten.

Die Verlegungen verliefen stets recht turbulent, meist per Eisenbahn. Die ersten »Spanienheimkehrer« übernahmen führende Positionen im Geschwader und in den Staffeln.

Ihnen fiel es gar nicht leicht, sich wieder an friedensmäßige Verhältnisse und Einrichtungen zu gewöhnen. Mündliche Sattelbefehle zogen beim Kommandeur Lackner nicht. Schriftliche Befehle mit Aushang am Schwarzen Brett mußten her, und wenn es auch noch so schwer fiel.

Für den Kapitän der 5. Staffel, Hauptmann von Knauer, wie für manche anderen Chefs, kam ein Brand in der Geschäftsbaracke gerade recht. Manches verlorengegangene Schriftstück konnte anstandslos abgesetzt werden; Vermerk »Brandverlust«. Der Spieß konnte das verantworten. Jeder durfte fliegen — und das war die Hauptsache.

Die Ju 86 mit ihren Jumo-Schwerölmotoren — in Spanien schon nach den ersten Einsätzen als »Himmelsschreiber« (wegen qualmender Abgase) verpönt und außer Dienst gestellt — machten wartungsmäßig und fliegerisch viele Schwierigkeiten. Mancher Bruch am Platzrand kam nur dadurch zustande, daß die Besatzung vergaß, den an den Jumos unten angebrachten Frischluft- und Kühlungsansaugschacht zu schließen. Dadurch wurden Staub und Steine angesaugt, was der Vogel nicht vertrug. Der Verbandsflug glich zuweilen einem Rennen, wer nun vor dem Verbandsführer wohl der erste sein solle! Die Motoren waren so schwierig im Annehmen von Gas, daß es schon mehr als Fingerspitzengefühl erforderte, rechtzeitig zu ahnen, welche Drehzahl wohl die richtige für eine bestimmte Ge-

schwindigkeit sei. Heißläufer waren an der Tagesordnung. Etwas beruhigender war dagegen die alte Tante Ju 52. Sie diente der Blind- und Sichtflugnavigation zur Beobachterausbildung. — Einmal Hoher Meißner und zurück!
In Lippstadt wurde Oberst Süßmann Kommodore. Die ersten Heinkel He 111 E mit DB 600 und Holzlatten (»Langnase«) trafen ein.
Im Februar 1938 konnte endlich in die neuen Standorte verlegt werden. In Gießen wurde anläßlich eines großen Festes in der Volkshalle das Geschwader von den Generälen Student und Felmy unter großer Anteilnahme der Bevölkerung begrüßt. Hier fühlte man sich endlich zu Hause und »sauwohl«. Dieses Gefühl überdauerte sogar den Krieg.

## GIESSEN UND LANGENDIEBACH (1938/39)

Zur Verwirrung aller Geschwaderangehörigen erfolgte nach dem Anschluß Österreichs am 12. März 1938 eine Umbenennung der Geschwaderbezeichnung. Als aus dem ehemaligen KG 155 das KG 158 (Wiener Neustadt) wurde, erhielt das Geschwader die Bezeichnung KG 155, mit
Stab in Gießen,
I./155 in Langendiebach,
II./155 in Gießen.
Die weitere Aufrüstung mit den neuen Maschinen des Typs He 111 P lief zügig voran. Wie froh war man, endlich »reinrassig« geworden zu sein und die »Krücken« Ju 86 abgeben zu dürfen.
Laufend trafen neue, junge Soldaten ein, um das Geschwader aufzufüllen. Die Ausbildung lief pausenlos für alle, ob für das Bildpersonal in der Stabsstaffel unter Oberleutnant Klinger, in den FBK's für die jungen Techniker und Warte oder die Flieger in den Staffeln, die es in Navigation, Bombenwerfen oder Nachtflug auszubilden hieß. Verlegeübungen mit all ihrer Hektik taten ein übriges. Im Tagebuch von Reinhold Dörscher steht unter dem 15. März: *»Große Aufregung morgens 07.00 Uhr. Das Geschwader verlegt sofort — neuer Standort noch nicht bekannt — die Tschechen sind doch wieder einmal frech geworden. Wird es zum Krieg kommen?«*
Nun, es kam nicht zum Krieg. Deutsche Truppen marschierten kampflos am 15. März 1939 im Sudetenland ein. Das Geschwader machte Propagandaflüge und warf Flugblätter ab. Am 19. März war der Spuk vorbei.
Seit dem 1. Mai 1939 wurde die neue, ein- bzw. zweistellige Bezeichnung für fliegende Verbände geführt. Das Geschwader wurde wiederum umbenannt, in Kampfgeschwader 55, als Geschwader im Bereich Luftflotte 3. Das jetzt aus zwei Gruppen bestehende Geschwader übernahm auf Anregung der aus Spanien zurückgekehrten Kameraden als Geschwader-

wappen das Stadtwappen der Stadt Gießen, einen geflügelten Greifen. Seitdem begleitete der »Greif« an den Maschinen das Geschwader durch alle Höhen und Tiefen des Luftkrieges, der nun unmittelbar bevorstand.
Im August 1939 jagte eine Einsatzbereitschaftsübung die andere. Personalverstärkungen trafen ein, Material — u. a. aus tschechischem Beutegut — sorgte für zusätzliche Verbesserung der Einsatzbereitschaft. Die Männer mußten ihr persönliches Gepäck mit der Heimatanschrift versehen. Man konnte ja nicht wissen, was kam. In den Horsten herrschte ein Gewimmel von Reservisten wie nie zuvor. Während der Nächte wurde durchgearbeitet. Es war zum Davonlaufen! Ein- und Auspacken, wofür? Geht es zuerst auf England? Alles war todmüde, und die Spannung stieg. Schon von der Sudetenkrise und dem Unternehmen Böhmen und Mähren her war man Spannungszeit gewohnt.
Den ganzen Sommer 1939 über war das Hauptgesprächsthema: Polen. In ruhigen, freien Stunden wurde Politik betrieben, in den Dienststunden, die oft bis tief in die Nacht reichten, wurde geübt, gelernt, gearbeitet.
Alles wurde auf den bestmöglichen Stand gebracht, was durch häufige Probealarme überprüft wurde. Zigmal Sachen packen, Maschinen beladen, bis alles wie am Schnürchen klappte.
25. August abends: Erhöhte Alarmbereitschaft!
26. August morgens 06.00 Uhr: Alarm zur Herstellung der Einsatzbereitschaft.
Nun begann für den Uneingeweihten ein sinnverwirrendes großes Durcheinander. In Wirklichkeit war alles exakt festgelegt und das Programm lief jeweils ab wie ein Uhrwerk. Sachen packen, MG-Trommeln füllen, Sachen abgeben, Mobsachen empfangen, Maschinen beladen, Maschinen auseinanderziehen und tarnen, Unterkünfte übergeben. Überall ein Hin und Her wie in einem Bienenschwarm. Und doch von unsichtbaren Fäden geleitet.
Die folgenden Tage brachten nichts Besonderes. Nur, das mehrfache Abschiednehmen und Rückkehrfeiern zu Hause! Und, jede freie Zeit saß man wie gespannt vor den Rundfunkgeräten, den Volksempfängern, um die neueste politische Lage verfolgen zu können. Ob es noch einmal gut gehen würde?
Der 31. August begann wie jeder Tag. Herumsitzen auf Kisten in leeren Unterkünften, Zigarettenrauchen und Rundfunkhören. Dann wurde es ernst. 12.00 Uhr Verlegebefehl. Innerhalb kürzester Zeit mußte das Geschwader nach Wesendorf und Detelsdorf verlegen. Ab 16.30 Uhr starteten die Gruppen kettenweise gen Norden. Die Abschiedskurve über dem Heimathorst wurde natürlich nicht vergessen. Nach einer guten Flugstunde landeten alle Maschinen sicher auf ihren neuen Häfen, die ganz hervorragend getarnt waren und deren Auffinden manchen Schweiß kostete. Die Maschinen wurden sofort kriegsmäßig auseinandergezogen und getarnt.

Die tadellosen Unterkünfte und ein ausgezeichnetes Abendessen versöhnten mit der Weltabgeschiedenheit der Plätze.
Es hieß, das Geschwader solle gegen England eingesetzt werden, Raum Middlesbrough und Hull, der gerade an der operativen Reichweitengrenze der He 111 lag.
Alles änderte sich schlagartig, als bekannt gemacht wurde:

»Berlin, den 31. 8. 1939
Weisung Nr. 1 für die Kriegführung:
1. Nachdem alle politischen Möglichkeiten erschöpft sind, um auf friedlichem Wege eine für Deutschland unerträgliche Lage an seiner Ostgrenze zu beseitigen, habe ich mich zur gewaltsamen Lösung entschlossen.« ...

So verfügte Adolf Hitler an diesem Tage um 12.40 Uhr.
Also: »Fall Weiß« — Polen —
Angriffstag: 1. 9. 1939
Angriffszeit: 4.45 Uhr
Der Krieg begann, auch für das Geschwader, an dieser Front. Es folgten Jahre der Entbehrung, des Leides. Dazwischen Höhepunkte fliegerischer, kameradschaftlicher, menschlicher Art, die niemand missen will; und am Ende eine für alle bittere Niederlage.

# *Der Polenfeldzug 1939*

## VERLEGUNGEN

Noch konnte das Geschwader die Heideluft atmen. Am Sonntag, den 3. September, liefen nur Gerüchte um, man verlege in den Osten. Bereits um 12.00 Uhr war es soweit. Verlegebefehl. Kisten packen, Kisten schleppen, 15.00 Uhr Abfahrt des Bodenpersonals und Verlegung mit Ju 52 und He 111. Wo ging es wohl hin? Der Stab wußte es, die Männer nicht, wie üblich. — Es wird schon werden, man wird kämpfen, wo immer befohlen. Die Kämpfe tobten bereits in Polen seit 04.45 Uhr des 1. September 1939. Von Pommern, Ostpreußen und schlesischem Boden aus marschierten deutsche Divisionen nach Polen ein. Die Masse der deutschen Luftwaffe war zur Unterstützung der Operationen in diesen Räumen zusammengezogen worden. Die Ausgangslage bot den deutschen Angriffskräften gute Möglichkeiten zu einer doppelseitigen Zangenoperation. Das polnische Heer wollte sich dieser Umklammerung nicht entziehen, weil Marschall Rydz-Smigly die Westgebiete nicht preisgeben wollte. Er verzettelte so seine Kräfte.

Die Ultimaten Englands und Frankreichs an das Deutsche Reich, die Truppen auf die ursprünglichen Reichsgrenzen zurückzuziehen, waren am Abend des 3. September abgelehnt worden. Damit herrschte auch im Westen Kriegszustand. Was war nun von England und Frankreich wohl zu erwarten? Es blieb vorerst alles ruhig.

Man hörte im Geschwader Gerüchte, man sei das letzte Kampfgeschwader, das überhaupt noch in Nordwestdeutschland liege. Das bestätigten auch noch die laufenden Flüge anderer Verbände nach Osten, die auf den Gruppenplätzen abgefertigt werden mußten. Am 3. September wurden die Feldpostnummern ausgegeben. Das konnte einen verlegegeübten Flieger schon gar nicht mehr erschüttern. Die Heide blühte, man spielte Skat und Rommé, und im übrigen war Sonntag. Die Ruhe trügte. Um 12.00 Uhr (warum wohl immer gerade um 12.00 Uhr?) wurde der Verlegebefehl ausgegeben:

Geschwaderstab mit Stabsstaffel und II. Gruppe nach Märzdorf/Ohlau
I. Gruppe nach Rosenborn

Bereits um 15.00 Uhr rollten die Technik und das Bodenpersonal ab per Bahn. Die Staffeln verlegten mit He 111 und Ju 52 kurz danach. Ab sofort unterstand das Geschwader der 2. Fliegerdivision (Loerzer) im Bereich Luftflotte 4 »Südost« (Löhr).

## ERSTE EINSÄTZE IM KRIEG

Hans Grah aus der 1. Staffel (Kapitän: Olt. Kiel) vermittelt ein anschauliches Bild, wie es in und um Rosenborn zuging und wie der erste Einsatz im Geschwaderraum: Polnische Südgrenze — Weichsel — Kielce — Tschenstochau verlief:

*»Noch schnell zum Mittagessen, Sachen packen, die Maschinen werden abgebremst, beladen, es geht gen Osten. Bei Breslau, irgendwo, muß der Platz liegen, einer weiß es genauer, am Zopten, also los. Fast zwei Stunden fliegen wir quer durch Deutschland, nun sind wir an der Reihe. Da taucht der Zopten im Dunst auf, nach einigem Suchen finden wir den Platz. Er steht voller Do 17, Bomben liegen daneben. Da unten starten sie gerade, mitten hinein in die startenden Maschinen landen wir; der Platz scheint gut zu sein. — Wir werden zum Liegeplatz gewiesen, genau am anderen Ende. Die Do 17 werden etwas zusammengeschoben. Sie haben bereits sechs Einsätze geflogen, Donnerwetter, sechs Einsätze! Wir hören voller Staunen ihre Berichte: keine Verluste, wenig Flak, sie schießt schlecht, fast keine Jäger und ... Polen brennt! Und Kriegsschnurrbärte hatten sie auch bereits. Dann wurden uns die Quartiere zugewiesen, das Bodenpersonal zog in die Baracken am anderen Platzende ein, 100 Mann, welch ein Mief, wir Flieger sollten in Privatquartiere in das kleine Dorf. In einen uralten roten Postautobus werden wir verstaut, dann geht die wackelige Fahrt los nach Kapsdorf. Es war inzwischen dunkel geworden, nun sehen wir in dem kleinen Dorf zum erstenmal etwas von Verdunkelung. Vor einer Wirtschaft hält der Autobus, mit viel Geschrei und großem Durcheinander inmitten der Dorfbewohner laden wir unser Gepäck ab, finden es anschließend kaum wieder. — In der Gaststube wird zu Abend gegessen, langsam sammelt sich alles, Flieger und Dorfbewohner, es wird gerammelt voll. — Aber früh gehts ins Bett, morgen soll der erste Feindflug steigen. Haben wir uns viel Gedanken gemacht? Eigentlich kaum, einige Möglichkeiten werden bedacht, dann wird geschlafen.*
*4. September 1939*
*Kurz vor 07.00 Uhr sammelt sich die ganze Kapsdorfer Belegschaft vor dem Gasthof Materne, bald »Hotel Materne« genannt, der Autobus kommt angetrottelt, es geht zum Flugplatz, zuerst zum Kaffeetrinken. Der Bäckerwagen steht auch bereits da: »Der Bäcker von Laboe ist da«,*

*ein altes Wort vom Sudeteneinsatz lebt wieder auf, dann gehts zum Liegeplatz.*

*Unser wackeres technisches Personal hatte seit dem frühen Morgen die Maschinen klar gemacht, die Bombenwarte hatten bereits beladen. Nun warten wir noch auf den Einsatzbefehl. Inzwischen kam der ungefähre Frontverlauf heraus. Donnerwetter, da waren unsere Truppen aber bereits gewaltig vorgerückt. Um 10 Uhr, endlich, kommt der Staffelkapitän mit dem Einsatzbefehl. Angriffsziel, Bahnhof Tarnow und Züge auf der Strecke Krakau—Tarnow—Rzeszow. Es sollen viele Züge aus dem Industriegebiet festsitzen.*

*In aller Eile werden die Karten vorbereitet, die Kurse ausgerechnet, dann starten wir: Erster Feindflug! Etwas gespannt und auch wohl etwas erregt sind wir wohl alle, was werden wir sehen, was erleben auf diesem Flug? Ob wohl alle zurückkehren? Es ist doch ein kleiner Unterschied gegenüber den vielen Flügen im Frieden! Wir erreichen die Oder, überfliegen eine Menge E-Häfen, vollbelegt mit Stukas, Bombern, Ju's, dann überfliegen wir große Wälder. Wir steigen. Unten sehen wir die Reichsgrenze, gut zu erkennen an dem Drahthindernis auf den Befestigungsbauten und der Unmenge von Schützengräben auf polnischer Seite. Nun sind wir über Polen! Auffallend sind die ärmlichen Dörfer und die langen Staubstraßen, auf denen unsere Truppen vorrücken. Ein Fahrzeug hinter dem anderen, lange Staubfahnen hinter sich lassend. Links von uns kommt eine Do 17-Staffel zurück, rechts sehen wir das Industriegebiet von Kattowitz. Dann liegt vor uns das leuchtende Band der Weichsel. Etwas rechts voraus liegt Krakau, wir sehen den Flugplatz, da beginnt auch schon die Flak nach uns zu schießen, einige 1000 m rechts von uns sehen wir plötzlich eine ganze Menge weißer Wattebäuschchen, Flakwolken, aber lächerlich weit weg. Von der Front haben wir von hier oben nichts gesehen. Wir überqueren die Weichsel, vor uns liegt ein größerer Wald, dahinter muß die Bahnlinie kommen. Ich mache mein Bombenzielgerät klar, stoppe die Zeit, wir sind 4000 m hoch. Da werfen die ersten Maschinen schon. Ja klar, da unten stehen ja Züge, einer hinter dem anderen. Ich winke den Flugzeugführer ein, die ersten beiden Bomben ziele ich auf die Lokomotive, sie zischen ab. Etwas rechts neben dem Zuge liegen sie, schade! Der Heckschütze ruft gleich »Treffer!«, aber so war es doch nicht. Die Bomben des Kettenhundes liegen direkt im Zug. Riesige Rauchwolke. Da unten ist die Hölle los. Nun gibt es Treffer auf Treffer, und da unten steht ein Zug neben dem anderen, das sind doch andere Ziele als das ewige Bombenkreuz.*

*Nun liegt Tarnow vor uns, wo ist denn nur die zweite Kette? Ach, die krebst da ganz unten unter den Wolkenfetzen herum, na, wenn die nichts treffen. Da, vor uns eine Eisenbahnwerkstatt, ich winke den Flugzeugführer ein, die greifen wir an. »Links, geradeaus, fein links, gut«*

*— das Ziel liegt im Fadenkreuz, die Bomben fallen. Der Funker schreit: »Flak schießt«, der Mechaniker: »Treffer, prima, das hat hingehauen«. Leider sehe ich in der Kurve nichts, außerdem liegt der Bahnhof Tarnow genau vor mir. Die erste Kette wirft, tadellos, die Bomben sitzen. Wir fliegen an, da unten steht alles voller Züge, alle Gleise voll, es brennt unten, Züge, Bahnhofsgebäude, alles ein Rauch. Ich werfe den Rest hinaus, am Bahnhofsausgang mußte ein Zug dran glauben. Der Funker schreit dauernd: »Flak«. Wir sehen vorne nichts. Der Bahnhof brennt an allen Ecken.*

*Wir drehen ab, hinter der ersten Kette her, wir fliegen zurück. Als wir nun zurückschauen, sehen wir riesige Rauchfahnen über dem Bahnhof. Aber die polnische Flak ist auch nicht müßig, wir sehen nun die ganze Flakwolkenstraße hinter uns her, allerdings viel zu tief. Auf den Straßen sehen wir nichts vom polnischen Heer, lediglich kurz hinter der uns angegebenen Front bemerken wir ohne Zwischenräume die deutschen Kolonnen, Marschrichtung Ost.*

*Gegen 13 Uhr landen wir nach einem Tiefflug über den Platz. Wir werden umringt: »Wie war's?« Nun mußten wir erzählen, jeder wollte von uns Sensationen wissen, aber es war eigentlich ganz einfach, es war eben der erste Feindflug!*

*Außer den drei Maschinen der Führungskette, die in 800 m herumgekrebst waren, hatten wir keinerlei Schaden an unseren Mühlen, diese jedoch hatten zusammen 10 MG-Treffer in ihren Maschinen. Das war aber auch kein Wunder bei 800 m.*

*In aller Eile ging es zum Mittagessen, dann war auch schon der zweite Einsatzbefehl da. Nun sollten wir die andere Bahnstrecke aus dem Industriegebiet, die nach Radom führt, beharken, besonders die Bahnhöfe Wolbrom und Miechow.«*

Am 3. September verfügte das Geschwader über folgende Flugzeuge He 111 P:

| | Verfügungsbestand | einsatzbereit | in Prozent |
|---|---|---|---|
| Geschwaderstab | 9 | 6 | 66 % |
| I. | 33 | 27 | 82 % |
| II. | 31 | 22 | 71 % |
| Gesamt | 73 | 55 | 75 % |

Das Geschwader wurde sofort in den Einsatzraum Südpolen geworfen. Zu den Einsätzen zählten bewaffnete Luftaufklärung, Einzelstörangriffe mit SC 50- und SC 250 Splitter- und Brandbomben. Schwerpunktmäßig galt es Eisenbahn-, Straßen- und Flugplatzerkundung und -bekämpfung durchzuführen.

Vom 4. bis 6. September flogen die:

| | |
|---|---|
| Stabsstaffel: | 6 bewaffnete Aufklärungseinsätze |
| I./KG 55: | 5 Einsätze mit 99 He 111 |
| II. KG 55: | 3 Einsätze mit 63 He 111 |

Ziele waren hauptsächlich Bahnanlagen und Truppentransportzüge auf den Strecken Krakau—Przemysl und Krakau—Miechow—Kielce. Die Abwehr der Polen wurde stets geringer. Die Flak lag schlecht und wirkte gering. Flakräume waren den Besatzungen bald bekannt und wurden umflogen.
Ab 7. September wurde der Geschwaderkampfraum nach Osten bis Lublin erweitert. Wiederum galt es, die polnischen Verkehrswege zu zerschlagen. Nur einmal, am 7. September, wurde der Flugplatz Lemberg angegriffen und nachhaltig zerstört. Die Luftherrschaft war erreicht, da kaum noch feindliche Jäger auftraten. Wenn sie aber vereinzelt am Himmel erschienen, glänzten sie durch Schneid und Angriffsschwung. Nur an Verkehrsknotenpunkten wurde die polnische leichte und mittlere Flak noch gefährlich. So hielt sich bei Sandomierz lange ein sehr gut schießender polnischer Flakverband.

In dieser Zeit wurden vom Geschwader insgesamt geflogen:

| | |
|---|---|
| Stabsstaffel: | 8 bewaffnete Aufklärungseinsätze |
| I. KG 55: | 3 Einsätze mit 64 He 111 |
| II./KG 55: | 2 Einsätze mit 49 He 111 |

Die laufenden Einsätze verlangten jedem Mann im Geschwader das Letzte ab. Bis tief in die Nacht ›werkelten‹ die Techniker, um die Maschinen klar zu halten, das Waffenpersonal hatte noch nie soviel Übung im Waffenputzen und Bombenzusammenbauen bekommen wie jetzt. Die Bildstellen entwickelten pausenlos Filme und hatten Mühe, mit der Auswertung nachzukommen. Nur eines störte die Männer, die Post aus der Heimat kam nicht nach. Stimmte etwa die Feldpostnummer nicht?
Inzwischen wurde der Geschwadereinsatzraum bis zur russischen Grenze vergrößert, um die zurückweichenden polnischen Truppen verfolgen und bekämpfen zu können. Die eigenen Angriffsspitzen der Infanterie- und Panzerverbände stießen so schnell vor, daß es Schwierigkeiten bereitete, sie zu finden und aus der Luft zu erkennen.
Ziele mußten oft im letzten Augenblick gewechselt werden. Es durfte nur angegriffen werden, wenn Ortschaften und Landstraßen als vom Feind besetzt und einwandfrei erkannt worden waren.
Die Spezialisierung auf die Bekämpfung von Verkehrswegen und Bahn-

höfen machte sich bezahlt. Lemberg, Dubno, Krystynopol, Luck, Lublin, Brody und Tarnopol wurden zerstört.
Die Schlacht an der Bzura, bei Radom (60 000 Gefangene) und die Verfolgungskämpfe über den San und die Weichsel wurden vom Geschwader mit unterstützt. Inzwischen war die polnische Flakabwehr so gering geworden, daß in der Angriffshöhe bis auf 1500 m heruntergezogen werden konnte. Eine Erfahrung lehrte, daß alle Angriffe auf die schmalen Ziele des Verkehrsnetzes einzeln oder in Kettenverband zu fliegen waren, wollte man zum Erfolg kommen. Zum größten Teil wirkten hierbei die SC 50-kg-Bomben, wenn sie ohne Verzögerung geworfen wurden. ein vorteilhafter Nebeneffekt war die totale Zerstörung des polnischen Telefonverkehrs, weil die Telefonleitungen meist entlang den Eisenbahnstrecken geführt wurden.
Am 11. September verspürte das Geschwader zum ersten Male wie es ist, wenn eine Besatzung vom Feindflug nicht zurückkehrte. Die erste Reaktion war immer das Hoffen auf geglückte Notlandung. Wo mag z. B. die Besatzung Oberleutnant Höfer verblieben sein? Auch am 12. September keine Nachricht. Gegen 10.00 Uhr rollte eine Ju 52 vor einen Staffelliegeplatz, und wer stieg aus? Die Besatzung Höfer, wohlbehalten, bis auf Uffz. Siepem, der schwer verwundet worden war, nachdem die Maschine über Przemysl von Jägern angegriffen worden war und über 100 Treffer und Splitter abbekommen hatte. Die Notlandung zwischen den Linien klappte dennoch. Deutsche Truppen holten die Erschöpften heraus. Mit einer Ju kehrten sie zurück.
Kurz darauf, nach dieser Freude, große Aufregung. Für 16.00 Uhr hatte sich Generalfeldmarschall Göring mit Begleitung zu einem Truppenbesuch angesagt. Kommodore Generalmajor Süßmann meldete den Verband. In Gegenwart von Generaloberst Milch, General Jeschonnek, General Loerzer und Luftflottenchef General Löhr wurde der zurückgekehrten Besatzung Höfer, als erster im Geschwader, das EK II verliehen. Dabei äußerte Göring in einer kurzen Ansprache: »Und wenn ihr euch im Westen genau so zeigt wie gegen Polen, wird auch der Engländer das Laufen lernen!«

Bis zum 15. September wurden noch Einsätze geflogen. Vom 9. bis 15. September 1939 insgesamt:

| | |
|---|---|
| Stabsstaffel: | 19 Einsätze bewaffnete Aufklärung |
| I./KG 55: | 9 Einsätze mit 204 He 111 |
| II./KG 55: | 7 Einsätze mit 158 He 111 |

Nach und nach kapitulierten die polnischen Truppen. Es fielen Lemberg, Tomaszow, Warschau und Modlin. Am 7. Oktober stellten die letzten polnischen Truppen auf Hela den Widerstand ein.

In knapp 14 Tagen war für das Geschwader der »Blitz« über Polen vorbei. Die letzten Tage bis zum 20. September lag das Geschwader in Ruhe, es regnete in Strömen, die Plätze glichen Schlammlöchern. Diese Ruhe tat nach insgesamt 670 Feindflügen mit nur zwei Gruppen allen Soldaten gut.

Am 20. September begann die Rückverlegung der Gruppen nach Gießen und Langendiebach, wo sich alles im Laufe des 24. September wieder einfand und einzurichten begann.

Die »Helden«, die ihre Feuertaufe hinter sich hatten, waren über den trockenen Empfang in der Heimat gar nicht erfreut. Friedensmäßiger Betrieb auf den Horsten. Der Musikzug Langendiebach exerzierte zum Beispiel Einzelmarsch auf dem Kasernenhof und dachte gar nicht daran, die Heimkehrenden von der Front mit einem zündenden Siegesmarsch zu empfangen. Der Heimaturlaub versöhnte.

Der Polenfeldzug war beendet, was wird nun mit dem Geschwader? Ein jeder hörte leidenschaftlich auf die Gerüchte, die über Frankreich kursierten.

Bevor ein weiterer Kriegsschauplatz geschildert werden soll, sei noch erwähnt, daß seit dem 1. Dezember 1939 in Neudorf bei Oppeln die III. Gruppe, ausgerüstet mit He 111 P, aufgestellt wurde. Diese Gruppe führte Major Hans Schemmell, der sie auch vor Beginn des Frankreichfeldzuges nach Gablingen bei Augsburg verlegte.

Als einzige Besatzung des KG 55 »Greif« kehrte die des Oblt. Fritz mit Ofw. Jupp Müller, Uffz. Pientka und Gefr. Steinfurth von der 1. Staffel am 15. September 1939 nach dem Angriff auf Dubno und Chyrow vom Einsatz nicht zurück. Sie ist gefallen. Ihr Grab liegt in den Beskiden.

# *Der Frankreichfeldzug 1940*

## VORBEREITUNG UND »PAPIERFLÜGE«

Die Ruhe in den Friedenshorsten Gießen und Langendiebach währte nicht lange. Teile des Geschwaders hatten bereits am 9. Oktober 1939 nach Ingolstadt/Manching verlegt.
Was soll das? Von hier kann doch nicht gegen England geflogen werden! Hat man das Geschwader aufs tote Gleis abgeschoben? Die Stimmung war gedrückt, als in Ingolstadt Quartier bezogen wurde. Daß es dort gleich erst einmal Urlaub gab, war dann doch nicht zu verachten. Doch kaum waren die ersten Tage vergangen, wurden die Männer telegraphisch zum Verband zurückgerufen. Geht's nun doch los? Nein. Nur der Ordenssegen vom Polenfeldzug war eingetroffen. Stolz wurden die EK II angelegt.
Eine besondere Überraschung war der Besuch einer sowjetischen Wirtschaftsdelegation am 21. November in Ingolstadt. Was es so alles gab! Natürlich wurden alle »Türken« aus den Ecken hervorgekehrt, wozu ein zünftiger, haarsträubender Tiefangriff der I. Gruppe gehörte. Die Herren aus dem Osten interessierten sich besonders für die soliden Bomben und deren Beladung, sowie das neue, noch geheime Kaltstartverfahren.
Einige der jungen, fleißigen »Bodendienstler« hatten endlich Muße, über ihr Weiterkommen nachzudenken. Welch' Wunder, wenn mancher Chef plötzlich Gesuche auf den Tisch bekam, man wolle Beobachter oder gar Flugzeugführer werden. Die dritte Dimension regte eben schon immer an. Man wußte um den Spruch: »Nur fliegen ist schöner!« schon lange, bevor er für Werbeslogans verwertet wurde.
In der vorweihnachtlichen Zeit fanden die üblichen Kameradschaftsabende statt. Wie immer wurden die »Litzenträger« mächtig durchgezogen. Die Spieße hatten eine entsprechende Wut im Bauche, insbesondere, wenn der Kommodore noch anwesend war und sich über die »Sprüche« sichtlich freute. An Weihnachten gab es Urlaub. Über Neujahr mußten die jungen Männer aus Norddeutschland und Hessen leider aus Gründen der Einsatzbereitschaft in Bayern bleiben. Mancher kühle Norddeutsche wunderte sich sehr über die vielen bayerischen »Busserl«, die er am Silvesterabend annehmen mußte.

Der erste Zug war längst nach Manching unterwegs. Viele erreichten ihn nicht mehr, obwohl Zapfenstreich erst um 01.00 Uhr war. Was störten schon die »qualmenden Zigarren« vom über alles geliebten Spieß! Als »Nationalgetränk« tat das Danziger Goldwasser seine Wirkung und übersprühte alles. Kein Wunder, daß tagsdarauf der eine oder andere offiziell an Grippe erkrankte, obwohl ihn nur ein ganz gewöhnlicher Katzenjammer plagte.

Das Leben in Manching war für die Männer langweilig und nervtötend. Manchem drängte sich die Frage auf, ob das Stilleben in der Etappe noch etwas mit Krieg zu tun habe.

Die Ruhe zu Beginn des Jahres 1940 wurde bald gestört. Am 12. Januar herrschten sibirische Temperaturen, 27° Celsius unter Null! Um 10.00 Uhr erging der Verlegebefehl. Neuer Standort für Stabsstaffel und II. Gruppe: Schwäbisch Hall-Hessental. Endlich kam wieder Leben in die Truppe. Altbekannte Griffe sorgten für den reibungslosen Ablauf. Drei Stunden später hoben die ersten Maschinen mit neuem Ziel ab. Technik und Bildzug mußten wie immer hinterherziehen — mit der Eisenbahn und im Landmarsch, was für etwa 200 km 30 Stunden Fahrtzeit ausmachte!! Kein Wunder, wo dieser Winter hart, kalt und mit viel Schnee fast an den Winter 1928/29 herankam. Dennoch lief der Dienst wie gehabt. Wenn kein intensiver Flugdienst den Soldaten auf seinen Posten zwang. Staffeldienst, Unterricht, Exerzieren, Sport, Horstkino usw. Vom Krieg hörte und sah man nichts. Nur ahnen konnte man, was sich tun könnte, als am 3. Februar wiederum verlegt wurde. Aus Tarnungsgründen wurde der neue Standort geheimgehalten.

Am Sonntag, morgens 02.00 Uhr, trafen die Letzten endlich in Leipheim an der Donau ein. Immer wieder neu einrichten, Spinde rücken. Schauen, wo Küche, Fourier und Geschäftszimmer im Horst und die »Bums«-Lokale des Garnisonsstädtchens liegen. Der Geschwaderstab hatte natürlich die schönste Unterkunft — das Schloß Leipheim — belegt. Den Männern gefiel der neugebaute Fliegerhorst sehr gut. Man fühlte sich wohl und schätzte die Gastfreundschaft der Bevölkerung. Zuvor lag dort schon einmal eine Kampfgruppe. Die II. Gruppe KG 51 »Edelweiß« (ehemals II. Gruppe »Enzian« des KG 255), die geschlossen in das KG 77 übergeführt worden war.

Das Geschwader bekam vom V. Fliegerkorps nun auch den Auftrag, bei geeigneter Wetterlage laufend Luftaufklärung mit Flugblattabwurf über dem ostfranzösischen Raum durchzuführen. Geringschätzig nannten die Landser das den »Papierkrieg«. — Am 22. Februar 1940 war es soweit. Der Chef der Stabsstaffel, Oblt. Müller, flog zusammen mit seiner Besatzung und dem Leiter der Bildstelle, Oblt. Klinger, den ersten Einsatz des Geschwaders gen Westen mit Auftrag Flugplatzerkundung im Raum Nancy—Toul. Endlich lief der Einsatz wieder. Die französische

Abwehr durch Jäger und Flak war gering, aber immerhin gegenwärtig. Sehnsüchtig schauten die jungen Techniker, Warte, Fouriere, Bildstellenleute und manche andere den einzelnen Maschinen nach, wenn sie zum Einsatz starteten. Alle wollten, einmal wenigstens als Bordschütze, einen Feindflug mitmachen. Nervenkitzel! Die Bildstellen waren bis tief in die Nacht für die höhere Führung mit der Auswertung wertvollen Bildmaterials beschäftigt. Niemand klagte. Man war froh und zufrieden, gebraucht und gefordert zu werden. Darüber vergaß man ganz, daß die Feldpost immer noch nicht recht klappte und in die schnell wechselnden Standorte nachkam. Wenn es zwischendurch Übungsalarm gab, fragte man sich, was soll 's, wir sind doch im Krieg und im Einsatz, wenn auch nur vorerst in kleinem »papierenem« Rahmen. Gelegentlich wurde nachmittags eine Maschine mit schwarzem, leicht abwaschbarem Anstrich versehen, um in der Dämmerung gen Westen zu starten. So sollte die Entdeckungswahrscheinlichkeit durch Nachtjäger der Franzosen verringert werden. Diese Einsätze waren nur gelegentliche »Nadelstiche«. Enttäuschend, wenn nach langer Mission in 7200 m Höhe über Frankreich die Besatzungen auch noch ohne auswertbare Filme zurückkamen, weil die Bildgeräte einfroren. Das hohe Risiko war dann umsonst eingegangen worden. Am 7. März 1940 übergab Kommodore, Generalmajor Wilhelm Süßmann, das Geschwader an Oberst Alois Stoeckl. Süßmann ging zur 7. Fliegerdivision, den Fallschirmjägern, um sich auf neue Aufgaben vorzubereiten. Er fiel später mit einem Teil seines Stabes, als er von Athen zum Einsatz nach Kreta startete. Stoeckl, ein alter Memminger vom »Alpengeschwader«, war mit 45 Jahren noch ein recht »junger« Kommodore und verfügte über gute Verbandserfahrung. Genau das, was man während der »Ruhe vor dem Sturm« brauchte.
Wie es bei einem »Papierflug« zuging, schildert der folgende Einsatzbericht:

*»Mitte März 1940 ging es auch für die 1. Staffel los. Von den Wetterschwierigkeiten hatten wir schon gehört. Winde mit weit über 100 km/h im Rhônetal, Vereisung und was sich so noch dabei tun konnte. Am 12. März 1940 war es soweit. Der Einsatzbefehl lag vor. Propagandaflüge mit drei Maschinen. Wir hatten sogar schon die Startverpflegung gefaßt und uns einen doppelstarken Bohnenkaffee einverleibt — da wurde alles abgeblasen. Blinder Alarm. Das Einzige, was nicht mehr rückgängig zu machen war, blieb der Genuß des Bohnenkaffees.*
*Am 15. März 1940: Neuer Einsatzbefehl: Heute nacht wird mit drei Maschinen Flugblattpropaganda über Nancy, Toul und St. Dizier geworfen. Das inzwischen anrollende Abwurfmaterial landete bei der 1. Staffel. Es waren Zeitungen mit der Kopfleiste »Paris noir«, also dunkles Paris.*

*In kurzer Einsatzbesprechung sind die Ziele aufgeteilt: Besatzung van Risswick geht auf Nancy, Besatzung Schwedler erhält Toul und Besatzung Kiel nimmt St. Dizier als Ziel. Alle Vorbereitungen werden getroffen, Kurse ausgerechnet, die Zeitungspakete verstaut; viel zu sagen gab es dabei für alte Feindflieger nicht mehr. Flughöhe 6000 Meter. Verdammt kalt dürfte es dort oben werden. Niemand wußte so recht, was die französische Flak zu leisten vermochte. In Polen war es nicht toll mit der Flak gewesen, doch durfte man hier im Westen kaum das gleiche erhoffen. Schließlich nannte sich Frankreich die erste Militärmacht des Kontinents. Und dann hatten die dort unten jahrelang an der Maginotline gebaut, die zweifellos auch auf etwaige Luftbedrohung geeicht war. Da wir um 5 Uhr 25 beim Rückflug die Grenze passieren sollten, wird der Start auf 2 Uhr 50 angesetzt. Mit reichlicher Sonderverpflegung gehen wir erst einmal schlafen. Zur Ruhe kommt keiner. Schließlich sollen wir in wenigen Stunden erstmalig unsere Nase über die Westgrenze in den französischen Himmel stecken. Dort unten wird alles noch intakt sein, denn Krieg ist hier noch nicht. Wie wird uns der Franzmann empfangen? Jeder macht sich so seine Gedanken. Die Spannung hält uns in Atem, so daß der Ruf: »Raustreten zum Einsatz« fast wie eine Erlösung wirkt. Der Bohnenkaffee, der uns munter machen soll, ist so stark, daß er uns fast aus der Kombi haut. Die Herzen tacken auf Hochtouren, als wir in der Halle bei der Startbesprechung mit bittersten Vorwürfen empfangen werden, weil wir so spät kämen und alles zu langsam gehe. Ganz schön fickerig sind die heute nacht. Das kann ja noch heiter werden. — Und das wurde es dann ja auch. Grund dieser Nervosität war wohl die Tatsache, daß wir alle reichlich lange nicht mehr geflogen waren und vor allem aber seit langem keinen Nachtflug mehr gemacht hatten. Dazu herrschte eine barbarische Kälte, die auch nicht gerade gemütsanregend wirken konnte.*

*In aller Eile geht es in die Maschinen. Die Zeitungen sind drinnen. Schnell, schnell, wir müssen starten, drängt unser Kutscher. Sind die anderen beiden Maschinen schon fertig? Es ist bei der Dunkelheit trotz eifrigen Taschenlampengeblinks nicht auszumachen. Unserem Kutscher, Hptm. Kiel, platzt langsam der Kragen. Er meint, nicht mehr länger warten zu können.*

*Unsere »Ida Kurfürst« rollt los. Da sehen wir endlich die zweite Maschine rollen. Doch wo bleibt die dritte? »Verdammt«, knirscht der Kutscher, »das kommt alles nur davon, weil die Kerle so lange geschlafen haben. Wir haben nun keine Zeit mehr. Also los denn!« Damit schiebt er die Pulle rein, und grummelnd zieht die »Ida« aus dem Start. Linkskurve. Die Positionslichter der zweiten Maschine schieben sich langsam heran, und da ist auch der dritte Vogel. Freilich noch unten auf dem Platz, aber er geht offensichtlich auch zum Start. Inzwischen gibt es eine*

*neue Aufregung, der Wendezeiger fällt aus. Mixer nach vorn! Der alte Heidelmann läßt sich nicht aus der Ruhe bringen. Mit sicheren Fingern behebt er den Schaden. Es war nur die Sicherung heraus.*
*Anflug auf Funkfeuer 7. Wie der Beobachter auch kurbelt, das FF kriegt er nicht in den Kasten. Ab und an quietscht es irgendwo im Äther, aber keine Kennung kommt. Das ist so das rechte Futter für die Nerven des Kutschers. Die Nervosität in unserem Hobel ist mit Händen zu greifen. Langsam zieht die »Ida« höher und höher. Tadellos verdunkelt liegt die Landschaft unter uns. Vor uns einige Leuchtfeuer. Der Kurs stimmt, doch — das FF meldet sich immer noch nicht. Ob der Bursche am Ende überhaupt nicht sendet heute nacht? Der Flugzeit nach müßten wir jetzt genau über dem Sender stehen. Zu erkennen ist nichts in der nachtschwarzen Tiefe unter uns.*
*Im Vertrauen darauf, daß unsere Koppelwerte stimmen, ändern wir Kurs auf St. Dizier. Dicht vor uns muß die Grenze sein. Wo ist der Rhein? Nur ganz undeutlich läßt sich in der Tiefe ein etwas hellerer Streifen erkennen, von dem wir gerne annehmen wollen, daß es der Rhein ist. Längst sind wir auf 6000 Meter. Donnerwetter, ist das eine markzerfressende Kälte hier oben. Das Thermometter zeigt 60° minus. Nun kommen voraus auf französischem Gebiet eine Menge blitzender Leuchtfeuer in Sicht. Schade, daß wir damit nichts anfangen können. Ansonsten rührt sich nichts in dem schlafenden Land. Kein Wunder, sollen die nachts um 3 Uhr Krieg machen? Gut nur, daß auch die Flak schläft. Über uns wölbt sich ein funkelnder Sternenhimmel, der nach Süden und Nordwesten hin in hellere Ränder ausläuft.*
*Liegen dort die unverdunkelte Schweiz und Luxemburg? Unsere Heizung scheint nicht in Ordnung zu sein, denn nirgends läßt sich ein wärmender Hauch spüren. Wir frieren so, daß wir mit den Zähnen laut klappern. Die Peilungen hauen auch immer noch nicht hin. Der Kutscher kriegt die Nase endgültig voll, und er schreit nach dem Funker: »Waldmann nach vorne, peilen!« Eine dickvermummte Gestalt, die kleine blaue Sauerstoffflasche vor der Brust baumelnd, kriecht durch den Bombengang langsam nach vorne. Der Beobachter verschwindet, dem Funkexperten Platz machend, nach hinten. Klar, daß er eine Mordswut im Bauche hat, nicht zuletzt freilich über sich selbst. Die Abstimmtabelle ist ihm zu allem Überfluß auch noch irgendwohin weggerutscht, so daß er an seiner Peilkurbel auf gut Glück angewiesen ist. Der Kutscher dafür hat seinen Knemeyer unter den Sitz rutschen lassen und fingert vergeblich nach dem Ding, was natürlich auch nicht gerade zur Hebung seiner Laune beiträgt. Daß die Taschenlampen auch nicht in Ordnung sind, vervollständigt das Durcheinander.*
*Langsam aber läßt sich unten die Landschaft doch etwas erkennen. Hans Grah, der Beobachter, kauert frierend und klappernd im Heckstand, mel-*

*det plötzlich, daß die »Ida« über Nancy steht. Die beiden anderen Maschinen bleiben zurück. Dort unten die helleren Punkte, das müssen die Hochöfen sein. Er ist seiner Sache sicher. Freilich, die Peilungen hauen, trotzdem es damit dem Funker schon etwas besser von der Hand geht, nicht ganz so hin, wie es eigentlich sein müßte. Das Funkfeuer ist nur ganz schwach zu hören und außerordentlich schlecht zu peilen. Plötzlich beginnt die Maschine ganz unmotiviert zu kurven und schwankt wie ein Betrunkener durch die Luft. Was ist denn nun schon wieder los? Der Kutscher hat den Sauerstoffschlauch versehentlich abgekuppelt. Waldmann greift ein und stellt die Verbindung wieder her. Bei 6000 Meter Höhe ist Sauerstoff schon ein verdammt unentbehrliches Lebenselixier. Gerade kriegen die sich vorne zur Abwechslung einmal in die Haare, da taucht unter uns St. Dizier auf. Mühsam lassen sich die Klappen aufdrehen. Die »Ida« ist wurffertig. Ab gehen die Pakete. Doch fällt nur ein Teil des bedruckten Segens heraus. Verdammt, haben wir doch vergessen, die Maschine vorm Abwurf zu drosseln, wie das für derartige Abwurfladung vorgesehen ist. Ein Griff zum Notzug. Doch auch das hilft nichts. Unverrückt bleiben die restlichen Pakete in den Schächten. Hans Grah kriecht zwischen die Schächte, arbeitet sich mit dem Papier dusselich. Die ersten Blätter fallen wieder. Da bleibt ihm die Luft weg. Nach vorn an die Sauerstoffpulle und einen kräftigen Schluck genommen.*

*Gerade will er zurückkriechen, um den Rest noch aus der Mühle zu drücken, da gibt es einen grellen Blitz und zuckenden Knall — ein Zünder ist in der Mühle losgegangen. Die Zeitungsblätter wirbeln uns um die Ohren. Doch der Hauptsegen ist weg. Rasch die Klappen zu, denn es zieht wie Hechtsuppe in dem Hobel.*

*Rum die Krähe, Heimatkurs. Die Stimmung ist geladen. Gott sei Dank klappen jetzt die Peilungen wenigstens einigermaßen. Trotzdem meckern wir uns erheblich an um Nichtigkeiten. Endlich Senderüberflug. Wir gehen tiefer, und es wird nun merklich wärmer in der Mühle. Langsam dämmert es. Da ist matt in der Tiefe der Ammersee. Wenige Minuten später rollen wir auf dem heimatlichen Platz aus. Eine Maschine ist bereits da, die andere kommt dichtauf. Unser Vogel sieht innen toll aus, wie die Packerei eines großen Zeitungsbetriebes. Mühsam suchen wir unsere Siebensachen zusammen. Der Kutscher findet seinen Knemeyer wieder, der Beobachter seine Abstimmtabelle. Der arme Kerl hat sechs Finger bei dem Unternehmen erfroren. Immerhin beruhigt es etwas, daß die anderen beiden Maschinen auch nicht so ganz ohne Schwierigkeiten davongekommen sind. Mittags ist wieder alles o.k. Wir können über unsere Gereiztheit nur noch lächeln. Immerhin haben wir uns auf diesem ersten Feindflug westwärts als Besatzung zusammengefunden, und die Folgezeit sollte beweisen, wie fest zusammengeschmiedet der Verein in allen*

*Situationen zusammenhielt. Es ist eben eine alte Weisheit, daß ein einziger Feindflug, besonders wenn er haarig ist, mehr Besatzungskameradschaft und fliegerisches Zusammenspiel bewirkt, als wochenlanger Unterricht, vorausgesetzt freilich, daß jeder fachlich sein Handwerk versteht.«*

24. März 1940, Ostern, alle Soldaten mußten in Garnison bleiben. Heimaturlaub gab es nicht, dafür aber einen »angemessenen« Dienstplan, um keine Langeweile aufkommen zu lassen. Luftschutzalarm mit halbstündigem Kelleraufenthalt. Dafür wurde abends in der Günzburger Turnhalle die Komödie »Für die Katz« von August Hinrichs gegeben. Es spielte das Ensemble des Memminger Stadttheaters!
Jeder Sonderurlaub, der nach Ulm gewährt wurde, wurde sofort angetreten. Wenn noch ein paar »Kumpel« dabeiwaren, gab es keine Stimmungssorgen, außer »Lähmungserscheinungen« am nächsten Morgen, die Spieß Witt aber schnell zu kurieren verstand.
Am Westwall kam es zu fast regelmäßigen Feuergefechten über den Rhein hinweg, was sich im süddeutschen Raum bei den Fliegerverbänden in Form von Alarmen auswirkte. Ein jeder glaubte, jetzt ist es — endlich — soweit, wenngleich der Wunsch oft Vater des Gedankens war, sobald tief in der Nacht alles abgeblasen wurde, es also bei einem »Windei« blieb.
9. April 1940.
Der Rundfunk meldete, Norwegen und Dänemark sind seit dem frühen Morgen unter den Schutz der Deutschen Wehrmacht genommen worden. Laufende Sondermeldungen über die Ereignisse im hohen Norden fesselten die Männer an die Rundfunkgeräte. Viele dachten insgeheim »schade, daß unser Geschwader nicht dabei sein kann«. Die Pläne für den Einsatz im Westen waren vorbereitet und lagen in den Schubladen bereit, offen war nur noch der Zeitpunkt.

## DER ANGRIFF BEGINNT

Hitlers Entschluß, auch Frankreich und England anzugreifen, stand fest. Er wollte die Westmächte zur Anerkennung der Vormachtstellung des »Großdeutschen Reiches« in Europa zwingen. 29 Mal bereits war, meist aus Wettergründen, der Angriff verschoben worden. Der Operationsplan mußte grundlegend umgearbeitet werden, nachdem am 10. Januar 1940 Luftwaffenoffiziere bei Mechelen notlanden mußten und der ursprüngliche Plan damit wahrscheinlich dem Feinde offenlag.
Das neue Konzept, der »Sichelschnitt-Plan«, legte den Schwerpunkt in die Mitte der Angriffsfront mit dem Ziel, über Sedan in schnellem Vorgehen die Somme-Mündung zu erreichen.

Das Kampfgeschwader 55 »Greif« unterstand dem V. Fliegerkorps, das im Bereich Luftflotte 3 zur Unterstützung der Heeresgruppe A (von Rundstedt) vorgesehen war.

Das Geschwader lag mit seinen Einheiten:

Stabs-Staffel in Schwäbisch-Hall
I. Gruppe in Neuburg/Donau und Lichtenau
II. Gruppe in Leipheim und Neu-Ulm/Schwaighofen
III. Gruppe in Gablingen bei Augsburg

Am 8. Mai noch wurde in einem Gruppenplanspiel ein möglicher Angriff auf Frankreichs Luftbasen bis in alle Einzelheiten durchgeübt.

Der Nachmittag des 9. Mai 1940 war ausnahmsweise völlig dienstfrei. In Neuburg fuhren die Offiziere zum Herrenabend. Was nicht unterwegs war, lag in der warmen Frühlingssonne hinter den Baracken und spielte Schach und Skat oder ließ sich den Rücken bräunen. Einige saßen in Augsburg im Kino. Der Film lief. Plötzlich wurde es hell. War der Film gerissen? Ärger machte sich ob dieser Unterbrechung breit. Ein Uniformierter trat vor die Leinwand und verkündete den aufhorchenden Soldaten aller Waffen: »Die Wetterlage hat sich gebessert!« — Uneingeweihte schauten dumm. Was soll denn das schon wieder? Die »Greifen« schalteten hingegen schnell! Ende der Vorstellung, auf und los zum Horst, wo die UvDs bereits dafür Sorge getragen hatten, jeden aufzuscheuchen.

Alarm!

Die Sachen wurden gepackt, wie schon so oft. Die Maschinen wurden betankt, beladen und klargemacht, Funkgeräte abgestimmt. Alles ging mit einer gewissen Unlust vor sich, man kannte diesen Beschäftigungsrummel inzwischen zur Genüge. Die Offiziere kamen ebenfalls murrend und schimpfend von ihrem angebrochenen Abend zurück. Der schöne geruhsame Tag war jedenfalls gründlich verdorben. Der erwartete Anruf: »Alarmübung beendet!« war immer noch nicht durchgekommen. Parolen begannen umzulaufen. Lagerfeuer wurden entfacht, Musikanten holten ihre Instrumente hervor, Fahrtenlieder erklangen. Im Feuer schmorten die ersten Kartoffeln. Da kam der Staffelkapitän vorbei und befahl, sofort in die Betten zu gehen. Nun gut, übermorgen wird Pfingsten und wiederum dienstfrei sein?!

Diejenigen, die nicht gleich einschlafen konnten, wurden durch ein seltsames Gerenne auf den Gängen gestört. Kurz nach Mitternacht kam neuer Alarm durch. Es ist der 10. Mai 1940. Um 02.00 Uhr mußte sich alles zur Flugbesprechung einfinden. Es wurde also doch Ernst! Die zugewiesenen E-Häfen Baltringen, Schwaighofen/Neu-Ulm und Ehingen hatten ihre Aufnahmebereitschaft für rückkehrende Maschinen bereits gemeldet.

Um 05.35 Uhr begann die deutsche Offensive im Westen. Der Fall »Gelb«.

Der erste Überraschungsschlag gelang im Norden. 41 Lastensegler, geschleppt von Ju 52, trugen Fallschirmjäger und Luftlandetruppen mitten in die Festung Fort Eben Emael und an die Brücken des Albert-Kanals und eroberten in kühnem Handstreich diese belgischen Verteidigungsanlagen.
Im Süden rollte der Angriff seit den frühesten Morgenstunden. Die Verbände des V. Fliegerkorps kannten ihre Ziele, Flughäfen in Frankreich. Schon vor Sonnenaufgang hoben die He 111 des KG 51 »Edelweiß« und KG 55 »Greif« von ihren Basen ab, um mit Beginn der Feindseligkeiten den Rhein in die zugeteilten Geschwaderkampfräume überfliegen zu können.
Von Hans Grah aus der 1. Staffel stammt der folgende Bericht:

*»Vor uns liegen die Karten. Wind, Kurse —, die Knemeyer drehen sich. Dazwischen gibt es Kaffee. Zigaretten glimmen. Draußen sind die Maschinen warmgelaufen. Die Warte umringen uns, als wir von der Flugvorbereitung kommen: »Wo geht es hin?« Und dann: »Hals- und Beinbruch, macht's gut Kumpels!«*
*Im letzten Augenblick wird der befohlene Kettenstart abgeblasen, über den Platz ziehen sich dicke Nebelschwaden. Es wird nahezu dicht. Also einzeln los. Die Pulle rein und ab geht es. Eine Ewigkeit will das heute dauern, bis wir frei sind vom Boden. Über uns torkeln schon die ersten Positionslichter der Kameraden. Dann sind wir endlich auch am Himmel. Der Nebel liegt unter uns und von allen Seiten tauchen jetzt die grünroten Lichter auf. Aus allen Plätzen in der Umgebung ist Hochbetrieb. Unter dem Nebel suchen Scheinwerfer. Endlich haben wir uns mit dem ersten Staffelkameraden zusammengefunden. Wir gehen auf Kurs. Viel ist nicht am Boden auszumachen. Nur mühsam kann der Rhein erkannt werden, direkt rechts von uns muß Straßburg liegen. Wir sind jetzt über Frankreich. — Machen die nun gleich ihren Feuerzauber los? Nein, nichts geschieht. Alles bleibt ruhig. Nancy können wir mehr ahnen als sehen. Da ist die Mosel. Und schon haben wir den großen Moselbogen, den wir so gut aus unzähligen Unterrichtsstunden kennen, vor uns. Dort müßte nun Toul liegen. Der Flugplatz muß rechts sein, also Kurve. »Da, da ist er! Nein, das dort! Ja, das dunkle Feld dort. Gut, noch etwas links die Mühle und dann die Bomben raus.«*
*»Wie liegen die Eier?« — Wir zählen die Sekunden, kurven, verdammt, leider etwas zu kurz. Gott sei Dank, daß wir nicht gleich den ganzen Segen geworfen haben. Weite Kurve. Neuer Anflug, — aber wo ist der Platz? In dem ungewissen Dämmerlicht und dem starken Dunst da unten, sehen wir jetzt überall Flugplätze. Nur mit äußerster Anstrengung finden wir unseren richtigen Platz wieder heraus. Anflug! Mehr rechts halten, noch mehr rechts! Rumms, ab geht der Prassel. Da kommen auch schon*

die Einschläge. Leider war die letzte Verbesserung etwas zu stark, die ganze Reihe liegt neben dem Platz ... Unten fängt es an zu brennen. Und da meldet sich auch die Flak. Aber wenig imponierend. Wir kurven zum neuen Anflug ein. Und diesmal endlich — es ist inzwischen schon merklich heller geworden — erwischen wir den Platz goldrichtig. Jetzt sind alle Bomben weg. Wir drehen auf Heimatkurs. Unbehelligt kommen wir über den Rhein und landen auf dem neuen E-Hafen Baltringen.

Andere Maschinen sind bereits zurück. Die haben's schwerer gehabt und sind heiß empfangen worden. Eine Maschine ist drüben geblieben. Wo bleiben unsere anderen Maschinen? Endlich erfahren wir, daß eine gleich beim Start in den Acker gegangen ist, eine weitere blieb an einem Baum hängen, und eine dritte hatte wegen Motorschadens den Start gar nicht erst versucht. Das war der erste Einsatz.

Um 14.30 Uhr geht es zum zweiten Male los, wieder Toul. Mit fünf Mühlen sind wir unterwegs. Die Sonne steht hoch am Himmel und im Westen türmen sich strahlend weiße Kumulanten hoch. Großartig ist das Bild, vor uns die mächtigen weißen Wolkentürme und dazwischen, wie verloren, die wenigen Maschinen.

Wir schlängeln uns zwischen den Kumulanten hindurch, steigen auf 4500 m, dann liegt der Rhein vor uns. Von Straßburg begrüßt uns wenig, aber gute Flak. Die Sprengwölkchen liegen nicht so sehr weit ab von unseren Maschinen. Hinter uns fliegt die 2. und 3. Staffel. Dann haben wir wieder Toul vor uns. Dort ist der Platz, aber leider nicht belegt. Wir machen zwei Anflüge, die Bomben fallen in die Hallen und das Rollfeld, einige allerdings auch in die umliegenden Wiesen. Nun meldet sich auch die Flak, sie schießt ziemlich reichlich, aber nicht besonders gut.

Der Platz hat jedenfalls etwas abgekriegt. (Wie später ein Elsässer erzählte, der die beiden Angriffe miterlebt hatte, war der Morgenangriff von einer unerhörten »moralischen« Wirkung, da keiner damit gerechnet hatte. Der Sachschaden war allerdings nicht so besonders groß. Der Angriff am Nachmittag dagegen hat auf dem Flugplatz eine Menge Tote gekostet, und von den Hallen und Gebäuden waren fast alle beschädigt.)

Auf dem Rückflug sollen wir von eigenen Jägern aufgenommen und zurückgeleitet werden, aber die Heckschützen spähen sich die Augen aus dem Kopf, sowohl nach eigenen wie auch nach feindlichen Jägern, es sind keine zu sehen. Über der Maginotlinie meldet sich die Flak mal wieder, aber mit einem kleinen Bügeleisenwalzer um die Flakwölkchen herum, kommen wir unbehelligt nach Hause.«

Die I. Gruppe und die Führungskette des Geschwaders griffen den Flughafen Toul Croix de Metz zwischen 2500 bis 5000 m, die II. Gruppe und Teile der III. Gruppe den Flughafen Nancy—Essey in 5000 m an. Die Treffer auf den Rollfeldern lagen gut, die in Hallen und Gebäuden schlecht.
Kommodore, Oberst Stoeckl, flog beim ersten Einsatz auf Toul Croix de Metz persönlich mit. Infolge starken Dunstes und Nebels war ein erfolgreicher Angriff nicht möglich. Er blieb, nachdem die Kette wegen der schwierigen Wetterverhältnisse zersprengt worden war, trotz stärkster Flakabwehr, 45 Minuten (!) über dem Zielraum, ehe es möglich war, das Ausweichziel Lupcourt anzugreifen. Zehnmal wurde er von »Moranes« angegriffen: Pflichtbewußtsein oder Sturheit eines echten »Kämpfers«?
Beim Angriff auf Nancy ging eine He 111 verloren. Sie stürzte, von der französischen Flak abgeschossen, in eine Flugzeughalle.
Während des Tages wurden Wiederholungsangriffe geflogen. Es gab erhebliche Treffer durch französische Flakabwehr und Jagdflugzeuge, die inzwischen aufgewacht waren.
Oberleutnant Müller, Staffelkapitän der Stabsstaffel, konnte nach dem Angriff durch 12 »Morane« trotz 3 Kanonen- und 100 MG-Treffern dennoch wohlbehalten in Leipheim landen. Alle anderen landeten auf den E-Häfen (I. Gruppe: Baltringen, II. Gruppe: Schwaighofen, III. Gruppe: Ehingen), um von dort gut getarnt und »untergezogen« weiter zu operieren. Die Stabsstaffel wurde schwerpunktmäßig zur Ziel- und Wettererkundung, zur bewaffneten Aufklärung (Augen- und Luftbild) oder als volle Kampfstaffel eingesetzt.
Übernächtigt fielen Techniker und Flieger spät abends nach dem ersten Einsatztag in die Betten. Der Angriff deutscher Truppen lief überraschenderweise so schnell und zügig wie geplant ab. Auflösungserscheinungen zeigten sich bei der Französischen Armee bereits am Ende des ersten Kampftages an einigen Frontabschnitten.
Galt als Ziel der Luftkampfhandlungen am ersten Kriegstage noch die Erringung der Luftüberlegenheit, so sorgte das kühne, schnelle Vorgehen der deutschen Truppen dafür, daß das Gros der Kampfverbände in den folgenden Tagen hauptsächlich zur Unterstützung der Heeresverbände eingesetzt werden mußte.
Außer Bahnhöfen, über die der französische Truppennachschub lief, wie Epernay, Château-Thierry, Châlons oder Givors lagen Ziele im Raume Charleville-Rethel, Sedan und Mezières, wo insbesondere Truppen- und Fahrzeugansammlungen bekämpft wurden, nachdem die Überwindung der Maginot-Linie doch nicht so zügig voranging, wie man es sich erhofft hatte. Schon bald kannte ein jeder die altbekannte »Rennstrecke« Karlsruhe—Trier—Luxemburg, bevor es mit Zerstörerbegleitschutz ins Zielge-

biet ging. Teilweise mußte in Kitzingen, Zellhausen oder weiteren Plätzen im Frankfurter Raum zwischengelandet werden, um Zeit und Kraftstoff für Folgeeinsätze zu sparen. Daß der 12. Mai 1940 Pfingstsonntag war, merkte keiner. Die Einsätze zogen jeden in den Bann. Die Begeisterung über die Erfolge überflügelte alles. Die französische Luftwaffe griff mit ihren »Morane« tapfer und schneidig an. Erheblich »durchlöchert« vom Feindflug zurückzukehren, gehörte zum Alltag der Kampfflieger. Wenige blieben für immer, vom Feindflug nicht zurückgekehrt; einige hatten das Glück, nur kurze Zeit als Kriegsgefangener Gast der französischen Regierung zu sein.

Vor Beginn des Feldzuges waren die Geschwaderbefehle seitenlange Schönschriften. Das änderte sich mit dem Fortgang der Kämpfe, wie das folgende kurze Dokument zeigt:

Kampfgeschwader 55
Abt. I a

Gefechtsstand, 12. 5. 40
(Schwäbisch Hall)

*Geschwaderbefehl für den Angriff*
*auf Truppenansammlungen und Truppenbewegungen*
*am 13. 5. 1940.*

1. Das Geschwader greift mit möglichst starken Kräften Truppenansammlungen und Truppenbewegungen im Raume Charleville—Launois (15 km SW. Charleville)—Novion—Porcien—Rethel—Kanal des Ardennes—Atigny—Kanal des Ardennes bis zur Mündung 6 km westl. Sedan an, um die Heranführung feindl. Reserven vom Gefechtsstand abzuhalten.
   Schwerpunkt: Waldstücke 12 km SW. Charleville rittlings der Straße Charleville—Rethel.
   Es darf unter keinen Umständen eine Bombe nordöstlich der Maas fallen: Gefährdung eigener Truppen.
2. Südostwärts des Geschwaderraumes kämpft K.G. 51. Trennungslinie Kanal des Ardennes.
3. Zielverteidigung für die Gruppen:
   I. und II. Gruppe: Nördl. der Straße Launois—Poix Terron—Malmy (einschl.).
   III. Gruppe: Raum südl. dieser Straße.
   I./KG 55 westl., II./KG 55 ostwärts der Linie: Villers (4 km. SO Charleville) – ostw. Eisenbahn – Poix Terron (Orte zu I./K.G. 55).
4. Rollende Angriffe in Kettenstärke ab 07.00 Uhr über dem Ziel mit Bomben und MG aus Höhe 2000–2500 m.
5. Anflug staffelweise geschlossen über Karlsruhe–Trier–Ziel. Auflösung in Ketten vor der Maas.
6. Aufnahme durch Jäger 07.15–08.15 Uhr an der Maas zwischen Charleville und Mouzon.
7. Nach Landung gleiche Beladung und Einsatzbereitschaft herstellen. Mit zweitem Einsatz auf gleiche Ziele ist zu rechnen.
8. Wegen Kennzeichnung eigener Truppen, sind die gegebenen Befehle zu beachten.

(gez.)
Stoeckl
Oberst und Geschwaderkommodore

Am 22. und 23. Mai herrschte über Frankreich im Einsatzraum so schlechtes Wetter, daß kaum geflogen werden konnte. Deutsche Panzerspitzen standen schon am Kanal. Bei Dünkirchen waren das britische Expeditionsheer und französische Verbände eingeschlossen. Hitler hielt die bereits schwer mitgenommenen Panzerverbände der Heeresgruppe A (von Rundstedt) zurück, um sie für den Stoß nach Frankreich hinein aufzusparen. So blieb es hauptsächlich den deutschen Fliegerverbänden überlassen, die eingeschlossenen alliierten Kräfte zu bekämpfen, nachdem sich insbesondere Göring für den Erfolg maßgeblich verbürgt hatte. Ohne an mögliche Unbill des Wetters zu denken. So kam es prompt, daß die Luftwaffe nur an zweieinhalb Tagen wirklich mit Masse zuschlagen konnte. Seit dem 27. Mai sollten schon Einsätze gegen Dünkirchen geflogen werden. Morgennebel, die langen Anflugstrecken und Regen mit nur 100 m Wolkenuntergrenze, gestaute Brandschwaden über dem Hafengebiet von Dünkirchen beeinträchtigten die Wirkung genauso wie der weiche Strand mit Dünensand, der viele Bomben schluckte ohne sie detonieren zu lassen, ganz abgesehen davon, daß zahllose kleine wendige Schiffe ohnehin schwer zu treffen waren. Der pausenlose, überraschende Einsatz britischer Spitfire lenkte manche Kampfbesatzung ab oder brachte ihr den Tod.
Immerhin konnte etwa ein Drittel der britischen Evakuierungsfahrzeuge versenkt, sämtliche Hafenanlagen zerstört und der Gegner zum Ausweichen auf den Strand gezwungen werden. Seit dem 1. Juni wurde unerbittlich bombardiert. Als am 4. Juni die alliierte »Operation Dynamo« abgeschlossen war, waren 338 682 britische und 123 095 französische Soldaten gerettet. Sie bildeten den Kern von Armeen, die später wieder in Europa, als die Lichter schon lange ansgegangen waren, kämpfen sollten. Zurück blieben 40 000 französische Soldaten und wertvolles Kriegsmaterial. Für Churchill war es ein »glorreicher Rückzug«, für die zurückgebliebenen Franzosen »raffinement«, wie sie sagten. Noch kämpfte aber Frankreich mit dem Mut der Verzweiflung; die Schlacht der 46 Tage war noch nicht beendet.

## »UNTERNEHMEN PAULA«

Das Geschwader wandte sich nunmehr wieder den Zielen im eigenen Kampfraum Mittel- und Südfrankreich zu. So gegen Flugplätze im Rhônetal wie Lyon-Bron, wo beim Rückflug ostwärts von Lyon durch Schweizer Me 109-Jäger eine He 111 aus einer Kette herausgeschossen worden war. »Unerhörte Frechheit« steht im Tagebuch von Reinhold Dörscher! Außerordentlich konsequent verteidigte die Schweiz ihre Neutralität, obwohl es nicht immer geklärt werden konnte, wer nun wessen Grenze bzw. Luftraum verletzt hatte.

Die englische Propaganda versuchte der Weltöffentlichkeit weiszumachen, die deutsche Luftwaffe habe sich in den bisherigen Kämpfen derart aufgerieben, daß die Kraft ihrer Schwingen längst erlahmt sei. Wie immer bei Propagandanachrichten war natürlich ein Fünkchen Wahrheit enthalten. Blitzkriege kann man nicht auf Dauer führen, das kostet Kraft, Nerven und Nachschub und nutzt die kämpfende Truppe über Gebühr ab. Ein Mittel, die Feindpropaganda Lügen zu strafen, war schon immer Demonstration von Kraft und Stärke. Das war es wohl auch, was den Anlaß gab, einen Großangriff auf die Luftbasis Paris durchzuführen. Das Unternehmen der Luftflotte 3 unter Generalfeldmarschall Hugo Sperrle, einem Junggesellen aus Prinzip und Soldaten aus Leidenschaft, erhielt den Namen »Unternehmen Paula«, P wie Paris. Sehr kurzfristig wurde dieser Plan mit unendlicher Feinarbeit ausgearbeitet und an die unterstellten Verbände noch am Abend des 2. Juni 1940 verteilt. Bis tief in die Nacht herrschte bei allen Geschwadern höchste Betriebsamkeit. Die Abt. I a kam nicht zur Ruhe. Das Kampfgeschwader 55 »Greif« wählte als Stichwort »Feuerwerk«!

Kommodore, Oberst Stoeckl, diktierte in Schwäbisch Hall in aller Eile den Geschwaderbefehl und traf seine letzten Absprachen mit benachbarten Verbänden und unterstellten Einheiten um 23.50 Uhr. Der folgende Text sagt alles. Die handschriftlichen Bemerkungen wurden vom Bearbeiter »entziffert«, sie sind mit fliegender Schrift und stumpfem Tintenstift geschrieben.

Geheime Kommandosache!

Kampfgeschwader 55 — Gefechtsstand, den 2. 6. 40
Abt. I a — (Schwäbisch-Hall)

*Geschwaderbefehl*
*für den Angriff »Feuerwerk« am 3. 6. 40*

1. Angriff der Luftwaffe auf Stützpunkthäfen bei Paris.
   Stichwort: »Feuerwerk«.
2. Geschwader angreift mit X-Zeit
   Ziel 10143 – 208 – 209 (St. Cyr)
   mit I./K.G. 55 und II./K.G. 55 und Geschwader-Führungskette,
   Ziel 10145 (Guyancourt)
   mit III./K.G. 55.
3. Anflug Trier – Sedan, nordwestl. Reims – Melun – Corbeil – Ziel.
4. Versammlung des Geschwaders über Trier, auf Kurs, Höhe 4500 NN um X – 75 Min,
   I./K.G. 55, die die Führung übernimmt, – Mitte –,
   II./K.G. 55, – Rechts –
   III./K.G. 55, – Links –.
   Formation der Gruppen in Gruppenkolonne.
5. Sedan X – 50 Min. Aufnahme Zerstörerbegleitschutz.
   Ab Sedan Steigen mit 1 m/sec. auf 6000 m.

6. Zielverteilung:
   I./K.G. 55: – 10143 u. 208/209 –
   westl. Hälfte des Westteils der Zielgruppe B Hallen (Ziff. 1) ausschl. bis SW-Grenze.
   II./K.G. 55: – 10143 u. 208/209 –
   1/3 der Gruppe: Ostteil Zielgruppe B mit Neben- u. Lagergebäude,
   2/3 der Gruppe: Östl. Hälfte des Westteils der Gruppe B mit Schwerpunkt Hallen (Ziff. 1) sowie anschließendes Vorfeld der Zielgruppe A.
   III./K.G. 55: – 10145 –
   Schwerpunkt Hallen und Vorfeld.
7. Rückflug über Seine – Knie bei Poissy – Laon.
8. Der Raum um Reims wird durch Jäger besonders freigekämpft.
9. Sperrballone auf Straße Südl. Versailles.
10. Je eine Aufklärer-Maschine mit Bildgerät der Stabsstaffel schließt sich der letzten Kette jeder Gruppe an. Die Maschinen verlegen rechtzeitig vorher auf die Einsatzhäfen der Gruppen.
11. Uhrenvergleich durch Geschwader.
12. Ich fliege hinter Führungskette I./K.G. 55.

gez.
(S t o e c k l)
Oberst und Geschwaderkommodore

*(handschriftliche Bemerkungen):*

*2. 6. – 2300 –* *(+ Anschlußvereinbarung mit KG 51 und Z. G. Sessmann)*

*1. x = 1430*

*2. Trier = x—70' (KG 51 geschlossen) — 4500 m*
*Sedan = x–45' – 5000 m, bei 5/10 Bedeckung untere Wolkengrenze, Zerstörerschutz bis zur Seine gemeinsam für KG 55 + KG 51.*

*3. 1 –Z–Gruppe Reims x–30 – x–10*
*4—Z—Gruppe Villeneuve—Versailles x — x+15*
*4—Z—Gruppe Creil Compiègne Ville Cottre Meaux x — x+25*

| | | | |
|---|---|---|---|
| *21 (Maschinen) an* | *I/55* | *Marienfeld* | *2315 (Uhr)* |
| *21 (Maschinen) an* | *II/55* | *Lt. Dahl* | *2330 (Uhr)* |
| *18 (Maschinen) an* | *III/55* | *Obl. Koller* | *2335 (Uhr)* |
| *3+3 (Maschinen) an* | *Stabsstff:* | *Obl. Müller* | *2350 (Uhr)* |

Die chiffrierten Zielbezeichnungen bedeuteten im einzelnen, es greifen an:

Führungskette, I. und II. Gruppe Hauptziel Luftpark und Kraftwagenpark sowie Nachschublager und Platz St. Cyr in 5500—6000 m, Führungskette und II. Gruppe mit zwei Staffeln, Hallen und Rollfeld im Ostteil des Platzes, 5. Staffel Verpflegungs- und Nachschublager und den Bahnhof, I. Gruppe Kraftwagenpark und Unterkünfte im Westteil des Platzes; von der Stabsstaffel wurden drei Maschinen mit schwerem Bildgerät ausgerüstet, um klare Zielwirkungsbilder liefern zu können.

Ein Flugzeug des Geschwaders flog bereits lange vor dem Einsatz auf direkten Befehl des Fliegerkorps Wettererkundung im Einsatzraum.

Der hochdekorierte französische Fliegermajor Jean Gisclon berichtet über diesen Großeinsatz in seinem Buch »Ils ouvrirent le bal«:

*»Es war der Tag, an dem unsere Nordarmee aufhörte zu bestehen. Immer enger wurden die Einheiten im Brückenkopf von Dünkirchen zusammengedrängt. Einzelne ließen das gesamte Material zurück und schifften sich unter dem pausenlosen Feuer der Artillerie nach England ein. Immer neue Bombardements der Stukas brachten ihnen hohe Verluste bei. Die Teile der I. Armee, die das Unternehmen decken sollten, erfüllten ihren Auftrag opfervoll bis zum letzten Augenblick und gerieten nach heldenhaftem Kampf in Gefangenschaft.*

*Nachdem der Feind an den beiden vergangenen Tagen immer neue Ablenkungsangriffe geflogen war, änderte er nun seine Ziele. Nach einer Methode, die von nun an üblich werden sollte, führte er zur Vorbereitung kommender Erdangriffe einen Lufteinsatz großen Umfangs durch. Diesmal vernichteten die Kampfverbände unsere Nachrichtenverbindungen und die Luftverteidigung des Raumes von Paris endgültig. Hauptziel des Planes war, die Bevölkerung und alle Truppenverbände in diesem überaus wichtigen Raum in helle Panik zu versetzen.*

*Diesem weiträumig gespannten Einsatz konnte »Tapir«, das 23. Armeekorps, nur ungefähr hundert Maschinen vom Typ Bloch 152, Morane und Dewoitine entgegenstellen. Sie allein sollten die Verteidigung gewährleisten.*

*Auf allen Flugplätzen des Pariser Beckens wurden sie am Morgen des 3. Juni in Alarmbereitschaft versetzt. Alle bisherigen Aufträge und die Sicherung von Aufklärungsmaschinen über Somme und Aisne wurden anderen Einheiten anvertraut.*

*Bei herrlichem Wetter war es sehr schwül; das Sonnenlicht mußte sich den Weg durch leichten Nebel bahnen, der die ganze Ile-de-France bedeckte.*

*Auf den Flugplätzen lagen die alarmierten Piloten neben ihren Maschinen im Gras und plauderten mit ihren Mechanikern, jederzeit bereit, bei Alarm in ihre Sitze zu springen. Doch vergeblich warteten sie in bedrükkender Tatenlosigkeit. Nichts geschah. Aber die Stille schien von böser Vorbedeutung.*

*In Brétigny, wo am Tag vorher die 2/I eingetroffen war, standen dank dem tüchtigen Einsatz des Bodenpersonals achtzehn Bloch bereit. Um 13.30 Uhr (französische Zeit) erfüllte mächtiges Dröhnen die Luft, wurde immer lauter, kam von Osten her näher und näher. Sofort bekam die erste Kette des 1. Geschwaders Startbefehl. Sie hob sich sofort vom Boden. Dennoch war sie nicht schnell genug — in die letzten Maschinen schlugen schon die ersten Geschosse und Splitter ein.*

*Obwohl das Oberkommando exakte Meldungen erhalten und dafür gesorgt hatte, daß die Nachrichtenübermittlung halbwegs gesichert war, erfolgte die erste Meldung vom Einflug dieses Bomberverbandes durch den Abwurf der ersten Bomben! Auf den meisten Flugplätzen konnten die Jagdmaschinen nicht mehr rechtzeitig starten. Die wenigen Maschinen, die tatsächlich hochkamen, wurden sofort von den deutschen Jägern abgefangen.*
*Im Geschoßhagel hoben die Bloch der 2. Staffel ab, zwei bekamen Schüsse durch die Haube. An einer dritten verbrannte ein Stück Wand, weil unmittelbar daneben eine Granate detoniert war. Die Piloten hatten nicht einmal die Zeit, sich richtig anzuschnallen. Aber sie hatten Glück. Alle waren sie endlich in der Luft und setzten geschlossen, wie bei der Parade, zum Angriff an. Mehr als 200 Maschinen kamen in 4000 Meter Höhe heran, Heinkel und Dornier, in drei Kolonnen. Geschützt wurden sie in allen Höhen von derselben Anzahl Me 109 und Me 110; jedoch waren sie im Sommernebel unseren Jägern, die mit aller Motorkraft so schnell wie möglich Höhe gewannen, nicht sichtbar. So sahen sich die französischen Jagdflieger, als sie den Bombern nahe gekommen waren, heftigen Angriffen ausgesetzt. Allerdings hatten die Deutschen offenbar Befehl, so eng wie möglich geschlossen zu bleiben und sich nicht in Einzelkämpfe hineinziehen zu lassen.*
*Die 1/I stellte sechs Ketten, insgesamt achtzehn Bloch. Das Dröhnen der Motoren der feindlichen Geschwader war in Chantilly das einzige Alarmsignal. Hintereinander flogen die Ketten dahin, geduldige Schlachtopfer, die nicht die leiseste Chance hatten. Die Deutschen verwickelten sie einzeln in Luftkämpfe, trieben die Verbände auseinander und erledigten eine Maschine nach der anderen. Die Verluste in diesem ungleichen Kampf waren erheblich.«*

Um 12.00 Uhr deutscher Zeit starteten insgesamt 66 Maschinen des KG 55 von ihren E-Häfen gen Paris und versammelten sich mit weiteren Kampfgeschwadern kurz vor der französischen Grenze zu einer wahrlich eindrucksvollen Luftstreitmacht. In gewaltigem Bomberstrom, begleitet von Jagd- und Zerstörerverbänden, flog die gesammelte Phalanx auf die Hauptstadt Frankreichs zu. Niederschmetternd für die Franzosen, die kurz zuvor noch aus dem Rundfunk hörten, daß Paris niemals in die Hände der Deutschen fallen soll.
Fast 600 Kampfflugzeuge, begleitet von etwa 300 Jägern und Zerstörern, flogen und warfen, zeitlich peinlich genau abgestimmt, ihre Bomben auf die zugeteilten Ziele. Die französische Jagd- und Flakabwehr war zwar bemerkenswert, störte aber nur wenig. Der Erfolg war besser als erwartet und nachhaltig. Insbesondere wirkten die neuen Langzeitzünderbomben erstaunlich gut.

Oberleutnant Broßler ließ es sich nicht nehmen, mit entsprechendem Zerstörerschutz, an die Schweizer Grenze zu fliegen, um ein Revanche-Engagement zu finden. Er wollte das Ereignis vom Vortage wieder geradeziehen. Mit dem Ergebnis, daß ein Schweizer Jäger zwar von einem deutschen Kampfflugzeug abgeschossen worden war, jedoch mit dem Opfer, den Gefreiten Schmid schwerverwundet mit einem Kanonentreffer im Oberschenkel zurückgebracht zu haben. Kommentar überflüssig; man vergegenwärtige sich den Geist jener Zeit! — Nach dieser Demonstration von Luftmacht hieß es noch kleinere Gefechte bis zum Abschluß des Feldzuges zu führen.

## ENDE DES FELDZUGES UND VERLEGUNG NACH FRANKREICH

Die zweite Phase des Vormarsches war die eigentliche »Schlacht um Frankreich«. Nach General Gamelin's Rücktritt errichtete sein Nachfolger, General Weygand, hinter Somme und Aisne mit seinen geschwächten französischen Divisionen eine neue Front. Luftflotte 2 unterstützte Heeresgruppe B, Luftflotte 3 die Heeresgruppe A. Vom Geschwader wurden vornehmlich Flugplätze angegriffen, leider auch solche, wie Villacoublay, die vom KG 55 später belegt werden sollten. Dort sah man dann, was man vorher angerichtet hatte. Reims fiel am 11. Juni, Châlons-sur-Marne am 12. und Verdun am 15. Juni. Italien trat dann am 11. Juni noch in den Krieg ein. —

Durch die auch durch die Luftwaffe freigekämpfte Lücke konnten die Panzergruppen von Kleist und Guderian bis an die Schweizer Grenze vordringen. Damit fiel die Maginot-Linie endgültig, sie war absolut abgeriegelt worden. Pausenlos flogen die Kampfverbände der Luftwaffe, um das Heer bei der Einkesselung des Feindes westlich der Vogesen zu unterstützen. Truppenansammlungen und -bewegungen wurden für die Franzosen unmöglich gemacht. Wo sich etwas rührte, wurde zugeschlagen. Der Fall von Paris war nur noch eine Frage der Zeit. Die »Funktioner« der Stäbe und Staffeln kamen mit dem Kartenkleben kaum nach, so groß und kurzfristig war der Verbrauch durch die Besatzungen.

Am 14. Juni, als Paris kampflos besetzt wurde, erkundete der Chef der Stabsstaffel, Oblt. Müller, in den Nachmittagsstunden mehrere feindliche Artilleriebatterien im Raume Fremestroff/St. Avold. Um 18.00 Uhr starteten 5 Heinkel He 111, um das »Nest« auszuräumen. Gegen 20.00 Uhr landeten 4 He 111 wieder, wo blieb die fünfte? Es war die Maschine von Müller. Major Kühl, der Ia, berichtete, daß er eine He 111 vermutlich durch Artillerietreffer, über die Fläche abkippen sah und nach steilem Sturzflug einen Aufschlagbrand beobachten konnte. Keiner war abgesprungen. Ein unfaßbarer Verlust in einem bisher so verlustlosen Krieg. Es starben den Fliegertod: Ofw. Franz als Flugzeugführer, Oblt. Müller als Beobachter und Staffelkapitän, als Funker Fw. Ander, als Mechaniker Uffz. Behrens und als Bordschütze der Spieß und Hfw. Witt. Damit verlor die Stabsstaffel »Vater« und »Mutter« zugleich.

Nachdem die Italiener endlich am 21. Juni zum Angriff antraten, aber nicht vorankamen, stießen deutsche Panzerkräfte von Lyon aus in den Rücken der Franzosen zur Öffnung der Alpenpässe. Die neu gebildete französische Regierung des Marschall Pétain bat durch Vermittlung der spanischen Regierung um Waffenstillstand.

Verlegungen nach Frankreich bahnten sich an. Man sprach schon hinter vorgehaltener Hand darüber. Cherbourg fiel am 18. Juni 1940.

Die wenigen Einsätze, die noch geflogen wurden, wurden durch Feindberührung nicht mehr belästigt. Man »putzte« nur noch aus. Am 22. Juni 1940 um 18.50 Uhr unterzeichnete der französische General Charles Huntzinger im Wald von Compiègne und in jenem Salonwagen, in dem am 11. November 1918 der folgenschwere Waffenstillstand zwischen den Deutschen und Alliierten abgeschlossen worden war, den Waffenstillstand. Er trat am 25. Juni um 01.35 Uhr in Kraft, nachdem auch Italien in die Waffenruhe einwilligte. Die letzten Einsätze flog das Geschwader zur Verhinderung der Einschiffung des Restes der englischen Luftwaffe in der Biskaya nordwestlich Bayonne.

Der Verlegebefehl erging bereits am 20. Juni 1940. Die Vorausabteilungen wie FBKs und Stabsstaffel mit Bildstelle mußten sich auf eine lange Reise vorbereiten. Durch ein Land, das vom Kriege gezeichnet war. Die Junkers Ju 52 — »alte Tante Ju« — waren natürlich rar und ausgebucht für Spitzenpersonal aller Chargen.

Neuer Standort war für alle zunächst Villacoublay. Den Fliegern und Warten ging es gut, sie flogen mit ihren Maschinen oder den Transport-Ju's. Ob FBK, Bildzüge oder allgemeines Personal, allen erging's gleich. Tage vergingen, bis sie in Villacoublay ankamen. Nur die ersten Piloten hatten noch gesehen, daß in den dortigen Speisesälen halbvolle Suppenteller herumstanden, die die geflüchteten Franzosen in der Eile nicht mehr ausgegessen hatten. Hier die kurze Beschreibung der Verlegung des Bildzuges, die Kamerad Dörscher in seinem Tagebuch festhielt. So erging es auch vielen bodengebundenen Einheiten der Reichsluftwaffe.

20. 6. 1940 23.30 Uhr Verlegebefehl nach Villacoublay

21. 6. 1940 In Schwäbisch Hall. Besorgungen, hauptsächlich Deutsch-Französischer Wörterbücher, Pakete nach Hause, Sachen packen, Warten auf Abmarschbefehl. Freude über den Sieg. Jede Besatzung, die von »drüben« kommt, berichtete Abenteuerliches.

Über Heilbronn, Heidelberg, Mannheim, Worms, Mainz, Bingen, um 20.00 Uhr bereits in Bernkastel. Es ging schneller als erwartet. Kleine Pause. Alle Kfz-Tanks randvoll mit Sprit, man weiß ja nicht, wie es in Frankreich aussieht. Die letzte Nacht in Deutschland. Viele hübsche Mädchen. Guter Moselwein. Schwerer Kopf.

22. 6. 1940 15.00 Uhr Luxemburg nach langsamer Fahrt erreicht, die ersten gefangenen »Poilus«. Arme Kerle. Bezahlung des Mittagessens mit Kreditscheinen.

22.30 Uhr, Dun. Bei Longuyon verfahren! Über Montmédy nach Staney. Die Maas ist überschwemmt, als künstliches Hindernis. Ein jeder übernachtete lieber im eigenen Fahrzeug, als ein Bett in den zerschossenen Häusern von Dun zu suchen.

23. 6. 1940 Nach fünf Stunden Schlaf weiter nach Verdun, um die noch aktiven Widerstandsnester der Franzosen zu umgehen. Die Brücken über die Maas gesprengt. Kriegsbrücken. Gefangene Franzosen und Schwarze helfen bei den Aufräumungsarbeiten. Guter Bohnenkaffee beim Arbeitsdienst. 13köpfige Familie aus Lothringen bittet um Brot. Man gibt das letzte Kommißbrot. Franzosen sahen verbittert zu. Châlons-sur-Marne. Wo ist der nächste Brückenübergang? In Vitry-le Francois. Zurückgehende französische Familien mit zweirädrigen Karren. Trostlos. 20.00 Uhr Sézanne. Im Mädchenpensionat Treffen mit versprengten, befreiten deutschen Soldaten, mit bestem französischem Likör. Schwerer Kopf.

24. 6. 1940 Vorbei an bekannten Namen wie la Fertè Gaucher und Coulommiers, Ziele gleichen Namens waren vom Geschwader angegriffen worden. Ist der Waffenstillstand nun schon beschlossen? Weiter ging's über Meaux an den Stadtrand von Paris. Geschäfte sind geöffnet. Limonade kostet 2 frs (0,10 RM!), man staunt. Am Stadtrand südlich Paris Richtung Versailles. Endlich um 17.00 Uhr trafen die übermüdeten, aber irgendwie glücklichen Männer in Villacoublay, ihrem neuen Standort, ein. Ein riesiges Flugfeld mit Flugzeugwerken von Morane, C.E.M.A. und Breguet. Hunderte von Flugzeugen befanden sich noch im Produktionsgang. Unbeschreiblich das Durcheinander. Unterkunft in Château Monteclin. Außer zerborstenen Fensterscheiben alles in bestem Zustand. Im Erdgeschoß Geschäftszimmer und Offizierkasino. Betten mit Steppdecken! Ein jeder konnte endlich wieder ausschlafen.

Nach und nach fand sich alles in Villacoublay ein. Jede Einheit richtete sich in dem Durcheinander des Zurückgelassenen sein Feldquartier. Nach-

Üben für den Reichsparteitag mit der Ju 86 D.

Im Verbandsflug über Mitteldeutschland.

Morgenstimmung auf dem neuen Fliegerhorst Gießen.

Abbremsen einer He 111 B (»Langnase« mit MG-Stand unter dem Rumpf).

Die Friedensausbildung forderte viele Opfer. Nach dem Start stürzte am 8. Juni 1939 die Besatzung Olt Freund in Gelnhausen ab. Mit ihm fanden Uffz Himmelfaat und Gefr Heilmann den Tod. Sie wollten mit Zementbomben zum Abwurfplatz Bad Orb fliegen.

Immer wieder schmerzlich war der Abschied von guten Kameraden.

Rückkehr aus Spanien nach dem Einsatz bei der »Legion Condor«.

Eine russische Delegation besichtigte am 21. November 1939 das KG 55 in Manching.

Olt Philipp Müller (der »Tolle«) wurde in Polen von Jägern verfolgt und bekam mit seiner Me 110 Baumberührung, als er sich »verdrücken« wollte (oben links).

Ein 4-cm-Flaktreffer am Seitenleitwerk einer He 111 B in Polen (oben rechts).

Die Me 110 wurde bei der Stabsstaffel KG 55 als schneller Bildaufklärer eingesetzt.

Schon in Polen wußten sich die Landser zu helfen. Mit einer 250-kg-Bombe pflegte man bei der 3. Staffel Hosen zu bügeln!

Feindflug über Polen.

Besuch des Reichsmarschalls in Märzdorf/Ohlau am 12. September 1939. Rechts Kommodore Süßmann.

Perfekte Trefferlage auf dem polnischen Bahnhof Nisko am 7. Sept. 1939.

Das Flugkraftstofflager des Flugplatzes Lemberg ist getroffen.

dem die Siegesfeier vorbei, die ersten Auszeichnungen verliehen und ein wenig Ruhe eingekehrt war, lockte natürlich das nahe Paris. Doch da gab es strikte Befehle und Disziplin, die nur durch Schlitzohrigkeit zu überwinden war! Nach Paris kam man nur mit Sondergenehmigung. Dazu gehörten Zahnarztbesuch und Abholung von Feldpost u. a. ... Die Landser fanden aber einen noch leichteren Weg, um die streng-kontrollierenden Wachen und Feldgendarmen zu täuschen. Man fuhr mit der Metro! — unten durch. Die anfängliche »Gammelzeit« wurde mit Exerzieren unter Leitung eines schneidigen Infanterieoffiziers und mit Geographieunterricht über mögliche Ziele, Flughäfen und Industriekomplexe Englands ausgefüllt. Höhepunkte bildeten die Flüge im Staffel- oder Gruppenverband mit Jagdschutz.

In Villacoublay drängten sich mehr als 150 Flugzeuge. Ju's der Transporter, Aufklärer Do 17, Zerstörer, Jäger und He 111 der »Greifen«. Kein Wunder, die anderen Plätze waren teilweise noch zerstört — dank der soliden Arbeit deutscher Kampfflugzeuge. Man fühlte sich gar nicht so sicher und wohl, weil Tag für Tag Angriffe der Engländer erwartet wurden. Die Dienststellen waren teilweise noch eifrig mit der Einrichtung beschäftigt. Im Schloß du Rocher fühlten sich Flieger und Techniker der II. Gruppe recht wohl. Schnell hieß es die Umgebung von Paris erkunden. Schloß Versailles war ein besonderer Anziehungspunkt.

Dennoch hängt etwas in der Luft. England. Die aus der französischen Gefangenschaft, nach manchen Mißhandlungen, wohlbehalten zurückkehrenden Kameraden lassen die Gedanken sehr schnell verfliegen. Dieser Feldzug war nun endlich vorbei.

Hitler stand auf der Höhe seiner Macht. Er hatte in einem klassischen Feldzug den stärksten Gegner ausmanövriert und niedergeworfen, das englische Expeditionsheer vom Festland vertrieben und vom Nordkap bis zur Biskaya die Küsten besetzt. Italien und die UdSSR unterstützten ihn. Schweden, Finnland, Rumänien und Spanien machten politische Zugeständnisse, um sicher zu sein für zukünftige politische Entwicklungen. Auch Frankreich orientierte sich neu und arrangierte sich.

Der weitere Verlauf des Krieges zeichnete sich in Hitlers Weisung Nr. 16 ab:

»Da England, trotz seiner aussichtslosen Lage, noch keine Anzeichen einer Verständigungsbereitschaft zu erkennen gibt, habe ich mich entschlossen, eine Landungsoperation vorzubereiten und, wenn nötig, durchzuführen.«

ÜBERSICHT FRANKREICHEINSATZ

10. 5. bis 12. 5. 1940
Erkämpfung der Luftüberlegenheit
Kampf gegen die gesamte feindliche Bodenorganisation im Raume Nancy — Toul — Epinal und rückwärtige Luftstützpunkte Avord, Orleans, Vesoul.

12. 5. und 13. 5. 1940
Unterstützung und Abschirmung des Angriffs des Heeres gegen die Maas und des Überganges über die Maas bei Sedan-Charleville. Kampf gegen Bahnanlagen, Eisenbahnzüge, Tunnel, Truppenansammlungen und -bewegungen im Raume zwischen Sedan und Reims.

14. 5. bis 17. 5. 1940
Verhinderung von Truppenverschiebungen von der Maginotlinie an die Aisne.
Kampf gegen Bahnanlagen, Eisenbahnzüge, Tunnel, Truppenansammlungen und -bewegungen im Raume Metz — Diedenhofen — Longuyon — Verdun — Toul.

16. 5. 1940
Verhinderung eines Flankenstoßes bei Sedan.
Kampf gegen Bereitstellungen und Panzer im Raume Montgomery — Verdun.

18. 5. bis 26. 5. 1940
Abschirmung des Angriffs des Heeres auf Laon und gegen die Kanalküste.
Kampf gegen Bahnanlagen, Truppenansammlungen und -bewegungen und Panzer im Raume Laon — Roye — Beauvais — Meaux — Reims, sowie gegen Bahnanlagen und Eisenbahnzüge der Marnebahn von Meaux bis Revigny.

27. 5. bis 28. 5. 1940
Verhinderung der Einschiffung des englischen Expeditionsheeres.
Angriffe gegen englische Rückzugskolonnen im Raume Brügge — Ypern — Dünkirchen und gegen Hafen und Stadt Dünkirchen.

1. 6. und 2. 6. 1940
Verhinderung des Antransportes aus Südfrankreich
Kampf gegen Bahnanlagen südlich Lyon, sowie Nachtangriffe auf Öllager und -raffinerien bei Marseille.

2. 6. bis 6. 6. 1940
Kampf gegen rückwärtige Hauptstützpunkte der feindlichen Bodenorganisation.
Angriffe gegen Flughäfen in den Räumen Lyon, Paris, südlich der Loire und zwischen Marne und Seine.

6. 6. bis 8. 6. 1940
Unterstützung des Angriffs des Heeres auf und über die Aisne zwischen Soissons und Compiègne.
Angriffe auf Truppen und Bahnen im Raume Reims — Soissons — Compiègne — Creil — Meaux, besonders auf die Wälder bei Compiègne.

9. 6. und 10. 6. 1940
Unterstützung des Angriffs des Heeres über die Aisne zwischen Soissons und Sedan.
Angriffe auf Lager in der Champagne, sowie auf Truppenansammlungen und -bewegungen und Artillerie im Raume Reims.

10. 6. und 13. 6. 1940
Verhinderung der Heranschaffung von Reserven aus dem Raume um Nancy.
Geschwaderangriff auf Eisenbahnknotenpunkt Lérouville bei Commercy und Angriff auf Bahnen und Truppenbewegungen im Raume von Neufchâteau.

11. 6. 1940
Verfolgung des über die Marne zurückweichenden Feindes.
Angriffe auf Kolonnen südlich der Marne und Seine und auf den Flughafen Troyes.

14. 6. und 15. 6. 1940
Durchbruch durch die Maginotlinie südwestlich Saarbrücken.
Angriffe auf Artilleriestellungen und Truppenansammlungen und -bewegungen zwischen Saarbrücken — Château — Salins.

15., 16. 6 und 18. 6. 1940
Unterstützung der Panzerverbände im Vormarsch auf die Schweizer Grenze und das Rhônetal.
Angriffe auf Bahnanlagen und Truppenbewegungen im Raume Belfort — Dijon — Clermont-Ferrand — St. Etienne — Genf.

15., 18. 6. und 19. 6. 1940
Unterstützung des Heeres in der Einkesselung des Feindes westlich der Vogesen.
Angriffe auf Artillerie, Truppenansammlungen und -bewegungen im Raume Strassburg — Lunéville — Epinal — Colmar.

Bis 24. 6. 1940
Verhinderung des Abtransportes der englischen Luftwaffe.
Angriffe auf Schiffe in der Biskaya nordwestlich Bayonne.

AUSWERTUNG FRANKREICH-FELDZUG

| | Einsätze | Maschinen | Bomben (kg) | Feindflug-Stunden | Personalverluste tot | Personalverluste vermißt | Personalverluste verwundet | Flugzeugverluste |
|---|---|---|---|---|---|---|---|---|
| Führungskette | 21 | 58 | 58 000 | 199 | 1 | 1 | 6 | 1 |
| Stabsstaffel | 65 | 65 | 65 000 | 260 | 5 | 0 | 12 | 3 |
| vor dem 10. 5. 40 | 21 | 21 | Flugblätter | 57 | – | – | – | – |
| I./KG 55 | 51 | 897 | 796 052 | 2 890 | 7 | 1 | 7 | 10 |
| II./KG 55 | 45 | 571 | 779 050 | 2 050 | 14 | 2 | 37 | 11 |
| III./KG 55 | 46 | 595 | 701 070 | 2 079 | 12 | 5 | 31 | 9 |
| Gesamt | 249 | 2207 | 3 099 172 | 7 535 | 39 | 9 | 93 | 34 |

# *Die Luftschlacht um England — Der Aderlaß 1940/1941*

Wenn auch noch, wie gewohnt, viel improvisiert werden mußte, so standen Bodenorganisation und endgültige Dislozierung der Verbände doch zum Aufmarsch gegen England Anfang Juli 1940 fest.
Die Luftflotte 2, mit Hauptquartier in Brüssel, wurde von Generalfeldmarschall Keßelring, die Luftflotte 3, mit Sitz in Paris, von Generalfeldmarschall Sperrle geführt.
Entlang der Loire, im Großraum Paris, über Brüssel bis nach Amsterdam lagen die Kampfgeschwader. Stuka-, Zerstörer- und Jagdgeschwader waren dagegen aufgrund ihrer geringeren Eindringtiefe um Le Havre und am Pas de Calais stationiert.
Das Kampfgeschwader 55 (Oberst Stoeckl, Villacoublay) unterstand zusammen mit dem KG 51 (Oberst Dr. Fisser, Orly) und dem KG 54 (Oberstleutnant Höhne, Evreux) dem V. Fliegerkorps (Generaloberst Ritter von Greim, Villacoublay).
Im Zusammenhang mit der Führerweisung vom 2. Juli 1940 an die Seekriegsleitung zur Vorbereitung einer Landung in England, mußte sich auch die Luftwaffe auf ihren neuen Einsatzraum vorbereiten, obwohl noch keine bindenden Befehle vom Oberkommando der Luftwaffe vorlagen.
Erste Einzeleinsätze wurden geflogen. Das galt auch für das Kampfgeschwader 55 »Greif«, worüber von Dr. Ernst Kühl, dem späteren Kommodore, Erinnerungsfragmente vorliegen. Sie wurden unter dem unmittelbaren Eindruck des Erlebten skizziert und später während des Krieges ausgearbeitet. Sie werden im folgenden Text wie Erlebnisberichte jeweils kursiv hervorgehoben.
Der Bearbeiter hat am Beispiel der Schlacht um England versucht, den Gedanken des ihm nicht persönlich bekannten Oberst d. R. Dr. Ernst Kühl zu folgen und in seinem Sinne diesen Abschnitt des Luftkrieges, an dem sein ›Greifengeschwader‹ teilhatte, zu gestalten. Dr. Kühl war es, der schon bald nach dem Kriege daran ging, eine Geschwaderchronik zu konzipieren und erste Beiträge zu verfassen.

## PRAELUDIUM ANDANTE — EINWEISUNGSFLÜGE GEGEN ENGLAND

*»Das verhaltene Schüttern des Bodens unter den grummelnd warmlaufenden Motoren übertrug sich auf die Männer, die vor ihrer Maschine standen, wartend, daß sie von den Funktionern des technischen Bodenpersonals endlich startklar gemeldet werden würde. Das feine Vibrieren pflanzte sich durch den ganzen Körper fort, komprimierte sich zu einer Spannung von hohen Graden und jagte in schüttelfrostartigen Wellen die Stromstöße der Erregung bis in die äußersten Nervenfasern, so daß die Hände mit den glimmenden Zigaretten leise zitterten. War das Angst? — Kaum, zumindest nicht mehr als jenes Quentchen kosmischer Urangst, die alles Lebende aus dem Unterbewußtsein anrührt, dort, wo es sich anschickt, den schmalen Grat zwischen Sein und Nichtsein zu betreten. Über die Schwelle des Bewußtseins jedoch trat diese Furcht nicht, dafür hatten diese Männer zu oft schon den Blick in das fahl flackernde Mündungsfeuer des Medusenantlitzes moderner Maschinenwaffen getan. Angst ist mangelndes Selbstvertrauen! Die fünf Männer in den schilfleinenen Kombinationen wußten längst, was sie sich zutrauen durften, und an kriegerischen Minderwertigkeitskomplexen litten sie bei Gott nicht. Eher schon glich ihr Zustand der Erregung des Wettkämpfers, der zur Leistungsprobe antritt, wissend, daß die Entscheidung nur einen Sieger und Unterlegene kennen wird, gleich dem Erschauern des Jünglings vor dem Unbekannten der ersten Liebesbegegnung. Die Spannung des großen Wagnisses, das nur mit dem vollen Einsatz der Persönlichkeit bestanden werden konnte, hielt sie gepackt, und sie wußten, nicht eher würde sie sich lösen, als sie über dem Ziel dem Ansprung der Entscheidung begegnen würden.*

*Vor genau acht Tagen (22. 6. 1940) hatten die französischen Streitkräfte im historischen Wald von Compiègne ihre Kapitulation unterzeichnet. In der selbst von Fachleuten nie für möglich gehaltenen Frist von nur sechs Wochen war die stärkste Militärmacht der letzten zwanzig Jahre europäischen Geschehens zerschlagen worden. Die Männer aber, die den Siegeslorbeer brachen, waren um so erstaunter ob ihres Erfolges als sie wohl fühlten, daß er ihnen im ersten Anlauf zugefallen war, noch ehe sie Gelegenheit fanden, ihre Kräfte ganz zu entfalten. Das Schicksal hatte ihnen jenen Preis nicht abgefordert, den zu zahlen sie sich in allem männlichen Ernst vorbereitet hatten, und sie quittierten folgerichtig und doch froh der bestandenen Gefahren mit dem ihre Anstrengungen drastisch wertenden Wort vom »KdF-Feldzug nach Paris«.*

*Dem Krieg schien der Atem ausgegangen. Zumindest war mit dem Eintreten der Waffenruhe in Frankreich am 25. 6. 1940 morgens 01.35 Uhr die Westfront um Hunderte von Kilometern weiter davongerutscht. Aber war*

*das denn noch eine Front? Gewiß, schon am 20. 6. 1940 — die Wehrmacht war in Nantes eingerückt und hatte gerade Brest genommen — verkündete Hitler:*
*»Die deutsche Luftwaffe hat nunmehr die Vergeltung gegen England begonnen!«*
*Doch Vergeltung, war das noch der Krieg oder ein langsames Verflackern des Kampfes?*
*Die Männer sahen auf. Die Motoren neben ihnen brüllten im Furioso der Abbremsprobe, dann fielen sie in ihrer Lautstärke zurück, bis sie verhalten grollend plötzlich verstummten. Hinter den gewölbten Scheiben der Vollsichtkanzel bewegten sich die Taschenlampen der Warte. »Klar«, meldete eine Stimme von oben her aus dem Dunkel. Der Pilot sah auf die Uhr.*
*»Na, denn —!«*
*Die Männer traten ihre Zigarettenkippen aus, nahmen ihre Fallschirme auf und stapften schwerfällig zur Einstiegluke unter dem Rumpf der Maschine. Wie sie so dahinschritten, angetan mit dem Gurtwerk der Fallschirme, den gelben Schwimmwesten, dicken Pelzstiefeln und dem Gummischnorchel der Atemmasken vor der Brust, glichen sie eher kühnen Forschern vor abenteuerlicher Entdeckungsreise in ungeahnte Zonen, als Soldaten. Na, und eine Entdeckungsfahrt würde es in dieser Nacht ja auch geben, einen Vorstoß in unbekannte Zonen, von denen sie nur wußten, daß sie ihnen feindlich sein würden. In Stunden würden sie klar sehen, ob dort drüben eine Westfront war. Dort drüben, — das war England, war das Schicksal jener Tage, in denen der Krieg zu schlafen schien.*
*Die Motoren sprangen fauchend an. Aus den Auspuffstutzen flackerten blaue Flämmchen. Die Nadeln auf den schwach phosphoreszierenden Instrumenten standen, wie sie sollten.*
*Bremsklötze weg!*
*Die Lukenklappen dicht.*
*Taschenlampen geben das grüne Signal. Rüttelnd rollt der schwere Vogel an, rumpelt hinüber zum Start. Noch sind zwei Minuten Zeit. In verhaltener Ungeduld dröhnen die Motoren, bis endlich auch hier das grüne Licht den Start freigibt. Ein letztes Zurechtsetzen, dann schiebt die Hand des Piloten die Gashebel nach vorn bis zum Anschlag.*
*Aufbrüllend reißen die Motoren die Maschine vorwärts, die bunte Lichterkette der Startbahnbefeuerung fliegt vorbei, die 16 Tonnen tun einen kurzen, kaum spürbaren Satz, heben ab, die »Anton Siegfried« fliegt — fliegt »gegen Engelland«.*
*In wenig mehr als einer halben Stunde ist jener Saum französischen Landes übersprungen, der sich zwischen Einsatzplatz und Küste schiebt. Der Leitstrahl des Funkfeuers Fécamp weist einen sicheren Weg durch die dunkle, mondlose Nacht. Das Ganze ist nicht mehr als ein exerziermäßiger*

*Senderanflug. Jede Abweichung vom Leitstrahl wird von einem hochempfindlichen Zeiger auf der Sichtanzeige des Peilgerätes registriert und kann durch sofortige Kurskorrekturen ausgeglichen werden. Zusätzlich kontrolliert der Beobachter über die akustischen Signale im Kopfhörer den Kurs. Da — plötzlich schlägt der »Pinsel« am Anzeigegerät um: Fécamp! Die »Anton Siegfried« ist genau über dem Sender. Kurzer Kurswechsel, und dasselbe Spiel wiederholt sich, jetzt als Senderabflug auf der befohlenen Standlinie. Auch das ist oft und oft geübt und klappt mit automatischer Präzision.*

*In der Kanzel liegend späht der Beobachter in die Tiefe. Trotz der Finsternis ist für gute Augen die Küstenlinie klar auszumachen. Um einen Schatten nur scheint das Land dunkler, aber das genügt, es gegen die See abzuheben. Ein kurzer Blick auf die Karte. Der Funker bekommt die Planquadratzahlen des genauen Standorts und setzt seine Meldung ab: »AS — Küstenüberflug 23.20 Uhr«. Von nun ab herrscht Funkstille, die nur sekundenkurz durch die Abwurfmeldung über dem Ziel unterbrochen werden wird. Die Aufmerksamkeit des Funkers gehört fortan ganz dem Luftraum über und hinter der »Anton Siegfried«. Sachte nimmt der Pilot die Schnauze seines Vogels hoch. Mühelos steigt die, nur halbe Beladung tragende, Maschine auf die befohlene Einsatzhöhe. Noch fliegt sie mit Westkurs parallel zur französischen Küste.*

*Eine knappe Viertelstunde, da kommen voraus die kurzen Lichtblitze des Kennfeuers »Erika« am Kap Barfleur in Sicht. Beobachter und Pilot lesen das Kurz, lang-lang-kurz, lang-lang-lang, lang-kurz, der in die Dunkelheit hinausgestrahlten Kennung mit. In Ordnung! Die vier Morsebuchstaben bestätigen, was auf den Funkerzetteln angegeben ist und die Männer erwartet haben. Noch eine Viertelstunde bis zum Wendepunkt.*

*Langsam entschwindet die tröstliche Lichtkennung achteraus. Frankreich, der Kontinent, die Heimat bleiben zurück, und den Männern in dem dahindröhnenden Riesenvogel tritt allmählich wieder die existenzielle Bedrohung ins Bewußtsein, die aus der Tiefe jenes, zwei Welten trennenden Abgrundes nach ihnen greift, über den sie dahinschweben. In den gewölbten Scheiben der gläsernen Kuppel, unter der sie sitzen, bricht sich das Sternenlicht in bösartig funkelnden Lichtreflexen. Die von den phosphoreszierenden Instrumenten ausgehende grünblasse Dämmerung in der Kanzel wandelt die Menschengesichter zu gespenstigen Dämonenmasken, deren lemurenhafte Unheimlichkeit durch die geriffelten Rüssel der Atemmasken zu einer lauernden Schrecklichkeit verdichtet wird. Das schnarchende Röcheln, das sich in monotonem Rhythmus den Rüsseln entringt, unterstreicht den Eindruck erstarrten Entsetzens, denn trotz des dröhnenden Röhrens der Motoren scheint es das einzige Geräusch in der lastenden Leblosigkeit der gläsernen Kugel. So mochten Charons Fährleute auf ihrem Weg über den Styx dahingeglitten sein. Und doch, es sind*

*Männer, so wie Du und ich, voll blutvollen Lebens, die der soldatische Auftrag ruft, das Dunkel kosmischer Bedrohungen zu durchstoßen, um den Feind ihres Volkes zur Entscheidung zu stellen. Der Beobachter rekapituliert, zum wievielten Male schon, die Kette der Landmarken, die die englische Küste gliedern. Von North Foreland bis Landsend, ein Dutzend Markierungen, die ein Bild des feindlichen Küstensaumes geben, das noch im Schlaf mit aller Eindringlichkeit vor seinem Auge steht. Auch ohne Karte kann er danach jederzeit seinen jeweiligen Standort bestimmen. Das »Kleine Einmaleins der Englandflieger« hatte man in der Ausbildung diese Litanei geheißen, und jeder wußte wohl, daß seine Beherrschung jetzt ebenso lebenswichtig geworden war, wenn man bestehen wollte, wie jene Zahlenformeln in der Klippschule. Zwischen St. Albans und Portland Bill spannt sich heute das Tor, durch das man hindurch muß. Schön in der Mitte dabei geblieben, denn zu weit nach links, würde man mit dem Flakpfeiler Portland-Weymouth zusammenecken, während zu weit rechts die Batterien am St. Albans Head lauern. Rechts draußen, wo weit im Norden ein schmaler Streifen fahler Helligkeit im samtenen Vorhang der Nacht klafft, als habe der Gegner einen Spalt breit das dunkle Visier geöffnet, dort muß die »Anton Siegfried« zustoßen.*
*Uhrzeit? —*
*Ein leises Kopfnicken des Piloten. Neuer Kurs eingedreht. Die Maschine kurvt gehorsam auf 360°-Nordkurs.*
*Nun gilt es. Der Pfeil ist von der Sehne und nichts wird ihn mehr aufhalten! Nichts? — Wollen sehen, was »König Artus'« Ritter uns für einen blinkenden Schild entgegenhalten werden?*
*In der Kanzel des Kampfflugzeuges herrscht jetzt jene gespannte Wachheit, die dem Jäger eignet, der sich einem von gefährlichen Großwild belebten Dickicht entgegenpirscht, jederzeit den Ansprung der Gefahr gewärtig. Auch der Auftrag der vier Flieger gilt mehr der Pirsch als der Jagd.*
*Zu den unerschütterlichsten Traditionen preußischen Soldatentums gehört eine bis ins pingeligste Detail gehende Vorbereitung des Kämpfers auf seinen Gegner. Da wird gedrillt, exerziert und manövriert, bis jeder Griff im Schlafe klappt. Karte und Sandkasten werden zu Einrichtungen, deren Wichtigkeit zeitweise dem täglichen Brot gleichkommt. Die automatische Reaktion des Kämpfers galt solange als die verläßlichere Komponente in den Planungen der Truppenführer, bis die Fronterfahrung das Handeln aus eigenem Entschluß erlaubte. Unzweifelhaft bargen diese Grundsätze einen Teil des Geheimnisses deutscher Waffenerfolge. Deshalb war es nur naturgemäß, daß diese Richtlinien auch für die Ausbildung der Luftwaffe übernommen worden waren. So wurde bereits auf den Kampffliegerschulen seit 1939 endlose Unterrichtsstunden lang der Film »Englandeinsatz« durchgespielt. Damals freilich mit einer Ausgangssituation von*

*deutschen Startplätzen. Nun stand man in Frankreich. Das änderte in Vielem die Lage. War es da nicht gut, ehe man sich massiv auf den Gegner stürzte, die Besatzungen zuvor einmal mit der neuen Situation vertraut zu machen? Sollten sie ruhig erst einmal nach drüben fliegen und sich ihr kommendes Schlachtfeld ansehen, seine Gefahrenpunkte und die toten Winkel ausspähen. So hieß denn das Stichwort dieser ersten Englandflüge, fast als sei es noch gar nicht ernst: »Einweisungseinsatz England«. Die halbe Beladung — wenn man nun schon hinflog, konnte man ja immerhin einige Bomben mitnehmen, deren Abwurf schließlich auch der Ausbildung diente — unterstrich den informatorischen Charakter dieses vorsichtigen »Beschnüffeln« des Gegners. Noch schien nicht einmal ganz sicher, ob es überhaupt zum ernsthaften Schlagen kommen würde. Hitler hatte schließlich mehr als einmal seiner Bewunderung für England Ausdruck gegeben und dessen Notwendigkeit im Chor der weißen Mächte nachhaltig unterstrichen. Immerhin, ob der zwar knurrende, im großen Ganzen — trotz aller Goebbels'scher Propagandaphrasen — aber nicht unsympathische »Bully« auf seiner Insel nun nach Frankreichs Ausscheiden aus dem Kriege, Ruhe geben und zur Verständigung bereit sein würde, stand dahin. So schien es gut, sich zwar vorzubereiten und durch einige Nadelstiche zu zeigen, wessen man fähig war, doch ernstlich sollte ihm vorerst nicht das Fell gezaust werden.*

*Für die allerdings, die flogen, verlangten auch die »Einweisungsflüge« den vollen persönlichen Einsatz. Hängst Du aber erst einmal in der Flak, mochtest Du wohl bedauern, nicht volle Bombenladung mitgenommen zu haben, denn ob der »Tommy« nun vielleicht auch nur »Flakeinweisung« schoß, für Dich ging es ums Leben.*

*Zusammengekauert hockt der Beobachter in der Kanzel. Längst hat er seinen Sitz hochgeklappt. Nach einem letzten prüfenden Blick auf die Triebwerksinstrumente ist der Bordmechaniker nach hinten auf seine Gefechtsstation in der Bodenwanne verschwunden. Ein schmaler Lichtstrahl der abgedunkelten Taschenlampe huscht noch einmal kurz über die Karte. Ein Blick zur Borduhr. Nun müßte doch die Küste —, da reißt der dunkle Vorhang auf. Von links her greifen milchige Leuchtfinger tastend in die Höhe, drei, fünf — acht, und jetzt setzt sich das Spiel im weiten Rund bis hinüber nach St. Albans Head fort. Die beiden Männer in der Kanzel sehen sich an. Nicken sich zu. Fester umgreift die Hand des Piloten die Steuerhörner am Knüppel. Der Beobachter liegt weit in die Kanzel vorgebeugt, und seine Augen mühen sich den Abgrund zu durchdringen. Da — da ist der Küstensaum. Doch ehe er die Uhrzeit am Kartenrand vermerken kann, wetterleuchtet es die ganze Küste entlang auf. Am Himmel bersten bösartige Meteore. Der Feind — England! Flak! —*

*Die Spannung löst sich. Jetzt braucht man nicht mehr dem Unbekannten entgegenzuharren. Den tödlichen Himmelszauber, in den es nun hineinzu-*

*fliegen gilt, kennt man. Gestrafft, entschlossen durchzubrechen, steht man als Soldat vor der feindlichen Front. Alsdann — mag es gelten. Sachlich werden die Sprengpunkte der Flakgranaten registriert. Portland liegt schon querab. Die tuen der »Anton Siegfried« nichts mehr, und voraus scheint das Feuer noch ein regelloses Abtasten in verschiedenen Höhen. Gas links auf Vollast, beim rechten Motor etwas zurückgenommen. Die gleichmäßige Melodie des ehernen Orgelns wird zu auseinanderlaufenden Dissonanzen. Nun hört mal da unten an Euren Geräten die Flughöhe heraus. Noch arbeiten die Batterien ja nach akustischen Meßverfahren, noch sind sie mit solchen kleinen Tricks zu täuschen.*

*»Küstenüberflug«, stellt die Stimme des Beobachters ruhig und klar in der Bordeigenverständigung (EiV) fest. Der Pilot drückt den Knüppel um Handbreite nach vorne. Die »Anton Siegfried« hat genug Höhe, um durch Aufgabe einiger hundert Meter sich einen Fahrtgewinn zu erlauben, der die Flakzone rascher zu durchstoßen gestattet.*

*Das Spiel der Scheinwerfer wird nervöser. Fühlen sie dort unten, daß ihnen die Beute entwischt? Die ersten rutschen schon achteraus. Doch rechts blenden jetzt neue Lichter auf.*

*»Ballone« meldet der Funker. Richtig, vor den hellen Streifen der hinwischenden Leuchtfinger sind — Sekundenbruchteile nur, aber doch deutlich genug — die prallen »Würste« zu erkennen. Tief unter der deutschen Maschine und weit querab. Ist das Poole?*

*Steht die »Anton Siegfried« so weit vom Kurs? Der Beobachter hat jetzt keine Zeit mehr, sich um die funkelnde Illumination der Angst dort in der Tiefe zu kümmern. Man ist über England. Soll man sich auch in der Hauptsache nur informieren und den Gegner kennenlernen, so doch immerhin auf dem Weg zu einem befohlenen Ziel, das gefunden sein will, ohne daß jetzt andere Navigationshilfsmittel zur Verfügung stehen, als das eigene Können. Uhr, Kompaß und Karte. Dort wurde die Küste überflogen. Sechs Minuten ist das her. Sechs Minuten, das sind dreißig Kilometer. Sind es nicht mehr gewesen? Beim Herabdrücken hat der Vogel doch Geschwindigkeit aufgeholt. All das gilt es jetzt blitzschnell durchzurechnen und danach den Kurs abzusetzen.*

*Ein kurzes Handzeichen für den Piloten. Die »Anton Siegfried« fällt um 10° nach Westen ab. So müßte man hinkommen.*

*Dunkel und still liegt England 3600 m unter dem dahinstürmenden Riesenvogel. Nur der Funker kann achteraus noch das mählich verdämmernde Spiel der Scheinwerfer beobachten. Langsam wird es Zeit, sich einmal um die Abwurfanlage zu kümmern. Exerziermäßig ist der BSK (Bombenschaltkasten) beim Küstenüberflug eingeschaltet worden. Keiner der stählernen Todesboten wird blind fallen. Im gleichen Moment, wo er den bergenden Schacht verläßt, wird er den elektrischen Stromstoß erhalten,*

*der seinen Zündmechanismus auflädt. Doch gilt es ja nicht zu werfen, sondern auch zu treffen.*
*Der Beobachter hat den Rollteppich über seinem Bombenvisier aufgeschoben, und nun späht er voraus, um irgendeine Bodenmarkierung auszumachen, mit deren Hilfe er eine Vergleichsmessung durchführen kann, die ihm die genaue Abtrift und Geschwindigkeit über Grund zu ermitteln erlaubt. Der Fahrtmesser gibt ja schließlich nur die Fortbewegungsgeschwindigkeit gegenüber der umgebenden Luft, nicht aber die gegenüber dem Boden an. Nun ist das leichter gedacht, als bei Nacht getan. Verzweifelt fährt sich der Beobachter über die Stirn. Da ist man nun an den modernsten elektro-optischen Zielgeräten ausgebildet, die einen präzisen Direktanflug des Zieles erlauben, doch in den Einsatzmaschinen hat man — vermutlich aus Pietät jenen primitiven »Klapperatismus« beibehalten, von dem die Sage geht, daß er im Jahre 1727 in die preußische Armee eingeführt worden sei und ohne jede weitere Verbesserung in die Luftwaffe übernommen wurde, da seine Bedienung an die Intelligenz der Ausbilder die geringsten Ansprüche stellte, gleichzeitig aber ein Höchstmaß exerziermäßigen Drills erlaubte. Daher auch die Bezeichnung »mechanisches Bombenzielgerät«. Nun, das mochte eine humorige Übertreibung der mit diesem Visier GV 219 d Bedachten sein. Der bittere Kern dieses Geschehens sollte sich allerdings erst später enthüllen, als die hohe Führung nämlich verwundert feststellen mußte, daß die Wurfergebnisse in der Schlacht um England erheblich hinter ihren Erwartungen zurückblieben. Daß auch 1941, selbst Nachtangriffe noch, in manchen Verbänden mit dem GV 219 geflogen werden mußten, wirft ein bezeichnendes Licht auf die Diskrepanz zwischen Einsatzerfordernissen und technischer Ausrüstung einer Waffe, von der man Kriegsentscheidendes erhoffte. Kein Wunder, wenn der über soviel Sturheit erboste Bombenschütze es vorzog, der sinnlosen Plagerei mit diesem vorsintflutlichen Drahtgestell zu entraten und nach Erfahrungswerten seine Bomben »über den Daumen« — oft dann allerdings genau so wie mit dem Visier neben das Ziel — in die Tiefe zu donnern. Traurig, aber wahr. Die Schuld lag nicht beim Mann, der im Flakfeuer sein Ziel anflog.*
*Da endlich — voraus ein heller Lichtpunkt im dunklen Teppich des verhüllten Landes. Ist es ein Brand, ein schlecht abgedunkeltes Gehöft? Gleich, was es sein mag. Der Beobachter liegt über seinem Gerät, dessen Fadenkreuz matt aufglimmt. Der Rechenschieber rutscht auf seiner Schiene. Abtrift nicht meßbar. Geschwindigkeit — stimmt das — 310 km/h? Es muß stimmen. Der Lichtfleck in der Tiefe ist achteraus gerutscht. Vielleicht gibt es noch einmal Meßmöglichkeit zur Kontrolle, vielleicht? Nun muß man aber auch noch mit gleichem Kurs und gleicher Geschwindigkeit über das Ziel kommen, wenn alles klappen soll.*
*Uhrzeit? — Immerhin noch eine knappe Viertelstunde. Doch was ist das?*

*Gespannt späht der Beobachter nach unten .Ein unterdrückter Fluch entringt sich seinen Lippen. Wolken. — Das hat gerade noch gefehlt. In breiter Front schiebt sich vom Norden her eine durchbrochene Decke mittelhoher Schichtwolken unter die Maschine. Der Flugzeugführer zuckt die Schulter hoch, »vielleicht ist das Ziel ja wolkenfrei, oder wir finden ein gutes Loch!« Das übliche »Loch vom Dienst«.*
*Sehr überzeugend klang das nicht. Immerhin, knapp 50 km hat man noch bis zum Ziel, dem Flugzeugwerk von Filton.*
*Lastende Stille. Der Blick des Beobachters hängt an den unerbittlich weiterrückenden Zeigern der Uhr. Noch acht Minuten, noch sechs, noch vier. —*
*Immer noch liegen die Wolken, wie ein lockerer Federteppich unter der Maschine. Manchmal scheint es, als könne man das Ende des Feldes absehen, doch dann ist es immer nur ein größeres Wolkenloch, hinter dem sich die Schicht bald wieder zusammenschließt. Die letzte Möglichkeit bleibt, daß die nach der anfliegenden Maschine tastenden Scheinwerfer oder die Flak das Ziel markieren.*
*Die Zeit ist abgelaufen. Wenn alle navigatorischen Berechnungen stimmen, müßte man am Ziel sein. Doch nichts rührt sich. Kein Scheinwerfer zeichnet seine milchigen Kringel unter die Wolkendecke, keine Flak schießt. Fiebrige Erregung hat die Männer in der Kanzel gepackt. Von Wolkenloch zu Wolkenloch tastet sich die »Anton Siegfried«. Vergeblich — nichts ist in der gähnenden Tiefe als unheimliche Finsternis.*
*Dort drüben scheint die Decke aufzureißen! Kursänderung. Wieder nichts! Aber da — Herum den Hobel. — Schwarze Nacht.*
*Die Minuten huschen vorbei. Die beiden Kameraden hinten in der Maschine werden jetzt durch die Kurverei aufmerksam, daß etwas nicht stimmt. Wie dumpfe Explosionen knallt die fragende Stimme des Bordmechanikers in der EiV. Das reißt an den Nerven. Doch die da hinten müssen ja fragen, sie hocken an ihren Waffen und haben keinerlei Ablenkung in ihrem Warten. Der Pilot hat schließlich seinen Steuerknüppel, der Beobachter seine Karten, aber tatenlos in die Nacht hineinwarten und nicht wissen, was sich tut, ist fast mehr als ein Mann ertragen kann.*
*Endlich, da vorne — das ist der Rand des Wolkenfeldes. Diesmal ist es nicht mehr zweifelhaft. Die suchenden Augenpaare spähen in die Tiefe. Es ist hell genug in dieser letzten Juninacht des Jahres 1940. Der Mond ist eine dünne Sichel. Aber — das ist doch Wasser, was da aus der Tiefe fluroreszierend aufschimmert. Wo steht die »Anton Siegfried«? — Also am Ziel vorbei. Das kann hier nur der Bristol-Kanal sein. Klar hebt sich der Bruchrand des Landes ab. Doch, dort der Knick in der Küstenlinie? Festhalten! Kurve. — Vergleich mit der Karte. Das ist der Einschnitt von Avonmouth. Was nun?*
*Neuer Anflugkurs! Die Maschine kurvt ein auf 165°. Scharf drückt sie der*

*Pilot abwärts, daß sie dicht über der dünnen Wolkendecke dahinschießt. Nur nach Sekunden ist die Zeit zu bemessen, die man noch bis zum Ziele haben wird.*

*Gewiß, auch Sekunden werden zu Minuten, doch was sind das schon diese rund 180 Sekunden, voller unerträglicher Spannung. Vier Augen müßte man haben, um noch schärfer sehen zu können und jede Einzelheit am Himmel und auf der Erde schnellstens zu erfassen. Es hilft nichts, die »Anton Siegfried« muß unter die Wolken gehen. Der Höhenmesser zeigt fallende Werte. 2100—2000—1900 m. Das ist eine verdammte Höhe, zum schulmäßigen Abschuß für die Flak bestens geeignet. Doch der Besatzung der »Anton Siegfried« ist das jetzt gleich. Sie will ihren Kampfauftrag endlich zu Ende bringen. Die Bombenklappen sind geöffnet. Da — ist das Ziel.*

*»Weiter nach rechts«, schreit der Beobachter. Er hat den dunkel angedeuteten Komplex des Flugzeugwerkes erspäht und in rasender Eile vergleichen seine Gedanken das vom Auge erfaßte mit den Zielbildern bei der Einsatzbesprechung. Es muß jetzt hinhauen. Ein Wunder, daß sich unten noch nichts rührt.*

*»Anflug«, befiehlt er. Fieberhaft arbeiten seine Hände am Bombenvisier. Jetzt ist es nicht mehr möglich, erst noch an einem Hilfsziel Messungen vorzunehmen. Man muß mit den Erfahrungswerten auskommen. Ein guter Daumen ist der halbe Erfolg.*

*Fertig! Das Fadenkreuz voraus gelegt. Gleich muß der dunkle Komplex am glimmenden Längsfaden einlaufen. Viel zu hell glimmt der Faden. Da reißt die gleißende Lichtflut einer Scheinwerferbahn durch die Nacht. Gefährlich nahe steht sie neben der Maschine.*

*»Ruhe«, befehlen sich die Männer. Jetzt gilt es nichts als das Ziel! »Bomben fallen« meldet der Beobachter. Noch ist die letzte der Reihe nicht aus dem Schacht, da hat der Scheinwerfer die »Anton Siegfried« gepackt. Blendende Helle steht in der Kanzel. Kurssteuerung heraus. Kurve auf der Flächenspitze. Aber der Scheinwerfer läßt nicht los. Andere Leuchtarme gesellen sich dazu. Für Augenblickbruchteile ist unklar, wo der Himmel ist und wo die Erde. Dann beginnen die Bordwaffen nach unten zu hämmern. Schießen beruhigt, und vielleicht gelingt es, einen der Scheinwerfer auszuschießen.*

*»Rumms« — wirft es die Maschine hoch. Die Flak ist da. Verteufelt nahe saß das, wenn die Detonation trotz des Motorenlärms zu hören ist.*

*»Wolken«, denkt der Pilot, »hier waren doch Wolken!« — Er zieht die Mühle hoch. Nur erst einmal aus dem Scheinwerferlicht herauskommen. Endlich, da steht solch heller Wattebausch. Vom Scheinwerferlicht angestrahlt, als wollten die dort unten helfen, daß die »Anton Siegfried« ein Versteck findet.*

*Gleich — gleich muß er heran sein. Doch endlos dehnen sich die Sekunden,*

*bis es gelingt, in die milchige Suppe hineinzutauchen. Längst hat die Hand des Piloten die 110%ige Startleistung am Gashebel hineingeschoben. Die Motoren brüllen. Um die »Anton Siegfried« steht ein zuckendes Rund sprühenden Feuerwerks. Irgendwo ratscht reißendes Metall. Ein erbärmliches Geräusch. Elende Wolke, so komm doch schon! Na, endlich, Gottseidank, die ersten Fetzen des weißen Schleiers wischen über die Kanzel. Die Scheinwerfer blenden nicht mehr, wenn sie auch die Wolke mit ihrer Helle noch zu füllen scheinen. Die Instrumente weisen nun den Weg.*
*Sterne — da sind die Sterne über der Maschine. Man ist durch die Wolken hindurch. Weiße Kringel stehen in der federgrauen Decke, tasten hin und her. Aber die Flak greift mit ihrem Feuerzauber durch den schaumigen Flaum hindurch. Immerhin, das Schwerste ist überstanden. — Nachdrükken, Fahrt aufholen, Wegkurven — Hauptsache, daß der Vogel dabei über den Wolken bleibt. Und das Glück ist dem Kühnen hold. Die Maschine kommt frei aus diesem Hexenkessel. Hat sie etwas abgekriegt bei dem Tanz? Die Triebwerkinstrumente stehen eisern auf ihren Marken, und das ist zunächst einmal die Hauptsache. Langsam kurvt sich die »Anton Siegfried« wieder auf 4000 m Höhe. Nun kommt noch die Klippe der englischen Südküste. Noch einmal sind die Nerven bis zum Zerreißen gespannt, als die Scheinwerferkette in der Tiefe aufblendet. Dann ist die Maschine hindurch. Als die tröstliche Kennung des Leuchtfeuers »Erika« von der Nordspitze der Halbinsel Contentin wieder durch die Nacht blitzt, wissen die Männer, daß sie für diesmal Sieger geblieben sind.*
*Aber — und dessen sind sie sich vollauf bewußt — es war ein Auftakt gewesen, der nur einen kurzen Blick hinter einen Vorhang gewährt hatte, der die wesentlichsten Vorbereitungen des großen Spiels noch verbarg, von dem keiner wußte, ob überhaupt, noch wann es anheben und wie es ausgehen würde.«*

## »KEINE PERLE AUS ENGLANDS KRONE«

*Bei den Staffeln und Geschwadern, die im Zuge der Besetzung Frankreichs auf ihre neuen Horste verlegten, herrschte jene freudige Hochstimmung, die dem Bewußtsein entspringt, nach einem Waffengang auf Tod und Leben, den Sieg »fest in der Tasche« zu haben. Diese Überzeugung wurde genährt, als sich die kursierenden Gerüchte von Demobilisierungsmaßnahmen beim Heer zu Tatsachen verdichteten. Auch von der eigenen Waffe begannen die ersten Verbände bereits »heim ins Reich« zu verlegen. So war es kein Wunder, daß die Truppe nach den dramatischen Einsatztagen im jetzt normal verlaufenden Dienstbetrieb in vollen Zügen an jenen Genüssen Anteil nahm, die »Gott in Frankreich« in so mannigfaltiger Fülle bereithielt.*

*Da waren die fremden Städte, das steinerne Filigran gotischer Kathedralen, die stolze Majestät der Schlösser, die bezaubernde Anmut der großen Parks, die träumerische Stille einsamer Landsitze in einer lichterfüllten Landschaft, die seltsamen Genüsse reichbesetzter Tafeln, die bunten Flaschen kleiner Bistros mit diesen Lebenselixieren, die Cognac und Armagnac oder Calvados hießen, die schweren und süßen Weine, der sprudelnde Sekt, und da waren die Menschen eines Volkes, mit denen man um so schneller einen freundlichen Kontakt herzustellen bemüht war, als man leidvoll empfand, ihnen als Besatzungsmacht gegenübertreten zu müssen, und da war — last not least — die Französin! Der Begriff der »Nonfraternisation« war Gottseidank damals noch nicht erfunden.*
*Wie lange würde das alles dauern? —*
*Hatte nicht gerade eben das JG 26 nach Deutschland verlegen müssen, als das Geschwader in Villacoublay — 30 Fahrminuten vor Paris — einfiel? Man bedenke, nur eine halbe Fahrstunde von Paris, und die 26er hatten verlegen müssen. Ins Reich. Auf einen langweiligen Friedenshorst mit bestimmt sturem Gamaschendienst! Wer weiß, wie lange man bleiben dürfte? Also hieß es sich 'ranhalten!*
*Gewiß, der Krieg war noch nicht zu Ende. Noch stand England. Doch, hieß das mehr, als ein schlimmstenfalls etwas schleppendes Nachspiel von zwei bis drei Monaten, an dessen Ende die Verständigung, wenn schon nicht aus Liebe, so doch aus Vernunft, stehen mußte?*
*So dachte der Mann, und so dachte der Offizier. Wohl kannte man die prahlerischen Schlagworte der Propaganda gegen England, aber man nahm sie hin mit der lächelnden Überlegenheit von Männern, die wohl zu differenzieren wußten zwischen der Scheinwelt der Propagandisten und den Realitäten dieser Welt.*
*Gewohnt, auch militärische Dinge in kontinentalen Kategorien zu durchdenken, war man sich doch der besonderen geographischen Lage Großbritanniens durchaus bewußt und erkannte die Unzulänglichkeit der deutschen Luftrüstung, die sich in Kontinentaleuropa während der vorangegangenen Blitzkriege bewährt haben mochte, in deren Konzept jedoch weitreichende Operationen bislang nicht ins Kalkül mit einbezogen worden waren und ein Luftkrieg zur Eroberung Großbritanniens aus der Luft nicht berücksichtigt wurde. Andererseits aber schien die gleiche Erkenntnis dafür zu sprechen, daß auch vom britischen Standpunkt eine Fortführung des Krieges sinnlos erscheinen mußte, da eine Entscheidung — nur gestützt auf die Mittel des Luftkrieges — von der Insel gegen das Festland noch viel weniger zu erzwingen war als umgekehrt.*
*Und kannte man nicht gerade die Engländer als nüchterne Realpolitiker? Der Verhandlungsfriede mußte für sie, jetzt, nachdem der französische Festlandsdegen zerbrochen war, noch wünschenswerter sein, als für Deutschland, das aus einer den ganzen Kontinent beherrschenden Stellung*

*den längeren Atem behalten dürfte. Es gab nur eine Lösung — den Vernunftsfrieden!*

*So sah man in den Stäben aller Führungsebenen und bei der Truppe die Lage. Da eine große strategische Konzeption — die notabene von den Entscheidungen der obersten Führung abhängig war — fehlte, widmete man sich mit preußischer Präzision der nächstliegenden Aufgabe. Der besetzte Raum wurde organisatorisch gegliedert, die Luftgaue Holland und Belgien geschaffen. Die Verbände wurden reorganisiert und in ihre neuen Standorte eingewiesen. Die teils zerstörten, teils kläglich vernachlässigten französischen Horste mußten einsatzklar gemacht werden. An der Küste war der Lufterkundungs- und Warndienst aufzubauen. Die Nachrichtenverbindungen zu den neuen Gefechtsständen waren zu legen. Kurz, man fand Arbeit genug, um den fehlenden Kriegsplan zu vergessen. Dabei täuschte man sich natürlich nicht darüber, daß man im großen und ganzen auf der Stelle trat. Gewohnt, in allen großen Entscheidungen nach bis ins Detail festgelegten Vorschriften zu handeln, schien das Ausbleiben eines solchen, eigentlich längst fälligen Führerbefehls die Annahme zu bestätigen, daß dem Aufmarsch der beiden Luftflotten im Westen im wesentlichen eine potentielle Bedeutung zukam, um die Entscheidung auf höchster diplomatischer Ebene zu erleichtern. Zweifellos entsprach das auch den Zielen der Staatsführung.*

*Die Anzeichen, die sich — zumindest auf deutscher Seite — damals beobachten ließen, schienen die Hoffnung zu rechtfertigen, daß die Klärung des deutsch-englischen Verhältnisses nicht unbedingt durch einen weiteren Waffengang gesucht werden müßte. Da war zunächst einmal Hitlers grundsätzliche Einstellung zu England. Mehr als einmal hatte er offen seiner Bewunderung für das »germanische Brudervolk« Ausdruck gegeben, und die englische Bundesgenossenschaft zu gewinnen als eins der wichtigsten Ziele seiner Außenpolitik proklamiert, das zu erreichen »kein Opfer zu groß sein dürfte«. Nicht nur hatte er bereits 1926 klar ausgesprochen:*

> »Ich wünsche nicht, daß eine Perle aus der Krone des Britischen Empire fällt. Das würde eine Katastrophe für die Menschheit bedeuten«,

*auch durch sein als programmatisch zu interpretierendes, politisches Grundwerk »Mein Kampf« zieht sich wie ein roter Faden der Leitgedanke einer deutsch-englischen Allianz.*

> »In Europa wird es für Deutschland in absehbarer Zukunft nur zwei Verbündete geben können, England und Italien!«

*Nicht nur stellte er ein solches Bündnis in der Wertung dem mit Italien voran, sondern er machte es geradezu zur Voraussetzung der von ihm geplanten aktiven deutschen Ostpolitik. Bereits zu einer Zeit, als die Beurteilung Englands bei vielen Deutschen noch unter den Reminiszenzen des ersten Weltkrieges litt, wußte er die Kräfte, die dieses Reich bewegten und erhielten, richtig einzuschätzen. Konnte er vergessen haben, daß er einmal schrieb:*

»England besaß immer die Rüstung, die es eben nötig hatte. Es kämpfte immer mit den Waffen, die der Erfolg verlangte. ... Immer blieb die Entschlossenheit zum Kampf und die Zähigkeit wie rücksichtslose Führung desselben die gleiche!«

*Und noch in der Geheimbesprechung mit den Oberbefehlshabern der Wehrmacht und ihren Generalstabschefs am 23. 5. 1939 hatte er, dem Protokoll des Oberstleutnant i. G. Schmundt zufolge, Englands Stärke wie folgt abgeleitet:*

»1. Der Brite ist stolz, tapfer, zäh, widerstandsfähig und organisatorisch begabt. Weiß jeden Fortschritt auszuwerten. Er hat das Abenteurertum und den Mut der nordischen Rasse.
2. Die Weltmacht an sich. Seit 300 Jahren konstant. Vergrößert um Verbündete. Die Macht ist nicht nur real, sondern auch als die psychologisch erdumspannende zu betrachten. Dazu kommt der unermeßliche Reichtum mit der damit verbundenen Kreditwürdigkeit ...
3. Nur ein Bündnis Frankreich—England—Rußland gegen Deutschland—Italien—Japan würde mich veranlassen ... England anzugreifen.«

*Freilich hatte er in der gleichen Besprechung bereits erkannt:*

»England ist der Motor, der gegen Deutschland treibt.«

*Seltsamerweise war Hitler überrascht, daß England die weltpolitische Situation nach dem deutschen Einmarsch in Prag am 15. 3. 1939 als grundlegend verändert ansah und jene so verheißungsvolle Periode, die Verständigungspolitik, die durch die Flottenabkommen von 1935 und 1937 gestützt wurde, abrupt beendete. Die Gründe für diese schicksalsträchtige Neuorientierung der britischen Europapolitik glaubte er — wie sich retrospektiv feststellen läßt, nicht ganz aus der Luft gegriffen — seinen Wehrmachtsbefehlshabern in der kriegsentscheidenden Ansprache vom 22. 8. 1939 mit der Feststellung skizzieren zu können:*

»Sehr hat es geschadet, daß viele Deutsche, die ablehnend waren, nach der Lösung der tschechischen Frage den Engländern gesagt und geschrieben haben: Der Führer hat recht behalten, weil ihr zu früh kapituliert habt.«

*Selbst aber, als der Polenkrieg beschlossene Sache war, hat er an dem Versuch — erinnert sei an die Mission des Schweden Birger Dahlerus — doch noch einen modus vivendi mit England zu finden, festgehalten. Er hatte seine Bereitschaft zur Verständigung mit dem Inselreich nach dem Polenfeldzug unterstrichen und nun, nach dem Sieg gegen Frankreich, hoffte er umsomehr auf den Frieden mit England, als er sich in der Bundesgenossenschaft mit Stalin je länger desto weniger glücklich fühlte.*

*Gewiß, auf der Insel gab der alte »Eisenfresser« Churchill den Ton an. Er war dem nationalsozialistischen Deutschland alles andere als grün, doch hatte er nicht am 17. 11. 1937 Worte gefunden, die man von Stalin vor dem August 1939 nie gehört haben dürfte, als er über Hitler feststellte:*

»Sollte unser Land einen Krieg verlieren, so kann ich nur hoffen, daß in seinem Streben, uns moralisch wieder aufzurichten, wir einen Kämpen finden, der ebenso unbezwinglich ist, um uns auf unseren Platz unter den Nationen zurückzuführen.«

*Zu einem solchen Manne mußte es doch einen Weg geben! Freilich würde er allein durch reale Beweise eines echten Verständigungswillens und keineswegs durch noch so gut klingende Versicherungen gefunden werden können.*

*Es wird sich heute vermutlich nie ganz klären lassen, ob Hitler mit seinen Befehlen, die gegen den Willen seiner Armeeführer das »Wunder von Dünkirchen« auslösten, einen solchen realen Beweis seines guten Willens erbringen wollte. Fest steht jedoch, daß in der Truppe der vieldiskutierte Ablauf der Ereignisse um so weniger eine andere Deutung zuließ, als es höchst seltsam erscheinen mußte, daß ein Mann, der ein Risiko wie den Panzerdurchbruch der Gruppe Kleist auf Abbéville wagte, in dem Augenblick, wo das »Cannae« seines gefährlichsten Gegners zum Greifen nahe war, zum »Cunctator« würde. Die Parallele zu jener, ebenfalls nur politisch begreifbaren Schwarzenbergschen Anordnung in der Völkerschlacht bei Leipzig, die Napoléon die Rückzugstraße über Lindenau in Richtung Frankfurt offenließ, liegt zumindest sehr nahe.*

*Wenn man in der Folgezeit den Versuch unternommen hat, Göring mit der Verantwortung für den militärisch unbegreiflichen Haltebefehl vor Dünkirchen zu belasten, da er erklärt haben solle: »den Rest besorge ich mit der Luftwaffe allein«, so gibt es gewichtige Gründe, die gegen eine solche Annahme sprechen. Abgesehen davon, daß Hitler aus dem Verlauf der bisherigen Feldzüge zweifellos gelernt haben durfte, die anfänglich übertriebenen Erwartungen in die Wirkungsmöglichkeiten der Luftwaffe auf das tatsächliche Maß zu reduzieren, waren die fliegenden Verbände während des Frankreicheinsatzes doch kaum einem geringerem Verschleiß unterworfen gewesen als die Panzerwaffe. Dazu aber kam, daß gerade in jenen Tagen die Vorbereitungen auf die erste großangelegte strategische Luftwaffenoperation — das »Unternehmen Paula« — zur endgültigen Zerschlagung der Armée de L'Air auf Hochtouren liefen und eine anderweitige Bindung stärkerer Verbände nicht wünschenswert erscheinen ließen. So erhält denn auch die Luftflotte 3 (Sperrle) den Befehl, ihre vorgesehenen Angriffe auf Dünkirchen auszusetzen. Darüber, daß die verbleibenden Kräfte der Luftflotte 2 (Keßelring) nicht ausreichen würden, den Engländern bei Dünkirchen ein Cannae aus der Luft zu bereiten, konnte umsoweniger Unklarheit bestehen, als deren Befehlshaber über den starken Erschöpfungszustand seiner Verbände — die Einsatzstärken waren auf*

*30 bis 50 abgesunken — keinen Zweifel gelassen hatte. Dazu kam, daß kurz zuvor die Luftflotte 2 ein ganzes Fliegerkorps, das VIII., an die Luftflotte 3 hatte abgeben müssen. Obendrein stand zu erwarten, daß die britische Luftwaffe, die bisher noch nirgends mit stärkeren Verbänden in den Kampf eingegriffen hatte, die letzte Maschine in die Luft bringen würde, um den Rückzug über den Kanal zu decken. (Tatsächlich ist denn auch das Gelingen der Räumung von Dünkirchen ganz wesentlich auf den Einsatz der neuen englischen Spitfire-Jäger zurückzuführen).*

*Um all das wußte Hitler. Auch war es für seine damalige Führungspraxis nicht charakteristisch, den Schlachtenerfolg auf eine Karte zu setzen, deren Stichkraft obendrein von den Imponderabilien des Wetters abhing. Trotzdem gab er am 24. 5. 1940 im Hauptquartier der Heeresgruppe A (v. Rundstedt) in Charleville den entscheidenden Befehl, der die militärisch zweckdienlichen Anordnungen seiner Truppenbefehlshaber zurücknahm und dem britischen Expeditionsheer den Rückzugsweg freimachte. Es kann nicht verwundern, daß er der unverhohlenen Überraschung seiner Generale mit einer militärischen Bemäntelung seiner Entscheidung zu begegnen suchte. Das geistige Klima dieser Schicksalsstunde aber wird erhellt aus den Aufzeichnungen des absolut nicht hitlerhörigen Generals v. Blumentritt, der über ein Gespräch zwischen Hitler und dem Oberbefehlshaber der Heeresgruppe A (v. Rundstedt), an dem entscheidenden 24. 5. 1940 als Ohrenzeuge zu berichten weiß:*

> »Hitler war besonders gut gelaunt . . . und teilte uns seine Auffassung mit, der Krieg wäre in sechs Wochen zu Ende. Dann wünschte er einen vernünftigen Frieden mit Frankreich zu schließen, und dann wäre der Weg zu einer Verständigung mit England frei. Es überraschte uns dann, mit welcher Bewunderung er vom britischen Imperium sprach, von der Notwendigkeit seiner Existenz, und von der Zivilisation, die England der Welt gebracht habe . . . Er verglich das britische Imperium mit der katholischen Kirche und sagte, beide wären wesentliche Bestandteile der Stabilität in der Welt. Er sagte, alles, was er von England wünsche, sei, es sollte Deutschlands Stellung auf dem Kontinent anerkennen . . . Er schloß mit den Worten, sein Ziel sei, mit England auf einer Grundlage Frieden zu schließen, den anzunehmen es mit seiner Ehre vereinbar finden würde!«

*Gewiß, recht seltsame Worte für einen Staatsmann, der eben den entscheidenden Befehl zur restlosen Vernichtung der einzigen Armee jenes erträumten Bundesgenossen von morgen gegeben haben soll! So schließt v. Blumentritt nach Hitlers Ausführung naheliegend weiter:*

> »Wäre die britische Armee in Dünkirchen gefangen genommen worden, so hätten die Engländer das Gefühl gehabt, ihre Ehre habe einen Makel erlitten, der erst ausgelöscht werden müsse. Wenn Hitler sie entkommen ließ, dachte er, sich mit ihnen auszusöhnen!«

*Neben diesen ideologischen Gründen gab es aber auch nüchterne, militärische Überlegungen, die für ihn ein solches Unternehmen als undurch-*

*führbar erscheinen ließen. Wie sollte er diesem England, das eben doch eine Insel geblieben war, beikommen? Die deutsche Flotte reichte nach dem Aderlaß des Norwegenfeldzuges keinesfalls aus, einen Sprung des Heeres über den Kanal sicherzustellen. Blieb also die Luftwaffe! Trotz aller bramarbasierenden Redereien Görings von einer Luftkriegsführung im Douhet'schen Stile, schien sich Hitler über die beschränkten Möglichkeiten seiner Luftmacht klar zu sein und hatte in der Chefbesprechung vom 29. 5. 1939 eindeutig begründet und entschieden:*

»Ein Land ist durch die Luftwaffe nicht niederzuringen!«

*Das war die Lage, der sich die Luftwaffenführung am Ende des Frankreichfeldzuges gegenübersah. Schien es da überhaupt eine andere Alternative zu geben, als Frieden zu schließen?*
*Gut, man würde den Briten durch einen in Nadelstichtaktik geführten Luftwaffeneinsatz zeigen, daß die Sicherheit der Insellage keine absolute mehr war. Im übrigen blieb zu hoffen, daß England dabei, je eher desto besser, zum Einlenken bereit sein würde, um eine sinnlose Fortsetzung des Krieges zu beenden. Das große Wort sollte dann, in Gottes Namen, die Politik haben.*
*Was sich freilich damals der Beurteilung der politischen und militärischen Führung des Reiches entzog, war die Frage, ob die Voraussetzungen für eine Friedensmöglichkeit, auf denen man bislang aufbaute, noch stichhaltig waren, nachdem aus dem Widerstandskreis um den Chef der deutschen Abwehr, Admiral Canaris, Fäden nach England gesponnen worden waren, die den Widerstand gegen das nationalsozialistische Deutschland versteifen halfen und ein Einlenken verhindern mußten? Man wird also in England nicht nur laufend über den Stand der militärischen Widerstandsbewegung gegen Hitler unterrichtet — der Abwehroffizier Dr. Josef Müller war zuletzt am 1. 5. 1940 in Rom zur Lageberichterstattung gewesen — sondern, was mindestens ebenso ins Gewicht fiel, durch die Geheimberichte des amerikanischen Obersten Charles Lindbergh auch ziemlich genau im Bilde über den Leistungsstand der deutschen Luftwaffe und Luftrüstung. Denn Göring'sche Eitelkeit hatte dem Ozeanflieger freundschaftlichst einen umfassenden Einblick in die deutsche Luftrüstung gegeben. Das waren allerdings Dinge, durch die man sich bei der Truppe, den Kopf nicht heißmachen ließ. Man kannte sie nicht. Im großen und ganzen herrschte die zuversichtliche Stimmung: »der Führer wird es schon machen!« Was einem selbst noch zu tun übrig blieb, schienen »Abschiedseinsätze« gegen einen Gegner, mit dem in der Luft sich ritterlich zu messen umsomehr reizte, als man von der kurzen Dauer derartiger Begegnungsmöglichkeiten überzeugt war. Keine Stadt auf der Insel wurde angegriffen oder war bisher angegriffen worden, obwohl deutsche Städte bereits mehrfach Ziele der RAF gewesen waren. Ohne Schwerpunktbildung fä-*

*cherten die deutschen Angriffe gegen britische Hafenanlagen, küstennahe Flugplätze, Rüstungswerke und Seeziele, — kriegerische Beschäftigungstheorie oder in der Frontsprache der fliegenden Besatzungen: Kleine Fische! —«.*

Ein Einsatz gegen die englischen Kanalinseln Guernsey und Jersey, die Tomateninseln, die die englischen Truppen schon längst verlassen hatten, ist der Besatzung Knörringer noch in wehmütiger Erinnerung. Hans Grah berichtete darüber in seinem Tagebuch:

*»28. Juni:*
*Heute haben wir auch lange gewartet. Wir richten die Aufenthaltsräume auf dem Platz etwas wohnlicher her, die Franzosen haben ja alles in einem derartigen Zustand verlassen, es ist kaum glaublich.*
*Da kommt doch noch ein Einsatzbefehl. Mit einer Kette sollen wir Truppenverladungen und Schiffsausfahrten auf den britischen Kanalinseln angreifen. Wir starten um 18.35 Uhr. Flugweg über Caen auf die britischen Inseln Guernsey und Jersey. Wir betrachten die interessante nordfranzösische Landschaft, kleine Felder, alle eingesäumt mit Hecken. Von der Küste der Halbinsel Cherbourg aus sehen wir schon im Dunst die Inseln liegen. Wir fliegen an, erster Angriff gegen England. Es sollten größere Truppenverladungen dort stattfinden. Eine Maschine greift einen kleinen auslaufenden Dampfer an, der versteht es aber geschickt, durch dauerndes Zickzackfahren den Bomben auszuweichen. Wir überfliegen den Kai von St. Peter. Überall auf der Insel leuchten die Glasdächer der Gewächshäuser in der Sonne auf, Guernsey ist berühmt wegen seiner Tomaten. — Auf dem Kai stehen eine Unmenge Kraftwagen, Truppen? ? ?, auch liegt ein kleines Schiff dort. Kurve — die andere Maschine hat bereits geworfen, Treffer in einen Lagerschuppen — wir fliegen an, die Bomben gehen in die Kraftwagen, die erste Bombe, die zweite und so weiter, fabelhaft, keine daneben. Große Brocken fliegen umher, es brennt. Neuer Anflug, wieder alles in die Kraftwagen, toll brennt es dort unten. Das kleine Schiff bekommt auch etwas ab. Wir gehen tiefer, kurven über der Insel, keine Abwehr! Nochmals Bomben in die Kraftwagen. Ich überlege, ob wir nicht landen sollen und mit etwas Frechheit die Insel in Besitz nehmen sollen. Lt. Knörringer hat Bedenken, ich versuche es, ihn zu überzeugen, er will nicht, schade! (Am nächsten Tag hat es ein anderes Flugzeug gemacht mit vollem Erfolg!). Einige Bomben sind noch drin, rüber nach Jersey, dort brennt es bereits im Hafen, die zweite Staffel hat dort bereits geworfen, der Rest geht raus, ein Dampfer sollte das Ziel sein, aber leider geht alles ins Wasser. — Wie wir später erfahren, waren die ganzen Kraftwagen auf Guernsey mit Tomaten beladen, die herüber nach England gehen sollten, das muß ja ein netter Brei gewesen*

*sein. Truppen waren bereits seit einigen Tagen nicht mehr auf der Insel. Schade, daß wir nicht gelandet sind, das wäre ein voller Erfolg geworden.*

*— Kleine Fische?*

## KLEINE FISCHE — BEWAFFNETE AUFKLÄRUNG.

*Wir hängen in der fahlen Helle der ersten Morgendämmerung auf Sichtabstand vor der englischen Küste. Drei Augenpaare spähen in die Tiefe und suchen den Feind, während das vierte den Himmel über uns unter Kontrolle hält. Bereit, jeder von dort drohenden Gefahr mit den Feuerstößen unserer Maschinenwaffen entgegenzutreten. Kein Wort fällt, nur der volle Akkord des dunklen Orgeltons unserer Motoren füllt die Maschine. Jeder ist mit seinen Gedanken allein. Wenn uns auch der gleiche Auftrag bindet, so lockt die transparente Unwirklichkeit des den Sonnenaufgang kündenden Farbenspiels in den Himmelshöhen zu phantasievollen Exkursionen des Geistes. In diesem Dahinschweben zwischen Tag und Traum scheint die Wirklichkeit wie ein hintergründiger Vorhang, unter dem das Wetterleuchten verborgener Drohung hervorblitzt. Die Wirklichkeit — das ist unser Auftrag: Bewaffnete Aufklärung im Kanal zwischen Beachy Head und Portland Bill!*

*Wie die beiden Kiefer eines gigantischen Raubtierrachens klaffen die bogenartig gewölbten Küstenabschnitte, die durch den tiefen Schlund des Southampton Waters getrennt werden. Und die Isle of Wight dürfte dem bösartigen Giftzahn gleichen, der nach uns schnappen wird. Fühlen wir die Nähe der Gefahr, als wir südwärts ausbiegen, sie zu umrunden? Soldaten wollen keine Gefühle haben, wenn der Einsatzbefehl sie bindet. Lehrten es unsere Ausbilder im infanteristischen Gefechtsdienst nicht so? Doch bei uns Fliegern ist das anders. Schon in den ersten Schülerstunden hinter dem Steuerknüppel mußten wir erfahren, daß trotz der den Menschen entlastenden Ansammlung höchstempfindlicher Kontrollinstrumente, diese Wunderwerke der Technik nur mit dem Gefühl geflogen werden konnten. »Ja, wenn ihr kein Gefühl im Hintern habt«, so hieß es damals immer wieder, »dann nützen euch alle Instrumente nichts und ihr rotzt die Kiste in den Dreck!« Ja, so war das mit dem Gefühl. Ganz besonders aber wurde eine feine Witterung für Gefahrenzustände ausgeprägt. Drohten diese nun von der Maschine selbst, von draußen aus dem Wetter, vom Boden her oder — vom Feind!*

*Verdammt, der Feind! Was abwegige Gedanken. Die »Kurfürst Richard« stand am Feind. Keine Zeit mehr für Meditationen. 30 Minuten schon rutschte rechts neben uns die britische Küste vorbei. Und da ist die Insel*

*Wight. Unsere Blicke durchdringen aus der Höhe bereits den feinen Dämmerungsschleier, der noch über dem Lande hängt. Nichts rührte sich bisher beim Gegner. Spiegelglatt liegt das Meer unter uns. Fast möchte man meinen, auf friedlichem Sommerausflug zu sein. Das ist aber kein Sommerausflug. Die Ruhe dort unten wird uns unheimlich. Und doch — ist sie nicht tröstlich zugleich? Läßt sie uns nicht die Hoffnung, selbst noch unentdeckt zu sein? Oder haben uns die Horchgeräte an der Küste schon erfaßt? Fliegen wir am Ende schon einem Punkt entgegen, der von einer britischen Jagdstaffel als navigatorische Treffpunktaufgabe gerade eben errechnet wird?*

*Noch zehn Minuten haben wir bis zum Wendepunkt. Den gleichen »Stremel« zurück? Das wird schon haariger, denn dann schützt uns keine Dämmerung mehr. Aber der Befehl verlangt es so, und der Befehl ist unausweichlich bindend.*

*Besorgt tasten unsere Blicke den Himmel ab. Nein, kein Wölkchen segelt heran, was Schutz gewähren könnte.*

*Die Nervosität beginnt bis in die Fingerspitzen zu kribbeln. Bei Durlston Head schiebt sich das Land wieder näher an unseren Kurs heran. Sollen wir seewärts ausbiegen?*

*Da — vor uns — drei Augenpaare haben es zugleich entdeckt — eine zerflatternde Rauchwolke über See. Nur eine — Herrgott, das wäre goldrichtig! Ein Einzelfahrer ist es gerade, was wir suchen.*

*Da ist auch schon die dunkle Ellipse des Schiffskörpers in dem matten Spiegel der See. Ein Blick zur Küste! Der »Pott« muß vor St. Albans Head stehen. Hat er uns schon gesehen? Noch zieht er ruhig seine Bahn nordostwärts. Dünn glitzert die Schraubenspur im bleigrauen Wasser. Alsdann — Anflug!*

*Im steilen Winkel stürzt unsere Maschine in die Tiefe. Ich zwinge meine Erregung nieder. Klar artikuliert kommen die Worte in der EiV, unseren Funker zu informieren.*

*»Schiffsziel vor uns. Wir greifen im Tiefflug an!«*

*»Klar«, quittiert die Antwort. Aus dem Sturzflug hat der Kumpel längst spitz, daß sich jetzt etwas tut.*

*20 m über See fangen wir ab. Bombenschächte bleiben geschlossen. Es geht auch so. Zwar sehen es die Warte zu Hause nicht gerne, daß durch die geschlossenen Klappen geworfen wird, da sie dann die verbogenen Bleche wieder ausbeulen müssen, doch mit offenen Schächten verlieren wir mindestens 30 km/h an Fahrt.*

*Wir können unser Wild jetzt nicht mehr sehen, aber auch wir sind ihm nun verborgen. Selbst unseren Motorenlärm wird er erst hören, wenn es für ein Ausweichen zu spät ist. Zudem haben wir das Glück, aus der Sonne anfliegen zu können, deren erste Strahlen eben über die Wasserfläche flirren.*

*Gespannt zählen wir die Sekunden. Alles hängt jetzt davon ab, daß wir unseren Anflugkurs richtig abgesetzt haben.*
*Weit vorgeschoben liege ich in der Kanzel. Die Faust umklammert das Griffstück des MG's. Die Bomben wird der Flugzeugführer herausdrükken. Der Daumen seiner Rechten liegt über dem Auslöseknopf am Steuerhorn. Mit einer Braßfahrt jagen wir über dem Wasser dahin. Nun müßten wir den Burschen doch schon im Visier haben? Haben wir uns verschätzt? Fliegen wir vorbei — oder hat der Kerl Kurswechsel gemacht? Sollte er uns doch schon erspäht haben, ehe wir abkippten? Dann können wir uns auf einen heißen Empfang gefaßt machen, besonders, wenn der »Pott« ein Kriegsschiff sein sollte.*
*Keine Zeit mehr zu weiteren Überlegungen. Vor uns wachsen Mastspitzen, Schornstein, Brücke über die Kimm. Da ist er. Aufatmend registriert das Hirn: Frachter!*
*Der Pilot »schnickt« die Maschine zu einer kleinen Kurskorrektur nach links. Doch schon liegen wir wieder wie ein Brett in der Luft. Wir kriegen den Burschen fast schulmäßig im spitzen Winkel von vorne. Jetzt muß er uns gesehen haben. Weißer Dampf zischt am Schornstein auf. Aber das Heulen seiner Sirene kommt zu spät. In rasender Fahrt fliegen wir auf den Kasten zu. Männer springen über das Deck. Eilen sie an ihre Waffen?*
*Doch wir sind heran. Die Leuchtspur meiner Geschoßgarben flirrt über Deck und Bordwand. »Wurf« brülle ich, besorgt, mein »Emil« könnte den rechten Moment verpassen. Schießend fühle ich, wie die Bomben aus den Schächten rauschen. Da reißt unser Vogel mit einem Satz hoch. Das Ziel ist aus dem Visier. Was ist los? Erschreckt drehe ich mich um. Mein Pilot hat den Knüppel am Bauch, doch da drückt er ihn schon wieder nach vorne.*
*»Alles in Ordnung« zwinkern mir seine Augen zu. Ich höre, wie unsere Heckwaffen hämmern.*
*Da gellt es in der EiV auf. Immer wieder erschreckt dieser explosive Ton in Sekunden höchster Nervenspannung bis ins Mark.*
*Doch unser Funker befiehlt nur:*
*»Herum — keine Abwehr!«*
*Nur er hat die Detonationen unserer Bomben aufrauschen sehen. Von seinem Urteil hängt jetzt unser Leben ab. Doch wir wissen, wir können uns auf ihn verlassen.*
*Fast senkrecht auf der linken Flächenspitze reißt der Pilot die »Kurfürst Richard« herum. Ein Ziel, groß wie ein Scheunentor, wenn da einer auf uns schießen will!*
*Doch, da ist unser »Pott« wieder. Dunkler Rauch, aus dem rote Flammenzungen lecken, wölkt über dem Schiff in den hellen Morgenhimmel. »Zwei Bomben haben ihn erwischt«, meldet der Funker, »die erste Steuer-*

*bord kurz vor der Brücke, die zweite an der Backbordwand hinter dem Schornstein!«*
*»Der hat genug«, ergänzt der Mechaniker aus der Bodenwanne. »Jetzt nichts wie weg!«*
*Ja, jetzt nichts wie weg! Bomben haben wir ohnehin nicht mehr, und wenn der Kahn nach unserem Angriff nicht sinkt, mit den Bordwaffen drücken wir ihn bestimmt nicht unter Wasser. Auf gute 2000 t schätze ich ihn. Was mag er geladen haben? Die dunkle Rauchentwicklung deutet auf Öl, obgleich es kein Tanker war.*
*Wir ziehen hoch und überfliegen in 800 m noch einmal unser Opfer, um gültige Erfolgsbilder mit nachhause bringen zu können. Und dann, ab — Richtung Heimat!*
*Zufrieden räkeln wir uns in unseren Sitzen. Das hat hingehauen. Nichts Besseres gibt es, als so in den aufgehenden Tag zu fliegen und sich der glücklichen Stimmung eines glatt erfüllten Kampfauftrages hinzugeben. Knapp fünf Minuten mögen wir so in schöner Selbstzufriedenheit dahingebrummt sein, da reißt uns die trockene Meldung unseres Funkers von den Sitzen:*
*»Achtung Jäger, Achtung Jäger — acht Uhr querab!«*
*»Wo?«*
*»Vielleicht 1500 m Höhe!«*
*Wir fahren herum und suchen am Firmament nach unserem gefährlichsten Gegner. Noch geben wir uns äußerlich beherrscht. Die Stimme unseres Funkers hat ja noch jede Aufregung vermissen lassen. Gerade läßt der Pilot die Maschine etwas links abfallen, damit wir den Luftraum besser übersehen können, denn acht Uhr bedeutet: Backbord achteraus, doch da kommt die Stimme unseres Funkers:*
*»Seid ihr verrückt, — haut ab — die drehen auf uns ein! — Schnell Standort!«*
*Das klang schon anders, immerhin für eine Gefahrenmeldung scheint er sich noch Zeit nehmen zu wollen. Und da hören wir schon, wie er auf die Taste hämmert: »J-J-J — Jauche, Jauche, Jauche«.*
*»Mensch, wo bleibt der Standort?«*
*Da habe ich endlich unser Planquadrat aus der Karte und gebe ihm die Schlüsselzahlen.*
*»Anflug — Anflug!«*
*Aus ist es mit der ruhig beherrschten Stimme. Jetzt gilt es uns! Jetzt sind wir zum gehetzten Wild geworden. Knüppel nach vorn. Runter auf's Wasser. Unser Vogel schießt mit Affenfahrt in die Tiefe. Hinten rasen die MG's in wildem Stakkato. Doch da zischt es über uns hinweg. Bösartig blinkt das Rot-weiß-blaue Pfauenauge der feindlichen Kokarde unter den Flächen. Da ist der zweite über uns hinweg. Eine Rotte Hurricanes. Weit voraus kurven sie zu neuem Anflug ein. Gottseidank haben*

*wir unsere Maschine jetzt zum Tiefstflug herabgedrückt. Von unten wenigstens kann keiner mehr kommen. Flach über dem Wasser rasen wir in Richtung französische Küste dahin. Da hämmern bereits wieder unsere MG's los. In der Maschine ratscht Metall. Wieder sind die in der Sonne glänzenden Hornissen vor uns. Mit unserer Bugwaffe leider nicht zu fassen. Zwischen den Anflügen hämmert unser Funker auf die Taste: »J—J—J« und dann auf Dauerton, Peilzeichen. Da kommt einer von der Seite auf uns zu. Ich drücke mich hinter der Beplankung zusammen, als ob das dünne Blech mir Schutz gewähren könnte. Aus den Flächenvorderkanten des anfliegenden Jägers flackern Feuerspritzer. Die Leuchtfäden fassen nach uns. Wie gebannt starre ich in die glitzernden Todesboten. Jetzt, jetzt — da zischt er über uns hinweg. Unfaßbar, daß seine Feuerstöße uns nicht zerhacken. Dem Pilot stehen die dicken Schweißperlen auf der Stirn. Zwischen den Zähnen quetscht er die Frage hervor:*

*»Wie weit noch bis zur Küste?«*

*»Zehn Minuten«, antworte ich auf gut Glück und sehe im gleichen Moment mit Schrecken, daß am Kompaß 140° anliegen. »Natürlich«, durchzuckte es mich, »Kurssteuerung ist ja zugeschaltet«. Trotzdem rufe ich meinem »Emil« zu: »180°!«*

*Aber halte da einmal einer Kurs in solchem Höllentanz. Man müßte ein MG aus einem Seitenfenster für den Beobachter haben, fährt es mir durch den Sinn. Nichts ist schlimmer, als untätig dabei zu hocken und nichts gegen das anfliegende Verhängnis tun zu können.*

*Da kommt der vierte Anflug. Nur eine Hurricane ist es diesmal. Hat die andere sich verschossen? Fast vor unserer Schnauze dreht der Bursche hart ab, doch ehe ich das Bug-MG herumhabe, ist er weggerutscht. Angespannt spähe ich nach vorne. Will sich die rettende Küste noch immer nicht über den Horizont schieben?*

*Da durchschießt es mich mit heißer Freude, »109—109!« jubele ich los. Gerettet!*

*Nun weiß ich auch, warum zuletzt nur eine Hurricane angriff und so abrupt vor uns wegdrehte.*

*Links voraus rast eine Kette Messerschmitts mit gedrückter Fahrt heran.*

*»Horridoh, Kameraden, und gute Jagd! Putzt die Burschen vom Himmel!« Das war die Rettung in höchster Not! Am Ende hätten die Tommies uns doch noch gezwungen, den »Löffel aus der Hand zu legen«. Lachend sehen wir uns an, glücklich, der tödlichen Bedrohung entronnen zu sein, doch in den Augen steht noch ein Flackern und nur langsam entspannen sich die Gesichter. Beißend süß steht der Pulverdampf der verschossenen Munition in der Maschine.*

*Hochziehend erkennen wir dann vor uns endlich die ersehnte Küste.*

*Prüfend horchen wir auf unsere Motoren. Haben sie etwas abgekriegt? Besorgte Blicke zu den Instrumenten. Tourenzahl, Temperaturen, Öldruck, Sprit? — Die Pinsel der Kontrolluhren stehen da, wo sie stehen sollen.*

*Da ist Kap Barfleur. Wir drehen auf Ostkurs ein. Die gute, alte »Kurfürst Richard« wird es wohl noch schaffen, im Schutze der französischen Küste nach Hause zu »schippern«.*

*»Kleine Fische« stellt unser 1. Wart fest, als er das Dutzend harmloser Einschüsse in der Beplankung zählt. »Ein dicker Hund« meinten wir, wenn die Hurricanes nicht so erbärmlich vorbeigeschossen hätten. So unterschiedlich kann die Beurteilung sein, denn die Maßstäbe schrumpfen mit dem Abstand von der Gefahr und vom Erlebnis letzter existenzieller Bedrohung. Bei der Beruhigungszigarette auf dem Gefechtsstand glaubten wir beinahe schon selbst, daß es diesmal nur »kleine Fische« gewesen waren. Wo bliebe auch der unverwüstliche Fliegergeist, wenn das Nachzittern überstandener Gefahr die Hand am Steuerknüppel führte. Noch galt das Wort »Flieger sind ein sonniges Land, und Frühstück ist ihre beste Jahreszeit!« Galt auch im Angesicht der englischen Insel. Wenig später trug der ganze Verein die »kleinen Fische« als Gruppenwappen der III./KG 55 an den Heckflossen seiner Maschinen.«*

## ZUR VORBEREITUNG DER »OPERATION SEELÖWE« GEGEN DIE »GERMANISCHEN« BRÜDER

*Noch einmal zwar versuchte der Leiter der deutschen Geschicke mit seiner Rede vor dem deutschen Reichstag am 19. Juli 1940 durch einen eindringlichen Appell das Ohr seines Gegners zu erreichen, indem er, an sein Friedensangebot vom 6. 10. 1939 anknüpfend, erneut die Konzeption seiner Politik umreißt und hervorhebt:*

»Seit es ein nationalsozialistisches Regime gibt, standen in seinem außenpolitischen Programm zwei Ziele:

1. Die Herbeiführung einer wahren Verständigung und Freundschaft mit Italien und
2. die Herbeiführung des gleichen Verhältnisses zu England«,

*und »um namenloses Leid und Unglück zu verhindern« fuhr Hitler beschwörend fort:*

»In dieser Stunde fühle ich mich verpflichtet, vor meinem Gewissen noch einmal einen Appell an die Vernunft auch in England zu richten. Ich glaube dies tun zu können, weil ich ja nicht als Besiegter um etwas bitte, sondern als Sieger nur für die Vernunft spreche. Ich sehe keinen Grund, der zur Fortführung dieses Kampfes zwingen könnte.«

*Aber glaubte er nicht selber bereits, daß nur ein Wunder noch die ersehnte Wendung herbeiführen konnte? Sollte seine Luftwaffe ihm dabei helfen, nach dem Wunder zu haschen? Oder was meinte er sonst, wenn er in jenem Teil der gleichen Rede, der sich mit den Bombardierungen deutscher Städte durch die RAF befaßte, die untergründige Drohung auf-grollen ließ:*

»Ich habe bisher darauf kaum antworten lassen. Aber das soll nun nicht bedeuten, daß dies die einzige Antwort ist oder bleiben wird.«

*Müssen dabei die eben zu Feldmarschällen und Generalen beförderten Führer der Luftwaffe, deren Leistungen gerade mit der Anerkennung geehrt worden waren, daß »ohne den heroischen Einsatz der Luftwaffe alle Tapferkeit des Heeres doch nur eine vergebliche gewesen wäre«, von ihren Sitzen hochfahren und endlich die Stunde ihrer »geheimsten« Hoffnungen für gekommen halten, jene Stunde, die verbrecherisch vorbereitet zu haben, ihnen später die Siegerjustiz vorwerfen wird? Nein, sie bleiben in ihren Sesseln sitzen und fühlten nur eins — wie es Feldmarschall Keßelring in seinen Aufzeichnungen wörtlich ausdrückte —:*

»Die Reichstagsrede b e r u h i g t e uns. Wir betrachteten Hitlers Friedensangebot als durchaus ernsthaft und hielten ein Einlenken Englands für möglich!«

*So also stellte sich den Männern, deren Waffe fortan die Hauptlast des Kampfes zu tragen haben würde, noch am 19. 7. 1940 die Lage dar. Inzwischen freilich hatten sich auf der Gegenseite Entwicklungen vollzogen, die es geboten erscheinen ließen, auch deutscherseits Improvisationen langsam durch klare Konzeptionen zu ersetzen. Am 27. 6. 1940 hatte die von England proklamierte Blockade Europas vom Nordkap bis nach Spanien erkennen lassen, daß die Insel gewillt war, auch ohne Frankreich weiter zu kämpfen. Am 3. 7. 1940 unterstrich England mit dem Überfall auf die durch die Waffenstillstandsbedingungen zwar stillgelegte, aber keinesfalls deutscher Verfügungsgewalt unterstehende französische Flotte in Mers el Kebir und am 7. 7. 1940 durch eine gleiche Aktion gegen die in Dakar stationierten Einheiten seine Entschlossenheit, den Kampf ohne Rücksicht auf alte Freundschaften und völkerrechtliche Bindungen bis zur letzten Konsequenz durchzustehen. Auf der Insel selbst begann die Mobilisierung aller Kräfte in einem Ausmaß, wie es bisher nicht für möglich gehalten worden war, so daß drei Monate nach Dünkirchen bereits wieder 1 640 000 Briten unter Waffen stehen sollten. An der englischen Küste entstand — erstmals in der Geschichte der Insel — in der sogenannten Churchill-Linie ein System von Feldbefestigungen, das die Bereitschaft erkennen ließ, dem Angreifer auch im eigenen Land zu begegnen. Wenn je Kreise in England zu einem Verständigungsfrieden bereit waren, so fanden sie sich bald aufgrund des »Diktatur-Gesetzes« vom 22. 5. 1940 in den Isolierungslagern. Der Reichstagsrede Hitlers vom*

*19. 7. 1940 antwortete der Außenminister Großbritanniens Lord Halifax am 22. 7. 1940:*

»Wir haben den Krieg nie gewollt, und sicherlich wünscht niemand von uns den Krieg nur um einen Tag länger als nötig fortzusetzen. Wir werden aber nicht aufhören zu kämpfen, so lange nicht für uns und die anderen die Freiheit gesichert ist . . .
Auf unserer Seite sind das Gesetz und die Herrlichkeit Gottes.«

*Nicht der leiseste Anschein einer Verhandlungsbereitschaft, oder doch —? Aber kann man jene, auf Fühlungsnahmen deutscher Widerstandskreise zurückgehende Formulierung, daß man zu Friedensgesprächen bereit sei, aber nur mit »a German Government, whose word could be trusted« anders werten, als einen gezielten Pfeil des Nervenkrieges? Nüchterne Beurteilung kann sich der Einsicht nicht verschließen, daß die Hand zum Frieden, die Deutschland bot, die Hitler geglaubt haben mochte mit jenem, seinem intuitiven Hoffen entsprungenen »Wunder von Dünkirchen« so unübersehbar dargereicht zu haben, von England nicht genommen worden war. Der große Traum von einer »germanischen Freundschaft« der beiden Völker platzte einer schillernden Seifenblase gleich, an einer Wirklichkeit, der sich Hitler doch umsoweniger hätte verschließen dürfen, als er selbst einmal die Erkenntnis aussprach, daß England, wenn es einmal zu Felde zog, ein unerbittlich zäher Gegner sei. Seine Politik, England bei Dünkirchen ein Cannae zu ersparen — und sei's um sich selbst damit vor einem Zama zu bewahren — hatte einen nicht wieder gutzumachenden Fehler gemacht.*
*Das Wort lag jetzt wieder bei der Wehrmacht, und nach Lage der Dinge hieß das: bei der Luftwaffe!*
*Hatte man bisher deren Einsatz mehr improvisiert als geplant mit dem Schwergewicht auf die britische Insel gelenkt, so rächte sich jetzt das Fehlen einer Gesamtkonzeption der deutschen Kriegsführung, ohne die es fortan nicht mehr gehen konnte, wenn im Westen der kriegsentscheidende Erfolg angestrebt werden sollte. Der Churchill'sche Befehl, alle Großschiffe der Royal Navy aus dem Seebereich südlich des Firth of Forth und ostwärts von Plymouth zurückzuziehen, hatte bereits die Hoffnungen trügerisch werden lassen, die britische Seemacht aus der Luft entscheidend zu schlagen. Angriffe auf britische Städte aber waren bisher durch strikten Führerbefehl verboten. Welche Rolle nun sollte jetzt in der geänderten Situation eine Waffe spielen, welcher am 23. 5. 1939 der Oberste Befehlshaber der Wehrmacht attestiert hatte:*

»Ein Land ist durch die Luftwaffe nicht niederzuzwingen!«

*Wurde damit nicht von vornherein jener Elan gestoppt, den diese revolutionäre neue Waffengattung brauchte, um sich vorbehaltlos an eine Aufgabe zu wagen, die — wie sie überzeugt war — durchaus im Bereich ihrer Möglichkeiten lag, freilich unter der Voraussetzung daß ihr die diesem Ziel entsprechende, technische Ausrüstung in die Hand gegeben wurde. Daran aber eben mangelte es, nicht zuletzt aufgrund einer Fehlspekulation der für die deutsche Luftrüstung Verantwortlichen. Zum anderen aber fehlte es an der führungsmäßigen Voraussetzung für einen solchen kriegsentscheidenden Einsatz der Luftwaffe. In den Traditionen der Landkriegsführung groß geworden, konnten die entscheidenden Männer sich, was die Luftwaffe anbetraf, nicht zu den gleichen kühnen Entschlüssen durchringen, wie das bei der Panzerwaffe geschah. Trotz gelegentlicher spekulativer Ausflüge in die Douhet'sche Gedankenwelt, sah man letzten Endes die Luftwaffe doch nur unter dem Aspekt einer Heeresbegleitwaffe, die gleich dem Panzer, dem Heer die Bewegungsfreiheit erkämpfen sollte. Damit aber legte man den Adler an die Kette und hinderte ihn, seine Schwingen frei zu entfalten. Wo aber ums Ganze gewürfelt werden mußte, bedeutete der falsche Einsatz des wichtigsten Angriffsmittels die Preisgabe des greifbaren Erfolges. Es mag vermessen klingen. Aber diejenigen, welche die Einsätze flogen, waren überzeugt, daß selbst unter Berücksichtigung der begrenzten technischen Mittel der Siegeslorbeer in Griffweite lag, den zu pflücken allein die Zwiespältigkeit der Führung verwehrte. Wer im Kriege zögert, das Schwert zu gebrauchen, verliert Sieg und Leben. Im Kampf gegen England aber konnte allein die Luftwaffe Deutschlands Schwert sein!*

*So stand an der Schwelle der ersten großen Gelegenheit zum operativen Luftkrieg eine Führung, deren Entscheidungsträger in der Landkriegführung geschult waren und kein Verhältnis zum dreidimensionalen Raumkrieg zu finden vermochten und eine Waffe, die sie selbst schaffen halfen, nicht optimal einzusetzen vermochten. Entsprechend sah denn auch die Planung des Kampfes gegen England aus. Den Gegner durch die Luftwaffe niederzuzwingen, hielt Hitler für unmöglich. So wurde ein Plan geboren, der die Entscheidung dem Heere übertrug und die Luftwaffe wiederum zu einer Hilfswaffe degradierte.*

*Weder vor dem Kriege noch bei der Ausarbeitung der Operationspläne für den Feldzug im Westen war jemals der Gedanke einer Invasion Englands aufgetaucht. Eine auf Großadmiral Raeders Initiative zurückgehender Untersuchung der Operationsabteilung der Sekriegsleitung in dieser Hinsicht — Ende September 1939 — diente ganz offensichtlich dem Zwecke, von vornherein einen etwa auftauchenden derartigen Gedanken ad absurdum zu führen. Hitler entschied dann, als ihm am 21. 5. 1940 — nachdem der Sieg in Frankreich nicht mehr zweifelhaft sein konnte — das Ergebnis dieser Untersuchung vorgetragen wurde, daß er eine derartige Operation für undurchführbar halte und keine Vorbereitungen für eine Invasion Englands zu treffen seien. Der Oberbefehlshaber des Heeres teilte diese Auffassung. Eine Entscheidung der Luftwaffe zu die-*

*sem Thema lag nicht vor, da diese weder unterrichtet noch befragt worden war! Ausdrücklich wurde auch nach der Kapitulation Frankreichs von Hitler an diesem Entscheid festgehalten. Erst als das erhoffte Einlenken Englands immer fragwürdiger zu werden schien, hatte Hitler am 2. 7. 1940 widerstrebend und zögernd eingewilligt, daß vom Wehrmachtsführungsstab und den Oberkommandos der Wehrmachtsteile Planungsarbeiten für die Invasion »als einem der möglichen Fälle« begonnen wurden. Materielle Vorbereitungen verbot er ausdrücklich. Immerhin, der »Seelöwe« lag in den Wehen.*

*Die ersten Juliwochen 1940 verstrichen, ohne daß ein Anzeichen für eine Neigung Englands zur Verhandlungsbereitschaft zu erkennen war. Im Gegenteil versteifte sich dessen Widerstandswillen von Tag zu Tag. Die Ungewißheit, was weiter geschehen solle, veranlaßte Großadmiral Raeder — umsomehr, als er bereits aus gewissen Andeutungen auf eine sich vorbereitende Auseinandersetzung mit den Sowjets schließen zu können glaubte — am 11. 7. 1940 in einer Oberbefehlshaberbesprechung, Hitler nochmals auf die Frage der Invasion Englands anzusprechen. Dabei vertrat er den Standpunkt, daß die Marine diesen Plan nur als ultima ratio ansehe, England zur Friedensbereitschaft zu zwingen.*

*Das Protokoll über diese Aussprache hielt denn auch Hitlers Ansicht, die am 2. 7. 1940 wörtlich gelautet hatte: »Der Plan steckt noch in den Kinderschuhen«, erneut mit der klaren Formulierung fest: »Auch der Führer betrachtet die Invasion als letzte Aushilfe«.*

*Das war eine treffende Charakterisierung der völlig offenen Lage, die von den maßgebenden Männern auch nicht wesentlich anders beurteilt wurde, als am 16. 7. 1940 vom Führerhauptquartier die entscheidende »Weisung für die Kampfführung Nr. 16 — über die Vorbereitung einer Landungsoperation gegen England« ausgegeben wurde. Das Provisorische dieser Weisung schien durch den drei Tage später erfolgenden Friedensappell in der Reichstagsrede Hitlers nochmals unterstrichen. Immerhin war jetzt für den Ernstfall eine klare Anweisung als Operationsgrundlage gegeben, die den einzelnen Wehrmachtsteilen ihre Aufgaben zuwies. Aufgaben, die es vorzubereiten galt.*

*Wie beurteilten nun die Verfasser der Weisung Nr. 16 die allgemeine Lage und wie sahen sie die Aufgaben der Wehrmacht? Was erwarteten sie insbesondere von der Luftwaffe? Da diese nun vorliegende Grundkonzeption für die Schlacht um England als entscheidend für den Verlauf des weiteren Geschehens im Westen anzusehen ist, sei sie hier im Wortlaut wiedergegeben:*

»Weisung für die Kriegführung Nr. 16
Über die Vorbereitung einer Landungsoperation gegen England.

»Da England, trotz seiner militärisch aussichtslosen Lage noch keine Anzeichen einer Verständigungsbereitschaft zu erkennen gibt, habe ich mich entschlossen,

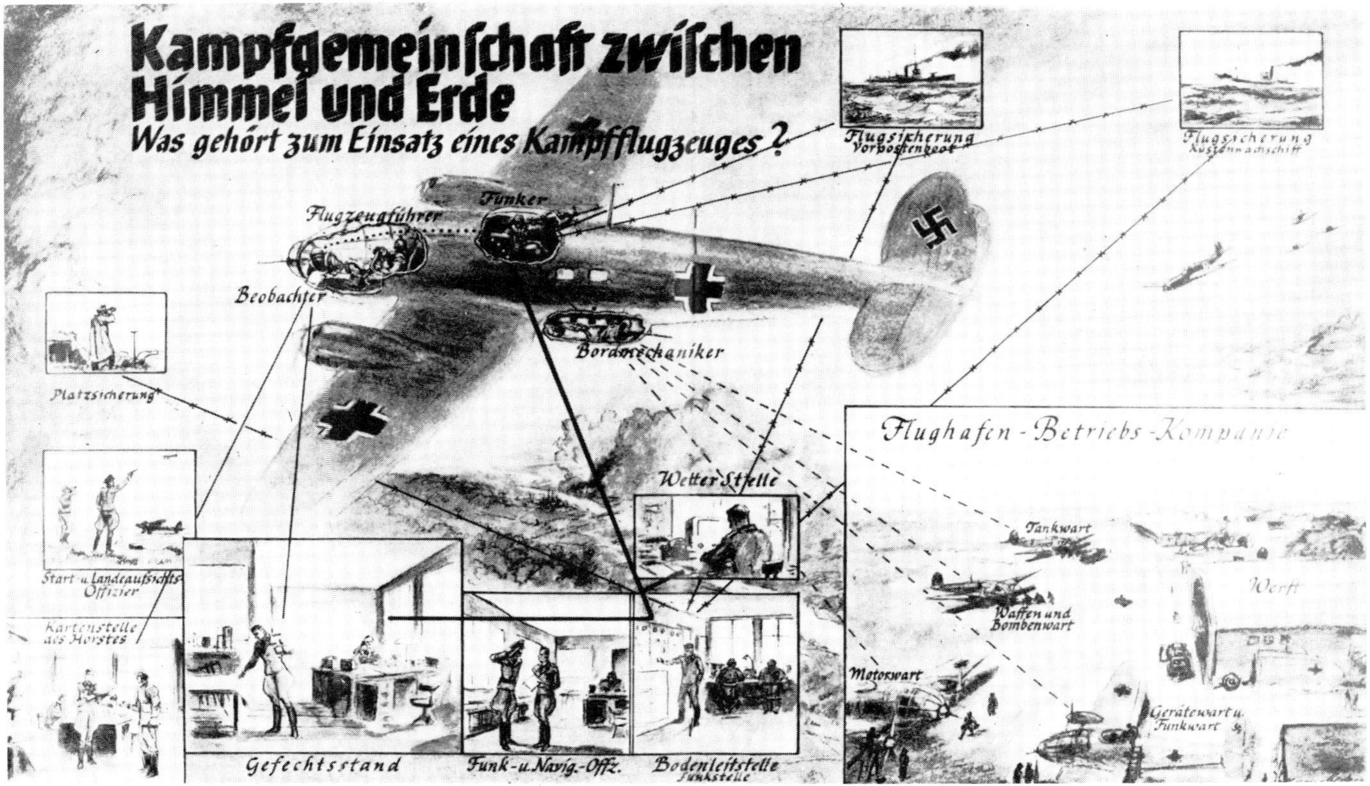
Kampfgemeinschaft zwischen Himmel und Erde
Was gehört zum Einsatz eines Kampfflugzeuges?
Flugsicherung Vorpostenboot
Flugsicherung Küstenwachschiff
Funker
Flugzeugführer
Beobachter
Bordmechaniker
Platzsicherung
Start- u. landeaufsichts-Offizier
Kartenstelle des Horstes
Wetter-Stelle
Flughafen-Betriebs-Kompanie
Tankwart
Waffen und Bombenwart
Werft
Motorwart
Gerätewart u. Funkwart
Gefechtsstand
Funk- u. Navig.-Offz.
Bodenleitstelle Funkstelle

Am 10. Mai 1940 eine He 111 P im Angriff auf Frankreich den Rhein überfliegend.

Der Flugplatz Toul-Ochey am 12. Mai 1940 aus 6000 m (rechts).

Schnellstens Kassette 'raus und . . .

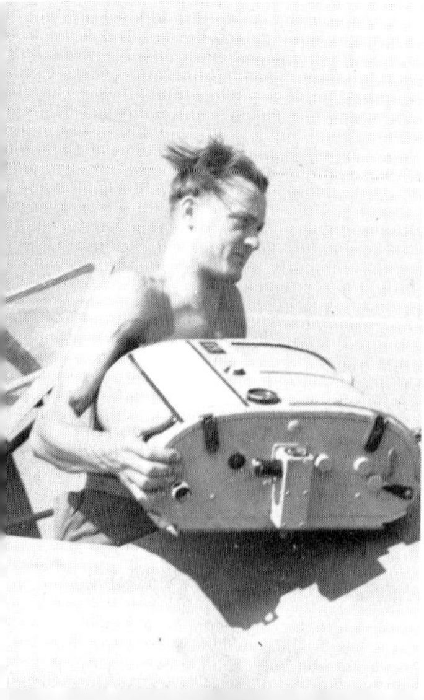

Naßbildgrobauswertung für die nächsten Einsätze!

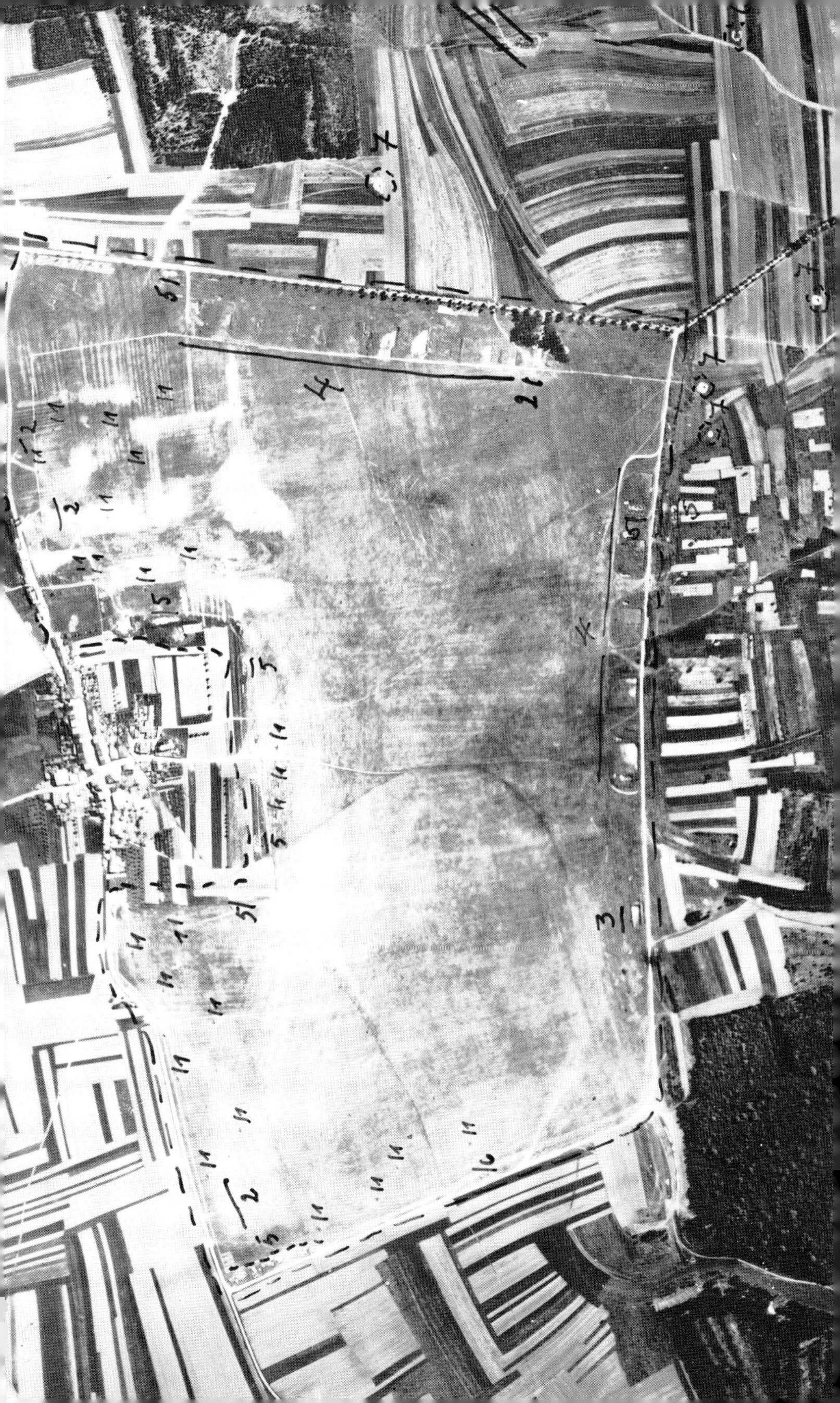

Siegesparade des KG 55 »Greif« über Paris.

Flugplatz Romorantin; Gebäude getroffen, Flugfeld erhalten.

eine Landungsoperation gegen England vorzubereiten und wenn nötig durchzuführen.

Zweck dieser Operation ist es, das englische Mutterland als Basis für die Fortführung des Krieges gegen Deutschland auszuschalten, und wenn es erforderlich werden sollte, im vollen Umfang zu besetzen.

Hierzu befehle ich folgendes:

1. Die Landung muß sich in Form eines überraschenden Überganges in breiter Front etwa von Ramsgate bis in die Gegend westlich der Insel Wight vollziehen, wobei Teilen der Luftwaffe die Rolle der Artillerie, Teilen der Kriegsmarine die Rolle der Pioniere zufallen wird. Ob es zweckmäßig ist, vor dem allgemeinen Übergang Teilaktionen, etwa zur Besetzung der Insel Wight oder der Grafschaft Cornwall zu unternehmen, ist vom Standpunkt jedes Wehrmachtsteiles aus zu prüfen, und das Ergebnis mir zu melden. Die Entscheidung behalte ich mir vor. Die Vorbereitungen für die Gesamtoperation müssen bis Mitte August abgeschlossen sein.

2. Zu diesen Vorbereitungen gehört auch, daß diejenigen Voraussetzungen geschaffen werden, die eine Landung in England möglich machen:
   a) Die englische Luftwaffe muß moralisch und tatsächlich soweit niedergekämpft sein, daß sie keine nennenswerte Angriffskraft dem deutschen Übergang gegenüber mehr zeigt.
   b) Es müssen minenfreie Wege geschaffen sein.
   c) Durch eine dichte Minensperre muß die Straße von Dover in beiden Flanken sowie der Westeingang des Kanals etwa in der Linie Alderney — Portland abgesperrt sein.
   d) Durch starke Küstenartillerie muß das Küstenvorfeld beherrscht und artilleristisch abgeschirmt sein.
   e) Die Fesselung der englischen Seestreitkräfte kurz vor dem Übergang sowohl in der Nordsee als auch im Mittelmeer (durch die Italiener) ist erwünscht, wobei schon jetzt versucht werden muß, den englischen Seestreitkräften, die sich im Mutterland befinden, durch Luft- und Torpedoangriffe nach Kräften Abbruch zu tun.

3. Organisation der Führung und der Vorbereitungen.
   Unter meinem Befehl und nach meinen allgemeinen Weisungen führen die Herren Oberbefehlshaber die von ihren Wehrmachtsteilen anzusetzenden Kräfte.
   Die Führungsstäbe des ObdH, ObdM und ObdL müssen sich vom 1. 8. an in einem Umkreis von höchstens 50 km von meinem Hauptquartier (Ziegenberg) befinden. Zweckmäßig erscheint mir die gemeinsame Unterbringung der engeren Führungsstäbe des ObdH und ObdM in Gießen.
   Der ObdH wird daher zur Führung der Landungsarmee eine Heeresgruppe einschalten müssen.
   Das Unternehmen führt den Decknamen ›Seelöwe‹.
   Bei der Vorbereitung und der Ausführung des Unternehmens fallen den Wehrmachtsteilen folgende Aufgaben zu:
   a) Heer: stellt den Operationsplan und den Übersetzplan zunächst für alle zu verschiffenden Verbände 1. Welle auf. Die mit der 1. Welle zu übersetzende Flakartillerie wird dabei solange dem Heer (den einzelnen Übersetzgruppen) unterstellt, bis sich eine Teilung der Aufgaben in Unterstützung und Schutz der Erdtruppe, Schutz der Ausschiffungshäfen und Schutz der zu besetzenden Luftstützpunkte durchführen läßt.
   Das Heer verteilt ferner die Übersetzmittel auf die einzelnen Übersetz-

gruppen und legt die Einschiffungs- und Landungsstellen im Einvernehmen mit der Kriegsmarine fest.

b) Kriegsmarine: stellt die Übersetzmittel und führt sie entsprechend den Wünschen des Heeres nach den seemännischen Gesichtspunkten in die einzelnen Einschiffungsräume zu. Soweit als möglich ist auf Schiffe der niedergeworfenen feindlichen Staaten zurückzugreifen. Sie stellt für jede Übersetzstelle den zur seemännischen Beratung nötigen Marinestab mit Begleitschiffen und Sicherungsstreitkräften.
Sie schützt neben den zur Überwachung eingesetzten Luftstreitkräften, den gesamten Kanalübergang in den beiden Flanken. Über die Regelung der Befehlsverhältnisse während des Übersetzens erfolgt Befehl.
Es ist ferner Aufgabe der Kriegsmarine, den Aufbau der Küstenartillerie, d. h. aller für die Bekämpfung von Seezielen in Betracht kommenden Batterien sowohl des Heeres wie der Kriegsmarine einheitlich anzuordnen und die Feuerleitung im großen zu organisieren.
Eine möglichst große Zahl schwerster Artillerie ist zur Sicherung des Übergangs und der Abschirmung der Flanken gegen feindliche Einwirkung von See her so schnell als möglich einzusetzen. Hierzu ist auch die Eisenbahnartillerie (ergänzt durch die verfügbaren Beutegeschütze) ohne die nur zur Bekämpfung von Zielen auf dem englischen Festland vorgesehenen Batterien (K 5 und K 12) heranzuziehen und unter Benutzung von Eisenbahndrehscheiben einzubauen.
Unabhängig hiervor sind die verfügbaren schwersten Bettungsbatterien gegenüber der Straße von Dover so unter Beton einzubauen, daß sie auch schwersten Luftangriffen widerstehen können, und damit die Straße von Dover unter allen Umständen auf die Dauer, innerhalb ihrer Wirkungsmöglichkeit, beherrschen.
Die technischen Arbeiten obliegen der Organisation Todt.

c) Aufgabe der Luftwaffe ist es: das Eingreifen der feindlichen Luftwaffe zu verhindern, Küstenbefestigungen, die gegen die Landungsstellen wirken können niederzukämpfen, den ersten Widerstand feindlicher Erdtruppen zu brechen, und im Anmarsch befindliche Reserven zu zerschlagen. Für diese Aufgabe ist engste Zusammenarbeit einzelner Verbände der Luftwaffe mit den Übersetzgruppen des Heeres nötig. Ferner: Wichtige Transportstraßen zum Heranführen feindlicher Reserven zu zerstören und feindliche Seestreitkräfte, die sich im Anmarsch befinden, schon weit ab von den Übersetzstellen anzugreifen. Über die Verwendung der Fallschirm- und Luftlandetruppen ersuche ich mir Vorschläge zu machen. Dabei ist in Verbindung mit dem Heer zu prüfen, ob es hier zweckmäßig ist, Fallschirm- und Luftlandetruppen als eine im Notfall rasch einzusetzende Reserve vorerst zur Verfügung zu halten.

4. Die notwendigen Vorbereitungen für die Nachrichtenverbindungen von Frankreich nach dem englischen Festland trifft der Wehrmacht-Nachrichtenchef.
Der Einbau der restlichen 80 km Ostpreußen-Kabel ist in Verbindung mit der Kriegsmarine vorzusehen.

5. Die Herren Oberbefehlshaber ersuche ich, mir sobald als möglich vorzulegen:
a) die Absichten der Kriegsmarine und der Luftwaffe, um die Voraussetzungen für den Kanalübergang zu schaffen (siehe Ziffer 2);
b) den Aufbau der Küstenartillerie im einzelnen (Kriegsmarine);
c) einen Überblick über den einzusetzenden Schiffsraum und die Methode der Bereitstellung und Herrichtung; Beteiligung ziviler Stellen? (Kriegsmarine);

d) die Organisation des Luftschutzes in den Bereitstellungsräumen der Übersetztruppen und der Übersetzmittel (Luftwaffe);
e) den Übersetz- und Operationsplan des Heeres, Gliederung und Ausrüstung der 1. Übersetzwelle;
f) Organisation und Maßnahmen der Kriegsmarine und der Luftwaffe für die Durchführung des Überganges selbst, seine Sicherung und die Unterstützung der Landung;
g) Vorschläge für den Einsatz der Fallschirm- und Luftlandetruppen, sowie für die Unterstellung der Flakartillerie, nachdem ein ausreichender Raumgewinn auf englischem Boden erzielt ist (Luftwaffe);
h) Vorschläge für die Plätze der Führungsstäbe der ObdH und ObdM;
i) eine Stellungnahme von Heer, Kriegsmarine und Luftwaffe, ob und welche Teilaktionen vor der allgemeinen Landung für zweckmäßig gehalten werden;
k) Vorschlag von Heer und Kriegsmarine über die Befehlsführung während des Übersetzens.«

gez. Hitler
Jodl
Keitel

*Waren damit die Würfel endgültig gefallen? Am Abend des 19. 7. 1940, nach der Hitler-Rede, notierte der italienische Außenminister Graf Ciano in seinem Tagebuch: »Ich halte seinen Wunsch nach Frieden für echt ... Die Deutschen hoffen und beten, daß dieser Appell nicht zurückgewiesen wird«, und in der Tagebuchnotiz über seine Unterredung vom 20. 7. 1940 mit Hitler bestätigt er noch einmal »Er möchte eine Verständigung mit England. Er weiß, daß ein Krieg mit England hart und blutig sein wird, und ebenso, daß die Menschen heute überall einem Blutvergießen abgeneigt sind!« Daß Hitler trotz der erlassenen Weisung Nr. 16 noch keineswegs mit sich im Reinen war, zeigten seine Ausführungen in der Befehlshaberbesprechung vom 21. 7. 1940, in denen er das Unternehmen als »ungewöhnlich gewagt« bezeichnete und außerdem die »vollständige Beherrschung des Luftraums« zur Voraussetzung seines Startes machte. Seine Schlußworte: »Wenn es nicht sicher ist, daß die Vorbereitungen anfangs September abgeschlossen werden können, müssen andere Pläne in Erwägung gezogen werden«, lassen deutlich werden, daß er — ganz im Gegensatz zu seinen sonstigen »unabänderlichen Entschlüssen« — immer noch nicht entschlossen war »auf Biegen und Brechen« zu schlagen. Wesentlichen Anteil an dieser sehr zurückhaltenden Beurteilung des Unternehmens dürfte Großadmiral Raeder gehabt haben, der natürlich die Bedenken der Marineführung seinem obersten Befehlshaber nicht verhehlte und unter Berücksichtigung auch der wettermäßigen Bedingungen, der Überlegung Ausdruck gab:*

»Die Abwehrvorbereitungen des Gegners lassen es zweifelhaft erscheinen, ob es der Luftwaffe gelingen wird, die Verteidigungstruppen an der Küste so vernichtend zu schlagen, daß die Landung ... gelingt!«

*Das aber war ja auch in der Hitlerschen Konzeption eine der Voraussetzungen des ganzen Unternehmens. Immer noch machte sich das Fehlen einer zentralen Willensbildung bemerkbar. Im wesentlichen dürften hierfür die Ursachen der Befangenheit der entscheidenden Persönlichkeiten im engherzigen Denken kontinentaler Wehrtraditionen zuzuschreiben sein, einem Denken, dem das Wagnis, kühn in den ikarischen Raum vorzustoßen, vermessen erschienen sein mag. Vom Flottenchef war nun eine ganz auf die neue Luftwaffe abgestellte Konzeption revolutionärer Kriegsführung kaum zu erwarten. Ja, bei der Beurteilung der ihm zugewiesenen Aufgaben war es richtig, daß er von vornherein den in der Weisung Nr. 16 gegebenen Termin vom 15. 8. 1940 als verfrüht ansehen mußte. Hitlers Unentschlossenheit führte nun zu einem Tauziehen zwischen Heer und Marine, an dessen Ende schließlich der 15. 9. 1940 als der Tag bestimmt wurde, an dem die Vorbereitungen abgeschlossen sein sollten, während am 21. 9. 1940 der Invasionsbeginn sein sollte. Merkwürdigerweise wurde die Luftwaffe kaum in diese Entscheidungsfindung einbezogen. Ihre Vorbereitungen und Aktionen schienen das Stigma zu tragen »ferner liefen«. Ein geradezu unglaublicher Vorgang, wenn man die Bedeutung gerade dieses Wehrmachtsteils für das Gesamtunternehmen berücksichtigt. Die Schuld derer, die hierfür verantwortlich waren, wächst jedoch ins Unermeßliche, wenn man sie an den Opfern mißt, die der falsche und dilettantische Ansatz der Luftwaffe in der Operation gegen England später forderte. Freilich darf hierbei nicht verschwiegen werden, daß Göring die Landepläne nicht sonderlich ernst nahm, da er überzeugt war, mit seiner Waffe allein England zur Friedensbereitschaft zwingen zu können. Aber hatte Hitler, ebenso wie die Oberbefehlshaber des Heeres und der Marine, nicht immer wieder die Landung als »ultima ratio« erklärt? Was konnte also vor dieser letzten Alternative — der man so offensichtlich auszuweichen wünschte — anderes stehen, als eine operative Luftkriegsführung, die — in weitestmöglicher Annäherung an die Douhet'schen Lehren — den geschichtlich erstmaligen Versuch der Entscheidung aus der Luft wagen müßte? Das allerdings hätte zur Voraussetzung haben müssen, daß dieser Einsatz von der Planung bis zur Durchführung unter Aufbietung aller Hilfsquellen und mit eiserner Konsequenz erfolgte. Wie wenig man sich über diese zwingende Notwendigkeit klar war, erhellt aus der kaum faßlichen Tatsache, daß erst im Oktober 1941 die Luftrüstung in einem Schwerpunktprogramm zusammengefaßt worden war. War es denn nicht selbstverständlich, daß dies spätestens im Juli 1940 hätte geschehen müssen, da Ersatz und Nachschub für die Waffe, der fortan die Hauptlast des Kampfes zufallen sollte, das A und O ihrer Erfolge sein mußte? Was hier der Luftwaffe vorenthalten wurde und in den Invasionsvorbereitungen für Heer und Marine verschlendert wurde, fehlte, als die Entscheidung auf des Messers Schneide stand.*

*Bereits von der Aufgabenstellung her war im Juli 1940 die Gegenseite im Vorteil, weil sie klar wußte, was sie wollte, während Deutschland nach dem Erfolg tastete. Bezeichnend hierfür, daß die britische Geschichtsschreibung den Beginn der Schlacht um England auf den 10. 7. 1940 datierte, während in Deutschland heute noch umstritten ist, ob der 24. 7. 1940 als X-Tag oder — wofür die zerfahrene Planung eher spricht — der 8. 8. 1940 anzusehen ist. Das aber heißt, daß die Briten fast einen Monat schon nach klaren Direktiven kämpften, bevor die Luftwaffe eigentlich die Schlacht begann.*

*Immerhin erfolgte endlich am 1. 8. 1940 mit der Weisung Nr. 17 ein Befehl, der ungefähr die kommenden Operationen umriß, wenn er ausführte:*

»Um die Voraussetzungen für die endgültige Niederringung Englands zu schaffen, beabsichtige ich, den Luft- und Seekrieg gegen das englische Mutterland in schärferer Form als bisher weiterzuführen.

Hierzu befehle ich folgendes:

1. Die deutsche Fliegertruppe hat mit allen zur Verfügung stehenden Kräften die englische Luftwaffe möglichst bald niederzukämpfen. Die Angriffe haben sich in erster Linie gegen die fliegenden Einheiten, ihre Bodenorganisationen und Nachschubeinrichtungen, ferner gegen die Luftrüstungsindustrie einschließlich der Industrie zur Herstellung von Flakgerät zu richten.
2. Nach Erringung einer zeitlichen oder örtlichen Luftüberlegenheit ist der Luftkrieg gegen die Häfen, hierbei insbesondere gegen die Einrichtungen der Lebensmittelbevorratung im Inneren des Landes weiterzuführen.
   Angriffe gegen die Häfen der Südküste sind mit Rücksicht auf eigene beabsichtigte Operationen in möglichst geringem Maße anzusetzen.
3. Der Kampf gegen feindliche Kriegs- und Handelsschiffe aus der Luft kann demgegenüber zurücktreten, soweit es sich nicht um besonders günstige Augenblicksziele handelt oder soweit im Rahmen der Angriffe zu Ziffer 2 zusätzliche Wirkung erzielt wird oder soweit es zur Ausbildung von Besatzungen für die weitere Kampffortführung notwendig ist.
4. Der verschärfte Luftkrieg ist so zu führen, daß die Luftwaffe zur Unterstützung von Seeoperationen auf günstige Augenblicksziele mit genügend starken Kräften jederzeit herangezogen werden kann. Außerdem muß sie für das Unternehmen ›Seelöwe‹ kampfkräftig zur Verfügung stehen.
5. Terrorangriffe als Vergeltung behalte ich mir vor.
6. Die Verschärfung des Luftkrieges kann am 5. August beginnen. Der genaue Zeitpunkt ist von der Luftwaffe je nach Beendigung der Vorbereitungen und je nach der Wetterlage selbst zu wählen. Die Kriegsmarine wird die vorgesehene Verschärfung der Seekriegsmaßnahmen gleichzeitig freigeben.«

gez. A. Hitler

*Gewiß, das war ein Auftrag. Unklar ließ er leider nur, wo der Schwerpunkt der Operationen liegen sollte. Noch stritten sich Heer und Marine, ob auf breiter Basis zwischen Ramsgate bis zur Lyme-Bucht (Heeresvorschlag) an der britischen Küste gelandet werden sollte, oder in dem engen Bereich zwischen Ramsgate und Eastbourne (Marinevorschlag). Glaubte die Marine den vom Heer geforderten großen Abschnitt keinesfalls decken zu können, so war das Heer der Ansicht, daß eine Landung in dem von der Marine vorgeschlagenen Abschnitt einem »Durchdrehen der Landungstruppen durch die Hackmaschine« gleichkommen würde. Erst am 27. 8. 1940 einigte man sich auf die Kompromißlösung bei Folkestone—Dungeness, zwischen Dungeness—Cliffs End, zwischen Beshill—Beachy Head und zwischen Brighton—Selsey Bil an vier Stellen zu landen.*

*Der Luftwaffe, der bei diesen Operationen ja ein erheblicher Anteil zukommen sollte, hatte man bei den Beratungen dazu wiederum keine Stimme zugebilligt, obgleich doch sie als einziger Wehrmachtsteil jetzt Einblick in das gegnerische Hinterland und die britischen Abwehrvorbereitungen nehmen konnte! Am sinnfälligsten vielleicht kommt die Degradierung der Luftwaffe zu einer Heeresbegleitwaffe in dem unbegreiflichen Verzicht auf Fallschirm- und Luftlandeeinsatz in der ersten Welle der Invasion zum Ausdruck, obgleich es — wenn man das Landeunternehmen wirklich ernst meinte — nahe gelegen hätte, die überzeugenden Erfahrungen des Kampfbeginns im Westen (Rotterdam, Eben Emael) sich gerade hier zunutze zu machen und die Fallschirmtruppen nicht generell in die Reserve zu stellen (Weisung Nr. 16, Abs. 5. g.). Wie eine entschlossene Führung hier bereits in der Planung hätte disponieren müssen, hat ein Jahr später das Kreta-Unternehmen gezeigt.*

*Waren die Würfel gefallen — und der Ablauf der Geschehnisse bewies, daß sie es waren — so schien man doch ängstlich bemüht, den drei Beteiligten zu verbergen, daß kein Paschwurf gelungen war. Zeigten die Würfel aber unterschiedliche Werte, so mußte sich das früher oder später folgenschwer für das ganze Unternehmen auswirken. Wie sich die Dinge zu Beginn der für das deutsche Schicksal entscheidenden Operationen für die Luftwaffe darstellten, charakterisierte Feldmarschall Keßelring, der Chef einer der beiden hierfür angesetzten Luftflotten, wie folgt:*

> »Im Gegensatz zur Vorbereitung früherer Feldzüge fand keine ins Einzelne gehende Aussprache innerhalb der Luftwaffe, mit den Oberbefehlshabern der beteiligten Großverbände, der anderen Wehrmachtsteile und noch weniger mit dem OKW oder gar Hitler selbst statt. Auch die Aussprachen, die ich mit Göring und mit den für ›Seelöwe‹ bestimmten Führern von Heer und Marine ... hatte, waren mehr Gespräche als verbindliche Besprechungen. Selbst über den inneren Zusammenhang zwischen den laufenden Luftangriffen gegen England und dem schemenhaften Invasionsplan konnte ich keine Klarheit gewinnen; Befehle wurden den Luftflotten nicht gegeben. Über das, was meine Luftflotte an taktischen Aufgaben zu erwarten hatte, wurde überhaupt nicht gesprochen!«

*Der Krieg, für dessen erfolgreiche Führung bisher die strenge Zucht Moltke'scher Gedankenklarheit als Voraussetzung galt, rutschte in das Abenteuer ab, in dem allein das Glück des Spielers ausschlaggebend sein konn-*

*te, eines Spielers, der hier zudem noch nicht einmal wußte, mit welcher Karte er stechen wollte!*

*Die Luftwaffe aber flog ihre Einsätze. Ihre Führung erkannte bald, daß jede weitere Verzettelung ihrer Kräfte in Improvisationen bald eine tödliche Gefahr heraufbeschwören mußte. Hier galt es mit der geballten Faust zuzuschlagen, wenn man die eigene Überlegenheit nicht sinnlos verspielen wollte. Die Wochen der schönen Täuschungen waren vorüber, und dem letzten Heckschützen wurde klar, Gegner auf Leben und Tod waren die »germanischen Brüder«, zäh, hart und zum äußersten entschlossen, wie Hitler sie richtig charakterisiert hatte.*

## DER LETZTE FLUG VON OBERST STOECKL

Am Nachmittag des 13. August 1940, »Adlertag«, war endlich die deutsche Luftoffensive gegen England ins Rollen gekommen. Trotz anhaltendem Regen und stürmischen Winden konnten 1000 Jagd- und 485 Bombereinsätze geflogen werden. Das Geschwader ging mit 82 % Klarstand seiner Maschinen in den Kampf. Die Kampfgeschwader griffen kriegswichtige Objekte wie Dover, Ramsgate, Portsmouth, Bournemouth und Industriebetriebe im Raum London an.

Auch am Mittwoch, dem 14. August, wurden die Angriffe, wenn auch in vermindertem Umfang, weitergeführt, um die britische Jagdwaffe pausenlos zu fordern und zu zermürben.

Der Kommodore, Oberst Alois Stoeckl, führte einen der neun kleinen Störverbände, die an diesem Tage gegen britische Häfen und Jagdplätze flogen.

Mit drei Maschinen seiner Stabskette hob er in den Nachmittagsstunden von dem holprigen Horst Villacoublay ab und sammelte seinen Verband über Paris. Ziel war Liverpool. Stur zog der Verband seine Bahn über den Kanal. Der Kommodore stellte nach kurzer Flugzeit fest, daß einer der Motoren seiner G 1 + AA »Anton« nicht recht zog. Er mußte sich vom Verband trennen und die Führung abgeben. Bei ihm blieben die beiden Heinkel seiner Stabskette. Irgendwie schaffte es die Stabskette unter seiner Führung, den englischen Jägerflugplatz Middle Wallop nördlich Southampton zu erreichen. Um 20 Uhr 30 noch hatte die Geschwaderfunkstelle mit ihm Kontakt. Er warf seine Bomben auf den Liegeplatz der 609. Jagdstaffel der RAF.

Zwei junge englische Flieger dieser Staffel starteten noch im Inferno des Angriffs mit ihren wendigen Spitfires. David Crook und John Dundas stiegen mit ihren Maschinen in den Himmel, die Dämmerung zog bereits herauf. Crook nahm sich sofort die Führermaschine vor, Dundas sicherte von hinten. Schulmäßig setzte Crook an und feuerte zehn Sekunden

lang auf die »Anton-Anton«, erst bei 30 m brach er den Angriff ab. Stoeckl's Maschine war manövrierunfähig geworden. Der Oberst bereitete sich auf die übliche Bauchlandung vor. Da versetzte Dundas der Maschine den tödlichen Treffer! Mit letzter Kraft versuchte die Besatzung eine Notlandung, sie mißlang. In den Trümmern fanden Oberst Alois Stoeckl als Beobachter, sein Flugzeugführer Oblt. Bruno Brossler sowie als Bordschütze Oberst i. G. Walter Frank, der Chef des Stabes im V. Fliegerkorps, den Tod. Bordfunker Fw. Heinz Grimmstein und Bordmechaniker Fw. Jonny Thiel trugen für einige Zeit das Los der Gefangenschaft. Sie wurden im Laufe des Krieges gegen gefangene englische Flieger ausgetauscht und konnten in die Heimat zurückkehren. Große Freude herrschte bei allen, als sie 1944 ihr altes Geschwader in Deblin besuchten.
Der Verlust des Kommodore, der dank seiner überzeugenden menschlichen Führerqualitäten im Geschwader außerordentlich beliebt war, vor allem auch, weil er stets an der Spitze seines Verbandes mitflog, traf gerade zu Beginn neuer entscheidender Kämpfe das Geschwader schwer und schmerzte auch den jüngsten Soldaten. Jedem wurde damit zugleich gegenwärtig, welch' gefährliche Einsätze noch bevorstehen würden.
Oberstleutnant Hans Korte übernahm von nun an die Führung des Geschwaders.

## BLOCKADEKRIEG MIT LUFTMINEN

*Das tröstliche Schweigen des nachtschlummernden Landes unter uns schien im gleichen Augenblick abzubrechen, in dem unser schlanker Vogel die dunkle Kante der Küste durchstieß und der Widerschein des von der See gespiegelten Mondlichtes die gläserne Kanzel mit einer fast substantiellen silbernen Aura erfüllte. Als wären wir mit dem Überschreiten dieser Grenze in die magische Zone transzendentaler Räume eingetreten, stand zwischen dem Dröhnen unserer Motoren ein seltsam flirrender Sirenengesang. Melodien, in denen sich verführerische Lockung mit Drohung zu mischen schienen. Den Knüppel nach vorn, und wir würden hineintauchen in eine gleißende Unendlichkeit, in der Raum und Zeit sich auflösen mußten im Nirwana. So mochte dem Odysseus die Stunde begegnet sein im Angesicht des Gestades der Harpyien-Insel.*
*Wer aber im Auftrag steht, der mag sich den Lockungen des goldenen Abgrundes verschließen und den Blick fest auf die phosphoreszierenden Kontrolluhren seiner Pflicht halten, deren am Armaturenbrett zitternde Zeiger ihn mahnen, irritierende Träumereien in der Konzentration auf die befohlene Aufgabe beiseite zu wischen. Mochte es immerhin der Midgardschlange glitzernder Schuppenleib sein, der sich dort unten in dunkler Höhlung wand, für uns war es die Westerschelde. Zehn Minuten*

*Zeit zu einer letzten Hauptprobe unseres Könnens, das uns nicht verlassen durfte, wenn wir in einer knappen halben Stunde in den Schlund der Themsemündung hineintauchen sollten, um unsere tödlichen Grundminen am genau vorausberechneten Platz in die silbrige Flut zu bringen.*

*Den halben Vormittag haben wir über Gezeitentafeln und Stromkarten der Flußmündung gesessen, haben uns mit schwarzer Tusche eine Schattenskizze des Zielgebietes gemacht, das bei Ebbe mit seinen, aus dem deckenden Wasser aufgetauchten Sänden und dem Netzwerk seiner Stromrinnen so ganz anders aussehen wird, als die simplen Karten der terrestrischen Navigation ausweisen, und haben uns jene Zehnminutenspanne herausgerechnet, in der das sich laufend in der Gezeitenbewegung ändernde Nippzeitbild des Zielbereichs mit unserer Handskizze übereinstimmen muß. Daß jeder der Besatzung sich die für Ablauf und Orientierung wichtigen Landmarken ebenso wie die feindlichen Abwehrzonen einprägte, als gelte es die Klausurarbeit einer Meisterprüfung vorzubereiten, versteht sich von selbst. Schließlich waren wir keine heurigen Hasen mehr und wußten, daß — wenn auch alle Fliegerei zu 90 % vom Glück abhängen mochte — uns die 10 % Können allein das Leben retten würden, wenn das Glück uns einmal verließe. Besser einen Nachmittag büffeln, wie ein Pennäler vorm Abitur, als »ein ganzes Leben tot«. —*

*Nun hocken wir in unserer gläsernen Gondel und studieren die Scheldemündung, für die wir uns, flüchtiger zwar, aber doch deutlich genug, für eine Vorkontrolle unserer Hauptaufgabe, eine ähnliche Schattenskizze des Ebbebildes angefertigt haben. Da ist schon Terneuzen und der südwärts ins Belgische hineinhängende Sack der Westerschelde. Wir drehen auf Vlissingen zu, um einen korrekten Ablaufpunkt für den Englandkurs zu haben. Ich klappe die Karten zusammen, und aus der Wanne reicht mir mein Bordmechaniker die Scheldeskizze. Er empfängt dafür den Schattenriß Themsemündung.*

*»Alles klar?« fragt unser Pilot mehr mit den Augen als mit dem Mund. Eine gute Besatzung muß sich auf die Sprache andeutender Blicke verstehen, denn leicht möchte sie sonst in Situationen geraten, wo jedes Wort zu spät kommt.*

*»Alles klar«, nicke ich Antwort.*

*Alsdann. — Unser Vogel dreht auf Englandkurs ein.*

*Schwer hängt die Maschine am Steuer. Die meterlangen »Würmer« der außenbords aufgehängten 2000 kg lasten nicht nur gewichtig unter dem Rumpf, sondern sind aerodynamisch gesehen, ein erhebliches Handicap für Geschwindigkeit und Wendigkeit unseres Vogels. Keine sonderlich angenehme Beigabe für Jagdbegegnungen und Flaktanz. Nun, mit den ersteren haben wir bei Nacht noch nicht zu rechnen, und daß die Flak uns nicht zu fassen kriegt, solange solche »Dobasse« unter dem Hobel hängen, ist eine Sache unseres navigatorischen Geschicks und der Aufmerksamkeit, nicht gerade über ein gegnerisches Kriegsschiff hinwegzufliegen. Die Nacht ist heute zwar hell genug, rechtzeitig solch unliebsamer Begegnung aus dem Wege zu gehen, doch hoffen wir, nicht dazu gezwungen zu werden, denn jede Kursänderung bedeutet ein Mehr an navigatorischer Rechnerei, das bei der knappen Zeitspanne, die uns für unseren Auftrag zur Verfügung steht, leicht ein Zuviel werden mag, an dem die präzise Erfüllung unserer Aufgabe scheitern könnte. Ja, diese Navigation über See, ein Ding für sich in diesem Raum ohne jeden Anhaltspunkt, der eine Kontrolle der errechneten Werte erlaubt. Wo nichts ist als Wasser, scheint die Karte ihren Sinn verloren zu haben — und doch ziehen sich über die blaugetuschte Fläche auf dem Kartenbrett, das auf meinen Knien liegt, die Linien eines imaginären Gitternetzes, die uns erlauben, Markierungen vorzunehmen, aus denen unser jeweiliger Standort mit annähernder Genauigkeit hervorgeht.*

*Im Kopfhörer lausche ich dem Schlüsselzeichen des bei Calais stehenden Funkfeuers »Nase«. Dem Minimum des Sendeimpulses nachdrehend, kann ich von der Gradrose unseres Peilkompasses an den langsam kleiner werdenden Werten unseren Standort laufend kontrollieren. Wenn wir richtig auf Kurs liegen, müßten wir bei einer Peilung von 255° North Foreland, den südlichen Eckpfeiler der Themsemündung, querab haben.*

*Unser Vogel ist inzwischen auf 3000 m gestiegen. Das ist jene errechnete Höhe, die uns erlauben wird, mit 5 m/sec fallend im Schleichflug in die Themsemündung hineinzutauchen, um genau über dem Ziel die vorgeschriebene Abwurfhöhe von 400 m zu haben. Diese Abwurfhöhe war der neuralgische Punkt der gesamten Minenfliegerei. Sie war nötig, die Mine präzise in die vorgesehene Position zu bringen, denn anders als eine Bombe wurde das hochempfindliche Ding ja per Fallschirm zu Tal geschickt. Es mußte also für den Abwurf einerseits eine ausreichende Höhe für die volle Entfaltung des Fallschirms vorhanden sein, andererseits durfte jener Grenzwert nicht überschritten werden, um die Gefahr eines Abtreibens durch den Wind zu vermeiden. Kam die Mine nicht in die gehörige Wassertiefe der vorberechneten Position und landete gar auf einem der vielen Sände, so war leicht der Erfolg der gesamten Minenoperationen bedroht. Alles hing in jener Einsatzepoche davon ab, daß das Geheimnis der Wirkungsweise der neuartigen elektromagnetischen Grundmine gewahrt blieb. Fiel das Gerät dem Gegner in die Hand, so konnte es nicht mehr lange dauern, bis er eine wirksame Räummethode herausgeknobelt haben würde. Natürlich hatte er es eines Tages doch geschafft, so ein vorbeigeworfenes Geschenk auf einer Sandbank zu entdecken, und damit begann ein hochdramatischer Kampf hinter den Kulissen der Minenkriegführung.*

*Vorerst aber warfen wir unsere LMB 1000 im festen Vertrauen, damit* eine wirksame Waffe des Blockadekrieges dem Feind vor die Haustür zu setzen. Lag der Vogel erst einmal sicher im Wasser, so löste sich der durch ein festes Salzstück mit dem Minenkörper verbundene Fallschirm und trieb in der Wasserbewegung rasch davon. Die Mine selbst stellte sich in ihrem elektromagnetischen »Hirn« selbsttätig auf die sie umgebende magnetische Feldstärke ein. Erfuhr diese durch den Überlauf eines Schiffes eine Änderung, so setzte der Ausschlag einer hochempfindlichen Inklinationsnadel den Zündmechanismus in Gang. Die Mine kam zur Detonation und brach das über ihr stehende Schiff von unten her auf. Um vorzeitige Räumungen zu verhindern, konnte im Zündermechanismus eine Verzögerung eingebaut werden, die das Ansprechen der Mine erst nach einer bestimmten Anzahl von Schiffsüberläufen — etwa beim dritten oder vierten Überlauf — bewirkte. Gemischt — mit und ohne Verzögerung — geworfen, wurde die gegnerische Räumtätigkeit erheblich irritiert, da nach klaren Räumerfolgen eine Meeresstraße freigegeben wurde, die, wie sich dann eines Tages überraschend herausstellte, noch erheblich verseucht war. Dasselbe Prinzip wurde bei den später angewandten akustischen Minen, die auf Schraubengeräusche innerhalb eines bestimmten Frequenzbandes ansprachen, beibehalten. Gewitzt durch die Erfahrung, die man mit der Entdeckung des Magnetminengeheimnisses durch die Briten gemacht hatte, war bei diesen neuen Modellen der Zündmechanismus noch durch eine lichtempfindliche Selenzelle als Ausbausicherung geschützt.

Daß wir Flieger von dieser Art der »stillen« Kriegsführung im Dunkeln begeistert gewesen wären, läßt sich nicht gerade sagen. Wir hielten nicht viel von einer Fliegerei, deren Ergebnisse einem Lotteriespiel zu gleichen schienen, in dem die Gewinne vielleicht einmal irgendwo und irgendwann ausgezahlt werden mochten, ohne daß die Männer, die den Einsatz wagten, davon etwas zu sehen oder zu hören bekamen. Im Endergebnis waren denn auch bei weitem nicht die Erwartungen zu erfüllen, die sich die deutsche Führung einmal vom Luftmineneinsatz gemacht hatte. Mit Fortschreiten dieser Art der Kriegsführung wurden die Einsätze immer unerfreulicher, da die Abwehr des Gegners zusehends an Gewicht gewann, bis schließlich nur noch in dunklen Nächten geflogen werden konnte. Daß damit die Treffgenauigkeit rapide absank, war eine unvermeidliche Folgeerscheinung, der sich leider die Führung unbegreiflich lange verschloß. Ein Zeichen, daß am grünen Tisch der Stabsquartiere der lebendige Kontakt zur Front verloren gegangen war. Die Kalkulation, allein mit dem Minenkrieg England in die Kniee zwingen zu können, schien uns, die wir die »Eier« vor Englands Küste legen mußten, eine ausgemachte Utopie. Allein, wer fragte die Front? Beim IX. Fliegerkorps, dessen Einsatzschwergewicht im Minenkrieg lag, rechnete man zwar für jede 17. Mine einen Treffererfolg heraus, aber es wird ewig schleierhaft bleiben, *aufgrund welcher Unterlagen die »Majore beim Stab« zu solch optimistischen Überschätzungen kommen konnten. Daß sich die oberste Führung von diesem Optimismus gerne anstecken ließ, ist begreiflich, doch theoretische Kalkulationen können keine Fronterfahrung ersetzen.*

*Doch all diese späteren Erkenntnisse beschwerten uns nicht, als jetzt Backbord voraus sich der dunkle Schatten der Insel in dem Silberspiegel der See uns entgegenschob. Der Befehl war klar, und wir waren mit voller Wachheit bei der Sache.*

*Konnten wir uns auch nicht sonderlich begeistern für die Einsätze mit der »stillen Waffe«, so lag andererseits doch in dem Bewußtsein, Anteil an einer geheimnisvollen neuartigen Kriegführung zu haben, die uns ein Höchstmaß subtilsten Könnens abverlangte, zunächst ein Reiz von hohen Graden. So mag unseren Vätern zumute gewesen sein, wenn sie im letzten Krieg auf Schleichpatrouille sich zwischen den Fronten bewegten oder in dunklen Minenstollen sich in der Erde unter die feindlichen Gräben vortasteten. Anders sind die Spannungen solchen Erlebens, als jene unter dem Sturmsignal zum Avancieren, wo es gilt, dem Gegner ins Auge zu schauen, anders, doch nicht weniger ins Blut gehend.*

*Da springt die Anzeige der Peilrose auf 255°. Ein Blick zur Küste. Die navigatorische Rechenaufgabe geht auf. Eine schräg in die Tiefe stoßende Handbewegung gibt dem Flugzeugführer das Zeichen. Das Dröhnen unserer Motore geht unter dem zurückgenommenen Gas in ein gedämpftes Rauschen über. Wir gleiten abwärts, schleichen an. In der Kanzel liegend kontrollierte ich im raschen Vorbeihuschen der Küste jene eingeprägten Landmarken, die mir Standort und Kurs zu bestimmen erlauben. Dort drüben, das muß Herne Bay sein, das Swalecliff, und da ist der tiefe Einschnitt von East Swale. Das Land kommt näher, scheint uns drohend entgegenzuwachsen.*

*Wie stumpfe Fischaugen glimmen Scheinwerfer hinter der Küstenlinie, ihre Strahlenfinger jedoch werden von dem taghellen Mondlicht verschluckt. Immerhin, der Tommy ist wach! Doch noch ist nicht erkennbar, ob dieses diffuse Lichterspiel über der Küste uns gilt? Ja, uns will scheinen, daß es heutenacht unter dem hohen Mond dieser Effekte nicht bedürfe, um unseren dunklen Riesenvogel auszumachen. Meilenweit liegt das Land übersehbar vor uns. Und da ist schon das Zielgebiet, die in der Ebbe bizarr verschlungenen Wasserbänder des Medway.*

*Wir drehen auf Anflugkurs ein. Rasend schnell fliegt uns der Drachenschlund der Flußmündung entgegen. In den nächsten Sekunden muß sich unser Schicksal entscheiden. Haben uns die Flakkanoniere von St. James oder auf Carrison Point schon im Visier? Gleich muß es dort drüben hell aufblitzen. Unmöglich, daß man in der Tageshelle dieser Nacht uns nicht entdeckt! Unsere Nerven sind bis zum Zerreißen gespannt. Mit zusammengebissenen Zähnen fliegen wir in die Strommündung ein, sind hindurch! Die Sekunden werden zu Ewigkeiten. Kein Schuß fällt. In fiebriger Hast vergleiche ich das unter uns dahinhuschende Bild der Sände und Rinnen mit unserer Zielskizze. Ist das das Fahrwasser? Ruhe — Ruhe — nicht verwirren lassen. Da kommt der scharfe Knick nach Süden. Unverkennbar in seiner Übereinstimmung mit dem Schattenriß. Rechts draußen ist unsere Zielstelle. Oder —? Kein Zweifel jetzt. Hier können wir nicht lange suchend herumkurven. Raus mit den Dingern!*

*Hups — bäumt sich die Maschine erleichtert auf. Die erste Mine fällt. Noch einmal Hups — die zweite sind wir los.*

*Die grünen Fallschirme blühen auf wie dunkle Rosen, während unser Vogel hart auf der Flächenspitze wendet. Da fährt die erste aufspritzend ins Wasser. »Die muß richtig liegen«, meldet unser Bordmixer aus der Bodenwanne das Eintauchen der zweiten, »liegt im tiefen Wasser! — Nun aber ab!«*

*Flach über den Strom drücken wir die Maschine herab und, jede Windung ausfliegend, wieder auf die Mündung zu. Wird es uns ein zweites Mal gelingen, ungeschoren durchzukommen?*

*Jetzt — wir ducken uns in der Maschine zusammen. Gleich müssen unsere Propellerspitzen das Wasser quirrlen, so tief sind wir. Da sind wir draußen.*

*Aufröhrend reißen uns die nun auf Vollast drehenden Motoren hinaus über die weite Wasserfläche der Themsemündung. Wird es hinter uns lebendig? — Unsere Motoren muß man doch hören, auch ohne Horchgeräte. Egal jetzt, jede Sekunde gewinnen wir 100 m, die uns weiter vom feindlichen Lande trennen. Schon ist die Küste nicht mehr zu sehen. Nur gleißendes, lichtüberflutetes Wasser ist um uns.*

*Uhrzeit? —*

*Die Aufgabe hat uns wieder, jene glücklichste Aufgabe: Heimkehren. Vor mir liegt die Karte. Jetzt müssen wir die imaginäre Stelle über dem Wasser erreicht haben, die als Wendepunkt vorberechnet ist. Ich richte mich auf. Drehe am Kursgeber die nach der Heimat weisende Gradzahl ein. Herum den Hobel! Sollen wir es schon wagen, die Mühle hochzuziehen? Eben will ich mich dazu entschließen, meinem »Emil« ein entsprechendes Zeichen zu geben, da deutet er voraus durch die Plexiglasscheiben.*

*»Dort fliegt einer!«*

*Wie ein elektrischer Funke zündet das Wort. Der Geist, der schon auf dem Heimflug ist, wird plötzlich in jene über feindlichen Zonen lebendige Spannung zurückgerissen. Meine Augen suchen den Himmel ab. Da habe ich den dunklen Schatten auch im Blickfeld.*

*Freund oder Feind?*

*»Scheint eine 88 zu sein!«*

*Das geübte Auge meines Piloten erkennt mehr als das meine. Immerhin stelle ich beruhigt fest, daß der andere vor uns herfliegt. Nur wenig höher ist er und etwas nach links herausgeschoben. Halten wir Abstand. Sollte er uns begegnen wollen, müßte er erst einkurven. Solange er das nicht tut, scheint keine Gefahr. Aber im Auge behalten wollen wir den Vogel. Nun kommt es mir auch so vor, als sei es eine 88. Einer der Unseren also. Die im Widerspiegeln des Mondlichts flimmernde Lumineszenz über dem Wasser hindert uns, den Voranfliegenden einwandfrei auszumachen. Schließlich aber sind wir heute nacht nicht allein unterwegs. So beschließen wir, vorerst ruhig hinter der anderen Maschine herzufliegen, solange sie ihren Kurs beibehält. Eigentlich müßte ihr Funker uns auch sehen.*

*Ich habe die Karte auf den Knien und koppele mit einem Blick auf die Uhr aufmerksam mit. Sind wir erst aus dem Themsetrichter heraus, werden wir doch besser hochziehen. Gewiß, solange die Motoren drehen, ist der Tiefflug ein hoher fliegerischer Genuß. Doch dem Navigator nimmt er den beruhigenden Überblick, und ein Quentchen gefährlichen Spiels bleibt es doch, bei allem Vertrauen in unsere stählernen Herzen. Jäh mag ihr donnernder Pulsschlag abreißen, und dann hieße es Baden gehen. Keine angenehme Vorstellung jetzt vor der feindlichen Küste im Kanal (»Bach«) zu liegen.*

*Als habe der Pilot meine Gedanken erraten, nimmt er den Knüppel sachte etwas heran. Wir steigen langsam. Sind schon 50 m hoch. Die Küste ist aber doch zu weit ab, als daß ich sie aus dieser Höhe schon erkennen könnte, um einen Orientierungspunkt zu haben. Dafür aber entdecke ich links voraus ein kleines Schiffchen in der silbrigen Flut. Ein Fischer, der seine Netze ausgeworfen hat. Nicht größer scheint das dunkle Dingelchen als eine Nußschale. Der Kurs der uns vorausfliegenden Maschine läuft schnurstracks auf den still liegenden Schatten zu. Jetzt dreht auch mein Pilot einige Kompaßgrade kleiner.*

*»Wollen uns das Bürschchen einmal ansehen!«*

*Na denn, schließlich führen wir Blockadekrieg, und jedes Netz, das der da mit Fischen aus der See heraufholt, setzt sich wahrscheinlich in Lebensmittelkartenabschnitte der belagerten Insel um. Wir machen unsere Bordwaffen fertig. Mag dem Briten ein kleiner Mitternachtswirbel aus unseren Trommeln zeigen, daß Fischefangen ein leichtsinniges Geschäft ist, wenn man es im Kriegsgebiet tut.*

*Noch sind es vielleicht gut vier Kilometer, vielleicht auch mehr, bis zum Ziel, im Mondlicht, dazu über See, verschätzt man sich leicht. Die andere Maschine mag uns gut 1500 m voraus sein. Ihre Bordwaffen werden das Nußschälchen zuerst abbrausen.*

*Gespannt hängen unsere Blicke an der 88. Gleich wird es soweit sein, daß ihre Leuchtspurgarben losfächern.*

*Da — Verdammt, was ist das?*
*Die bunten »Mäuse« leichter Flak flirren über das Wasser, umtanzen die Kameraden dort drüben, verschwinden im dunklen Rumpf der 88. Verfluchte Sauerei! Die müssen jetzt auf den Vogel schießen können, wie auf dem Scheibenstand, so dicht ist er ja heran. Die 88 versucht wegzukurven. »Laß das, laßt das«, schrei ich in höchster Erregung, da ist das Unglück schon geschehen. Die tödlichen Lichtpunkte fassen jetzt den riesengroßen Vogel erst recht, der ihnen in rasender Geschwindigkeit entgegenjagt. In ohnmächtiger Wut beiße ich mir die Lippen blutig. Jetzt — jetzt machen sie die Kameraden fertig! Die Mühle rutscht auf einmal ab, goldglühender Schaum gischtet auf, da wirbelt sie herum, weg — Aufschlag. Wasser steilt hoch.*
*Mein Pilot hat unseren Vogel hart auf der Fläche herumgerissen, schon liegen wir wieder gerade, fast auf Nordkurs jetzt. Flach auf die See gedrückt, versuchen wir das gefährliche Ding auszukurven. Ob er uns noch ins Visier bekommt? Jeden Augenblick kann uns die bösartige Lichterkette der Flakgranaten fassen.*
*Aber nichts geschieht. Langsam drehen wir wieder auf Ostkurs ein. Weit drüben kann ich den schwarzen Strich des britischen Bewachers noch erkennen. 1500 m war der Graben zwischen Tod und Leben breit gewesen. 1500 m — das sind 15 Sekunden. Zufall nur, daß wir nicht vorweg flogen. Zufall oder Schicksal? —*
*Ich liege über der Karte, rechne, schätze. Unser Funker hämmert seine Notmeldung hinaus. »Standort« schreit er mir zu. Es ist das Einzige, was wir für die Kameraden tun können.*
*»05 Ost 12384« entscheide ich mich. Und plötzlich bin ich sehr müde. Was soll das noch? Von uns kann die keiner mehr herausholen, wenn wirklich einer der Kumpels lebend aus der Maschine gekommen ist. Die einzige Hoffnung bleibt, daß die Männer auf dem britischen Bewacher Soldaten sind. Wenn überhaupt jemand, können sie allein den unseren helfen. — Plötzlich ist jene Grenze erreicht, jenseits welcher die Feindschaft ein Ende haben sollte, wo der Mensch wieder als Mensch gilt und die eben noch gültige Du oder-Ich-Begegnung in Bezirke einer höheren Ethik hinüberwechselt. Einer Ethik, in welcher Gesetze gelten, denen — warum eigentlich, so steht die Frage uns vorm Herzen — die Völker in ihren Beziehungen untereinander auf einmal entarten zu müssen meinen. Merkwürdig, daß der Krieg, der Millionenheere unter sein unerbittliches Gesetz zwingt, plötzlich an Entscheidungen endet, die das Individuum trifft, dort, wo es in seiner Menschenwürde und Menschlichkeit noch ansprechbar ist. Hier plötzlich wird offenbar, daß 2000 Jahre Christentum doch nicht spurlos an einer Welt vorbeigegangen sind, die glaubt, alle außerhalb des Rationalen liegenden Bindungen aufgeben zu können. Erst in den letzten existenziellen Bedrohungen wird deutlich, daß Gottes*

*Gesetz von der Menschenbruderschaft sich doch nicht aus den Angeln heben läßt.*
*Gedanken — sie schwingen zwischen uns vier Männern in der dahindonnernden Maschine. Keiner sagt ein Wort. Lange fliegen wir so in der mondhellen Unwirklichkeit. Längst muß die feindliche Küste hinter uns liegen. Allmählich ist unser Vogel auf Höhe gezogen. Nach einer Ewigkeit kommt die Stimme unseres Piloten, kurz, heiser, als fürchte sie, die heimlichen Schwingungen zu stören:*
*»Peilung?«*
*Ja, Peilung! Noch sind wir auf Feindflug. Von der fernen Küste dringt das Zirpen der Morsetöne in mein Ohr. Mechanisch drehe ich die Peilkurbel, lese die Zahlen vom Kompaß, drehe den Kurs ein.*
*»Noch neun Minuten«, informiere ich die Meinen.*
*Gut, das ist klar.*
*Und dann sind es wieder die Gedanken, die uns bestürmen, denen wir nachhängen bis das heimatliche Gestade unter uns liegt.*
*Die Antwort — weißt Du sie, Kamerad?«*

Geheime Kommandosache!

| | |
|---|---|
| Kampfgeschwader 55 | Gefechtsstand, 27. 8. 40. |
| Abt. Ia | 4 Ausfertigungen. |
| Br. B. Nr. 336/40 g. Kdos. | . Ausfertigung. |

*Geschwaderbefehl für den Nachtangriff*
*auf Liverpool und Birkenhead.*

1. Fl. Korps IV und V greifen mit allen nachteinsatzfähigen Besatzungen auf Stichwort:
   »Liebe, Nacht ................/.............. durchführen.«
   die Hafen- und Industrieanlagen von Liverpool und Birkenhead an.
   Das Anhalten des Angriffs kann auf das Stichwort »Liebe anhalten« noch bis 19.00 Uhr des Angriffstages erfolgen.
2. Es greifen an:
   Gruppe A: Teile des IV. Fl. Korps Hafen- und Industrieanlagen Birkenhead von 23.30—04.00 über Zielen.
   Anflug: Von Brest 30 km westl. ausholend aus N. und NW., Rückflug auf Lannion.
   Gruppe B: Teile des IV. Fl. Korps Hafen- und Industrieanlagen im Nordteil Liverpool (Zielgruppen 8384 — 4591),
   von 23.45 — 02.00 Uhr und
   04.00 — 4.30 Uhr über Zielen.
   Anflug: Von Dinard ostwärts ausholend, Zielanflug aus N und NW, Rückflug Cherbourg.
   Gruppe C: V. Fl. Korps Hafen- und Industrieanlagen im Südteil Liverpool (Ziel-Nr. 8343 bis 2162 und 7425),
   und zwar
   K.G. 55: Von 02.00 — 03.20 über Zielen,
   K.G. 51: Von 03.20 — 04.00 über Zielen.

3. K.G. 55 angreift:
Mit I./K.G. 55 (16 Flzg.)
von 02.00 — 02.24 Uhr über Zielen,
Mit III./K.G. 55 (12 Flzg.)
von 02.30 — 02.48 Uhr über Zielen,
Mit II./K.G. 55 (12 Flzg.)
von 02.54 — 03.12 über Zielen.
Schwerpunkt: Ziele im Südteil Liverpool/
II./K.G. 55 3 Flzg. mit Brandbomben.
jede Gruppe greift mit2 Flugzeugen Ziel-Nr. 7425 an.
4. Anflug: Über FF Fécamp — Widnes ostwärts ausholend, unter 4500 m. So weit als möglich Kettenflug; bei Auflösung der Ketten Höhenstufung nach Bestimmung der Gruppen.
5. Zielanflug: Aus Nord und Nordwest.
Angriffshöhe: 3000—3500 m; Höhenstufung nach Bestimmung der Gruppen.
6. Rückflug über FF Trouville, über 4500 m.
7. Bombenzuladung:
SC 250, Flam, und LZZ mit Laufzeiten 10–24 Stunden (1/2) und SC 50 (1/2),
soweit nicht Brandbomben befohlen sind.
8. Um Fehlwürfe auf Scheinanlagen und zur Täuschung angelegte Brände außerhalb des Zieles zu verhindern sind alle Besatzungen auf saubere Koppelnavigation und Erdorientierung hinzuweisen.
Es muß erreicht werden, daß alle Bomben in den Zielraum bzw. die angrenzenden Stadtteile geworfen werden. Fehlwürfe in das Wasser sind durch entsprechende Wahl des Haltepunktes zu vermeiden.
9. Mit dem Erfolg ist besonders zu melden, wieweit Aufnahme der Erdorientierung möglich war.

gez. (Korte)
Oberstleutnant und Geschwaderkommodore

Häufig erlebten Besatzungen aller Kampfgeschwader bei Nachteinsätzen — vor allem im Raume Liverpool —, daß kurz vor dem Bombenabwurf recht überraschend schon Wirkung im Ziel erkennbar war. Merkwürdig. Das konnten nur täuschende Scheinbrände der Engländer sein. Den voranfliegenden »Anzündern« fiel das noch auf, die nachfolgenden Besatzungen im Bomberstrom fielen allzuoft darauf herein! Mitten in der Heide von Wales sah es so aus, als ob ganze Stadtteile von Liverpool brannten. Ganze Straßenzüge, Wohnblocks oder Fabrikkomplexe glaubte man zu erkennen.
Beim Angriff des Geschwaders in der Nacht des 30. August 1940 z. B. ging ein großer Teil der Bomben auf derart fernbediente Scheinanlagen nieder. Niemand wollte es wahrhaben, es war aber so! Die heftigen Vorwürfe und Auseinandersetzungen im Gefechtsstand nach Rückkehr vom Einsatz einer anstrengenden Nachtmission sind an dieser Stelle nicht wiederzugeben, wenn man weiß, wie angespannte Fliegernerven zu reagieren pflegen! Die Auswertung über Erfahrungen mit Scheinbränden bedarf keiner weiteren Kommentare:

Geheime Kommandosache

Kampfgeschwader 55 — Gefechtsstand, 6. 9. 40.
Abt. Ia — 8 Ausfertigungen.
Br.B.Nr. 355/40 g.Kdos. — . Ausfertigung.
Bezug: Fernschr. Gen.Kdo.V.Fl.Korps, Führ.Abt. Ia op
Nr. 1252/40 geh. vom 6. 9. 40.

Betr.: Erfahrungen über Zielauffindung bei Nachtflügen.

Dem
Gen.Kdo.V.Fl.Korps,
Führ. Abt. Ia op.

1. Scheinbrände:
Festgestellte Scheinanlagen:
   a) Scheinbrände auf der Wasserfläche der Liverpool-Bay etwa nördl. Birkenhead (mehrfach bestätigt) mit starker, scheinbar künstlicher Rauchentwicklung, die vermutlich den weiteren Zweck hatte, bei dem herrschenden nördl. bis nordwestl. Wind, die Stadt in Rauch zu hüllen, um die Erdorientierung zu erschweren. Mit einer Verschiebung dieses Scheinbrandes auch in das Gebiet Mersey River muß gerechnet werden.
   Mehrere rote gleichmäßige Feuererscheinungen.
   b) Scheinanlage dicht südostwärts Liverpool, nördlich des Mersey River (mehrfach bestätigt und örtlich immer an derselben Stelle).
   Feuererscheinung: Schmaleres, sehr langes, genau rechteckig gehaltenes Band, das wie ein Abwurf von hunderten weißglühender Brandbomben aussieht; die einzelnen kleinen Lichterscheinungen flackern stark. Nach einer Meldung ist es möglich, daß noch ein zweites derartiges Brandbombenband als Scheinanlage besteht. Da die lange Feuererscheinung zugleich eine gewisse Breite aufweist, ist es möglich, daß der Brand von Straßenzügen vorgetäuscht werden soll.
   Unmittelbar W. bzw. NW von dieser Feuererscheinung kleinere, genau rechteckige, rötliche, gleichmäßig brennende Feuererscheinungen, etwa in der Form von Streichholzschachteln, die scheinbar den Brand von Häuserblocks vortäuschen sollen.
   c) Echter Heidebrand SW Wrexham durch Foto der Fernaufklärer festgestellt (wurde nur durch eine Besatzung beobachtet).
   d) Scheinanlage im Raum SO Chester bzw. W Crews auf der Kurslinie Liverpool — FF Trouville.
   Feuererscheinung: 3 schmale rötlich brennende Streifen, zweifach gebogen, einer in der Art eines halben Kringels gebogen, dazwischen einzelne schwache Feuer. Die Feuerbänder zeigten ein gewisses Flackern. Vielleicht soll der Brand gebogener Straßenzeilen, wie sie in den östlichen Vorstädten Liverpool vorkommen, vorgetäuscht werden.
   e) Ein oder zwei größere Brände im Raume NW. Poole bis N. Bornemouth (erst in der letzten Nacht festgestellt).
   Der eine Brand in Form eines größeren Rechtecks und mit gleichmäßiger Feuererscheinung.
   f) Brände O. Shrewsbury (erst in der letzten Nacht festgestellt).

Bei mehreren Scheinanlagen konnte festgestellt werden, daß sie erst bei der Annäherung eines Flugzeuges in Tätigkeit gesetzt wurden (Anlagen zu b., e. und f.). Bei der Anlage zu b. konnte festgestellt werden, daß auf dem Anflug auf Liverpool 3 rote Rechtecke brannten, auf dem Rückflug 4.

Es darf angenommen werden, daß die Anlagen elektrisch bedient werden (rote Feuererscheinungen etwa in der Farbe des Neonlichtes). In diesem Falle kann mit einer gewissen örtlichen Stetigkeit der Anlagen gerechnet werden, wie sie in mehreren Nächten bei der Anlage zu b. festgestellt werden konnte.

2. Scheinanlagen als Navigations-Hilfsmittel.
Die Anlagen zu a. und b. sind bei einem der letzten Angriffe auf Liverpool zum Teil mit Erfolg zum Auffinden des Zielraumes verwertet worden und haben in diesem Falle die Aufnahme der Erdorientierung im Zielraum erleichtert. Um unter allen Umständen zu verhüten, daß insbesondere bei dunstiger Wetterlage, die die Aufnahme von Erdorientierung unmöglich macht, mangels anderer Orientierung auf die Scheinanlagen geworfen wird, hat das Geschwader befohlen, daß in solchen Fällen nicht abgeworfen, sondern sofort auf die Ausweichziele gegangen wird.

3. Scheinwerferkreise als Navigations-Hilfsmittel.
Bis vor kurzer Zeit konnte angenommen werden, daß die Scheinwerfer zum Schutz größerer städtischer Objekte kreisförmig um die Städte eingesetzt waren. Dies ist erwiesen gewesen für die Städte Bristol und Gloucester (runde Kreise), Southampton (Halbkreis) und Liverpool (ovaler Kreis mit Längsachse Nord-Süd). Für Liverpool ist dies in der ersten Angriffsnacht durch eine Offz.-Besatzung nach Aufnahme der Erdorientierung am Mersey River und am Südteil der Stadt einwandfrei festgestellt worden. Bei den Störungsangriffen der letzten Wochen und beim ersten Einsatz auf Liverpool war deshalb der Abwurf, wo eine Erdorientierung nicht aufgenommen werden konnte, in den der Lage der Ziele entsprechenden Teil des Scheinwerferkreises aussichtsvoll.
In letzter Zeit läßt der Feind entweder die Scheinwerfertätigkeit ruhen, wie dies bei Liverpool in den späteren Angriffsnächten festgestellt wurde, oder er hat eine Verschiebung der Scheinwerfer vorgenommen: Bei Bristol ist nach letzter Beobachtung die Menge der Scheinwerfer in den Raum dicht ostwärts bzw. südostwärts der Stadt verlegt worden, bei Southampton dicht südwestlich der Stadt. Der Abwurf in die Mitte des Scheinwerferkreises ist deshalb, wenn Aufnahme der Erdorientierung nicht möglich ist, nicht mehr zu verantworten.
In der Gegend von Oxford sind Scheinwerfer nicht nur in der Stadtnähe, sondern auch in dem von Stützpunkt- und Nachtflughäfen stark durchsetzten Gebiet westlich der Stadt festgestellt worden.
Seit einer Woche etwa scheint der Gegner in Südengland, außer dem Schutz von Großstadt- und Flugplatzräumen, Scheinwerfersperrlinien gebildet zu haben, die in westlicher Richtung verlaufen. Die erste Scheinwerferlinie verläuft längs der Küste, auch am Spiegeln schräg leuchtender Scheinwerfer in der Wasseroberfläche der See erkennbar. Eine zweite Linie beginnt etwa mit dem Scheinwerferkreis um Aldershot, der sich mit einer schmaleren Linie nach Osten in Richtung London fortsetzt, eine dritte Sperrlinie mit dem Scheinwerferkreis Riading, sich ebenfalls nach Osten fortsetzend.
Nach Meldung der Verbände ist seit den Angriffen auf Liverpool im Raum nördlich Oxford die Scheinwerfertätigkeit auffallend gering und zurückgegangen.
Im Anflug auf Liverpool konnten außer der Scheinwerfersperrlinie an der Südküste auch die Scheinwerferkreise von Oxford und Birmingham gelegentlich zur Überprüfung der eigenen Koppelnavigation herangezogen werden.

4. Auch die Flakabwehr war bei einzelnen Großstadtobjekten wie z. B. Bristol und Liverpool, verhältnismäßig gleichmäßig um das Schutzobjekt eingesetzt. In den letzten Tagen mehren sich die Beobachtungen, daß die Flak mit unge-

zieltem Planfeuer scheinbar Sperre schießt. Ob dies mit dem Schießen von Drahtseilen zusammenhängt, konnte nicht festgestellt werden.

5. Zielauffindung nach Erdorientierung.
   In den mondlosen Nächten der letzten Zeit hat sich bestätigt, daß bei Flughöhen von mindestens 3000 m, die der Ballonsperren wegen eingehalten werden müssen, eine Erdorientierung bei dunstigem Wetter fast nur in der Senkrechtschau möglich ist. Die Orientierung kann mit einer gewissen Sicherheit nur an der Grenze zwischen Land und Wasser (Wasser tief schwarz, Land heller) aufgenommen werden. Küsten, wie besonders die englische Südküste und die Küste nördlich Liverpool, aber auch die Südküste des Bristol-Kanals und die Küsten des Mersey River, sind verhältnismäßig gut festzustellen. Bei der klaren Sicht der letzten Nächte, die auch eine Schrägsicht gestattete, konnten auch Flüsse und Kanäle (Kanalknie westlich Chester, Manchester-Ship-Kanal, Flußlauf nördlich Chester, Windungen des Avonflusses zwischen Bristol und Avonmouth) zur genaueren Zielauffindung benutzt werden. Städte im Binnenland zeichnen sich u. U. auch bei mondlosen Nächten als zusammenhängende schwarze Flächen gegenüber dem helleren umgebenden Land ab (Manchester). Bei klaren Nächten springen in der Senkrechtschau Straßenzüge durch eine abgedunkelte Straßenbeleuchtung hervor (Liverpool und Bristol). Im allgemeinen nur aus niedrigen Höhen sind bei klarer Sicht auch Fabriken am bläulichen Schimmer der Sheddächer erkannt worden (Flugzeugfabrik Filton, Flugzeugfabrik Gloucester-Hucclecote und Flugzeugfabrik Itchen ostwärts Southampton).
   Jede Erdorientierung wird ausgeschaltet durch Scheinwerferblendung. Die — vielleicht unbeabsichtigte — Blendung durch Scheinwerfer hat sich in der Abwehr als weit wirkungsvoller erwiesen als alle Flak und Nachtjäger. Wenn z. B. beim Angriff auf Avonmouth die Aufnahme der Erdorientierungen am Südende des Bristolkanals und in der Schrägsicht die Erfassung und seitlich richtige Ansteuerung des Zieles möglich war, verhinderte das plötzliche Aufleuchten der Scheinwerfer die Erdsicht im Augenblick des Bombenwurfs und damit das zeitlich richtige Abkommen.
   Dies zu verhindern, ist nur mit Überraschung möglich: Anflug bei rollendem Einsatz möglichst nicht nur aus einer Richtung und vor allem gedrosselter Anflug im Gleitflug bis dicht vor das Ziel.

gez. Korte.
Obstlt. u. Geschwaderkommodore.

## DREI TAGE UND DREI NÄCHTE IM KANAL

Am Samstag, 14. September 1940, startete die Besatzung der G1 + HA von Villacoublay zum Einsatz gegen London. In der Gegend von Eastbourne wurde sie von Spitfires der 72. Staffel gegen 16.00 Uhr abgeschossen. Mit Mühe gelang es dem Flugzeugführer Lt. Parey, die Maschine im Kanal bei stürmischer See zu Wasser zu bringen.

Während der Beobachter Lt. Friedrich Schlink und der Bordfunker, Gefreiter Otto Wanger noch mit der Maschine untergingen, fanden der Flugzeugführer Lt. Hans-Friedrich Parey und der Bordschütze Obergefreiter Willi Petersen kurz vor der Rettung den Tod in den Fluten. Nur der Bordmechaniker Fw. Josef Geiger überlebte und konnte den folgenden Bericht über die dramatischen Tage und Nächte im Schlauchboot abgeben:

*»Die Maschine hielt sich nur etwa eine Minute über Wasser. Leider gelang es dem Lt. Schlink und dem Funker Ogefr. Petersen nicht, sich von der Maschine freizumachen. Die See ging sehr hoch und überspülte das Flugzeug mit schäumenden Brechern. In der Gischt sind dann die beiden Kameraden verschwunden, und wir haben sie auch nicht wiedergesehen. Wir anderen sind sofort auf das Schlauchboot zugeschwommen, um aus dem Sog der untergehenden Maschine zu kommen. Leutnant Parey und ich konnten auch noch den Kameraden Gefr. Wanger bergen, aber von den anderen beiden Kameraden haben wir, wie gesagt, nichts mehr gesehen. Unsere Maschine war kaum 500 Meter von der englischen Küste niedergegangen. Wir konnten die Häuser und die Einzelheiten an Land ganz deutlich erkennen. Unser erster Gedanke war: So schnell wie möglich weg! Kurs 180 Grad und 'rüber zur französischen Küste.*
*Bloß nicht in englische Gefangenschaft! Wir paddelten wie wild, denn wir hatten Angst, daß man hinter uns hersetzen würde. An Land schienen sie sich aber ihrer Beute gewiß, denn daß man in einem kleinen Schlauchboot bei derartiger See und bei Windstärke 7 den Entschluß fassen könnte, dennoch die Fahrt von 40 Kilometern über Wasser zu wagen, das haben die Engländer als alte Seeleute nicht für möglich gehalten. Wir haben es gewagt! Es gab nicht einmal eine Diskussion deswegen. Wir sind in den ersten Stunden gepaddelt, daß wir, obwohl die kalten Wellen dauernd über uns spülten, dennoch geradezu in Schweiß kamen. Ruhe gönnten wir uns erst, als wir die englische Küste aus den Augen verloren hatten. Die erste Nacht war schlimm. Wir mußten andauernd das Wasser aus dem Boot schöpfen. Die Kälte lähmte unsere Körper fast. Und dauernd spülten die Brecher über uns. Schiffe haben wir keine gesehen, wir fanden nur eine Boje, auf der ›Dänemark‹ stand.*
*Einen Augenblick haben wir sogar gedacht, wir seien soweit nach Norden abgetrieben. In der Luft war reger Betrieb, andauernd rauschte es über uns weg: unsere Kameraden auf dem Flug nach England! Unsere guten Wünsche begleiteten jede Maschine, die hoch in den Wolken über uns hinwegzog. Nachts habe ich auch einige Male mit der Leuchtpistole geschossen, aber es ist nichts daraufhin erfolgt. Wir waren alle froh, daß der Morgen kam, denn wir hofften, im Laufe des Tages aufgefunden zu werden, wußten wir doch, daß unser Seenotdienst dauernd das Wasser absucht. Es sind auch Maschinen über uns weggeflogen, aber der Kanal war eine weißschäumende Wasserwüste, in der natürlich ein kleiner dunkler Punkt, den ein Schlauchboot ausmacht, nicht leicht gesehen wird. Wir waren alle zu sehr Flieger und Beobachter, als daß wir uns darüber einer Täuschung hin-*

*gaben. In gefaßter Stimmung sahen wir deshalb auch die zweite Nacht über uns hereinbrechen. Hunger und Durst machten sich jetzt schon stark bemerkbar. Hatten wir am Tage schon kaum geredet, in der Nacht wurde fast kein Wort gewechselt. Die Arme gingen automatisch. Ebenso automatisch gingen die Gedanken: Weg, weg, bloß weg! Gegen Morgen fingen die beiden anderen zu phantasieren an. Sie sprachen von Aussteigen und Anhalten. Vielleicht habe ich auch etwas irre geredet, aber ich war doch noch am klarsten und dachte nur an den Kurs. Im Laufe des Tages verloren die anderen beiden Kameraden ihre Paddel. Fahrt machten wir sowieso kaum, und das plumpe Schlauchboot gegen die Wellen vorwärtszubringen, war fast unmöglich. Dennoch wechselten wir ab. Wieder ein Tag verging, ohne Nahrung, dauernd überspült, dauernd auf Ausschau nach einer Rettung. Gesagt haben wir nicht viel an diesem Tage, aber der eine hat dem anderen mitunter in die Augen geschaut. Wir haben uns dann leise zugeblinkt, haben einander Mut zugelächelt. Gesagt hat keiner etwas.*

*Wieder ein Tag und eine noch schlimmere Nacht. Am nächsten Morgen fingen wir mit frischem Mut an, denn einmal muß dieser Kanal doch ein Ende haben. Die beiden anderen Kameraden waren dann und wann geistesabwesend und fingen wieder an, irre zu reden.*

*Endlich sahen wir Land vor uns. Zeitweise verschwand es hinter den Wellenkämmen oder wurde von fliegenden Nebelfetzen verdeckt. Dann packte uns die Angst, daß wir uns getäuscht hätten. Sobald wir es wieder sahen, gingen wir mit neuer Kraft an die Ruder. Es war, als strömte beim Anblick der Küste neues Leben in uns hinein. Die Stunden bis zum Erreichen der Küste waren die schlimmsten.*

*Und als dann eine breite Brandung uns vom festen Lande trennte, als wir wie ein Spielball immer wieder hin und hergeschleudert, jetzt zum Lande, dann wieder von Land getrieben wurden, dann von der Strömung wieder weit hinausgetrieben wurden, da haben wir unsere letzten Kräfte aufgeboten. Es war eine ganz einsame Küste vor uns und kein Mensch zu sehen.*

*Dann habe ich es gewagt. Ich bin geschwommen. Ich bin durch die Brandung durchgekommen, wie, das weiß ich nicht. Als ich mich nach dem Boot umblickte, war kein Mensch mehr drinnen. Ich schaute nach den Kameraden aus. Es war abgemacht, daß ich Hilfe holen sollte und sie solange im Boot bleiben sollten. Vielleicht haben sie geglaubt, ich sei ertrunken, weil die Wellen mich fast dauernd überspült haben, und sie haben dann selber zu schwimmen versucht — ich weiß es nicht — ich habe sie auch nicht gefunden. Ich weiß noch, daß eine Strandwache der Marine auf mich zugelaufen kam und mich fortbrachte. Ich weiß noch, wie das Gefühl des Geborgenseins mich überkam. Und dann habe ich geschlafen.«*

## 15. SEPTEMBER 1940 GROSSANGRIFF AUF LONDON ODER DER »SCHWARZE TAG« DER RAF

*Da liegen auf dem Tisch vor Churchill die Gefechtsberichte der beiden deutschen Luftangriffe von gestern.*

*Seit acht Tagen rollt die deutsche Luftoffensive gegen das Herz des Empire, gegen die Viermillionenstadt London. Am 6. September 1940 war die britische Jagdabwehr in Südostengland, vor allem aber im Großraum London, dicht vor dem Zusammenbruch. Pausenlose Angriffe hatten ihre Einsatzplätze umgepflügt, so daß sie zum Teil tagelang nicht anfliegbar waren. Beinahe noch gefährlicher aber waren die Zerstörungen, die zudem im Nachrichtenverbindungsnetz angerichtet worden waren. In dem Maße, wie durch diese Ausfälle im Nachrichtennetz die Kontrolle der Einsatzverbände der Führung entglitt, die Befehlsübermittlung unmöglich wurde, eilte die Krise einem schicksalhaften Höhepunkt zu. Es war der Tag abzusehen, an dem die Luftverteidigung der Hauptstadt zusammenbrechen mußte. Doch da geschah das Unwahrscheinliche, das die Männer der RAF wie ein unfaßbares Wunder anmutete, gleichsam fünf Minuten vor zwölf Uhr brach die deutsche Luftwaffe ihre Offensive ab und nahm einen Zielwechsel vor. Ein Aufatmen ging durch das Fighter-Command der RAF. Die Atempause, gleich wie lange sie dauern würde, war da! Die Atempause, die man so dringend brauchte, um wenigstens die notdürftigsten Reorganisationen vorzunehmen, wenn die Schlagkraft nur einigermaßen erhalten werden sollte.*

*Winston Churchill hatte das seinen Jägern gegönnt. Nur zu gut wußte er um die übermenschliche Leistung von Führung und Truppe in diesem lebensentscheidenden Kampf. Doch war diese Pause nicht dennoch zu teuer erkauft? Der Zielwechsel, den die Luftwaffe vorgenommen hatte, als sie von den Jägerplätzen abließ, hieß London!*

*Seit dem 6. 9. 1940 lagen die schicksalsträchtigen Agentenmeldungen aus Frankreich auf des Premiers Arbeitstisch: Verstärkung der Luftwaffe zwischen Amsterdam und Brest um 160 aus Norwegen abgezogene Bomber, dazu zahlreiche neue Stuka-Verbände in die jenseitigen Kanalhäfen zwischen Ostende und Dieppe verlegt.*

*In der Nacht vom 6. auf den 7. September war von den 68 Maschinen der 1. Angriff auf London geflogen worden. Sicher, es war nicht viel dabei zerstört worden, doch der moralische Eindruck der deutschen Offensive — am 7. September 1940 waren 300 Maschinen in rollendem Einsatz eingeflogen — war gewaltig. Der englische Premier kniff wohl die wasserhellen Augen zusammen, wenn er an diesen 7. September 1940 dachte. Natürlich, er hatte so etwas erwartet, dafür war Krieg. Die deutschen Absichten waren zu offensichtlich und vielfach angekündigt. Das Tohuwabohu allerdings, das dem Beginn dieser Offensive gefolgt war, das hatte er nicht voraussehen können. Um acht Uhr morgens war an jenem Septembertag von irgendeinem Kommando der Heimwehr das Stichwort »Cromwell« ausgegeben worden. »Cromwell«, das bedeutete: »Invasion bevorstehend«. — In ganz Südengland läuteten die Kirchenglocken Sturm. Die Heimwehrmänner eilten in ihre Bereitstellungsräume. Es herrschte ein maßloses Durcheinander. Verstopfte Straßen, Weltuntergangsstimmung in den aufgescheuchten Dörfern, unkontrollierbare Parolen im ganzen Land. Da und dort waren landende deutsche Fallschirmjäger gemeldet worden. Einsatzkommandos preschten über die Landstraßen. Kurzum, der Teufel war los! Das Tollste dabei war aber, daß der verantwortliche Führer des Staates in Chequers, seinem Amtssitz, saß, und von all' dem, was sich draußen tat, keine Ahnung hatte. Nun, es ging ihm damit nicht besser, als dem Generalstab des britischen Feldheeres. Auch dort erfuhr man zunächst nichts von den Auswirkungen, die der Befehl eines durchgedrehten Heimwehrkommandeurs ausgelöst hatte. 36 Stunden brauchte man, um den Rummel abzublasen und die Dinge wieder in das militärisch gebotene Gleichmaß zu rücken. Immerhin — das hatte er geschafft — kein Wort von den Ereignissen erschien in Presse und Rundfunk. Das hätte auch noch gefehlt, daß die Deutschen gemerkt hätten, wie die Nerven der britischen Bevölkerung bis zum Zerreißen gespannt waren.*

*Am 11. 9. 1940 erst hatte er dann im Rundfunk gesprochen. Beruhigend zwar, aber doch so offen und nichts beschönigend, wie es der Ernst der Lage gebot. Aus Agentenmeldungen wußte er schließlich, daß zwischen dem 15. und 21. September 1940 die kritischen Tage lagen, an denen Hitler den »Seelöwen« von der Kette lassen wollte. Also hatte er in der BBC zugegeben:*

> »Wenn immer das Wetter günstig ist, erscheinen Wellen deutscher Bomber, von Jägern geschützt, oft 300 bis 400 gleichzeitig über der Insel ...
> Diese Anstrengung der Deutschen, die Luftherrschaft über England bei Tage zu erringen, ist das K r e u z des ganzen Krieges!«

*Warum es verschweigen? Was jeder Engländer sah, die Wellen der Heinkels und Junkers, konnte man schließlich ohnehin nicht verheimlichen, also war es besser, das Volk wußte, woran es war und welche Sorgen seine Führung hatte.*

*Der sechsundsechzigjährige Churchill war nie der Mann gewesen, geduldig abwartend den Dingen entgegenzuharren, die in der Luft lagen. Man findet ihn mit seiner Lebensgefährtin draußen in Uxbridge beim Befehlsstand der XI. Jagdgruppe. Einmal ist man dort draußen 15 m unter der Erde sicher, was sich auch in der Luft tun mag, zum anderen aber erhält er dort am schnellsten ein unbestechliches Bild der Lage. Auch mögen die braven Männer der XI. Jagdgruppe, von der in diesen Tagen das Schicksal Londons — und vielleicht nicht nur das der Hauptstadt — abhängt, eine Rückenstärkung brauchen können, wie sie der Besuch des leitenden Staatsmannes auf ihrem Gefechtsstand sicher sein muß. Churchill ist zwar in erster Linie Politiker, doch er hat sich aus der eigenen Dienstzeit sehr wohl ein gutes soldatisches Gefühl dafür bewahrt, was eine hart ringende Truppe von ihren Führern erwarten darf. Und, ist er nicht der Führer dieser Flieger? Hilft ihr Einsatz nicht, seine Pläne zu verwirklichen? Da nun schon England Front geworden ist, gehört er mit dorthin, wo die Entscheidungsschlacht geschlagen wird. Das ist er nicht nur dem großen Ahnherrn seines Geschlechts, dem kriegsgewaltigen Herzog von Marlborough schuldig, sondern sich selbst als Kriegspremier eines Landes, das zum Kampf um seine Existenz und die Behauptung seines Lebensstils angetreten ist. Auf dem Gefechtsstand der XI. Jagdgruppe in Uxbridge empfängt Vize-Luftmarschall Park das Ehepaar Churchill und geleitet seine Gäste zum Luftlageraum seines Mammutbunkers.*

*Die XI. Jagdgruppe deckt mit ihren 25 Staffeln ganz Essex, Kent, Sussex und Hampshire, d. h. also praktisch das gesamte Vorgelände, welches ein deutscher Angriff auf London vor Erreichen seines Ziels durchstoßen muß.*

*Zwar liegt das Hauptquartier des Jägerkommandos (Fighter-Command) in Stanmore, doch die Leitung des praktischen Einsatzes war bewußt der XI. Jagdgruppe überlassen, die nicht nur die Hauptlast des Kampfes zu tragen hatte, sondern auch in ihrem Kommandeur, Vize-Luftmarschall Park, über einen Offizier verfügte, der seit Dünkirchen die Luftverteidigung Südenglands aufbaute und leitete. Der Gefechtsstand lag in Uxbridge, dem draußen im Lande sechs untergeordnete Jägerleitstände zur Verfügung standen. Freilich war er nach einer bereits vor Kriegsausbruch erarbeiteten Konzeption des Luftmarschalls Dowding entstanden. Er war das erste jener Gefechts-»Opernhäuser«, die in ihrer technischen Perfektion zwar für den Laien den Eindruck entstehen ließen, der Krieg finde im Saale statt, doch die schließlich für den Erfolg jeder aktiven Luftverteidigung schlechthin entscheidend waren. Nach diesem britischen Vorbild entstanden später auch in Deutschland fünf dieser Monster-Anlagen. In der Tiefe des Mammutbunkers fanden sich die Churchills in dem einem mittelgroßen Theatersaal gleichenden Operationsraum des Befehlszentrums. Im ersten Rang des zweistöckigen Saales waren bequeme Plätze vorbereitet worden. Während der Premier eine neue Zigarre anpaffte, erklärte Vizemarschall Park die großmaßstäbliche Leuchtkarte, die aus der Höhe des Ranges gesehen, ein klares Bild Südostenglands aus der Vogelperspektive bot. Auf der Karte konnten Flugzeugbewegungen über den durch sie gedeckten Gefechtsraum unmittelbar markiert werden. An der Stirnwand des Raumes, wo sich im Theater die Bühne befinden würde, gab eine überdimensionale Tafel einen Überblick des Einsatzablaufes der eigenen Verbände. In sechs Spalten eingeteilt, die den sechs Jägerleitstellen entsprachen, zeigten elektrische Leuchtzeichen Einsatzbereitschaft, Startbereitschaft, Start, Feindberührung, Jagdkampf und Rückkehr der unterstellten Staffeln an. In Ergänzung mit den auf der Lagekarte angezeigten Standorten und Marschkursen der Verbände erhielt die Führung somit ein laufendes Bild der Luftlage. Besondere Glasboxen beherbergten Offiziere, die in einer verwirrenden Ansammlung von Telefonapparaten und Fernschreibern mit der Auswertung der eingehenden Warn- und Luftlagemeldungen beschäftigt waren. Radar steckte zwar noch in den Kinderschuhen, doch gab bereits damals die Kette der Radarstationen an der englischen Ostküste die ersten Meldungen von der Annäherung des Feindes, dessen Verbände hier erfaßt werden konnten, lange ehe sie mit akustischen und optischen Einrichtungen zu bemerken waren.*

*In einer weiteren Glasbox saßen die Flakoffiziere in der braungrünen Heeresuniform vor ihren Apparaten, um wechselweise Meldungen entgegenzunehmen oder Befehle durchzugeben. In den Rängen des amphitheaterförmigen Raumes hatten die Jägerleitoffiziere der unterstellten Verbände ihre Plätze, um der Lage entsprechende Befehle der Gefechtsführung sofort unmittelbar übermitteln zu können. Neben den zahlreichen sichtbaren Adepten dieses magischen Zaubertheaters diente in den anderen Räumen noch eine Legion von Offizieren, Soldaten, Nachrichtenhelferinnen der gemeinsamen Aufgabe. Alle bemüht, einen reibungslosen Ablauf der »Saal-Schlacht« zu gewährleisten. Aufmerksam hatte Churchill den Worten des hohen Offiziers gelauscht. Auch für ihn war diese verwirrende Apparatur neu. Nun waren zwar die Akteure des großen Theaters vollzählig versammelt, um ihrem Premier ein Bild präzisesten Hand-in-Handspiels zu bieten, doch — mochten auch Telefone und Fernschreiber unentwegt rasseln — auf der Lagekarte blieb alles klar, so daß der Vizemarschall nichts anderes tun konnte, als seinen Vortrag mit der Feststellung zu schließen: »Ich weiß nicht, ob heute etwas in Gang kommt. Noch ist alles ruhig.«*

*Dankend quittierte der Premier. Dann kam er auf die Lage draußen auf den Flugplätzen zu sprechen. »Ich habe da erfahren«, richtete er das Wort an den Offizier, »daß Bombentrichter auf unseren Jägerplätzen oft vier Tage nach einem Angriff noch immer nicht zugeschüttet sind. Das macht mir Sorge. Die Deutschen haben seinerzeit nach unseren Angriffen in Norwegen, denken Sie an Stavanger, keine 24 Stunden gebraucht, bis sie ihre Plätze wieder völlig fit hatten. Warum geht das nicht bei uns? Wir müßten doch Männer genug dafür haben. Ich habe mich veranlaßt gesehen, anzuordnen, daß über jeden Bombentrichter auf unseren Jägerplätzen, der nach 24 Stunden noch nicht wieder zugefüllt ist, Meldung zu machen ist. Aber das ist doch ein Unding, daß ich mich um solche Selbstverständlichkeiten kümmern muß.«*

*Der Vizemarschall wurde einer Antwort enthoben, denn unten im Raum gab es plötzlich Bewegung. Die Atmosphäre begann sich mit jener knisternden Spannung zu laden, die entscheidenden Ereignissen vorauszugehen pflegt. Auf der Lagekarte erschien »der Feind«. Küstenradar hatte einen deutschen Verband im Anflug von Dieppe aufgefaßt. Auf der Jägereinsatztafel leuchteten die ersten roten Lichter auf. Startbereitschaft für die Staffeln in Sussex! Und dann geht es Schlag auf Schlag!*

*»40 deutsche Maschinen«*

*»Noch 20«.*

*»Weitere 40«.*

*»Verband mit 40 Maschinen im Anflug«.*

*»60 Maschinen!«*

*Von Minute zu Minute verdichten sich die Meldungen.*

*Eben wird ein neuer Verband mit 80 Maschinen auf der Lagekarte markiert. Das Bild der ersten Welle eines deutschen Großangriffs wird deutlich. Die Telefone der Jägerleitoffiziere rasseln. Die ersten Spitfire-Staffeln gehen in die Luft. Noch steht die Hälfte des Bereitschaftsaufgebotes in Reserve.*

*Vizemarschall Park hat jetzt keine Zeit mehr, sich um seine hohen Gäste zu kümmern. Die Flak erhält Anweisungen. Die deutschen Verbände schieben sich auf der Lagekarte immer weiter vor. Auf den Jägerleittafeln melden die bunten Lichter erste Feindberührungen. Im Zeitraffertempo verdichtet sich das Geschehen. Aus zusammengekniffenen Augen folgt Churchill den magischen Zeichen.*

*Jetzt sind alle Staffeln der XI. Gruppe in der Luft. Die Offiziere in den Rängen des Gefechtsstandes übersetzen die Anweisungen des Vizemarschalls in Befehle an die einzelnen Einheiten. Keinen Blick läßt Park von der Lagekarte. Alles hängt nun von ihm und seiner richtigen Einschätzung des Geschehens ab. 70 bis 80 Minuten nur können seine Spitfires und Hurricanes in der Luft bleiben, dann müssen sie zum Auftanken landen.*

*Erste Luftkämpfe werden gemeldet. Abschüsse markiert — eigene und feindliche. Es ist so weit, die ersten Jäger mussen wieder herunter. Doch in der Luft darf kein Loch entstehen, durch das der Feind hindurchschlüpfen könnte.*

*Aber das Spiel geht nicht auf. Die Deutschen sind zu stark. Stur halten ihre Verbände Kurs. Vizemarschall Park hat alle Reserven schon eingesetzt. Es gibt nichts mehr, um die Lücke in der Jagdsperre zu schließen, die durch die landenden Verbände aufgerissen wird. Oder doch? — Wenigstens versucht muß werden, in Stanmore bei CAS (Chief of the Air Staff) Verstärkungen anzufordern. Marschall Dowding sagt drei Staffeln von der XII. Gruppe zu, die sofort zur Deckung Londons in die Schlacht geworfen werden. Die Luftwaffe ist inzwischen bis über die Stadt durchgebrochen.*

*Schon fallen dort die ersten Bomben.*
*Nervös nagt der Vizemarschall an der Unterlippe. Die Lage wird kritisch. Da fragt ihn der Premier, der auf der Lagekarte klar sieht, was los ist: »Welche weitere Reserven haben wir?«*
*Der Offizier sieht den Premier an: »Keine, Sir!«*
*Erschwerend kommt hinzu, daß — wie die neu einlaufenden Meldungen zeigen — 90 deutsche Maschinen die britischen Jagdflugplätze abkämmen. Die gerade zum Tanken zwischengelandeten Spitfire werden böse zerzaust, haben Ausfälle. Der neue Start verzögert sich, und jede Maschine wird doch so dringend über London gebraucht.*
*Staffel um Staffel muß jetzt herunter. Es ist zum Verzweifeln. Da — aufatmend stellen der Premier und seine Offiziere fest — endlich, die Deutschen drehen ab, gehen auf Heimatkurs. Langsam rutschen die markierten Bomberverbände auf der Lagekarte ostwärts. Keine neuen Anflüge sind zur Zeit gemeldet. Es wird eine Atempause geben.*
*Minuten später ist die Lagekarte wieder leer, als wäre nichts gewesen. Die Churchills atmen auf, als von draußen das Entwarnungssignal ertönt. Besorgt drückt der Premier abschiednehmend dem Vizemarschall die Hand.*
*»Wir sind glücklich, daß Sie das einmal miterlebt haben, Sir«, verabschiedet sich der Offizier. »In den letzten 20 Minuten wurden wir so von Meldungen zugedeckt, daß wir keine Ahnung hatten, was wir noch machen könnten. Das geht über unsere Kräfte, die, wie Sie beobachtet haben werden, bereits über jede normale Leistungsgrenze hinaus beansprucht werden!«*
*Churchill weiß das. Es bedarf dieser Worte nicht. Er versucht dem Offizier und seinen Männern Anerkennung und Trost zu zollen, indem er seiner Meinung Ausdruck gibt, daß der Angriff doch zufriedenstellend abgeschlagen werden konnte. Doch Park schüttelt resignierend den Kopf. Für ihn als Luftwaffenoffizier ist es zu offensichtlich, daß die deutschen Kampfverbände allenthalben die Verteidigung durchbrachen und mit zahlreichen Bombern und Jägerstaffeln über London erscheinen konnten.*
*Als sich Churchill am Abend des Tages Meldung über die Ergebnisse der Luftschlacht vom 15. 9. 1940 machen läßt, erfährt er befriedigt, daß bei 183 Feindverlusten die RAF nur 37 eigene Maschinen eingebüßt hatte.*
*Erst nach dem Kriege wird freilich festgestellt werden, daß die ehrlichen Verlustziffern dieses Tages doch ein anderes Verhältnis ergaben, denn den 37 abgeschossenen Briten standen in Wirklichkeit nur 56 deutsche Verluste gegenüber. Der 15. 9. 1940 war für die Briten zum schwarzen Tag der Schlacht um England geworden.*
*Der 15. September ist heute der »Battle of Britain Day«. — Der Tag der Wende.*

## BOMBER GEGEN JÄGER

Seit mehr als einer Woche rollten Tag und Nacht die Angriffe gegen London. Die britische Weltstadt war schon zur »alten Tour« geworden; man sehnte sich nach neuen Zielen. Am 14. 9. 1940 ging dieser Wunsch für die Besatzung Hansen in Erfüllung. Brighton an der englischen Südküste sollte am hellen Tage in Einzelaktionen angegriffen werden. Ist zwar ein »kleiner Fisch« für die alten Besatzungen, dieses Brighton, aber immerhin, es hat den Reiz der Neuheit. Und dann noch eins: Es soll Öl geben dort, Öl und Sprit, dazu in schönen runden haushohen Behältern, die man von oben so gut erkennt und die man mit einer 250er bequem zum Überlaufen bringen kann!
Lachend kletterte Leutnant Wolfgang Hansen in seine He G1 + DM. Nun saß er am Knüppel und pfiff sich eins. Mit einiger musikalischer Phantasie glaubte man das »Auf in den Kampf Torero ...« zu erkennen. Fünf Minuten danach hing die Maschine mit Nordkurs in den Wolken, zwei Stunden später war sie wieder zurück. Unzählige Löcher hatte sie im Rumpf. Leutnant Hansen lachte zwar auch jetzt beim Aussteigen, aber die linke Gesichtshälfte war von Blut beschmiert, notdürftig verpflastert; er konnte kaum aus den Augen schauen. »Halb so schlimm — wie's aussieht« rief er schon von weitem. Neugierig wurden die Einschüsse an der Maschine betrachtet und die Männer hörten gespannt seinen Erlebnisbericht:

*»... aber je mehr wir uns der englischen Küste näherten, desto spärlicher wurden die Wolken. In einem größeren Loch orientierten wir uns und stellten fest, daß wenige Kilometer links vor uns Brighton lag. Die bewußten Ölbunker waren deutlich zu erkennen und drei Kilometer vor dem Ziel ließ ich die Vorbereitungen zum Bombenwurf treffen, und dann ging's ab mit ihnen in die Tiefe! Ich drehte nun zum Abflug, und nach etwa einer Minute meldeten Funker und Bordwart eine außergewöhnliche tiefschwarze Rauchentwicklung. Nach fünf Minuten erreichten diese Rauchwolken schon eine Höhe von 2000 bis 2500 Metern, der beste Beweis dafür, daß unsere Bomben gut im Ziel gelegen haben.*
*Ich wunderte mich schon, daß wir so unbehelligt geblieben waren, als ich plötzlich — wieder über dem Kanal — rechts vor mir drei englische Jäger herankommen sah. Ich sagte sofort meiner Besatzung Bescheid und drehte nach links, um die Angriffsfläche zu mindern. Da hörte ich auch schon in der Maschine eine große Zahl von Einschlägen und dazwischen das wütende Gekläff der eigenen MGs.*
*Ich suchte nach einer rettenden Wolke, fand aber keine, dafür sah ich nun links einen Jäger kommen, der es wohl auf mich abgesehen hatte. Im selben Augenblick verspürte ich aber auch schon einen Schlag gegen die*

*linke Gesichtshälfte, der verdammte Ähnlichkeit hatte mit einer schallenden Ohrfeige. Der Kopf wurde mir zur Seite gerissen, und sofort fing die Geschichte an zu bluten. Das störte mich zwar ein wenig, aber mein Beobachter mühte sich mit Erfolg, den Blutstrom zu stillen. Endlich fand ich unter mir einen größeren Wolkenhaufen; ich stellte die Maschine auf den Kopf, und hinein ging's mit 400 km/h Fahrt. Aber die Freude war kurz, genau so kurz wie die Wolke. Im Nu waren wir wieder draußen und die Jäger hinter uns her. Funker, Bordwart und Bordschütze schossen wie die Wilden, aber sie schossen genau. Ein besonderes Lob verdient dabei mein Funker Uffz. Kauder, der den ganzen Inhalt einer Trommel einem der drei Jäger in die Kanzel jagte, nachdem er kaltblütig gewartet hatte, bis sein Opfer auf 100 m herangekommen war. Meine Besatzung konnte genau beobachten, wie die »Spitfire«, eine dicke Rauchfahne hinter sich lassend, urplötzlich über die linke Fläche abkippte und sich überstürzend in der Tiefe verschwand. Obwohl einer der Tommys gegen uns den Kürzeren gezogen hatte, setzten die beiden anderen ihre Angriffe solange fort, bis ich nach fünf Kilometern in einer geschlossenen Wolkendecke verschwand.*
*Und nun bin ich wieder da, aber beinahe wäre es noch mit der Landung schief gegangen. Ich wollte die Maschine durchziehen, mußte aber im gleichen Augenblick feststellen, daß das Höhenruder blockierte. Auch auf die Trimmung reagierte die Maschine nicht, und so riß ich noch einmal den Knüppel mit aller Gewalt an den Bauch; dann ging's auf einmal wieder. Wo die Blockierung herrührt, das sehen Sie ja hier recht augenfällig.«*

Allein 45 Einschüsse fand man auf einer Fläche von wenig mehr als einem Quadratmeter im Höhenleitwerk!

## DIE HÄRTESTEN EINSÄTZE

Seit dem 16. September 1940 war die Luftwaffe davon abgegangen, mit konzentrierten Kräften zu kämpfen. Nach den knapp drei Wochen andauernden Luftangriffen gegen den Großraum London fächerten die Angriffe der Luftwaffe wieder vermehrt gegen Industrieziele, Häfen und hauptsächlich Werke der Flugzeugindustrie. Görings wutentbrannte Worte: »die Jäger haben versagt« klangen den Kommandierenden Generalen noch in den Ohren. Göring hatte den Kontakt zum tatsächlichen Frontgeschehen völlig verloren, nur so ist seine unsachliche Äußerung zu verstehen! Er schlug damit allen Männern ins Gesicht, die seit Wochen in schwerem Kampf unermüdlich an Englands Himmel um eine Entscheidung rangen. Wie einfach, den kleinen Mann mit Vorwürfen zu überhäufen und krampfhaft nach Schuldigen zu suchen! Daß er selbst

versagt haben könnte, kam ihm nicht in den Sinn. Die Schlacht um England scheiterte an der geänderten englischen Taktik. Die Engländer faßten kurzfristig ihre Jagdverbände zusammen und griffen geschlossen mit Schwergewicht die durch Radar georteten Kampfverbände der Luftwaffe an. Die deutschen Verluste stiegen schlagartig an, sie konnten kaum zur Hälfte jeweils ausgeglichen und ersetzt werden.
Was sollte und mußte geschehen? Die Erfahrungen der mittleren Truppenführung gingen in die Vorschläge voll ein, sie kamen der Wirklichkeit am nächsten und sollten sich später auch bewähren:

1. Tagesangriffe bei gutem Wetter unter starkem Jagd- und Zerstörerschutz mit kleineren Kampfverbänden bis höchstens Gruppenstärke.
2. Störangriffe bei jedem Wetter und zu jeder Tageszeit im Einzelflug (sogenannte Zerstöreinsätze bzw. Pirateneinsätze) mit Kampfflugzeugen und Jabos, vornehmlich gegen London und wichtige Industrieziele, um den Gegner pausenlos in Atem zu halten.
3. Verlagerung des Luftkrieges gegen England auf die Nachtzeit.

Und hier lag das Problem überhaupt. Der Luftwaffe mangelte es an ausgebildeten blindflugerfahrenen Besatzungen. Viele der alten erfahrenen »Hasen« waren über England gefallen, vermißt oder in Gefangenschaft geraten. Auch die dramatischen Luftlandeeinsätze in Norwegen und Holland hatten hunderte von Ju 52-Besatzungen gefordert, Besatzungen, die für den Einsatz als Kampfflieger prädestiniert gewesen wären.
Der am 20. September befohlene Zielwechsel führte das Geschwader »Greif« gegen folgende Ziele:

| | |
|---|---|
| 25. 9. 1940 | Flugzeugwerk Filton |
| 26. 9. 1940 | Flugzeugwerk Southampton |
| 29. 9. 1940 | Flugzeugwerk Gloucester |
| 30. 9. 1940 | und |
| 5. 10. 1940 | Flugzeugwerk Yeovil |
| 3. 10. 1940 | Flugzeugwerk Littlehampton |
| 8. 10. 1940 | Flugzeugwerk Lee on Solent |

London, Bristol und Yeovil folgten als Ziele bis Ende Oktober 1940. Dem Angriff am 25. September 1940 auf das Flugzeugwerk Filton im Norden von Bristol wurde von der Luftflotte ganz besondere Bedeutung zugemessen, was sich schon daran zeigte, daß der inzwischen äußerst selten gewordene Jagdschutz befohlen wurde. Ein Entschluß und Befehl der oberen Führung, der sich als richtig erwies. Aufklärungsflüge am 23. und 24. September ergaben, daß Filton nicht mit Abfangjägern belegt war. Also, nichts wie drauf!
Am späten Vormittag des 25. September starteten 58 He 111 aller drei

Gruppen des »Greifengeschwaders« und etwa 100 Zerstörer Me 110 des Zerstörergeschwaders 26 von ihren Plätzen im Raum Paris und an der Kanalküste. Die Erprobungsgruppe 210 hatte die Aufgabe, die Ziele durch vorhergehende Angriffe zu markieren und »anzuknacken«. Ablenkungsangriffe wurden auf Plymouth, Falmouth, Swanage und Southampton flankierend durchgeführt. Während das Kampfgeschwader 55 um 11.15 Uhr bei Dorset die Küste mit Nordkurs überflog, setzte das Lehrgeschwader 1 mit seinen Ju 88 zu einem kleineren Entlastungsangriff auf Portland an.
Kaum lagen die Meldungen der britischen Radarstellungen vor, insbesondere mit dem Hinweis, daß der Kampfverband von Me 110 begleitet war, beorderte Air Vice Marshal Brand seine Jäger in den Raum Yeovil. Er hielt die dort liegenden Westland-Flugzeugwerke für das mögliche Ziel, das besonders bedroht schien.
Das KG 55 flog jedoch weit im Westen vorbei und begann wie geplant, ohne nennenswerte Abwehr, um 11.45 über Ziel mit dem konzentrierten Angriff. Von den etwa 100 Tonnen abgeworfenen Bomben waren 24 Flammbomben, die nicht alle explodierten. Die Schwierigkeiten mit den Zündern waren noch nicht behoben. Blindgänger pflegten jedoch »moralisch« zu wirken. Sie sandten für Wochen einen impertinenten Geruch aus. Auf deutsch: die verspritzte Füllung stank bestialisch! —
Der Erfolg des Angriffs war nachhaltig. Die Flugzeugproduktion mußte eingestellt werden. 357 Menschen fanden den Tod. Eine Eisenbahnlinie wurde lahmgelegt, wichtige Telefonverbindungen unterbrochen, über achtzig neugebaute »Beaufort« und »Blenheim«-Bomber total zerstört.
Doch, das dicke Ende kam nach dem Abdrehen. Etwa 50 Jäger (Hurricanes der 238. Squadron und der 152. Squadron) warfen sich dem Verband entgegen, abgesehen von der wildschießenden Flak.
In 5000 m entwickelten sich härteste Luftkämpfe. Es wurden aus dem abfliegenden Verband herausgeschossen:

G1 + BH (Besatzung Fw Jürges)
G1 + DN (Besatzung Oblt Weigel)
G1 + EP (Besatzung Hptm Brandt)
Ga + AP (Besatzung Oblt Kindor)
G1 + LR (Besatzung Oblt Bröcker)

Das ZG 26 verlor vier, das JG 27 zwei Maschinen.
In den frühen Nachmittagsstunden landeten die Davongekommenen auf ihren Heimathorsten.
Am Freitag, 27. September, verlor die Reichsluftwaffe allein 67 Frontflugzeuge. Ein Aderlaß, der gestoppt werden mußte. Das konnte eine

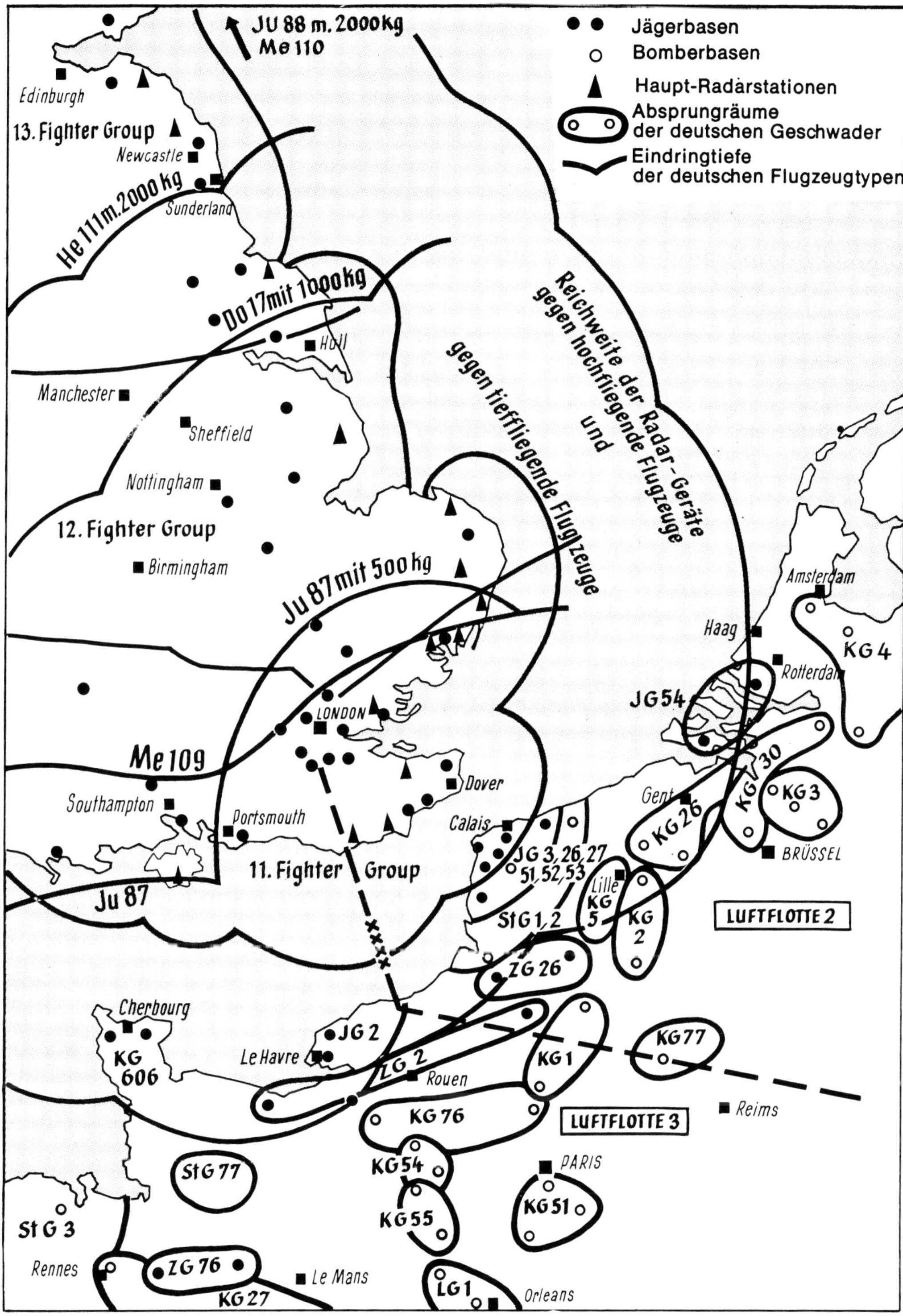


Die Gliederung der Einsatzverbände während der Luftschlacht um England 1940/1941.

Château Monteclin, eines der schönen Quartiere (hier Stabsstaffel) des KG 55 nahe Villacoublay. Nur an Betten fehlte es zunächst (oben links).

Die Seen des Schlosses Versailles waren hervorragend geeignet, um die Kampfbesatzungen auf das Verhalten in Seenot vorzubereiten (oben rechts).

Ein britischer Bomber »Vickers Wellington« landete in Villacoublay – aus Not oder versehentlich – wohlbehalten. Ein schönes Exemplar für den »Zirkus Rosarius«.

Angriffsflug gegen England im Gruppenverband. Vorneweg die Stabskette, gefolgt von zwei Staffeln.

»Sitzt« sagt Oberwerkmeister Ofw Zeller (l.) nach dem Einklinken einer 250-kg-Bombe.

Vor dem Einsatz v. l.: Uffz Schröder, Ofw Reiser, Ofw Rabenstein, Olt Speck von Sternberg, PK Sfr. Kirchhoff, Fw Rühle (alle 9. Staffel).

»Ausputzen« der leeren MG-Hülsen und Trommeln nach dem Einsatz.

12. August 1940, Hafen von Portsmouth mi[t] Dockanlagen.

Verletzt, aber zurückgekehrt und überlebt!

Luftwaffe trotz aller Anstrengungen nicht ergänzen, ohne an der Substanz getroffen zu werden.
Die Mängel in der Ausbildung forderten zusätzliche Opfer. Immer wieder dasselbe Spiel.
Wettervorhersage recht gut. Start. Sammeln. Plötzlich Wolkenbänke. Die Kommandeure müssen ausweichen, um überhaupt sammeln zu können. Treffpunkt mit den Jagdkräften verpaßt. »Bandwurm«, ein kilometerlanger, auseinandergezogener Verband, der ein Idealziel für britische Jäger ist. Die Jäger müssen umkehren, weil sie nicht blindfliegen können. Der Sprit reicht sowieso nur gerade bis London und zurück. Taktische Umwege, wie sie Kämpfer auch ad hoc zu wählen pflegen, sind eben nicht einplanbar.
Ergebnis: ungeschützte Kampfverbände oder aber Bauch- und Bruchlandungen im Kanal oder an der Kanalküste.
Nachdem Filton so überraschend und nachhaltig getroffen worden war, verlegte Sir Dowding sofort die 504. (Hurricane) Squadron von Hendon nach Filton. Nur schlug am 26. September 1940 das KG 55 woanders zu. Diesmal war das Ziel Woolston bei Southampton. 70 Me 110 des ZG 26 schützten 59 He 111 des »Greifengeschwaders«, die gegen 16.30 Uhr einen Präzisionsbombenteppich in einem Anflug über eines der Hauptproduktionsstätten für die Spitfire legten. Aus 4500 m prasselten die SC 250 kg Bomben (etwa 70 Tonnen insgesamt!) auf das Südwerk und zerstörten etwa 25 Spitfires; die Produktion mußte unterbrochen werden. Etwa drei Wochen lang wurde die Ablieferungsrate an die RAF erheblich gemindert. Ein schwerer Schlag und für das KG 55 der erfolgreichste Tagesangriff im Englandeinsatz überhaupt, mit relativ geringen Verlusten.
Die Besatzung Oblt. Karbe machte Bruch in Dreux, aus der 2./KG 55 wurde nur die Besatzung der G1 + BL (Oblt. Graf Schweinitz) von Hurricanes der 229. Squadron abgeschossen. Das ZG 26 verlor zwei Besatzungen (Fw. Rohde und Lt. Konopka).
Die Einsätze am Sonntag, 29. September, waren nur gering, dennoch aber überraschend in der Zielsetzung für die erstaunten Engländer.
Einige besonders vergatterte Kampfbesatzungen erhielten Sonderaufgaben. Luftmineneinsatz mit BM-1000 gegen den Mersey Trichter bei Liverpool, während der Nachtzeit! Nach den schlechten Erfahrungen der Tage zuvor mit den englischen Jägern, der 10. RAF-Gruppe, mußte sich der Geschwaderstab etwas Neues einfallen lassen, um die feindlichen Jägerkonzentrationen zu täuschen bzw. zu umfliegen. Nur einen Weg gab es, der Erfolg versprach: Flugroute durch die Irische See, im Schutze der Küste des neutralen Irland. Gesagt, getan. Die drei Staffeln der III. Gruppe hoben gegen 18.00 Uhr in der Dämmerung von ihren Horsten ab, Kurs auf die Irische See. Das Radar von Cornish faßte sie

dennoch auf. Elf »Hurricanes« der 79. RAF-Squadron in Pembrey machten einen Alarmstart auf das unbekannte Ziel. Die 7. und 8. Staffel »rutschte« ungeschoren durch. Nur die 9. Staffel wurde im Licht der untergehenden Sonne von den »Hurricanes« entdeckt. Die G1 + DT (Besatzung Fw. Birkholz) wurde abgeschossen, die G1 + BT (Besatzung Uffz. Hernberg) mußte bei St. Lô notlanden, eine weitere bei Brest.
Drei »Hurricanes« wurden von den Bordschützen des KG 55 durch hervorragend koordiniertes Feuer abgeschossen.
Am 30. September konnten die Männer, die am Einsatz der III. Gruppe in der vergangenen Nacht teilgenommen hatten, ausspannen — in Paris, natürlich. —
Die I. und II. Gruppe mußte den Angriff auf das Westland-Flugzeugwerk in Yeovil fliegen. 40 Maschinen kamen in die Luft, begleitet von Zerstörern des ZG 26, mit dem man inzwischen eine hervorragende Zusammenarbeit erreicht hatte. Bei Dorset wurde die Küste überflogen, aber die Hurricanes der 504. Squadron warteten schon. Wolken lagen über dem Zielgebiet von Yeovil. Die außerordentlich schneidigen Angriffe der englischen Jagdflieger führten dazu, daß der Verband, nachdem er das Ziel wegen der Wolken nicht sicher ausmachen konnte, abdrehte. Die Bomben fielen — ungezielt — scharf im Notwurf. Das ZG 26 kämpfte verbissen, um »ihr« zu schützendes Kampfgeschwader 55 zu entlasten, das an diesem Tage weitere vier Maschinen verlor:
Die G1 + JA fiel in den »Bach« (Uffz. Barabas fand den Tod, Maj. Ernst Kühl, Feichtmair, Becker und Steglich konnten gerettet werden)

G1 + AL (Besatzung OLt Mössner)
G1 + AM (Besatzung Fw Eggert)
G1 + CM (Besatzung Uffz Rudeck)

Der September 1940 war für alle an der Schlacht um England Beteiligten, ob Freund ob Feind, der härteste Einsatzmonat.
Das Kampfgeschwader 55 verlor alleine 20 Maschinen und 15 Besatzungen, von verwundeten Besatzungsangehörigen gar nicht zu reden. Immer wieder mußten und wollten Geschwaderangehörige aus allen Fachbereichen als Bordschützen miteinspringen. So flog des öfteren ein »Olt« Miller mit, der mit der Wahl eines militärischen Dienstgrades einen Befehl umging. Er war der Gruppenarzt der III. Gruppe, Oberarzt Dr. Willi Miller, dem Kampfeinsätze untersagt waren, genauso wie dem Geschwadermeteorologen Friedrich Wobst. Was taten sie nicht alle, um ihre Tag für Tag übermüdet in den Einsatz gehenden Kameraden des fliegenden Personals zu entlasten!
Die Luftwaffe verlor in den dreißig Tagen des September unersetzbares Führungspersonal:

4 Geschwaderkommodore
13 Gruppenkommandeure
28 Staffelkapitäne

Mit ihnen erfahrene Flieger, Beobachter, Bordfunker, Bordschützen und Bordmechaniker.
Die Taktik wurde geändert. — Sie mußte geändert werden.

## »PIRATENEINSÄTZE«

Die Luftüberlegenheit zur Niederringung der Britischen Insel war mißlungen. Die deutschen, propagandistisch gefärbten Erfolgsmeldungen, die das Scheitern der Luftschlacht um England nur vertuschen sollten, klangen anders und riefen bei den Kampfbesatzungen nur Verbitterung hervor. Erste Anzeichen von Insubordination zeigten sich. Bombenangriffe im Bomberstrom bei Tage konnten nicht mehr durchgeführt werden. Der Nachteinsatz war nur im Flächenbombardement möglich, weil es u. a. an geeigneten Nacht-Zielgeräten fehlte, eine Ausnahme bildeten die mondhellen Nächte. Bevor nun die Umstellung der Kampfflieger auf Nachteinsätze vorbereitet wurde und anlaufen konnte, wählte die Luftwaffe einen überstürzten und damit natürlich folgenschweren Kompromiß. Die Idee eines Zwitters wurde geboren, der Jabo (Jagdbomber). Jagdflugzeuge wurden mit Bomben beladen, um Wirtschaftsziele in England bei Tage anzugreifen, weil es für die politische Führung zur Prestigeangelegenheit geworden war, trotz sinkenden Erfolges, England weiterhin durch Bombenangriffe zu zermürben. Das führte dazu, daß die ohnehin schon schwache deutsche Jagdwaffe weiterhin zur Ader gelassen wurde und es wiederum zu einer ernsthaften Vertrauenskrise der Frontkommandeure gegenüber der Luftwaffenführung kam.
Für die Kampfverbände der Luftwaffe hieß diese Zwischenphase — die Briten nennen sie mit typischem understatement »the quiet period« —, bevor die Nachteinsätze zur Durchführung kamen, Einsatz bei Tag und Nacht gegen Flugplätze, Wirtschaftsziele, Häfen und — wie gehabt — London. Normalerweise nur im Kettenflug, der auch unter allen Wetterverhältnissen die wendigste und beweglichste taktische Verbandseinheit war. Etwas besonderes waren die sogenannten »Pirateneinsätze«, die nur gut geschulten Besatzungen befohlen und stets im Einzelflug auf sehr stark von Flak geschützte und bedeutungsvolle Ziele angesetzt wurden. Einen Tagebuchbericht darüber stellte Konrad Rabenstein aus der Besatzung Oblt. Speck von Sternberg — 9./KG 55 — (gefallen am 10. 5. 1941) zur Verfügung:

*Start: Villacoublay* *31. 10. 1940*
*Ziel: Rüstungswerk b. BRISTOL*
*»Pirateneinsatz«*
*Besatzung: OLt Speck von Sternberg*
*OFw Reiser*
*OFw Rabenstein*
*OGefr Schröder*
*Fw Rühle*

*Der Einsatzbefehl kam überraschend. Um 11.45 rollt die »Friedrich Theodor« zum Start, hebt ab und verschwindet in den Wolken. Wolkenobergrenze 4000 m, Regen, schlechte Sicht und am Kanal sogar Vereisung. Die Sicht blieb auch über England schlecht. Ortung durch Peilung.*
*Im Zielraum stoßen wir durch und ziehen im Tiefflug an einer Bahnlinie nordostwärts von BRISTOL dem Ziel entgegen. Vorsicht ist am Platze! Berge, Maste und Bäume sind massive Hindernisse und die Wolkenfetzen behindern auch im* Tiefstflug *die Sicht. Auf einer Weidefläche wurden durch den Lärm der Maschine Kühe, Pferde und vor allem Schafe in Bewegung gebracht. Auch Menschen gingen am Rande der Straße; eine Frau winkte uns sogar zu.*
*Und nun heißt es Konzentration! In wenigen Minuten sind wir am Ziel. Wir überfliegen die Stadt, der Kirchturm überragt unsere »He«. Es ist kurz vor 14.00 Uhr. MG- und Flakfeuer empfangen uns. Befehl: Bombenklappen auf ..., Bombenwurf, jeder ist an seinem Platz. Funker schießt mit dem MG, der Schütze mit der Kanone. Die Bomben lagen in der ersten Hälfte des großen Werkes. Die Wirkung war vernichtend. U. a. wurden zwei Waggons und die Gleisanlagen zerstört. Durch Aufnahmen wurde der Erfolg nachgewiesen. Nach dem Angriff suchten wir die schützenden Wolken, wechselten mehrmals den Kurs, um aus dem inzwischen verstärkten Feuer zu entkommen. Erfolgs- und Wettermeldung wurden an den Einsatzleiter durchgegeben. Der Rückflug verlief ohne Störung an der oberen Wolkengrenze.*
*Die vom Beobachter gemachten Aufnahmen ergaben: zerstörte Hallen, Flammen und Rauch, entgleiste Waggons und verbogene Schienen. Auf dem Rückflug hatten wir außer der selten schlechten Wetterlage keine Vorkommnisse. Acht Wettermeldungen gaben wir durch, damit die später startenden Maschinen sich besser vorbereiten konnten. Nach der Landung um 15.55 Uhr empfing uns der Kommandeur persönlich. Der Bericht wurde von der Propagandastelle aufgenommen und am 2. 11. 1940 um 19.30 Uhr übertragen. Es war ein Grund zur Freude für die ganze Besatzung.*

In dieser Zwischenphase der Schlacht um England wurden erstmals vom Geschwader außer Flammbomben und Bomben mit Langzeitzündern auch die Splitterbomben SD 2t eingesetzt.

Die Schlachtfliegerbombe von 2 kg wurde gegen England nur einmal, und zwar versehentlich, eingesetzt. Sie war im Herbst 1940 entwicklungsmäßig fertig geworden und wurde befehlsgemäß Anfang Oktober 1940 beim K.G. 55 truppenmäßig eingeführt. Dabei waren etwa 1000 SD 2 t übriggeblieben. Anstatt sie durch eine Feldmuna wieder abholen zu lassen, verwendete der Verband die Bomben bei einem Tiefangriff gegen den Flugplatz Ipswich. Nach englischen Berichten wirkte die SD 2 t außerordentlich hemmend auf den Flugbetrieb ein, weil viele Bomben auf Zeitzündung gestellt waren, durch vorzeitigen Aufschlag aber angehalten wurden und erst stundenlang nachher detonierten. Diese Erfahrung wurde auch von deutscher Seite nach Inbesitznahme russischer Feldflugplätze gemacht, die mit SD 2 t bombardiert worden waren. Nach dem unvorhergesehenen Abwurf über England sperrte der Führungsstab der Luftwaffe jedoch die SD 2 t, um sie überraschend im nächsten Sommer gegen Rußland einzusetzen. Der Massenabwurf erfolgte mit Schüttkästen im Tiefangriff durch Kampfflugzeuge. Bei unmittelbaren Treffern gegen Flugzeuge wurden diese wie mit einem 3,7 cm Flakgeschoß beschädigt, obwohl die SD 2 t ursprünglich nur gegen lebende Ziele vorgesehen war.

Aus einem Bericht von *Generalingenieur a. D. Marquard.*

## FALLSCHIRMABSPRUNG BEI NACHT

Fallschirmabsprünge waren nicht selten. Besonders bei Nacht hatten die Besatzungen »Manschetten« davor. Nicht nur der Landetechnik wegen, man wußte ja auch nie, wie wohl der Empfang durch die z. B. auf Wache stehenden deutschen Landser war. Der Besatzung Peters (G1+CH), die bei Le Havre nach einem Nachteinsatz auf London abspringen mußte, geht noch heute das nächtliche Erlebnis an den Nerv. Peters landete mit dem Fallschirm in einem Baum, in absoluter Dunkelheit, löste sich vom Gurtzeug und sprang nur wenige Zentimeter ab — Knöchel verstaucht. — Ofw. Fink landete in einem Sumpf, Rettungsaktion erfolgreich. — Uffz. Rech hingegen landete in einem gepflegten französischen Garten. Eine Wehrmachtstreife fand ihn, behandelte ihn aber gar nicht nett, da er die ›Parole‹ nicht wußte. Es konnte ja jeder behaupten, deutscher Flieger zu sein, der etwas ungewöhnlich vom Feindflug zurückgekehrt war. Ein alter Obergefreiter der Streife wußte Rat. Wenn Rech wüßte, was Blutwurst auf »Kölsch« heiße, würde man ihm glauben, daß er Deutscher sei. Kein Problem für Rech, der aus Köln war; seine trockene Antwort: »Flöns«! —

Im Tagebuch von Hans Grah fand der Bearbeiter den Bericht über den Fallschirmabsprung der Besatzung Kiel in der Nacht vom 9. auf 10. Oktober 1940:

*»Lt. Knörringer ist stellvertretender Adjutant, Lt. Rybka ist krank. Da fliege ich mal wieder mit der Besatzung Hauptmann Kiel. Angriff auf London, wir starten gegen 20.30 Uhr. Es geht alles klar, wir sind etwas links vom Kurs, sehen das Leuchtfeuer von Fécamp, und dort ist Dieppe.*

*Wir kurven nach rechts ein, fast sind wir an der Küste, da meldet der Funker, Fw. Schneider: »Die Festantenne ist kaputt, es sieht so aus, als quölle das Schlauchboot heraus«. Wir nehmen Notiz davon, ohne uns viel dabei zu denken. Nun sind wir über der Küste, 4000 m, gute Sicht. Da beginnt der linke Motor etwas zu meckern, Pause, und nun wieder. Heidelmann, der Bordmechaniker, meint, das hat nichts zu bedeuten, doch Kiel sagt: »Wir kehren um!«. Verflucht, da geht uns schon wieder ein Feindflug durch die Lappen. Der Motor läuft wieder ruhig. Ich frage noch einmal vorsichtig an: »Sollen wir deshalb umkehren?«. Kiel meint: »Sicher ist sicher! Ich will morgen in Urlaub und von London sind die Anschlüsse so schlecht!« Also kehrt, wir sehen die anderen Maschinen feindwärts ziehen.*

*Da bäumt sich plötzlich die Maschine auf, rüttelt wie toll, geht auf die Fläche. Kiel nimmt Gas heraus und brüllt: »Was ist los?« Da fliegt die Kiste wieder ruhig, doch nun gehts schon wieder los. Ist die Kurssteuerung kaputt? Also Kurssteuerung heraus. Aber nun wirds erst richtig spannend, die Maschine bäumt sich auf, es rumpelt, sie geht hin und her. Da ruft Schneider: »Das Paddelboot ist draußen, es hängt am Leitwerk«. Er konnte es nicht losbekommen. Da ruft Kiel: »Ich kann die Kiste nicht mehr halten, los raus, aussteigen, Schneider, geben Sie SOS!« Na, das wird ja heiter! Ich schnappe meine Aktentasche, denn da ist ja mein Fotoapparat drin. Ich reiße die Seitenklappe auf, aber die schlägt mir mit Gewalt wieder entgegen. Ich gehe doch lieber nach hinten. Kiel ruft: »Was ist los, ich kann nicht mehr!« Ich rufe zurück: »Hier zieht es mir zu sehr!« Kiel flucht, ich haue ihm auf die Schulter: Büffel ahoi und nach hinten durch den Gang, so schnell bin ich da noch nie durchgerutscht. Heidelmann ist vor mir. Schneider wollte noch auf seinen Stuhl, nochmals SOS geben, aber wir sitzen ihm bereits im Nacken. Er steigt über die offene Klappe, läßt sich nach vorne herausfallen. Ich steige nach.*

*Ich lege mich auf die Knie, fasse die Aktentasche fester, fasse den Abzugbügel, nun kanns losgehen. Ich beuge mich nach vorn, der Wind faßt mich, es wird plötzlich still um mich.*

*Ich denke: Na, verabschieden hätte ich mich doch von Kiel in einer netteren Form können — das Käppi hätte ich besser mitgenommen, jetzt laufen wir ohne Mütze herum — Ach Du heiliger Strohsack, die Bomben hätte ich doch abwerfen müssen usw. usw., alle möglichen Gedanken kommen mir. So, nun packe ich die Aktentasche fester, reiße am Griff! — Es rührt sich nichts, es rührt sich nichts! Ich schaue nach oben, wo bleibt der Schirm, ob der nicht aufgeht? — Ich denke nicht mehr an die Aktentasche, ein Knall, ein Ruck, der Schirm ist offen, ich schwebe ..., die Aktentasche haut ab. »Oh«, rufe ich laut hinterher, die schöne Tasche und der Fotoapparat! — Nun sehe ich ganz dicht vor mir die Maschine, wenige Meter. Das waren also nur Bruchteile von Sekunden.*

*Wir waren zwischen 3500 bis 4000 m hoch, ganz unten liegt die dunkle Erde, nur wenig kann man erkennen. Ich brülle: »Schneider, Schneider — Heidelmann — Heidelmann!« höre aber nichts. Geht das denn nicht herunter? Ein ganz geringer Luftzug, aber man merkt keine Veränderung. Nun beginne ich zu pendeln, bei jeder Bewegung schlägt der Schirm oben über mir mehr ein. Ob da was nicht in Ordnung ist? Unter mir ein Wolkenfetzen, da bin ich drin und schon wieder heraus. Na, das geht ja doch ganz schnell abwärts. Eine göttliche Ruhe, ich drehe mich langsam am Schirm. Bei Le Havre schießen sie wieder, man sieht das Aufblitzen, über mir eine Maschine, ganz hoch, gen England! Da drüben wird ein Erkennungssignal geschossen, hinter mir ein starker Lichtschein, ob das unsere Maschine war. Langsam kommt die Erde näher, mehr und mehr erkennt man da unten. Da rechts ist eine Straße, das ist Wald, und ich muß mir das Gelände einprägen. Donnerwetter, das ist ja ein riesiger Wald, hoffentlich falle ich da nicht rein. Das ist wohl ein Dorf, in diese Richtung muß ich wohl nachher. Felder, dort ein Hof. Der Schirm dreht sich wieder, in Le Havre schießen sie noch immer, ich drehe mich, es geht immer weiter runter, da hinten ein heller Schein, ob da unsere Maschine brennt? »Schneider — Heidelmann!« Nichts zu hören, hätte ich doch die Leuchtpistole mitgenommen, dann könnte ich nun Feuerwerk machen. Hei, nun geht das aber schnell, ein toller Schreck, das ist kein Dorf, das ist eine Stadt, es geht genau drauf zu, das kann peinlich werden, wenn ich nun noch von einem Dach herunter falle. Ich ziehe an den Leinen, aber das ist Unsinn. — »Hallo — Hallo!« rufe ich und denke ganz unbeteiligt, wenn Du nachher tot bist, dann finden sie dich wenigstens.*

*Über die letzten Häuser weg, dort ein Wald, ein Abgrund links, eine Wiese — Gottseidank!*

*Zwei Pfähle — das ist ein Zaun — bums — Steine! Die Birne ist etwas hart aufgeschlagen, ein Bein hängt im Zaun! Ach, das ist mal gutgegangen, ich mache für einen Augenblick die Augen zu: O, du herrliches Europa, Du hast mich wieder! Etwas unsicher stehe ich auf den Beinen, löse den Fallschirm, torkele ein paar Schritte hin und her und rufe: »Hallo!« Aber ich höre selbst nichts davon, ich halte mir erstmal die Nase zu und puste, das bläst nur so aus den Ohren heraus. So, nun geht es wieder. Ich packe mal erst den Fallschirm auf und fluche, weil er immer wieder auseinanderfällt, dabei hat das treue Stück mir gerade noch das Leben gerettet. Dann fluche ich über das verschlossene Tor von der Wiese, ich muß über den Zaun. Da bleibt der Schirm hängen. Ich fluche wieder — aber dann ist alles in Ordnung, seltsam gelöst und heiter stapfe ich auf die Häuser zu.*

*Gleich danach treffe ich einen Landser, der mich seltsame Erscheinung anstarrt. Er führt mich zu seiner Dienststelle, dort werde ich von einigen*

*Oberschnäpsern erstaunt empfangen, vor allem, als ich auf die Frage: »Wo kommen Sie denn her?« ruhig antworte: »Na, von oben!«. Ich rufe nun alle möglichen Dienststellen an und melde das Vorkommnis, die Division meldet es weiter an KG 55. Die Truppen hier gehören zu einer Vorausabteilung, sie warten auf das Übersetzen. Überall wird gefragt, wie es drüben beim Tommy aussieht. Der Ort ist St. Saens, zwischen Rouen und Dieppe. Bald holt man mich zum Regimentsgeschäftszimmer, dort wartet schon Schneider. Bei ihm war alles gut gegangen, er war in einem Wald westlich der Stadt heruntergekommen, war allerdings bald eine Stunde herumgelaufen. — Dann ruft die Division an, Hauptmann Kiel habe sich gemeldet. Allerdings mache man sich Sorgen um ihn, er habe so komisch gesprochen. Jetzt fehlt nur noch Heidelmann. Langsam werden wir unruhig. Mit einem Wagen fahre ich los, um alle Dienststellen abzuklappern, die kein Telefon haben. Dabei kam ich auch in das Dorf, wo unsere AH abgestürzt war. Hier war einer in Fliegerkombination gewesen mit drei Schwingen, also Heidelmann. — Wir sehen uns die Maschine an, es brennt noch an einigen Stellen, es sieht toll aus. Alle Teile liegen verstreut, zwei Bomben liegen herum, von Kiel finde ich die Kartentasche. Eine Kuh liegt angekohlt in den Trümmern, einige Obstbäume sind umgelegt, der Boden übersäht mit Äpfeln. Ein Motor liegt in der Scheune.*

*Die Wache an der Maschine sprach von einer Leiche, die sie noch nicht gefunden hätten. Es sei alles voll Blut gespritzt. Wie sich herausstellte, hatte sich der Seenotbeutel in der Kombination von Rybka geöffnet und hatte alles mit einer gelbroten Farbe überspritzt. Als wir zurückkommen, werden wir bereits von Hptm. Kiel und Heidelmann erwartet, nun sind wir alle wieder gesund und wohlbehalten vereint. Nun erzählte Kiel, wie es ihm ergangen war. Als ich aus der Maschine war, begann er zu hupen, um festzustellen, ob alle raus waren. Heidelmann, der gerade abspringen wollte, glaubte, die Lage habe sich geändert und kroch wieder nach vorn. Da brüllte Kiel, der die Maschine nur noch mit großer Anstrengung halten konnte: Raus, Raus! Heidelmann sprang ab, Kiel gleich hinterher, aber vorne raus. Er blieb noch mit den Beinen hängen, aber nach einigem Gezerre kam er frei. Als er bereits am Schirm hing, kam die abstürzende Maschine direkt auf ihn zu und zog dicht über ihn weg. — Sie waren dann beide gut unten angekommen, aber noch lange herumgeirrt, bis sie ein Telefon fanden. Wir feierten dann noch lange Geburtstag und Wiedersehen, wurden dann in französischen Quartieren untergebracht.*

*Am nächsten Morgen holten uns der Kommandeur und Oblt. Rybka ab, wir fahren noch einmal zur Absturzstelle und besehen uns den Salat. Die Besatzung Kiel fuhr einige Tage in Urlaub, ich flog mit der Besatzung Knörringer wieder gen London.«*

## TIEFEINSATZ DER H-KETTE AUF TRUPPENLAGER IN SÜDENGLAND

»... andere Kampfflieger-Einheiten griffen ein Truppenlager in Südengland aus niedrigster Höhe an. Die hier in den Baracken und Unterkünften hervorgerufenen Brände waren auf dem Rückflug noch bis zur Mitte des Kanals zu beobachten ...«
(Aus dem OKW-Bericht vom 15. 10. 40.)

Kurz und knapp der Bericht des OKW am 15. 10. 40. Was sich für die Beteiligten der II./KG 55 dahinter verbarg, gab der Bericht des Sdf. Z. Emil Weihmüller wieder, der diesen Einsatz mitflog und in seinem Ablauf damals wie folgt schilderte:
*»Sechs Augenpaare bohren sich in das Zwielicht der frühen Dämmerung dieses Oktobertages. So dicht wie möglich rast die Kette der drei 111 über die englische Erde hinweg, nachdem der Kanal ohne Zwischenfälle übersprungen ist. Unten stehen die Menschen auf Straßen und Wegen und starren entgeistert nach oben. »German bombers!« Sinnlos werfen sich die Überraschten auf die Straße, Deckung zu suchen. Doch die MGs der deutschen Maschinen schweigen, Zivilisten sind keine Ziele für unsere Waffen. Das Ziel liegt fest.*
*50 : 50 stehen die Chancen.*
*Es ist fast ein Himmelfahrtskommando, das man ihnen da aufgetragen hat, den Besatzungen der drei Maschinen, und alles kommt darauf an, ob sie die Eisenbahnlinie finden, die nach Yeovil führt. Sie soll Richtschnur werden zu dem ausgedehnten Truppenlager, das aus 40 bis 50 Steinhäusern und Holzbaracken besteht und das die Engländer so gut getarnt haben, daß es ohne Hilfsziel kaum auszumachen ist. In Abständen von 15 m brausen die Maschinen nebeneinander her, von tausend Gefahren umdroht. Jeder Baum, jeder Strauch, jedes Haus und jeder Mast kann zum Verderben werden. Die ausgesuchtesten Flugzeugführer sitzen am Knüppel, da gibt es kein Überlegen, für jeden Handgriff stehen nur Bruchteile von Sekunden zur Verfügung. Rechts daneben liegen die Beobachter in ihren Ständen. Fieberhaft blättern sie in ihren Karten, rechnen Kurse aus und geben sie an die Flugzeugführer weiter. Einmal muß dieser blödsinnige Schienenstrang doch kommen, der Zeit nach sogar binnen weniger Augenblicke. Und sie haben ihn: Eben wurde ein niedriger Hügel übersprungen und mit ihm zugleich die Bahnlinie, die in einer Schneise nach Osten verläuft.*
*Nun kann das Spiel beginnen. Die Führungsmaschine dreht nach rechts, die Kettenhunde folgen ihrem Beispiel. Ein ellenlanger Güterzug kommt ihnen entgegen. Sie fliegen so tief, daß der Rauch der Lokomotive für kurze Zeit den Ausblick aus der Kanzel hindert.*
*Ahnungslos schaufelt der Heizer Brocken um Brocken aus dem Tender*

*in die Glut. Er ist von oben im Feuerschein so gut zu erkennen. Ob er wohl ahnt, in welcher Gefahr er schwebt? Denen vorn zuckt es in allen Fingern, wenigstens eine Bombe auszulösen. Sie würde Vernichtung des Zuges und Störung des Zugverkehrs für viele Tage bedeuten. Aber sie bewahren ihr nüchternes Denken. Wer weiß, vielleicht wird diese eine Bombe nachher fehlen, vielleicht wird sie zum entscheidenden Erfolg verhelfen. Also weiter.*

*Vorn biegt ein Schienenstrang nach links ab, auf seiner rechten Seite muß das Truppenlager sein. Wundervoll, diese Orientierungsmöglichkeit. Höchstens 10 km noch.*

*Bis jetzt sind sie unbehelligt geblieben, die drei Maschinen. Ein einziges Mal nur hat unten irgendein wildgewordener Heckenschütze versucht, mit einer Schrotflinte oder einem alten Jagdgewehr die drei deutschen Heinkel-Kampfflugzeuge zu »töten«.*

*Doch da setzt die Abwehr ein!*

*Sie trauen ihrer Tarnung doch nicht ganz. Denn sie haben es vorgezogen, einen dicken Gürtel von Flakstellungen rings um das Truppenlager zu legen. Und aus diesem Todeskreis leichter und mittlerer Flak schlägt der Kette mit einemmal ein Abwehrfeuer entgegen, das keinen Wunsch offenläßt. Von allen Seiten kommen sie herangepirscht, die weißen und rötlichen Leuchtspurgeschosse. Bei aller Feindschaft: sie schießen ausgezeichnet, die alten Obergefreiten der britischen Flakartillerie. Na, wir geben ihnen ja auch seit Monaten Gelegenheit um Gelegenheit, ihre Treffsicherheit zu erproben. Flak-MGs mischen sich ein, und auch die Besatzungen unserer Maschinen schießen zurück. Die reinste Hölle. 500 m noch. Vorn wird schon eifrig an den Knöpfen gedreht. Die Kette zieht sich auseinander, eine Maschine nach links, eine nach rechts. Die Führungsmaschine bleibt in der Mitte. 600 m lang und 400 m breit ist die Anlage. Rechts und links ziehen sich die Unterkünfte hin, in der Mitte liegt ein großer Übungsplatz mit einzelnen Bauten. 100 m noch. Da klettern plötzlich vor den deutschen Maschinen Sperrballone hoch. Ein Zurück gibt es nicht mehr, also durch. Die Abstände von Ballon zu Ballon sind noch groß genug, um mit einiger Geschicklichkeit durchzukommen. Und es glückt.*

*Im selben Augenblick beginnen die Maschinen aber auch schon sich ihrer Last zu entledigen. In gleichmäßigen Abständen fallen die Bomben in die Dächer. Jetzt ist es ein Kinderspiel, genau zu treffen, denn die Maschinen fliegen kaum 20 m über den Dächern. Da kann mit dem besten Willen nichts daneben gehen. Die ersten Bomben haben gezündet. In den Häuserreihen brennt es schon. An anderen Stellen züngeln zunächst noch schüchtern die Flammen hoch.*

*Man sieht auf dem Kasernenhof Gestalten in alle Richtungen laufen. Eine Bombe muß einen Treibstoffbehälter oder etwas ähnliches getroffen*

*haben, denn am Ortsende schlägt plötzlich eine haushohe Stichflamme gen Himmel und gleich darauf zeigt sich eine riesige kerzengerade schwarze Rauchsäule. Das Flakfeuer wird noch wilder. Aber nun ist es zu spät. Das Vernichtungswerk ist vorüber. Bald wird die ganze Anlage eine lodernde Fackel sein. Da nützt das beste Flakfeuer nichts mehr. Langsam beginnt jetzt die Dunkelheit hereinzubrechen. In ihrem Schutz machen sich die drei Maschinen auf den Rückmarsch. Eine muß auf einem kleinen Platz an der französischen Küste bauchlanden. Die Flak hat ihr den linken Motor zerschossen, der rechte zeigt auch keine große Lust mehr mitzumachen. Dann schon lieber Bauchlandung. Das schmälert den Erfolg nicht im geringsten; und daß er hundertprozentig war, dafür bürgt der glutrote Feuerschein, der noch bis zur Mitte des Kanals deutlich zu sehen war.*
*Und das ganze war ein Werk der H-Kette der 4. Staffel des »Greifen«-Geschwaders. Wir nennen sie H-Kette, weil die Anfangsbuchstaben der drei Kommandanten die gleichen sind: Staffelkapitän Harms, Oberleutnant Herrfurth und Leutnant Hansen.«*

FLUGZEUGVERLUSTE DES KG 55 IM ENGLANDEINSATZ
(1. 7. 1940—31. 10. 1940 = vier Monate mit 51 Einsatztagen!)

| Verluste* | 100 % | 70—80 % | 45—60 % | 25—40 % | 25—20 % |
|---|---|---|---|---|---|
| Stab | 6 | 1 | — | 1 | — |
| I. | 10 | 2 | 2 | 5 | 2 |
| II. | 11 | — | 3 | 3 | 5 |
| III. | 16 | 2 | 2 | 6 | 1 |
| Erg. Staffel | 2 | — | — | 1 | — |
| Insgesamt | 45 | 5 | 7 | 16 | 8 |

* *Anmerkung:*

Flugzeugverluste wurden je nach Beschädigungsgrad gemeldet:

| | |
|---|---|
| 100 % | Totalverlust |
| 60—80 % | Flugzeug unbrauchbar. Ausbau noch verwertbarer Teile zur weiteren Verwendung (»Kannibalisierung«) |
| 45—59 % | Schwerbeschädigtes Flugzeug. Ersatz von Großbauteilen erforderlich. |

| | |
|---|---|
| 40—44 % | Beschädigtes Flugzeug. Ersatz von Triebwerken oder System (z. B. Fahrwerk, Hydraulik etc.) erforderlich. |
| 25—39 % | Schäden, bei denen eine Flugzeugdurchsicht beim Verband durchgeführt werden mußte. |
| 10—24 % | Mittlere Beschußschäden, die durch kleinere Reparaturen behoben werden konnten. |
| unter 10 % | Geringe Beschußschäden, die die 1. Warte beheben konnten. |

## DER »NACHT-BLITZ«

So bezeichnen die englischen Historiker die deutsche Nacht-Luftoffensive, die am 1. Oktober 1940 zunächst sehr langsam anlief. Alle noch verfügbaren — es waren nicht allzu viele — nacht- und blindflugfähigen Besatzungen der Kampffliegerverbände nahmen daran teil. Das Hauptziel war bis zum 12. November wiederum London. Nur in Kettenstärke wurden zwischenzeitlich mittels einer Art »Nadelstichtaktik« noch weiterhin Flugplätze und Flugzeugwerke angegriffen. Die Verluste hielten sich in Grenzen. Das Wetter machte manchen Einsatz unmöglich. Es mußte unverrichteter Dinge abgebrochen und zurückgekehrt werden. Wenn dann noch Bruchlandungen derart erfolglose Einsätze krönten, war die Stimmung bei der Geschwaderführung absolut schlecht, das Fliegerkorps oder gar die Luftflotte wollten stichhaltige Gründe dafür wissen. Die Zeit in Frankreich war zudem nicht mehr so ruhig wie in den Monaten zuvor. Immer häufiger mußten vom Einsatz zurückkehrende Besatzungen damit rechnen, am eigenen Platz bei Nacht von englischen Nachtjägern bekämpft zu werden. Das KG 55 hatte zum ersten Male am 17. Oktober 1940, trotz Nebels am Platz in Chartres und Dreux die Ehre mit der »anderen Feldpostnummer«: Das fehlte einem gerade noch, wenn man mit heiler Haut der außerordentlich starken britischen Flakabwehr entkommen war! In der Nacht vom 1. auf den 2. November 1940 wurden die Nachtangriffe auf Industriestädte im Landesinnern und die Küstenstädte und vereinzelt noch London in Geschwaderstärke voll wieder aufgenommen, wofür die Luftwaffenführung zehn volle Kampfgeschwader aufbot:

| | | |
|---|---|---|
| KG 1 | »Hindenburg« | mit He 111 |
| KG 3 | »Blitz« | mit Do 17 |
| KG 26 | »Löwen« | mit He 111 |
| KG 27 | »Boelcke« | mit He 111 |
| KG 30 | »Adler« | mit Ju 88 |
| KG 51 | »Edelweiß« | mit Ju 88 |
| KG 54 | »Totenkopf« | mit Ju 88 |

| | |
|---|---|
| KG 55 »Greif« | mit He 111 |
| KG 76 | mit Do 17 und Ju 88 |
| KG 77 | mit Ju 88 |

Dazu kamen noch zehn Kampfgruppen. Alle diese Kräfte mit ca. 1150 Kampfflugzeugen lagen gut verteilt um die britische Insel in Frankreich, Belgien und Holland. In 61 Nächten sollten sie je Einsatz mit durchschnittlich 200 Flugzeugen insgesamt ca. 14 000 Tonnen Bomben auf englische Ziele abwerfen.

Das KG 55 »Greif« flog in der Nacht vom 1./2. November mit achtzig Maschinen gegen London und zog alle verfügbaren britischen Nachtjäger auf sich. Dadurch gelang es einem anderen He 111 Verband unter Führung des »Pfadfinder«-Verbandes KGr. 100, Birmingham ohne nennenswerte Abwehr anzugreifen. Es fielen aus der Besatzung Lt. Tüffers (8. Staffel, G1 + IS), Uffz. Bubel und Uffz. Juvan. Lt. Tüffers und Uffz. Hawerstreng gerieten in Gefangenschaft.

Wann immer das Wetter mitspielte, wurde geflogen. Am 6. November wurde London vom Geschwader gleich zweimal in einer Nacht angegriffen, unter äußerst schwierigen Bedingungen. Schwere Gewitter mit Vereisung zwangen die Besatzungen teilweise in den Tiefstflug, obwohl Angriffshöhe 4000 m befohlen war. Blitze und starke Elmsfeuerbildung verursachten zusätzliche Nervenanspannung für die Männer. Interessant an diesen Einsätzen war die Tatsache, daß jede Bombe ab 500 kg mit Zeit und Ort des Abwurfes an das RLM (Reichsluftfahrtministerium) direkt gemeldet werden mußte. Man denke nur an die zahllosen SC 1000 kg, die von den He 111 Verbänden geworfen wurden. Das blokkierte sicher den Meldeweg für andere wichtige Meldungen. Bis zum 13. November fanden noch die Angriffe auf London, Gloucester und Birmingham (alleine mit 63 Maschinen vom KG 55) statt.

Am 11. November 1940 besichtigte Generalfeldmarschall Hugo Sperrle das Geschwader in Villacoublay und nahm zahlreiche Beförderungen und Ordensverleihungen vor. Er beförderte einzelne Oberfeldwebel mit weniger als zehn Dienstjahren zu Stabsfeldwebeln, was zu großer Verwirrung führte, da normalerweise erst nach 12 Dienstjahren eine Beförderung möglich war. Das führte dann zu Schwierigkeiten in der Besoldungsfrage.

— Göring hatte einige Tage zuvor sogar zu »Vicefeldwebeln« und »Sergeanten« befördert, Dienstgrade, die es nicht mehr gab! —

Es war um diese Zeit, als er alle seine um Paris liegenden Kampfgeschwader besuchte und zuweilen streng durch sein Monokel blickte. Sein Herz dagegen war sehr weich und hing an jedem Mann in seiner Luftflotte 3, weil er wußte, was ein jeder in schwierigsten Lagen zu leisten vermochte.

Das Geschwader fand dank seiner ausgezeichneten Nachtbesatzungen keine Ruhe. Zum ersten Male seit dem 8. September hieß das neue Ziel nicht mehr London. Am Donnerstag, den 14. November 1940 wurde die übliche Flugbesprechung angesetzt. Großangriff mit insgesamt 437 Kampfflugzeugen auf die Industriestadt in den »Midlands«, Coventry. »Mondscheinserenade, Teil Korn« war das banale Deckwort dafür. Wenngleich dieser Angriff noch heute als Vergeltungsangriff in der Boulevardpresse leidenschaftlich diskutiert wird, so sieht auch der britische Historiker ganz sachlich diesen Angriff lediglich als den ersten perfekt gegen britische Industrieziele von außerordentlicher militärischer Bedeutung geplanten Angriff deutscher Luftflotten. Die Weltöffentlichkeit tobte und sah darin ein Fanal, weil dabei auch die aus dem 14. Jahrhundert stammende kunsthistorisch so wertvolle Kathedrale von Coventry zerstört worden war, vergaß aber die Unbill des Luftkrieges bei Nacht. Nur die Völkerverständigung störenden Verleumder können heute noch behaupten, das Ziel der Kampfflieger wären die wehrlose Bevölkerung und unschätzbare Kunstwerke gewesen. Sie wissen nicht, was sie sagen. Sie wissen nicht um die Probleme von Freund und Feind, und die Probleme, ihren Aufträgen gerecht zu werden. Sie versuchen nur, in Wunden herumzustochern, die keiner reißen wollte. Der Krieg ist hart und schmerzlich genug, um noch die kriegshandwerklichen menschlichen Schwächen Einzelner überzubewerten. Coventry war von der Zielsetzung her nicht Dresden! — Coventry war kein Vergeltungs- oder gar Terrorangriff. Es war ein »schlichter« Großangriff auf ein bedeutendes Motoren- und Automibilerzeugungszentrum (die 1. Staffel des KG 55 hatte als Ziel die Daimler-Works!), militärische Rechtfertigung genug. — In den deutschen Zielunterlagen hieß Coventry vergleichsweise nur »Klein-Essen«! —

Dieser Einsatz leitete die eigentliche Nachtoffensive gegen England ein. Bei Mondschein hervorragende Sicht, Windstille. Schon nach Überflug der französischen Küste waren die Brände zu erkennen. Die Ziele (Fabrikationsstätten) hervorragend gut auszumachen. 12 He 111 der KGr. 100 überflogen um 18.17 Uhr bei Lyme Bay die Südküste Englands. Mittels des »X«-Verfahrens konnten sie die Leuchtbomben exakt setzen. Um 20.15 Uhr fielen weit über 1000 Brandbomben auf Coventry; sie wiesen den Weg für die folgenden Bomberkräfte, die sich über Portland, Dungeness und Lincolnshire in den »Bomberstrom« einfädelten.

56 Tonnen Brandbomben, 394 Tonnen Sprengbomben und 127 Luftminen fielen in dieser Nacht auf Coventry.

Die II./KG 27 war auf die Alvis-Motorenwerke, I./LG 1 auf die Standard Motor Company, die I./KG 51 auf die Britisch Piston Ring Company, die Küstenfliegergruppe 606 auf die Hill Street Gas Work, KG 55, wie schon erwähnt, auf die Daimler-Werke angesetzt. Kein Wunder,

daß auch Wohngebiete getroffen wurden. Seit Jahren war es in England üblich, die Wohngebiete der Industriearbeiter mitten in die Gebiete der industriellen Produktion zu pflanzen. Die Wirkung des Einsatzes war überraschend gut.
Jede Eisenbahnlinie, die aus der Stadt lief, war unterbrochen, zwölf Flugzeugwerke und neun andere wichtige Produktionsstätten waren schwer getroffen. 380 Menschen fanden den Tod, 800 Menschen wurden verletzt.
Am 15. November ging es wieder auf London. Am 17. November gegen Southampton. Abwurf über geschlossenen Wolken nach »Knickebein« und Querpeilungen. Die Fliegerabwehr war zwar schwer, erzielte aber keine Abschüsse. Die britische Nachtjagd war absolut erfolglos.
In der Nacht des 19. November war das Ziel Birmingham (Deckwort: Waffenschmiede oder Regenschirm). 369 Maschinen der KG 26, KG 54, KG 55 und Kü.Fl. Gr. 606 trafen diese Stadt schwer. Trotz dichten Dunstes war die Flakabwehr stark. Die G1 + CK der 2. Staffel/KG 55 wurde abgeschossen (Oblt. Klawe, Gefr. Nirschel fanden den Tod, Fw. Kutekunst und Uffz. Zeitz gerieten in Gefangenschaft), eine der fünf Maschinen, die in dieser Nacht von 369 Flugzeugen nicht zurückkehrten.
In der nächsten Nacht ging es wieder nach Birmingham, ein Angriff traf auch Southampton. Der letzte Großangriff in der »quiet period« wurde mit 50 He 111 des KG 55 auf Bristol und Avonmouth in der Nacht des 24. 11. 1940 geflogen. Die G1 + KN der 5. Staffel kehrte nicht zurück. Stfw. Heidt fiel, Ofw. Müller, Lt. Heiland, Fw. Gaick waren vermißt, genauso wie der so beliebte und schneidige Kriegsberichterstatter Emil Weihmüller.
Bis zum Jahresende ging es Nacht für Nacht so weiter, für das KG 55 und alle anderen Kampfgeschwader.
Das KG 55 griff noch an:

| | |
|---|---|
| 28. 11. 40 | Liverpool |
| 29. 11. 40 | London |
| 30. 11. 40 | Southampton |
| 1. 12. 40 | Southampton |
| 2. 12. 40 | Bristol |
| 3. 12. 40 | Birmingham und Flugplatz Oxford |
| 6. 12. 40 | Bristol |
| 8. 12. 40 | London |
| 12. 12. 40 | Sheffield |
| 22. 12. 40 | Manchester (pro Maschine bis 1700 kg Bomben) |
| 23. 12. 40 | Manchester |

Häufig flogen die KGr 100 und das KG 26 mit dem KG 55 zusammen und legten im betreffenden Zielraum als »Pfadfinder« mittels Leuchtbom-

ben sogenannte Feuerstraßen zur Zielmarkierung, die von weitem schon gut zu erkennen waren. Immer zahlreicher wurde festgestellt, daß die Funkfeuer (»Fred«, »Knickebein 3«, »Knickebein 4«) intensiv gestört wurden und somit unbrauchbar für die Navigation waren. Sehr geschickt brach der Engländer mit seiner Funkaufklärung vermehrt in die Koppel- und Funknavigationshilfen ein.
In den Erfolgsmeldungen um Weihnachten herum tauchte des öfteren der Hinweis auf: »Wirkung im Ziel wie bei Coventry«. Daraus entwickelte sich später die makabre neue Landser-Wortschöpfung »coventrieren«!
Trotz der laufenden Nachtangriffe ließ sich die britische Bevölkerung nicht zermürben. Sie entwickelte ein beispielhaftes Standvermögen. Der »night blitz« war in der Luftkriegsgeschichte das erste Beispiel nachhaltiger, rollender Einsätze. Sie trafen in erster Linie die Bevölkerung. Sie brachen aber nicht den Mut und das Durchhaltevermögen der Menschen, sondern trugen eher zu einem »Revanche«-Denken bei. Ganz ähnlich wie später in den Jahren 1944 und 1945 in Deutschland, als Deutsche unter pausenlosen Tag- und Nachtangriffen der Alliierten litten und starben. Kurz vor Weihnachten fielen noch die Besatzungen

Uffz. Wirthner (G1 + ER) nach Angriff auf Liverpool
Uffz. Zimmermann (G1 + KL) nach Angriff auf Manchester.

Ein besonderes Erlebnis nach all den Strapazen war für das Geschwader die zweite Kriegsweihnacht im Felde. Die Weihnachtsfeier wurde Heiligabend nahe Villacoublay im Schloß du Rocher, einem Besitz der Josephine Baker, veranstaltet. Als besondere Ehre empfand es jeder Geschwaderangehörige, daß der Stellvertreter des Führers, Reichsminister Rudolf Heß, und der Kommandierende General des V. Fliegerkorps, General Robert Ritter von Greim an dieser Feier teilnahmen.
Rudolf Heß sprach im Laufe dieses fröhlichen Abends durch den Großdeutschen Rundfunk seine Worte an das deutsche Volk. Viele der »alten« Kampfflieger vergaßen über dem Eindruck dieses Abends ganz, daß sie nicht bei »Muttern« sein konnten. Während und zwischen den Feiertagen ruhte der Einsatz im KG 55, so daß man richtig ausspannen konnte. Am Neujahrsabend kamen alle die Gedanken an die gefallenen Kameraden wieder auf, die man bisher durch die Anspannung im Einsatz irgendwie verdrängt hatte. Kein Wunder, daß man im Jahre 1941 einen siegreichen Frieden erhoffte. —
Blut und Tränen sollten aber erst noch folgen.

# TAKTISCHE ERFAHRUNGEN IM ENGLANDEINSATZ JUNI 1940 BIS 1. APRIL 1941

Übersicht über die Angriffsarten und -perioden

| | |
|---|---|
| A) Tagesstörangriffe einzelner Besatzungen: | Juli—August 1940 |
| B) Nachtstörangriffe auf Werke und Flugplätze: | Juli—August 1940 und März 1941 |
| C) Tagesstörangriffe mit Verbänden auf Häfen, Flugplätze, Flugrüstungsindustrie: | 11. 7.—30. 9. 40 |
| D) Nachtzerstörangriffe des Geschwaders, des Korps, oder der Luftflotte 3 auf die englischen Westhäfen (Liverpool, Bristol, Avonmouth, Portishead): | 31. 8.—6. 9 40 |
| E) Nachtzerstörungsangriffe der Luftflotten 2 und 3: | |
| 1. auf London: | 7. 9—12 11 40 |
| 2. auf Industriezentren in Mittelengland (Coventry, Birmingham), Häfen (Southampton, Bristol, Liverpool) und auf London | 14. 11.—6. 12. 40 |
| 3. auf Mittelengland (Birmingham, Sheffield, Liverpool, Manchester) — Mondscheinperiode Dezember | 8. 12.—23. 12. 40 |
| 4. auf Südengland (London, Portsmouth, Plymouth, Bristol, Avonmouth, Cardiff, Swansea) | 28. 12. 40—17. 1. 41 |
| 5. auf Häfen und Wehrindustrien in Süd-, Mittel- und Nordengland (London, Portsmouth, Plymouth, Bristol-Avonmouth, Birmingham, Liverpool, Glasgow, Hull) Mondscheinperiode März | 10. 3.—21. 3. 41 |
| F) Rollende Tagesstörangriffe auf London: | Mitte bis Ende September 1940 |
| G) Tageszerstörungsangriffe einzelner Besatzungen (Piraten) auf Werke der Flugrüstungsindustrie: | ab Mitte September 1940 |

— — —

1. Jagdabwehr:

Jagdsperren an der Südküste. Feind arbeitet mit Ultrakurzwellenmeldegerät und straffer Leitung der Abwehr vom Boden aus.

Erfolg: a) Zu Tagesstörangriffen (in der ersten Zeit des Einsatzes, Juli bis Augugst) einzeln einfliegende Flugzeuge früh erkannt, Jagdabwehr der Sperre fliegenden Ketten planmäßig geleitet, starke Verluste. Befehl unsererseits, nur mit Deckung einzufliegen, nicht ausreichend befolgt — Scheu vor Rückkehr ohne Erfolg!

b) In rollendem Einsatz zu Störangriffen am Tage wird ab Mitte September im Rahmen der Großangriffe auf London eingesetzt, wenn das Wetter so schlecht ist, daß Nachteinsatz unwahrscheinlich ist und Tageseinsatz Deckung bietet; z. T. vollkommener Blindflug bis Ziel mit Knickebein- und Funknavigation: nach den vorausgegangenen Erfahrungen (zu a) mit Vorsicht durchgeführt, ohne wesentliche Verluste.

c) Zu Tageszerstörangriffen einfliegende Verbände werden spätestens kurz vor dem Angriff — auch bereits bei Zielen an der Südküste — von Jagdstaffeln empfangen, die zum Teil aus überhöhter Position,

zum Teil von verschiedenen Seiten her von unten hochziehen und aus dieser Position sofort angreifen.
Verluste: Im Durchschnitt bei solchen Angriffen 1—2 Besatzungen je einfliegende Gruppe, abgesehen von weiteren Besatzungen durch Tote und Verwundete.

Bei den durchgeführten Tagesverbandsangriffen gingen verloren:

11. 7. 04 — Portsmouth — 2 Staffeln I./K.G. 55
mit Zerstörerschutz 3 Besatzungen

16. 8. 40 — London — I./K.G. 55,
II./K.G. 55,
III./K.G. 55
mit Zerstörerschutz und
Jägeraufnahme 3 Besatzungen

26. 8. 40 — Portsmouth — I./K.G. 55,
II./K.G. 55
mit Zerstörer- und
Jägerschutz 3 Besatzungen
u. 1 Besatzung
Notwasserung Kanal (geborgen)

25. 9. 40 — Filton-Bristol — I./K.G. 55,
II./K.G. 55,
III./K.G. 55
mit Zerstörerschutz 4 Besatzungen
(davon 1 durch Flak)

26. 9. 40 — Southampton — I./K.G. 55,
II./K.G. 55
mit Jagd- und Zerstörerschutz
1 Besatzung
dazu 20 Maschinen durch Jäger- u. Flakbeschuß stark reparaturbedürftig. III./K.G. 55 wegen starkere Jagdabwehr u. Bedeckung umgekehrt.

29. 9. 40 — Gloucester — III./K.G. 55 ohne Jagdschutz
1 Besatzung
Wegen starker Jägerangriffe über Irischer See abgebrochen.

30. 9. 40 — Yeovil — I./K.G. 55,
II./K.G. 55,
Geschw.-Führungskette mit Zerstörerschutz und Jagdaufnahme
2 Besatzungen
dazu 2 Besatzungen
Notwasserung Kanal, geborgen, aber ausgefallen.

Feindl. Angriffstaktik und eigener Jagdschutz.
Gleichmäßige Angriffstaktik aller feindlichen Jäger nicht zu beobachten, Staffeln haben freie Hand; in jedem Falle Angriff auf Kampfverband, nicht auf Begleitjäger. Abflug geschlossener Verbände in Staffel- oder Schwarmstärke, dann Auflösung in Einzelangriffe, aber diese auch oft in Kettenstärke mit Zusammenwirken der Kette. Nicht nur Angriff von oben, hinten oder seitlich,

sondern von unten gegen die ungedecktere Fläche des Kampfverbandes auch seitlich oder von vorn.
Dann auch direkt von vorn mit Abdrehen zum Messerflug, um Führermaschine abzuschießen.
Jagdschutz: Zunächst Verbot, daß der ganze Jäger- oder Zerstörerverband bei Jagdangriff freie Jagd macht. Überhöhender Einsatz der Begleitverbände rechts und links des Kampfverbandes. Nach Einsetzen feindlicher Angriffe auch von unten und von vorn Position über und unter der Spitze des Kampfverbandes.
Erfahrungen:

a) Selbst wenn Jagdschutz doppelt und 3mal so stark ist wie Kampfverband, ist ausreichender Schutz nicht gewährleistet, weil sich immer Lücken finden oder angreifende Maschinen zu spät erkannt werden, um den ersten Angriff noch vor seiner Durchführung abzufangen.
b) Es muß eine mündl. Besprechung zwischen Kampfverband und Jagdschutz erfolgen, schon wegen der verschiedenen Flugformationen, die sich bei jedem Angriff ergeben (Keil oder Kolonne, Positionen der Gruppen zueinander bei An- und Abmarsch und am Ziel). Gruppenkeil als beste Abwehrformation des Kampfverbandes kommt dem Wunsch des Jagdschutzes auf geballte Marschform entgegen.
c) Es muß klar befohlen oder vereinbart werden, welcher Teil des Jagdschutzes unbedingt beim Verband bleiben muß. Bei Yeovil am 30. 9. 40 ließen sich Begleitzerstörer und Aufnahmejäger restlos abziehen, was zwar zu guten Abschußerfolgen, aber auch zu entsprechenden Verlusten des Kampfverbandes führte. Bei Abhängen einzelner Maschinen oder Ketten infolge Motorschadens muß Schutz durch Jäger- oder Zerstörerschwärme gesichert sein.
d) Aufnahme durch Jäger beim Rückflug muß zeitlich nach den tatsächlichen Windverhältnissen des Tages möglichst genau berechnet werden. Es muß eine ausreichende Zeitspanne für die Jäger gewährleistet sein, weil außer den Windverhältnissen auch die Marschgeschwindigkeit des Verbandes u. a. Einfluß hat.
e) Aufnahme des Jagdschutzes über Jäger- bzw. Zerstörerhafen grundsätzlich im Geradeausflug auf Kurs; beim Geschwader bereits seit Frankreicheinsatz erprobt. Wenn Zerstörer bis zur äußersten Reichweite begleiten sollen, ist Überflug in Anmarschhöhe geboten und zwar in Höhe 4500 bis 4800 m, die dem Kampfverband die größte Geschwindigkeit und geringste Anmarschzeit gibt.
f) Auf die Dauer wird taktische Unterstellung des Jagdschutzes unter die Führung des Kampfverbandes notwendig werden, um eindeutige Befehlsverhältnisse für die gemeinsame Durchführung des Angriffes zu schaffen. Funkspruch-Verbindung mit Jägern und Zerstörern.

2. Nachtstörangriffe von Ende Juni bis Ende August.
Auswahl der Ziele erfolgte ohne wesentliche Berücksichtigung von Sichtmöglichkeiten; nicht genügende Berücksichtigung des Umstandes, daß nur Erdorientierung am Ziel, und möglichst auch auf dem Anflug, Erfolg verbürgt (Gewässer, Mondschein). Leuchtbomben fehlten noch. Beispiele falscher Ziele, deren Auffinden von vornherein äußerst schwierig oder unmöglich war: Hucclecote, Banbury, Crewe, Flugplätze in Südengland.

3. Scheinwerfer.
a) Zunächst Scheinwerferkreise um Objekte, besonders Städte. Sie waren ganz im Anfang (Juli—August) noch zur Orientierung auf Anmarsch heranzuziehen, auch zum Abwurf am Ziel anfänglich noch zu verwerten; bald aber

verschob der Feind die Gürtel z. T. außerhalb der Stadtgebiete (Erfahrung Bristol: 10 km südostwärts).

b) Ab Anfang November Sperrlinien von Scheinwerfern und Flak an Südküste bis westl. etwa Insel Wight und in Höhe London bis etwa Aldershot — Reading; zwischen Oxford und Liverpool — zunächst totes Gebiet, mit Beginn des Angriffs auf Mittelengland ab Anfang Dezember (E 3 der Übersicht am Anfang) auch mit Sperrlinien durchsetzt. Sperrlinie an der Südküste gutes Orientierungshilfsmittel in dunklen Nächten.

c) Erfassen der Maschinen ab 2000—3000 m wegen Tarnanstrich praktisch unwirksam, dagegen mit abnehmender Höhe, besonders bei diesigem Wetter, zunehmende Blendwirkung, die Erdorientierung ausschließt oder erschwert.

4. Flak bei Nacht.
Etwa ab 11. 9. 40 ›Sperre‹ schießen im cubus mit zeitlichen Pausen (Planschießen nach Horchgerät), oft auffallend genau nach der Höhe, mit der Masse oft dahinterliegend.
Abwehr — Gleitflug, Tourenverstellung am Motor oder mehrere Maschinen gleichzeitig über Ziel — erfolgreich.
Verluste und Verwundungen durch Flak ganz unbedeutend, häufiger Beschädigungen von Maschinen.

5. Ballonsperren.
Zunächst bis etwa 2500 m, ab 17. 9. 40 auch in Höhen von 4—5000 m, später nach anscheinend starken Verlusten durch Abreißen in Septemberstürmen nicht über 1800—2000 m, so daß seitdem bei den Großangriffen auf die Häfen und Industriestädte bis auf mindestens 2500 m heruntergegangen werden konnte. Eine He 111 hat bei Ballonsperre Bristol nachts in 800 m Höhe außerhalb des Propellerkreises durch Holm das Drahtseil zerrissen und im übrigen Schaden nur dadurch gehabt, daß das Drahtseil die Steuer- und Dämpfungsflächen peitschte und beschädigte. Ahnlicher Fall in 2000 m Höhe März 1941.

6. Nachtscheinanlagen.
Erstmalig Liverpool ab Ende August in größerem Umfang — Straßenzeilen, Häuserblocks, Rauchentwicklung, Brandbombenfelder, Bombenexplosionen. Allmählich Unterschied zwischen ruhig brennenden Scheinanlagen und echten flackernden Bränden durch Gewöhnung erkannt und besonders mit Einführung der B1EL AZ Unterschied sehr deutlich. Erdorientierung, insbesondere an Hand von Gewässern, wird jetzt noch wichtiger.

7. Drähte schießen.
Zunächst in 3000 m Höhe, später scheinbar wesentlich höher mit Fallschirmen, die rote und rotgelbe Feuererscheinung geben. Keine Erfahrungen oder Verluste.

8. Nachtjäger.
Ein ganzes System von optischen Signalen zur Sicherung der Navigation der Nachtjäger.
Zusammenarbeit zwischen Nachtjägern und Scheinwerfern; Angabe der Flugrichtung durch Scheinwerfer, Senkrechtstellen der Scheinwerfer zum Zeichen des Überfluges feindlicher Maschinen.
Meldungen über Vorkommen von Nachtjägern zahlenmäßig zweifellos übertrieben, weil es sich oft um feindliche Kampfmaschinen, die auf Anflug oder Rückflug waren, feindliche Klebeflugzeuge oder mit Sicherheit auch um eigene Maschinen gehandelt hat.
Beleuchtete Flughäfen mit Nachtflugbetrieb (Nachtjäger, K-Verbände, Nacht-

übungsbetrieb?) — abgesehen von Scheinflughäfen — oft festgestellt, namentlich im überflogenen Raum London—Oxford—Bristol—Salisbury.
Angriffe von Nachtjägern von Juli 1940 bis Februar 1941 einschl. etwa 8- bis 10mal. Ganz im Anfang bei Einflug mit ungeschwärzten Maschinen wurden diese in mondlosen Nächten leicht durch Scheinwerfer erfaßt; in diesen Fällen erfolgreiche Nachtjägerangriffe mit bis zu 40 Treffern, jedoch nur mit M.G. Nach Schwärzung der Maschinen kein Erfassen durch Scheinwerfer mehr (vergl. Ziffer 3 c). Im ganzen in den gesamten acht Monaten nur zweimal bestätigter Abschuß durch Nachtjäger, einmal nachts und einmal in der letzten Dämmerung des Abends.
Mit Beginn der Mondscheinangriffe März 1941 (10. 3. 41) überraschendes massenweises Auftreten von Nachtjägern. In einem Sperrgürtel 20 km südl. der engl. Südküste bis 10 Flugminuten nördl. davon, vornehmlich auf Knickebeinstrahl Knickebein Dieppe und Cherbourg, aber auch über Liverpool Auftreten und Angreifen von Nachtjägern.
Angriffstaktik:

a) Entweder waagerecht von hinten im Schatten des Leitwerks im gedrosselten Flug dicht hinter die Maschine ziehend und aus nächster Entfernung Kanonenbeschuß; starker Erfolg; Funker, Bordwart oder Beobachter oder mehrere Besatzungsmitglieder tot oder verwundet, Flugzeugführer durch Panzer geschützt.
b) Oder Anfliegen unserer Maschinen aus der Dunkelheit mit Sicht gegen Abenddämmerung oder Mondschein. Parallelfliegen seitlich unter der Maschine, im Hochziehen Angriff von unten hinten oder unten seitlich.

Verluste bei den durchgeführten Nachtangriffen vom 10.—15. 3. 41:

a) Total-Verluste:

| | | | |
|---|---|---|---|
| 1.) 12. 3. 41: | II./K.G. 55 | — | 2 Besatzungen vermißt (1 Hptm. u. Staffelkpt. 6/55 mit Besatzung und 1 Fw-Besatzung) |
| 2.) 13. 3. 41: | III./K.G. 55 | — | 1 Besatzung vermißt (1 Oblt. u. Staffelkpt. 7./55 mit Besatzung) |
| 3.) 14. 3. 41: | II./K.G. 55 | — | 1 Besatzung vermißt (1 Oblt. und stellv. Staffelkpt. 6/55 mit Besatzung) |
| 4.) 15. 3. 41: | III./K.G. 55 | — | 1 Besatzung vermißt (1 Offz.-Besatzung) |
| | Stabsst. | — | 1 Besatzung vermißt (Uffz.-Besatzung) |

Es darf angenommen werden, daß diese Totalverluste nur auf Nachtjäger zurückzuführen sind.

b) Verwundungen und Materialschaden:

| | | | |
|---|---|---|---|
| 1.) 10. 3. 41: | III./K.G. 55 | — | 1 Besatzung Treffer in der Maschine; |
| 2.) 13. 3. 41: | III./K.G. 55 | — | 1 Mann verwundet; |
| 3.) 13. 3. 41: | II./K.G. 55 | — | Nachtjägerangriff über Kanal auf Rückflug; Beobachter tot, Besatzung verletzt, Notlandung südl. Cherbourg, 90 % Bruch; |
| | Stabsst. | — | Nachtjägerangriff über Kanal nach Rückflug, 1 Mann tot, Motorenausfall, Notwasserung vor franz. Küste: 100 % Verlust. |

4.) 14. 3. 41: II./K.G. 55 — Nachtjägerangriff über Liverpool auf Rückflug von Glasgow; Treffer in der Maschine.

Die zunehmende Sicht der sehr klaren mondhellen Märznächte hatte dem Feind den Angriff erleichtert. Es ist zu vermuten, daß darüber hinaus der Feind zum Auffinden unserer Maschinen in der Dunkelheit mit UKW-Geräten arbeitete.

9. Mit der Verwendung der Leuchtbombe wesentliche Erleichterung und größere Sicherheit im Auffinden des Zieles bei Nacht, im Anflug und in Zielnähe, klare Luftverhältnisse vorausgesetzt. Ablenken des Flakfeuers, besonders der mittl. und leichten Flak in niedrigen Höhen auf die Leuchtbombe.
Formierung von Angriffsgruppen bei den anzündenden Verbänden die von Leuchtern angeführt werden und erst, nach eingehender Orientierung des Leuchters mit Leuchtbomben, nach dem Brand- und Sprengbombenwurf des Leuchters werfen, bzw. die Leuchtbomben des Leuchters zur eigenen Orientierung mit ausnutzen ...

10. Es hat sich gezeigt, daß praktisch keine Gefahr besteht, mehrere Maschinen gleichzeitig über Ziel zu haben. An der Spitze steht, unter allen Umständen sichere Erdorientierung zu gewinnen bzw. sichere Feststellung, daß vorhandene Brände im Ziel liegen. Hierzu oft mehrfache Anflüge, u. U. aus verschiedenen Richtungen erforderlich. Anzündende Maschinen bis zu einer Stunde über dem Zielraum.
Bei Angriffen auf dasselbe Ziel in der nächsten Nacht von seiten des Korps für die Besatzungen schnelle Durchgabe der einwandfrei festgestellten Brände zu Orientierungszwecken beim 2. Angriff erforderlich.
Nicht der Mondschein allein verbürgt Aufnahme der Erdorientierung. In erster Linie ist klare Sicht erforderlich. Nach Einführung der Leuchtbombe und Sammeln von Erfahrungen mit der Leuchtbombe ist eine klare dunkle Nacht einer mondhellen dunstigen Nacht vorzuziehen.
In mondklaren Nächten Erdorientierung über Land mit dem Mond am günstigsten; bei Gewässern wegen Spiegelung im Wasser in jedem Falle Angriff gegen den Mond (teilweise Benutzung des Lotfe möglich).
Abschließend ist entscheidenden Wert darauf zu legen, daß in erster Linie die anzündenden Verbände ausreichend Bodensicht haben oder mit Leuchtbomben bei klaren Sichtverhältnissen gewinnen können und daß die ersten Brände tatsächlich im Ziel liegen. Ist das nicht einwandfrei gewährleistet, so sollte der Richtungswurf mit Brandbomben unterbleiben und besser auf Ausweichziele geworfen werden.

11. Navigation
An Hilfsmitteln für Navigation standen zur Verfügung:
Schw. Funkfeuer,
Knickebein,
Elektra.

a) Funkfeuer:
Die Funkfeuer waren bis Mittelengland gut hör- und peilbar. In letzter Zeit wurden sie teilweise durch engl. Sender gestört, die auf derselben Frequenz und mit ähnlicher Kennung arbeiteten; Besatzungen, die nach diesen Peilungen flogen, stießen in Südengland bei London bzw. Southampton durch. Beim Rückflug ist deshalb zweckmäßig bis Kanalmitte zu koppeln und erst dann das Funkfeuer heranzuziehen.

b) Knickebein:
Der Knickebeinstrahl unterliegt an der franz. und engl. Küste einer kurzen Abweichung nach Osten. Über engl. Gebiet unterliegt er größeren Schwan-

kungen und Ablenkungen, meist nach Osten, so daß er ab engl. Küste nicht mehr zu Nav.-Zwecken herangezogen werden kann. Mehrfache Erfahrung, z. B. beobachtet während mehrerer Monate, daß Knickebein Dieppe, eingestellt auf Wandsworthbridge London, mit Dauerstrich 8—10 km ostwärts am Ostrand des Themse-V's lag.

c) Elektra:
Elektra war in allen Fällen ungenau und teilweise schlecht hörbar, deshalb zu Nav.-Zwecken nicht zu verwenden.
Für die Durchführung einer exakten Navigation haben sich folgende Erfahrungen ergeben:
Alle Hilfsmittel sind ab engl. Südküste nicht mehr 100%ig zuverlässig. Es ist deshalb unbedingt erforderlich, daß man bis dahin, in der befohlenen Flughöhe, sich die genauen Grundlagen für die Koppelnavigation erflogen hat, das sind
1. Luvwinkel mit Hilfe des Knickebeinstrahls oder mit Abflug von einem Funkfeuer mit sauberer 2 x g x t-Verbesserung.
2. die Grundgeschwindigkeit durch Erdsicht an der franz. und engl. Kanalküste oder durch Querabpeilungen.

Mit diesen beiden Werten ist es möglich, sich einwandfrei den Wind zu errechnen.
Die Grundlage zur weiteren Orientierung bis zum Ziel ist die genaueste Koppelnavigation. Es ist richtiger, sich auf die bis dahin erflogenen Werte zu verlassen, als dann noch auf irgendwelche Hilfsmittel.
Bei weiten Zielen (Glasgow) kann eine Kurskontrolle nur durch Erdsicht erfolgen. Bei näher gelegenen Zielen (Manchester, Liverpool) erreicht man mit Hilfe einer genauen Koppelnavigation (grundlegend sind die erflogenen Werte bis zur engl. Küste) erfahrungsgemäß das Ziel auf 10 km. Bei mondlosen Nächten ist eine Orientierung in diesem 10-km-Kreis mit Leuchtbomben und damit ein genaues Auffinden des befohlenen Ziels einwandfrei möglich.
Ebensowenig, wie auf alle Nav.-Hilfsmittel, kann man sich beim Anflug und am Ziel auf Brände, Scheinwerfer und Flak verlassen. Sie können nur ein Anhalt sein.

12. Wetterberatung:
Die von Aufklärern erflogene Winde waren fast in allen Fällen falsch (in einem Fall um 180°). Die genaueren Winde sind vom Meteorologen aus der Wetterkarte zu entnehmen.
Im übrigen ist es falsch, daß sich die Besatzungen auf die Windangaben verlassen. Der Wind muß bis zur engl. Südküste von jeder Besatzung selbst erflogen und kontrolliert sein. Dazu ist es notwendig, daß Beobachter und Flugzeugführer die Arten der Windbestimmung vollständig beherrschen.
Ausgesprochen wichtig ist daher für die Navigation die richtige Angabe von Windrichtung und Windstärke bei der Wetterberatung. Sollte das eine oder andere zweifelhaft sein, so ist dies bei der Wetterberatung ausdrücklich auszusprechen, damit die Besatzungen nicht im Vertrauen auf die Wetterberatung mit sicheren Werten rechnen, sondern wissen, welche Unsicherheiten sie in die Berechnungen einzustellen haben.

13. Eindringtiefen der He 111 P 4.
Die Erfahrungen der Nachtangriffe der I. und II./K.G. 55 auf Glasgow am 13. u. 14. 3. 1941 haben bei voller Betankung (4200 l) und bei voller Beladung der Schachtreihe der He 111 P 4, Rüstzustand b + 1500 kg Bombe, folgende Werte ergeben:

Flugzeiten 5 Std. 31 Min. bis 6 Std. 45 Min.,
Brennstoffverbrauch je Std. 512 bis 555 l bei Ladedruck 1,0—1,12
und Tourenzahlen 2000—2200
und Eigengeschwindigkeiten 300—345 km/h.
Hiernach würde sich als mögliche Gesamtflugzeit ergeben:

a) bei 555 l Std.-Brennstoffverbrauch,
Ladedruck 1,12 — 7 Std. 20 Min.

b) bei 510 l Std.-Brennstoffverbrauch,
Ladedruck 1,0 — 7 Std. 55 Min.

Diese Werte sind ohne ausgesprochenen Sparflug und bei Windgeschwindigkeit nicht über 20 km/h erflogen worden.
Bei 500 l Std.-Brennstoffverbrauch, Ladedruck 0,95, Eigengeschwindigkeit 280—300 km/h würde ohne Berücksichtigung von Wind demnach eine Flugzeit von rund 8 Std. und eine theoretische Eindringtiefe von 1150 km erreicht werden können.
Der günstigste Mittelwert mit geringstem Brennstoffverbrauch im Verhältnis zur Eigengeschwindigkeit und somit die größte Eindringtiefe etwa bei:

| | |
|---|---|
| Ladedruck | um 1.00, |
| Tourenzahl | 2000—2050, |
| Brennstoffverbrauch je Stunde | 510—520 l, |
| Eigengeschwindigkeit in 4000 m | 300—315 km/h. |

Für die praktische Bemessung der Eindringtiefe bleiben besonders zu berücksichtigen:

ob die Windverhältnisse eine Verkürzung der Flugzeit bedingen,
ob die Möglichkeit einer sicheren Navigation, insbesondere mit Erdorientierung vorliegt (wie sie im Falle des Angriffs auf Glasgow gegeben war),
oder ob bei unsicheren Navigations-Verhältnissen die Möglichkeit von Umwegen bei Hin- und Rückflug einkalkuliert werden muß,
daß eine Zeit genau über Ziel — bei Nachtflügen von durchschnittlich einer halben Stunde, bei Tagflug entsprechend kürzer — eingerechnet werden muß.

## ABSPRUNG OHNE BEFEHL ODER EINE DUMME GESCHICHTE

*»Weiß der Teufel, wie es kam, plötzlich hängt die »Dora-Siegfried« am 15. April 1941 ganz unplanmäßig über einer mondscheinhellen Stadt. Ehe der erschrockene Beobachter heraushatte, daß er vom Kurs Liverpool abgerutscht war und nun für die Flak von Bristol Zieldarstellung flog, sind die Scheinwerfer schon am Suchen, und vor der Mühle liegt die erste Lage der bekannten Wölkchen. Rumms' — reißt es die Krähe hoch! Treffer? — »Verdammt«, dem Kutscher bleibt der Fluch im Halse stecken, der linke Motor brennt. Abstellen — Feuerlöscher — aus den Scheinwerfern kurven, die jetzt das leuchtende Ziel voll packen. »Bomben raus!« brüllt er und fuhrwerkt wie wild am Steuerknüppel. Abschwung —! Es rauscht im Karton. Ein Blick auf die Instrumente, das andere Auge hängt an dem brennenden Motor. Abfangen — Ziehen — Nachdrücken. Die Füße stemmen sich in die Pedale, und alle Muskelkraft hält den Knüppel.*

*Ein Seufzer der Erleichterung, das Feuer wenigstens ist ausgepustet — und auch aus dem Scheinwerferbündel ist die G1 + DS heraus. Höhe freilich nur noch 2200 m.*
*Endlich liegt der Vogel wieder ausgetrimmt in der Luft. So, nun mal Heimatkurs eindrehen!*
*»Beobachter!« — Wo der Kerl nur steckt? Was hat der eigentlich hinten zu suchen? Und überhaupt — es zieht in dem Hobel wie Hechtsuppe!*
*Der alte Költzsch guckt sich um, und — ist das die Möglichkeit: da hängen die Bomben ja immer noch friedlich in den Schächten. Griff zum Notzug. Ab rauscht der Prassel. Trimmen! Alle Aufmerksamkeit braucht der Pilotiseur, um seinen Vogel im Einmotorenflug zu halten.*
*»Beobachter!« — Schweigen im Walde. Das geht nicht mit rechten Dingen zu. Einzeln fragt der »Kutscher« seine Männer durch EiV ab. Keiner antwortet. Auf einmal wird ihm siedendheiß klar: die sind rausgesprungen! In ihrer Aufregung über Scheinwerfer, Flak und brennenden Motor haben sie durchgedreht von dem Befehl: »Bomben raus!« nur das »Raus« gehört, und — na ja, viel Zeit ist ja in solchen Situationen nicht — sind gesprungen.*
*»Verflucht, verflucht«, knurrt der einsame Mann durch die Zähne. Langsam kommt er ins Schwitzen. Nach rechts hinübergebeugt, fummelt er am Peilgerät, bis er die Kennung von »Erika« am Kap Barfleur im Hörer hat.*
*Und dann Senderanflug — über Südengland. Gott sei Dank ist hier nicht viel los — dann der Kanal. Wird die Kiste auch halten? Vorerst liegt sie noch auf Höhe. Aber was bleibt übrig: Also denn man los.*
*Langsam schippert die 111 über die Mondscheinsee. Der dicke Költzsch hat keinen trockenen Faden mehr am Leib. Endlich das Drehfeuer bei Cherbourg. Nun bloß keine Experimente. Ohne Beobachter, Funker und Mixer und mit dem rauschenden Fahrtwind in der Kanzel (das Ausstiegluck haben die Brüder natürlich vergessen wieder zuzumachen) gibt's nur einen Entschluß: den Hobel auf den nächsten Platz hindonnern! Da ist Caen. Lichter an und hinein. In einer Staubwolke rutscht die DS bäuchlings vor die Flugleitung. Taschenlampen blitzen, Männer springen heran, brüllen Unverständliches. Mühsam richtet sich der Dicke hoch. Klatschnaß ist er unter der dicken Kombi, und die Hände zittern ihm doch leise. Sie zittern noch mehr, als er die Rechte draußen zur Kopfbedeckung nehmen muß und einem ausgewachsenen General meldet: »Dora Siegfried von der 8./KG 55 vom fünften Feindflug zurück!«*
*General »Papa«* Greim *war nicht schlecht verwundert, als er den einzelnen Mann als gesamte Besatzung des Heinkelbombers vor sich sah. Aus dem zusammengestotterten Bericht des Unteroffiziers bekommt er bald mit, was los war. Väterlich nimmt er den Verdatterten um die Schulter und führt ihn zum Gefechtsstand. Für den fünften Feindflug*

*hatte der Kutscher das Ding noch ganz manierlich hingekriegt. Am anderen Morgen durfte der »Feldwebel« Költzsch auf Urlaub fahren. Seine Besatzung mag sich zur gleichen Stunde beim ersten ihr begegneten englischen Landbriefträger nach dem Weg ins nächste »Soldatenheim« erkundigt haben. Die Abu-Meldung jedenfalls kam wenig später über das Rote Kreuz.*
*Und die Moral von der Geschicht': Wer durchdreht, verliert das Gesicht und die Freiheit! Leicht gesagt, wenn man nicht dabeigewesen war. — «*

## SEEKRIEG ENGLAND 1941

Auf einmal hieß es: Nicht nur Luftkrieg, sondern auch Seekrieg gemäß Führerweisung Nr. 23 vom 6. 2. 41; II. Gruppe — Chartres soll sich zum Seekrieg rüsten.
Operationsgebiet: Insel Wight, Scilly-Inseln — Irische See.
Vororientierung über See-Lage und bisherige Taktik der Angriffe der Verbände des »Fliegerführers Atlantik« bei einer Gruppe KG 1 in Brest und einer Gruppe KG 27 in Dinant.
Die Erprobung erfolgte zunächst auf einem sandigen Abwurfplatz südlich Chartres mit Revi (Reflexvisier). Hierbei ergab sich die grundsätzliche Frage, ob der Flugzeugführer oder der Beobachter wirft. Die Gruppe hatte in Fronterprobung erstmals eine Kanone 51 mit Gurt, deren Einbau durch den T. O. der Gruppe, Leutnant Pawlack, im Einverständnis und mit Unterstützung von Oberstingenieur Paul beim Stabe des V. Fliegerkorps (General Ritter von Greim) entwickelt worden war.
Im Gegensatz zur Taktik des Atlantikführers wurden grundsätzlich Angriffe nicht in der Abend-, sondern in der Morgendämmerung geflogen, da hier eine weit geringere Abwehr vorhanden war. KG 1 hatte z. B. bei den unentwegten Angriffen in der Abenddämmerung schwerste Verluste hinzunehmen. Während der Engländer in der Abenddämmerung grundsätzlich alle Jagd in der Luft hatte und bis in die beginnende Nacht hinein flog und ungeheuer frisch war, schlief er am Morgen noch und hatte auch seine »ham and eggs« noch nicht zu sich genommen. So hatte die Gruppe in der ganzen Zeit nur einen Verlust, die Besatzung des Oberfeldwebel Kempel, der von einem Einsatz in die Gegend der Insel Wight in dichtem Nebel nicht mehr zurückkehrte.
Die Angriffe in der Morgendämmerung wurden z. T. aus einem nächtlichen Warteraum angesetzt, z. B. im Bristol-Kanal und bei Angriffen auf die Reede von Milford-Heaven aus einem Warteraum von Wales, und dies mit Erfolg und ohne Verluste.
Der Einsatz ging im wesentlichen auf Einzelschiffe und Geleitzüge vor der Südküste, im Eingang zum Bristol-Kanal und an der englischen Westküste

zwischen Irland und England. Z. T. wurde in die Häfen hineingeflogen, so z. B. in den Hafen Falmouth durch Leutnant Seib mit Ballonabweiser im Tiefflug.

## ALLES GEHT SCHIEF, ABSCHUSS ÜBER SEE UND GLÜCKLICHE RETTUNG.

Ein Bericht von Eitel Barth, dem Flugzeugführer:

*»Endlich einmal hat das Geschwader »Einsatzruhe« befohlen. Das soll in der offiziellen Sprache bedeuten: »Ausspannen von den ununterbrochenen Feindflügen der letzten Wochen — neue Kräfte sammeln für kommende Aufgaben.«*
*Auf der — inoffiziellen — Ebene wird anders überlegt: »Welche Möglichkeiten gibt es, um erschöpfend die im Geldbeutel noch vorhandenen Reserven in Energien umzuwandeln, die uns die Jetztzeit vergessen lassen könnten?«*
*Der Entschluß ist pfeilschnell gefaßt — ein bereits seit Tagen fälliges Spanferkel wird mit allen Schikanen untergebracht. Schon wird das wohlgeratene und vom Koch knusprig zubereitete Tierchen in sehr gefälligen Portionen auf die Teller geschoben, als der — uns wohlvertraute, aber in der augenblicklichen Lage recht ungehörige — Ruf eines Eindringlings das Messer im Halse stecken läßt:* »Alarmstufe 1 — Besatzungen sofort zum Gruppengefechtsstand.«
*Es ist der U. v. D. — leider sitzt er auf dem längeren Hebelarm. Ade — süßes Ferkel, ade — funkelnder Burgunder, ade — herrliche Stimmung der wohlverdienten Ruhe . . .*
*Es ist* der 27. 5. 1941.
*Der Einsatzbefehl lautete: »Vergeltung für die ›Bismarck‹! Freie Schiffsjagd mit allen verfügbaren Kräften im Kanal und in der Irischen See.«*
*Glasklar und eiskalt sind unsere ferneren Überlegungen. Da Tiefangriff befohlen wurde, hat die Frage an den* Bordschützen — Uffz. Mandl —: *»Zweites Schlauchboot?« besonderes Gewicht. Alles weitere ist Routine: Ausrüstung, Flugvorbereitung, Start.*
*Der Flug zur Küste und zu den Scilly-Inseln verläuft in der Abendsonne ohne Zwischenfälle. Parterrefliegend, mogeln wir uns rechts an den Inseln vorbei in die Irische See. Wir halten uns dicht — aber doch mit Respektabstand — an der englischen Küste, um die untergehende Sonne für unsere listigen Absichten auszunützen.*
*Mit brennenden Augen suchen wir den Horizont ab.*
*Über zwei Stunden sind wir schon unterwegs.*
*Und endlich! In der Ferne — zunächst nur ganz schwach, dann immer deut-*

*licher — eine Rauchfahne ... Ein britischer Frachtdampfer — 5000 Tonnen — der kaum ahnen kann, daß er für uns einen Leckerbissen bedeutet.*

*Dumme Frage an die Besatzung: »Habt ihr den ...?« — »Jawohl — alles klar!« »Wir greifen an!« Noch etwas weiter fliegend, um die Angriffsrichtung querschiffs anzulegen — drehen wir links ein.* Der Beobachter — Unteroffizier Lenhardt — *wählt die Bomben, 4 mal 250 kg, deren Abstand und den Zündzeitpunkt vor.*

*Das Schiff — meine ich — liegt genau in meinem Visier. Etwa 100 m davor ziehe ich die Maschine auf 30 m Angriffshöhe und drücke auf den Knopf. Doch — ein Augenblick, den ich nie vergesse — da ich die Eigengeschwindigkeit des Schiffes nicht berücksichtigt habe, gehen die Bomben daneben.*

*Was nützt meine Wut und meine Scham? Mit grimmiger Entschlossenheit will ich nochmal einen Angriff auf den Dampfer einleiten, als der* Funker, Feldwebel Wiedemann, *mit monotoner Stimme ins Mikrophon spricht: »Zwei Jäger von hinten!« Der zweite Schreckensruf des Tages! Sofort wird von Angriff auf Abwehr umgeschaltet; tief — noch tiefer auf die See und stur nach Westen — auf das offene Meer hinaus. Vor der Weite und der Unmittelbarkeit des Meeres haben selbst die einmotorigen Herren von der Royal Air Force verständliche Hochachtung. Ein paar Salven vor den Bug gesetzt, tun ein übriges. Das Rezept ist gut und läßt uns aufatmen. Die beiden drehen bald nach sinnlosem Bohnenwechsel ab und fliegen in Richtung Küste zurück. Mit Abstand machen wir es ihnen nach. Es gilt, Verpaßtes nachzuholen. Noch haben wir eine 1000-kg-Bombe an Bord. Aber was ist da vorne los? Unser Frachter brennt lichterloh! Den Dampfer hat irgendein anderer Heini inzwischen in Brand geworfen und uns vor der Nase weggeschnappt.*

*Zum Kotzen, Herr Major!*

*Nun denn! Heute geht aber auch alles schief. Linkskurve — Jagd auf andere Ziele. Die Sonne hat inzwischen vorgezogen, unserem sinnlosen Treiben nicht länger zuzusehen. Aber noch immer ist das berühmte — von unserem Kommandeur, Major Kühl, bis zum Schwarzwerden in stundenlangen Vorträgen entwickelte — Büchsenlicht vorhanden. Eine ganze Staffel Jäger der anderen Fakultät, obwohl sie in dieser Phase des Krieges, laut Ic, im Büchsenlichtflug gar nicht ausgebildet sein konnte, treiben sich beuteheischend in unserem Operationsgebiet herum. Und ausgerechnet uns vernaschen sie. Wie ein Schwarm Steckmücken stürzen sie im letzten Licht des Tages auf uns und machen uns aber auch alles kaputt.*

*Die linke Tragfläche sieht wie ein Sieb aus. Wegen Verlustes der Kühlflüssigkeit muß der linke Motor abgestellt werden.*

*Das Fahrwerk fällt teilweise heraus, die Fahrtanzeige steht auf Null. Der rechte Motor läuft bedenklich unruhig.*

*Irgendwie schaffen wir es aber doch, über die schmalste Stelle Britanniens wieder in den Kanal zu kommen.*

*SOS ... SOS ... SOS ...*
*Aller Ballast wird rücksichtslos über Bord geworfen: Fallschirme, MGs, Munition, Sauerstoffgeräte. Langsam — viel zu schnell — verliert die He 111 ihren Abstand von der Wasseroberfläche.*
*Alle Sünden fallen uns ein. Was wird die G1 + KP tun? Wird sie — oder wird sie nicht? Sekundenlang ist es totenstill.*
*Und dann braust die Wassermasse auf uns zu, umfängt die Maschine mit tausend Armen, saugt, bremst und — es ist nicht zu fassen — schenkt uns eine Atempause: Die fast leergeflogenen und nun mit Luft gefüllten Kraftstoffbehälter zwingen die Maschine noch für wenige Minuten, auf den Wellen zu verbleiben.*
*Fieberhaft setzen wir die beiden Schlauchboote aus, überstürzt wälzen wir uns über die Tragflächen in die Nußschalen —* Unteroffizier Mandl *rutscht aus, plumpst ins Wasser, mühsam und kräfteraubend wird er, zentnerschwer, ins Boot gezerrt. Das zweite Boot macht sich inzwischen selbständig, — endlich, endlich sitzen, kauern wir keuchend irgendwie zusammengefaltet in den schwabbeligen Untersätzen — noch rechtzeitig, um der röchelnd versinkenden KP eine letzte Ehrenbezeigung zu erweisen.*
*Alte, treue Kiste! Fahr wohl!*
*Und dann sind wir allein. Wir binden die Boote zusammen. Das eine ist undicht; ununterbrochen muß Luft gepumpt werden.* Feldwebel Wallrabenstein *— der treue* Bordmechaniker *— hat schwer zu kämpfen: Nicht nur mit dem ungewohnten Element, auch bald mit seinem Inneren, das öfter über Bord geht.*
*Es ist Mitternacht geworden. Das Paddeln wird bald aufgegeben; es ist zu anstrengend. Die See ist ruhig, fordert uns aber trotzdem nacheinander alles ab. Wir frieren. Ab und an schießt irgendeiner von uns rote Leuchtkugeln in die Luft.*
*Stunden vergehen. Unsere Sinne sind überfordert. Die nasse Kälte, die Untätigkeit und die Ungewißheit — ob unsere Notrufe gehört wurden — zermürbten uns. Wie unendlich lang kann so eine Nacht sein.*
*Der Inhalt der Seenotpackung schmilzt zusammen oder ist durch das Salzwasser ungenießbar geworden. Wir werden apathisch — resignieren ...*
*Keiner hat das Motorengeräusch des Seenotschiffes im Morgengrauen gehört. Wir sind fast erschrocken, als seine Umrisse deutlich werden. Ist es ein Engländer? Nein! Hamburger Laute geben uns Gewißheit. Ein Boot der 3. Seenothalbflottille der Seenotflottille 1 L'Aberwrach, die Dr. Rogge befehligt.*
*Nun erfahren wir unseren Standort; er liegt von dem angepeilten infolge der Strömung um 20 km weiter nordostwärts — deshalb das verzögerte Auffinden.*
*Wir sind gerettet. Übermüdet, ausgelaugt, versagen unsere Kräfte. Einer*

*fällt an Bord des Schiffes in Ohnmacht. Alles weitere an Land ist Routine. Anruf beim KG 55 und dann nichts als schlafen, schlafen. Als wir spätabends aufwachen, wird mit Dr. Rogge »Geburtstag« gefeiert.«*

Geheim

II./Kampfgeschwader 55 — Gruppengefechtsstand,
Stab/I a — den 3. Juni 1941
Br. B. Nr. 1100 (—)/41 geh.

Bezug: FS. K.G. 55, Abt. Ia Br. B. Nr. 1620(210)/41 geh. v. 1. 6. 41

Dem
Kampfgeschwader 55,
Abt. Ia

## TAKTISCHE ERFAHRUNGEN ÜBER BEWAFFNETE SEEAUFKLÄRUNG

I. Einsatz der Gruppe

1. Befehlsverhältnisse. Der Einsatz der Gruppe erfolgte zum Teil auf Befehl des Korps, in der Hauptsache selbständig nach Entschluß des Gruppenkommandeurs.
2. Einsatzraum. Kanal westlich Portsmouth, Bristol Kanal, St. Georgs Kanal und Irische See.
3. Einsatzzeit. 6. 4.—27. 5. 41 mit Ausnahme der Mondscheinperiode 14. bis 22. 4. und unterbrochen durch zusammengefaßte Nachteinsätze auf Häfen und Industriestädte.
4. Einsätze: 73, davon
   am Tage 14,
   in Mondnächten 7,
   in der Abenddämmerung 26,
   in der Morgendämmerung 26.
5. Abwürfe: 32, davon 23 auf Schiffe.
6. Erfolg.

| | |
|---|---|
| a) Von der Gruppe festgestellte Versenkungen oder Vernichtungen | 2 Schiffe |
| b) Sicher festgestellte Treffer | 12 Schiffe |
| c) Wahrscheinliche Treffer | 6 Schiffe |
| d) Ausweichziele: 9 | |
| Versenkungen und schwere Beschädigungen (a u. b) | 64 000 t |
| davon in den letzten 10 Tagen des Einsatzes | 56 000 t |

7. Verluste:
   1 Besatzung Totalverlust,
   6 x Ausfall eines Motors,
   mit einer Notwasserung
   } durch Feindbeschuß

II. Erfahrungen und Wünsche.

1. Praktische Unterrichtung bei eingesetzten Seegruppen über Taktik des Einsatzes, Bombenwurf und Zielgerät war wertvoll als Grundlage für die Ausbildung und den Einsatz.
   Straffe Ausbildung von Flugzeugführern und Beobachtern, unterrichtsmäßig und praktisch auf dem Bombenwurfplatz (mindestens 3mal) an

Hand anliegender Richtlinien war erforderlich, damit Anflug, Bombenwurf und Abflug im Einsatz exerziermäßig und mit größter Sicherheit vor sich gehen konnten. Abgesehen von den ersten 3 Einsätzen, in denen diese Beherrschung noch nicht vorlag, keine absoluten Fehlwürfe mehr.

Die praktische Ausbildung der Flugzeugführer war insbesondere gerichtet auf Höhehalten und Anfliegen mit gleicher Grundgeschwindigkeit, die der Beobachter auf Kanonenschießen und Navigation über Seeraum (Gradnetzmeldeverfahren, Standlinien, La Coruna, Rennes, Funkfeuer und Fremdpeilung Fluz-West).

Zur Ausbildung und Gewöhnung im Fliegen über See und in der Orientierung an den Küstenlinien im Tiefflug hat es sich als wichtig erwiesen, von vornherein mit stärkeren Kräften einzusetzen — zunächst bei Tage, dann bei Nacht und in der Dämmerung —, als es der Kampf- oder Aufklärungsauftrag an sich forderte. Es hat sich erwiesen, daß auf diese Weise die Besatzungen in kurzer Zeit die erforderliche Sicherheit gewinnen können.

2. Die Einsatztaktik wird bestimmt durch die Seelage beim Feind und seine Abwehr.

   a) Nachdem der Feind zur stärkeren Flakabwehr von Bord und zum Jagdschutz längs der Küsten übergegangen war, sind Überraschung und Deckung für den Erfolg entscheidend geworden.

   Da am Tage nur selten günstige Wetterlagen auftreten, die ausreichende Deckung gegen Jäger bieten (20 m Untergrenze, 8—10/10 Bedeckung), muß der Schwerpunkt der Angriffe in die Dämmerungszeiten und in mondklare Nächte gelegt werden. Dämmerungsangriffe haben indes den Nachteil, daß der Aufklärungszeitraum nur begrenzt ist — im allgemeinen nicht mehr als eine halbe Stunde —, wenn es sich um Aufklärung gegen die besonders stark befahrenen Schiffahrtswege längs der Küsten und jagdgeschützten Räume handelt (Kanal und Küsten von Cornwall und Wales).

   Deshalb sind Tagangriffe bei entsprechender Wetterlage und Nachtangriffe in Mondnächten in jedem Fall vorzuziehen; sie gestatten eine Aufklärung über mehrere Stunden und geben die Möglichkeit, länger nach Zielen zu suchen und im allgemeinen auf den befahrenen Schiffahrtswegen immer lohnende Ziele zu finden.

   Der Ansatz zur Tagesaufklärung setzt voraus, daß ausreichende Unterlagen über Wetter und Wetterentwicklung im Zielraum vorliegen. Hieran hat es im Raum St.-Georgs-Kanal bis Irische See, zumal bei der starken Veränderlichkeit der Wetterverhältnisse in diesem Raum praktisch gefehlt, weil die Wetteraufklärung nicht ausreichte. Es war infolgedessen erforderlich selbst Wetteraufklärung zu fliegen, wenn die Großwetterlage Erfolg versprach.

   Aufklärung in Mondnächten verspricht nur Erfolg, wenn nicht mehr als 2/10 Bedeckung vorliegt. Bei stärkerer Bedeckung wird durch die Schattenwirkung die Wasserfläche so unübersichtlich, daß ein Auffinden von Schiffen, das Wiederfinden zum Zielanflug, wenn erforderlich, und der gezielte Bombenabwurf in Frage gestellt werden.

   Der Einsatz in der Morgendämmerung verspricht mehr Erfolg als in der Abenddämmerung.

   In der Abenddämmerung ist es bei größeren Entfernungen des Zielraums vom Einsatzhafen (Chartres-Bristol-Kanal mit Umfliegen der Scilly-Inseln: 900 km) nicht möglich, den Ablaufpunkt zur Aufklärung längs der Küste pünktlich genug zu erreichen; zu frühes Eintreffen: Jägergefahr, zu spätes Eintreffen: Dunkelheit. In der Morgendämmerung läßt sich die Ablaufzeit am befohlenen Ablaufpunkt genau einhalten. Der Zeitpunkt der Möglichkeit des ersten bzw. des letzten Bombenwurfes ist in hohem Maße von dem Bedeckungsgrad abhängig. Es ergeben sich hier bei klarem und bedecktem Wetter Differenzen bis zu 40 Min. Diese Differenz läßt sich in der Morgendämmerung durch entsprechendes Zuwarten am Ablaufpunkt ohne Schwierigkeit ausgleichen, in der Abenddämmerung nicht.

In der Abenddämmerung ist vom Tage her die Boden- und Jagdabwehr wach. In der Morgendämmerung, die zudem meist mit Seedunst verbunden ist, ist die Abwehr schwach; Jagdabwehr wurde in keinem Fall festgestellt.

Die Aufklärung in der Morgendämmerung gibt außerdem Wetterunterlagen für den Ansatz der Tagaufklärung. Auch ist für die Besatzung bei Langstreckenaufklärung der Rückflug bei Tage sicherer und weniger anstrengend, besonders bei Beschuß und Motorausfall.

Der Einsatz in der Morgendämmerung erfolgt je nach Wetterlage so, daß die Besatzung am Ablaufpunkt bei klarem Wetter um X — 60′, bei bedecktem Wetter um X — 45′ steht (X = Beginn des Büchsenlichtes); in der Abenddämmerung gelten die entsprechenden Werte. Die Ablaufstrecke beträgt bis zu 150 km (etwa 30 Min. Flugzeit).

b) Die Seelage beim Feind wechselte stärker als zunächst angenommen. Nach größeren Verlusten in der Mondscheinperiode April ging der Schiffsverkehr zunächst längere Zeit auffallend zurück.

Der Feind bevorzugte klare Tage mit Jagdbegleitung, die einen Angriff unmöglich machten. Erst Ende der Mondscheinperiode Mai stieg der Schiffsverkehr bei Nacht und am Tage stark an, dabei zeigte sich eine Massierung im näheren Umkreis der Häfen bzw. ein Ankern auf offenen Reeden am Abend und am Morgen. So brachte der Ansatz nicht nur zur Streckenaufklärung sondern auch unmittelbar auf Häfen und Reeden und ihre Seeausgänge besonderen Erfolg; auf Häfen war jedoch ein Einsatz nur zu verantworten, wenn keine Ballonsperren zu erwarten waren (Reede von Milford Haven, Reede von Dartmouth und zeitweise die Reede von Falmouth). Um sich der Seelage und Taktik des Feindes anpassen zu können, ist eine umfassende tägliche Unterrichtung über Schiffsverkehr, Hafenbelegung und über den Funkverkehr des Feindes erforderlich. Zusammenhängende Erfahrungen über die Seelage und Taktik des Feindes lassen sich nur gewinnen, wenn eine Gruppe längere Zeit ununterbrochen auf diese Aufgabe angesetzt ist. Die Unterbrechung durch andere Aufgaben hat jedesmal Erschwernisse im Einsatz zur Folge gehabt.

3. Die Abwehr war bei einzelfahrenden Schiffen im allgemeinen nicht stark; immer nur M.G.; leichte Flak nur bei größeren Schiffen. Bei Geleitzügen, die in einem Abstand bis zu einer Schiffslänge geschlossenen Verband fahren, ist die Abwehr so stark, daß nur ein einmaliger Anflug möglich ist. Nebenbei wurden auch gelöst fahrende Geleitzüge angetroffen, jedoch nur im St.-Georgs-Kanal und in der Morgendämmerung im Bristol-Kanal. Bei Zerstörerbegleitung wurde auch schwere Flak festgestellt.

Da eine restlose Überraschung nur selten möglich ist und die Wirkung des M.G.'s zu schwach ist, hat sich zur Niederhaltung der Abwehr die bewegliche 2-cm-Kanone in der Kanzel in der von der Gruppe erprobten Mon-

Kriegsrat vor der Nachtoffensive. V. l.: von Richthofen, KG VIII. Fl.K., Gen.Oberst Keller, OBLfl.1, Ritter von Greim, KG v. Fl.K., Plocher (Profil).

He 111 P vor dem Nachtstart auf London.

Aufnahme der Erfolgsmeldung am frühen Morgen (r.: Ia der III./KG 55, Lt. Wronsky).

Provisorischer Nachtanstrich (Truppenselbsthilfe!) an einer He 111 P.

Motorwechsel

Beim Bombenladen haben sich die französischen Beutepanzer bewährt.

Der Stellvertreter des Führers, Rudolf Heß, trifft am 24. Dezember 1940 in Villacoublay ein, um am Abend . . .

in Josephine Baker's Château du Rocher im Kreise des KG 55 zu feiern (v. l.: Olt Klinger, Heß, Major Kühl, Ritter von Greim).

Die 20 mm MK, nach den Erfahrungen der ersten Englandeinsätze vom T.O. Olt Pawlak in die He 111-Kanzel anstelle des Bug-MG's eingebaut und von der Luftwaffe allgemein eingeführt (oben links).

Zusammenstoß mit einem Sperrballonseil über Bristol (oben rechts).

Kriegsberichter Olt Wild in »Schußposition« für die Wochenschau.

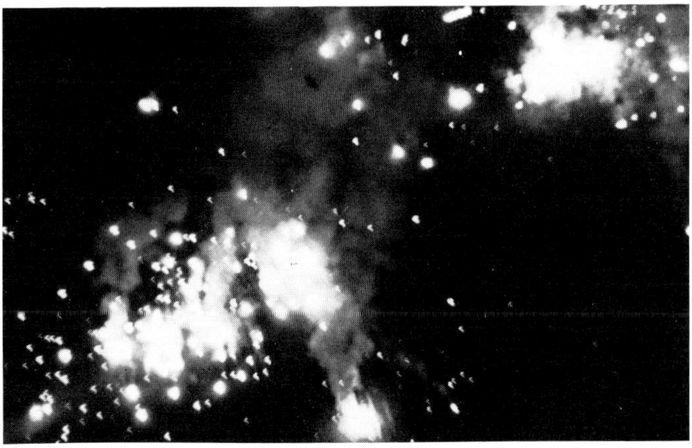

Nachtangriff auf London.

Mit einer Ballonabweiserkonstruktion und Kabelschneidern reagierte die Luftwaffe auf die immer bedrohlicher werdende Behinderung durch die »urweltlichen« Sperrballone der Briten.

Seekrieg gegen britische Schiffe.

Das Ende eines britischen Frachters.

Vier Mann in einem Boot und Land in Sicht für die Männer der G1 + KP am 28. Mai 1941. Gerettet von der 3. Seenothalbflottille L'Aberwrach: FF: Lt Barth, BO: Uffz Lenhardt, BF: Fw Wiedemann, BM: Fw Wallrabenstein, BS: Uffz Mandl.

Notlandung im Kanal nach Jägerbeschuß.

tierung ausgezeichnet bewährt. Mit Einzelfeuer Einschießen nach der Höhe und Herantasten an die erste wirkungsvolle Schußentfernung von 800 m; Abkämmen der erkannten Abwehr, die fast immer zum Schweigen gebracht wurde; ab 400 m Dauerfeuer auf Kessel- und Maschinenanlagen, um unabhängig vom Bombenwurf Wirkung auf dem Schiff zu erzielen.
Auch nach dem Abwurf der Bomben lohnt sich der selbständige Angriff mit Kanone auf das gleiche oder auf ein anderes Schiff. Ausstattung mit 4 x 60-Schuß- und einigen 30-Schußtrommeln erwünscht.
Jagdabwehr ist nur am Tage in der Abenddämmerung aufgetreten. Dabei hat sich erwiesen, daß der Tiefstflug über See dem Jäger im Angriff Schwierigkeiten macht. Es ist erwünscht, der Maschine nach oben eine dem Wasser angepaßte Tarnfarbe zu geben, deren Tönung praktisch zu erproben bleibt.
Ballonsperren waren in größeren Häfen (Plymouth, Portland usw.) regelmäßig, in mittleren Häfen (z. B. Falmouth) nur bei Schiffsansammlungen vorhanden, mittlere Reeden und kleinere Häfen waren ungeschützt.
Da der Angriff auf Schiffe in Häfen und auf Reeden wesentlich erfolgversprechender ist als bewaffnete Streckenaufklärung (festes Ziel, das zeitlich zum günstigsten Zeitpunkt angegriffen werden kann; unbewegliches Ziel, das sicherer zu treffen ist), ist es dringend erwünscht, Ballonabweisermaschinen zu erhalten, die auch bei Ausfall eines Motors durch Beschuß sich sicherer halten lassen als die He 111 H 8. Günstigste Angriffszeiten: Mondscheinnächte und Morgendämmerung. Der Gesamterfolg der Tonnagevernichtung ließe sich in den Küstengebieten Englands hierdurch erheblich steigern und ermöglichte vor allem auch Angriffe auf die besetztesten Zielgebiete des Mersey River und des Bristol-Kanals.

4. Die Bombenwirkung der 250-kg-Bombe genügt für eine Versenkung nur, wenn sie (das Schiff — der Verfasser) in Höhe der Wasserlinie beschädigt; andernfalls hat sie nur Brandwirkung zur Folge. Die 500-kg-Bombe ist ihr erheblich überlegen. Es müßte der Versuch gemacht werden, ausgesuchte Besatzungen im Rüstzustand a mit einer SC 1000 und einer SC 500 anzusetzen; in diesem Falle würde bei Treffern mit einer Vernichtung gerechnet werden können.
   Das in Cognac entwickelte Hilfsvisier hat sich bewährt, genügt aber nicht allen Anforderungen, weil es — ohne Libelle — keine ausreichende Genauigkeit verbürgt. In Erprobung ist bei der Gruppe zur Zeit das Revi,
   1. bei dem bei gleichen Höhen einheitliche Wurfwinkel zur Anwendung kommen,
   2. das den gezielten Wurf aus wechselnden Höhen ermöglicht,
   3. das über das Lichtkreuz auch den gezielten Wurf bei Nacht ermöglicht.
5. Einsatzhäfen. Der Einsatz der Gruppe war im Verhältnis zu den Seegruppen des IV. Fl.-Korps und des Atlantikführers wesentlich erschwert durch die Länge der Anflugwege. War ein Umfliegen der Scilly-Inseln am Tage erforderlich, so ging der Einsatz in den Südteil des St.-Georgs-Kanals praktisch an die Grenze der Reichweite der He 111 P 4.
   Es ist erwünscht, zum Einsatz in den Georgs-Kanal und Irische See eine Einsatzgruppe, wechselnd eine Staffel, auf Plätze westlich der Cherbourg-Halbinsel vorzuziehen, am besten nach Dinard. Ein Zusammenlegen mit Fernaufklärern zur schnellen Ausnutzung von Schiffs- und Wettermeldungen aus dem Zielgebiet wäre erwünscht.
6. Die Erfahrung der Gruppe im ganzen geht dahin, daß Beweglichkeit im zeitlich verschiedenartigen Ansatz und Ausnutzung von Wetterlagen und

Wetterentwicklung durch die Gruppe und die Besatzungen besondere Voraussetzungen für erfolgreichen Einsatz sind und deshalb möglichste Freiheit im Ansatz für die einsetzende Gruppe erwünscht ist.

gez. Kühl
Major und Gruppenkommandeur.

## AUSKLANG DER SCHLACHT UND VORBEREITUNGEN AUF NEUE EINSÄTZE.

Nachdem am 1. Februar 1941 der Ritterkreuzträger OTL Benno Kosch — zuvor Kommandeur der II. Gruppe im KG 1 »Hindenburg« — das Geschwader als Kommodore von OTL Hans Korte übernommen hatte, begannen auch für das KG 55 die letzten, sehr harten Monate in der Schlacht um England. Häufig mußten Einsätze ausfallen, weil die britische Insel von weiten Nebelfeldern überzogen war. Dann gab es Urlaub »à Paris«. Die Besatzungen mußten aber regelmäßig beim jeweiligen Ia der Gruppe auf besonderen zivilen Telefonleitungen anrufen, ob nicht doch noch ein Einsatz anlag. Sie waren praktisch in Rufbereitschaft. Der so liebenswürdige Pfarrer von Villacoublay pflegte an diesen Tagen eine Funkbotschaft nach England zu schicken: »Alle Kampfbesatzungen Urlaub à Paris«, was den englischen Nachtjägern wiederum eine Gefechtspause gab. —

Einzelbesatzungen starteten zur Überraschung des Gegners dennoch bis zu dreimal nachts, um hohe Einsatzbereitschaften vorzutäuschen.

| | |
|---|---|
| 1. Start | 20.00 Uhr |
| 2. Start | 22.30 Uhr |
| 3. Start | 01.30 Uhr |

Das forderte vom technischen Personal der FBK's das Äußerste an Leistung. Betankung und Beladung mußten schnellstmöglich erfolgen. Für Gefechtsberichte blieb den Besatzungen keine Zeit. Der Gruppen-Ia machte das schon irgendwie. Als die Nächte wieder kürzer wurden, lief diese Taktik natürlich nicht mehr. Erst im März begannen wieder umfangreichere Einsätze bei Nacht gegen England, sie forderten innerhalb kurzer Zeit viele Verluste. In vier Tagen alleine acht Besatzungen und Maschinen! Der Flugzeugklarstand stand auch nicht zum besten. Heinz Wollschläger berichtet darüber:

*So kam ich dann zur 6. KG/55 nach Chartres (Staffelkapitän Oberlt. Berlin). Berlin war Beobachter und fragte mich bei meiner Ankunft, ob ich überhaupt fliegen könnte! Darüber habe ich mich natürlich sehr »gefreut«. Der Spieß sagte so nebenbei: »Herr Leutnant, Sie haben die Ehre, bei einer Todesstaffel zu sein. Wir sind schon zum dritten Mal neuaufgestellt.«*

*Dabei ging es mir natürlich immer besser!! Unterkunft in der Revaudière in Léves bei Chartres war einmalig. Die Verpflegung noch besser. Mit zwei anderen Leutnants machte ich zunächst eine Art Innendienst bei der Staffel. Die anderen Offiziere hatten bereits Auszeichnungen, und wir kamen uns da so wie eine Art von »Nichts« vor.*
*Im übrigen gingen jeden Abend die Englandflüge vonstatten. Eines Morgens komme ich zum Frühstück und frage den Burschen, wo denn die anderen blieben? Sie wären vom Feindflug noch nicht zurück. Das gab mir natürlich einen Schlag, denn sie hätten längst zurücksein müssen. Ein Anruf beim Stab ergab dann, daß die anderen einschießlich Oberlt. Berlin vom Feindflug nicht zurückgekehrt waren. Die Begrüßung durch den Spieß fiel mir ein und der Rest der Begeisterung war verflogen. Die Staffel hatte noch eine Maschine, die mit verzogenem Rumpf in der Werft stand. Es wurde nun alles 'rangeholt, und ich sollte mit dieser Maschine am gleichen Abend meinen ersten Feindflug starten. Am späten Nachmittag war die Maschine zum Werkstattflug bereit. Ich weiß nicht mehr, wer bei meiner Besatzung war. Jedenfalls stieg ein Prüfer der Werft dazu und ich startete. Ich mußte über 4000 m gehen, um u. a. die Kurssteuerung zu testen. Dabei hatte ich auf einmal keinen Druck auf dem Querruder. Der Prüfer legte schon den Brustfallschirm an, als ich die Mühle auf den Kopf stellte und das Querruder wieder ansprach. Der Fehler war nicht sehr erheblich und konnte nach Auskunft des Prüfers leicht behoben werden. Jedenfalls hatte ich mich bei dem Flug länger aufhalten müssen als vorgesehen. Oben war es noch hell, jedoch unter uns stark dunstig geworden. Im Runtergehen wurde es immer unangenehmer. Man sah fast nichts mehr. In der Dunkelheit behinderte der starke Dunst die Sicht außerordentlich. Auf einmal stellte ich fest, daß ich dicht an der roten Lampe am Turm der Kathedrale vorbeikam, hatte aber wenigstens ein Orientierungsmerkmal. Dann entdeckte ich plötzlich den Leuchtpfad, der es aber dann nicht war, sondern der sogenannte künstliche Horizont, ca. 5 km vor dem Platz in der Einflugschneise. Schließlich hatte ich den Leuchtpfad, atmete sichtlich auf und war schon im Ausrollen, als es plötzlich zu krachen nicht aufhören wollte. Ich war im Ausrollen mit einer bombenbeladenen Maschine zusammengestoßen, die infolge Motorausfall quer zum Leuchtpfad hereinkam. Die Maschinen schoben sich seitlich ineinander, Bomben gingen glücklicherweise nicht hoch. Verletzte gab es auch nicht.«*

Trotz dieser besonderen Lage wurden die Einsätze so gut es eben ging geflogen. Schwergewicht blieb London mit seinen Docks. Die schwersten waren jene in den Nächten vom 8./9. 3. und vom 19./20. 3. Weitere schwere Angriffe richteten sich gegen Liverpool (12./13. 3. und 13./14. 3.). Glasgow (13./14. 3.), Bristol (16./17. 3.), Hull (18./19. 3.), Plymouth (20./21. 3. und 21./22. 3.). Der wirksamste war wohl der Angriff

auf Clyde (Glasgow) vom 14. 3., bei dem die Großwerften bis zum Juni bzw. September 1944 außer Betrieb gesetzt wurden und mehr als 500 Tote und 800 Verletzte zu beklagen waren. Die hohen Verluste im März 1941 rührten hauptsächlich von der gut koordinierten, erstarkten britischen Luftverteidigung her. Insgesamt 43 Bombenflugzeuge wurden abgeschossen (eine Kampfgruppe etwa!) Bei 21 wurden Treffer von radargesteuerten Jägern, bei 22 durch freie Nachtjäger als Treffer gemeldet. Die einsitzigen Tagjäger »Hurricane« wirkten zusammen mit Scheinwerfern als Nachtjäger, dazu kamen die mit Bordradargeräten versehenen Typen »Blenheim« und »Beaufighter«; alle wurden von den wohlorganisierten Luftverteidigungsstellungen genau geführt.
Beim Nachtangriff auf Liverpool (12./13. 3. 41) wurden neun Kampfflugzeuge (entsprechend einer Staffel!) abgeschossen, das höchste Abschußergebnis in einer Nacht überhaupt. Die April-Einsätze hingegen waren keine konzentrierten Angriffe mehr auf besondere Ziele. Sie fächerten von Zielen im Süden der Insel bis weit hinauf nach Schottland.
Sollte dies etwa mit dem am 6. April begonnenen Balkanfeldzug zusammenhängen oder sollten die Vorbereitungen für den Osteinsatz getarnt werden? Das KG 55 »Greif« flog im April folgende Einsätze mit:

| | |
|---|---|
| 7. 4. 1941 | Grenock bei Liverpool (»Mondscheinsonate«), mit Start von Caen |
| 8. 4. 1941 | Großangriff auf Coventry (schwerste Schäden) |
| 9. 4. 1941 | Birmingham |
| 10. 4. 1941 | Avonmouth |
| 11. 4. 1941 | Portsmouth (Einzelangriffe) |
| 12. 4. 1941 | (Ostersonntag) Bristol |
| 15. 4. 1941 | Belfast (Nordirland) — Befehl des Reichsmarschalls: Nur angreifen, wenn Insel Man einwandfrei erkannt. Kommandanten mußten für diese Belehrung unterschreiben! Schwerste Schäden. |
| 16./17. 4. 1941 | Vergeltungsangriff auf London mit insgesamt 702 Kampfmaschinen (bis zu drei Nachtstarts!) |
| 19./20. 4. 1941 | London, wie in der vorletzten Nacht |
| 11. 4. 1941 | Plymouth (Serienangriffe) |

In der ersten Dekade des Mai kam es zu einer weiteren Steigerung der Einsätze, die mehr und mehr an der Substanz der Männer zu zehren begann. Es ging fast über ihre Kräfte.
Am 3. Mai mußte Liverpool auf dem Umweg über Glasgow angegriffen werden. Immerhin stellte Winston Churchill fest, daß dieser Angriff einer der schwersten war und zum Höhepunkt der deutschen Luftoffensive zählte. Weitere Ziele waren für das Geschwader:

4. 5. 1941 Werftanlagen in Portsmouth
5. 5. 1941 Glasgow
6. 5. 1941 Wiederum Glasgow, Flugzeit über sieben Flugstunden. Viele Notlandungen auf Plätzen am Kanal wegen Spritmangels, weil die »Wetterfrösche« den starken Seitenwind in der Angriffshöhe nicht vorhergesagt hatten. In dieser Nacht entgingen die He 111 Kampfverbände mit knapper Not einer Katastrophe.
7. 5. 1941 Glasgow und Liverpool
8. 5. 1941 Hull mit Anflug von der Rheinmündung

Der Großangriff auf London in der Nacht vom 10. auf den 11. Mai 1941 — unter besten Wetterverhältnissen angesetzt — übertraf in der Wirkung alle bisherigen Angriffe. 500 Kampfflugzeuge warfen wohlgeplant über 600 t Bomben. Wohlgeplant in der Tat, denn die Luftwaffenführung stimmte ihren Angriff auf die Zeiten tiefsten Gezeitenwasserstandes ab, um die erforderlichen Löscharbeiten zu behindern. Fünf Besatzungen des KG 55 kehrten in dieser Nacht nicht zurück. Im »Bach« landete Fw. Richard Bock mit seiner Besatzung aus der 3. Staffel, Ofw. von Risswick blieb bis zur Morgendämmerung mit seiner Maschine über der Notwasserungsstelle solange, bis ein Seenotrettungsboot herandirigiert werden konnte. Über die folgende »Geburtstagsfeier« braucht der Chronist wohl nicht ausführlich zu berichten. Dabei ging im Alkohole ganz sicherlich die Tatsache unter, daß der Stellvertreter des Führers, Rudolf Heß, in derselben Nacht im Schutze des guten Wetters und der schweren Angriffe zu seiner noch heute umstrittenen Tat schritt, um zu Verhandlungen nach England zu fliegen. Sein Schicksal in Spandau bewegt die westliche Welt noch heute. —
London brannte noch am 11. Mai, als die Staffeln endlich einmal ausspannen konnte. Man besichtigte die Umgebung von Paris mit seinen Schlössern und schlief und schlief fest.
Der harte Mai kostete die Luftwaffe 142 Kampfbesatzungen! Den letzten größeren Angriff flog das Geschwader »Greif« am 30. Mai 1941 auf Liverpool. Danach »versickerte« die Luftschlacht um England. Mangelhafte, starre, unflexible periodische Schwerpunktbildung und »Flatterhaftigkeit« in der Entschlußfindung der Führung vermochten England — trotz aller schmerzlichen personellen und nachhaltigen materiellen Verluste — nicht zu treffen. Man kleckerte anstatt zu klotzen, obwohl die Umkehrung der Worte so gerne im Munde geführt wurde.
Nichts wirkte vernichtend. Die Wetterlage — die große Unbekannte im Leben der Flieger — spielte nicht mit. Die Waffen wirkten nicht wie erhofft. Navigations- und Zielgeräte enttäuschten, sie waren dem Nachteinsatz nicht gewachsen. Die britische Nachtabwehr leistete Außerordent-

liches, sie entwickelte sich zu höchsten Leistungen, parallel zur Steigerung der deutschen Nachtangriffe. Der britische Funkstördienst ergänzte in geradezu wissenschaftlicher Art die Intensivierung der britischen Abwehr.

Im Geschwader »Greif« lag schon seit einiger Zeit die Verlegung in neue Standorte in der Luft, trotz aller strikten Geheimhaltung. Irgendwo an einem Ort traf sich alles und pflegte gewisse »Parolen«. Heimlich wurden Schlafsäcke, Zelte und sogar Wohnwagen für die Kommandeure besorgt. Die Landser schickten schnell noch schöne französische Kleidung und scharfen Cognac nach Hause. Es hing etwas in der Luft. —

Einige wenige Besatzungen mußten — mehr oder weniger heimlich — neue He 111 aus dem neu zugewiesenen Geschwaderbestand in Richtung Heimat — oder gar Osten? — überführen. Nach Rückkehr mit Ju 52 wurden sie natürlich ausgequetscht. Sie sagten nichts, ihre Gesichter dagegen alles. Die Plätze mußten im Osten, in Polen und der Tschechosolowakei liegen.

Am 1. Juni 1941 verluden die FBK's, Verlegungsziele unbekannt. Anfang Juni kam endlich für die Gruppen der Verlegebefehl. Wie hieß die Dame? Labunie bei Klemensow!! Der Zwischenstandort Gleiwitz war zwar noch bekannt, auch Klemensow in Polen war noch auf den Karten verzeichnet und irgendwie zu finden. Wo lag nur der Acker von Labunie?? Immerhin ein Platz des V. Fliegerkorps unter Ritter von Greim. So schlecht dürfte er wohl nicht sein. Das Korps hatte noch nie — trotz aller Unbill des Kriegsschicksals — seine Verbände »verkauft«.

Flugzeit, Kurs und Fluggeschwindigkeit — schlicht »Koppeln« genannt — brachten die Besatzungen dorthin, wo sie erwartet wurden; die Deutsche Reichsbahn sorgte mit allem »Komfort« dafür, daß auch alle Männer des Bodenpersonals, die Techniker der FBK's, die »Schreiber« der Stäbe, die Funktioner, die allen dienten, und nicht zuletzt die wichtigen »Lichtbildner« der Bildzüge in den Kampfgeschwadern, die erst dafür sorgten, daß alles per Luftbild in die Archive kam und auch mit Fakten bewies, was echt geleistet worden war, ihren neuen, unbekannten Standort zu erreichen.

Die deutsche Luftwaffe hatte inzwischen 2 265 Flugzeuge verloren, (davon 25 Prozent Jäger, 35 Prozent Bomber). Diese Abgänge mochten durch Neubauten noch zu ersetzen sein, obwohl bezweifelt werden mußte, daß die Fertigung mit den technischen Errungenschaften des Gegners würde Schritt halten können. Sehr schwer wogen hingegen die Verluste an friedensmäßig gutausgebildeten Flugzeugführern und Besatzungsmitgliedern. Sie beliefen sich auf 3 363 Gefallene und 2 117 Verwundete sowie 2 641 Fliegersoldaten, die entweder vermißt oder in englische Gefangenschaft geraten waren.

Der Luftwaffe kam als selbständigem Wehrmachtsteil von nun an nur noch zweitrangige Bedeutung zu. Man wagte darum während des Zweiten

Weltkrieges auch keinen weiteren Versuch, mit ihr allein strategische oder operative Aufgaben zu lösen. Selbst bei der Unterstützung des Heeres und der Marine konnte sie an den großen Brennpunkten nicht mehr die Entscheidung erzwingen. Somit wurde die Begrenztheit der deutschen Macht offenkundig. Die Zeit der Blitzfeldzüge war zu Ende.
Der Aderlaß in der Schlacht um England war nicht wiedergutzumachen. Dennoch warteten auf die Kampfflieger weitere, schwere Aufgaben.
Der Orlog Rußland stand noch bevor. Hitler wollte »Rußland in einem schnellen Feldzug niederwerfen«! —
Am 21. Mai 1941 übernahm Generalfeldmarschall Hugo Sperrle als Chef Luftflotte 3 das Kommando im Westen. Ihm blieben von 44 Kampfgruppen nur noch vier. Die anderen hatten teilweise schon verlegt, um am Balkanfeldzug teilzunehmen oder sie wurden in der Heimat aufgefrischt, um für den Feldzug im Osten bereitzustehen. Der abnutzende Mehrfrontenkrieg stand bevor.

# *Rußland — Der Orlog 1941*

»Unmöglich, wir haben doch ein Bündnis mit den Russen!« — so reagierte General der Flieger Alfred Keller (als »Bombenkeller« den ganz alten, wenigen noch lebenden Angehörigen des Geschwaders aus der Anfangszeit in Faßberg bekannt) auf den Hinweis, Hitler sei entschlossen, die Sowjetunion anzugreifen.

Obwohl der Gegner England noch nicht ausgeschaltet war, glaubte Hitler fest daran, die Sowjetunion in einem Blitzfeldzug besiegen zu können. Auch der amerikanische Kriegsminister und sein Chef des Generalstabes erwarteten einen Feldzug von »mindestens einem und höchstens drei Monaten!« Was Wunder, daß auch viele Deutsche so dachten und die möglichen Folgen außer Acht ließen. Man war gewohnt, zu siegen. Der Balkanfeldzug und das »Unternehmen Merkur«, die Landung auf Kreta waren — trotz hoher Verluste — gelungen. Warum sollte es nicht auch dieses Mal gelingen? Die Vorbereitungen für den Feldzug gegen Sowjetrußland waren länger und komplizierter als vor jedem anderen militärischen Unternehmen des Zweiten Weltkrieges. Die militärischen Planungen des Unternehmens »Barbarossa« — wie der Feldzug gegen Rußland in der Deckbezeichnung genannt wurde — sollten bis Mai 1941 abgeschlossen sein.

Nachdem der Balkanfeldzug die Versammlung um fünf Wochen verzögert hatte, wurde der Angriffstermin auf den 22. Juni 1941 festgelegt. Indessen rollte der Eisenbahntransport seit Januar mit 17 000 Zügen, wozu noch während der letzten Vorbereitungsphase täglich 106 Versorgungszüge kamen. Anfang Mai schlossen bei Nacht größere Verbände gegen die deutsch-sowjetische Demarkationslinie auf. Kräftebewegungen derartigen Ausmaßes konnten den Russen — trotz der guten Tarnung — nicht verborgen bleiben.

Die deutsche Führung war sich des großen Raumes der zweiten Front, in den man vorstoßen sollte, voll bewußt. Zwischen Kaukasus und Weißem Meer klafften 3000 Kilometer, nur unterbrochen von dem ausgedehnten (600 mal 200 Kilometer) unzugänglichem Gebiet der Pripjet-Sümpfe zwischen Minsk und Kiew.

Für militärische Operationen war nur die Zeit von Mai bis Oktober

günstig, vor- und nachher hinderten Schlammperioden größere Bewegungen. Auch die Schwierigkeiten, die mit den langen russischen Wintern verbunden waren, waren keineswegs unbekannt.
Zwischen Ostsee und Karpaten marschierte die deutsche Armee mit insgesamt 145 Divisionen auf, unterstützt von 40 finnischen und rumänischen Divisionen. Ihnen gegenüber lagen 246 sowjetische Divisionen. Den rechten deutschen Flügel bildete die Heeresgruppe Süd (von Rundstedt) mit der 17. Armee (von Stülpnagel), Panzergruppe 1 (von Kleist) und der 6. Armee (von Reichenau), unterstützt von der Luftflotte 4 (Löhr). Anschließend die Heeresgruppe Mitte (von Bock) mit der 4. Armee (von Kluge), Panzergruppe 2 (Guderian), Panzergruppe 3 (Hoth) und 9. Armee (Strauß), unterstützt von der Luftflotte 2 (Keßelring). In Ostpreußen stand die Heeresgruppe Nord (Ritter von Leeb) mit der 16. Armee (Busch), Panzergruppe 4 (von Hoepner) und der 18. Armee (Küchler), unterstützt von der Luftflotte 1 (Keller). Der sowjetische Aufmarsch war im wesentlichen schon am 1. Mai 1941 abgeschlossen!
Die Luftflotte 4 hatte in Rzeszow (Reichshof) bei der Heeresgruppe Süd Gefechtsstand bezogen. Der Luftflotte waren unterstellt:

unmittelbar:

4. (F)/122 mit Ju 88
KGr z.b.V. 50 und 104 mit Ju 52
JG 52 mit Me 109 F

| | |
|---|---|
| V. Fliegerkorps (Ritter von Greim): | IV. Fliegerkorps (Pflugbeil) |
| 4. (F)/121 mit Ju 88 D | 3. (F)/121 mit Ju 88 D |
| KG 51 mit Ju 88 A 4 | KG 27 mit He 111 H |
| KG 54 mit Ju 88 | JG 77 mit Me 109 E |
| KG 55 mit He 111 H 4 — 6 | |
| JG 3 mit Me 109 F | II. Flakkorps (Dessloch) |

Am 31. Mai 1941 kamen Unruhe und Ungewißheit in den für den späteren Osteinsatz vorgesehenen Kampfgeschwadern in Frankreich auf. Vorkommandos wurden gebildet. Die FBK's verluden auf die Bahn, Ziel unbekannt bzw. geheim. Zum ersten Male bekamen die Männer des Bodenpersonals einen Vorgeschmack dessen, was später für Jahre in den Weiten Rußlands zur Tagesordnung gehörte. Fw. Albrecht von der 5. FBK der II. Gruppe schrieb den folgenden Bericht, so ursprünglich wie er es erlebte, nach Beendigung der Verlegung nach Labunie. Der Chronist kürzte nur unwesentlich.

## VERLEGUNG VON CHARTRES NACH LABUNIE

*»Es ist kurz vor Pfingsten, der 31. Mai 1941. Hastiges Arbeiten, Verpacken der Geräte und Ausrüstungsgegenstände des auserwählten Vorkommandos. Die große Frage bei jedem: Wo geht's hin? — Antworten werden laut: nach Spanien, Irak, Kreta, Krakau. — ???*

*Endlich ist es so weit. Bei brütender Hitze setzt sich das Vorkommando unter der Führung des Fw. Reiff und dessen Stellvertreters, Fw. Albrecht, in Bewegung. Die Kolonne besteht aus drei Lkw's, vier »Zwittern«, vier Renault- und sechs Matfordpanzern, sowie den »schnellsten« Fahrzeugen, den zwei Caterpillars. — Nachmittags gegen 16.00 Uhr wird zum letzten Mal im Fliegerhorst Chartres getankt, dann geht's in langsamer Fahrt hinaus — zum Verladebahnhof unserer Garnisonstadt.*

*Hier herrscht ein tolles Treiben. Die 4. F.B.K. ist beim Verladen, hat schon fast sämtliche Fahrzeuge auf den Waggons verankert, aber die stolze 5. Kompanie steht nicht nach.*

*Es gelingt uns sogar, noch früher mit Verladen und Verankern fertig zu werden. Aus diesem Grunde konnten wir zurückfahren, um noch einmal gut »französisch« zu essen. Es gab aber für uns nur eine regelrechte »deutsche« Henkersmahlzeit, bestehend aus: Schweinefleisch, Bratkartoffeln und Gemüse! Ein jeder haute noch einmal nach alter Sitte 'rein, um dafür zu sorgen, daß der Bauch auch seine richtige Schwere hatte. Nach diesem deftigen Essen legten sich die meisten noch einmal auf das Ohr, um etwas vorzuschlafen. Keiner konnte wissen, wie es mit dem Schlaf in Zukunft aussehen mochte.*

*Plötzlich ein schriller Pfiff, dann gellte es durch die Flure: »Vorkommando 'raustreten«. In Eile Koppel um und 'raus zum Lkw. Um 21.45 Uhr setzte sich das Fahrzeug zum Bahnhof in Bewegung. Der letzte Händedruck und Grüße an die noch zurückgebliebenen Kameraden; wir sind allein. — Jeder sucht sich ein Loch zum Reinschlüpfen, die meisten aber bleiben bei ihren Fahrzeugen, und machen die Lagerstätte für die kommende Nacht zurecht. Gegen 23.00 Uhr setzt sich der Zug in Richtung Hauptgeleise in Bewegung. Doch so schnell geht das allerdings auch nicht. Wagenlängen vorwärts, dann auf ein Abstellgleis weit außerhalb Chartres. — Es kommt einem bald so vor, als wären sich die Herren noch nicht im klaren, wohin. — Langes Warten folgt, — ... Keiner schläft, jeder will unbedingt wissen, in welche Richtung der Transport verschleppt wird. Hier und da tönt noch Lachen und munteres Geplauder herüber, Zigaretten glühen in der Dunkelheit, Bierflaschen werden entkorkt und fliegen achtlos auf die Steine, wo sie klirrend zerschellen. — Es wird 1.00 Uhr, also Pfingsten, der erste Feiertag, noch immer Warten. Da, ein Pfiff, ein Ruck — der Zug setzt sich in Bewegung. Langsam gleiten die wohlbekannten Häuser, der Bahnhof von Chartres vorbei. Noch immer grüßt uns die*

*Kathedrale, die im grellen Mondlicht einen herrlichen Anblick bietet. Wohl jeder denkt an die schöne Garnison zurück, die uns nun fast ein Jahr beherbergt hatte, denkt an kleine Neckereien mit schönen Frauen oder gar ans Gruppenkaffee. — Vorbei ist dies nun alles! ...*
*Chartres liegt hinter uns, rechts St. Prest, dort mögen wohl jetzt die Kameraden schlafen — wir rattern in eine unbekannte Welt — ostwärts. — Unaufhörlich geht es weiter in die Nacht, die erste auf Schienen. — Schon sehr früh klettern die ersten Kameraden aus ihrer Vermummung, aus Panzern und Lkw's. Ein kräftiges Strecken, ohne Waschen, dazu evtl. ein warmes Frühstück in Gestalt einer Zigarette, andere nagen an Brot oder Fleischwurst.*
*Erst später, als Lok-Wechsel ist, werden Kaffee empfangen und schnell Gesicht und Hände gewaschen. Die Fahrt geht weiter über Soissons — Laon, durch schöne Wälder, in Richtung Belgien. Gegen Nachmittag des 1. Juni erreichten wir die belgische Grenze. In Hirson Lok-Wechsel und kurze Pause. Sie wird genutzt, um die verschmutzten Hände und Gesichter gründlichst zu waschen.*
*Hier erhielten wir einen beschämenden Eindruck. An sämtlichen Wagen tummeln sich Frauen und Kinder. Sie wollen nur immer dasselbe: Brot! So gut es angeht, wird hier und da ein Stückchen an die Bevölkerung verteilt, die es dankend annimmt. — Dann geht unsere Reise nach Namur, in das Industriegebiet Belgiens. Hier scheint die Not, der Hunger noch viel schlimmer zu sein. Bei der Abfahrt winken uns diese, erst feindlichgesinnten Menschen freundlich zum Abschied zu. Die letzten Bissen unserer Abendmahlzeit werden noch während des Weiterrollens verdrückt.*
*Wieder senkt sich ein herrlicher Abend hernieder. Leichte Nebelschwaden ziehen vorüber, tausend Sterne leuchten herab, der Mond steht als Sichel am Himmel und beleuchtet mit seinem fahlen Schein die Landschaft gespensterhaft. — Kühler wird es, alles rüstet zur Ruhe. Geschäftig wird in den Panzern gearbeitet. Wolldecken werden klargemacht, über den Kopf spannt man sich eine Zeltplane, Liegestühle werden zusammengelegt und verstaut, plötzlich ist alles von Deck verschwunden. — Nachtruhe herrscht beim Vorkommando. — Das Klopfen und Rollen der Räder, dieser eintönige Gesang lullt alle in den Schlaf. —*
*Durch Kälte werden wir plötzlich wieder wach. Der Zug hält. — Keine Einfahrt! — Dem Stande des Transports (auf dem rechten Gleis) und der Signale nach könnten wir uns in Deutschland befinden. — Viel von der Landschaft ist nicht zu sehen, da dicker Nebel jeglichen Blick von der Schönheit des Landes fernhält. Bald könnte es so scheinen, als solle der Landser durch Naturgewalt verhindert werden, zu sehen, wo er steckt. — Der Zug hat endlich Einfahrt. — Aachen Hauptbahnhof lesen wir. — Überall kommt jetzt Bewegung 'rein. Verschlafen reibt sich dieser oder jener die Augen, um besser sehen zu können, doch bei diesem Nebel sind*

*selbst die besten Augen machtlos, da hilft auch das Reiben nichts. — Es ist 06.30 Uhr als wir Aachen erreichen. Wieder wird die Maschine gewechselt. Es ist also der gegebene Augenblick gekommen, um sich für die weitere Fahrt durch unser geliebtes Deutschland fein zu machen. Überall wäscht man sich. An Krähnen, in Schüsseln und Eimern wird Toilette gemacht. —*

*Nur der Bart steht noch fast bei jedem; aber auch der ist bald ab. — Weiter geht die Reise. Unterwegs wird gefrühstückt, Kaffee getrunken, alles ist bei bester Stimmung.*

*Noch immer gibt uns der Nebel keinen Einblick. Doch gegen 09.00 Uhr strahlt blauer Himmel entgegen. — Die letzten Nebelschleier verfliegen wie Wasserdampf. — Fahrt durch Deutschland bei herrlichstem Wetter, am 2. Pfingstfeiertag. —*

*Die schönste aller Landschaften liegt vor uns. Überall herzlicher Empfang. An den Bahnhängen, in den Wiesen, auf Bahnsteigen und aus Fenstern winkt man uns zu. Mit Worten kann nicht wiedergegeben werden, was jeden einzelnen bewegt. — Unbeschreiblich ist der Jubel der Bevölkerung auch auf der weiteren Fahrt durch Groß-Deutschland. Mit Volldampf rollt der etwa 500 m lange Transport weiter, immer weiter gen Osten, durch Neuß, über den Rhein, durch Düsseldorf, wo 'mal wieder längerer Aufenthalt ist und die Kochgeschirre mit einem köstlichen Essen gefüllt werden. Brütende Hitze! In Liegestühlen oder mit offenen Wagentüren der Kraftfahrzeuge geht's weiter, unserem Ziel, noch unbekannt, entgegen.*

*Schöner Hochwald links und rechts. Junge, knusprige Mädels, noch im Begriff, ihre Pfingsttour zu machen, springen hastig die Böschung herab, um uns ein grünes Zweiglein oder nette Wiesenblumen auf die Wagen zu werfen, vielleicht aber auch, um einen lieben Blick von einem der vielen Soldaten aufzufangen, oder aber ein »Frohes Pfingsten — und gute Reise« uns Landsern zuzurufen. Wenn nur mal für kurze Zeit der Zug halten wollte. Er tut uns aber nicht den Gefallen. Er hält nur da, wo nichts los ist. — Hin und wieder trifft es sich aber doch an irgendeinem Bahnhof, daß einige herzliche Worte gewechselt werden können. Da und dort werden Adressen mit dem zarten Geschlecht gewechselt. Es ist also doch Erfolg zu verzeichnen. — Unsere Wagen sind bald mit frischem Grün umkränzt, die Augen können gar nicht alles wahrnehmen, so viel Abwechslung in der Landschaft zieht an ihnen vorüber. — Mettmann kommt in Sicht. Ein Augenpaar mag wohl unverwandt auf ein rotes Dach schauen, wo jetzt gerade der Pfingstkaffee dampft. — Die Heimat von Fw. Reiff! — Kein Aufenthalt — immer weiter rollen wir. — Wuppertal, Hagen, Brilon-Wald bis Holzminden. Ein nettes Städtchen mit reizenden Frauen. Überall das Gleiche. Winken, winken und nochmals dasselbe. Ja, endlich mal wieder längerer Aufenthalt. Schnell waschen, da der Ruß der Lokomotive uns fast zu*

*Schornsteinfegern verwandelt hat. Wir sind wieder Menschen. Am Bahnsteig ereignen sich kleine Annäherungsversuche. Ob sie wohl mit Erfolg enden? ... Dann wird Abendbrot gegessen. Wie üblich bei den meisten eine Verdauungszigarette von den Portionen, da die anderen längst alle sind. Man muß also gut haushalten, sonst reicht man damit nicht weit. Nach dem Maschinenwechsel geht es mit rascher Fahrt in den lauen Abend. Ein Tag geht zu Ende. — Was wird uns der nächste zeigen? — Niemand weiß es, nur ahnen kann man. Noch lange nach Sonnenuntergang sitzt alles an Deck, genießt die herrliche Juniluft. — »Frühling läßt sein blaues Band wieder flattern durch die Lüfte.« — ... Millionen Sterne und die Mondsichel schauen auf uns herab. Hier und da glüht noch eine Zigarette. Es mag wohl fast Mitternacht sein, ehe es in meinem »Simca-Lkw« still wird. Durch das Krummliegen und einen Ruck werden wir beide wach. Ich schaue zur Uhr, 02.30 Uhr. Eine weiche Frauenstimme neben uns sagte: »Guten Morgen, liebe Soldaten.« Mit einem Satz sind wir draußen. Es sind N.S.V.-Schwestern mit Kaffee. An den Wagen wird es laut. Frohes Lachen und herzliche Witze werden gerissen. — Wir sind in Magdeburg! Es ist Fliegeralarm! — Was macht aber uns das aus? — Nichts! Bald »pennt« wieder alles. Erst spät am Morgen werden wir wieder wach. Blauer Himmel strahlt uns entgegen. Die Landschaft zieht vorüber. Eine ziemlich sture Gegend. Links und rechts Birken und kleiner Fichtenwald. Kaum sind Menschen zu sehen. Das macht Verdruß, reizt zum Schlaf. Nur Wenige vom Vorkommando lassen sich auf Deck sehen, die meisten hängen in ihren Nachtlagern. Gegen Mittag verzieht sich aber wieder alles an die herrliche Frühlingsluft. Kein Wölkchen versperrt der brütenden Sonne den Weg zu uns. So weit der Blick reicht — blauer Himmel —. Hier und da ertönt ein Heidelied. Unaufhaltsam rollt und stampft unsere »Festung« (gesichert durch Panzer und MG.'s) weiter, immer weiter, nach Schlesien. Liegnitz ist in Sicht. Ein schönes Städtchen mit freundlichen Leuten. Überall flattern Tüchlein. Nach einem guten Eintopfessen und Wechsel der Maschine geht's lustig weiter. Wieder nimmt uns eine Flachlandschaft mit qualmenden Schornsteinen auf. Bald ist Breslau erreicht. Der Zug rast durch. Schade, denn auf allen Bahnsteigen winken uns 'mal wieder junge Mädels zu. Leider sind wir nur auf der Durchfahrt. — Dienst ist Dienst und Schnaps ist Schnaps. — Wir stecken im Krieg. Nach diesem wird's auch noch Madeln geben — und wir werden auch noch leben. — Rechts grüßt uns Ohlau, der Einsatzhafen der II./55 zu Anfang des Krieges gegen Polen. Noch immer langweilige Landschaft, aber blauer Himmel. —*

*In Brieg, das wir gegen 15.30 Uhr erreichten, ist wieder »Motorenwechsel«. Mit frischer Kraft nach kurzer Rast in das Schwerindustriegebiet Schlesiens. Oppeln wird gestreift, Gleiwitz kommt am späten Nachmittag des 4. Juni in Sicht. Wo man hinsieht, qualmende Kamine, dort werden*

*Kohlen verladen, Förderkörbe rasseln in den dunklen Schacht. — Die ersten polnisch scheinenden Ortsnamen tauchen auf, aber noch sind wir in Deutschland, in Oberschlesiens Waldgebiet. — Bei Ruda wird die Grenze überschritten, d. h. die ehemalige deutsch-polnische. Ein großes Land wurde in 18 Tagen von unserer jungen Wehrmacht niedergerungen. Ehemals gequälte, schikanierte deutsche Menschen jubeln ihren Soldaten in Kattowitz zu. Noch einmal fühlt man so recht die Verbundenheit zwischen der Heimat und uns Soldaten. Mittlerweile ist völlige Finsternis eingetreten. Aus den Schloten der Fabriken sprüht rote Glut, überall fieberhafte Tätigkeit. — Was uns zuerst komisch vorkommt, ist, daß nirgends verdunkelt ist. Daran gewöhnt man sich aber auch sehr schnell.*
*Im Generalgouvernement niedrige Hütten, teils aus Lehm gebaut, Strohdächer, überall auf den weiten, meist unbebauten Flächen, weiden unzählige Kühe. Kleine Hirtenbuben oder Mädels bewachen das Ganze. Hier scheint großes Elend zu herrschen, denn alles fragt nach Brot, häufiger aber noch nach Tabak. — Wir fahren nördlich, erreichen Radom, ein ehemaliges Kampfgebiet. Über die Gegend und über die Schönheit des Landes ist nichts zu sagen. Hier und da ein kleines Bauernhäuschen. Man baut anscheinend so wie es einem — und wo es einem paßt.*
*Es mag 11.00 Uhr vormittags sein, als wir kurz vor Deblin die Weichsel sehen, und zwar zum erstenmal. Ein schöner Fluß, leicht kräuseln sich die Wellen; die Stadt ist erreicht. — Wir sind nicht die einzigen Landser, die auf der Bahn hängen, hier stehen mehrere Transporte, die auf Weiterfahrt warten. — Durch Ruß verdreckt, da kein längerer Aufenthalt in letzter Zeit war, mußte man doch wenigstens hier damit rechnen, sich endlich den Staub abwaschen zu können bzw. was wohl bei manchem noch dringender war, dahin zu gehen, wo sogar ein Kaiser zu Fuß hingeht. In der Soldatensprache heißt es »Bombenwerfen«. Einige, die es wohl gar nicht mehr aushalten können, rennen über Schienen, schon halb die Hose in der Hand, andere stehen am Wasserhahn. — Plötzlich setzt sich der Zug ohne Pfiff in Bewegung. Ich persönlich sprang noch schnell auf einen Wagen, um nicht den »Anschluß zu verpassen«.*
*Noch fehlte aber Uffz. Mengershausen und Obgefr. Multhaup, denen die Sache wohl ziemlich schwer fiel. Alles ruft ihre Namen. Da springt Mengershausen über die Gleise, die Hose noch in der Hand. Alle lachen. In letzter Sekunde noch zurechtgekommen. Kurz danach sehen wir auch Multhaup. Er kann aber unmöglich den letzten Wagen erreichen, da die Lokomotive einen verdammt anständigen Zahn drauflegt. Eine ganze Strecke läuft er neben bzw. hinter uns her, doch der Abstand vergrößert sich mehr und mehr; er gibt es auf. — …*
*Noch einmal überqueren wir die Weichsel. Immer weiter rollt unser Transport. Die Landschaft wird eintöniger. Unerbittlich brennt die Sonne auf uns hernieder. — Auf den Weiden grasen Kühe, Panjewagen mit klei-*

*nen zottigen Pferden bespannt, ziehen über lange, verstaubte Feldwege. — In südöstlicher Richtung geht nun die Sache weiter. Bald ist Pulawy erreicht. Ohne Aufenthalt kommen wir gegen 13.30 Uhr endlich in unserer Endstation an. Lublin! — Noch weiß niemand, was eigentlich los ist. Ruhe herrscht in sämtlichen Wagen, Essen wird ausgegeben, jeder läßt es sich noch mal gut schmecken. Ganz unerwartet kommt plötzlich der Befehl: »Abladen!« Trotz der unheimlichen Hitze wird fieberhaft gearbeitet. Schweißperlen rollen in den Staub, lautes Gehämmer überall, die Verstrebungen werden entfernt, Motoren heulen auf, bald sind die ersten Lkw's und Panzer wieder auf festem Boden. Nach etwa 1 1/2 Stunden ist das Vorkommando startbereit. — Noch steht die Frage offen, »wohin verfrachten sie uns nun?« Auf eine jede Frage gibt es bekanntlich eine Antwort. So auch hier. Unser Ziel soll also Zamosc sein. — Leider wird nun unser Vorkommando getrennt. 1. schnelle Kolonne, die mit der 4. Kompanie zu fahren hat, 2. »Zwitter« und Matford-Panzer bilden die mittlere Kolonne, die Fw. Reiff führte, mit der wohl schönsten, der langsamsten Kolonne wurde der »Dümmste« beauftragt. Dies war ich, Fw. Albrecht. Diese Sippe besteht aus den Renault-Panzern und den Caterpillars. Ich selbst fahre mit dem unverwüstlichen »Simca-Lkw«. — Kurz wird die Fahrstrecke durch Oblt. Baumann bekanntgegeben, dann fällt der Startschuß für das langsame und mittlere »Bärengeschwader«. — Etwa 80 bis 100 km, so heißt es, müssen noch bewältigt werden. Dies kann den alten Kämpfern der »Fünften« kaum etwas ausmachen. Sie sind ja manchen Sturm gewöhnt, kampferprobt. —*

*Die Motoren brummen. Gänge werden reingeworfen, langsam setzt sich das »Geschwader« vom Verladebahnhof Lublin zur Stadt in Bewegung.*

*Staub wirbelt auf, ganz schnell schließe ich die Fenster. Voran die »Matfords« und »Zwitter«, die gleich 'nen anständigen Zahn vorlegen, daß wir nicht mehr mitkommen können. Allein fahren wir durch Lublin. Ein toller Betrieb ist auf den Straßen, alles staunt unsere Fahrzeuge an. — Bald liegt auch Lublin weit hinter uns. Über lange gerade Straßen kriecht unser Verein im Schneckentempo dahin. Jetzt erst sieht man, daß in diesem Bezirk wahnsinnig viel Soldaten liegen. Unaufhörlich brummt eine Kolonne nach der anderen an uns vorbei bzw. kommt aus der Ecke, wo wir noch hinwollen. Staub und noch einmal Staub, nichts zu trinken. Was würde man für ein Fläschchen »Blond« geben, wenn ... — Wir kommen trotz des langsamen Fahrens Kilometer um Kilometer weiter in die Einöde Polens. Vor Piaski steht die Kolonne »Reiff«. Noch einmal werden die Panzer aufgetankt. Da unser Simca nichts benötigt, fahren wir ein Stückchen vor, um die langsamen Fahrzeuge zu erwarten. Unter einem schattigen Baum lassen wir uns nieder. Mittlerweile ist es fast 18.00 Uhr geworden. Da hört man schon von der Ferne das Geratter der »Bärenkolonne« anbrau-*

*sen. Herrlich sieht das aus, wie ruhig und sicher sie da über die Straße, an uns vorbeigleiten. Es ist erst die Kolonne Reiff. Wir sind wieder allein. — . . .*

*Wir warten! Schon sind etwa 15 Minuten vergangen, von den Renault-Panzern weit und breit nichts zu sehen. Also zurück. Ich erkundige mich bei einem Posten. Dieser sagt mir, daß vor einiger Zeit einige Panzer links abgebogen seien — in Richtung Chelm. Das kann ich natürlich nicht glauben. Hatte mich auch nicht geirrt. — Da donnert es schon über das Pflaster der Stadt. Vier Renaults verschaffen sich Platz in dem tollen Betrieb, der dort herrscht. Ich rufe ihnen noch zu: Geradeaus weiterfahren, fahre dann selbst weiter, um die versprengten zwei Caterpillars zu suchen. Nachdem ich aber etwa zehn Kilometer auf der Straße zurückgefahren bin, wird mir das zu dumm. Ich fahre also wieder hinter meiner Kolonne her, die ich dann unter schattigen Bäumen antreffe. Pustend, dampfend steht da ein armer Renault-Panzer. Er verliert kochendes Öl. Der kann wohl nicht mehr, muß also abgeschleppt werden durch die unverwüstlichen Caterpillars, die schon einem Wagen der 4. F.B.K. kurz hinter Lublin aus der Not halfen. —*

*Die Sonne senkt sich langsam blutigrot hinter einen baumlosen Berg. Wir brechen auf in südlicher Richtung. Noch immer überholen uns motorisierte Kolonnen, doch allmählich lassen auch diese nach. Nur ab und zu huscht ein Pkw oder beladener Lkw an uns vorüber. Leise senkt sich die Dunkelheit hernieder. — Noch sind wir nicht am Endziel. Ein weiteres kleines Städtchen wird passiert. Hellerleuchtete Fenster überall, bummelnde Landser und Polen. Ohne Unterbrechung weiter. Jetzt zeigen die letzten drei Panzer, was in ihnen sitzt. Man könnte fast sagen, daß sie es wissen, daß sie bald Ruhe kriegen sollen . . . Die letzten Besatzungen sind: Lkw, Simca = Uffz. Scharfenstein — Fw. Albrecht, Panzer I. Zug: Obgefr. Jenkner — Gefr. Furkel, Panzer II. Zug: Uffz. Kemper — Obergefr. Bock, Panzer III. Zug: Uffz. Gerhards — Gefr. Böhmer. Der Panzer des IV. Zuges mit der Besatzung: Uffz. Möllers — Gefr. Lucha fiel aus.*

*Völlige Dunkelheit herrscht. Es ist bereits 22.00 Uhr, als wir geschlossen das Städtchen Ibica erreichen. Jeder stimmt dafür, daß eine kurze Rast am Platze wäre. Als Führer des kleinen Vereins muß ich mich 'mal umsehen, ob in einer Kneipe etwas zu bekommen ist. Ich habe Glück. In einer netten deutschen Wirtschaft organisiere ich Waschwasser und heißen Tee. Mit sieben Mann also 'rein, ein Mann stand Wache bei den Fahrzeugen. — Man konnte die Panzerfahrer kaum noch erkennen. Gesicht, Hände und Anzug völlig mit Öl und Staub beschmiert. Da tat wenigstens das warme Wasser seine Pflicht. Einigermaßen salonfähig schlürfen wir den Tee, essen dazu jeder ein Ei und Brot. Schon hat der Körper seine alte Kraft wiedergewonnen. — Die Reise konnte also weitergehen.*

*Noch sind etwa 20 km zu bewältigen. Die Scheinwerfer sind auf volle*

*Stärke gestellt. Weit und breit nichts vom Ziel zu sehen. Wir machen ab und zu eine kurze Pause, Zigaretten glühen, Witze werden erzählt. — Dann geht's wieder durch einen Glühstengel gestärkt weiter. Schon ist es Mitternacht vorbei, der 6. Juni 1941 beginnt. Gegen 01.00 Uhr erreichen wir mit unserem Simca die Stadt Zamosc. Wo sollen wir nun hin? Der erste Posten weiß nichts. Also warten wir bis die drei Panzer kommen. Es vergehen wieder lange Minuten des Wartens, der Kopf will nicht mehr, die Augenlider wollen zufallen. Wir müssen aber den neuen Standort noch finden. Endlich gegen 01.30 rollen die Erwarteten an. Kurze Pause, dann mit neuem Mut an die Suche. Endlich bei einem weiteren Posten erfahre ich, daß unsere neue Heimat Labunie sein soll. Noch einmal sind etwa 15 km zu fahren.*

*Unser Benzinvorrat geht bedenklich zur Neige, doch schaffen muß der Wagen es, wenn wir ihn auch noch schieben — bzw. abschleppen müssen. — Ein kleiner Schaden am Panzer des 2. Zuges wird ausgebessert. Wir sind bereits in Labunie und haben es nicht gemerkt. Noch wissen wir nicht, wo es hingeht. Alte Spürnasen finden doch einen Unterschlupf, sogar den richtigen. Im Osten beginnt es schon Tag zu werden; es ist mittlerweile 02.30 Uhr geworden. Was ist nun mit unserem Simca los? Er bockt, er will nicht mehr. Des Rätsels Lösung ist, daß kein Tropfen Benzin mehr drin ist. Zu zweit schieben wir ein kleines Stückchen, doch wird es mit der Zeit zu schwer. Ein Panzer muß uns also die letzten 300 Meter abschleppen. — Wir sind da !! —*

*Hier stehen auch schon unsere »Bärenfahrzeuge«. Baracken wo man hinsieht. Wir fragen bei einem Posten, wo denn das Vorkommando der 5. F.B.K. liegt. Niemand weiß Bescheid. So suchen wir halt noch einmal. Ein altes Sprichwort lautet: Suchet, so werdet ihr finden. So war es auch bei uns. Wir finden sie schlafend an. Sämtliche Betten der Stuben sind allerdings schon belegt, also müssen wir acht Mann uns eine Unterkunft suchen. Überall ist abgeschlossen. — Schon wollen die ersten wieder in den Fahrzeugen pennen, doch da hat einer eine offene Tür entdeckt. Also rein, noch schnell was gegessen und dann auf das ungewohnte Strohlager. Es ist 3 Uhr geworden. Draußen ist es taghell. Das macht aber müden Landsern nichts aus. Wir pennen durch bis 10.00 Uhr. — ... Frisch gestärkt durch den Bärenschlaf stehen wir auf, frühstücken gemeinsam, dann geht's zum Mittagessen, anschließend daran wird nichts mehr getan. —*

*Bald sieht man überall große Wäsche. Ja, auch an das muß man sich hier im Land wieder gewöhnen. Aber einem Soldaten macht das nicht viel aus, sogar einem Feldwebel nicht! Er kann ja auch, wenn es sein muß, die Hausfrau markieren. Abends noch etwas Musik, dann wird es wieder still, mancher wird wohl im Schlaf noch einmal davon geträumt haben, was er vorher selbst miterlebt hat. —*

*Eines steht sicherlich fest: Niemand von unseren 38 Mann Vorkommando wird diese herrliche Fahrt von Chartres nach Labunie vergessen, sie steht wie eingemeißelt im Gedächtnis eines jeden, und oft noch wird in späteren Zeiten der eine oder der andere über diese »Pfingstfahrt« seinen Angehörigen, seinem Mädel und vielleicht seinen Kindern von diesen herrlichen Tagen zu erzählen wissen.«*

Im Raume Zamosc waren Luftwaffen-Baukompanien bereits dabei, aus Äckern und Wiesen Feldflugplätze zu schaffen! Baracken wurden als Unterkünfte gebaut, Splitterschutzgräben ausgehoben und MG-Nester zur Verteidigung wohl plaziert; die Flak richtete ihre Geschützstellungen ein.

Bis zum 16. Juni trafen alle Gruppen und der Geschwaderstab auf ihren neuen Plätzen ein, mit Zwischenhalten in Schlesien (z. B. Gleiwitz), um die letzten Baumaßnahmen noch abzuwarten.

Die fliegenden Besatzungen konnten vor dem Anschweben auf ihre neuen Horste aus der Luft bereits beobachten, was sich tat. In den Wäldern der Aufmarsch der Infanterieeinheiten, Tausende von Panjewagen für den Nachschub. Immer mehr verdichteten sich die Gerüchte, daß ein Angriff auf Rußland bevorstehe.

Am 21. Juni 1941 wurde merkwürdigerweise — probehalber — die Beladung der Maschinen mit Bomben befohlen, der Abladebefehl aber nie erteilt. — Kommodore Benno Kosch, der seit Februar 1941 das Geschwader führte, wies im Laufe des 21. Juni seine Kommandeure und Gruppen-Ia unter strengster Geheimhaltung in die zu erwartenden Einsatzbefehle ein und verteilte die ersten Einsatzkarten und Zielunterlagen. Die Ia-Offiziere, beliebte Nachrichtenquelle für die Truppe, waren an diesem Tage nicht zu sprechen. Ein weiterer Grund, der Unruhe stiftete. Am späten Nachmittag, endlich, Gruppenappelle. Die Gruppenkommandeure gaben die Einsatzbefehle für den kommenden Tag bekannt, dazu Hitlers Aufruf: »Soldaten der Ostfront!« Also, es ging doch gegen Sowjetrußland! Die Spannung löste sich. Das Rätselraten fand ein Ende. Fast routinemäßig wurden Kartenmaterial, Verhaltensrichtlinien gegenüber der russischen und ukrainischen Bevölkerung und kleine Lexika entgegengenommen. Auf den Liegeplätzen herrschte Ruhe, die Maschinen standen vollbeladen für den frühen Morgen einsatzbereit. Das Wetter wird wohl keinen Strich durch die navigatorischen Rechnungen machen. Die Luftwaffe bot insgesamt 1945 Flugzeuge auf. Das waren 61 % des Verfügungsbestandes der Luftwaffe. 1400 Flugzeuge meldete der Quartiermeister am 21. Juni 1941 einsatzbereit (72 %). Das Kampfgeschwader 55 »Greif« konnte, dank der unermüdlichen Arbeit und Einsatzwilligkeit seiner »schwarzen Männer« der FBK's trotz erschwerter, ganz neuer zu bewältigender Bedingungen am Vorabend des entscheidenden Tages melden (He 111 H 4 bzw. H 6):

| Gruppe | Verfügungsbestand | einsatzbereit | in Prozent |
|---|---|---|---|
| Stab | 6 | 6 | 100 % |
| I. | 27 | 27 | 100 % |
| II. | 24 | 22 | 92 % |
| III. | 25 | 24 | 96 % |
| IV.*) | 22 | 9 | 41 % |
| Gesamt | 104 | 88 | 86 % |

* Die IV. Gruppe hatte sicherlich einsatzbereite Kampfflugzeuge an die aktiven Kampfgruppen abgegeben, um deren Klarstände anzuheben. So betrachtet mußte der Gesamtbestand des Geschwaders natürlicherweise absinken.

Dennoch lag der Klarstand des Geschwaders weit über dem der Luftwaffe und deckte sich weitgehend mit den hohen Klarständen der Kampfverbände im Bereich des V. Fliegerkorps.

## DER VORSTOSS IN DIE UKRAINE

Punkt 03.15 Uhr, am Sonntag, dem 22. Juni 1941, begann an einer 1600 km langen Front der Angriff gegen Rußland. Ab 03.00 Uhr saßen die Besatzungen bereits in den Maschinen und ließen die Motoren mit auf- und abklingendem Gebrumm warmlaufen. Die Sonne stieg gerade am Horizont auf. »Haudegen« (VIII. Fl. K.) gab an »Ostmark« (Geschwaderstab KG 55) den Start frei für »Tirol« (I. Gruppe), »Steiermark« (II. Gruppe) und »Kärnten« (III. Gruppe)! Mit Ausgabe dieser und ähnlicher Tarnwörter begann der Angriff zu rollen.
Um 03.05 starteten die Gruppen geschlossen, um zur befohlenen Zeit die Grenze nach Sowjetrußland zu überfliegen. Dichte Staubwolken hüllten die Feldflugplätze nach dem Start der Maschinen ein. Das deutsche Heer rückte aus seinen Bereitstellungen mit endlosen Kolonnen ins Gefecht.
Nach dem »Blitzkrieg«-Konzept wird die deutsche Luftwaffe zunächst versuchen, die Luftherrschaft zu erringen, um dem Heer Handlungsfreiheit zu geben. Für die Kampfverbände hieß das: Flugplatzziele. Dem KG 55 »Greif« waren die Flugplätze Kiew und Lemberg zugewiesen. Im geschlossenen Geschwaderverband wurde dieser Platz aus 4000 m angegriffen. Man vermutete dort --- nach Agentenmeldungen — im übrigen auch das Hauptquartier der Armee Budjenny.
Im Zuge der Schlacht um Lemberg bedrohte aus dem Walde zwischen Brody-Leszniow ein Flankenstoß russischer Panzer die vorstürmenden deutschen Heerestruppen. Hier mußte das KG 55 eingreifen, weil die Lage

für das Heer sehr unübersichtlich geworden war. Der Panzerangriff aus dem Raume Brody konnte durch laufende Kampfeinsätze zerschlagen werden. Die später am Boden gemachten Wirkungsaufnahmen bestätigten die Wucht dieser Bombenangriffe.
Außer der Unterstützung des Heeres beim Vormarsch in die Ukraine, wie bei Tarnopol, den Panzerbereitstellungen bei Toporow, Nachschubkolonnen entlang der Straße Shitomir—Kiew, teilweise bei Nacht, wurden auch Abriegelungsangriffe weit hinter der Front auf die Dnjeprbrücken bei Kiew, Kanew und Tscherkassy durchgeführt.
Dank des schnellen Vorstoßes des Heeres mußte das Geschwader nach Mlynow und Luck-Nord verlegen; im Juli ging es bereits weiter nach Shitomir, von wo aus die Kesselschlacht von Uman (24. Juli bis 8. August 1941) Schwerpunktziel war. Störangriffe auf Goroditsche, Lubny, Poltawa und Kriwojrog, selbst Flugblattabwürfe über Kiew und erste Versuche in der Eisenbahnbekämpfung zählten zum Einsatzspektrum. Tscherkassy fiel am 22. August. Das typische russische Hochdruckwetter begünstigte die Luftwaffeneinsätze. Die Verluste des Geschwaders lagen weit unter denen anderer Kampfgeschwader. Die Kesselschlacht bei Kiew begann.
Mit starken Teilen des Geschwaders wurde zum Unternehmen Moskau auf den Feldflugplatz Bojary verlegt. Der Rest des Geschwaders bezog bereits den neuen Horst bei Kirowograd, wo dann nach Beendigung der Moskaueinsätze verstärkt der sich abzeichnende Kessel von Kiew unterstützt wurde. Außerdem lagen Ziele im Raume Charkow, Krementschug. Am 13. September begann sich der Ring um Kiew zu schließen. Die Panzergruppe 1 (von Kleist) überschritt den Dnjepr. Budjennys Hauptkräfte wurden ostwärts Kiew eingeschlossen. Am 19. September fiel Kiew. 665 000 Gefangene wurden gemacht, 2718 Geschütze und 884 Panzer erbeutet.
Bei Charkow-Bjelgorod zeichnete sich ein neuer Schwerpunkt ab. Wie immer begann die Luftwaffe mit vorbereitenden Angriffen.
Am 2. Oktober kehrte die III. Gruppe aus Wien-Aspern nach der Wiederauffrischung zurück. Gerade rechtzeitig für die erste Schlacht um Charkow.
Das Geschwader machte erste Erfahrungen mit dem Herbstwetter. Regenfälle weichten die Plätze auf. Den 4. Oktober 1941 wird der beliebte Geschwadermeteorologe Friedrich Wobst so schnell nicht vergessen. Zielraum Charkow. In Kirowograd riß um 22.00 Uhr die Wolkendecke auf, 23.45 Uhr plötzlicher Nebeleinbruch, Sichtrückgang von 1 km, 500 m, 200 m auf 30 bis 50 m! Shitomir als Ausweichplatz ging auch zu, Umleitung nach Uman, die Zeit läuft, Uman ging um 04.25 Uhr zu; es blieb nur noch Nikolajew-Ost. Die Besatzungen kannten den Platz nicht und hielten lieber in der Nähe der bekannten Basen. Kirowograd-Ost ging kurzfristig

auf, nichts wie hinein! Es dämmerte schon. Lt. Seib landete in Uman. Lt. Wels im Kanatow, Lt. Klemmer Bruch in Kirowograd. Oblt. Antrup Bruch auf einem Feld bei Uman, Lt. Bliesener Bruch auf der Straße Bialaj-Shitomir. Die letzte Maschine landete nach acht Stunden Flugzeit! Trotz schlechtesten Flugwetters wurde Charkow pausenlos bekämpft. Es fiel am 25. Oktober.

Die Schlacht um die Krim war bereits seit dem 18. Oktober eingeleitet. Angriffe auf Kertsch und Mariupol folgten. Bis auf Sewastopol war die Krim bereits am 27. Oktober 1941 eingenommen worden. Die Einnahme von Moskau gelang den deutschen Truppen jedoch nicht.

Die I. Gruppe wurde zur Wiederauffrischung nach Wien-Aspern herausgelöst. Die Männer konnten bis zum 10. November endlich Urlaub machen, mußten dann aber in Melun-Villaroche, in Frankreich, neue Maschinen übernehmen. Diese Gruppe repräsentierte das KG 55 als einzige ab 1. Januar 1942 zunächst in Kirowograd, später Konotop an der Ostfront, während Geschwaderstab und alle anderen Gruppen bis zum Frühjahr 1942 zur Wiederauffrischung auf Horste in Frankreich verlegten:

| | |
|---|---|
| Geschwaderstab: | Evreux |
| II. Gruppe: | St. André |
| III. Gruppe: | Nantes |

Der Winter brach ein. Die Schlammperiode war endlich zu Ende, man konnte wieder auf den Rollbahnen fahren, wenngleich es auch bitter kalt war. Die Unterkünfte waren mehr als ungemütlich, keine Fenster, keine Heizung, lang anhaltende Schneefälle und Schneestürme verwandelten das Land in eine Schneewüste. Mit klammen Händen wurde der Wartungsdienst durchgeführt. Es fehlte an Winterbekleidung. Die Maschinen wollten nur schwer anspringen, das Kaltstartverfahren klappte nicht immer so, wie es in der LDv nachzulesen war.

Die Operationen des Heeres kamen durch die widrigen Witterungsverhältnisse teilweise ganz zum Erliegen. Die Einnahme Sewastopols wurde daher auf das Jahr 1942 verschoben, trotz der andauernden Flanken-Bedrohung, die von hier für die 11. Armee ausging.

Die Russen landeten im Dezember auf der Krimhalbinsel Kertsch und bildeten bei Feodosia einen Brückenkopf, um Sewastopol zu entsetzen und mit den aus der Festung ausbrechenden Russen die Krim wieder in russische Hand zu bekommen.

Ein jeder war froh, dem harten Winter Rußlands entkommen zu können. Schmunzelnd erinnerte man sich der »Doublette« des Kommandeurs der III. Gruppe, Reichsfreiherr von dem Bongart, der in Kirowograd zuweilen die Einsatz- und Erfolgsmeldungen im Bette entgegennahm, dem einzigen Ort, wo Leib und Seele warmzuhalten waren!

So stand man wieder einmal an der Lagerstadt des »Fürsten«. Das Einglas ins Auge geklemmt, verfolgte er den Bericht auf einer leicht zerknitterten Karte. Plötzlich reckte er sich hoch, legte Schweigen gebietend den Finger auf den Mund, riß mit einer lautlosen Bewegung die Pistole unter dem Kopfkissen hervor. —

Der Atem stockte. Sollte der »Alte« zuviel gekriegt haben? Da ballerte er schon los: »Rumms — Rumms!« Von der Decke rieselte der Putz. Pulverdampf mischte sich in die Rauchkringel der freiherrlichen Zigarette. Hinter dem blitzenden Monokel funkelte das Scharfschützenauge des deutschen Meisters im Tontaubenschießen, und dann stellte er mit jenem, oft kopierten aber nie erreichten Tonfall hochadliger Gardeoffiziere Seiner Majestät fest:

»Äh — jetroffen — eine Doublette! Unteroffizier holen Sie mal her!« Die Doublette waren zwei ausgewachsene Ratten, die respektlos im Kommandeurzimmer die dienstlichen Vorgänge durch ihr fürwitziges Erscheinen störten. Sie sahen nicht schön aus, die beiden Biester. Sie waren mit präzisen Blattschüssen gestreckt worden.

Der »Alte« war selig, seine Old-Shatterhandgleiche Schießkunst den jungen Fliegern wieder einmal demonstriert zu haben. Er hat sich über diese Doublette mehr gefreut, als über die Bomben, die bei Waluiki einen Spritzug hochjagten. Gönnerhaft hielt er sein kronengeschmücktes Zigarettenetui hin: »Äh, nehmen Sie 'ne Zigarette auf den Schreck«, lächelte er verschmitzt aus den hundert Fältchen seines Gesichtes. Und solches Angebot kam bei ihm schon der Verleihung des Anhängers zur Frontflugspange gleich. —

Bevor das Geschwader, frisch gestärkt in der Etappe, zu neuen Einsätzen gen Osten verlegte, vergingen fast fünf Monate.

## MOSKAU

Am 19. Juli 1941 wurde mit der »Führerweisung Nr. 33: Fortführung des Krieges im Osten« unter Ziffer 3 befohlen:

»3. Für die Luftwaffe kommt es darauf an, bei Freiwerden von Kräften in der Mitte der Front den Angriff der Südostfront durch Einsatz von Flieger- und Flakkräften, gegebenenfalls unter baldiger Heranführung von Verstärkungen oder entsprechender Umgruppierung, schwerpunktmäßig zu unterstützen.
Der Angriff auf Moskau mit Kampfkräften der Luftflotte 2, vorübergehend verstärkt durch Kampfkräfte aus dem Westen, ist als »Vergeltung für die sowjetrussischen Angriffe gegen Bukarest und Helsinki« so bald als möglich zu führen ...«

Das Kampfgeschwader 55 zog auf dem Feldflugplatz Bojary, zwischen Minsk und Dünaburg gelegen, in einer Kampfgruppe unter Führung des Gruppenkommandeurs OTL Kühl, ca. 35 Maschinen zusammen. Diese

Kampfgruppe wurde der Luftflotte 2 (Keßelring) für den Einsatz direkt unterstellt, während der Geschwaderstab in Shitomir bei der Luftflotte 4 (Löhr) mit den restlichen Staffeln verblieb. Während der Überführungsflüge über die Pripjetsümpfe am 20. Juli 1941 erlebte man die Natur in einer Ursprünglichkeit und Schönheit, die mit nichts vergleichbar war.
Im Feldfliegerhorst Bojary war die Betreuung durch die Luftflotte 2 hervorragend.
Für den Angriff auf Moskau standen bereit:
KG 3 und KG 54 mit Ju 88, KG 53 und KG 55 mit He 111 sowie KG 27, KGr. 100 und III./KG 26 mit Ju 88.
Sie sollten die russische Hauptstadt bombardieren.
Weil bekannt war, daß auf der direkten Linie Bojary—Smolensk—Moskau in Dorogobusch schwere Flak stand, wurde für den Anflug auf Moskau ein Knick nach Süden befohlen.
Vor einem der ersten Einsätze saß Oblt. Harms, Staffelkapitän und erfahrener Flieger der 4. Staffel, neben seinem Kommandeur in der Abenddämmerung des 21. Juli 1941 und sagte: »Ich habe heute abend einen Abschiedsbrief an meine Eltern geschrieben, darf ich Dir ihn zu treuen Händen übergeben?« Der Kommandeur meinte: »Du bist ja verrückt!« — So weit von der Wahrheit war der Kommandeur mit seiner Meinung über seinen Kameraden gar nicht entfernt. Aber Harms, der den Ehrgeiz hatte, als erster Bomben auf den Kreml zu werfen, mißachtete den befohlenen Anflugweg und nahm den direkten Kurs auf den Kreml über Dorogobusch — und wurde abgeschossen.
Am 21. Juli 1941, um 19.47 Uhr, hob das Geschwader zum ersten Mal mit 35 Maschinen gegen Moskau zum Feindflug ab. Die Luftflotte hatte aufgrund von Fernaufklärungen darauf hingewiesen, daß starke Flak- und Scheinwerfertätigkeit im Zielgebiet zu erwarten sei.
Alle warfen gut. Das Regierungsviertel brannte, der Kreml brannte nicht. OTL Kühl kurvte noch ruhig über eine halbe Stunde lang über dem Kreml in 1500 m, um die Zielwirkung nach dem Angriff zu beobachten. Kein Scheinwerfer, nur eine sogenannte »rote Maus«, ein Vierlings-MG, schoß aus dem Kreml in die Luft, sonst nichts. So lange über dem Ziel halten zu können, war dank der hellen Sommernächte, wie sie für den Norden typisch sind, möglich. Nach der Landung Meldung beim II. Fliegerkorps (General Loerzer). Dort wurde lapidar festgestellt: »Die Luftbildaufnahmen haben keinen Erfolg der Angriffe auf den Kreml gezeigt!« Der Kommandeur hingegen: »Ich habe doch die Würfe persönlich mitgemacht und in der Luft festgestellt, daß sie auch auf dem Kreml lagen.« Der Ia des II. Fliegerkorps, Oberst v. Cramon: »Ich war Luftattaché in Moskau, und ich weiß, daß der Kreml mit so dicken Dachziegeln aus dem 17. Jahrhundert zugedeckt ist, daß da keine Brandbombe durchgeht.« Keiner glaubte das, auch nicht der Kommandeur der »Greifen«.

Dieser erste Einsatz auf den Kreml und alle weiteren auf Punktziele mit Brandbomben erschienen allen langsam lächerlich. Später wurden dann noch aus 5500 m Höhe Brandbomben auf ein großes Flugzeugwerk im Osten von Moskau geworfen, im Ansatz von Osten, von der Straße von Kasan her. Nur zwei Reihen zündeten und verursachten Feuer. Brandbomben »purzeln« eben in der Luft und können schon aus mittleren Höhen nicht mehr gezielt geworfen werden. —
Die Ballonabwehr über Moskau war gefährlich. Die Ballone stiegen dank feinster Stahlseile bis auf 5000 m Höhe, eine Höhe, die selbst die Engländer 1941 über London nur mit Doppelballonen erreichten. Später störten auch eine Fülle von Scheinwerfern und schließlich auch ganz primitive Nachtjäger, die mit blendenden Scheinwerfern ihr »Wild« suchten. Das machte auf die Kampfflieger einen fast rührenden Eindruck. In der Nacht vom 10. auf 11. August wurde der letzte Angriff gegen Moskau geflogen. Die Luftoffensive gegen Moskau schlief ein und versandete. Elf Gruppeneinsätze und kein Verlust.
Im übrigen ist es eine geschichtliche Lüge, wenn während und nach dem Kriege der Angriff auf Moskau mit knapp 200 Kampfflugzeugen zum Terrorangriff hochstilisiert wurde.
200 Kampfflugzeuge, die Bahnhöfen und einem Flugzeugwerk im Osten der Stadt galten, konnten einer Viermillionenstadt, weiß Gott, nichts anhaben.

Moskau war für die teilnehmenden »Greifen« nur

— ein Ziel, das in der Großmannsucht der obersten Führung viel zu früh und noch mit ungenügenden Kräften angegriffen worden war;
— ein großes fliegerisches Erlebnis mit der Schönheit sommerlicher Nächte und
— schneidiger, aber erfolgloser russischer Nachtjäger, die mit primitivsten Mitteln kämpfen mußten;
— ein außerordentliches Erleben kameradschaftlicher Verbundenheit in spartanischer Zeltlagergemeinschaft in der Sumpfgegend von Bojary.

Das Leben einer Kampfgruppe beschrieb Fw. Josef Luxenburger in seinem »Bojary-Büchlein«. Es wurde zur Erinnerung dieser Einsätze um Moskau im Felde gedruckt und möge, nur mit ganz geringen Kürzungen, Teil der Chronik des Geschwaders sein, weil es in ursprünglicher, frischer und ganz unmittelbarer Art sehr intim darüber berichtet, wie es im Feldlager einer Kampfgruppe zuging:

## SONDERUNTERNEHMEN »M« (MOSKAU)

Die Tätigkeit des Frontsoldaten im Erdkampf ist stets eingelenkt und eingeengt in den Rahmen des Kampfauftrages seiner Einheit. Er sieht wohl den Erfolg und verfolgt den Verlauf der Bewegungen nach Maß und Zeit. Doch es fehlt die Einsichtnahme in das große Vorgehen und Zusammenwirken aller eingesetzten Kräfte. Der Einsatz des Kampffliegers richtet sich nicht allein gegen die Front, sondern geht über sie hinweg weitreichend in das feindliche Hinterland. Die vorbereitenden Angriffe, das Zusammenwirken und -gehen in fortschreitenden Operationen, die ständige Unterrichtung und Einsichtnahme in den Frontverlauf, alle diese Feststellungen formen sich vor dem Auge des Kampffliegers zu einem Bild und weiten seinen Blick über das eigene Erleben hinaus. Ist es darum nicht verwunderlich, daß wir glaubten, der Zeitpunkt sei nahe, zu dem Moskau in einen günstigen Wirkungsbereich unserer Kampfflugzeuge gerückt sei?
Es sprach sich bald etwas bei uns herum. In Nachteinsätzen sollte es auf Moskau gehen. Eine Verlegung nach dem Norden stehe bevor. Nur ein Teil der Besatzungen und des Bodenpersonals sollte mitverlegen. Man vermutete, kombinierte, versuchte mehr zu erfahren.
Um die Mittagsstunde wurde in Mlynow gestartet. Der Stab landete mit drei Besatzungen — von denen nur zwei eingesetzt wurden — in Bojary, halbwegs zwischen Minsk und Dünaburg. Nach und nach kamen im Laufe des 20. Juli die restlichen Maschinen der Staffeln an.
Uns erwartete keine feste Unterkunft. Auf dem Rollfeld und in den angrenzenden Weizenfeldern begann ein lebhaftes Arbeiten. Zelte wurden aufgebaut. Besatzungsweise, nach kameradschaftlichem Zusammenfinden oder einzeln wurde in den Spitzzelten englischer Herkunft Wohnung bezogen. Zwischendurch sah man ein nach alter Soldatenart aufgebautes Viererzelt oder ein in Frankreich erstandenes Wohnzelt. ...
Die erste und dritte Gruppe unseres Geschwaders stellten gleichfalls — wenn auch nur für kurze Zeit — Besatzungen und Maschinen zum Einsatz gegen Moskau ab. Zusammengefaßt unter dem Befehl unseres Gruppenkommandeurs, Major Kühl, war das Sonderunternehmen »M«, KG 55, dem zweiten Fliegerkorps unter General Loerzer zugeteilt; darüber hinaus der Luftflotte 2 des Generalfeldmarschalls Keßelring unterstellt. Unseren und den Einsatz der anderen Verbände leitete der Reichsmarschall persönlich.
Unsere Hauptaufgabe war es, in nächtlichen Einsätzen besondere Ziele in der Stadt Moskau anzugreifen. Daneben wurde in Tageseinsätzen das Vorgehen des Heeres unterstützt, feindliche Bereitstellungen und Batteriestellungen zerschlagen und Truppenbewegungen auf Eisenbahnen und Straßen auseinandergeworfen und vernichtet.
In Dämmerungsangriffen wurden die wichtigen Eisenbahnknotenpunkte Brjansk und Orel angegriffen. Hier stauten sich nicht nur die Truppentransporte, die aus ihren Reservestellungen zur Front geworfen werden sollten, hier lagerten und warteten lebenswichtige Erzeugnisse der Industrie und Ernährungswirtschaft auf ihren Weitertransport. Über Orel und Brjansk werden die Eisenbahnladungen vom Schwarzen Meer nach dem Norden und nach Moskau geleitet.
Zur Abend- und Morgendämmerung sah uns Unetscha. Bomben fielen auf Gleisanlagen, wo Zug hinter Zug stand. Treffer zeigten das große Nachschublager und die Bahnhofsgebäude.
Wohin der weitreichende Arm unserer Artillerie nicht wirkte, deckten unsere Bomben mit größerer Wucht die hindernden Verstecke des Feindes ein. Bei Tage wurde die Stadt Dorogobusch mit Bomben belegt. Starke Feindkräfte hatten sich

hier festgesetzt. Für die Kameraden des Heeres, die vor der Stadt standen, war unser Eingreifen eine wesentliche Hilfe. Zum anderen Mal wurden Kolonnen, die sich aus der Stadt nach Osten zurückziehen wollten, bei Angriffen auf die rückwärtigen Straßen gefaßt. Vor Rogatschew, wo gutgetarnte Batteriestellungen in Waldstücken standen, brachten unsere Bomben den Gegner zum Schweigen. Später schlugen die Pilze aus Feuer, Stahl und Erde zwischen Batteriestellungen auf, die den Vormarsch unserer Truppen bei Jelnja zu hemmen versuchten.
Wie bei den vorausgegangenen Dämmerungsangriffen, so zeigten Brandbombenfelder auch bei Toropez den nachfolgenden Besatzungen den Ort ihres Angriffes. Der Bahnhof war das nördlichste Ziel in diesem Kampfabschnitt. Zu dunkler Nachtstunde wurden Störungsangriffe auf die Stadt Gomel geflogen. Zweimal belud das Bombenpersonal in zwei aufeinanderfolgenden Nächten die Schächte mit ihren Lasten. Der Auftrag befahl, feindliche Verbindungs- und Aufmarschstraßen zu zerreißen, um damit dem Feinde die Möglichkeit zu nehmen, Kräfte nach dem eingehenden Hilferuf einzusetzen. Der Feind darf nicht zur Ruhe kommen.
Lichtbilder, die unsere Arbeit bestätigten, zeigten bereits nach der ersten Nacht, wie verheerend Stadt und Straßen getroffen worden waren.
Meist herrschte herrliches Wetter bei Tag. Die warme Sonne ließ — wenn auch am späten Vormittag — die Schläfer aus den Zelten kriechen. Seit Stunden war das technische Personal zum Wartungsdienst an den Maschinen.
Bald sah man nur noch braungebrannte Gestalten, von Sonne und frischer Luft gestrafft in unserem Kreise. Raubte die Bräunierung auch manchem Bleichgesicht kostbare Stunden der Ruhe, so fühlte sich niemand ernstlich krank. Nur der Onkel Doktor hatte wieder Gelegenheit, seine Anwesenheit mit der Ausgabe einer Tube Salbe zu unterstreichen.

## NERVENSACHE! GESPRÄCH MIT LUFTPARK MINSK:

*»... Hier TO., KG. 55 bleiben, Sie aus der Leitung ...«*

Ein Wohnzelt steht zwischen anderen Zelten. Was an ihm auffällt, ist ein Kasten, zu dem viele Drähte laufen und ein Feldfernsprecher am Eingang.
Ein Mann schreitet mit ruhigen Schritten zum Kurbelkasten. Er legt den Hörer ans Ohr. Nachdenklich. Die Kurbel dreht sich — normal.
»KG 55 — Geben Sie mir bitte Feuerzauber IV!«
Eine Stimme. — Vermutlich sagt sie: Ich verbinde.
Ein Soldat geht vorbei. Er grüßt stramm. Ruhiger Gegengruß.
»Feuerzauber, geben Sie mir bitte Abteilung I T.O. —
ja, I T.O.«
Er richtet sich auf. Sein Blick wird aufmerksamer.
»Hier Oberleutnant Koller, T.O., KG 55. Heil Hitler! Ich wollte wegen der Herbeischaffung der Landeklappen ... — Pause — »so so, ausgezeichnet. Ich werde sofort zum Luftpark Minsk rufen. Besten Dank. Heil Hitler!«
Er blickte zufrieden auf. Dreht nochmals die Kurbel. Kniet sich vor den Fernsprecher.
»Geben Sie mir Luftpark Minsk ...«
»Vermittlung! Geben Sie mir Luftpark Minsk!«
»... was, versuchen zu verbinden?«
Er spricht lauter: »Minsk, — ja, geben Sie mir Luftpark Minsk ...

Luftpark Minsk ... — (lauter) — Luftpark Minsk ... ja, Mensch, Luftpark Minsk!«
»Ist dort Luftpark? ... Nein, Luftpark! ... Luftpark will ich ...!«
Die Hühner treten erschreckt beiseite. Nur die Gänse recken neugierig den Hals.
Mit Lautstärke fünf: »Ist dort Luftpark Minsk? Gott sei Dank! Hier Oberleutnant Koller, T.O., KG 55, Bojary. Können Sie mir bis ... (hört) Können Sie mir bis morgen ... (drückt den Zeigefinger ans Ohr) ... Was können Sie? ... Was soll ich? — Ach so, leiser reden?«
Die Lautstärke wird zurückgenommen. Er beugt sich tiefer. Der Kopf hängt über dem Feldfernsprecher 33. Der Finger drückt fester gegen das Ohr.
Luftpark Minsk! Können Sie mir bis morgen zwei Landeklappen ... nein, Landeklappen ... Lan — de — klap — pen ... Lande ... — gehen Sie aus der Leitung! — nein ... — ja, wir sprechen noch ...«
(Wie ein letzter Schrei nach einem dahinschwindenden Rettungsgürtel) — »... Minsk ... Luftpark Minsk! — Horstvermittlung, Horstvermittlung, trennen Sie nicht, trennen Sie nicht« (Summen im Hörer)« ... Mensch, bleiben Sie aus der Leitung ... Miiiiiinsk ... Luftpa ... (hört) Luft ... (hört) ... Lu ...«
Er wirft sich auf den Rücken. Öffnet den Mund. — Sagt nichts. Springt auf. Ergreift die Kurbel und dreht, dreht — Er kommt auf Touren. Der Apparat springt mit. Den Hörer ergreift er. Die Haare fallen ihm in die Stirn.
Ein Landser kommt heran. Verduftet sich. Er hört. Ruft mit 110 Prozent: »Soll ich mich hier totkurbeln?« Keine Antwort.
Er beruhigt sich langsam.
»Minsk... — hören Sie ... Aaaaaah ... Aaaaah ... Jetzt platzt mir doch der Papierkragen ...
Er ringt nach Worten.
»Hier T.O. KG 55 ... bleiben Sie aus der Leitung!«
Es geht nicht mehr. Die Erlösung kommt. »... Dummes Volk ...!«
Bruch! — Der Hörer liegt. Der Mann steht auf. Langsam blickt er um sich. Schüttelt den Kopf. Müde geht er zu seinem Zelt.
— — — —
So war das nicht nur einmal.
Herr Oberleutnant: nach dem wievielten Anruf mit Abkühlung, Pause und unergründlichem Nachdenken kam die Verbindung zustande?
Nervensache! —

## CHRONIK DER »MOSKOWITER«

Als Kommandeur führte Major Ernst K ü h l den Verband. Zwischen seinem Namen und seinem Wesen trieb die Natur ein launisches Spiel. Wir kennen ihn bei allem Ernst- und Kühlsein nur als den Vorgesetzten, der jederzeit Frohsinn und Anteilnahme zeigte.
Rein äußerlich sahen wir ihn täglich in seiner ganzen Bescheidenheit: in Badehose, angekratztem Schlafanzug oder Hose mit Hemd ohne Schlips. Die Tageszeit und Wetterlage bestimmte den Anzug. Zur Mittagszeit wurde zum leichten Nickerchen, mit der Decke unter dem Arm und vielleicht noch einem Bericht in der Hand, ein schattiges Plätzchen hinter Zelt- oder Bretterwand aufgesucht.
Einmal zwang ihn ein Unwetter, das sein Wohnzelt zur Zeltruine machte, eine Rolle aus dem »Vetter aus Dingsda« zu spielen. Mit Badehose und Ledermantel bekleidet, suchte er als armer Wandergesell eine neue Unterkunft. Verlassen und

dem Regen preisgegeben standen seine Koffer- und Kleidersäcke schutzlos zwischen den Zelten. Nur die Namensschilder schrien jeden Vorübergehenden an und ließen wissen, daß hier einst eine Herrlichkeit aufgebaut war. Der Wetterfrosch nahm ihn auf, bis die feste Bretterbude zu sicherem Wohnen eingerichtet war.

Oftmals zog er in ganz unkommandeurlichem Tempo — bei der Maschine drückt man das mit 1,25 Ladedruck und 2400 Touren aus — allein oder in Rotte durch die Zeltreihe. Wie ein geölter Blitz sauste die Begleitung in der 180-Grad-Kurve um die Kommandeursachse, um links angekommen, nochmals den Weg anzutreten.

Eines Tages stand Generalfeldmarschall Keßelring unvermittelt in unserem Lager. Kein Mensch war auf seine Ankunft vorbereitet. In Tagesbestzeit warf sich der Kommandeur in seinen Anzug. Drei Mann leisteten dabei Hilfestellung. Einer schob die Schuhe über die Füße, der andere schob die Jacke über die Arme und oben am Hals versuchte der dritte den Kragenknopf zielsicher in sein Loch zu treiben. Der Feldmarschall war jedenfalls zufrieden, als die Meldung erstattet wurde.

Jeden Nachteinsatz auf Moskau flog Major Kühl selbst mit. Darüber hinaus warf er auch bei Tage seine Bomben in die feindlichen Stellungen und Kolonnen. Stunden vor dem Einsatz beschäftigte er sich damit herauszufinden, wie mit geringstem Maschinen- und Personaleinsatz die besten Angriffsmöglichkeiten und Erfolge erreichbar werden. Er legte Angriffszeit, Anflugrichtung und Bombenart fest, unter Berücksichtigung des Wetters, Windes, der Tages- oder Nachtzeit, des Mondstandes und anderer Gegebenheiten. So vorbereitet, mußte die Gruppe mit bestmöglicher Genauigkeit ihre Ziele finden und treffen. Mochte die Flak noch so gut schießen, der Aufenthalt über dem Zielraum noch so aufregend sein, er warf nicht früher seine Bomben ab, bis er mit größter Genauigkeit das Ziel im Visier hatte. Und dann verharrte er so lange, bis er die Trefferlage einwandfrei festgestellt und darüber hinaus andere Beobachtungen in seinem Zielbild eingeordnet hatte.

Bis in die späte Nacht oder zur frühen Morgenstunde nahm er die Erfolgsmeldungen der Kommandanten entgegen, um von der Wirkung des Angriffes ein klares Bild zu formen, das bei nächster Gelegenheit durch die Bildaufklärung der Fernaufklärer seine Bestätigung fand. Wo Arbeit ist mit Hingabe, Beharrlichkeit und Begeisterung, dort ist auch Erfolg.

Der Schatten des Kommandeurs ist sein Adjutant. Sein Haupt steckt immer voller Gedanken über noch zu lösende Aufgaben. Oberleutnant Mylius erinnert mit seinem Namen an etwas Klassisches. Die Erscheinung nicht weniger. Nur die Badehose, die er in Bojary trug, paßte nicht recht als Rahmen. Neben seiner Adjutantentätigkeit führt er noch den Stab. Damit hat er also die unbezahlte Stellung eines Stabschefs.

In ruhiger Nachtstunde, wenn nicht der Lärm der Motoren die Luft erfüllte, fand man nach einigem Stolpern zielsicher sein Zelt, ging man nur der Stimme des Rufers in der Dunkelheit nach: »Hier Oberleutnant Mylius ... (und dann kam es hundertmal) jawollll, ... jawollll, ... jawoll ...«

Ein gewöhnlicher Sterblicher kann nur erahnen, welche Arbeit der T.O. einer Kampfgruppe zu bewältigen hat. Maschinen, Ersatzteile und Arbeitskräfte hat er herbeizuschaffen. Vom frühen Morgen bis zur späten Nachtstunde sah man Oberleutnant Koller bei seiner Tätigkeit als T.O. des Sonderunternehmens »M«. Er war bei den Maschinen, besprach sich mit seinen Oberwerkmeistern, telefonierte um Ersatzteile und flog selbst zum Nachschublager. Bei den Besprechungen, die dem Einsatz vorangehen, und bei den Erfolgsmeldungen war er da, um sofort dort einzugreifen, wo Mängel abgestellt und Änderungen vorgenommen

werden mußten. Seiner Arbeit und Energie ist der größtmögliche Einsatz von Maschinen zu verdanken.
War er nicht als Flugzeugführer des Kommandeurs zum Nachteinsatz über Moskau gewesen, dann sah ihn der junge Tag mit Pinsel, »Schaber« und einigen Schnittwunden hinter dem Spiegel sitzen.
Nach den ersten Sonnenbädern bat er inständig um Hautcreme. Alles Einreiben half nichts mehr. Die alte Pelle, die mit viel Weh eine leichte Bräunierung angenommen hatte, ging doch ab. Seine Gestalt bewegte er dabei mit hängenden Schultern, ohne das Haupt zu drehen, mit elastischem Zehengang durch das Gelände.
Ein Moskauflug wird ihm und der ganzen Kommandeursbesatzung in Erinnerung bleiben. Beim Flug unter den Wolken fingen die Scheinwerfer die Maschine in ihre Arme ein und ließen sie trotz aller gewandten Ausreißversuche nicht mehr los. Nachdem der Flaksegen heil überstanden war, hing sich ein Nachtjäger in mehrmaligem Angriff hinter den Vogel, um ihn doch noch zu fassen. Ohne Schaden brachte Oberleutnant Koller Besatzung und Maschine nach Bojary zurück.
Wäre Oberarzt Dr. Glenk ein Preuße, hieße er sicherlich Gelenk. Aber in Bayern »soagn ma net Gescherter, — sondern Gscherter — Bazi — Gscherter.« Er heilt die Genesenden, tröstete die Sonnenverbrannten und — impfte, impfte, impfte. Jedem ging er mit Strichliste und Spritze nach. Als uns Feldmarschall Keßelring besuchte, veranstaltete er ein Schauimpfen!
Für uns tat er aber noch viel mehr. Ehrenhalber versah er das Amt eines Fleischbeschauers. Auf die Landstraße ging er und brachte am Abend Bekleidungsstücke, Rauchwaren und Seelenwärmer heim.
Nur mit Unsicherheit betrat er sein Wohnzelt. Täglich stürzte ein Giebel ein und allabendlich hörte man den Doktor neue Pfähle einrammen. Seine Ruhe war groß. Spürbar seine Sorge um unser leibliches Wohlergehen.
Inspektor Ament war nur zeitweilig in unserem Kreise. Mit ihm rollten meist Berge von Schokomilch, Keks und anderen guten Sachen an. Der Wurm soll aus seinen Kisten Sachen gefressen haben. Von uns hat bestimmt keiner Wurm gespielt.
Der Ia, Lt Otter, kam später in Bojary an. Er durfte alle Freuden des Lagerlebens restlos auskosten. Gewissenhaft holte er alles — vom Zeltaufbau bis zum Sonnenbrand — nach. Wahrscheinlich hatte die Sonne seinem Körper etwas angetan, denn man sah seinen Rücken nur noch mit einem Handtuch überdacht.
Der Ia hat wenig spektakuläre Arbeit zu verrichten, die dennoch für die Planung auf unterer Ebene und vorallem höheren Orts unentbehrlich ist. Vor dem Einsatz besorgt er all die nötigen kartographischen Unterlagen, und wenn Kameraden müde vom Flug zurückkehren, bleiben ihm die Erfolgsmeldungen zur Erledigung überlassen. Neben dieser Tätigkeit blieb dennoch Zeit zum Fliegen und ein kleiner Rest Freizeit übrig.
Aus dem Stadium des Bordfunker-Embryos gut herausgestiegen, schwang sich Lt Meyerringh gleich in den Schaukelsitz des Bordfunkers. Mit seinem Einsatz als Bordfunker wurde ihm gleichzeitig das Kommando über die »Heckenschützen« und die hinteren »Schlafkabinen« übertragen.
Während er für gewöhnlich und am Boden Führer seines Nachrichtenzuges ist, wird er in der Maschine mit zunehmender Flughöhe höherer Nachrichtenführer. Das sind so kleine Bordfunkerfreuden, die restlos ausgekostet sein wollen, zumal nach der Landung wieder Schranken gesetzt sind.
Die alten Bordfunker werden zittrig und freuen sich, auch einmal einen Offizier in ihrem Funkturm zu wissen.

OFw Koitzsch. Fritze ist Berliner. »Dat wollt ich Sie gleich sagen.« Seine große Leidenschaft ist das Fischefangen. Leider waren in den Gewässern um Bojary keine Fischbestände aufzutreiben. Dafür strich er mit der Schrotflinte durch die Sümpfe und Büsche. Trotz stundenlangem Umherstrolchen kam keine Wildente vor den Lauf.
Aufs Braten versteht er sich ganz ausgezeichnet. Stundenlang schmorte er die Schweineschnitzel. Und wir haben sie gegessen. Doch das nur, um ihm mit neuem Braten eine neue Freude zu bereiten.
Kann der gewöhnliche Mensch bei Regenschauer und nassem Brennstoff kein Feuer entfachen, dann hilft er sich mit einer Brandbombe. Er trägt sie stets und in Mengen dort mit sich herum, wo andere Leute das Taschenmesser hervorziehen. Bomber in jeder Lage!
Welch' lange Figur unter dem schwarzen Kittel steckt, merkt man erst, wenn ihn etwas umgelegt hat. Im Stehen scheint er anderthalbstöckig. Ohne ihm mit seinen Schweineschnitzeln wäre uns Bojary nicht in so schmackhafter Erinnerung.
OFw Hörstemeier. Wie der Name sagt, haben seine Ahnen in grauer Vorzeit Horste bemeiert. Der jüngste Funke der Alten fand sich wieder auf einem Horste ein. Indes nicht um ihn zu bewirtschaften, sondern um auf ihm eine Maschine zu beuhrmachern.
Als größtes Erbgut seiner Vorfahren brachte er einen unbestechlichen Aberglauben mit. Mußte doch auf sein Drängen die »Berta-Cäsar« auf »Cäsar-Cäsar« umbeschriftet werden. Der »Berta-Cäsar« konnte man tatsächlich Pech nachsagen, während ihn die »Cäsar-Cäsar« von jedem Feindflug heil nach Hause brachte.
Zeitweise steckte der Wurm in seinem Magen. Das unfreudige Magenwirken drückte sich im Gesicht mit wehleidenden Zügen aus. Eine andere Art der Auswirkungen war die, daß der Mann in sich gerade mit leichter Einbiegung in der Magengegend auf dem Bauche lag.
Der Körperteil, der bei der Biene Hinterleib heißt, hing bei ihm oftmals am Tage mit großer Beständigkeit über der Latte. Der alte Westfale bewahrte trotz aller Ungewöhnlichkeiten seine althergebrachte Ruhe.
Fw Lipp. Die ersten Tage in Bojary erlebte er nicht mit. Seine Verwundung hielt ihn noch zurück. Sobald es wieder ging, war er da. Mit Major Kühl und den alten Besatzungsgeistern flog er einige Einsätze nach Moskau und die Einsätze zur Unterstützung der im Erdkampf stehenden Truppe.
Das »Verteidigungsministerium« lag in seiner Hand. Die Splittergräben, die er ausheben ließ, waren dazu da, um nicht benutzt zu werden, bei Regenwetter neu zu versanden, nachtwandelnde Gestalten aufs Gesicht zu legen, herbeigeschaffte, wildgewordene Schweine bis zu ihrem Ableben zu beherbergen und der Baukompanie die Möglichkeit zu bieten, ihre Daseinsberechtigung zu beweisen.
Bojary wird ihm insofern in steter Erinnerung bleiben, als er hier seine Ernennung zum Offiziersanwärter (KOA) erfuhr.
Über sich selbst soll man nichts schreiben. Fw Luxenburger stellt sich darum so vor, wie er allgemein in Bojary auffiel:
Schmales Hemd, Funker beim Kommandeur, Inländer, Lagerfeuerverbreiter und gemeinnütziger Marketenderwarenverteiler. Der Verteilerschlüssel blieb geheim. Schlechte Menschen behaupten, sein Lebendgewicht sei doch nicht größer geworden. Hat sonst jemand was dazu zu sagen?
»Icke« ist im Goldenen Buch der alten Bordmechaniker als Feldwebel Schütt eingetragen. In seiner Werkzeugkiste hat er den Schmiernippel für die Kommandeurmaschine.
Nach einigen Moskauflügen fuhr er nach Berlin und später nach Italien zur Teilüberholung. Die Stahlseile der Moskauer Sperrballone hatten anscheinend doch seine Nervenstränge belastet. Sogar sein Bäuchlein, das bescheiden hervorzu-

quellen begann, hatte etwas Einbuße erlitten. Nun sammelt er lebende Fettmarken für die kalten Wintertage auf seine Rippen. Icke, laß Dir nicht zuviel veräppeln!
Nach dem Fluge war er stets die beste Erfolgsmeldungsstatistik, weil sein erfahrenes Auge sicher und bestimmt den Flug, Bombenwurf und Erfolg aufgenommen und registriert hatte.
Wer das Lied vom Schiffer, der zum Schiffen wollte, noch nicht kennt, der erfrage es sich bei unserem S c h i f f e r . Er ist allerdings großdeutscher Feldwebel. Zur Fliegerei in die Waffe zog es ihn. Seine ganze Kraft war damit nicht restlos angespannt. Er widmete sich weiter dem Studium der Funkerei. Lange bevor er diese erste Dummheit beging — er heiratet später —, absolvierte er die Bordfunkeruniversität in Halle.
Im Kreise der fliegenden Junggesellen ist er der einzige treusorgende Papa. Er sorgte aber auch für uns in der Weise, daß er ab und zu einige Gänse besorgte oder ein Kalb über das Rollfeld trieb.
Erst bewohnte er mit seinem Bordwart Hörstemeier und Flugzeugführer Weyer ein zusammengeknöpftes Achterzelt. Eine kleine Sintflut, die mit nassen Zungen an seinem Nachthemd leckte, weckte ihn und seine Genossen, während andere Leute bereits des Schimpfens über diesen Regen müde waren. Ein neues englisches Spitzzelt wurde aufgestellt und zum bequemeren Wohnen eingerichtet. Nennt man den Pinn, der in die Erde gesteckt das Spannseil zum Zeltdach festhält, Häring, so müßte man vergleichsweise den Klotz, den Schiffer zum Verankern seines Zeltes in den Boden rammte, Walfisch nennen. Manche nachtwandelnde Gestalt blieb an den hohen Spannseilen hängen und meckerte noch über komische Bauweisen, als die Füße sich schon in den Seilen des nächsten Zeltes verfingen.
Fw H e i n t z war der helfende Geist beim Abwickeln des Papierkrieges. Sah man ihn nicht mit Duldermiene hinter der Maschine beim Tippen, so trug er Karten zur Besprechung und sortierte Luftbilder. Mit steter Ruhe nahm er die Telefongespräche an, schrieb für den Ia, den TO und wußte Bescheid über die Verpflegungsstärke, den nächsten Einsatz und was tätige Menschen nicht sonst alles wissen wollen. Er war Kanzleivorsteher, Abteilungsleiter, Schreiber, Gedächtnisstütze, Aktenständer und Papierkorb.
Ohne ihn wäre die Gruppe ohne Schreiber nichts Rechtes gewesen.
Die Ersten Warte haben ständig zu arbeiten. Nach dem Flug werden die Motoren nachgesehen, gelockerte Schrauben angezogen, Splinte und Sicherungen jeder Art überprüft. Die Maschine muß mit der nötigen Brennstoffmenge betankt werden, Öl ist nachzufüllen und die Motoren haben auf Lauf abgehört zu werden.
Die Tätigkeit in Sonne, Regen und frischer Luft bringt einen anständigen Hunger mit sich.
Besonders schmackhaft fand Uffz S c h m i t t , Adolf, das Knäckebrot. Bei Schweineschmalz und Knäckebrot hielt er es lange aus. Wie Querschläger surrten die harten Splitter des abgebrochenen Brotes durch das Zelt. Seit Jahren wartet er die »Anton-Cäsar« des Kommandeurs.
Viel Mühe brachte Uffz S c h i n d h e l m die »Cäsar-Cäsar«. Ein Motor, der einmal in Flammen gehüllt war, wollte nicht mehr so recht. Alles Doktoren half nichts.
Zum Schluß mußte er doch herausgerissen und durch einen neuen ersetzt werden.
Mit dieser Arbeit war er noch beschäftigt, als die Gruppe wieder nach Shitomir verlegte.
Bei Tageseinsätzen flogen die Heckschützen mit. Es beruhigt jedes Besatzungsmitglied gewaltig, hinter den Fenstern ein Augenpaar zu wissen, das nur nach

einem Angreifer Ausschau hält, und auch mit zielsicherer Hand Angriffe abzuwehren weiß.
In der »Cäsar-Cäsar« flog Uffz Meier als Heckschütze. Im Glanze der neuen Tressen, stellte er sich zum Monatswechsel als frischgebackener Unteroffizier vor. Seine zweite Aufgabe bestand darin, den Stab mit der nötigen Kost zu betreuen. Vor seinem Zelt stauten sich am Abend die Portionenempfänger. Mit aufgerollten Hemdsärmeln nahm Meier die Verteilung vor. Weiter bemühte er sich, mit Maschine und Schere dem Haarwuchs zu wehren. Er war der »etatmäßige« Stabsfriseur. Zwischendurch war er mit dabei, wenn es galt, der hungrigen Truppe Frischfleisch zu verschaffen. Mit Seil oder bloßen Händen fing er seine Beute. Hinter Bombenkisten wartete dann ein totgehetztes Schweinchen auf seine letzte Stunde.
OGefr Bledau flog in der »Otto-Cäsar« als Heckschütze. Zu Anfang war er nicht bei uns. Über seine Ankunft kann man die Worte setzen: er kam, wurde gesehen und mußte putzen. Was man als Putzer alles zu erledigen und zu besorgen hat, das wußte er bald.
Mit dem Namen des OGefr Huber wird jeder Bojaryfahrer an Schweineschlachten, Rinderbraten und Gänserupfen erinnert. Zur Hauptsache wollte er die Bordwaffen instand halten.
Das Schlachten nahm seine Gedanken und Zeit oftmals so in Anspruch, daß er eine andere Aufgabe vergaß. Diese Aufgabe bestand darin, für den Kommandeur Abendbrot bereitzustellen und andere kleine Dienstverpflichtungen zu erfüllen. So kam es, daß Major Kühl die Gastfreundlichkeit seiner Soldaten annehmen mußte. Diese freuten sich gewiß, ihn einmal bewirten zu dürfen.
Doch änderte sich dies, als Bledau später zu vollen Diensten stand. Unvergeßlich wird für viele das Bild sein, das sich einmal beim Schweineschlachten bot. Ein Schwein wurde zwischen den Bombenkisten herausgezogen. Das Tier war ziemlich jung. Huber nahm das Tier beim Ohr, hob den Kopf etwas an und ließ mit elegantem Schwung einen Holzhammer auf die Stirne des Tieres niedergehen.
Betäubt fiel es regungslos auf die Seite. Seelenruhig und ohne Hast ging Huber zu seinem Zelt, suchte nach seinem Messer und kam nach einer Weile wieder. Das Schweinchen lag noch immer, schon unwahrscheinlich lange Zeit regungslos auf dem Boden. Huber kam zum Betäubten zurück, hob ein Vorderbein hoch und schabte pikfein eine Stelle am Hals von Haaren frei. Dann erst stach er zu.
Als Bordwart unserer Reservemaschine war Gefr Grün nach Bojary gekommen. Da seine Maschine nicht zum Einsatz kam, war er an allen Stellen hilfreich zur Hand. Meist war er als Mitarbeiter des »Wirtschaftsministeriums« unter Uffz Meier mit der Verpflegung beschäftigt. Es gab auch viele Arbeiten, die nicht allgemein in Erscheinung traten. Sie warteten auch auf Erledigung.
Besondere Mühe machte schon bei Gelegenheit ein Schwein, das sich selbständig machen wollte. Nach langem Jagen und Rennen durch Kornfelder und Wiesen mußte der Ausreißer wieder eingeholt werden. So leicht läßt sich ein Tier, das um sein Leben rennt, nicht einfangen. Oftmals ging es in wildem Zickzackkurs mit Hinlegen und Stolpern über Zeltleinen und Stöcke kreuzweise durch die Zeltreihe. Jeder wollte mithelfen und dem Tier den Weg verlegen. Der glitschige Boden warf den einen und den anderen der wilden Läufer hin und verhalf zu kräftigen Rutschern über Hose und Ellenbogen. Von derart aufregenden Minuten kann Grün erzählen.
Um allen vorliegenden Schreibarbeiten nachzukommen, wurden Uffz Krause und OGefr Mentzinger nachgeholt. Sie arbeiteten mehr ohne große Einsichtnahme der Zelteinwohner. Stundenlang schrieben sie an Berichten. Bis zu ihrer Ankunft hatten sich die Gedanken, die in Berichten niedergelegt werden sollten, zu übersprudelnder Fülle angesammelt.

Liegeplatz in Labunie bei Zamosc in Polen.

Hanna Reitsch mit Kommodore OTL Kosch im Juli 1941.

22. Juni 1941, 0305 Uhr, die erste Einsatzwelle gegen Rußland.

Ein umgepflügter russischer Feldflugplatz aus der Luft ...

... und schwerste Verluste für die sowjetische Luftwaffe.

Flakvolltreffer über Lemberg am 27. Juni 1941. Die Besatzung Ofw Gründer von der 7./KG 55 in der G1 + FR ist vermißt.

Flugplatz Mlynow vom KG 55 angegriffen und später belegt. A: Flugfeld mit 25 russischen Jägern; B: 100 Lkw und Pkw; C: Unterkunft; gestrichelt: Bombentrefferlagen.

Russische Panzer im Walde bei Brody.

So sah es nach der Kesselschlacht bei Kiew aus.

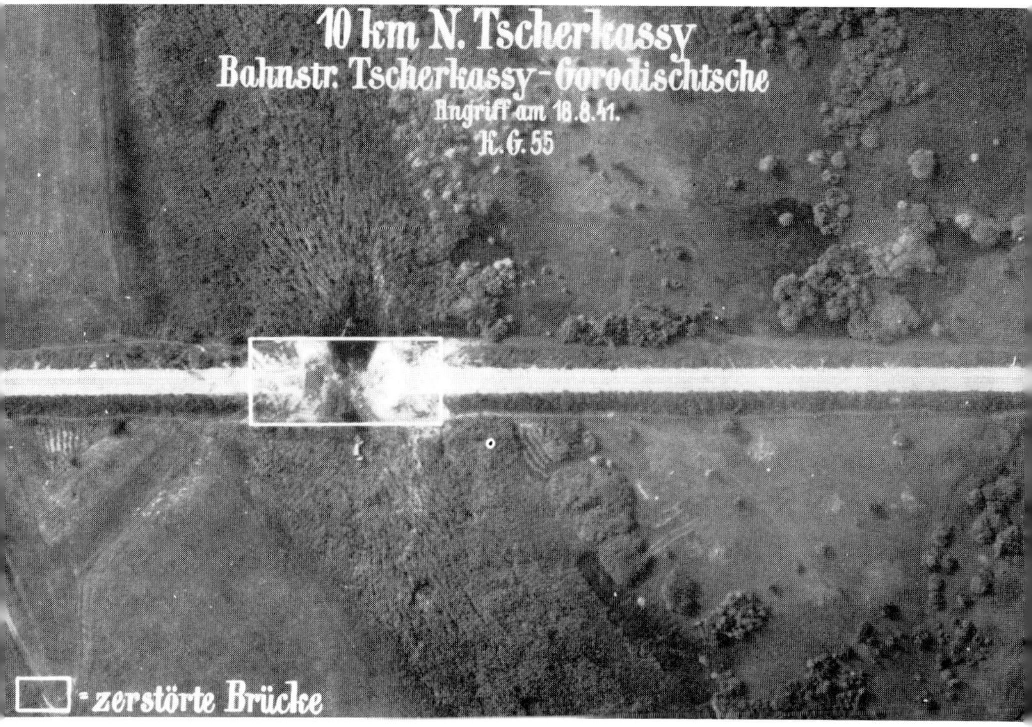


Dieser Treffer saß!

Russische Kriegsgefangene bei Kirowograd.

Von den Sowjets für deutsche Kriegsgefangene gebautes Lager. Ein Bild, das Millionen von deutschen »Plennies« nach 1945 vertraut werden sollte.

Morgenwäsche in Bojary, Sommer 1941. V. l.: Kühl, Antrup, Mylius.

Hoher Besuch in Bojary. V. l.: Mylius, Veith, GFM Kesselr Kühl.

Männer der Ln-Kp reparieren ein Funkgerät im Felde.

Im Schein einer »Ölfunzel« wurden die Einsatzpläne für die Angriffe auf Moskau vorbereitet.

Auch Gen.Oberst von Richthofen läßt sich von Kdore Oberst Kosch (r.) die Lage vortragen.

Um das Kriegserleben in Wort und Bild festzuhalten und der Mitwelt anteilnehmend zu berichten, waren die Kriegsberichter mit uns gezogen. Uffz Loos hielt das Lagerleben mit seiner Filmkamera fest. Die Aufnahmen, die er beim ersten Moskauflug aus der Wanne der »Anton-Cäsar« drehte, waren, wie das OKW anerkennend mitteilte, die besten ihrer Art. Bereits in den nächsten Wochenschauen konnte das deutsche Volk von der Leinwand der Lichtspielhäuser eine kleine, begrenzte Einsicht nehmen in das Wirken seiner fliegenden Soldaten. Er opferte manche freie Stunde, um mit seiner Arbeit in der Dunkelkammer die Filme bereitzustellen.
Mit Schreibmaschine und Papier kam Gefr Strobel als Berichter den fliegenden Besatzungen nach. Seine Berichte gingen über den Dienstweg zu den Redaktionen der deutschen Zeitungen. Diese Berichte sind im folgenden Text festgehalten.
Im Bemühen nach packender Darstellung des Miterlebten saß er weltabgewandt hinter seiner Schreibmaschine auf einem Brett. Oder er schritt in Gedanken versunken durch das Ährenfeld zu seinem Zelt und zurück zu irgendeinem Punkt, der ihm etwas Besonderes einzugeben schien. Meist konnte er ja aus eigenem Erleben berichten. Sein Flugbuch zeugt davon.
Auf einmal waren auch die Prüfer da. Oberprüfer Degenhardt baute kunstgerecht nach den stehenden Vorbildern sein Zelt auf. Mehr noch. Es wurden gleich zwei aufgestellt. Vor dem Wohnzelt entstand noch etwas Eigenes, mit Sonnendach und Regenrinne.
Unter dem Sonnendach richtete sich Prüfmeister Fuchs Schreibzimmer und Eßzimmer ein.
Mit dem Erstehen eines großen Rundzeltes wurde diese Herrlichkeit abgebrochen. Mit Prüfmeister Greiner, dem dritten im Bunde, wurde in kurzer Zeit eine sachlich und fachlich einwandfreie Wohnung zusammengezimmert. Der Boden war mit Sperrholzplatten ausgelegt; um die Zeltstange baute sich ein Tisch auf und unten am Innenrand des Zeltes lehnten sich die Betten an die nächsten Wind-Ein- und Abzugskanäle an. Auf luftige Körbchen war also großer Wert gelegt. Sorgende Familienväter haben die Pflicht, in bevölkerungspolitischer Weitsicht ihren Körper der Familie gesund zu halten.
Einer wurde nicht vergessen, sondern bewußt herausgestellt, wie seine Beförderung das notwendig macht. Lt Weyer erfuhr in Bojary seine Beförderung zum Offizier. Dem nichtsahnenden Feldwebelherzen war leicht mulmig zumute, als der Adjutant zur Meldung im Dienstanzug Befehl gab. In allen Schuldregistern wurde nachgeprüft, was denn nun vorliege. Nach leichtem Bangemachen seitens der Herrn Offiziere kam der erhebende Augenblick, in dem die erwarteten Schulterstücke auf die Schulter geheftet werden konnten.
Abschließen kann man die Chronik der Moskowiter nicht, ohne der Kameraden zu gedenken, die lange Zeit in unserem Kreise lebten, ohne zum Stab zu gehören. Mit unserer Verlegung nach Shitomir traten sie zu ihrer Einheit, der 6. Staffel, zurück. Das unglückliche Kriegsgeschick ließ sie nicht lange im alten Kameradenkreis leben. Während dieser Bericht zusammengestellt wurde, starteten sie zum Feindflug und kehrten nicht zurück.
Feldwebel Franke war so lange als Flugzeugführer in der Kommandeursbesatzung, bis er durch den alten Flugzeugführer Lipp abgelöst wurde. Franke führte in Nachtangriffen die Maschine über Moskau und in Tageinsätzen gegen andere Ziele.
Feldwebel Wurm kam als Bordwart für den Erholung suchenden Bordwart des Kommandeurs zu dessen Besatzung. In vielen Einsätzen tat er seine Pflicht. Feldwebel Franke und Wurm, die vordem viele Einsätze zusammengeflogen sind, blieben vor dem Feind.

## RUSSISCHES RÜCKZUGSKONZEPT VERPFUSCHT, EINE KAMPFGRUPPE ZERSTÖRT BAHNHOF TOROPEZ

Bojary, 4. August 1941

Die ersten Kampfflugzeuge der Gruppe stürmten schon über den feindlichen Linien dem Tagesziel entgegen, als der Fliegerschütze der »Anton-Cäsar« die Bodenklappe hinter sich zuschlug. Bald werden die vorausfliegenden Kameraden über dem Bahnhof sein und das Hauptobjekt unseres Angriffes mit Spreng- und Brandbomben heimsuchen. — »Wir können Toropez leicht finden«, sagt der Beobachter Leutnant Otter, zu Feldwebel Lipp, der zum ersten Mal wieder nach seiner Verwundung den Steuerknüppel mit ruhiger, sicherer Hand umfaßt, »unsere Brandbomben werden gleich ein gehöriges Feuer da drüben entfachen!«

Als letztes Flugzeug der Gruppe erhebt sich unsere He 111 in den abendlichen Dämmerschein. Und indem wir höher ziehen, »bemogeln« wir den roten Sonnenball noch um einige Minuten seines weichen Lichts, bevor er in den westlichen Kornfeldern und Wäldern endgültig versinkt.

Es ist Nacht geworden. Tiefer Friede scheint über dem Land zu liegen, das von zahlreichen Seen durchsetzt ist. Aber wir wissen, daß alles unter uns im Zeichen des siegreichen deutschen Schwertes steht und daß dieses Schwert jetzt wohl im Schein des Mondes für neue Taten »geschliffen« wird. Mit Freude und einem stillen Glückwunsch für die Kameraden des Heeres stellen wir immer fest, wie die Front weiter nach vorn getragen wird: in breiter Linie sehen wir vor uns einzelne große Brandfackeln auf der Erde stehen. Spuren des Kampfes! Brennende Befestigungen vielleicht, die vor wenigen Stunden im Sturm genommen sein mögen, die Panzerwagen, denen Pak-Volltreffer den Garaus machten.

Wir befinden uns über feindlichem Raum, halten Ausschau nach bolschewistischen Jägern. Nichts zu sehen. Dafür hält uns jetzt der brandrote Klecks in Bann, der direkt voraus auftaucht. Das Ziel. Erst ganz klein, dann von Sekunde zu Sekunde größer werdend, erkennen wir das Flammenmeer Toropez. Immer wieder zucken aus ihm neue Blitze hoch. Das sind die schweren Kaliber unserer Kampfflugzeuge, die das Bild der Verwüstung noch schauerlicher gestalten. Das sind die zahllosen Brandbomben, deren Feuer wild um sich lecken. Gut gemacht, Kameraden!

Nun ist die Reihe an uns. Ein ganzer Gürtel von Scheinwerfern empfängt die He am Südwestrand der Stadt. Mittlere und schwere Flak wird unangefochten durchflogen. Wir befinden uns in unmittelbarer Nähe von Toropez und können im Schein der Brände alles deutlich erkennen. Dort im Nordwesten am Rand einer Häusergruppe zieht sich der Bahnhof hin, der in hellen Flammen steht. Die vier Züge mit den je 20 Wagen sind teilweise schon zerstört, der Bahnkörper aufgerissen.

Jetzt fällt auch unser schweres Kaliber und gleich hinterher flattert der ganze Bestand an Brandbomben in die Tiefe. Neues, größer werdendes Verderben verbreiten sie dort, wo die Zerstörung für die Sowjets schon groß genug ist. Eine riesige Rauchwolke steht über dem Inferno. Unter ihr wüten mindestens ein Dutzend großer Brände und unzählige kleinere Feuer. In letzter Verzweiflung arbeiten jetzt wohl die Kanoniere an ihren Flakgeschützen. Ihr Schießen ist ziel- und planlos.

Früher oder später werden sie ihre Geschütze verlassen müssen, genau wie die anderen roten Einheiten, die die Stadt auf die Dauer vergeblich zu verteidigen suchen. Aber das Rückzugskonzept ist ihnen von der deutschen Luftwaffe erheblich verpfuscht worden: die gesamten Bahnhofsanlagen sind zerstört.

Die Roten werden sich jetzt unseren angreifenden Erdtruppen zum Kampf stellen müssen, ob sie wollen oder nicht!

# MIT DER ERSTEN WELLE ÜBER MOSKAU

Starke Flaksperre durchbrochen — Eine halbe Stunde lang im roten Hexenkessel — Schwere Kaliber und Brandbomben in Industrie- und Versorgungsbetriebe.

Bojary, 6. August 1941

Der einzelne rote Bomber, der in der vergangenen Nacht die »Courage« hatte, über die Fronten vorzustoßen, um im Licht des Vollmondes unseren Feldflughafen zu suchen, hatte wenig Glück mit seinem Unternehmen. Er müßte schon die Kaltblütigkeit, Herz und Können unserer Kampfflieger haben, die ihre eiserne Fracht überlegter und »nutzbringender« anbringen als dieser. Das kann er sich von den Moskauern erzählen lassen, die heute wieder eine ihrer gewohnten Nächte erlebten.

Völlig unbehelligt von den roten Bomben, die mit ihrer Explosion in einem weitabgelegenen Kornfeld höchstens die Brotrationen der eigenen Landsleute kürzen, waren die He 111 unserer Gruppe wie immer startklar, um zusammen mit anderen Verbänden wieder eine jener großen Vernichtungswellen über das politische Zentrum der Sowjetunion zu tragen.

Wir sind heute nacht bei der ersten Welle mit dabei. Der Kreml und Rußlands große Rüstungsindustrie wird nach Einbruch der Nacht unsere Gruppe als Auftakt des rollenden Einsatzes zu spüren bekommen. Wir folgten mit unserer »Cäsar-Cäsar« und dem Adjutanten des Gruppenkommandeurs, OLt Mylius, als Beobachter dem Kurs bereits gestarteter Flugzeuge des Verbandes.

Ob wir alle gute Zielsicht haben werden? Uns alle bewegt diese Frage. Denn als wir über Beresina und den Dnjepr vorstoßen und schließlich Smolensk erreichen, wird die Wolkendecke immer dichter und dichter. Gerade können wir noch durch einige Lücken das gewohnte Bild erkennen: eine weite Brandlinie zieht wie ein geschwungenes Band unter uns weg. Dann steigt der Heinkel-Bomber in die bizarre Gebirgswelt des Äthers, wie ein verwegener Gipfelstürmer erklettert er die weißen Wolkenberge, die sich vor uns auftürmen. Ein Bild, wie ich es bisher nur auf den Drei- und Viertausendern der Alpen schaute.

Bald müssen wir über dem befohlenen Kampfraum sein. Das Begrüßungsfeuer empfängt uns wie gewohnt schon 20 bis 25 Minuten vorher aus irgendwelchen vorgelagerten Batterien. Scheinwerfer greifen mit langen, weißen Armen in die Nacht. Sie bleiben meist als kreisrunde, schimmernde Flecken in den Wolkenbänken hängen, die sich von Minute zu Minute mehr lichten.

»Da vorn liegt Moskau«, läßt der Flugzeugführer jetzt im FT. vernehmen und macht uns auf das schwarze Loch aufmerksam, auf das er die »Cäsar« zuhält. Unser »Wetterfrosch« hat also wieder recht gehabt, als er gute Sicht prophezeite.

Gerade fliegen wir den noch etwas wolkenverschwommenen Rand des dunklen Kessels Moskau an, da flammt es da drunten aus dutzenden millionenkerziger Lichtquellen auf. Scheinwerfer spinnen die rote Zentrale in ein riesengroßes Netz, in das sich unsere brave He verfangen soll. Für Sekundenbruchteile beleckt das weiße Licht in unruhigem Suchen den Bomberbauch, kann ihn aber nicht festhalten. Aus unzähligen Flakschlünden schießen die roten Kanoniere einen eisernen Sperrvorhang. Egal! Wir durchstoßen ihn! Jetzt sind wir über dem Weichbild der Stadt. Nur wenige deutsche Kampfmaschinen können bisher dagewesen sein, denn wir gehören ja zur ersten Welle. Trotzdem hat Moskau schon heftige Schläge abbekommen. Drei große Brandbombenfelder sind die Wirkung erst eines kleinen Teiles der Spreng- und Brandbomben, die zu zehntausenden im Laufe der Nacht noch fallen sollen. In einem dieser Felder wüten vier, sechs,

ja acht Großbrände. Dort haben die ersten schweren Kaliber gesessen. Volltreffer im Brennpunkt der Flugzeugindustrie und in Versorgungsbetrieben.
An den beiden großen Schlingen der Moskawa, die aus dem Südwesten bis an den Stadtkern heranreichen, können wir uns gut orientieren. Wir wissen, wo der Kreml liegt, wir werden das in der Flugbesprechung angewiesene Ziel finden. Auch wenn wir über dem Hexenkessel sind, aus dem die Flakblitze speien und Scheinwerferarme nervös herumfuchteln. Deutsche Kampfflieger lassen sich selbst im stärksten Inferno nicht aus der Ruhe bringen. Sie werfen im gezielten Wurf. So kreisen wir, sehen Sperrballone wie große schwarze Spuks blitzschnell an uns vorüberhuschen, beobachten Brand- und Sprengbombeneinschläge anderer deutscher Kampfflugzeuge, die sich im Luftraum Moskaus befinden, bis OLt Mylius sein Ziel genau im Visier hat. Jetzt fällt auch unser schweres Kaliber und gleich hinterher folgen die Brandbomben, um neue Zerstörungen zu verursachen.
Unser Werk ist getan. Trotz der jetzt schon sichtbaren verheerenden Wirkung — nur ein kleiner Teil dessen, was noch folgen wird. Wir drehen ab auf Heimatkurs, müssen aber nochmals die starke Flaksperre durchbrechen, die uns, vielleicht aber auch schon den nächsten deutschen Bomberwellen gilt.

Kriegsberichter Alfred Strobel

## BAHNHOF UNETSCHA

Bojary, 16. August 1941

Nach einem heißen Tag schickt sich die Sonne an, als glutroter Ball in das westliche Kornfeld hinabzusteigen. In emsiger Arbeit haben Bodenmannschaften schwere und mittlere Bombenkaliber in den Heinkel-Kampfflugzeugen untergebracht. Schon singen die Jumo-Motoren ihr brausendes Lied über den Feldflughafen. Wir sind fertig zum ersten Start. Fliegen kurz darauf in die von Osten heraufziehende Dämmerung. Eine Kette hinter der anderen. Ein majestätisches Bild der Wucht und Siegesgewißheit rings um uns her. Noch hängen die schweren Kaliber unter den Rümpfen, wartend, bis sie ausgelöst werden. Bald wird es so weit sein, denn eine Stunde liegt seit dem Start schon zurück. Gleich muß das Ziel auftauchen, über dem sich ein dünner Wolkenschleier ausbreitet.
»Wir bleiben unter der Wolkengrenze«, wendet sich der Gruppenkommandeur, Major Kühl, an den Flugzeugführer, Feldwebel Lipp, der schon das Ziel erkennt: die vorausfliegende Kette hat mit Brandbomben bereits die ersten Brände entfacht. Es ist nur noch eine Frage weniger Minuten, bis die Nacht endgültig Herrschaft über die Dämmerung gewonnen hat. Aber immer noch spähen Funker, Feldwebel Luxenburger, Bordmechaniker Feldwebel Wurm und Fliegerschütze Gefr Strobel nach drohender Jägergefahr. Denn gelegentlich pirschen sich einige Rata-Flieger auch in der Dunkelheit an deutsche Bomber heran.
Zehn Minuten später etwa sind wir als zweite Kette über Unetscha. Im Licht zweier großer Brandbombenfelder erkennen wir den Schienenstrang, der aus dem Südwesten in den Bahnhof führt. Ein großes Gebäude ist deutlich auszumachen. Gerade lecken die ersten Flammen an ihm hoch. Und dort, wo der östliche Arm eines südlich anschließenden Gleisdreiecks in die Hauptverkehrslinie einmündet, sehen wir auch die acht großen Nachschublagerhallen, die unser Ziel sind. Unruhig greifen Scheinwerfer in die Nacht, um die nun aufgelöst fliegenden He 111 in ihre Fangarme zu bekommen. Während unsere »Anton-Cäsar« nach dem ersten Anflug noch eine Runde dreht und wir die Einschläge anderer Bomben beobachten können, entfacht die schwere Flak ein wildes Feuer. Die Sprengwolken liegen nicht schlecht, aber Feldwebel Lipp steuert seelenruhig zum zweiten Mal das Ziel an.

»Noch eine Kleinigkeit mehr links«, korrigierte Major Kühl jetzt den Anflug, indem er mit prüfendem Auge über dem Zielgerät liegt. Jetzt fallen die Bomben, schlagen aufblitzend dort ein, wo die Kameraden anderer Besatzungen das Zerstörungswerk schon begonnen haben. Dann drehen wir ab, um bei der anschließenden dritten Runde uns den Schaden zu besehen.
Äußerst hartnäckig verfolgt uns ein Scheinwerfer, der die »Anton-Cäsar« eingefangen hat und dem Fliegerschützen die Sicht nimmt. Den packt die Wut. Mit einigen Feuerstößen aus seinem MG macht er den Scheinwerfermann unsicher. Er verliert uns, und im gleichen Augenblick sind wir aus dem Lichtkegel heraus.

## IM MORGENGRAUEN WIEDER ÜBER UNETSCHA

Wenige Stunden nur dauert die Nachtruhe, denn im Morgengrauen will die Gruppe wieder über Unetscha sein, um das Vernichtungswerk zu vollenden. Diesmal sind russische Jäger mobil gemacht worden, die den deutschen Angriff stören sollen. Mehrere Male setzen sie sich in allerdings respektvoller Entfernung hinter die Heinkel-Maschinen. Mit einigen Trommeln aus dem MG werden sie schließlich endgültig abgewiesen. Dann gehen die Bomber der Reihe nach an ihre Arbeit. Jeder von ihnen hat wiederum seine besondere Aufgabe: Bahnhofsgebäude, Bahnkörper, Nachschublager und Güterzüge verspüren den schweren Hagel unserer Bomben. Mit einer einzigen Ausnahme (Flaksplitter im Rumpf einer Maschine) kehrt die Gruppe unbeschädigt zu dem Feldflugplatz zurück.
Wieder sind die Kampfflieger um den Gruppenkommandeur versammelt, um die Erfolgsmeldungen abzugeben. Aus ihnen formt sich allmählich ein Bild von der durchschlagenden Wirkung der beiden Einsätze. Der Nachschub der Sowjets ist auf das Empfindlichste gestört, ein wichtiger Rückzugsweg unterbrochen.
Der erste Angriff ergab zwei breite Brandbombenreihen quer durch das Nachschublager mit anschließender starker Brandwirkung, fünf tiefrote größere Brände im Bahnhof Unetscha und Zerstörung der Gleisanlage. Beim zweiten Anflug erzeugten die Bomben quer über dem Bahnkörper westlich der Einmündung der Südbahn, in Gebäuden und Bahnnordrand, im Ostteil des Bahnhofs, in einem Güterzug und in den westlichen Hallen des Nachschublagers ebenfalls starke Brände. Zahlreiche Volltreffer auf Gleisanlagen zerstörten den Bahnkörper vollends.

Kriegsberichter Strobel

## ABSCHLUSS

Unerwartet erging der Befehl zur Rückverlegung ins alte Kampfgebiet. Bojary, bislang für uns ein unbekannter Ort an der Autobahn Minsk—Smolensk, 120 km westlich Smolensk, reihte sich nun in unsere Erinnerung ein als die Stätte einmaligen Kampferlebens und sonniger Tage. Rückblickend und abschließend sollen auch für diesen Erlebnisbericht die Worte unseres Kommandeurs aus seinem Tagesbefehl gesetzt sein:

II./Kampfgeschwader 55
Gefechtsstand, den 16. 8. 1941
Bojary

*Gruppenbefehl*

Nachdem der Chef der Luftflotte 2, Generalfeldmarschall Keßelring, den mir unterstellten Einheiten des KG 55 aus Anlaß der erfolgreichen Angriffe auf feindliche Ansammlungen, Batteriestellungen bei Rogatschew und des nachfolgenden Großangriffs auf Moskau für das Beispiel unermüdlicher und vorbildlicher Einsatzfreude bereits am 29. 7. 1941 seine besondere Anerkennung ausgesprochen hatte, hat er den Verband des KG 55 am 15. 8. aus seinem Befehlsbereich mit folgendem Befehl entlassen:

»An KG 55 über Gen.-Kdo. II. Flg.-Kps.

Ich spreche dem KG 55 für die in vorbildlicher Einsatzbereitschaft gezeigten hervorragenden Leistungen im nächtlichen Einsatz gegen Moskau und auch am Tage gegen die Tiefe der russischen Front meine ganz besondere Anerkennung aus und wünsche dem Geschwader auch weiterhin in diesem Kriege einen glückhaften und ruhmvollen Erfolg.

gez. Keßelring,
Generalfeldmarschall.«

In feldmäßigem Einsatz ohne den Rückhalt der Staffeln hat die Gruppe von Bojary in 26 Tagen 30 Einsätze, darunter 11 Einsätze mit über 4 Stunden Flugzeit gegen Moskau, geflogen. Sie hat die Ehre gehabt, als erster anzündender Verband der Luftflotte 2 auf Moskau zu Beginn der Abenddämmerung zu fliegen und den wichtigsten Teil des Moskauer Zielraumes, den Kreml und das Regierungsviertel als Kampfraum zugewiesen zu erhalten.

Unsere Brandbombenfelder und die SC 1000 haben überwiegend im Zielraum gelegen. Es gelang, das größte Flugzeugwerk Moskaus, das 10 000 Arbeiter beschäftigt, das Sonderziel einer Nacht, mit großem Erfolg in Brand zu stecken.

Es gelang der Gruppe ferner als anzündendem Verband der Geschwader des II. Fliegerkorps, den Bahnhof Briansk-Süd und sein Nachschublager nachhaltig zu zerstören und mehrere weitere erfolgreiche Dämmerungsangriffe gegen die Bahnhöfe Toropez, Orel, Briansk-Nord und Unetscha zu führen.

Der Herr Kommandierende General des II. Fliegerkorps, General der Flieger Loerzer, hat bei seinem heutigen Besuch auf unserem Horst Gelegenheit genommen, die fliegenden Besatzungen, das technische und Bodenpersonal der Gruppe persönlich einzeln zu begrüßen und mich aus Anlaß des Ausscheidens der Gruppe aus dem Verband des II. Fliegerkorps beauftragt, allen Angehörigen meines Kommandos seine Anerkennung für die Leistungen im Einsatz und in der technischen Bereitschaft und seinen Dank auszusprechen. Er hat mich ferner beauftragt, der Gruppe den Dank des Generals der Panzertruppen Guderian, für den Angriff auf die Artillerie-Bereitstellungen ostwärts Jelnia am 18. 8. und der 2. Armee für die doppelten Nachteinsätze auf Gomel am 14. und 15. 8. weiterzugeben.

Für die ausgezeichnete, vom Herrn Generalfeldmarschall persönlich besonders anerkannte technische Einsatzbereitschaft der Gruppe, die ich der Arbeit des OLt Koller und der Funktions-Oberfeldwebel der Staffeln verdanke, ermöglichten diese Leistungen.

Wir beklagen den Verlust von vier Besatzungen, der Staffelkapitäne Harms und Mößner als vermißt über dem Feind, des OLt Willisch und Lt Schwarz als gefallen.

Wir verlassen den Kriegsschauplatz von Moskau und freuen uns, in den Verband unseres Geschwaders zurückzukehren. Die Gruppe wird auf ihrem alten Kriegsschauplatz weiter ihre Pflicht tun.

gez. Kühl,
Major und Gruppenkommandeur

## EIN SELTENER »HUSARENSTREICH« DER BESATZUNG OBERLEUTNANT MYLIUS

Bei einem Tiefangriff auf den Ostbahnhof von Charkow startete am Montag, 22. September 1941, um 16.47 Uhr von Kirowograd die G1 + AC. An Bord der Flugzeugführer Lt. Weyer, Beobachter Oblt. Mylius, Bordfunker Fw. Schiffer, Bordwart Uffz. Schmidhelm und Bordschütze Obgfr. Bledau. Die Angriffszeit war für 18.10 Uhr — Büchsenlicht — angesetzt. 17.55 Uhr, nach geradem Anflug von Kirowograd bis zum Flußübergang der Straße Charkow—Smiew, über dem Ziel in 30 bis 35 m über Grund. Geringe Flakabwehr beim Anflug, stärkste, leichte und mittlere Flak beim Abflug. Keine Scheinwerfertätigkeit. 18.05 Uhr Treffer. Motorschaden und Notlandung etwa 40 km nordostwärts von Charkow, weit im feindlichen Hinterland, wie es vielen Kampffliegern im Rußlandfeldzug erging. Die meisten kehrten nie zurück, obwohl sie die Notlandungen überlebten. Sie wurden erschossen oder überlebten die harten entbehrungsreichen Jahre in russischer Kriegsgefangenschaft nicht.
Der Bericht, wie sich diese Besatzung nach der Notlandung zur eigenen Linie durchschlug, hebt ihn von vielen ähnlichen Berichten alleine deshalb heraus, weil die Flucht nur durch einen echten Husarenstreich gelang.
Die Meldung des Adjutanten der II. Gruppe im Kampfgeschwader 55, Oberleutnant Mylius, vom 10. Oktober 1941 wurde nur darum so ausführlich, weil neun Tage Durchschlagen durch feindliche Linien nicht mit ein paar Zeilen zu erledigen sind:

*Montag, 22. 9. 1941*
Nach Abwurf zunächst normales Laufen beider Motoren. Etwa zehn Minuten später Flammen und weiße Rauchfahnen aus linkem Motor. Sofortiges Ansteigen der Kühlertemperatur auf 120°. Flughöhe 40 m über Grund. Flugzeugführer versuchte zu steigen und erreichte 100 m über Grund. Der linke Motor ließ ganz nach und wurde abgestellt. Die Maschine hielt sich zunächst gut mit 180—200 km/h-Fahrtmesseranzeige. Kurssteuerung versagte. Der Bordfunker hatte Abwurfmeldung im Einmotorenflug an die Bodenstelle gemeldet. Der Flugzeugführer ging über den laufenden Motor langsam in die Rechtskurve. Er gab 1,15 ata Ladedruck, das Flugzeug verlor an Fahrt, auch 1,2 ata Ladedruck vermochte die Maschine nicht in der Kurve zu halten. Der Befehl, unnötige Gegenstände wie Munitionstrommeln durch den B-Stand abzuwerfen, war längst durchgeführt. Der Bordfunker gab SOS mit Standortangabe NO Charkow.
Durch Drücken wurde die Maschine wieder auf Fahrt gebracht, es half zwar für Sekunden, aber für die Kurve reichte es nicht. Wir huschten über einen Wald hinweg. »Anschnallen!« ein Rübenfeld, ein freies Stoppelfeld konnte ich rasch noch erkennen und dem Flugzeugführer mitteilen. —
Lt Weyer hatte eine glatte, ausgezeichnete Bauchlandung bei Dunkelheit gemacht. Niemand war verletzt, nur er hatte sich durch Aufschlag auf den Steuerknüppel eine Prellung über dem linken Auge zugezogen.
Wir hatten im Tiefflug kurz vor der Landung marschierende und fahrende Arbeiterkolonnen gesehen und jetzt hörten wir in unmittelbarer Nähe Stimmen und

Geräteklappern. Die Maschine wurde nicht vernichtet, um uns nicht zu verraten. Der Bordfunker vergrub lediglich seine Funkunterlagen.
Nach einer kurzen Besprechung über mein Vorhaben gingen wir in Reihe vor. Ich versuchte nach dem Armbandkompaß 270° einzuhalten, um in das freie Gebiet ostw. des Flusses, der in 190° fließt, zu gelangen. Es war sehr schwierig, da der Himmel bedeckt und kein Richtpunkt vorhanden. Sumpfgebiete und ungemähtes, infolge Unwetter fast liegendes Getreide verzögerten und behinderten den Marsch schon am ersten Abend. Ortschaften und einzelne Häuser umgingen wir in großem Bogen. Den ersten Fluß versuchte ich zu durchwaten, rutschte aber gleich bis zum Bauch hinein. Zur Schonung der Besatzung entschloß ich mich, flußaufwärts einen Kahn zu suchen. Nach 15 Minuten fanden wir einen und paddelten uns mit den Händen auf das andere Ufer. Um 24.00 Uhr erreichten wir eine Waldsenke.

Dienstag, 23. 9. 1941
Wir legten uns schlafen. Es war aber so kalt, daß wir kaum schlafen konnten und nach zwei Stunden den Weg durch den Wald fortsetzten. Um 03.30 Uhr hatten wir den Wald Hand in Hand, um uns nicht zu verlieren, durchschritten und legten uns an einer Haferstiege schlafen. Als es gegen 06.00 Uhr hell wurde und in der Nähe der Flugbetrieb aufgenommen war, setzten wir den Marsch zu einem naheliegenden Wald in Südkurs fort. Um 09.00 Uhr hatten wir den Südrand des Waldes erreicht und sahen links von uns eine stark mit Militärfahrzeugen aller Art, einschließlich Panzer, befahrene Straße. Da war also Vorsicht geboten. Wir konnten uns nur darauf beschränken, uns für den Nachtmarsch die Art des vor uns liegenden Geländes einzuprägen.
Infolge der feuchtkalten Witterung gingen wir lediglich ab und zu im Walde spazieren. Dabei fanden wir kleine saure Äpfel, die uns gegen den Durst sehr willkommen waren, die Birnen waren noch völlig ungenießbar. Da wir vor dem Einsatz am Montag nicht gegessen hatten, machte sich der Hunger schon bemerkbar.
Um 14.00 Uhr entschloß ich mich, mit Fw Schiffer ein Einzelgehöft, 800 m von dem Wald in einem Tal, aufzusuchen. Spähend und mit großer Vorsicht näherten wir uns dem Hause und trafen dort einen alten Mann und ein älteres Mädchen an, die uns voller Furcht betrachteten. Wir traten ein und gaben zu verstehen, daß wir Wasser haben wollten. Fw Schiffer versuchte, aus seinem Bilderduden auf Ukrainisch und Russisch unser Begehren auszudrücken, aber sie verstanden nichts. Daher griffen wir selbst zu. Auf Umwegen schlichen wir uns zum Versteck zurück.
Kurz vor der Dunkelheit suchten wir den Hof noch einmal auf, um die Abendmahlzeit einzunehmen. Die 40 Rubel hatten Wunder gewirkt: eine große Pfanne Eierkuchen mit riesigen Speckbrocken wurde zubereitet. Das einzige Messer, die beiden einzigen Porzellanteller und die letzten vier Holzlöffel wurden hervorgeholt. Geradezu festlich bewirtete uns die inzwischen eingetroffene Alte. Wie sich im Laufe des Gespräches herausstellte, waren die Alten Russen und das Mädchen eine geflohene Polin. Die Verhältnisse äußerst primitiv. In der Küche eine Bettstelle mit Lumpen. Feuer machte der Alte, indem er andauernd Stroh aufschüttete. Die Wärme tat uns gut. Unsere Beine steckten wir abwechselnd in den Backofen, damit sie warm und die Stiefel trocken wurden.
Gegen 19.00 Uhr traten wir die Wanderung wieder an: über Berge und Höhen, durch Sümpfe und Gräben und über die Linie von Deckungsgräben, Schützenlöchern der ostwärtigen Befestigungslinie der Stadt Charkow marschierend. Müde werdend, trotteten wir durch das Gelände. Wir gingen in einem trockenen Flußbett und standen plötzlich vor einem Dorf, das sich am Horizont als

ziemlich weit nach links und rechts erstreckend abhob. Rechts und links steile Hänge. Pause — Entschluß: quer durch das Dorf. Kaum gingen wir einige Minuten, da stand ein Posten vor uns. Wir waren so überrascht, daß wir gar nicht unserer früheren Gewohnheit, zu knien oder uns hinzulegen, gedachten. Wir gingen unmittelbar an ihm vorbei. Uffz Schindhelm hätte ihn fast umgelaufen. Er mußte uns bestimmt erkannt haben, er hatte aber gewiß ein bestimmtes Gefühl, als er uns so unbekümmert und siegesgewiß zu fünfen dahergehen sah.
Für uns galt es jedoch rasch fort, zumal überall Stimmen zu hören waren. Und was sich uns dann in den Weg stellte, war unbeschreiblich, jeder hatte Pech. Einer fiel in ein tiefes Loch, einer in eine dicht mit Brennesseln bewachsene Schlucht, und ein anderer trat in eine Kloake. Durch eine Wildnis von Weidenpflanzungen, Sumpf und übermannshohes Schilf kamen wir endlich ins Freie.

Mittwoch, 24. 9. 1941
Gegen 01.00 legten wir uns zur Ruhe. Es war fast sternenklar geworden und eklig kalt. Tau hatte sich überall angesetzt. Eng kauerten wir uns unter zusammengetragenen Garben nebeneinander. An Schlaf war aber nicht viel zu denken vor Kälte. Aber wir konnten liegen und hatten Ruhe. Gegen 04.00 Uhr waren wir so klamm, daß wir uns wieder bewegen mußten, legten uns um 05.00 Uhr an eine windgeschützte Strohdieme und deckten uns mit herausgezupftem Stroh zu. Das war jedenfalls Schutz gegen Feuchtigkeit. Als die Sonne herauskam, ließen wir die Sonne auf uns scheinen und die Kleidung, besonders das Schuhwerk, trocknen. Uns störten lediglich die so sehr tieffliegenden russischen Verbindungsflugzeuge, die ganz in der Nähe ihre Horste haben mußten. Um 10.00 Uhr gingen wir daher auf eine bewaldete Höhe und legten uns wieder in die Sonne. Infolge dichter Quellbewölkung verschwand sie aber leider bald wieder. Einige hatten ihre Schuhe und Strümpfe ausgezogen, die Füße wurden verbunden. Die Pelzstiefel mußten nachher wieder feucht angezogen werden. Fw Schiffer mußte auf Strümpfen weiter marschieren, die Kommißstiefel ließen sich nicht mehr anziehen. Glücklicherweise fand er in dem Hause einer russischen Familie, bei der wir uns zu Brot mit viel Butter und Milch eingeladen hatten, alte Schuhe, die zwar keine Sohlen und Schnürsenkel mehr hatten, aber doch einigermaßen paßten. Dieses schmutzige, aber gastliche Lokal mußten wir sehr bald wieder verlassen, da die Dame des Hauses plötzlich verschwunden war und wir Unangenehmes befürchteten.
In einem großen Horizonttarnschleicher gingen wir in einem Laubwald wieder auf Kurs. Infolge der Helligkeit mußten wir an einem Waldrand noch einmal rasten. Als wir in der Dämmerung heraustraten, kreuzte unseren Weg ein Russe. Sofort lagen wir platt am Boden auf dem Stoppelfeld. Er mußte uns gesehen haben. Unverständliche Worte sang er vor sich hin, etwa: »mali ruski, mali ruski«. Zu allem Überfluß verlief wenige Meter vor unserem Liegeplatz eine Straße, auf der jetzt noch ein klappernder Lkw ankam.
Er war besetzt mit etwa zehn Russen. Die Sekunden wurden zu Stunden! Wir stellten die Wanderung ein und zogen uns in den Wald zurück. Nach 15 Minuten wurde sie endgültig fortgesetzt. Es ließ sich gut marschieren. Der Mond ging gerade halbrechts am Horizont unter. Nach einer Stunde Marschierzeit kam es uns merkwürdig, ja unheimlich vor, rechts Löcher, links Löcher, dann kleinere und größere Trichter. Wir mußten mit unseren Haselnußstöcken, die wir am ersten Tag zu unbestimmtem, aber vielseitigem Zweck geschnitzt hatten, genau tasten. Wir hielten an und knieten, um doch einmal die Lage etwas genauer in Augenschein zu nehmen. Wir waren nicht wenig erstaunt, als wir links von uns die Silhouetten von zwei K-Flugzeugen — ganz offenbar Martinbombern — sahen. Wir waren wohl über einen Bombenübungsplatz gegangen und befanden

uns jetzt auf einem Scheinflughafen; denn einen Posten oder Bauten wie Unterkunftsgebäude oder Hallen konnten wir nicht ausmachen. Als wir nichts Verdächtiges feststellten, gingen wir wieder auf Kurs. Zuerst wies uns die Milchstraße und dann ein Stern den Weg.

Donnerstag, 25. 9. 1941
Durch Maisfelder und dann lange Zeit durch kniehohes Steppengras ging es weiter. Gegen 01.00 Uhr kamen wir vor eine 30 bis 40 m tiefe Schlucht, wir versuchten sie zu umgehen, es war nicht möglich. Des nachts die Steilhänge hinauf- und hinunterzuklettern, war zu riskant. Wir übernachteten wieder am Fuße einer Dieme, die schon so alt war, daß das Heu in 20 cm Tiefe faulte. Daß die Schlucht ein Fingerzeig des Himmels und der Entschluß, hier zu übernachten, richtig war, sollten wir am nächsten Tag feststellen. Denn wir waren nur noch wenige Kilometer von dem Flugplatzgürtel im SO von Charkow entfernt. Diesen ganz und ohne vorherige Geländebeurteilung durchwandern zu können, erschien sehr zweifelhaft. Dagegen konnten wir so einen ganzen Tag lang bei herrlichem Sonnenschein die Lage genau einpeilen und uns die nächste Route gut zurechtlegen. Unser Lagerplatz war etwa 8 km ONO des Flugplatzes Z.Nr. 10 8979 (Rogan). Er war — soweit wir ihn einsehen konnten — belegt mit fünf 4mot. K.-Maschinen. Den ganzen Tag über war dort ein sehr reger Kurierflugdienst. Das bekamen wir besonders zu spüren, da diese Flugzeuge sehr niedrig über uns hinweggeflogen und uns öfters um die Dieme herumscheuchten. Einen sehr regen Einsatzflugdienst beobachteten wir auf den Horsten Z.Nr. 10 846 und 10 1214. U. a. starteten dort zweimal eine Staffel von neun Maschinen mit einer Flugdauer von gut zwei Stunden in südlicher Richtung mit einem zeitlichen Zwischenraum von etwa 2½ Stunden.
Einen ausgesprochenen Schulbetrieb, nach dem wir später häufig gefragt wurden, hatten wir nicht beobachtet. Wir sahen lediglich kettenweise Flüge von 1mot. Flugzeugen mit festem Fahrwerk, wie auch schon in den Nachmittagsstunden der vorhergehenden Tage. Ob es sich um Schulbetrieb oder (sie flogen zum größten Teil in nördlicher Richtung) um eine Maßnahme aufgrund der großen deutschen Angriffsoperationen vor Moskau handelte, konnte ich nicht beurteilen. Ein sehr reger Autoeinzel- und -kolonnenverkehr war auf der Hauptstraße Charkow— Preobrashenskoje in beiderseitiger Richtung zu beobachten.
Ein Erlebnis war der Angriff der II./KG 55 auf den SW Bahnhof Charkow um 14.20 Uhr, als wir die Entwicklung des Rauchpilzes beobachteten, wie er langsam bis auf 1500—2000 m stieg und dann von dem Höhenwind langsam in SO-wärtiger Richtung davongetragen wurde (uns allerdings die letzten Sonnenstrahlen abdeckte). Wir freuten uns, daß der Angriff so überraschend kam und die Jäger erst nach der Detonation in den Äther stiegen. Einen zweiten imponierenden Anblick bot eine He 111 gegen 18.30 Uhr, als sie als Anzünder flog und einen geradezu märchenhaften Feuerzauber hervorrief. Daß es das KG 55 sein mußte und auch die II. Gruppe, wußten wir, weil es der einzige He 111-Verband in diesem Kampfabschnitt war.
Gegen 19.00 Uhr brachen wir von unserem Lager auf und pirschten uns vorsichtig nördlich des Dorfes, südlich des Flugplatzes und über die Hauptstraße weiter. Das nahm geraume Zeit in Anspruch. Nach getaner Arbeit ist gut ruhn, und statt der Rast von zwanzig Minuten schliefen wir eine volle Stunde an einem Strohschober trotz der abendlichen Kühle.
Bei dem weiteren Marsch freuten wir uns über die Folgen, die eine einzelne deutsche Maschine als Störflugzeug an Unruhe hervorrufen kann: schwere und mittlere Flak schoß planlos in den Äther, und die Scheinwerfer fuchtelten unruhig in der Luft herum.

Herrlich war es am ersten Teil des Abends zu laufen. Der Mond schien schon etwas heller, und der Sternenhimmel bot gute Anhaltspunkte, so daß wir nicht andauernd stehenbleiben mußten, um nach dem Kompaß zu schauen. Wenn auch die Füße schon längere Zeit schmerzten, waren wir doch im Laufen und schafften in dieser Nacht sehr viel. Das Problem, über den Fluß zu kommen, war bald gelöst dadurch, daß wir nach etwa 5 km Westkurs eine Furt fanden. Diese 5 km waren allerdings etwas kritisch, da die Posten der anliegenden Dörfer immer Licht machten.

Freitag, 26. 9. 1941
Um 03.30 Uhr legten wir uns an einem Strohdiemen zur Ruhe nieder. Kurz nach 05.00 Uhr gestanden wir uns gegenseitig, daß wir zu sehr froren und machten uns auf den Weg, zumal wir auf einem freien Felde lagen und etwas Waldschutz aufsuchen mußten. Da wir in den Tagen zuvor nur von Sonnenblumenkernen gelebt hatten und die sauren Äpfel zur Neige gingen, reifte der Entschluß, so lange zu laufen, bis wir ein einzelnes Haus erreicht hätten. So kam es — um das schon vorweg zu nehmen — daß wir unbewußt zu den Tagesmärschen übergingen: einmal aus Nahrungsgründen, und zum anderen, um schneller auf eigene Truppen zu stoßen und so dem Ganzen ein Ende zu machen. Denn allmählich mußten wir mit dem Begegnen eigener Truppen rechnen können, da mir bekannt war, daß Krasnograd am 21. 9. 1941 gegen Nachmittag genommen war. Wir hörten auch schon viele Einschläge, aber diese waren so undefinierbar, daß sie uns nur großes Kopfzerbrechen machten, ob es die Front, Bombeneinschläge oder Flak sei.
Unendlich kam uns der Marsch vor. Wir gingen im Wald; bei jeder Schneise hofften wir, ein Gehöft zu finden. Aber nein! Wir entschlossen uns zu einer Scheibe Knäckebrot und der kleinen Dose Rindfleisch. Damit war die »eiserne Ration« bis auf einige Tafeln Schoko-Kola aufgebraucht.
In unserer Sturheit gingen wir dann drei Stunden an einer elektrischen Fernleitung entlang, in 230°. Dadurch wurde uns die Unwegsamkent des Walddickichts erspart, aber sie führte ohne Rücksicht über Berge und steile Höhen. Gegen Mittag trafen wir einen Ukrainer, der mit seinem Panjewagen 20 km zurückgelegt hatte, um hier von einem $^1/_4$ Morgen großen Gebiet Maiskolben zu holen. An sich wollten wir nur den nächsten Bauernhof erfragen. Da er aber etwas deutsch sprach und sehr freundlich war, unterhielten wir uns über eine Stunde mit ihm. Er warnte uns vor Smiew und Merefa, wo an Flußübergängen starke russische Truppen konzentriert seien. Aber sonst gäbe es kaum Soldaten hier. Sehr starke Bewegungen wären auf den Bahnen, jedoch sei gestern der Südbahnhof Charkow heftig bombardiert worden und jeglicher Verkehr unmöglich. (Das Letztere war wohl etwas übertrieben, bzw. der Schaden zum Teil behoben, da wir Tag und Nacht sehr viel Eisenbahnverkehr wahrgenommen hatten.)
Um 14.00 Uhr stießen wir auf freies Feld und auf eine große Straße, aber ein Bauerngehöft war nicht zu finden. Bis 18.30 Uhr blieben wir im Dickicht und versuchten uns dem Regen zu entziehen, der immer stärker wurde.
Wir wollten über die Haupt- auf die Nebenstraße, die etwa 5 km NW Smiew über Bahn und Fluß führt. Infolge der völligen Dunkelheit und des unheimlich schwierigen Gehens in der aufgelösten ukrainischen Schwarzerde blieben wir nach $2^1/_2$stündigem sehr anstrengendem Marsch auf dem festeren Weg. Dieser war jedoch so glitschig und behinderte das Marschieren so, daß wir am nächsten Strohdiemen nächtigen wollten. Da plötzlich hörten wir Schweinegequieke, es mußte ein Haus oder ein Dorf in der Nähe sein. Eine große Pappelalle empfing uns, eine große Pferdeherde nahm Reißaus. Wir kamen an ein großes weißes

Haus. Wir überlegten: wohnt hier ein roter Kommissar, wo früher ein herrschaftliches Zarengut war? Aber wir waren hungrig, völlig durchnäßt und müde. Wir mußten essen! Dann würde sich das Übrige finden! Ich ging vor, stockelte mit dem Stock im Hause herum und leuchtete plötzlich zwei auf dem Boden liegenden Männern ins Gesicht. Mit unverständlichen Worten grunzte uns der eine an und stand auf. »Wodda!« Er kam sofort mit einem Eimer Wasser, gierig setzten wir ihn an den Mund. »Schlebba! Klebba!« Er verneinte und versuchte uns klar zu machen, sie seien nur Schweinehirten und hätten nichts. Es war auch tatsächlich nichts zu finden. Die anliegenden Räume waren leere Hühnerställe. Die beiden schliefen auf frischem Kleeschnitt in der Küche.

So zogen wir ab, um eine Strohdieme zu suchen. Eine halbe Stunde suchten wir und standen dann wieder vor dem Hause. Da sagten wir uns: da muß doch etwas zu essen sein und die Nacht verbringen wir auch dort. Wenn wir früh wieder aufstanden, konnte nichts passieren. Wir forderten noch einmal mit Nachdruck zu essen, und jetzt holte der eine einen großen Eimer mit Kartoffelsuppe und Fleisch mit viel Speck. Voller Stolz holte er weiter aus seinem Sack zwei Gurken, ein Hühnerei und sehr salzigen Speck. Es entspann sich seinerseits eine sehr lebhafte Unterhaltung, von der wir nur sehr wenig verstanden. Mit Händen und Füßen redete er und versuchte, uns seine Gedanken klar zu machen; mit seiner feuchten Nase und seinem Stoppelbart berührte er hin und wieder unser Gesicht. Die beiden waren Tschechen, der freundliche behauptete Pfarrer gewesen zu sein. Bereitwillig gaben sie von ihrem Klee und freuten sich, uns in ihrer ärmlichen Behausung aufnehmen zu können.

Sonnabend, 27. 9. 1941

Wenn wir auch vor Frostigkeit in den nassen Kleidern und Stiefeln nicht viel schlafen konnten, so hatten wir doch unsere Ruhe gehabt und freuten uns auf das Frühstück, das wir uns hier noch aus Brot und Speck zusammenstellen wollten. Aber der Alte hatte schon etwas anderes vor: er ging zu seiner Feuerstelle vor dem Hause, die aus drei Backsteinen bestand, und machte Feuer. Als das Wasser in dem Eimer mit den hineingeschälten Kartoffeln kochte, wurde ein großes Stück Fleisch hineingeschnitten. Er war sehr emsig bei der Arbeit und vergaß auch nicht, Kartoffelschaum sowie hereingefallene Asche abzuschöpfen und einige Kostproben zu machen, bis genug Zwiebeln mit Salz hineingetan waren. Während dieser Prozedur stand der andere auf der Lauer und achtete auf den Verkehr auf der Straße. Wenn jemand kam, mußten wir fünf ein sicheres Versteck im Hühnerstall aufsuchen. Als die Suppe fertig war, setzten wir uns in der Küche um den Eimer. Es schmeckte wirklich herrlich. Wir waren gerade fertig, als der Alte aufgeregt zu unserem Versteck deutete. Und richtig, es kamen zwei Männer — der eine in Soldatenkleidung — die sich mit unseren Wirtsleuten unterhielten, und dann aus unserem Wassereimer tranken. Etwas schockiert, harrten wir der kommenden Dinge. Es ging aber alles gut. Nach zehn Minuten zogen sie ab.

Ihnen deutend, daß wir wiederkämen und ihnen Entgelt geben wollten, gingen wir nach kräftigem Händeschütteln den Weg, den uns die beiden als feindfrei beschrieben hatten. Ehe wir die Bahn überschritten, ließen wir noch einen Zug vorbeirollen und stellten eine eingehende Geländebeurteilung an, da wir links ein Dorf und rechts an der Höhe vor einem Wald Schanzarbeiten entdeckten. Nachdem wir den Sumpf und den Fluß durchwatet hatten, entzogen wir uns in einer Schlucht und in einem Wald der Sicht. In diesem Wald, der gespickt war mit Deckungsgräben und Schützenlöchern, stießen wir um 14.00 Uhr auf das Sumpfgebiet des Flusses zwischen Smiew-Merefa. Wir waren schon längere Zeit durch Sümpfe und Bachläufe gewatet, als wir an einen tiefen Sumpf kamen, der zum Teil mit hohem Schilf bestanden war. Ogefr Bledau und Lt Weyer gaben als Baumbeobachter eine Teichoskopie, sie war niederschmetternd. Trotz der Mühe, mit der wir die Sümpfe — bis über die Knie im Wasser stehend — durchwatet hatten, erstreckte sich vor, rechts und links von uns noch auf Kilometer die Schilflandschaft. Lediglich 2 km links waren Häuser.

Da mußte aber auch eine Furt sein! Wir gingen dorthin. Am Wald waren Baumstämme und Äste als Hindernis gelegt, Deckungsgräben abgestochen, und plötzlich sehen wir 300 m halb links von uns arbeitend Soldaten und Zivilisten. Dekkung suchend, wollten wir weiter, aber das Schilf und der Sumpf sperrten jedes Weiterkommen. Also wieder zurückrobben!

Wir versuchten rechts auszuholen, stießen auf mehrere Dörfer, die durch lebhaft befahrene Straßen miteinander verbunden waren. Es erschien bei Tage zwecklos, und wir wollten im Schutz von Weiden die Dunkelheit abwarten. Um 15.30 Uhr hieß uns die feuchtkalte Witterung weiterlaufen. Wir wollten versuchen, im Rücken der Dörfer an die nächste Brücke zu gelangen, um diese in der Dunkelheit zu überschreiten. Wir begannen mit dem Gedanken zu spielen, einen Lkw zu beschlagnahmen und mit diesem auf das andere Ufer zu gelangen. Zunächst war aber der Verkehr noch zu groß auf der Straße.

Plötzlich stand vor uns in einer kleinen Lichtung ein russischer Soldat. Große erstaunte Augen auf beiden und der Griff zu den Pistolen auf unserer Seite waren eins. Er erhob sofort die Hände und gab zu verstehen, daß er nichts vorhabe. Wir nahmen ihn in ein Dickicht zurück und stellten fest, daß er keine Waffe hatte und nur Botendienst tat. Beschäftigt war er bei Schanz- und Hindernisarbeiten in der Nähe der Brücke, die wir aufsuchen wollten. Er deutete, daß hier keine Soldaten, sondern nur Kommissare und Arbeitsdienst seien, dagegen Smiew stark geschützt sei. Damit waren die Angaben des Ukrainers und der Schweinehirten bestätigt. Bei der Brücke mußten wir dann aber auch stärkere Bewachung vermuten. Daher faßten wir den Entschluß, daß Fw Schiffer und Ogefr Bledau im Dickicht beim Gefangenen blieben, während wir anderen einen Lkw beschlagnahmten, um über die Brücke zu sausen. Während der ersten 15 Minuten kamen nur Ackerwagen und Frauen vom Felde vorbei, dann kam ein Lkw mit Arbeitern und einem bewaffneten Kommissar — also den lieber nicht. Die Straße war auch zu belebt. Dann kam noch ein Lkw, dieser blieb aber 10 m vor uns mit einer Motorpanne liegen. Wir arbeiteten uns langsam und leise aus dem Versteck zurück, der Versuch würde schlecht ausgehen! Jetzt galt es, den Russen für uns zu gewinnen: das sollte uns auch nicht schwer fallen. Als wir das Wort »Germanski« aussprachen, leuchteten seine Augen. Er gab an, er bekäme pro Tag 30 g Brot, müsse den ganzen Tag graben und das gefiele ihm nicht. Er ginge gerne mit uns. Wir fragten ihn mit Hilfe der Zeichensprache, wo ein Steg über den Fluß sei.

Er deutete zwei: einer links (etwa dort, wo wir die Schanzarbeiten heute gesehen hatten), und einer rechts. Wir entschlossen uns für rechts. Doch zur Durchführung mußten wir noch eine halbe Stunde warten. Trotz eines gewissen Argwohns waren wir doch sehr erleichtert. Jetzt rauchten wir erst einmal eine Zigarette, die uns »Jan« von seinem Tabak drehen mußte. Das konnte er so tadellos, daß es eine seiner ständigen Aufgaben wurde. Nach dieser einträglichen Beute begann der Marsch.

Und richtig, über einen kleinen Steg kamen wir an den Fluß. Zwei Stangen von fünf bis sechs Zentimeter Durchmesser führten über einen fünf bis sieben Meter breiten und zwei bis drei Meter tiefen Fluß. Durch das anschließende zwei Kilometer breite Sumpfgebiet franzten wir uns mit Hilfe von ausgefahrenen Wagenspuren, aber die Furten waren doch so tief, daß wir häufig bis zum Bauch im Dreck standen. In Sokolow machten wir Rast. In dem ersten Haus, in das wir

einkehrten, war gerade Einquartierung. Dann kamen wir in das eines armen ukrainaschen Bauern, so daß wir jedenfalls Wasser und trockenes Brot zu uns nehmen konnten. Während die alte Mutter zuerst bei unserem Eintritt laut zu heulen anfing, war sie nachher sehr freundlich. Unsere Andeutung, daß wir sie später noch einmal besuchen wollten, haben sie leider nicht verstanden. Nach ihren Angaben standen die deutschen Truppen in Poltawa.
Auf dem weiteren Weg wollten wir um 24 Uhr einkehren, da Fw Schiffer sich die Füße durchgelaufen hatte. In einem großen Dorf nahmen wir ein wohlhabendes ukrainisches Haus aufs Korn. Anstatt nach der kurzen Unterredung, die Jan für uns bestritten hatte, die Tür zu öffnen, schrie eine Frau aus dem Dachbodenfenster um Hilfe. Daraufhin mußten wir uns sofort verdrücken.

Sonntag, den 28. 9. 1941
Und dann kam eine schreckliche Stunde! Dichter Wald und hohe Berge und keine Richtpunkte infolge 10/10 Bedeckung, dazu wir alle mit wunden Füßen und einer mit geschwollenen und schmerzenden Leistendrüsen, die mir Sorge machten wegen der eventuellen Folgen. Ein anderer mit einer Sehnenzerrung im Knie und einer gebrochenen Rippe. Am Bahndamm fanden wir ein hohes Farnkraut, in einer Rinne machten wir ein Lager. Als Jan merkte, wie uns Frost und Rauhreif schüttelten, legte er uns seinen Mantel über.
Da wir auf einer Anhöhe und infolge des regen Bahnverkehrs sehr exponiert lagen und vor allem auch Bewegung haben mußten, schleppten wir uns um 05.00 Uhr weiter und rasteten nach zwei Stunden, in denen wir höchstens vier bis fünf Kilometer geschafft hatten, auf einer beherrschenden Höhe.
Wir mußten doch endlich mit den vorgehenden eigenen Truppen Berührung bekommen, zum mindesten in russische Linien stoßen! Aber nichts von dem. Das Schießen, das man immer hörte, ließ nach und war wahrscheinlich Übungsschießen oder sogar Sprengungen. Heute vor acht Tagen war Krasnograd genommen, bis dort waren es doch nur fünfzig bis sechzig Kilometer. Wir verstanden die Lage nicht.
Wir teilten uns das kleine Stück Brot, das uns die armen Ukrainer noch mit auf den Weg gegeben hatten und gingen, nachdem die Füße verbunden waren — zum Teil mit Jans Wickelgamaschen — weiter, über große mit Gras und Mais bewachsene Flächen, die von vielen mehrfach tausendköpfigen Rinder- und auch einigen großen Pferdeherden beweidet wurden. Gegen Nachmittag mußten wir vor einer Stadt, sechs Kilometer NO Höhe 206, bis gegen Abend verharren, da sie sich der Länge nach quer vor unserem Weg erstreckte. Kurz vor der Dunkelheit streiften wir den Stadtrand und fanden ein großes Gemüsefeld. Wir nahmen uns rote Rüben und Zwiebeln mit, die übrigen Früchte waren abgeerntet oder erfroren.
Gegen 23.30 Uhr legten wir uns wegen eines herannahenden Gewitters wieder in den Schutz einer Strohdieme. Wie immer bei solchen Wetterlagen wechselte auch heute der Wind, und es wurde eine eklig kalte Nacht.

Montag, 29. 9. 1941
Noch vor der Dämmerung — etwa um 04.30 Uhr gingen wir weiter. Gegen 05.00 Uhr sahen wir in geringer Entfernung die ersten He 111 unter der niedrigen Wolkendecke. Wenn nur eine über uns hinwegflöge!! Die Felder und Stoppeläcker waren so ausgedehnt und der Boden so eben und hart, daß eine glatte Landung hätte vorgenommen werden können. Anstatt deutscher Maschinen kamen dann mehrfach in unmittelbarer Nähe russische Mehrzweckflugzeuge vorbei, die unserem Heer sehr zu schaffen machen.

Gegen 09.00 Uhr verdichtete sich der Hagel und Schneefall so, daß wir uns hinter eine Dieme setzten, um nicht noch ganz zu durchnässen.
Gegen 12.00 Uhr kamen wir an eine Ortschaft in Gegend Höhe 185. Nach langem Betrachten durch das Fernglas kehrten wir in das äußerste Haus am Dorfrand ein. Es waren arme Ukrainer, die uns nur trockenes Brot und muffiges Wasser geben konnten. Ich nahm die Mutter und die Tochter beiseite, um endlich die Front zu erfahren, sie wußten aber nichts.
Um noch etwas Vorrat zu besorgen, ging Fw Schiffer in das nächste Haus. Als er nicht gleich zurückkam, gingen wir alle hin und sahen, wie dort heiße Milch, Brot, Butter und andere herrliche Dinge gebracht wurden. Es war eine Schlemmermahlzeit, wie wir sie noch gar nicht erlebt hatten. Unsere Anwesenheit hatte sich herumgesprochen und im Nu war die Stube voller Ukrainer. Sogar Tabak brachten sie für uns mit, den Jan zu Zigaretten verarbeiten mußte. Aber alle betrachteten uns doch recht argwöhnisch. Einer versuchte, uns Auskunft zu geben. Er gab an, daß in der näheren Umgebung nur Ukrainer seien. In Berestowenka einerseits und an dem Südufer des Flusses südlich von uns andererseits seien Russen und russische Soldaten in größerer Anzahl. Poltawa sei genommen, aber von den Deutschen wisse er nichts. Die Auskunft nützte also auch nichts, im Gegenteil, es schlich sich der Gedanke ein an Smolensk: mußte Krasnograd wieder aufgegeben werden?
Plötzlich verließen die Ukrainer alle die Stube, und wir waren allein. Das war merkwürdig. Als wir zum Fenster hinausschauten, standen drei russische Soldaten vor der Tür. Was sollten wir tun? Sollten wir uns still verhalten, bis sie vielleicht abzögen? Doch da nahm der eine sein Gewehr ab, und das war für uns das Zeichen zum Handeln. Mit gezogener Pistole stürzten wir aus dem Haus und mit »Hände hoch« auf sie los. Zwei warfen ihr Gewehr sofort weg, und standen mit schlotternden Knien vor uns. Schüchtern kam Jan hinter uns her. Hinter dem dritten schossen wir hinterher, er war aber sofort hinter den Häusern verschwunden und rannte mit den kreischenden Männern und Frauen davon. Die beiden Gefangenen fragten wir, wo die Ruski seien. Sie quatschten viel, sie verstanden nichts, und wir auch nichts. In der Ungewißheit unserer Lage machten wir uns gleich davon. Die russischen Gewehre wurden geladen und die Russen vor uns mit Stöcken leitend, eilten wir schnellen Schrittes drei Kilometer weit über Hügel in ein Tal. Dort untersuchten und vernahmen wir unsere Gefangenen. Sie waren, wie sie glaubhaft angaben, Ukrainer aus Winniza und auf der Flucht von Charkow nach Hause. Sie freuten sich, mit uns zu den Germanski zu gehen. Wir wußten nun aber gar nichts mit ihnen anzufangen, aber freilassen durften wir sie nicht, und zum Erschießen sahen sie uns zu treu aus.
Als wir uns nach diesem kurzen Aufenthalt zum Weitermarsch fertig machten, winkte ganz aufgeregt jemand auf einem Hügel in zwei Kilometer Entfernung. Wir glaubten, bei den Ukrainern etwas vergessen zu haben, was sie uns nachbringen wollten.
Wir waren nicht wenig erstaunt, als der dritte dieser müden Sowjetkrieger kam, der auch zu den Germanski wollte.
So zogen wir also zu neunt weiter, die drei Russen in der Mitte führend. Jan durfte bei uns gehen, er hatte seine Probe bestanden. Bevor wir die von Kolonnen- und Einzelmilitärfahrzeugen belebten Straßen überquerten, hielten wir großen Kriegsrat. Der Plan war schnell gefaßt: den Gefangenen die Gewehre geben und uns gleichsam als Gefangene abführen lassen. Bei der Erklärung, wenn die Russen uns was täten, müßten sie »bum-bum« machen, waren sie einverstanden und lachten vor Freude.
So gingen wir die in SW-Richtung von Narowenka aus führende stark befahrene Straße entlang, auf der uns Zivilisten und Soldaten entgegenkamen und über-

holten. Den Gedanken, einen Lkw auf der Straße anzuhalten, ließen wir nach dem ersten gescheiterten Versuch wieder fallen. Ebenso das Vorhaben, in einer größeren Stadt den Fluß zu überschreiten, nachdem wir mehrere Schützenlöcher und Deckungsgräben passiert und größere Truppenmengen in der Stadt festgestellt hatten. Daher gingen wir auf den Höhen des Nordufers weiter. Bis 23.00 Uhr marschierten wir bei herrlichem Mondenschein und in guter, zuversichtlicher Stimmung, morgen Krasnograd zu erreichen.

Dienstag, 30. 9. 1941
Trotz nasser Fußbekleidung und Frost mit erheblichem Rauhreif kauerten wir — zu neunen dicht nebeneinander — von 23.00 bis 05.00 Uhr hinter einer Dieme. In der Dämmerung gingen wir weiter. Nichts regte sich. Lediglich auf dem linken Flußufer hörte man — wie schon in der letzten Nacht — Lkw's fahren. Gefechtslärm war überhaupt nicht zu vernehmen. Vor einer Dieme räkelte sich ein Zivilist, der die Nacht wahrscheinlich auf unsere Art zugebracht hatte.
Stets aufmerksam spähend, ließen wir Täler und Höhen in langsamem Tempo hinter uns und gingen sehr vorsichtig — am liebsten gar nicht — an kleinen Wäldchen vorbei. Geringen Verkehr stellten wir auf der Straße fest, die von Berestowenka in SW-Richtung führt.
Doch jetzt mußten wir bald die Bahn in Krasnograd sehen können und wollten die beherrschende Höhe nehmen, um eine eingehende Geländebeurteilung zu machen. Denn allmählich mußte es brenzlich werden und wir waren gefaßt, jeden Augenblick auf Russen zu stoßen. Halt! Da stand auf dem Berg an einer Dieme ein Posten. Schon stolperten wir über die Telefonstrippe des B-Postens. Unauffällig bogen wir ab und setzten uns an ein kleines Wäldchen in Deckung, denn hier schien etwas los zu sein.
Ein Krad und zwei Lkw fuhren an unserem Waldrand vorbei zum B-Posten. Aber es wurde nach kurzer Zeit schon gräßlich kalt. Nebel senkte sich herab, kondensierte in den Baumkronen, gefror beim Tropfen in der unterkühlten Luft und dann fielen Eisstückchen auf unsere Kombination. So unangenehm war uns die Kälte noch nicht vorgekommen. Ob wir dies überhaupt bis zum Abend aushielten? Um 09.00 Uhr überflog eine Ju 88 in mehreren Kurven unser Gebiet. Hart links von uns bellte ein Flakgeschütz auf.
Allmählich wurde es unerträglich. Einen nicht mehr gutzumachenden Schaden konnten wir uns zuziehen. Aber wir mußten unmittelbar vor der Front sein nach der früheren Lage, und nach altem Rezept mußten wir den Schutz der Nacht abwarten. Wer würde das aushalten? Ich fragte unauffällig nach dem Befinden. Alle waren bescheiden und still, oder war es schon Apathie? Ich spürte nur heraus, daß durch die kalten Nächte, stetig kalten Füße und den geringen Schlaf die Widerstandskraft doch schon schwächer geworden war. Es mußte also etwas geschehen. Ich nahm Lt Weyer beiseite. Lange überlegten wir und kamen zu dem Entschluß, wieder nach dem gestrigen Verfahren als Gefangene im Schatten der Berge gegen das Flußtal zunächst in das Gebiet zwischen Bahn und Fluß zu kommen. Mit diesem kühnen und vielleicht folgenschweren Entschluß gingen wir zu den anderen zurück. Die Besatzung nahm ihn ohne Widerworte oder Gegenvorschläge auf, sie war froh, die klammen Glieder, trotz der Wunden und Schmerzen bewegen zu können. Die Marschstunde wollte überhaupt nicht enden. Wiederholt blieben wir stehen, aber nichts Verdächtiges war zu bemerken. Also weiter! An einer größeren Hecke über einem langen Hang ließ ich die Besatzung mit den Gefangenen volle Deckung nehmen. 20 Minuten beobachteten Lt Weyer und ich das vor uns liegende Gelände, aber nirgends waren verdächtige Bewegungen festzustellen. Kein Schuß fiel. Friedhofstille überall. Unten im Tal zog

Angriffswirkungsbild des NO-Teils von Moskau.

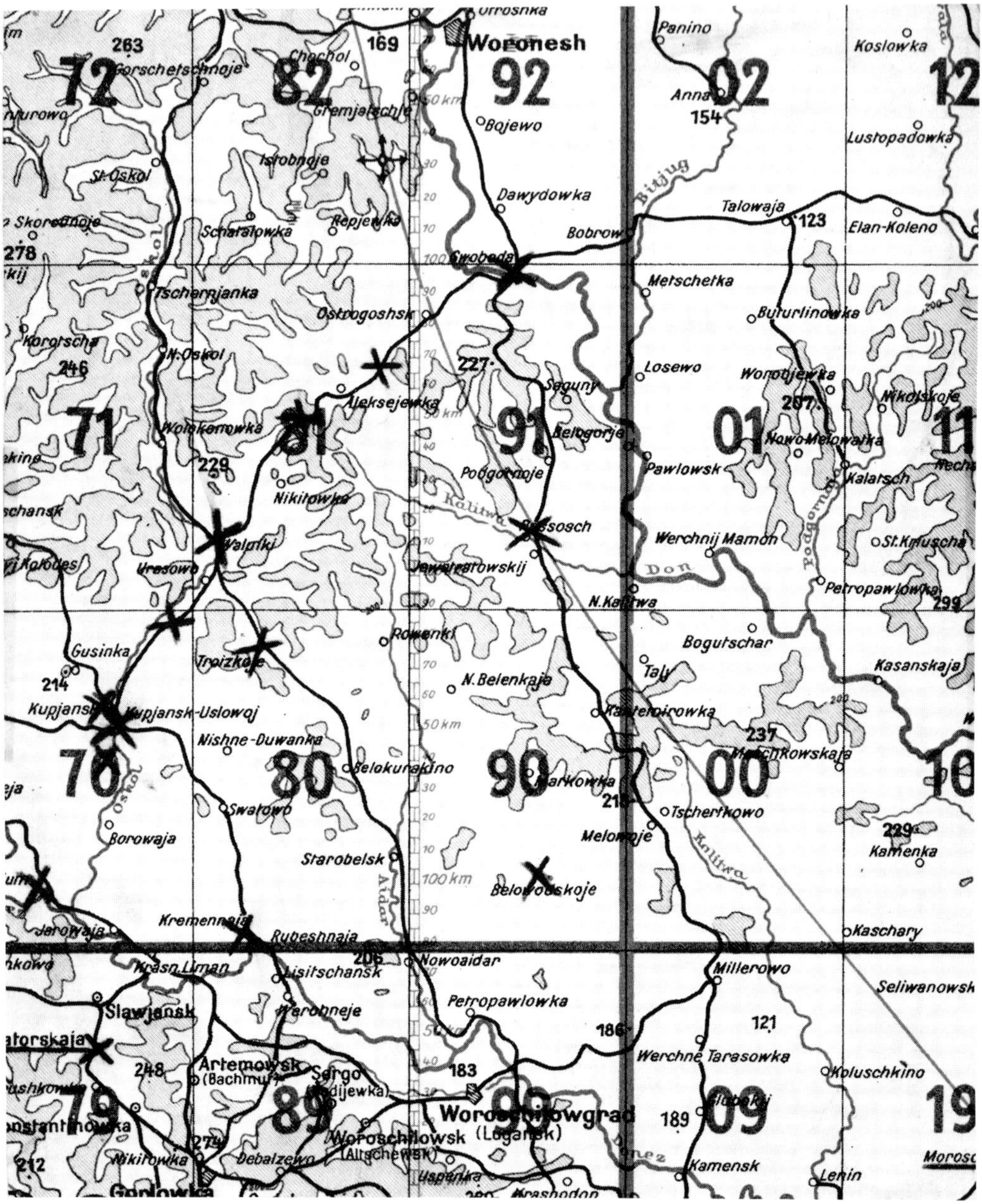


Ein Kartenausschnitt der gebräuchlichen Fliegerkarten im Kriege (Merkatorprojektion, Maßstab: 1 : 2 Mio. mit Meldegitterüberdruck). Die Kreuze markieren bekämpfte Eisenbahn- und Nachschubziele im Raume Kupjansk – Swoboda – Kamensk.

Für diesen »Fw Reiff-Haarschnitt« erhielt Gefr Eder RM 15.– zugunsten des Winterhilfswerks! (links außen)

RI Ament sorgte für Verpflegung, Bekleidung, Besoldung und Marketenderei in der II./KG 55.

In Shitomir stellte man sich schnell auf die Deutschen ein!

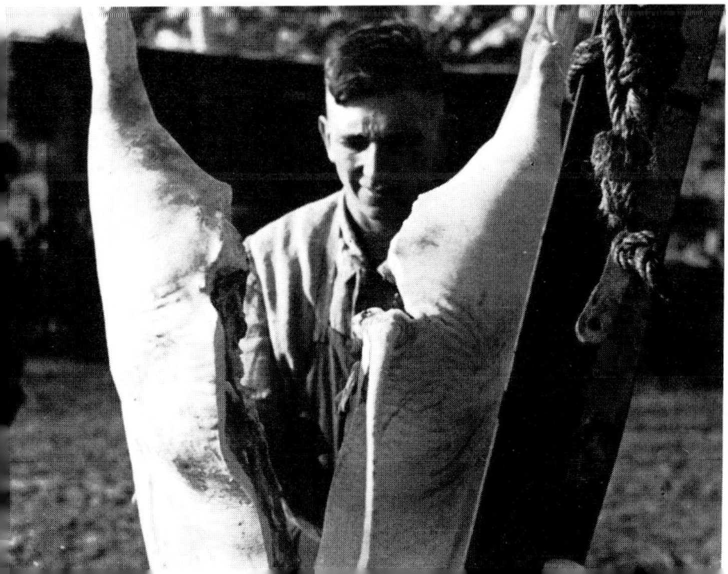

Küchenchef Franz Fallert, Stabsstaffel, im »Einsatz«.

So kehrte Lt Bermadinger mit seiner G1 + FT am 6. Oktober 1941 vom Einsatz auf das Panzerwerk Kramatorskaja zurück. BM Fw Karl Müller verblutete noch während des Rückfluges.

So wirkten die Bomben des KG 55 in den Produktionshallen.

Wirkungsbild von Kramatorskaja aus 9000 m, am 10. Oktober 1941. A: Hochofenwerk; B: Stahlwerke; C: Walzwerk; D: Kraftwerk; E: Montagehallen; F: Werksbahnhof; G: Verschiebebahnhof; H: Wohnsiedlungen.

langsam ein Kuhgespann seinem Dorfe zu. Jetzt flogen von NO nach SW sieben russische Mehrzweckflugzeuge, die von Jägern begleitet wurden. Überfallartig wurden sie im SW mit gut liegender Flak belegt. Das mußte deutsche Flak aus der Gegend Krasnograd sein. Also waren die deutschen Truppen doch noch in Krasnograd. Und das gab wieder zu denken: wo war die vordere Linie, wo steckten die Russen? Aber wir wollten bei unserem Plane bleiben. Doch jetzt glaubten wir, auf dem jenseitigen Hang Bewegungen festzustellen. Es kam aus Richtung Krasnograd. Aber es war alles ruhig. Was wir als Panzer ansprachen, war ein umgestürzter Lkw.
Schiffer kam und meldete, hinter der Dieme seien Speise- und Geflügelreste, die noch ziemlich frisch aussahen. Wir ließen ihn mitbeobachten, auch er glaubte, Bewegung festzustellen, gestand dann aber auch seine Täuschung. Allerdings fuhren dort Bauern zur Mittagszeit nach Hause.
Dann verließen wir die letzte schützende Hecke und kamen auf den offenen, von allen Seiten gut einzusehenden Hang. Eine andere Möglichkeit, an das Ziel zu kommen, gab es nicht. Als wir auf halber Höhe waren, hielten wir, um noch einmal alles mit dem Glas abzusuchen. Halt, was war das? Zwei Reiter kamen über die Höhe, auf der wir schon vorhin Bewegung festzustellen glaubten. Ein Pkw folgte, dann ein Lkw mit Anhänger, offenbar einem Pakgeschütz. Nach wenigen Sekunden eine geschlossene Kompanie zu Fuß. So geschlossen marschieren nur deutsche Truppen!
Ein erhebendes, glückliches Gefühl ergriff uns. Wir konnten es nicht fassen, gingen weiter und hielten noch einmal an. Tatsächlich feldgraue Soldaten! D e u t s c h e Soldaten! Ängstlich fragten die Russen, und als wir sagten, es seien deutsche Truppen, freuten sie sich mit uns.
Ehe wir uns bei der eigenen Truppe meldeten, wollten wir essen. In zwei ukrainischen Häusern ließen wir uns nieder. Wir hatten gerade angefangen, als ein aufgeregter Ukrainer in das Haus kam. Mit Händen und Füßen versuchte er etwas klar zu machen. Es mußte sich um irgendetwas im Nachbarhaus handeln. Ich nahm an, bei den anderen sei irgend etwas Unangenehmes geschehen und ging mit hinaus. 30 Meter folgte ich ihm. Da er so rasch ging und ich ihm nicht folgen konnte, wollte ich Lt Weyer bitten und drehte mich zum Hause um. Da wurde plötzlich mit Maschinenpistole über mich hinweggeschossen. Ich sah mich sofort um, und als ich feldgraue Soldaten erkannte, war ich beruhigt. Ich wandte mich zum Rückweg, aber da wurde wieder geschossen. In dem Augenblick kam auch Lt Weyer schon und meinte, wir müßten uns zu erkennen geben. Und richtig, der deutsche Spähtrupp kam näher und entschuldigte sich. Er habe nämlich gehört, in einem der Häuser seien Russen, und für die habe er uns in der Kombination gehalten. Das war die erste Begegnung mit der eigenen Truppe.
Darauf setzten wir unser gutes und reichliches Mittagessen fort, das uns die rührigen Ukrainer bereitet hatten. Nachdem der Unteroffizier unsere Personalien festgestellt und wir uns länger mit ihm unterhalten hatten, kam er noch einmal zurück, da der Kommandeur des dort vorgehenden Inf.-Rgt. uns sprechen wollte.
Und damit begann eine Aufnahme, wie sie schöner und freundlicher nicht hätte sein können. Uns voraus ging wie ein Lauffeuer die Kunde, es käme eine Besatzung, die ... usw. Sobald wir zu irgendeiner Dienststelle kamen, wurde ich gleich gefragt: »Ach, Herr Oberleutnant gehören zu der Besatzung ...«, und schon wurden Zigaretten und vieles andere angeboten.
Oberst Dr. Corves, Kdr des I. R. 518, das uns aufgenommen hatte, sagte uns noch, wir hätten gut getan, uns von den Russen führen zu lassen. Ein I. G., das tags zuvor sechs Russen auf ähnlichem Hang und in gleicher Entfernung umgelegt hätte, sei schon gegen uns in Stellung gebracht gewesen. Im letzten Augen-

blick sei noch, infolge der beiden Gewehrträger an den Seiten, erkannt worden, daß es sich um zwei Parteien handeln müsse. Daher sei das Feuer nicht eröffnet worden. Darauf konnte ich nur einen Cognak aus der Flasche des Oberst auf den trefflichen Kanonier trinken!
Vom I. R. 518 wurden wir zur 295. I. D. gebracht, wo wir vom General Deinhardt empfangen wurden. Nach dem Essen meldeten wir unsere Aufklärungsergebnisse und ließen unsere Füße behandeln.
Am folgenden Tag fanden wir eine ganz besonders herzliche Aufnahme bei der Armeegruppe von Schwedler, wo uns auch der General zur Meldung empfing. Mit dem Wagen des Kommandierenden Generals wurden wir zum A.O.K. 17 gebracht, wo wir uns beim Flivo meldeten. Infolge kurzer Abwesenheit des Generals von Stülpnagel und der vorgeschrittenen Tageszeit, konnten wir uns nicht, wie vorgesehen, melden. Auf dem Wege zum Flugplatz begegnete uns unser Kommandeur, der mit dem Major beim Stabe (Ia) Oberleutnant Koller nach Poltawa gekommen war, um die Besatzung mit ihrer eigentlichen Maschine G1 + CC (denn die notgelandete AC war die Kommandeursmaschine) einzuholen. Auch Jan, unser treuer Begleiter — die anderen drei Russen hatten wir der 5./I.R. 518 zum Munitionstragen zur Verfügung gestellt — durfte mit uns nach Kirowograd, unserem damaligen Einsatzhafen, fliegen. Am 5. 10. 1941 meldeten wir uns bei dem Herrn Kommandierenden General unseres Fliegerkorps, General Ritter von Greim, und hatten nach dem Bericht die Ehre, ein Bild des Herrn Kommandierenden Generals mit folgender Widmung zu empfangen: »(Dienstgrad, Name) in hoher Anerkennung seiner vorbildlich kämpferischen Haltung nach der Notlandung im Sowjet-Feindgebiet am 22. 9. 1941 und in treuer Kameradschaft. K. H., den 5. 10. 41, v. Greim.«
Nach Entlassung der Besatzung meldete ich mich mit Lt Weyer bei Oberstleutnant i. G. Schemell. Da es kurz vor der Mittagszeit war, wurden wir General der Infanterie von Sodenstern, dem Chef des Stabes, vorgestellt und vom Generalfeldmarschall von Rundstedt zum Mittagessen eingeladen, wo wir mit den Herren des engeren Stabes des Herrn Feldmarschalls zu essen die Ehre hatten.
Und das war als Abschluß auch der Höhepunkt, nach der achttägigen Wanderung von Charkow bis nach Krasnograd. —

Von diesen Erfahrungen sollten noch einige Besatzungen im weiteren Verlaufe des Krieges im Osten profitieren. In langen, vielen Gesprächen mußten die Männer der »Anton-Cäsar« stets von Neuem bis in alle Einzelheiten berichten, »wie man's macht«.

## VIERMAL KRAMATORSKAJA — ABER NUR ZWEIMAL ÜBER DEM ZIEL!

Der Name klingt manchem »Greifen« heute noch in den Ohren. Anfang Oktober 1941 gab es — wenn auch nur für zwei Tage — im Geschwader nur ein Thema: Kramatorskaja.
Kein Mensch hatte je diesen Namen gehört — jetzt war er in aller Munde. Kramatorskaja war eines der großen russischen Panzerfertigungswerke im nördlichen Donezbecken zwischen Stalino und Slawjansk. Die Luftaufklärung stellte laufenden Ausstoß von Panzern für die Rote Armee fest, also

war es höchste Zeit, diese Lieferungen abzustellen oder einzudämmen.
Das Werk lag unmittelbar an der einzigen Nord-Süd-Bahn in diesem Raum; zwischen HKL und Ziel war es noch eine Flugstrecke von ca. einer Stunde. Drei Maschinen der 5./KG 55 sollten »anzünden«, also als Beleuchter wirken. Es verlief zunächst alles programmgemäß. Unauffällig unter Wolkenschutz anfliegen, Ziel bei letztem Büchsenlicht ausmachen und angreifen, mit hereinbrechender Nacht auf Heimatkurs gehen. Als dann zur errechneten Zeit im Abenddunst eine ganze Batterie von qualmenden Schornsteinen auftauchte und dann noch der langgezogene Strich der genau nord-südlich verlaufenden Bahnlinie erkennbar wurde, schien alles klar zu sein. Die vertrauten Wattebäusche der Flak ringsum im noch hellen Abendhimmel ließen keinen Zweifel am richtigen Ziel aufkommen, solch' beachtlicher Abwehraufwand mußte ja einen Grund haben. Seitlich am Ziel vorbeigeflogen und also von »hinten« den Lotfe-Anflug durchgeführt. Ein großes Fabrikgelände tat sich auf. Zunächst die 500 kg Außenbordbombe und dann den ganzen Schüttkastensegen hinterher. Mehr als 1000 Brandbomben taumelten auf das Werk. Die »Glühwürmchen« leuchteten auf, und bald danach wurde es rot, glutrot. Funkspruch nach Hause: »Ziel brennt!« Nun starteten in Kirowograd endlich die weiteren Maschinen und vollendeten das Werk. So glaubten zumindest die Männer der 5./KG 55, als sie morgens um 03.00 Uhr todmüde in den Schlafsack krochen und schnell in tiefen Schlaf versanken. Um 09.00 Uhr am nächsten Morgen der Alarmruf: »Besatzungen fertigmachen — Flugbesprechung«. »Was gibt's denn nun schon wieder Neues?« Neues eigentlich nicht, aber die dümmsten Gesichter ringsum, als »Onkel Ernst« (OTL Kühl) die »Lage« gab.
Der Frühaufklärer über Kramatorskaja meldete dicken Rauch aus den Schornsteinen, aber nicht aus den Hallen. Das Panzerwerk war unbeschädigt und in vollstem Produktionsgang!
20 km südlich davon wäre aber ein anderer Industriekomplex total vernichtet worden. Verdammte Sch . . . . Die »Anzünder« hatten sich verfranzt.
Keine Frage, daß sie jetzt als erste an den Start mußten. Das Wetter hatte sich schnell verschlechtert, es war eine typische, russische kontinentale Oktoberwetterlage. Die Maschinen zogen sogleich in die Wolken hinein und hatten erst in 2000 m Höhe wieder Sichtverbindung. Aufgrund der Knemeyer-Berechnungen wurde im Zielraum nach unten durchgestoßen. Die Nebelsuppe nahm kein Ende. 200 m — 180 m — 150 m — zeigte der Höhenmesser. Geht es noch tiefer? Sicher, was hilft's — man wird ja nicht gleich einen Schornstein in der Kanzel haben. Langsam weiter herunter, bei 60 m endlich, durch einzelne Schwaden, immer noch unklar, Erdsicht. Zwei weitere Maschinen waren noch nicht auszumachen. Die Besatzungen

sind aufs Äußerste angespannt. Beobachtung nach unten, nach vorne und nach den Seiten. Da ..., ein Anhaltspunkt, von links kommt im spitzen Winkel eine eingleisige Bahnlinie, Richtung Ost—West. Die Strecke Losowaja-Slawjansk. Koppelstandort vor oder schon hinter Slawjansk?
In 30 m Höhe rutschten sie an den Gleisen entlang. Häuser, jetzt mehr Schienen, also muß bald ein Bahnhof, in großem Bogen eine Abzweigung nach rechts kommen. Das muß Slawjansk sein! Das erste Flakmündungsfeuer. Also erkannt! Vorne, rechts, links blitzte es auf. Wieder einmal mitten drin im Schlamassel — 30 m sind zu hoch, also noch weiter herunter um das Abwehrfeuer zu unterfliegen und nichts wie weg aus dieser Ecke. Hauptsache, Kurs nach Kramatorskaja. Plötzlich war die zweite Maschine wieder da und von links 300 m weiter tauchte auch die dritte auf. Aufschließen in 60 m Höhe zu lockerer Kette mit breitem Sicherheitsabstand.
Nun durfte es kein Verfranzen mehr geben. Der nächste größere Ort mußte Kramatorskaja sein. Schon tauchte er auf: riesiges Werksgelände, Loren, Stapel, Bahnen, Panzer, Hallen —; Bombenschächte auf, alles, was drin ist, mit Vz (Verzögerung) natürlich, heraus und mitten hinein. In Schornsteinhöhe sah man das bläulich-weiße Zucken der Schweißgeräte durch die Fenster. Man konnte nur ahnen, was jetzt gleich hinter und unter der Kette los sein würde. Dreimal 32 SC 50 kg müßten hochgehen — und sie haben es auch getan. —
Zurück in die schützenden Wolken, heller und heller wurde es, und in 200 m Höhe blendete die Sonne — Schweben über dem weiten Meer von Watt, so nahe lagen Krieg und friedliche Stille beisammen.
Nach drei aufeinanderfolgenden Einsätzen stand den Männern in Kirowograd eine qbi-Pause zu. Zumal der Fehler vom Abend zuvor wettgemacht worden war. — Davon war keine Rede! Im Zielgebiet trat im weiteren Tagesverlauf Wetterbesserung ein. So flog man also am Nachmittag eben noch ein viertes Mal — jetzt mit Lotfe und dicken »Brocken« auf die noch stehenden Hallen.
»Onkel Ernst« machte »Nägel mit Köppen« und ließ die ganze Gruppe darauf los. Man fand es im übrigen sehr fair von ihm, daß er kein Wort des Vorwurfes über die »Fehl-Anzünder« fallen ließ, obwohl er offensichtlich vom Fliegerkorps eine erhebliche »Zigarre« verpaßt bekommen hatte, wo er doch nur leidenschaftlich Zigaretten rauchte. Das Panzerwerk Kramatorskaja lieferte seit dem 6. Oktober 1941 vorerst keinen weiteren Panzer mehr für die russische Armee aus.

Mit jedem Kilometer, den die deutschen Armeen 1941 weiter in die Tiefe des russischen Raumes vorstießen, wurde der Truppe deutlicher, daß der Ablauf der Ereignisse, alle Akribie der Stabsplanungen sprengend, in zunehmendem Maße zu Improvisationen zwang. Konnte man dort mit diesen in keiner Ausbildungsvorschrift dargestellten Aufgaben fertig werden, wo Wendigkeit und Anpassungsfähigkeit des kämpfenden Mannes den Ausschlag gaben, so ließen sich in der Kampfführung der hochkomplizierten technischen Waffen ernsthafte Reibungen nicht vermeiden. Hier wurde die Luftwaffe vor Probleme gestellt, die nicht nur von den fliegenden Besatzungen ein Umlernen, sondern auch von ihren Führungsstäben ein Umdenken in völlig neuartige Kategorien der Einsatzbedingungen verlangten. Die Fehleinschätzung des Gegners, sowohl in seinen soldatischen Leistungen als auch hinsichtlich der im russischen Raum liegenden latenten Abwehrkraft, ließen offenbar werden, daß die technische Ausrüstung der deutschen Luftwaffe gefährliche Lücken aufwies. Nicht nur, daß die 1300 Frontflugzeuge, die die deutsche Führung in eine auf 1600 km klafternde Auseinandersetzung hineinzuwerfen imstande war, in rettungsloser numerischer Unterlegenheit im Raume auffächerten, entscheidender noch war das Fehlen jener Spezialverbände, die nach Ausbildung und technischer Ausrüstung für eine territoriale Luftkriegsführung in weiten Räumen vorbereitet gewesen wären.

Mit der fortschreitenden Jahreszeit und ihren zunehmenden Witterungsschwierigkeiten verlagerte sich die Last der Luftkriegsführung bereits 1941 in immer stärkerem Ausmaß auf die wenigen schweren Kampfverbände, die an der Ostfront verfügbar waren. Hatten schon die ersten Kriegsmonate dazu gezwungen, diese für eine operative Luftkriegsführung geschulten und gerüsteten Geschwader taktisch einzusetzen, weil ihre operativen Erfolge fragwürdig werden mußten, dort, wo die Erdtruppe, in Raumschwierigkeiten verstrickt, nicht jenen Anschluß halten konnte, der notwendig gewesen wäre, sie auszunutzen, so fiel den Bombergeschwadern langsam immer mehr die zwar dankbare aber ihrer ursprünglichen Aufgabenstellung keineswegs adäquate Rolle einer Feuerwehr in den Brennpunkten der Erdkämpfe zu. Die durch mangelhafte Verkehrsverbindungen mit Einsetzen der Schlechtwetterperiode schwierig werdende Nachschublage frontnaher Feldflugplätze schob taktische Operationsziele aus der Reichweite leichterer Luftstreitkräfte. Allein die Reichweiten schwerer Bomber erlaubten die Entfernungen zu überspringen, die zwischen der meist an der Kopfstation eines Schienenstranges hängenden Nachschubbasis und dem Frontziel klafften.

Aus dieser Situation resultierten dann jene Improvisationen, die — zwar von der Truppe gemeistert — zu einem Verschleiß führten, dessen Folgen sich zeigten, als bei Stalingrad Bilanz gezogen werden mußte und die Rechnung mit einem nicht wieder hereinzuwirtschaftendem Defizit schloß.

Freilich mag eine so wertende Kritik aus der Rückschau billig erscheinen. Wem das Feuer auf den Nägeln brennt, dem bleibt kaum eine andere Wahl, als aus der Not eine Tugend zu machen. So allein ist der Entschluß zu verstehen, der im Herbst 1941 die schweren deutschen Kampfverbände in ein Unternehmen warf, das allen klassischen Luftkriegstheoretikern hätte die Haare zu Berge stehen lassen. Wurde des nachts operativ geflogen, so mehrten sich tags — neben Versorgungseinsätzen für die im Schlamm steckengebliebenen Panzer — die Einsatzbefehle, die schwere Bomber auf Eisenbahnjagd schickten. Ehe auf die Erfahrungen eingegangen werden soll, die mit diesen erstmalig im Südabschnitt der Ostfront durchgeführten Einsätzen gemacht wurden, sei kurz die Ausgangslage skizziert, die den Führungsentschluß auslöste, die schweren Kampfverbände so zweckentfremdet einzusetzen.

Nach Beendigung der weiträumigen Schlacht um Kiew am 26. 9. 1941 stand als große operative Aufgabe an der Ostfront die Wegnahme des Donez-Industriebeckens der deutschen Führung vor Augen. Die längs der Nordküste des Asowschen Meeres vorstoßenden Verbände hatten bereits am 19. 9. Taganrog genommen und boxten mit kräftigen Ellenbogenstößen ihre linke Flanke bis in die Höhe Stalinos vom Feinde frei. Nördlich der Linie Dnjepropetrowsk — Stalino aber hielt der Russe eine noch weit nach Westen vorspringende Bastion, deren Angelpunkt Charkow war. Die rote Führung wußte, was diese Flankendrohung für die auf Rostow vorfühlende deutsche Armee bedeutete und war bemüht, durch laufende Verstärkung ihrer Verbände hier härtesten Widerstand zu leisten. Wenn sie in diesem Bemühen einerseits durch die herbstliche Wetterlage unterstützt wurde, so hatte sie andererseits doch die gleichen Nachschubschwierigkeiten wie der Angreifer, da eben auch ihre Reserven am Herankommen durch die total verschlammten Wege erheblich behindert waren. Der weitgehende Ausfall der Straßenverbindungen ließ bereits im Oktober die Eisenbahnlinien zu jenen festen Adersträngen werden, die allein den Nachschubfluß noch zu garantieren vermochten. Deutsche Versuche, das Charkow versorgende Bahnnetz nachhaltig zu zerstören, scheiterten am bewunderungswürdigen Improvisationstalent des Gegners. Selbst nachhaltige Zerstörungen am Schienennetz wurden über Nacht von diesem behoben. In dem Maße, wie offenbar wurde, daß eine nachhaltige Zerstörung dieses eisernen Adernetzes unmöglich war, wuchs die Erkenntnis, daß der rote Nachschubverkehr nur durch eine Dezimierung des rollenden Materials gestoppt werden konnte. Der Ausfall von Lokomotiven — die, wie man wußte, nur beschränkt verfügbar und äußerst schwierig zu ersetzen waren — mußte den roten

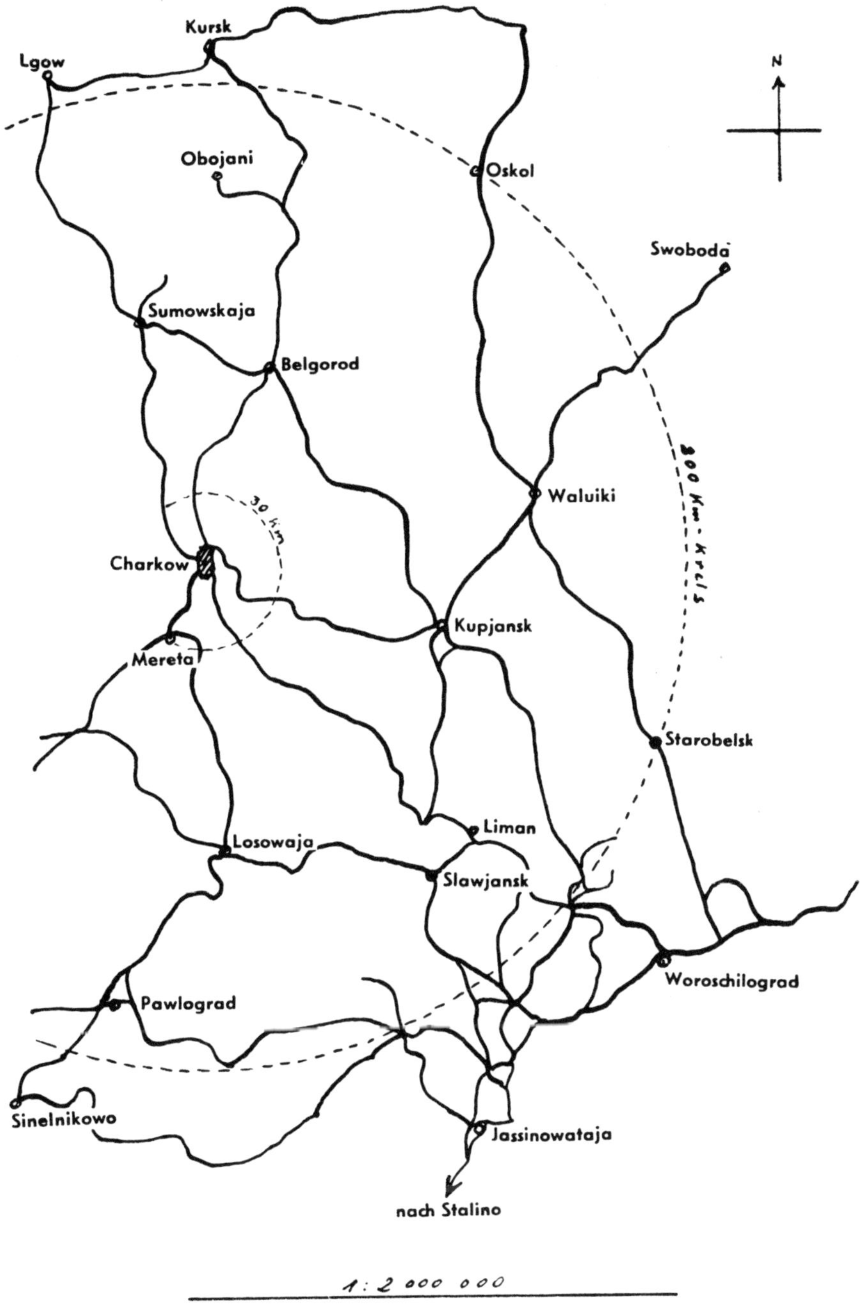


Eisenbahnjagdraum 1941

Nachschub für Charkow an seinem neuralgischen Punkt treffen. Aus den bereits erwähnten Gründen standen für diese Aufgabe der deutschen Führung nur schwere Bomber zur Verfügung.
Die Erdlage zwang die Führung der Luftflotte 4, dem Heer die geforderte Unterstützung zu gewähren und mit den im V. Fliegerkorps verfügbaren Bomberverbänden das Experiment eines solchen Gewalteinsatzes zu wagen. Die Erfolge — um das hier vorwegzunehmen — rechtfertigten diese Einsatzplanung, sofern man sie von der Entwicklung der Erdlage her beurteilt. Eine andere Frage freilich ist es, ob im größeren Rahmen der Luftkriegsführung Ost der örtliche Gewinn nicht doch zu teuer bezahlt werden mußte?
Erfahrungen in der Eisenbahnjagd lagen den im Rahmen des V. Fliegerkorps fechtenden KG 55 bis zum Oktober 1941 nicht vor. Zwar waren Eisenbahnziele im Laufe des Feldzuges wiederholt bekämpft worden, doch erfolgten dabei die Angriffe, der Art des Horizontalbomberverbandes entsprechend, durchweg im Hochangriff. Tiefflugerfahrung hatten die alten übriggebliebenen Englandbesatzungen des Geschwaders von ihren Angriffen auf Schiffsziele und in Einzelfällen von den Nachttiefangriffen auf britische Nachtflughäfen. Das Gros der Nachwuchsbesatzungen hatte hierin jedoch nur relativ geringe Ausbildungserfahrungen.
Als Eisenbahnjagden im Herbst 1941 nun mit ins Operationsprogramm aufgenommen wurden, standen dem von der Basis Kirowograd aus operierenden Geschwader zwei Einsatzgruppen zu je drei Staffeln zur Verfügung. Das bedeutete einen Effektivbestand an einsatzklaren Maschinen von durchschnittlich 40 He 111. Die Anflugstrecke bis in das Charkow wie einen nach Osten geschlagenen Halbkreis umspannende Operationsgebiet betrug im Schnitt 300 km, also eine gute Flugstunde. Der Radius dieses Halbkreises um Charkow konnte mit 200 km Mittelwert veranschlagt werden, doch gibt diese Zahl nur einen Anhaltspunkt für die kartographische Ausdehnung des Operationsraumes. In diesem so umschlossenen Kreissektor war jedoch ein rund 2500 km messendes Streckennetz zu überwachen — alle Einsätze waren mit Aufklärungsaufgaben verbunden — bzw. zu bejagen *(siehe Skizze).*
Der Einsatzauftrag teilte jeweils den Besatzungen bestimmte Streckenabschnitte zu, so daß im Durchschnitt für einen Kampfauftrag eine Einsatzzeit von 200 Minuten veranschlagt werden konnte, die sich wie folgt aufgliederte: Anflug 60 Minuten, Jagdauftrag 80 Minuten, Heimflug 60 Minuten. Selbstverständlich ist diese Gliederung nur schematisch aufzufassen. In der Praxis verkürzte sie sich natürlich, je schneller es gelang, ein Ziel zu finden und damit zum Angriff zu kommen. In ungünstigen Fällen dagegen konnte sich die Suche bis an die treibstoffbedingte Reichweitengrenze ausdehnen, sofern die Besatzung sich nicht entschloß, das für solche Fälle vorgesehene Ausweichziel anzugreifen. Ungefähr 10 Pro-

zent der Einsätze führte aufgrund der Wetterlage — die auch einen Angriff auf das Ausweichziel unmöglich machte (aufliegende Bewölkung) — zu erfolglosem Abbruch und Heimkehr mit Bomben. An Waffen standen den Maschinen, die fast durchweg ihren Auftrag im Einzelflug, selten in Rotte oder Kette durchzuführen hatten, Bomben der Kaliber 50 kg und 250 bzw. 500 kg zur Verfügung. Neben der Wurfmunition waren die Maschinen mit fünf MG und zwei zum Feuern in Flugrichtung lafettierten Bordkanonen von 20 mm (eine in der Bugkanzel, die zweite in der Bodenwanne unter dem Flugzeugrumpf) ausgerüstet. Wenn die zu geringe Feuergeschwindigkeit und die erhebliche Anfälligkeit wegen Ladehemmungen dieser Kanonen (Preßluftlader) auch den Besatzungen manchen Fluch entlockten, zu entbehren waren sie schon deshalb nicht, weil mit ihren Feuerstößen gerade das wertvollste »Wild«, die Lokomotiven, am sichersten zu treffen waren.
Der Bombenwurf — zweifellos die Hauptwaffe eines Kampfflugzeuges — unterlag bei diesen Tiefeinsätzen einem doppelten Handicap: Erstens bestand für diese geringen Flughöhen keine brauchbare Visiereinrichtung, so daß nach Erfahrungswerten »frei über den Daumen« geworfen werden mußte, zweitens war der Bombenschütze in der entscheidenden Angriffsphase an der allein von ihm zu bedienenden Bugkanone ganz unabkömmlich, so daß der Flugzeugführer die Bomben auslösen mußte. Diese Doppelbelastung für die im Angriff wichtigsten beiden Besatzungsangehörigen erforderte ein hohes Maß an Hand-in-Hand-Arbeit, was nur von sehr gut aufeinander eingespielten Besatzungen erwartet werden durfte.
Bereits der Anflug in den Operationsraum stellte sowohl das fliegerische als auch das navigatorische Können der Besatzungen auf eine harte Probe. Eine der Voraussetzungen für den Einsatzerfolg war schließlich das Überraschungsmoment. Um dies zu erreichen, aber auch um die eigenen Verluste möglichst gering zu halten, wurde die Eisenbahnjagd 1941 bevorzugt bei Wetterlagen geflogen, die einen schützenden Anflug über den Wolken erlaubten und der angreifenden Maschine gestatteten, sich nach Erfüllung ihres Auftrages wieder durch Hineinziehen in die Wolken etwaiger Abwehr rasch zu entziehen. Wetterlagen mit tiefen Wolkenuntergrenzen versprachen bald auch deswegen den größeren Kampferfolg, weil die rote Eisenbahntätigkeit nach Anlaufen der deutschen Jagdbekämpfung gerade dann erheblich zunahm, wenn das Wetter Deckung gegen Beobachtung und Angriff zu gewähren schien. An Schönwettertagen erstarb schließlich alles Leben auf den eisernen Doppelgleisen. Erst in der Dämmerung begannen die Lokomotiven der Transportzüge wieder Dampf aufzumachen. Nachteinsätze wurden aber 1941 im Eisenbahnjagd-Programm noch nicht geflogen.
So hatte also der Anflug bereits seine Schwierigkeiten. Entweder erfolgte er bis zum Frontüberflug schon im Tiefflug, um vor dem Hineinziehen

in die Wolken einen möglichst feindnahen terrestrischen Navigationsfestwert zu erhalten, oder aber es wurde gleich nach dem Start auf Höhe gezogen und ohne Bodensicht angeflogen. In beiden Fällen war es im Zielgebiet notwendig, durchzustoßen und Bodenorientierung aufzunehmen. Selten gelang das dann so ideal, daß die anfliegende Besatzung gleich über einen der befohlenen Bahnstrecken aus dem »Dreck« herausstieß und mit der Eisenbahn-Jagdaufgabe begonnen konnte. Meist wurde in den herbstlichen Wetterlagen jedes Durchstoßen zu einem erheblichen Vabanquespiel, das besonders unter den jüngeren Besatzungen Opfer forderte, die in ihrem zahlenmäßigen Ausmaß den durch Feindabwehr verursachten gleichkamen. Es machte sich bei dem langsamen Heruntertasten durch eine keinerlei Höhenschätzung erlaubende graue »Milchsuppe« das Fehlen eines genauen Höhenmeßgerätes verhängnisvoll bemerkbar, zumal bei den ebenso fehlerhaften wie lückenhaften Angaben auf dem russischen Kartenmaterial richtige Höhenbeurteilungen absolute Glückssache waren. Verluste durch Bodenberührung beim Durchstoßversuch gehörten bei dieser Art von Einsätzen zur Tagesordnung.

Fand die Eisenbahnjagd-Besatzung nach dem Durchstoßen keine Bahnlinie vor ihrer Kanzel, so wurde meist auf Ostkurs »querbeet« weitergeflogen, bis einer der sternförmig von Charkow ausstrahlenden Schienenstränge angeschnitten wurde. An die so gefundene Linie geklemmt, konnte die Bodenorientierung aufgenommen und die Eisenbahnjagd begonnen werden. Der Schienenstrang wurde an der Wolkenuntergrenze hängend bis an den 30 km um Charkow beginnenden Sperrkreis abgeflogen. Bei ergebnisloser Suche wechselte die Besatzung hinüber zur nächsten Bahnlinie in ihrem Sektor. Die Einsatzabschnitte pflegten sich dabei im allgemeinen in drei Auftragssektoren zu unterteilen:

(Eis)-Jagdraum 1 (Nordabschnitt), begrenzt im Westen durch die Linie Charkow — Sumowskaja — Lgow, im Osten durch die Strecke Waluiki — Swoboda;

(Eis)-Jagdraum 2 (Ostabschnitt), mit den Sektorengrenzen Charkow — Wolokonowka — Swoboda und im Süden Charkow — Kupjansk — Starobelsk;

(Eis)-Jagdraum 3 (Südabschnitt), mit der Südgrenze des Jagdraums 2 nach Nordosten hin abgesteckt und im Westen begrenzt durch die Linie Charkow — Losowaja — Pawlograd.

Wurde die verräterische Rauchschlange eines Zuges schließlich entdeckt, so klemmte sich die Maschine im Tiefstflug an die entsprechende Strecke. Dabei war es nötig, jede Biegung der Streckenführung peinlich auszufliegen, denn während des so angesetzten Tieffluges war das Ziel jeder Sicht entzogen und tauchte erst in dem Augenblick wieder auf, wo schnellstes Handeln geboten war. Selbstverständlich war die so anfliegende Ma-

schine auch für den Gegner nicht auszumachen und selbst das Motorengeräusch war von den Angegriffenen erst zu hören, wenn der Angriff unmittelbar bevorstand.
Wie der Anflug angesetzt wurde, war den Besatzungen — die sich hierbei ja in operativem Neuland zum Erfolg vortasten mußten — selbst überlassen. Es zeigten sich jedoch rasch die taktischen Vorteile des Angriffs von vorne, wobei also der Zug auf Gegenkurs angenommen wurde. Zwar addierten sich dabei die Geschwindigkeiten, doch gelang es erfahrungsgemäß bei diesem Angriffsansatz in jedem Fall, den Zug zu stoppen, selbst wenn die Kanonengarben nicht sofort entscheidende Treffer auf der Lok erzielten. Die für den Lokführer durch die von vorne anfliegende und aus der Bugwaffe feuernde Maschine entstehende Nervenbelastung reichte, den Zug zum Stehen und das Lokpersonal zum Abspringen zu bringen. Zudem war — wenigstens zunächst — eine Abwehr von der Zugspitze aus nicht zu befürchten. Erst später wurden Flakwagen vor der Lok gefahren. Beim Angriff vom Zugende her dagegen schlug der anfliegenden Maschine aus den offenen Loren zumindest starkes Infanteriewaffenfeuer entgegen, während der Zug gleichzeitig mit Höchstgeschwindigkeit zu entkommen suchte. Konnte er so in der Zwischenflugzeit zwischen erstem und zweitem Anflug einen vor ihm liegenden Bahnhof erreichen, so war der zweite Angriff erheblich gefährlicher als der auf freier Strecke. Sehr schnell nämlich hatte der Russe auf die Eisenbahnjagden damit reagiert, daß er selbst kleinste Stationen mit Vierlings-MGs bestückte, die vom Bahnpersonal bedient wurden.
Da durchweg vom Boden her ohne Leuchtspur geschossen wurde, war eine solche Abwehr meist erst zu erkennen, wenn es für die Kampfmaschine kein Ausweichen mehr gab. Es empfahl sich deshalb sehr bald, Bahnhöfe bereits bei der Suche zu umfliegen. Wurde das vergessen, so war nicht nur mit überraschendem Beschuß zu rechnen, sondern möglicherweise war durch telefonische Warnung der ausgemachte Zug bereits angehalten worden und die anfliegende Maschine traf in eine massive Abwehr. Entscheidend für den taktischen Ansatz des Anfluges war aber letztlich die Entfernung zum Ziel. Es konnte so für eine entschlossene Besatzung durchaus die Notwendigkeit bestehen, die Abwehr einer Station zu durchfliegen, um den sich nähernden Zug an der richtigen Stelle zu erwischen, während ein Ausweichen kurz vor dem Ziel den ganzen Anflugplan verpatzte. Im Anflug selbst mußte die Maschine auf 20 m über Grund »hochgezogen« werden, — die Bomben hatten eine Schärfungs-Fallstrecke von mindestens 14 m — damit der elektrische Zündmechanismus beim Aufschlag ansprach. Hier haben junge Besatzungen, in dem Bestreben, sich möglichst lange der Sicht und Abwehr zu entziehen, Fehler gemacht, da eben mangels ausreichender Instrumentierung die Wurfhöhe über den Daumen geschätzt werden mußte. Die Bomben

trudelten dann blind ins Ziel. Im ersten Anflug — der natürlich immer für die Kampfbesatzung einen Zustand hoher Nervenanspannung bedeutete — verbot es sich auch außer der Bugkanone, die in der Bodenwanne für den Schuß nach vorne lafettierte, zweite Bordkanone zu bedienen. So sehr es den Schützen locken mochte, seine Waffe spielen zu lassen, er mußte sich zurückhalten, da leicht ein Kanonentreffer auf die in seinem Schußfeld fallenden Bomben für die Maschine die Totalvernichtung nach sich ziehen konnte. Auch das war eine Erfahrung, die erst aus Verlusten reifte. Das Unangenehmste freilich bedeutete es für eine angreifende Besatzung, wenn der vor ihr liegende Zug mit Kesselwagen gemischt war (so dankbar diese auch als militärisches Objekt waren). In solchen Fällen war es zweckmäßig, sich den Bordwaffenbeschuß zu versagen — so sehr er auch etwaige Abwehr niederhalten konnte — denn Treffer in einem mit Sprit gefüllten Kesselwagen hatten wiederholt zur plötzlichen »Himmelfahrt« des Angreifers geführt, dessen Maschine ja im Tiefflug noch über das Ziel hinweg mußte, auch wenn das gerade explodierte. Es hing also letztlich alles von dem taktisch richtigen Verhalten einer gut aufeinander eingespielten Besatzung ab, denn der Erfolg entschied sich in Sekundenschnelle.

Daneben freilich gehörte zur durchschlagenden Wirkung die richtige Munitionsauswahl. Die ursprünglich als ausreichend angesehene SC-50-kg-Bombe stellte sich als Versager heraus. Wurde nicht gerade Munition oder Sprit getroffen, so war der Wirkung dieses Kalibers allenfalls ein moralischer Erfolg beschieden. Weder die Splitterwirkung reichte hierbei aus, ernstlichen Schaden an einem Zug zu stiften, falls die Bombe dicht neben das Ziel fiel, noch vermochte die Druckwirkung einen Wagen aus dem Geleise zu werfen. Erst als aufgrund dieser Erfahrungen durchweg mit 250-kg-Bomben geflogen wurde, änderte sich das Bild der Erfolge ganz wesentlich. Freilich erforderte die schwerere Bombe auch einen um so gewissenhafteren Anflug, da die geringe Bombenzahl der Maschine nachträglich Erfolgskorrekturen durch neue Anflüge nur sehr beschränkt erlaubte. Expertenbesatzungen wünschten sich als zweckmäßigste Beladung auf jeden Fall 4 x 250-kg-Bomben (davon eine als Außenbordaufhängung anstatt der sonst dafür vorgesehenen 500-kg-Bombe) und 4 x 50-kg-Bomben. (Eine Bombenschachtreihe war in den He 111 H-6 bereits einem zusätzlichen Rumpfbehälter für Kraftstoff geopfert worden, um den Aktionsradius der He 111 entsprechend erweitern zu können).

War bei Anlaufen dieser Einsätze noch befohlen, das Ziel im spitzen Winkel anzugreifen, um mit einer Bombenreihe zuverlässige Treffergebnisse zu erzielen, selbst wenn dabei einige Bomben »in den Sand gesetzt« wurden, so verbot sich das später bereits aus der als bewährt erkannten Anflugtaktik, wie es auch erfahrenen Besatzungen gegen den Strich ging, wertvolle Munition zu vergeuden. Die Wirkung eines richtig angesetzten Angriffs war bei zweckentsprechender Munitionierung in jedem Falle für den angegriffenen Zug vernichtend. Freilich entschied über den Erfolg allein die Erfahrung der angreifenden Besatzung, wobei nach der Taktik des Erstanflugs wiederum die Erfahrung im Bombenwurf ausschlaggebend war. War der Zug durch Bombentreffer zum Stoppen gebracht, von den im Ziele liegenden Bomben in Teilstücke zerrissen, so konnte er je nach Abwehrlage mit Bordwaffen den »Fangschuß« erhalten, wobei der Schwerpunkt immer die Lok blieb. Ehe diese nicht durch weiße Qualmwolken, die ihrem Leib wie Fumarolen entwichen, zeichnete, ließen erfahrene Besatzungen nicht von ihrem Opfer ab. Das schönste war freilich, einen Bombentreffer auf die Lok direkt anzubringen.

Die Abwehr des Gegners zeigte sich anfänglich völlig überrumpelt. Doch rasch wurde aus der Improvisation ein System, das dem Angreifer das Leben erheblich schwerer zu machen vermochte. Flakschwerpunkte im Einsatz-Jagdraum, die unbedingt zu umfliegen waren, waren Waluiki, Kupjansk, Losowaja, Swoboda und Jassinowataja. Bei unsichtigen Wetterlagen erforderte es gerade im Tiefflug die peinlichste Aufmerksamkeit des Beobachters, um nicht plötzlich in einer solchen Todeszone zu hängen. Verwunderlich blieb, daß die zugseitige Abwehr 1941 nahezu unorganisiert und nur dem Zufall überlassen blieb. Gelegentlich waren die Schlußwagen der Züge mit einem Vierling-Flak-MG ausgestattet, sonst aber mußten sich die Angegriffenen mit ihren Infanteriewaffen verteidigen. Das freilich taten sie mit äußerster Verbissenheit. Die Abwehr in der Luft durch rote Jäger war belanglos. Ab und an wurden rote Zerstörer beobachtet, denen aber meist ausgewichen werden konnte. Der also durchweg nur vom Boden her wirksamen Abwehr fielen meist erst dann Erfolge zu, wenn die von der deutschen Führung verlangte Meldegenauigkeit jüngere Besatzungen dazu zwang, nach dem Angriff das Opfer erneut zu überfliegen, um die Treffwirkung festzuhalten! Überall dort, wo damit Überflüge von Bahnhöfen verbunden waren, gab es durchweg Verluste und Beschädigungen der Maschinen.

Das Fazit der Eisenbahnjagdeinsätze des Kampfgeschwaders 55 im Jahre 1941 bewies, daß sich die Truppe in der ihr neuen Aufgabe schnell zurechtgefunden hatte. Im Rahmen der Operationen 1941 wurden von den zwei He 111-Gruppen 222 Züge ganz oder teilweise vernichtet. Davon waren 21 Munitionszüge und 13 Spritzüge, 64 Lokomotiven blieben total zerstört auf der Strecke. Die Diskrepanz zwischen der Lokomotivenzahl und der Züge erklärt sich teilweise aus der mangelhaften Erfahrung der Besatzungen, die ihre Angriffe falsch durchgeflogen hatten, teils aus der Tatsache, daß der Russe bei Erkennen von Eisenbahnjagdtätigkeit oft den Zug opferte, die wertvolle Lok abkoppelte und mit Volldampf allein in Sicherheit brachte. In solchen Fällen standen die Besatzungen vor dem

Dilemma, die Lok zu jagen und auf den Zug zu verzichten (da dessen Begleitpersonal inzwischen Zeit fand, eine erhebliche Abwehr aufzubauen) oder die Lok laufen zu lassen und den für die rote Front wertvollen Nachschub zu vernichten. Die Entscheidung mußte hier der Kampferfahrung der Besatzungen überlassen werden. Mit zunehmenden Einsatzzahlen gewannen die Besatzungen ein sicheres Gefühl für die Besonderheiten dieser Luftkriegsaufgabe, ja es bildeten sich Eisenbahnjagd-Experten heraus, die es verstanden, auch unter schwierigsten Bedingungen zuverlässige Erfolge heimzufliegen. Aus einer durch die Not erzwungenen Improvisation war ein fester Programmpunkt der Luftkriegsführung im Osten geworden.
Hielten sich 1941 die Verluste mit ca. 10 % der eingesetzten Maschinen — nur 5 % entfielen dabei auf die aktive Abwehr des Gegners — in einigermaßen tragbaren Grenzen, so schnellten sie in der Folgezeit aufgrund der zunehmenden roten Abwehr so hoch, daß man in neue Improvisationen ausweichen mußte und nunmehr Eisenbahnjagden bei Nacht fliegen ließ. Die Sache war inzwischen zu einer Expertenangelegenheit geworden, und die Eisenbahnjäger wurden in der Geschwadergliederung in einer Spezialstaffel, der 14. (Eis.), zusammengefaßt und nunmehr auch nur mit dieser Aufgabe betraut. Diese Notwendigkeit hatte sich aus der Entwicklung ergeben. Völlig verkannt allerdings wurde, daß diese im großen Rahmen nur operativ zu lösende Aufgabe, eine entsprechende technische Ausrüstung mit geeignetem Fluggerät verlangte. Die schwerfälligen und viel zu langsamen schweren Kampfmaschinen wurden für eine Aufgabe geopfert, die schnelle, wendige und gegen Bodenabwehr gepanzerte Fern-»Schlächter« erfordert hätte, wie sie dem Gegner in seiner Il-2 etwa zur Verfügung standen. Gerade die operativen Möglichkeiten, einer Lähmung des russischen Eisenbahnverkehrs — wie sie sich aus den Pioniereinsätzen der Kampfverbände klar abzeichneten — hätten eine verantwortungsbewußte Führung bestimmen müssen, der Truppe für diese Zwecke geeignetere Maschinen in die Hand zu geben. So flogen die Eisenbahnbekämpfungsstaffeln der schweren Kampfverbände noch bis in den April 1945 mit He 111 ihre »Himmelfahrtseinsätze«, als längst schon alle Kampfgeschwader zu Jagdverbänden umgerüstet worden waren.

## ANGRIFF AUF FLUGZEUGWERK WORONESH

— nach einem PK-Bericht von E. Kirchhof —

*Der Oktober 1941 hatte es in sich. Kirowograd verwandelte sich von Tag zu Tag mehr in ein trübes Schlammeer, dessen Pfützen in den Nächten schon beachtliche Eiskrusten aufwiesen. Trotzdem rollte der Einsatz pausenlos weiter. Weit griffen die Kampfverbände hinter die rote Front,*

*um Fertigungswerke der sowjetischen Rüstungsindustrie stillzulegen. Mancher Einsatz wurde dabei zum verwegenen Husarenstückchen, und mehr als einmal kam die gute He 111 zerlöchert wie ein Sieb zurück. Aber auf heißen Flakempfang war man ja eingestellt.*
*Wieder dämmerte ein Oktobermorgen herauf. Bei der III. Gruppe ging es rund. 06.00 Uhr Einsatzbesprechung. Zwei Besatzungen wurden zu einem Sonderunternehmen eingeteilt. Kaum hatte der Kommandeur sein »Noch Fragen?« gesprochen, begann ein Wettlauf der beiden Besatzungen zu ihren Vögeln. Regen klatschte um die Männer und Maschinen. Gerade das richtige Wetter für dieses Unternehmen, denn das Flugzeugwerk Woronesh, 300 km hinter der feindlichen Front, war vernichtend nur im Tiefflug zu treffen. Man kannte die Flak, die der »Iwan« dort aufgebaut hatte, um seine Jägerproduktion zu sichern. Sperrballone und ein eigener Jagdplatz waren ebenfalls ausgemacht. Also nur hoffen, daß die Männer wetterfester sind als die Roten. Wenige Minuten nach dem Start noch bleiben die beiden Maschinen zusammen, dann verschluckte die schmutzigweiße Waschküche die »Cäsar Toni«, und die Kapitänsmaschine mußte sich ihren Kurs alleine suchen.*
*In beiden Maschinen wurde nur das Notwendigste gesprochen. Vereisung auf den Flächen. Oberleutnant Koeppen, der Kapitän der 7. und Leutnant Scheidig von der 9. aber kehrten nicht um. Befehl ist Befehl! Sie wußten, was von der Erfüllung ihres Auftrages abhing. Sie wollten und werden es schaffen. So änderten sie dauernd Höhe und Fahrt ihrer Maschinen. Drücken und ziehen — und erreichten damit, daß das Eis, das sich über den Wolken ansetzte, im Regen unter den Wolken wieder absprang. Es war ein gefährliches Spiel mit den Elementen, ein Kampf auf Leben und Tod. Denn auf der ganzen einstündigen Anflugstrecke gab es nur wenige Augenblicke, in denen die Wolkenuntergrenze 100, ja 50 m zählte, in denen der Blick auf die Erde frei wurde und nur begrenzte terrestrische Navigation erlaubte.*
*Beide Besatzungen, die sich auf gleichem Wege nach Woronesh durchkämpften, hatten sich ihre Angriffspläne zurechtgelegt.*
*Beide Besatzungen sind aus alten Hasen zusammengesetzt, denen solche Sonderunternehmen nicht neu waren. Der Staffelkapitän ging schon lange Zeit vor dem Ziel zum Tiefflug über. Oft mußte er dabei lange Minuten blind fliegen, nur auf die Hilfe seiner Instrumente angewiesen. Keine ganz angenehme Sache in 10 m Höhe über Grund, Windmühlen nicht mit eingerechnet. Wolkensäcke hingen kilometerweit bis auf die Erde. Dann endlich! Die Fernaufklärer hatten doch recht: Die Sicht wurde frei — wenn auch nur bis zirka 1000 m im Umkreis. Zwischen der mit Schneefetzen bedeckten Ebene kam plötzlich der doppelgeleisige Schienenstrang, der nach Moskau führt, auf und wenig später jagte die »Anton Richard« über das breite, ausgewaschene Stromtal des Don. Und schon*

*war die He 111, haarscharf an den Sperrballonen vorbeistoßend, mitten über dem weiträumigen Gelände des Flugzeugwerkes von Woronesh.*
*Sofort schoß die feindliche Flak. Aus zwei Hallen vor der anfliegenden Maschine feuerten mehrere Geschütze. Feldwebel Piel, der Beobachter, hielt mit seiner Kanone dazwischen. Für die russische Abwehr ist darauf »Feierabend«.*
*»Herr Oberleutnant, drücken, drücken, schwere Flak hinter uns!« schrie der Funker durch die Bordverständigung. Blitzschnell reagierte der Flugzeugführer. Er drückte die »Anton« bis auf fünf, vier Meter über die Hallendächer und zog sie dann mit einem Ruck über den Block der ersten riesigen Montagehalle hoch. 14 m Höhe mußte er haben, damit die beiden schweren »Brocken« scharf wurden. Schon waren die »Eier« weg. Die Besatzung feuerte aus allen Bordwaffen. Sofort nach dem Wurf drückte der Flugzeugführer die Maschine wieder herunter so weit es ging. Der Flaksegen rauschte über die Mühle hinweg. So tief konnten die Kanoniere nicht nachrichten. Doch leider mußte die »Anton« wieder hoch, um nicht an den unterschiedlich hoch ragenden Gebäuden zu zerschellen.*
*Grau in grau jagten die langgestreckten massiven Gebäude auf die Maschine zu. Von vielen Dächern und fast aus allen Richtungen kamen die Leuchtspurgarben leichter Flak auf die »Anton Richard« zu. Russen an Vierlings-MGs waren deutlich erkennbar. Die an Nerven- und Körperkräften fühlbar zehrende Spannung des Anfluges war nun von den Männern in der He 111 gewichen, jetzt konnte nur noch gekämpft werden.*
*Alles ging in dem pausenlosen Hämmern der Bordwaffen unter. Quer durch das weite Gelände dirigierte der Flugzeugführer seinen schweren Vogel. Da stockte ihm plötzlich der Atem. Zu sehr hatte er sich eben — vor noch nicht einer Minute — mit dem Bombenwurf auf die größte Montagehalle beschäftigt. Das hohe Verwaltungsgebäude tauchte jetzt überraschend vor der Kanzel auf. Wie ein gigantischer, unbezwingbarer Fels ragte der graue Betonblock in den Anflugkurs. 30 m mochte es gut hoch sein. Die Höhe der heranrasenden Maschine war knapp 10 m. Wird es der Vogel schaffen? — Seelenruhig schoß der Beobachter weiter. Auch hinten feuerte die Besatzung ununterbrochen auf die Brennstofftanks, Lkws, die fein säuberlich dort unten aufgereihten Flugzeugteile und all die Ziele, die sich in Massen dem Auge boten, weiter. Der Funker, der neben dem Schießen noch die Wirkung der Bomben verfolgte, brüllte unentwegt: »Getroffen! Die Halle fliegt auseinander, kracht zusammen! Volltreffer!« Das hörte der Kapitän noch wie im Unterbewußtsein, dann nahm er den Knüppel an den Bauch und zog — zog, um sein und seiner Männer Leben. Hatte es eben nicht gekracht und gesplittert? — Schon kam der Vogel frei. Der Oberleutnant atmete auf. Das verfluchte Haus war unter dem Rumpf weggerutscht. Jetzt wieder runter, nachdrücken. Von links und rechts und von hinten zischten schon wieder die Garben*

So sah einer der Eisenbahnwagen nach dem Zugunglück von Zdolbunow am 28. November 1941 aus (oben links).

Mit einem »Husarenstreich« kehrte Olt Mylius und seine Besatzung unter russischer »Bewachung« nach entbehrungsreichem Marsch aus dem feindlichen Hinterland zur Gruppe zurück (s. a. Bericht im Text) (oben rechts).

Ritter von Greim kam persönlich, um die glückliche Besatzung zu empfangen. V. l.: Plocher, Ritter von Greim, Kless, Mylius.

Die Verlegung nach Evreux wird Rudl Plott so schnell nicht vergessen!

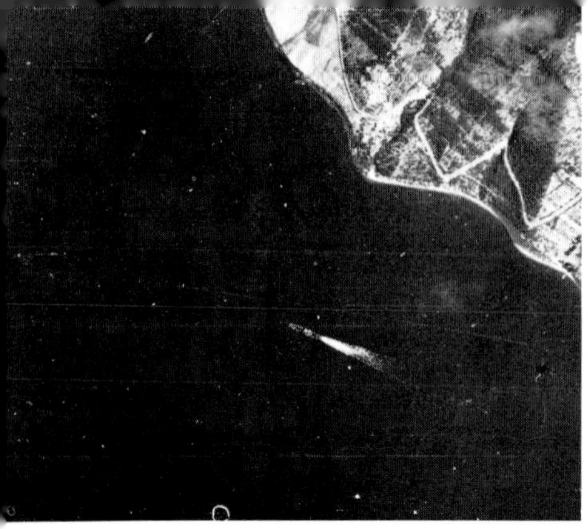

Den Hafen von Noworossisk erreichte dieses Schiff am 12. August 1942 nicht mehr ... (oben links).

schwere Treffer aus der Kette von Olt Koller versenkten es (oben rechts).

Der bei allen sehr beliebte RK-Träger Ofw Karl Lipp, der als erster 500 Feindflüge erreichte, am Steuer seiner He 111. Er fiel mit seiner Besatzung, zusammen mit Gruppenkommandeur Major Gabriel, am 20. November 1942.

Bomben auf den Landekopf Kertsch im Oktober 1943.

Gruppenverband.

So führte GFM von Richthofen seine Verbände. Immer in vorderster Linie, die Bildskizze auf dem Grabenrand. Man denkt an Rommel.

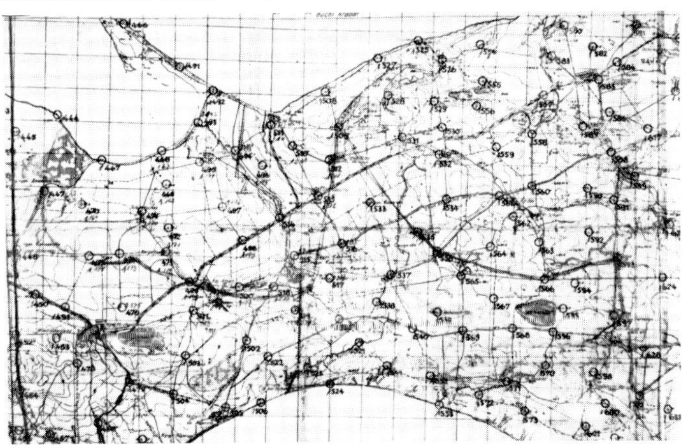

Die zahllosen Artilleriestellungen mit Zielnummern im Raum Feodossia.

Eine He 111 des KG 55 im Kaukasus, im Hintergrund der Elbrus.

Dank des vorzüglichen Lotfe 7D von Zeiss konnte die Straßenbrücke von Rostow aus großer Höhe am 16./17. Juli 1942 zerstört werden.

Wirkungsbild nach dem Angriff auf Rostow (oben rechts).

Schnell bauten deutsche Pioniere eine solide Pontonbrücke (2).

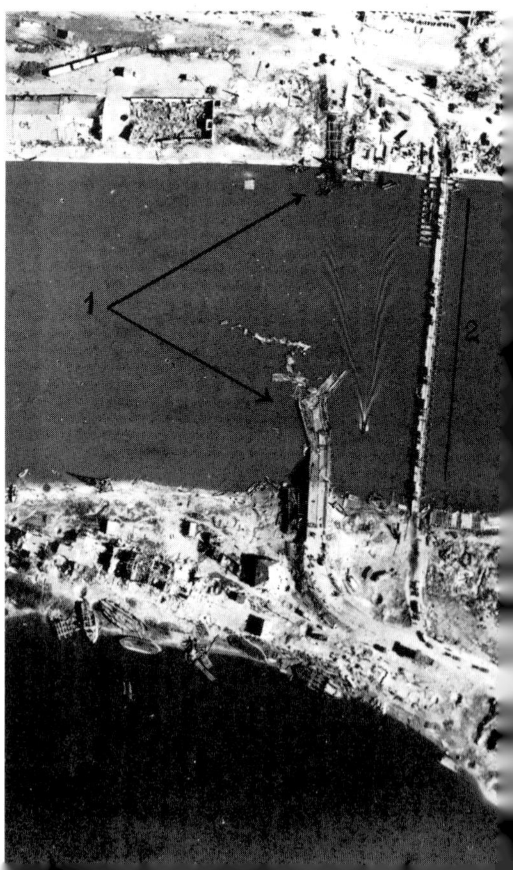

*der leichten Flak heran. Links lagen Flugzeuge im Visier. Draufhalten, schießen, schießen!*
*In der Bordverständigung dröhnte es von heiseren Zurufen. Es ging alles so rasend schnell, daß ein Trommelwechsel an der Waffe wie eine Ewigkeit erschien. Eben noch lag die eigene Leuchtspur deckend in den nagelneuen sowjetischen Il 18-Jagdmaschinen, nun schlugen die Geschosse in eine Zugreihe von Kesselwagen, in wild auseinanderflitzende russische Soldaten, in Fahrzeuge und die im langsamen Hochkurbeln befindlichen dicken Würste der zu spät gekommenen Sperrballone. Schon ragte neben der dahinhuschenden Maschine eine neue Montagehalle. Vergeblich mühten sich die Sowjets auf ihrem Dach, die tiefer fliegende Maschine zu erwischen. Am Ostrand von Woronesh zog der Oberleutnant seinen Vogel wieder hoch. Doch kaum war er durch die Wolken gestoßen, da schrie der Funker: »Jäger, Jäger, drei — vier — sechs!« Rasch hinein in die Wolkensuppe, die jetzt Rettung bot. Unbehelligt kam die »Anton Richard« über die Frontlinie.*
*Die »Cäsar Toni« hatte es schwerer als ihre Rottenmaschine. Auch sie war im Tiefflug an das Ziel herangegangen, doch leider erwischte sie das Flugzeugwerk von der Seite, wo die Sperrballone am dichtesten standen. Was blieb übrig, als abzudrehen und einen neuen Anflug zu machen. Vorsichtig pirschte sich die Maschine aus der Wolkendeckung. Peinlich genau hatte Leutnant Scheidig navigiert, diesmal stimmte die Richtung. Das Werk lag stracks vor der Kanzel. Brandwolken färbten den Himmel rot, und dicker Ölqualm stieg vom Boden her hoch. Soweit so gut. Was freilich weniger stimmte, war, daß der Russe durch den ersten Überfall gewarnt worden war. Soweit hatte die »Anton Richard« ihm doch nicht den Mut ausgepustet, daß er nicht schon wieder an den Waffen stand, um den neu anfliegenden »Vogel« — dessen Motorengeräusch er ja längst hatte hören müssen — heiß zu empfangen. Kaum hatte die He 111 ihre Schnauze aus den Wolken gesteckt, erwischte sie es auch schon. Ein schweres Flakgeschoß explodierte vor der Kanzel. Splitternde Scheiben, aufspänendes Metall, Blut — den Beobachter erwischte es, und Flugzeugführer Ofw. Glöde rann das Blut über die Augen. Auch hinten prasselte es im Karton! Funker und »Bordmixer« meldeten sich verwundet. Immerhin, soviel Geistesgegenwart hatte der Beobachter noch, daß er seine Bomben hinausdrückte, die unten Tod und Verderben säten. Dann zog die schwer angeschlagene Maschine wieder hinein in die Wolken. Gefährlich nahe lagen die Flaksprengpunkte, doch Flugzeugführer und Beobachter schafften es gemeinsam, die Maschine wieder unter Kontrolle zu bekommen, trotzdem das Blut unentwegt über ihre Gesichter rann. Gott sei Dank drehten die Motoren einwandfrei. Später fanden sie auch Zeit, sich gegenseitig zu verbinden.*
*Zu Hause hatte man die »Cäsar Toni« schon aufgegeben. Um so größer*

*war die Freude, daß der gut erfüllte Auftrag keinen Kameraden gekostet hatte. Die Aufklärerbilder zeigten, daß die Produktion des Flugzeugwerkes Woronesh für lange Zeit unterbrochen worden war. 16 am Boden stehende sowjetische Jäger, sieben Sperrballone, die zum Aufstieg fertig gemacht worden waren, und eine Reihe von Brennstofftanks waren ebenfalls der Vernichtung anheimgefallen.*

# 1942

## AUS FRANKREICH ZURÜCK IN DEN KRIMFELDZUG

Die russische Winteroffensive führte im Norden zum Rückzug des deutschen Heeres hinter den Wolchow, in der Mitte auf die Linie Orel—Rschew, zum Einbruch im Raum Wjasma—Smolensk—Witebsk und der Einkesselung deutscher Truppen bei Demjansk und im Süden nach dem Verlust von Kertsch zum Einbruch bei Issjum, Kupjansk und Waluiki.
Verstärkung tat not. Die Luftwaffe hatte in zehn Monaten alleine im Osten 2951 zerstörte und 1997 beschädigte Flugzeuge verloren, ein Drittel der deutschen Flugzeugproduktion in diesem Zeitraum, von den unersetzbaren, zumeist fronterfahrenen Besatzungen gar nicht zu sprechen.
Die Verlegung aus der Auffrischungsbasis in Frankreich wurde entsprechend der Wetterlage einzeln durchgeführt. Ende April 1942 trudelte man einzeln, in Rotten oder Ketten in Konotop ein, wo die I. Gruppe im Winter lag und bereits an den Kämpfen um die Krim (Feodosija, Kertsch, Ak-Monaij) und am Donez (Barwenkowo, Isjum, Charkow) beteiligt war. Mit Zwischenstop in Kirowograd wurde am 6. Mai nach Sarabus auf die Krim verlegt, wo der Einsatz um die Halbinsel Kertsch dem Höhepunkt zustrebte.
Nachdem im August 1941 vorbereitende Angriffe der Verbände der Luftflotte 4 gegen kriegswichtige Ziele der Krim, insbesondere gegen Sewastopol, Kertsch, Feodosija, Eupatoria, Dshjankoj begonnen hatten, setzten ab 26. September 1941 die Angriffe der Luftflotte 4 zur unmittelbaren Unterstützung des Vorgehens der 11. Armee gegen die Krim ein.
Mit allen verfügbaren Kräften wurde die Überwindung des Tatarengrabens und der Durchbruch der 11. Armee durch die Landenge von Perekop und Juschum vorbereitet. Perekop und Armjansk wurden genommen, die Landenge von Juschum durchbrochen und der Vormarsch der Armee in Richtung Kertsch und Sewastopol durch laufende Angriffe auf Feldbefestigungen, Marschkolonnen und Nachschubverkehr unterstützt. Im November 1941 wurde Simferopol von deutschen Truppen besetzt und der Ring um Sewastopol geschlossen. Nach rastlosen Verfolgungskämpfen und wirksamen Angriffen der Verbände der Luftflotte 4

auf den zurückweichenden Feind konnte die Armee bereits Mitte November 1941 die Eroberung der Halbinsel Kertsch melden.
Im Dezember 1941 gelangen dem Feind Truppenlandungen auf der Halbinsel Kertsch, die in rollenden Einsätzen bekämpft wurden, so daß der Feind seine Landungen bei Feodosija einstellen mußte.
Anfang Januar 1942 erfolgten auch bei Eupatoria feindliche Truppenlandungen, die zur vorübergehenden Besetzung von Hafen und Stadt führten. Zusammen mit Heeresverbänden konnte deren Vernichtung durch zusammengefaßte Schläge der Luftwaffe bereits drei Tage später vorgenommen werden. Zehn Tage später war auch Feodosija wieder in deutscher Hand. Bis zum Beginn der späteren Angriffskämpfe, die zur Wiedereroberung der Halbinsel Kertsch und zum Fall von Sewastopol führten, war es sodann Aufgabe der Verbände der Luftflotte 4, die Zufuhr über See durch Verminung der Häfen, Bekämpfung von Schiffszielen und Hafenanlagen zu unterbinden und unter gleichzeitiger Niederhaltung der feindlichen Luftwaffe die Befestigungsanlagen der Parpatsch-Stellung und des Festungsgebietes von Sewastopol zu bekämpfen. Die Russen versprachen sich mit der Rückeroberung der Halbinsel Krim einen großen Erfolg und taten alles, um dieses Vorhaben in die Wirklichkeit umzusetzen. Sie wollten, einmal wieder im Besitze der Halbinsel, weiter nach Norden vorstoßen, um die in der Südukraine stehenden deutschen Truppen in der Flanke zu bedrohen und anzugreifen.
Die Halbinsel Kertsch, im Norden vom Asowschen Meer, im Süden vom Schwarzen Meer umflutet, die die Verbindung von Europa nach Asien zu halten scheint, sollte der Ausgangspunkt dieser feindlichen Operationen sein.
Bereits im Herbst 1941 tobten hier die erbittertsten Kämpfe. Verschiedene Städte wechselten mehrmals den Besitzer. Für die Russen wurde die Lage dann im Winter äußerst günstig. Über die zugefrorene Straße von Kertsch konnten sie die Versorgung unmittelbar heranschaffen. Darüber hinaus landeten sie immer wieder vom Schwarzen Meer aus Truppen, um ihre Fronten auf der Halbinsel zu verstärken. So kam es im Dezember 1941 und Januar 1942 zum Vorstoß des Gegners von Kertsch aus bis westlich Parpatsch und zur Landung in Feodosija. Nach Vereinigung der beiden Angriffsgruppen wollten die Russen weiter nach Westen in die Krim vordringen. Aber die Abwehr der deutschen Armee vernichtete die bei Feodosija gelandeten Kräfte, nur die von Kertsch aus vorgedrungenen Russen konnten sich in ihren Stellungen bei Ak Monaj und Parpatsch halten. Noch gaben sie ihren Plan nicht auf.
Massierte Angriffe wechselten ab mit in Wellen anrollenden Panzervorstößen. Bei den erbitterten Nahkämpfen zwang die feindliche Luftwaffe den deutschen Soldaten immer wieder in Deckung. Als Tagesangriffe der Bomben- und Schlachtflieger zu große Verluste brachten, gingen die So-

wjets zu Nachtangriffen über. Die ständig anhaltenden Angriffe der Russen zeigten, welch große Hoffnungen sie auf die Wiedereroberung der Halbinsel Kertsch gesetzt hatten.
Ein schwerer Kampf stand also bevor. Es galt, die mit größter Energie in tiefster Staffelung ausgebauten und mit zahlreicher Artillerie bestückten Stellungen zwischen den beiden Meeren zu bezwingen. Während in den folgenden Wochen die Sowjets in fieberhafter Eile Bunker aus der Erde stampften, Artillerie und Flakartillerie mit ungeheuren Mengen Munition versahen, Grabensysteme in die braune Erde wühlten, vor denen engmaschige Netze von Stacheldrahthindernissen entstanden, während sie Minenfelder in bisher nicht erlebten Ausmaßen anlegten und den berüchtigten Panzergraben quer durch das Land vom Asowschen bis zum Schwarzen Meer aushoben, während jeder Russe sich in fruchtbaren Boden grub und dort verschanzte, traf die deutsche Führung Vorbereitungen zur ersten Offensive des Jahres 1942.
Das an allen Fronten und Kämpfen bewährte VIII. Nahkampffliegerkorps des Generalobersten Frhr. von Richthofen wurde zur Krim beordert. Aus Wiesen und Steppen wurden Flugplätze, an ihren Rändern Munition und Kraftstoff gestapelt. Nie war die Krim, über die doch schon so viele Kriege tobten, so belebt gewesen wie in diesen Tagen des deutschen Aufmarsches. Als letztes fielen Kampfverbände, Sturzkampfverbände, Schlachtflieger, Jäger und Aufklärer in geschlossener Staffelfolge auf ihren Plätzen ein, erwartet und betreut von rastlosem Bodenpersonal. Flakartillerie stand zum Erdkampf bereit. Die Luftnachrichtentruppe hatte sämtliche Verbindungen für die Führung gelegt.
Am 7. Mai 1942, ab 14 Uhr, erschienen mit unerhörtem Angriffsschwung sämtliche Verbände über dem Feind.
Am nächsten Tag folgte dann der Einbruch der Armee am Südflügel. Als die Sonne über den Hügeln aufging und matt durch den Dunst der Morgenstunde leuchtete, flogen die ersten Stukas und Schlachtflieger an. Nur eine schmale Bresche schlugen sie in die sowjetische Verteidigung am Panzergraben, um deutschen Truppen den Durchbruch zu ermöglichen.
Der 10. Mai brachte Schlechtwetter, Wolkenuntergrenzen zwischen 50 bis 80 Metern. Ein Wetter, bei dem nur »alte Hasen«, erfahrene Besatzungen, zu Tiefangriffen eingesetzt werden konnten. Das VIII. Fliegerkorps blieb hart, der negative Erfolg war der Verlust von sieben Besatzungen! Wer hell war, wich dem Hochnebel aus und zog auf Höhe über dem Asowschen Meer. Das »Faule Meer« konnte niemand verpassen, sofern er eine empfindliche Nase hatte!
Der 11. Mai war wieder so ein Tag. Das Fliegerkorps befahl: Alle Gruppen starten geschlossen 03.30 Uhr. Trotz Nebel und Hochnebel. Befehl ist Befehl! Kein Wunder, daß die Besatzungen die Ziele nicht fanden

und mit Bomben wieder landen mußten. Die Verluste trafen das frischerholte Geschwader, das wieder mitten im »Schlamassel« stand, schwer. Dennoch war man stolz, als der Kommandierende General von Richthofen in einer »Anerkennung« ausdrücklich feststellte, daß das KG 55 die höchste Anzahl an Einsätzen (alleine 225 am 13. Mai 1942) bei den Kämpfen um Kertsch flog.
Der Wehrmachtsbericht stellte fest:

»Wie durch Sondermeldung bekanntgegeben, haben deutsche und rumänische Truppen unter dem Oberbefehl des Generalobersten von Manstein, unterstützt von starken Luftwaffenverbänden unter Führung der Generalobersten Löhr und Freiherr v. Richthofen, in der Verfolgung des geschlagenen Feindes die Meerenge von Kertsch in ganzer Breite erreicht und die letzten stark befestigten Brückenköpfe beiderseits der Stadt nach erbittertem Widerstand genommen. Nachdem die seit Ende Februar immer wiederholten Versuche des Feindes, die deutschen Stellungen in der Landenge nordostwärts Feodosija zu durchbrechen und die Krim wiederzugewinnen, gescheitert waren, trat die hier versammelte deutsch-rumänische Armee am 8. Mai zum Angriff an. Im ersten Ansturm wurde die zäh verteidigte, stark ausgebaute und tief gegliederte Parpatsch-Stellung durchbrochen und im Verlaufe dieses Kampfes sowie bei der sofort aufgenommenen Verfolgung die Masse der feindlichen Kräfte eingeschlossen und vernichtet. Die damit abgeschlossene Schlacht hat zur Vernichtung der drei sowjetischen Armeen mit 17 Schützendivisionen, drei Schützenbrigaden, zwei Kavalleriedivisionen und vier Panzerbrigaden geführt. Bei hohen blutigen Verlusten verlor der Gegner 149 256 Gefangene, 258 Panzerkampfwagen, 1133 Geschütze und unübersehbares anderes Kriegsgerät. Nur Trümmer des Feindes konnten die Küste jenseits der Meerenge erreichen. In Luftkämpfen verlor der Gegner 323 Flugzeuge.
In den Gewässern der Halbinsel wurden 16 Schiffe mit zusammen 13 600 BRT., ein Minensuchboot und 21 kleine Küstenfahrzeuge durch Luftangriffe versenkt. Zehn weitere Schiffe mittlerer Größe wurden durch Bombentreffer schwer beschädigt.«

Den Endkampf um Sewastopol machte das Geschwader nicht mehr mit. Es wurde Mitte Mai 1942 nach Dnjepropetrowsk verlegt. Bei Krasnograd brannte es. Der Russe war durchgebrochen.

## DAS UNTERNEHMEN »FRIDERICUS«, DIE DRITTE SCHLACHT UM CHARKOW

Nach der am 5. April 1942 herausgegebenen Führerweisung Nr. 41, »Fall Blau«, sollte mit der Sommeroffensive 1942 die Entscheidung am Südflügel erzwungen werden. Waren die Säuberung der Halbinsel Kertsch und der Fall von Sewastopol erreicht, sollte der beiderseits Isjum eingebrochene Feind vernichtet werden. Fernziel war, in einer großen Zangenoperation die Sowjets westlich Stalingrad einzuschließen, um dann den Stoß in das kaukasische Ölgebiet führen zu können.

Marschall Timoschenko war mit seinen Truppen bei Isjum über den Donez bis nach Losowaja vorgestoßen. Er wollte in umfassender Operation Charkow, das Verwaltungszentrum der ukrainischen Schwerindustrie, zurückerobern, womit er gleichzeitig das Versorgungszentrum der deutschen Südfront hätte nehmen können. Ein weiteres Ziel war für ihn Dnjepropetrowsk und Saporoshje.
Der Plan des Oberbefehlshabers der Heeresgruppe Süd, Feldmarschall von Bock, hingegen war einfach. Das Deckwort »Fridericus« bedeutete: Abschnüren des prallgefüllten Frontvorsprungs durch die 6. Armee (Paulus) von Norden und die Armeegruppe von Kleist von Süden und Vernichtung der Sowjetarmeen in einer Kesselschlacht. Timoschenkow kam diesem Plan zuvor. Er setzte seinerseits zu einer Zangenoperation aus dem Frontvorsprung von Isjum und nördlich Charkow aus dem Raum Woltschansk an. Die deutschen Linien wurden überrannt. Mit Mühe und Not gelang es der 6. Armee, durch Flankenstöße die Nordzange Timoschenkows zum Stehen zu bringen.
Krasnograd drohte zu fallen. Pausenlos müssen Kampf- und Stukaverbände in den Erdkampf mit eingreifen, um eine Katastrophe zu verhindern. Am 17. Mai 1942 trat die Armeegruppe von Kleist zum Angriff an. Das KG 55 bekämpfte den russischen Truppennachschub, der aus dem Raum Kupjansk heranrollte, warf Versorgungsbehälter in das Wäldchen bei Ternowaja, wo eine deutsche Panzereinheit mit gefechtsunklaren Panzern eingeschlossen war, streute Flugblätter über russischen und rumänischen Truppen, zum Aufgeben bzw. Durchhalten.
Die russische Jagdabwehr war selten so stark wie an diesem Frontabschnitt. Oft warfen sich 25 Jäger einer deutschen Kette entgegen. Auch die russische Flak verstand zu treffen.
Nachts mußten die großen Bahnhöfe von Swoboda, Waluiki, Rossosh, Woltschansk und Ssawinzy durch Störangriffe soweit gebracht werden, daß der Nachschub zur Front wenigstens zeitweise ins Stocken geriet, um eigene Truppen zu entlasten.
Am 20. Mai war Timoschenko geschlagen. 239 000 Russen waren gefangen, 1247 Kampfwagen zerstört und 2026 Geschütze erbeutet, der Weg nach Stalingrad offen.
Nach zwei so großen Vernichtungsschlachten innerhalb von drei Wochen war man wieder zuversichtlich trotz der 16 Besatzungen, die seit der Rückkehr aus Frankreich schon wieder gefallen oder vermißt waren.
Schon bevor das »Unternehmen Fridericus 2« — die Kesselschlacht — bei Kupjansk und Isjum begann, meldete das Geschwader am 11. Juni 1942 insgesamt 15 839 Feindflüge. Der Hinweis, daß 20 Mill. kg Bomben geworfen wurden, mußte natürlich umgerechnet werden, um der Propaganda verständliche Werte zu liefern. Diese Bombenmenge entsprach 105 Munitionszügen zu je 30 Waggons, wobei zu berücksichtigen ist, daß

die Waggons nie bis unter die Decke geladen werden konnten, weil teilweise nur zwei Bomben bereits das höchstzulässige Gewicht ergaben.
Mit dem »Unternehmen Fridericus 2« sollte die 1. Panzerarmee Kupjansk einnehmen. Das IV. Fliegerkorps (Pflugbeil) unterstützte schwerpunktmäßig den Durchbruch der Nordgruppe (III. Panzerkorps) und kämpfte den Weg in Richtung Kupjansk mit dem weiteren Ziel Isjum frei, wobei dem KG 55 außer der Bekämpfung von Bahnhöfen auch Truppenziele zugewiesen wurden.
Einen ganz entscheidenden Erfolg konnte die Besatzung Lt. Scheidig aus der 9. Staffel verbuchen. Lt. Scheidig traf mit einer 1000-kg-Bombe am 22. Juni die wichtigste Straßenbrücke in Kupjansk, die über den Oskol führte und den Versorgungsstrang der Russen abschnitt. Der Russe trat aber nicht zum Gegenangriff an, sondern zog sich in die Weite des russischen Raumes zurück.
Am 27. Juni war die Schlacht an der Wolchow-Front siegreich beendet, getrübt nur durch den Abschuß zweier eigener Maschinen, die noch zwischen 19.10 und 19.15 Uhr von vier eigenen Me 109 angegriffen worden waren; erst als ES geschossen wurde, brachen die schneidigen Jäger ab. Die Besatzung der G1 + BS, Lt. Moldenhauer, mußte im Raum Woltschansk notlanden. Bordfunker Horchy und Bordschütze Skraitzke fielen, ähnlich erging es der Besatzung Fw. Hiltner in der G1 + LS, in der Bordmechaniker Febitsch und Bordschütze Schwarz fielen. Das kam auch bei anderen Kampfgeschwadern — leider — zuweilen vor. Nicht nur die »Kämpfer« waren von morgens bis abends total übermüdet und gereizt im Einsatz. Auch den allzu geringen Jagdverbänden wurde das Letzte abverlangt. Welch' Wunder, wenn es gelegentlich zu derart menschlichem Versagen aufgrund von Überbeanspruchung aller Nerven kam und keiner recht Zeit hatte zu gucken, bevor er schoß. Bis in den Juli hinein waren Ziele im Raume Woronesh zu bekämpfen, um den Donübergang zu unterstützen. Besonders erfolgreich waren die Angriffe auf Swoboda.
In Kramatorskaja bereitete sich das Geschwader auf den neuen Angriffsraum im Kaukasus vor.

## ANEKDOTEN UND GESCHICHTEN

— eine Auswahl, gesammelt und redigiert von Siegfried Zantke —

Nirgends, wo in froher Runde das »Wißt Ihr noch« alten Kameraden die Zunge löst, fehlen die Anekdoten, der Witz und die Schnurre.
Immer drastisch, sind sie, jene Prise Pfeffer, mit der schon die alten Deutschen ihren Wein zu würzen liebten, um immer noch eins trinken zu können.

In ihren kleinen Anzüglichkeiten spiegelt sich die besondere Prägung einer männlichen Erlebnisgemeinschaft. Selbst wo sie beißen, lacht hinter dieser Bissigkeit eine kameradschaftliche Verbundenheit, die sehr wohl um die innige Zusammengehörigkeit in einer gegenseitigen Wertschätzung der gemeinsamen Leistung weiß. Nur Pedanten wiegen hier mit der Goldwaage und reagieren verschnupft, weil sie keinen Blick mehr haben für das lachende Augenzwinkern ihrer Kameraden. Daß man das noch verstehen kann, brachte Freiherr von dem Bongart zum Ausdruck, als er in Oberissigheim interessiert einer der ihn betreffenden Geschichtchen lauschte und dann lachend quittierte: »Der Italiener würde sagen: ›Und ist es nicht ganz die Wahrheit, so ist es doch recht gut erfunden!‹«

*Einer für's Bilderbuch*

*Die ganze Feindfliegerei ist nur Nervensache. Wer zuviel Nerven hat, verliert sie leicht. Also lerne man beizeiten auf unnötigen Nervenballast zu verzichten, wenn man in seinen Schüttler steigt. Manchmal fiel das dem Neuen nicht ganz leicht, doch wo's kritisch wird, stellt ein gutes Wort zu rechten Zeit oft die Lage wieder her. Das sollte die Nachwuchsbesatzung der »Fritz Richard« auf ihrem zweiten Feindflug erleben. Der »Alte«, Reichsfreiherr v. d. Bongart, hatte sich die Häschen ausgesucht, um eine Feindbiege mit ihnen zu drehen. Man war so eben über Kupjansk hinaus, als der »Alte« beim Überflug eines roten Jagdplatzes feststellte, daß man das Ziel bereits überflogen hatte. Also kehrt. Natürlich klappte es beim ersten Anflug nicht recht. Beim zweiten leider noch weniger. Doch beim dritten stand das Ziel goldrichtig im Fadenkreuz. Der Reichsfreiherr fummelte an seinem Lotfe und sah einen tollen Erfolg heranreifen.*

*Leider hatte man bei der vorausgegangenen Kurbelei die umliegende Jägerei wild gemacht. Kurz ehe die Bomben fallen mußten, war es dann soweit, daß sich zwei »Spitzmäuse« der guten alten He von hinten näherten. Den Reichsfreiherrn störte das weniger, denn er sah sie ja nicht.*

*Der Funker wischte sich die Augen, einmal, zweimal — er war noch nicht lange genug beim Haufen, um gleich zu wissen, daß es sich bei den heranbrausenden Rotschnauzen keinesfalls um eigenen Jagdschutz handeln konnte. Schließlich roch aber auch ihm die Sache brenzlich, die Kerle fingen nämlich langsam an zu schießen. »Jäger«, schrie er in höchster Not, »Jäger«. Seelenruhig kam es von vorn durch die EiV. »Was für Jäger?« »Feindliche Jäger, was soll ich machen?« gingen dem Funker die Nerven durch.*

*»Daß Sie mir ja weiter geradeaus fliegen«, ermahnte der Reichsfreiherr seinen Kutscher väterlich über die Schulter, ehe er dem Funker den guten Rat gab: »Fotografieren! Die sind fürs Bilderbuch. Stört mir bloß nicht meinen Anflug!«*

*Weg duckte der Funker seinen Kopf. »Gib die Kamera her«, stößt er den Bordmixer an. Und dann richtet er das blitzende Okular der Handkamera auf die nun ganz dicht hinterm Leitwerk liegenden Roten. Ob die das nun für eine neue deutsche Geheimwaffe hielten, jedenfalls drehten sie plötzlich ab und zogen in die Wolken. Erst da erinnerte sich der Funker der immerhin naheliegenden Möglichkeit, sein MG aus der Halterung zu nehmen. Doch schnell stoppte er seinen Feuerstoß, als der »Alte« — die Bomben waren inzwischen im Ziel — fragte: »Haben Sie geknipst!« »Jawohl, Herr Oberstleutnant«. Erst auf der Bildstelle stellte sich heraus, daß so ein Häschen doch noch zuviel Nerven hatte, um ein unverwackeltes Bild zu erzielen.*

*Kühl hier!*
*Juni 1942 in Dnjepro-Nord. »Onkel Ernst« hält als Kdr. der II./KG 55 souverän die Leitungsdrähte in der Hand. Beliebt waren seine nächtlichen Plauderstunden im »kleinsten Kreis«, Letzteres, um evtl. Alkoholreserven nicht zu sehr zu schwächen. Doch auch den wenigen Auserwählten kommt der Entzug des Schlafes mitunter hart an.*
*Bei Telefonanrufen pflegte sich der Kommandeur gemeinhin mit einem kurzen »Kühl hier« zu melden. Einer der hart geplagten Auserwählten will sich nun für die letzte Kaminplauderei bis in den Morgen etwas revanchieren und ergreift am nächsten Abend, als er durch Abwesenheit glänzte, den Hörer seines Feldtelefons, um den Kdr. per Draht zu erreichen. Onkel Ernst nimmt also, aus seinen Meditationen für jüngere Offiziere hochgeschreckt, den Hörer auf und meldet sich: »Kühl hier!« Darauf antwortet eine ferne Stimme durch den Draht nur knapp: »Dann machen Sie Fenster und Türen zu!« Vergebliche Nachfragen des Kdr. Die Leitung blieb tot.*
*Der Verantwortliche hat sich später durch einen Rückzug nach Afrika vor dem Nachkriegsurteil gedrückt.*

*Noblesse oblige!*
*Sonnige Morgenstunde vor der Flugleitung Saki! Am Platzrand laufen die Motoren bei der III./KG 55 warm. Ein Major des Heeres, Frontbart, Wäschebeutel an der Hand und auch sonst klar von vorne kommend, verhandelt mit dem »Horstkomödianten«, Hptm. Zipfel und will sich nicht klarmachen lassen, daß keine Maschine »heim ins Reich« geht.*
*»Aber da sind doch zwei Dutzend Flieger! Einer davon wird doch wohl ins Reich fliegen, oder wenigstens bis Lemberg?«*
*»Bedauere, Herr Major, die starten gleich zum Feindflug!«*
*Na, der Hauptmann muß das ja schließlich wissen. Doch da, die Augen des Majors werden größer — über das Vorfeld stelzt ein Offizier: Weißer Uniformrock, weiße Mütze, Zigarette leger zwischen zwei Fingern, Ein-*

*glas, kurz, wie aus dem Ei gepellt. Jetzt steht der Weißberockte vor einer He 111. Eine Leiter wird an die Flächenvorderkante geschoben, eilfertig spritzt ein Mann mit dem Fallschirm herbei. Rucksack und Knotenstock werden in die Mühle gereicht. Kein Zweifel, der will irgendwohin starten.*
*Dem Heeres-Major platzt beinahe der Kragen. Er schnaubt den Hauptmann Zipfel an: »Sie wollen mir doch nicht weismachen, daß der Herr dort drüben auf Feindflug geht? In der Aufmachung — klarer Fall, der fliegt ins Reich!«*
*Der Hauptmann zuckt hilflos die Achsel. Er weiß, daß seine Entgegnung dem Major als glatte Lüge vorkommen muß, dennoch wagt er zu bemerken: »Herr Major, das ist Oberstleutnant von dem Bongart, der Kommandeur der Kampfgruppe, und die wird in 10 Minuten auf Feindflug gehen.« Ein vernichtender Blick des Infanteristen! Mit großen Schritten kommt er an die Kommandeursmaschine. Der »Alte« mißversteht die Situation und leutselig bedauernd begrüßt er den Kameraden von der Fußfanterie: »Morjen Major, wollen mit nach vorne, was? Tut mir leid, wir landen nicht im Kuban-Brückenkopf. Müssen schon einen Transporter abwarten!« Sprach's, stieg ein und ab ging die Mahalla.*
*Tja — so war das damals bei der III./KG 55. Noblesse oblige!*
*Der Major hat noch lange sinnend den Vögeln nachgesehen, die da mit Ostkurs gegen den Feind gingen. Was er über die fliegenden Waffenbrüder gedacht hat, entzieht sich leider der Kenntnis des Berichterstatters.*

*Jumo abholbereit ...*
*Mit einigem Kopfschütteln sitzt da tief drinnen in Rußland ein Gruppen-TO vor einem rätselhaften Fernschreiber: »Jumo Nr. 57 437 abholebereit. Fliegerhorst Schleswig.«*
*Der geplagte Mann schüttelt nur den Kopf. Er weiß nichts von diesem Motorennachschub, trotz eifrigen Aktenblätterns. Bilden die sich ein, daß er für einen Motor eine Mühle nach Schleswig schicken kann? Immerhin, ehe er rückfragt, steckt er sich den Wisch erst einmal in die Tasche, mag der »Alte« entscheiden, was geschehen soll. Als er abends dem Major Brunner fast beiläufig von dem mysteriösen Fernschrieb Meldung macht, springt er auf und haut seinem TO die Pranke auf die Schulter:*
*»Menschenskind, und das sagen Sie mir erst jetzt? Das ist ja ein Ding! — Ordonnanz, eine Pulle!«*
*Der TO wundert sich. Zwar ist der »Alte« in Schleswig zu Hause, aber er kann doch im Ernst nicht annehmen, daß bei dieser Sache für ihn einige Abholeurlaubstage herausspringen?*
*Erst als der Stoff in den Gläsern gluckert, löst der Major das Rätsel dieser Meldung.*

*»Also, Herrschaften, das Ding ist ganz anders, als Ihr denkt. So'n Fernschreiber ist doch schneller als die alte Feldpostschnecke. Die geheimnisvolle Nachricht besagt entschlüsselt nichts anderes, als daß mir am 5. 7. 1943 ein 7-Pfundsjunge geboren worden ist. Na, und das muß der Vater ja schnellstens erfahren. Dazu habe ich die Prüfer in Schleswig ein bißchen angespitzt, wenn es soweit ist, auf den Fernschreiber zu drücken. Die gemeldete Motornummer ergibt hintereinander gelesen Geburtsdatum und Gewicht des kleinen Burschen. Und Jumo, das kann eben nur heißen »Junge«.*
*In das Halloh der Glückwünsche mischte sich die kritische Frage des TO: »Nun möchte ich nur wissen, Herr Major, was Schleswig geschrieben hätte, wenn es ein Mädchen gewesen wäre?« »Da haben Sie mal keine Sorge, dann hätte es statt Jumo geheißen »Motorträger abholebereit.« Es kommt eben nur darauf an, eine Sache richtig zu organisieren und die Technik zweckentsprechend einzusetzen, dann lassen sich selbst die kompliziertesten Familienvorgänge übersichtlich gestalten. Wenn es freilich in Schleswig Zwillinge gegeben hätte, würde am Ende der TO doch eine Maschine geschickt haben.*

*Und noch ein Schwein ...*
*Nach Wiederauffrischungen mit Besatzungen und Maschinen verlegte die II./KG 55 von Ssaki nach Stalino. Wie üblich sind die Hobel bis in die Funkerkuppel mit dem notwendigen Verlegegepäck vollgepackt. Den Kasinooffizier traf das Los, in seiner Maschine Teile der Einrichtung seiner »Boudike« in Form von lebendem und totem Inventar zu überführen. Außerdem hatte sich seinem Luftgestühl als Gast noch ein fremder Major (Dr. Ernst) anvertraut, der sich so eine mehrtägige Bahnfahrt zu ersparen hoffte.*
*Alles geht auch glatt. Nach geglückter Landung — trotz beträchtlicher Überladung des Heinkelbombers — meldet sich der Flugzeugführer bei seinem Kommandeur, Major Höfer. Hand an der Mütze fetzt er das übliche Sprüchlein hin: »... Vom Überführungsflug Ssaki—Stalino zurück. Ich habe in meiner Maschine die Kasinoeinrichtung, zwei Mädchen, einen Major und ... noch ein Schwein mitgebracht!«*
*Erst bei dem röhrenden Gelächter der unbeteiligten Zuhörer geht dem Meldenden ein Tranlämpchen auf, daß dieser Meldung ein Schönheitsfehler anhaftete, der allem soldatischen Komment widersprach. Das Ansehen der Fliegerei zu wahren, mußte der Kommandeur seinen Leutnant etwas abseits nehmen, um mit ihm die zoologischen Grundunterschiede zwischen Mensch und Tier zu memorieren.*

*QBI und Geistesgegenwart*
*Morosowskaja — Winter 42*
*In seinem Bunker schlummert »Onkel Ernst« (OTL Kühl) den Schlaf des Gerechten. Die Nacht hatte sich durch hervorragendes »Fliegerwetter« ausgezeichnet, so daß man allgemein erst in den frühen Morgenstunden zur Ruhe kam. Wie immer, wenn der Schlaf am besten ist, rasselt das Telefon dazwischen. Der Kommodore fährt hoch. Erwischt die Strippe. Die Stimme des Flottenchefs reißt ihn langsam aus seinen Träumen.*
*»Mein lieber Kühl, wieviel Maschinen haben Sie heute morgen im Einsatz?«*
*Was, ist das schon wieder Morgen? — Einsatz? — Ja, ja, wird wohl auch sein. Wie war das gestern? — Waren ja keine Verluste, also wird es heute wohl genau so hinhauen.*
*»40 Maschinen, Herr Generaloberst!«*
*»Donnerwetter, das ist ja ausgezeichnet«, leitet der Chef ein Lob ein, dessen Anerkennungen »Onkel Ernst« doch einigermaßen mißtrauisch werden lassen. Sofort nachdem er abgehängt hat, klingelt er zum Gefechtsstand durch:*
*»Heute im Einsatz, Herr Oberstleutnant«, kommt es von Hptm. Höfer, dem Ia, erstaunt fragend zurück, »natürlich keine, Herr Oberstleutnant. Seit Stunden haben wir doch dickes QBI am Platz!«*
*Wie von der Tarantel gestochen fährt »Onkel Ernst« hoch, lugt vor die Tür! Tatsächlich in der Milchsuppe läßt sich kaum die Hand vorm Auge erkennen. Was jetzt? — Natürlich muß die Fehlmeldung sofort berichtigt werden. Geistesgegenwärtig reißt »Onkel Ernst« den Hörer vom Apparat. Als er den Flottenchef an der Strippe hat, liegt der Klang unbefangenen Diensteifers in seiner Stimme:*
*»Herr Generaloberst meinten doch vorhin bei der Anfrage die Einsatzmaschinen von gestern?«*
*»Aber nein, mein Lieber, von heute, von heute. Das ist doch klar.«*
*»Aber Herr Generaloberst, heute haben wir selbstverständlich keine Maschine in der Luft. Es ist doch seit Stunden QBI. Bei dieser Wetterlage kam mir gar nicht der Gedanke, daß Herr Generaloberst nach heutigen Einsätzen anfragen könnten. Gestern waren wir mit 40 Maschinen am Feind!«*

*Weil nicht sein kann, was nicht sein darf!*
*Vom Urlaub zurückkehrend, platzte ich mitten in die Verlegung von Kramatorskaja zur Krim. Mit der üblichen Turbulenz ging die Sache vor sich. Zeltebau, Splittergräben usw. Ehe die Feindfliegerei wieder anhub, wurde ich plötzlich zum Gefechtsstand gerufen. Dort war schon ein kleines Häuflein im Dienstanzug versammelt, und da der Ia das*

*bekannte Zigarrenkistchen unterm Arm geklemmt trug, wußten wir schnell, worum es ging.*
*Der Kommandeur, Oberstleutnant Freiherr von dem Bongart, erschien, musterte uns kurz und nahm dann die Verleihung der Auszeichnungen vor. Es ging der Reihe nach, so wie der Ia die Namen aus seiner Liste vorlas. Als mein Name ertönte, stutzte der Kommandeur einen Augenblick sinnend und stellte dann fest: »Äh, mein lieber Willrett, der ist im Urlaub!«*
*Eine Einwendung des Ia, daß ich doch keine zwei Meter weiter stünde, schnitt der Reichsfreiherr ungeduldig ab: »Sie hören doch, der ist im Urlaub. Das muß ich doch wissen. Hat sich noch in Dnjepro bei mir abgemeldet!« Und damit ließ er die »Goldene«, die er schon in der Hand hielt, wieder in die Zigarrenkiste kleckern.*
*Ich glaube, nicht nur ich habe bei diesem Intermezzo ein ziemlich dusseliges Gesicht gemacht. Doch die Diskussionen zwischen den beiden Vorgesetzten gab mir die nötige Schaltpause. Hochroten Kopfes spritzte ich aus der Reihe, baute mein Männchen und meldete mich beim Chef ordnungsgemäß vom Urlaub zurück.*
*Freundliches Lächeln, Händedruck und dann: »Äh, Willrett, ist nicht neulich für den Zantke die Frontflugspange gekommen? — Äh hm, mein lieber Zantke, na, wie war's denn?«*
*Nachdem ich einen kurzen Urlaubsbericht zusammengestottert hatte, wobei der Kommandeur leutselig geruhte, mich mit allerlei Zwischenfragen noch eine Weile zappeln zu lassen, beendete er schließlich die Unterhaltung: »Na, mein Lieber, da kommen Sie ja gerade recht. Der Willrett hat mir neulich schon Ihren Orden in die Hand gedrückt, aber ich wußte ja, daß Sie noch im Urlaub waren!«*
*Sprach's, steckte mir das Ding an die Brust, Handschlag — und weiter ging's, als wäre nichts geschehen.*
*Verrückt, haben wir zunächst gedacht, aber hatte der »Alte« nicht recht, »weil nicht sein kann, was nicht sein darf!«?*
*Jedenfalls, die Belehrung saß fester als irgendein Anschiß.*

### *Wilde Sau über Saratow*

*800 Kilometer jenseits der Front hängen wir über Saratow. Der »Alte« spielt Angriffsleiter, kreuzt und kurvt über dem verdammten Nest, daß die Männer in der Mühle sich langsam wie Zieldarstellung für die Flak vorkommen. Es ist nur noch eine Frage von Sekunden — da ist es schon passiert: ein Scheinwerfer hat uns, und als ob es nur noch dessen bedurft hätte, zischt im gleichen Augenblick das gelbe Strahlenbündel einer MG-Garbe über die Fläche. Das »Nachtjäger von hinten« unseres Funkers kommt nicht mehr an, denn ein ohrenbetäubendes Krachen reißt uns in die Ecken. Ab zischt die Mühle in die Tiefe wie ein feuriger Komet.*

*Der linke Motor brennt, und immer noch fegen Leuchtspurgarben links und rechts an uns vorbei. Zitternde Hände versuchen, die Brustfallschirme einzuschäkeln, es gelingt nicht. Die Instrumente kreisen vor unseren Augen. Fahrtwind saust um uns. Jeden Augenblick kann uns die Krähe um die Ohren fliegen. Da — auf einmal preßt es uns mit Zentnerlast in die Ecken. Der »Alte« hat die Mühle abgefangen. Der Höhenmesser zeigt 1000 Meter. Viel Zeit wäre nicht mehr zu verlieren gewesen. Was ist mit dem Motor? — Kaum faßbar, er brennt nicht mehr und nur langsam dreht die Latte mit. Die Flammen müssen bei dem rasenden Sturz abgerissen sein.*

*Der »Alte« tippt abwechselnd auf Karte und Kompaß. Aha, Kurs! Mit abgeblendeter Lampe wird die Zahl auf den Block gekritzelt, doch da fliegt die Lampe schon in die Kanzel. Das hat dem »Alten« gerade noch gefehlt. Glück genug, daß die Jäger uns verloren haben, daß sie uns nochmals finden durch das Aufleuchten einer Bordlampe, dürfen wir wirklich nicht riskieren.*

*Matt leuchten vor uns die Instrumente. Mühsam versucht der Rausgucker den Kurs nachzukoppeln, doch ehe er noch mit den Zahlen klar kommt, legt sich ihm von hinten eine feuchte Hand um die Gurgel. Der Funker ist in die Kanzel vorgekrochen. Aus seinem Nacken sickert es feucht und warm. Blut! Er hat was abgekriegt. Aber was ist jetzt dabei zu tun? Hinten in der Wanne wird er, so gut das bei der infamen Dunkelheit geht, verbunden. Mit ihm fällt einer unserer wichtigsten Männer aus. Leider ist auch das Funkgerät nur noch ein Torso aus zerfetzten Blechen und Drähten. Peilen ist auch nicht mehr drin — und wir sind 800 Kilometer von der Front entfernt, dabei Nacht, schlechte Sicht, Einmotorenflug und nur 1000 Meter hoch. Die gesamte elektrische Anlage ist zudem ausgefallen. Spritumpumpen mit der Hand.*

*Jetzt hängt alles von einer verläßlichen Navigation ab. Aber navigiere einmal, wenn der präzise Standort fehlt. Immerhin soviel haben wir schon raus, daß wir es mit dem einen Motor — wenn überhaupt — nie schaffen, vor Tagesanbruch über die Front zu kommen. Wenn wir Glück haben, pennen die roten Obergefreiten an ihrer Flak. Sollten sie wach sein, holen sie uns wie eine lahme Ente vom Himmel. Daran kann leider kein Zweifel sein. Na, und sollten wir da durchkommen, so ist noch nicht sicher, ob die Kanoniere von der eigenen Feldpostnummer nicht in der Dämmerung versuchen, mit uns einen neuen Ring um ihr Rohr zu malen.*

*Wir schmeißen aus der Mühle, was nur irgendwie entbehrlich ist. Auch ein gut Teil des Sprit geht mit in die Tiefe. Die Mühle wird leichter und hält sich besser. Im Osten dämmert es fahl, da kriegen wir endlich auch Bodenorientierung. Ein Gewitterregen erlaubt uns, unbelästigt über die Front hinwegzuhuschen. Endlich der Platz. Beim Ausfahren des Fahr-*

*werkes sehen wir, daß der linke Reifen zerschossen ist. Trotzdem, unser »Alter« kriegt die Kiste mit einer sauberen Einradlandung hin. Den Ringelpietz erleben wir mitten auf der Landebahn, und um Haaresbreite hätte uns da noch eine nach uns einfallende Maschine gerammt. Aber, wie gesagt, — um Haaresbreite.*

*Ich schmiere ab und werfe blind!*

*Nachwuchs, der vom E-Haufen zur Fronteinheit kam, hatte es nirgends leicht, sich einzuleben und sich den Gepflogenheiten der Fronterfahrenen anzupassen. Besonders schwer war es sicherlich aber für solche Nachwuchsbesatzungen, die zur Frontstaffel stießen, wenn es draußen rund ging und keine Zeit war, sich ihrer brüderlich anzunehmen.*
*So sah es denn auch im Mai 1942 aus, als die Tageseinsatzleistungen von Dnjepro aus in den russischen Durchbruchsraum südlich Charkow im Durchschnitt bei sieben Einsätzen lagen. Da mußten die Häschen schon sehen, wie sie mit sich selbst fertig wurden. Im allgemeinen blieb es ja besatzungsintern, was sich bei dem Bemühen, es den Alten gleichzutun, tat. Nur wenn es Verbandseinsätze gab und keine Staffel auf eine einsatzklare Maschine verzichten konnte, dann ließ sich ab und an bemerken, wie die Jungen Blut und Wasser schwitzten, am Verein so dranzubleiben, wie Befehl und Einsatzaufgabe verlangten. Verbandsflug war ja nun einmal das Große Einmaleins der Tagesfliegerei für uns Kämpfer, und wer von uns allen hatte das je gelernt ohne Nervenschmalz dranzugeben?*
*So ruderte die Gruppe eines sonnigen Nachmittags wieder einmal auf Nordostkurs in allgemeiner Richtung Kupjansk — Swoboda. Besonders den Neuen, die zum ersten Male die Ehre hatten, als Kettenhunde in der Mahalla zu fliegen, war eingeschärft worden, wie sie sich zu verhalten hatten. Es ging gegen russische Ausladungen nördlich Kupjansk jenseits des Donez. Wir lagen auf 2800 m Höhe, als Kupjansk vor uns in Sicht kam. Der Ort war Kurswechselpunkt.*
*Obgleich das verdammte Nest schon kilometerweit zu sehen war, meinte der »Alte« wohl erst präzise über dem Hauptpostamt Kupjansk auf den neuen Kurs eindrehen zu müssen. Möglich auch, daß sein Einglas beschlagen war und er den Wendepunkt erst erkannte, als die Flak ihn kameradschaftlicherweise darauf aufmerksam machte. Wie dem auch sei, jedenfalls riß die Führungskette mit engstem Kurvenradius von 60° auf 350° herum. Die zweite Kette kam eben noch mit. Bei der dritten hing ein Häschen rechts draußen und man merkte richtig, wie dort die Pulle bis zum Anschlag hineingeschoben wurde, ohne daß es reichte. Möglich, daß auch die Flakwölkchen geraten erscheinen ließen, nicht mehr so dicht an den beschossenen »Wurm« heranzuscheren. Kaum daß der Verband hier aufriß,*

Der übliche Schilderwald. Von Ssimferopol nach . . . (links).

Wie soll man sich da noch zurechtfinden, denkt OGefr Küfer vom Ln-Zug »Landsberg«; man sieht ihm nicht an, daß er »Küchenbulle« ist. Ein jeder hatte bei Verlegungen auch Sonderaufgaben, wie er als Kradmelder (rechts).

Ein »Sonderfahrzeug« auf der Krim bei Saki.

Verlegung von Kramatorskaja nach Morosowskaja, der Ln-Zug der II./KG 55.

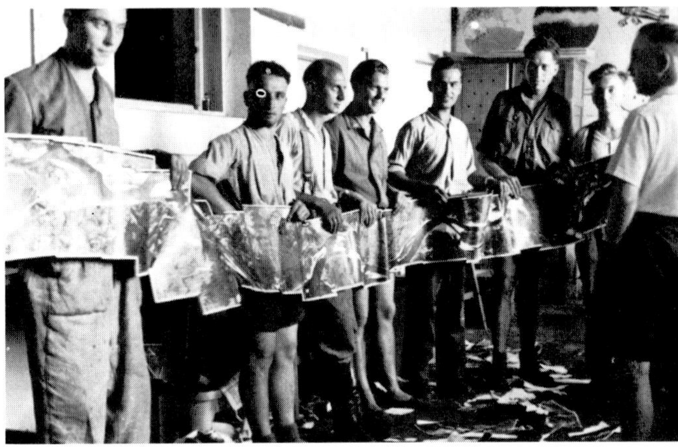

Der beliebte Kriegsberichter Graf Hardenberg geht »in Stellung« (oben links).

Nicht nur Kampfbesatzungen sind wichtig, einen Sonderorden für StA Dr. Lummerich (r. Queisner, Bermadinger) (oben rechts).

Wer gut treffen will, braucht die Bildstelle, die den Dnjepr von Kanew bis Kiew in einer Bildreihe erstellte.

Mit dem Gurten der MG-Munition kamen die »Waffenmixer« zuweilen kaum nach.

Ob's den Männern wohl schmeckt? V. l.: Fw Nickolei, OGefr Schöntag, Flg Klein von der Küche (unten rechts).

Im Kasino von Stalino bediente Wallia Zatarin stets freundlich.

Morosowskaja, im Herbst 1942; der Einsatzhafen gegen Stalingrad.

OTL Queisner (r.) nimmt die Einsatzmeldung von Hptm Traub (l.) entgegen. Olt Wilde (Mitte).

Bei Verlegungen schleppten Ju 87 auch Lastensegler Go 242. Wenn diese »Vögel« eingesetzt wurden, war Gefahr im Verzuge!

Beladen und Betanken der Maschinen für den Einsatz auf Stalingrad.

Treffer auf ein Öllager in Stalingrad.

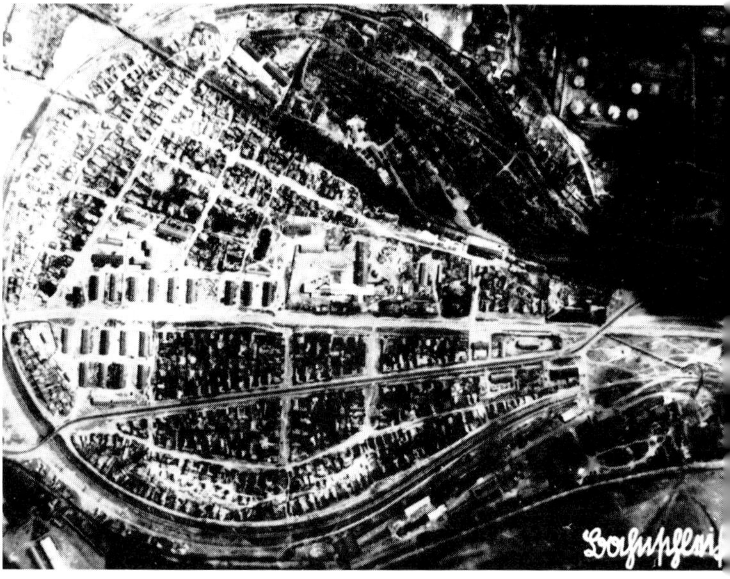

Die Eisenbahnschleife (»Tennisschläger«) von Stalingrad vor ...

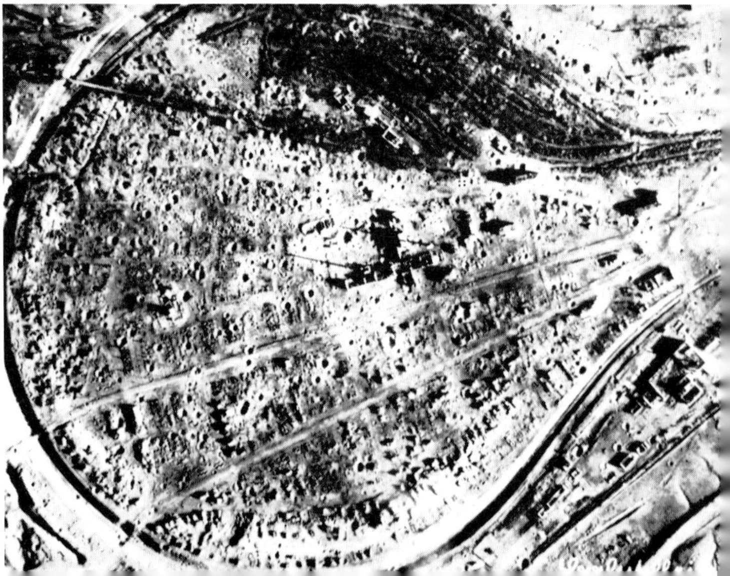

und nach den Angriffen deutscher Kampfverbände.

*rutschte aus der nächsten Kette bereits eine Innenmaschine in die Tiefe. Weg ging sie wie ein Klavier aus dem vierten Stock. Klar, daß die in dem Hobel jetzt alle Hände und noch einiges dazu voll hatten. Doch — Wunder der preußischen Disziplin — über die EiV quäkte es, aufgeregt zwar, doch deutlich wie es die Vorschrift verlangte: »Storch elef an Storch eins, — ich schmiere ab und werfe blind!«*
*Tja, gelernt ist gelernt! Und da darüber hinaus auch fliegerisch etwas gelernt worden war, pieselte sich der »Abgeschmierte« — parterre zwar — auch wieder nach Hause.*
*Von einer Bestrafung wegen Falschmeldung konnte trotzdem abgesehen werden, da wir uns 1. freuten, daß der Kleine nicht hopps gegangen war und 2. der Beobachter doch nicht mehr die Zeit gefunden hatte, den ZSK auszuschalten und somit der Bombensegen nicht ganz nutzlos zwischen die Flak von Kupjansk zu poltern brauchte.*

## STALINGRAD

Stalingrad 1942/1943 wurde zum Wendepunkt des 2. Weltkrieges. Für Deutschland wurde diese Schlacht die schwerste Niederlage seiner Geschichte, für Rußland sein größter Sieg.
Die Geschichte des Geschwaders ist mit dem »Feldzug Stalingrad« durch die Teilnahme an dem Einnahme-Vorhaben dieser Stadt und der anschließenden Luftversorgung der 6. Armee nach der Einkesselung aufs engste verbunden.
Rossosh und Woronesh fielen am 7. Juli 1942. Die 6. Armee (Paulus) drehte donabwärts nach Süden und erreichte den Don westlich Stalingrad.
Nach der Verlegung auf den Platz Kramatorskaja um den 10. Juli herum mußte das Geschwader auf Befehl der Luftflotte 4 (von Richthofen) in Einzelstörangriffen bei Tag und Nacht den Schiffsverkehr auf der Wolga vom Südrand Stalingrad bis Astrachan und nach Norden bis Saratow angreifen. Durch Versenkung möglichst vieler Schiffe sollte die Unterbindung des regen Schiffsverkehrs auf der Wolga erreicht werden.
Am 13. Juli 1942 befahl Hitler der 4. Panzerarmee den Stoß auf Rostow. Das KG 55 »Greif« verbuchte bei diesem Unternehmen am 16. und 17. Juli einen großen Erfolg, als es im Hochangriff dank des hervorragenden Zielgerätes Lotfe 7 D die große Brücke von Rostow-Bataisk zerstörte und damit dem Russen die Verbindung zum Kaukasus nahm.
Rostow und Bataisk fielen am 25. Juli; deutsche Truppen konnten über den Manytsch in den Kaukasus vorstoßen. Zur Auffrischung verlegte das Geschwader am 5. August nach Samorsk auf der Krim, in den fast tropischen Sommer. Die prallsüßen Krimtrauben trösteten über die schlechten

Platzverhältnisse hinweg. Der Platz war keine feste Wiese, sondern ein einfacher Kleeacker, der mit zahlreichen Spornradschäden dafür sorgte, daß zwar die fliegenden Besatzungen Ruhe und Erholung hatten, die Technik aber mit »Kleinkram«-Reparaturen beschäftigt war.
Außer den Einsätzen zur Unterstützung des Heeres, das am 9. August die Ölfelder von Maikop und Pjatigorsk und kurz darauf Elista in der Kalmückensteppe erreichte, lag zu dieser Zeit der Schwerpunkt der deutschen Kampfverbände eindeutig in der Bekämpfung der russischen Schwarzmeerhäfen und dem russischen Schiffsverkehr.
Die gut durch schwere und mittlere Flak geschützten, natürlichen Häfen von Noworossisk, Tuapse, Sotschi, Suchumi, Poti und Batumi forderten Opfer.
Da Samorsk nicht nachtlandeklar war, wurde nur am Tage geflogen. Glücklicherweise sorgte eine Wellenstörung mit Kern über dem Asowschen Meer dafür, daß ausreichend Wolken zur Verfügung standen, in die man sich nach dem Angriff »verpieseln« konnte. Die wolkenlosen Nächte verführten russische Störflieger zu fast regelmäßigen Angriffen auf eigene Plätze. Diese »Nadelstichoperationen« hielten alle wach und unruhig. Besonders schmerzten zudem die durch derartige Angriffe erlittenen Personalverluste.

## DIE SCHLACHT BEGINNT

Gleichzeitig mit dem Vorstoß der 17. Armee in den Kaukasus, stießen die 4. Panzerarmee über Kotelnikowo südlich des Don und die 6. Armee durch den großen Donbogen auf Stalingrad vor. Verantwortlich für Unterstützung und Versorgung aus der Luft war die Luftflotte 4 (von Richthofen).
Den Deutschen mangelte es an Treibstoff, Bomben und panzerbrechenden Waffen für das Heer. Dazu kam noch der fehlende Transportraum.
Der Russe gewann gerade deshalb Zeit vor Stalingrad. Ein zäher Feind.
Die Sowjets wurden westlich Kalatsch eingekesselt, wodurch die Landbrücke zwischen Don und Wolga freigeschlagen worden war.
Das KG 55 war inzwischen GenLt. Fiebigs VIII. Fliegerkorps (»Odysseus«) unterstellt worden. Die I. Gruppe lag in Kuteinikowo in Ruhe, einsatzfähige Teile verstärkten die II. und III. Gruppe in Kramatorskaja. Dem KG 55 wurden für den Einsatz die I./KG 100 und II./KG 27 in Kuteinikowo unterstellt.
In den frühen Morgenstunden des 16. August wurde der erste Großangriff durch Kampfverbände des VIII. Fliegerkorps auf Stalingrad durchgeführt. Die Einsatzstärken der Verbände waren relativ gering.
Die seit Monaten ununterbrochen anhaltende Einsatztätigkeit verursachte

erhebliche technische Ausfälle — abgesehen von Notlandungen und Abschüssen —, die bei der äußerst angespannten Nachschublage vor allem an technischen Ersatzteilen sehr schwierig auszugleichen waren. General Fiebig war über die geringen Einsatzstärken (die III./KG 4 »General Wever« startete z. B. mit nur 9 Flugzeugen) derart ungehalten, daß er nach dem Angriff alle Verbandsführer mit technischen Einsatzunterlagen nach Morosowskaja zu sich zum Vortrag befahl. Nur zu ändern war eben nichts. — Die Bodenorganisationen der Luftflotte 4 wurden mit in die Versorgung der vorne liegenden Absprunghäfen der Luftwaffe und Einheiten des Heeres einbezogen. 7000 t Heeresgut konnten mit dieser Maßnahme in den Donbogen geschafft werden. Nur so gelang es überhaupt, daß der Don überschritten werden konnte. Schon am 30. August riß die 4. Panzer-Armee den inneren Verteidigungsgürtel Stalingrads auf, die Russen vermochten jedoch in letzter Minute auf den Stadtrand zurückzuweichen. Die Einkesselung mißlang. Unaufhörlich »nageln die deutschen Flieger« (so der russische General Tschuikow) »alles an den Boden«. Gutes Wetter und relativ geringe, schlecht liegende Flakabwehr begünstigten die Einsatzflüge. Hauptsächlich wurden Artilleriestellungen, Panzeransammlungen und Truppenbereitstellungen bekämpft. Gumrak, Pitomnik. Goroditsche und Leninsk waren die immer wiederkehrenden Zielräume.
Deutsche Kampfverbände bekamen den Auftrag — fast nebenher — die vorderen Flugplätze Tazinskaja, Morosowskaja und Obliwskaja mit Bomben und Kraftstoff zu bevorraten, da eine Verlegung dorthin bevorstand. Der Lufttransport wurde befohlen, weil in den großen Donbogen nur eine Bahnlinie führte, die natürlich nicht für den Nachschub der 6. Armee und der Luftwaffenbasen ausreichte. Die geplante Luftversorgung konnte aber nicht anlaufen, weil viele vordringlichere Kampfaufgaben in den Geschwadern keine Reserven boten. So mußten dann doch mühselig im Eisenbahnmarsch die Plätze Tazinskaja, Morosowskaja und Obliwskaja bevorratet werden.
Am 15. August 1942 verlegte das Geschwader auf den »Absprunghafen« Morosowskaja, der nach den sich überschlagenden Ereignissen dann doch zum Dauerhafen wurde. Die II. und III. Gruppe lagen zur Wiederauffrischung in Samorsk auf der Krim und konnten Ende August »ins gemachte Bett« nach »Moro« nachziehen.
Inzwischen war Kommodore OTL Benno Kosch nach Bug auf Rügen versetzt worden, sein Nachfolger wurde OTL Dr. Ernst Kühl (»Onkel Ernst«), vormals Kommandeur der II. Gruppe.
Seit dem 25. August wurden in rollenden Einsätzen in Ketten- und Staffelstärke Ziele im Gradschital, am Tatarengraben und im Rossoschka-Abschnitt bekämpft. Gleichzeitig wurden Störangriffe auf rollenden Eisenbahnverkehr entlang der Bahnlinie Astrachan—Saratow—Baskuntschak—Wladimirowskaja—Eltonsee durchgeführt.

Erst ab 28. August, nachdem der genauere Verlauf der eigenen vorderen Linien feststand, konnten Punkt- und Flächenziele im Stadtgebiet von Stalingrad selbst angegriffen werden. Dabei bewährten sich Bezugspunktkarten mit Gitternetzen ähnlich von Stadtplänen, was Stäben die Befehlsgebung und den Besatzungen den Einsatz erheblich erleichterte. Die Ziele: Geschützfabrik »Rote Barrikade«, Hüttenwerk »Roter Oktober«, das Panzerwerk »Dserschinski«, die chemische Fabrik »Lazur« mit ihrer Eisenbahnanlage »Tennisschläger« und der Getreidesilo. Namen, die inzwischen in die Geschichte eingegangen sind.
Mit dem Ziel zur Einnahme der Stadt zwischen dem 30. August und 6. September wurden schwerpunktmäßig gegnerische Kräfte vor den Spitzen und Flanken bekämpft. Fünf Einsätze pro Tag und Besatzung waren keine Seltenheit, glücklicherweise waren die russische Flak- und Jagdabwehr nur sehr gering und das Wetter stets gut. Die I. Gruppe mußte zur Auffrischung aus dem Einsatz gezogen werden. Sie verlegte nach Saki auf die Krim. Dort wurde die Einweisung in das neue Zeiss-Zielgerät Lotfe 7 D vorgenommen.
Die Zurückgebliebenen flogen pausenlos weiter in den Raum Stalingrad. Nachts, bei Mondschein, galten die Schläge der Wolgaschiffahrt, tagsüber reichten die Angriffe bis nach Saratow, insbesondere dort als Ziel die Ölraffinerien. Immer wieder meldeten die Besatzungen zunehmende feindliche Bewegungen mit starkem Kolonnenverkehr nördlich des Donbogens, desgleichen bei Serafimowitsch und Kremenskaja. Dort bahnte sich etwas an. Ende Oktober waren zwar neun Zehntel von Stalingrad genommen, dennoch blieb die Offensive stecken.

## DIE ZANGE BEI KALATSCH

Der November 1942 begann katastrophal. Rommels Afrikakorps wurde von Montgomery bei El Alamein schwer angeschlagen und mußte sich auf Tripolis zurückziehen. Die Alliierten landeten gleichzeitig in seinem Rücken in Algerien. Hitler ließ Südfrankreich besetzen, wodurch vier hervorragende Großverbände im Einsatz gebunden waren und nicht für den Osteinsatz freigemacht werden konnten. Und Stalingrad wurde von Hitler zur Prestigefrage erhoben, obwohl ihm die Schwierigkeiten des Kampfes um diese Stadt wohl bewußt waren.
Die 6. Armee rang ermattet, schlecht versorgt und ohne ausreichende Bewegungsmittel um Stalingrad. Ihre linke Flanke deckten die

3. rumänische Armee (Dumitrescu)
8. italienische Armee (Gariboldi)
2. ungarische Armee (Jány)

rechts: 4. (reduzierte) Panzerarmee (Hoth)
4. rumänische Armee (Constantinescu)

Diese äußerst ungünstige, zudem mit Koalitionsproblemen belastete Kräfteverteilung mußte die Sowjets zu neuen Plänen anregen. Richtig erkannte Schwachstelle waren die rumänischen Verbände, die als Hebel für eine Zangenoperation galten. Der doppelseitig geführte Angriff sollte im Südabschnitt zum Don-Mündungsgebiet mit stärksten Panzerverbänden vorgetragen werden, um bei Rostow der im Kaukasus stehenden Heeresgruppe A (von Kleist) den Rückweg abzuschneiden.
Am 19. November war es soweit. Zwischen Dewjatkin, Serafimowitsch und Kletskaja durchstießen Verbände der sowjetischen Südwestfront (Watutin) die rumänischen Stellungen. Jeremenko entfesselte südlich Stalingrad den zweiten Großangriff. Deutsche Gegenmaßnahmen scheiterten. Das sowjetische Oberkommando hatte die Operationsfreiheit wiedergewonnen. Schlechtes Wetter begünstigte die Russen und hinderte die deutsche Luftwaffe am Einsatz. Die Lage war völlig unübersichtlich. Die Meldungen überschlagen sich. Ratlosigkeit.
Befehl des VIII. Flieger Korps vom 19. November, frühmorgens:

»Lage im nördlichen Donbogen unübersichtlich! Der Gegner hat mit starken Panzer- und Infanteriekräften unsere Donverteidigung aus den Brückenköpfen Kletskaja und südlich Serafimowitsch durchbrochen. Rollender Einsatz aller zur Verfügung stehenden Kräfte zur Bekämpfung des in nördlicher Richtung vorbrechenden Gegners, Feststellung der vordersten Teile des Gegners.«

Lage beim KG 55 »Greif« in Morosowskaja:

| | |
|---|---|
| Bomben und Kraftstoff für | 7 Tage |
| Verpflegung für | 21 Tage. |

Keine Flugzeughallen:
Unterkunft in selbsterbauten Erdbunkern innerhalb der Flugzeugliegeplätze.
Kälte, Schneeregen und stürmische, eisige Winde machten das Leben in den Erdbunkern schwer. Minus 18° bis Minus 32° Celsius Außentemperatur waren nicht selten. Besonders schwierig hatten es die Männer des technischen Personals, die schon in der Nacht damit beginnen mußten, nacheinander die im Schnee steckenden Maschinen freizuschaufeln und warmlaufen zu lassen. Erfrierungen traten besonders häufig bei den Spezialisten auf, die Funkgeräte, Bombenschlösser und Motoren auf Funktionsfähigkeit zu überprüfen hatten. Mit dicken Fellhandschuhen ließ sich da nicht arbeiten. Die Bordwaffen froren ein. Das Öl wurde fest. Es war zum Verzweifeln!
Dennoch starteten sechs Besatzungen des Geschwaders zur Erkundung der Lage. Der Kommandeur der II. Gruppe, Major Gabriel mit seinem bei

allen beliebten, schneidigen Flugzeugführer Ofw. Lipp und die Besatzung ObLt. Neubert kehrten vom Feindflug nicht zurück.
Stalins Verbündeter war das Wetter.
Tags darauf schlossen russische Panzerkräfte die Backen ihrer Zange bei Kalatsch. Damit waren die 6. Armee (Paulus), Teile der 4. Panzerarmee (Hoth), die 3. und 4. rumänische Armee, ein Kroatisches Regiment und zahlreiche Versorgungseinheiten, insgesamt etwa 284 000 Mann, eingeschlossen. Ohne Unterstützung von außen war den ausgemergelten Truppen ein Ausbruch unmöglich.
Die Bekämpfung feindlicher Marschbewegungen bei Bukowskaja, Gussinka und Ostrow bei schlechtestem Wetter war äußerst schwierig, weil immer wieder aufgrund der unübersichtlichen Lage Feindkräfte, verbündete italienische und rumänische versprengte oder eingeschlossene Verbände durcheinander oder parallel zueinander auf der Flucht waren. Großen Verdienst erwarb sich Oberst i. G. Wenk, Chef des Stabes des 57. Panzerkorps, das in schweren Kämpfen bei Tuapse im Kaukasus stand. Kurzfristig wurde er zum Chef des Stabes der schwer angeschlagenen 3. rumänischen Armee befohlen und mit einer Luftwaffenmaschine nach Morosowskaja eingeflogen. Diese Armee sollte die 200 km lange Tschirfront aufbauen und verteidigen. Mit osterfahrenen Obergefreiten und energischen Offizieren gelang es ihm, aus Urlaubern, führerlos gewordenen Gruppen und abgesplitterten Truppenteilen mit ausgefallensten und drastischen Maßnahmen Alarmeinheiten zu schaffen, die den Grundstock für die spätere, neue 6. Armee bildeten.
Dieser zusammengewürfelte Haufen konnte mit Standhaftigkeit· und Tapferkeit die Lage am Tschir retten und die sowjetischen Durchbrüche auf Rostow abriegeln.
Das KG 55 trug maßgeblich durch Luftunterstützung zu diesem Erfolg bei, was seitens des Heeres mehrfach lobend hervorgehoben wurde. Die zusätzliche Truppenversorgung mit Munition, Benzin und Verpflegung fiel dabei kaum ins Gewicht, rettete aber dennoch manche Einheit vor dem Zusammenbruch.

## KEIN WINTERQUARTIER IN ARMAWIR

nach einem Bericht von Hans Schanze.

*Herbst 1942: Der Krieg war, den aus Berlin übermittelten Propagandasprüchen zufolge, fast aus, wenn nicht gar schon ganz aus. Die 1. FBK III./KG 55 war nach Armawir, im sonnigen Kaukasusvorland dirigiert worden, um dort die Winterfrische der Gruppe vorzubereiten und einen Rückhaltehorst auszubauen, der in der erwarteten winterlichen Kampf-*

*pause die längst notwendige Auffrischung von Mann und Material gewährleisten sollte. Mit gewohnter Präzision waren die Männer im schwarzen Arbeitspäckchen beim Aufbau des Horstes, und freuten sich, ihren fliegenden Kameraden an dem Tag, wo die Vögel einfallen würden, ein Schmuckkästchen in der östlichen Einöde bereiten zu können. Daneben wurde die 1. FBK gleichzeitig zur Betreuung der seinerzeit von Armawir auf Noworossisk, Grossny und das nördliche Kaukasusvorland fliegenden Verbände des KG 54 und KG 100 eingesetzt. Irgendwie war der Krieg eben doch noch nicht in den Winterschlaf versunken. Langsam bekam man bei der FBK auch Witterung, daß es mit der Winterfrische nicht sonderlich viel werden würde, denn das Geschwader ließ auf sich warten. Was man gelegentlich von der Stalingradfront hörte, deutete nicht gerade auf das baldige Kriegsende hin ...*

*Als eines Tages der Verlegebefehl eintrudelte, waren die Männer dann auch nicht allzu sehr verwundert.*

*Statt daß die Gruppe hierher in Ruhe kam, rief sie nach ihrer FBK. »Mensch, das wird ja wieder ein toller Sängel!« — »Wo liegen die denn überhaupt?« — »Morosowskaja!« — »Nie gehört von dem Kaff!«*

*Fest stand, wie Villacoublay mit Paris-Ausflügen würde es dort kaum sein. Schon in Armawir gab es die ersten östlichen Schneetreiben, und es begann eine Zeit, wo es wieder zweckmäßig war, selbst den Donnerbalken mit Ohrenschützern aufzusuchen. Daß dabei manchmal das Papier am »Blanken« angefroren wäre, stimmt zwar nicht — das kam später erst, wo ohnehin das Grundeis zur täglichen Erscheinung wurde.*

*Dort oben im Donbogen war der sprichwörtlich bekannte »dicke Hund« von der Kette gelassen.*

*Die halbe Nacht wurde gepackt, verladen, Fahrzeuge in Ordnung gebracht, und dann noch eine Mütze voll Schlaf. Im Morgengrauen ging die Mahalla ab. Landmarsch mit eigenen Fahrzeugen. Rund 500 Kilometer waren zurückzulegen.*

*Eine unübersehbare Schlange wälzte sich nordwärts. Voraus der bewährte Straßenpanzer, als Späher und Quartiermacher, und dann hinterher hochbepackt die Lkws, KFZ 15 und Werkstattwagen. Es fing gleich richtig an. Flockiges Gewirbel und vereiste Straßen, und doch war das noch der beste Teil des Marsches, wie man hinterher freilich erst merken sollte. Als gegen Mittag die Sonne durchkam, wandelte sich die spiegelglatte Rollbahn zusehends in ein abgrundtiefes Schlickfeld. Vor allem sorgten die südwärts rollenden schweren Munitionskolonnen des Heeres dafür, daß der noch zurückzulegende Weg gut durchgepflügt war.*

*Hier und dort blieben die ersten Fahrzeuge stecken. Der Schlamm spritzte hinter die Kragenbinden, und zwischen den Zähnen knirschten die halbgefrorenen Brocken fruchtbarster Kubanerde. Mannschaftswagen heran, Seile heraus, und dann mit »Hooo-Ruck« — langsam bewegten sich die*

*Karren und kamen zentimeterweise wieder flott. Der kleine Straßenpanzer war ein unermüdlicher Helfer, ohne den wohl jetzt schon Ausfälle eingetreten wären. Er legte sich leider bei dieser Arbeit so ins Zeug, daß er plötzlich die Puste verlor und weder durch fachmännische Untersuchungen noch durch Gebete und Flüche vorwärtszubewegen war. Kupplungsschaden — aus der Traum. Mit schwerem Herzen mußte man ihn liegen lassen. An der Straße nach Kropotkin segnete er das Zeitliche.*
*Die Hanomag-Zugmaschine des Werkstattzuges mußte heran. Mit dem Spill wurden die schwierigsten Fälle kuriert. Nur der »beutedeutsche« Citroën schaffte mit seinen 1,5 t spielend die russische Mondlandschaft. Das mag er sich damals in Paris, als er Dienste beim KG 55 nahm, auch nicht haben träumen lassen. Kein Gedanke, daß die vorgesehenen Tagesziele geschafft werden konnten. Die Nacht war da, als man noch müde und verdreckt auf der Rollbahn lag. Kaltverpflegung wurde ausgegeben und alles irgendwie Brennbare ging in den improvisierten Lagerfeuern auf. Mühsam wurde der Kaffee in den Kochgeschirren aufgewärmt, die Feldküche stak irgendwo in der russischen Landschaft. Die Kolonne war inzwischen so auseinandergerissen, daß sie sich gut und gerne über 20 Kilometer verteilte. Und um Verpflegung auszufahren, hatte wirklich keiner mehr Laune. Nur der unermüdliche Citroën hielt im Pendelverkehr noch einigermaßen die Verbindung aufrecht. Bloß gut, daß seinerzeit am Kuban die Partisanen noch nicht Mode waren, möglicherweise war ihnen aber auch das Wetter zu schlecht; mit kalten Füßen ist eben auch ein Partisanenüberfall kein Zuckerlecken. Und wer diese Haufen damals gesehen hatte, wäre ohnedies nicht auf den Gedanken gekommen, daß sich bei diesem schmutzverkrusteten Verein etwas holen ließe.*
*Am nächsten Morgen ging es weiter. Es war das gleiche Lied. Weit auseinandergerissen trafen die einzelnen Züge schließlich nach zwei Marschtagen in Rostow ein. Spieß Martin, der mit dem Citroën vorausgefahren war, erwies sich wieder einmal als wahre »Mutter der Kompanie«. Behagliche und gut durchgeheizte Quartiere nahmen die erschöpften Marschierer auf. Der bewährte Seelentröster, Marke BV-Aral von Meindl, Wien — alte Männer wissen schon — spülte die von Dreck und Kälte zugesetzten »Leitungswege« erst einmal wieder durch.*
*Einen Tag Ruhe. Man hatte ihn sehr nötig. Die Fahrzeuge mußten wieder flottgemacht werden. Langsam kamen die Lebensgeister wieder zum Durchbruch. Leider freilich nicht nur die inneren, sondern erstmals auch stellten sich solche zwischen Haut und Uniformhülle in großer Zahl ein, und ein allgemeines Kratzen gehörte fortan zu den dienstlich notwendigen Handbewegungen. Das war die unausweichliche Beigabe warmer Quartiere in Rußland. Wer noch auf sich hielt, suchte die Entlausungsanstalt auf. Dank »cultura« war ein solches Etablissement vorhanden.*

*Frisch betankt, Marschverpflegung für Tage gefaßt — man konnte ja nicht wissen — rollte der Verein dann wieder auf der Straße nach Schachty und dann weiter nach Nordosten auf Tazinskaja zu. Was vor ihnen lag, wußte keiner, nur gefaßt waren sie auf alles. Man wurde dann auch nicht enttäuscht. Das, was sie in den folgenden drei Tagen erlebten, stellte alles bisher Dagewesene in den Schatten. Der Schlamm lag wohl hinter ihnen, aber jetzt mahlten die Räder der Fahrzeuge über einen eiskristallisierten Boden, der es in sich hatte. Man schlitterte durch die Gegend wie angetrunkene Apachen übers Parkett von Pigalle (seligen Angedenkens). Sand zum Streuen gab es nicht. Decken und Zeltbahnen mußten herhalten, um die Fahrzeuge auf den kleinsten Steigungen der Rollbahn vorwärtszubringen. Endlich lag der Platz von Tazinskaja vor uns. Noch 50 Kilometer mußten geschafft werden, bis das Ziel Morosowskaja erreicht war. Lebhaft begrüßt von der Gruppe, die ihre FBK mit Sehnsucht erwartet hatte.*
*Daß es hier keine erholsame Verschnaufpause geben würde, merkte man gleich. Hier ging es ganz schön rund. Es wurde geflogen, geflogen und nochmals geflogen. Schlafen wurde Luxus, und selbst die dringendsten menschlichen Verrichtungen wurden bei den fliegenden Besatzungen zwischen den Bombenschächten abgemacht. Die Zahl der hier abgeworfenen Kekskartons mit sonderbarem Inhalt erreichte beträchtliche Tonnengewichte.*
*Abladen, aufbauen und betriebsklar machen war eins. Eine dicke Handvoll Maschinen wartete schon auf Motorenwechsel. Beschußlöcher mußten geflickt werden und was der sonstigen freudigen Überraschungen im rollenden Einsatz mehr sind. Nicht nur die III./KG 55 war zu versorgen, sondern es lag noch eine Reihe anderer Verbände, wie KG z. b. V. 5, auf dem Platz und brauchten jede Hand. Um Stalingrad schloß sich der rote Würgegriff enger und enger. Kampfeinsätze mit Bomben wechselten mit Versorgungseinsätzen. Soweit es die Wetterlage irgendwie zuließ, riß das Motorengedröhn von startenden und landenden Maschinen nicht mehr ab. Und wie kamen sie oft heim? Löcher so groß, daß die Besatzung keine Ausstiegluke mehr brauchte. Leitwerke und Flächen mußten quadratmeterweise über Stalingrad gelassen werden.*
*Es war ein zusammengerupfter Haufen, den man täglich wieder fit machen sollte. Dabei fehlte es an jedem Wetterdach. Alles mußte im Freien geschafft werden. Temperaturen zwischen minus 20 und 30 Grad. Die Kälte des Metalls riß die Haut fetzenweise von den Händen. Handschuhe waren beim technischen Personal nun einmal für solche Aufgaben nicht geplant. Jeder mußte mit Hand anlegen. Druckposten gab es mangels Gelegenheit nicht. Wenn es einmal gar zu kalt scheinen wollte, dann sorgten die Kollegen von der anderen Feldpostnummer, daß uns das »Kühlwasser« nicht einfror. Von einer Staffel Jl—2 kurz abgebraust zu werden, ließ auch den Trägsten wieder ruckartig auf Touren kommen. Nachts gab es dann ab*

*und an auch noch einiges Feuerwerk, damit keiner im Schlaf erfrieren konnte. Dabei mußte bei der Arbeit viel improvisiert werden. Ersatzteile kamen längst nicht mehr heran. Was an Beschußmaschinen hoffnungslos zu reparieren war, mußte ausgeschlachtet werden, um immer wieder ein Höchstmaß an einsatzklaren »Mühlen« zu erreichen. Bald flogen He 111 mit einem Jumo als Backbord- und einem DB als Steuerbordmotor! Unmöglich zwar nach den TV-Vorschriften der Luftwaffe, aber geflogen sind die »Krähen« doch. Denn jede Tonne Brot war für die 6. Armee lebenswichtig. Auch gab es Maschinen, deren Flächen mit Eisenträgern statt der weggeschossenen Duralholme flogen. Es gehörte schon die ganze Findigkeit der alten Praktiker im schwarzen Arbeitspäckchen dazu, um die Mühlen immer wieder und dennoch in die Luft zu bringen. Gerade bei derartigen äußersten Belastungen zeigte sich der Wert einer eingespielten Mannschaft und deren Bedeutung für die Kampfkraft des fliegenden Verbandes. So ging das nicht nur eine Woche oder zwei, nein, den ganzen Monat lang.*

*Ganz auf sich selbst und die Tüchtigkeit jedes einzelnen Mannes angewiesen, hat die 1. FBK diese einmaligen Aufgaben gemeistert.*

*Erst als der Russe schon im Rücken stand und Tazinskaja bereits gefallen war, fand dieser Einsatz sein Ende. Mit einem Gewaltmarsch nach Süden entzog sich die Kompanie dem Einschließungsring und erreichte am zweiten Weihnachtsfeiertag Kotelnikowo. Fast hätte man das Weihnachtsfest vergessen, wenn nicht hier während der kleinen Atempause zwischen Märschen jemand mit einem Lichterbäumchen angekommen wäre.*

Ohne weitere Ausfälle konnte schließlich Stalino erreicht werden, freilich nur, um sofort wieder südostwärts auf Nowotscherkask, dem nächsten Einsatzhafen der III. Gruppe, vorgeworfen zu werden.

## DIE KATASTROPHE VON STALINGRAD UND EINE IHRER URSACHEN — DIE WETTERLAGE

Friedrich Wobst, der langjährige Geschwadermeteorologe berichtet:

*»Bei unseren Störangriffen in das Gebiet des nördlichen Donbogens, die ja gleichzeitig als Aufklärungsflüge von großem Werte waren, wurden im Oktober und vor allem im November 1942 immer wieder Truppenausladungen beobachtet. Sie fanden meist in der Nacht oder im Nebel statt. Aber es wurde ja fast zu jeder Zeit geflogen. So war es für uns kein Geheimnis, daß aus dieser Richtung der Stoß des Gegners zu erwarten sei. Die Frage war nur noch der Zeitpunkt. Es ist weder Überheblichkeit noch*

*Schmälerung der unvergleichlichen Leistungen, die unsere Kameraden vom Heere vollbrachten, wenn wir hier feststellen, daß der Russe seine Hauptangst vor der Deutschen Luftwaffe hatte. Er mußte sie deshalb besonders in seine operativen Pläne einbeziehen. Sie auszuschalten, gab es für ihn aber nur eine Möglichkeit, nämlich, den Gegenstoß bei einer Wetterlage durchzuführen, die einen Einsatz der Deutschen Luftwaffe unmöglich machte. Wir haben uns damals im Stabe des KG 55 oft über diese Frage unterhalten. Hatten wir doch schon so oft feststellen müssen, wie geschickt der Russe die Wetterlage auszunutzen verstand, wie er förmlich im und mit dem Wetter lebte. Unter diesem Gesichtspunkt habe ich damals für unseren kleineren Kreis Vorhersagen für die Möglichkeit des Beginns der Offensive gemacht. Die gefährliche Lage, in der wir uns alle damals befanden, ließ wohl auch mich noch stärker mit dem Wetter leben, als es sonst schon der Fall war. So ist denn alles lebendiger in der Erinnerung geblieben.*

*Wie sah nun die Wetterlage aus, die die russische Durchbruchoffensive in so hohem Maße begünstigte, wenn überhaupt erst möglich machte? Bis Anfang November stand der ganze Raum unter dem Einfluß eines Hochs über dem Donbogen. Wir hatten gutes Einsatz- und Landewetter. Nur am Südrande des Hochs, am unteren Dnjepr, kommt es in den sternklaren Nächten schon zu ausgedehnten und zähen Nebelfeldern. Am 7. November setzt der erste Kälteeinbruch im Donbogen ein, mit einem Wolkenfeld in 500 m und stark böigen Winden geht die Kaltfront durch. Die Temperatur fällt schnell auf — 5 Grad und sinkt bis zum 8. November auf — 15 Grad. Doch die Luft ist trocken. Weder Schneefall, noch Nebel behindern den Einsatz. Diese Lage bleibt bis zur Mitte des Monats erhalten: Erste Nachthälfte sternenklar, ab Mitternacht Bildung einer dünnen Schichtwolkendecke in 800—1000 m, die uns vor Nebel schützt und tagsüber wieder auflockert.*

*Mit dem Rückgang der Kälte, der einmal durch das Nahen von Störungen von NW und zum anderen durch auflebende Störungstätigkeit im Schwarzen Meer bedingt ist, setzt plötzlich der Übergang zu Schlechtwetter ein. Das ist der Augenblick, auf den die Russen gewartet haben. Am 15. wird das bisher über dem mittleren Dnjepr und Don gelegene Hoch nach Osten abgedrängt. Am 16. führen die über den Kaukasus herangeführten Warmluftmassen zu ausgedehnten Schneefällen mit Nieselregen und Nebel im gesamten Don-Wolgagebiet. Die Temperaturen steigen innerhalb kurzer Zeit auf 0 Grad am Boden an. Dieses klassische Beispiel einer Wetterlage für Glatteisbildung durch unterkühlten Regen macht uns bereits schwere Sorgen. Die Maschinen vereisen am Boden und Abdeckplanen sind nicht vorhanden. Das Enteisen aber erfordert viel Mühe und — Zeit!*

*Am 19. erreicht das Schlechtwetter seinen ersten Höhepunkt. Die Wolken sinken tief herab und liegen vielfach — vor allem an den Hügeln des nörd-*

*lichen Donbogens auf. Die Sicht geht rapide zurück. Die Vereisungsgefahr ist groß. An diesem Morgen beginnt der lange vorbereitete Durchbruch der Russen im nördlichen Donbogen. Trotz des unvorstellbar schlechten Wetters starten die Besatzungen von Maj Gabriel und Oblt. Neubert. Beide kommen nicht mehr zurück. Ob sie durch Erdbeschuß oder durch Erdberührung den Tod fanden, wir wissen es nicht. Sie sind in der nun beginnenden Kampfphase, in der alles Denken und Handeln nur auf die verzweifelt kämpfenden Kameraden vom Heere gerichtet ist, die ersten einer langen Reihe aus unserem Geschwader, die dabei den Heldentod starben oder in die ungewisse Gefangenschaft gerieten. —*

*An diesem Tage muß der Flugbetrieb eingestellt werden. Wir sind zum peinigenden Nichtstun verurteilt. Die Deutsche Luftwaffe ist ausgeschaltet. In den folgenden Tagen bleiben nur wenige Stunden zum Einsatz, die nur durch rechtzeitige Bereitschaft und unter erschwerten Verhältnissen ausgenutzt werden können. Und sie werden ausgenützt bis zur letzten Minute, oft noch darüber! Um Mitternacht liegt die geschlossene Wolkendecke um 100 m. Am Morgen zwischen 06 und 07 Uhr werden die feuchten Luftmassen aus dem Dongebiete in unseren Absprungraum (Morosowskaja) geführt. Innerhalb von Minuten sinkt die Wolkendecke auf 50, dann 40 m ab und geht vielfach zu aufliegendem Nebel über. In dieser Zeit ist auch Hauptmann von Lupin als treuer Kamerad zu uns gestoßen. Als »Ritter ohne Furcht und Tadel« erkundet er jeweils am Morgen mit dem »Storch« die Umgebung, stellt Truppenbereitstellungen fest und nimmt Verbindung mit abgeschnittenen Truppenteilen von uns auf. Gegen Mittag hebt sich die Wolkendecke auf 400—500 m. Darauf warten wir täglich. Doch zum Auflockern kommt es nicht oder nur örtlich und selten. Die Sonne ist in dieser Jahreszeit schon zu schwach. Bei Sonnenuntergang, also um 14 Uhr Ortszeit, sinken die Wolken schnell wieder auf 150 m ab, die Sicht geht rasch zurück. Wird auf dem Bahnhof rangiert, reichen die Kondensationskerne des Lokomotivrauches aus, unseren Platz und seine Umgebung völlig mit Nebel zu verseuchen. Nebeleinbrüche, wie wir sie nie kannten!*

*Ohne hier näher auf die Entstehung einzugehen, hat sich das Wetter für die Zeit vom 17. — 24. November zu folgender Lage entwickelt: Etwa vom 37. bis 47. Grad östlicher Länge liegt parallel zum 50. Breitengrad nach N und S ein je 150 km breiter Streifen als Mischungszone mit tiefer, geschlossener Bewölkung, zeitweisen, leichten Niederschlägen und schlechter Sicht. Am Abend und Morgen senken sich die Wolken bis zum Boden und gehen in Nebel über, am Tage steigen sie leicht an und liegen nur an den Erhebungen der Donezplatte und im Hügelgelände des Don auf. Die Vereisungsgefahr ist für erfahrene Flieger nicht groß. Nur selten überschreitet die Wolkendecke eine Mächtigkeit von 700 m, und unsere Besatzungen durchziehen sie schnell und versuchen, bei der Landung ebenso schnell wieder durchzustoßen. Doch selten ist die Möglichkeit zu größeren Einsätzen überhaupt gegeben, während der Gegner mit seinen Panzern rollen kann. Der Boden ist fest gefroren. Dabei liegen die Temperaturen noch in erträglichen Grenzen, zumal an den meisten Tagen fast Windstille herrscht.*

*Am 25. November endlich, steigt durch ein Hoch, das vom Gouvernement bis in den Donbogen reicht und weiter bis zur Wolga ausgreift, die Wolkenuntergrenze an. Um 3 Uhr früh liegt sie schon bei schätzungsweise 400 m. Sogleich werden alle Vorbereitungen für den Einsatz getroffen. Gegen 9 Uhr liegen die Wolken bereits in 700 m und beginnen aufzureißen. Gleiches gilt für den Kampfraum. Es wird ein Einsatz wie in alten Tagen. Aber das Aufatmen ist nur von kurzer Dauer. Schon in der Nacht ist ein hoher Wolkenaufzug im NW zu beobachten, am Morgen des 26. folgen bereits die tiefen Schichtwolken und sinken von 500 auf 300 m, dann auf 200 m ab. In den dabei auftretenden Schneefällen geht die Sicht stark zurück. Am Morgen kann noch im Raume Kalatsch aus 3000 m angegriffen werden, aber schon gegen Mittag ist auch dieses Gebiet vom Schlechtwetter erreicht mit Wolken in 200—300 m, die in Schneeschauern weiter absinken. Vereisung tritt in 1500 m ein. Die Besatzungen kommen bei der Tieffliegerei mit viel Beschuß von den Einsätzen zurück. Die Lage erfordert, daß auch bei diesem Wetter, das — wie in der Folgezeit so oft — schon lange keins mehr ist, geflogen werden muß. Der Nachteinsatz ist aber trotz allem nur in der ersten Nachthälfte möglich.*

*An diesem 26. sinkt die Temperatur von — 5 Grad am Morgen (5 Uhr) auf + 1 Grad am Abend (23 Uhr). Dieser Zustrom warmer Luft bringt auch am 27. tiefe, geschlossene Bewölkung in 100—200 m, die bis in große Höhen reicht. In dem großflockigen, nassen Pappschnee geht die Sicht auf Null zurück, die Wolken sinken dabei schon in der Ebene auf 30 m ab. Eisansatz tritt in 400 m ein. Beim Aufstieg auf 1400 m und darauf folgenden Abstieg ist er 2,5 cm dick. Beim Erreichen von 300 m ü. Grd. fällt das Eis wieder ab. Bei den Flügen in den Kessel von Stalingrad wird der von russischer Flak stark besetzte Riegel von Kalatsch so überwunden, daß die Besatzungen bis an den Riegel tief fliegen, dann schnell Höhe gewinnen, um ihn so zu überfliegen und dann wieder wärmere Schichten aufsuchen. Die dafür nötige Zeit reicht gerade aus, die vereisten Maschinen nicht abstürzen zu lassen. So kann wenigstens mit Erfolg in den Kessel geflogen werden. Noch am Nachmittage geht die der Warmluft folgende Kaltfront in Morosowskaja durch und bringt Aufheiterung, die sich schnell nach Osten durchsetzt. In sternenklarer Nacht sinken die Temperaturen wieder unter — 8 Grad. Für den nächsten Tag steht gutes Einsatzwetter bevor. So ist das Bodenpersonal schon wieder in der Nacht dabei, die Maschinen für den Früheinsatz zu enteisen und fertig zu machen. Allerdings ist am 28. im NW schon wieder ein Wolkenaufzug zu erkennen. Wann wird das*

*Schlechtwetter unseren Raum erreichen? Wann wird es dann wieder besser werden? Wie lange werden wir noch fliegen, noch helfen können? Das sind die Fragen, die uns von nun an nicht mehr verlassen.«*

## »GEFECHTSVERBAND KÜHL«

24. November, 8 Uhr 38 Funkspruch »Führerentscheid«, die höchste und strikteste Befehlsstufe:

»... jetzige Wolgafront und jetzige Nordfront unter allen Umständen halten. Luftversorgung.«

Nicht Göring trieb Hitler zu dieser Entscheidung. Die Luftwaffe trug durch Generalstabschef Jeschonnek zwar die positive Einstellung zur Luftversorgung vor, knüpfte aber daran eine Reihe entscheidender Bedingungen; vor allem geeignetes Flugwetter und absoluten Schutz der frontnahen Versorgungsflugplätze. Nur überhörte Hitler die Bedingungen. Er klammerte sich an den »Strohhalm« Luftwaffe.
Nach den Anforderungen der 6. Armee mußten täglich:

300 t Treibstoff
30 t Munition
140 t Verpflegungsgut

in den Kessel eingeflogen werden, um überhaupt kämpfen zu können. Generaloberst von Richthofen hielt dies für unmöglich zu bewerkstelligen. Er hätte dafür 800 Ju 52 gebraucht, 750 Ju 52 waren hingegen nur in der ganzen Luftwaffe vorhanden. Generalmajor Carganico, der Kommandant des Flughafenbereichs Tazinskaja, wurde zum Luftversorgungsführer ernannt und der Luftflotte 4 unmittelbar unterstellt. Tazinskaja war zugleich Hauptabsprungbasis für die Ju 52 Flotte, die aus allen möglichen Verbänden zusammengestellt wurde. Diese Kräfte führte der Lufttransportführer 2, Oberst Förster (später, ab 15. Januar 1943, Oberst Morzik).
In Morosowskaja, wo das KG 55 lag, erhielt Kommodore OTL Kühl von Generaloberst von Richthofen eine doppelte Aufgabe. Als Lufttransportführer 1 führte er alle ihm unterstellten He 111-Verbände, ferner war er als Führer des »Gefechtsverbandes Stalingrad« für die Unterstützung der Abwehrkämpfe am Tschir verantwortlich. Er mußte verhindern, daß der Russe weiter gegen »Tazi« und »Moro« vordrang, weil der Verlust dieser Plätze das Ende für die Versorgung der eingeschlossenen Armee bedeutet hätte. An den Flugplätzen Morosowskaja-Süd und -West standen zur Verfügung:

KG 55 mit zwei, später drei Gruppen He 111
KG 27 mit zwei Gruppen He 111 (OTL von Beust)
I./KG 100 (He 111) (Hptm. Bätcher)
JG 3 mit drei Gruppen (OTL Wilcke)
Schlachtgeschwader 1 (Major Druschel)
eine Nahaufklärungsstaffel, die aus dem Kessel zurückgezogen war und vom KG 55 neu aufgerüstet wurde
Stukageschwader 2 (Major Dr. Kupfer), das ebenfalls aus dem Kessel herausgezogen war
die Transportgruppe KG zbV 5 mit drei Staffeln (He 111), die bereits die Transporte in den Kessel von Demjansk geflogen hatte
eine Transportgruppe mit sechzig He 111, in Deutschland auf den Fliegerschulen ausgekämmt (Major Schmidt)
die Transportgruppe KG zbV 20 mit 22 He 111, die bis dahin die Afrika-Versorgung geflogen hatte
eine Nachtaufklärungsstaffel He 111 mit Blitzlichtfotografie von dem Fliegerhorst Armawir im Kaukasus mit Zwischenlandung in Morosowskaja

insgesamt durchschnittlich über 300 Flugzeuge.
In Morosowskaja-Süd lagen noch rumänische Fliegerstaffeln, die aber Oberst i. G. Brasser unterstanden. Dagegen wurde die rumänische Flak auf beiden Horsten Oberst Kühl als Verteidigungskommandant der Horste unterstellt, bis im Dezember 1942 der alte Weltkriegsflieger General Carganico auch diese Aufgabe mitübernahm.
Die Führung des Geschwaderstabes, besonders Ia Hauptmann Höfer, wurde unterstützt durch den ausgezeichneten Hauptmann Dölling als zweitem Ia aus dem Stabe des Flottenchefs.
In der Festung Stalingrad wurde unter dem Kommandeur des Flakregiments 104, Oberst Rosenfeld, ein Stab gebildet, der vor allem das Funktionieren der Versorgung auf dem Flugplatz Pitomnik sicherstellen sollte.
Die trübe Wetterlage, Nebel, Schneetreiben und tiefhängende Wolken bis auf 30 m, hinderten die Luftversorgungsverbände daran, auch nur annähernd die geforderten Tonnen in den Kessel zu fliegen. Voll Sorge blickte die 6. Armee jeden Tag gen Westen.
Bei klarem Winterwetter war in »Tazi« und »Moro« hingegen alles in Bewegung, fast friedensmäßig konnte in Pitomnik, Gumrak und Stalingradsky gelandet werden. Minutenlange Luftkämpfe russischer Jäger gegen deutsche. Das vorzügliche Jagdgeschwader 3 »Udet« unter OTL Wilcke sorgte dafür, daß die Luftüberlegenheit erhalten blieb. An anderen Tagen war die Suppe wieder so dick, daß die Versorgung ganz ausfiel.
Oft konnten die Flugzeuge nicht mit den vorgesehenen und gewünschten Versorgungsgütern beladen werden, weil diese nicht rechtzeitig herange-

führt wurden. Die Flugzeuge wurden dann mit irgendwelchen anderen Lasten beladen, um den verfügbaren Transportraum auszunutzen. Das bedeutete dann, daß der Truppe im Kessel Güter zugeführt wurden, die sie gar nicht benötigten.

Der Versuch, Mehl einzufliegen, um den Transportraum besser auszunutzen, wurde an zwei Tagen und nur von wenigen Flugzeugen durchgeführt. Die 6. Armee wünschte den Einflug von Brot, weil sie den Backprozeß nicht überbrücken konnte.

Die Entladung der Versorgungsflugzeuge und Beladung mit Verwundeten im Kessel war zeitweilig sehr schlecht organisiert. So mußte zum Beispiel die Enttankung der Maschinen an mehreren Tagen mittels Handpumpen vorgenommen werden. Ein Zeitverlust von mehreren Stunden! Für die Flugsicherung stand in Pitomnik ein Funkfeuer zur Verfügung. Das qfe war selten verläßlich. Die Russen hatten ostwärts der Wolga ein Funkfeuer mit gleicher Kennung und Frequenz aufgebaut.

Unerfahrene Besatzungen, besonders der z. b. V.-Gruppen, fielen auf diese Täuschung herein. Es dürften auch hierdurch Verluste eingetreten sein. Laufende Störangriffe russischer Jäger auf den Platz Pitomnik verursachten erhebliche Verluste an fliegendem Personal und Flugzeugen. Die Versorgungsflugzeuge hingen oft längere Zeit über dem Platz und konnten nicht landen, weil in der Landebahn große Trichter waren oder Flugzeugbrüche lagen, die erst beseitigt werden mußten.

Eine große Anzahl von Flugzeugen mußte zwischendurch Kampfaufträge zur Unterstützung des Heeres ausführen und fielen damit zeitweilig für die Versorgung aus:

Bei Skassyrskaja auf starke Feindkräfte, die Tazinskaja bedrohten.

Hier lag der Stab des VIII. Fl.Korps mit dem Chef-Oberst i. G. von Heinemann. Skassyrskaja und damit der Korpsstab wurde am 23. 12. vom Feind überrollt.

Bei Obliwskaja am 28. 11. und im Dezember an der Tschirfront zur unmittelbaren Unterstützung der Kampfgruppe *Stahel.* Diese Kampfgruppe wurde Ende Dezember ostwärts Morosowskaja eingeschlossen und von mehreren He 111 beim Durchbruch vier Tage versorgt.

Die »Kampfgruppe Stahel«, ein bunter, aus Alarmeinheiten der Luftwaffe und des Heeres, versprengten Flakeinheiten, verirrten Urlaubern, Genesenen eines Lazaretts, einem Panzerzug, Angehörigen der Organisation Todt und der Feldpost zusammengesetzter Haufen, die alle in den Strudel der zusammenbrechenden Tschirfront hineingerissen worden waren, kämpfte sich vom Tschir in Richtung auf die noch von der Luftwaffe belegten Plätze Obliwskaja, Morosowskaja und Tazinskaja unter unglaublichen Schwierigkeiten, bei schwankenden Munitionsbeständen und kümmerlichster Verpflegung, in nahezu hoffnungsloser Lage, zurück. Nebliges Wetter verhinderte Unterstützung durch eigene Fliegerverbände.

Uffz. Linke, 5. Staffel, aus der Besatzung Lt. Kobs (G1+FN), gefallen am 11. April 1943 bei Saki, schrieb am 26. Februar 1943 einen Bericht über seine Einsätze. Auszugsweise sei er hier zitiert:

*»Der 2. 12. sah uns wieder in Moro. Die anderen Besatzungen flogen schon eifrig nach Pitomnik, in den Kessel Stalingrad. Für uns kam in Kürze der erste Flug dorthin. Beim ersten Einsatz nach Pitomnik konnten wir nur abwerfen. Am nächsten Tage war das Wetter wieder wie verhext. Über dem Platz fast aufliegende Wolken, zum Don hin aufreißend bis heiter und über Pitomnik wieder dick. Mit diesem Wetter hatten wir uns nun schon langsam abgefunden. 6.20 Start. Wir gehen gleich auf Höhe, um in 3000 m über den Wolken weiterzufliegen. Über dem Don reißt die Wolkendecke tatsächlich auf. Es war gut, daß wir gleich auf 3000 geklettert waren, denn die mittlere Flak ballert wie verrückt nach uns.*
*Die Brüder da unten wissen scheinbar ganz genau, daß wir keine scharfen Bomben geladen hatten, sondern nur Nachschub in den Kessel bringen. Tatsächlich haben wir fünf Muni-Bomben und den ganzen Bauch voller Postsäcke, dreizehn an der Zahl. Da wir allein fliegen, können wir den Flakgranaten prima ausweichen. Die Höhe der krepierenden Granaten stimmt genau mit unserer Höhe überein, liegen aber etwas hinter uns. Langsam tasten sich die Sprengwölkchen an uns heran, kommen immer näher. »40 Grad nach rechts«, sage ich, die letzten Wölkchen waren mir doch ein bißchen zu nahe. Die Maschine fliegt eine Rechtskurve und die nächsten Wölkchen blieben links von uns. Wenn sie sich wieder eingeschossen hatten und uns zu nahe auf den Pelz kamen, flogen wir wieder eine Biege nach links. So kommen wir ganz gut über diese Störung hinweg und sind auch schon wieder über einer schützenden Wolkendecke. Inzwischen habe ich durch den Peiler das Funkfeuer von Pitomnik angefordert und wir fliegen, langsam sinkend, das Funkfeuer an.*
*Der Beobachter peilt laufend. Die Peilungen beginnen zu springen. »Quer ab«, sagt er zum Flugzeugführer, und jetzt führen wir ein schnelles Roland durch. Bei 2000 sind wir in den Wolken. »300 m Wolkenuntergrenze über Platz« gibt mir der Peiler. Das ist für uns schon bestes Wetter — prima. In steilen Spiralen geht es durch die Wolken. Je eher wir aus den Wolken heraus sind, um so besser, denn es krebsen noch andere Maschinen in unserer Nähe. Bei 300 m haben wir tatsächlich Bodensicht und sehen rechts vor uns den Flugplatz Pitomnik. In dem Dunst, der uns umgibt, sehen wir mindestens ein halbes Dutzend anderer Maschinen, die, wie wir zur Landung ansetzen wollen. Daß bei diesem Durchstoßen niemals etwas passierte, ist mir noch heute ein Rätsel. Vor und hinter uns konnten wir auf dem Hinflug Maschinen beobachten, die genau wie wir nach Pitomnik flogen und ein flottes Roland durchführten. Schwein muß man haben, schließlich sind schon mehr als zwei Maschinen heruntergefallen. Eine*

*glatte Landung wurde hingelegt, obwohl der Platz alles andere als eben war. So, jetzt waren wir zum ersten Male in Pitomnik und konnten selbst erleben, was uns unsere Staffelkameraden von dort berichteten. Wir wurden eingewinkt, zu einer Ecke, wo schon ca. zwanzig He 111 standen. Ein emsiges Landen und Starten war am Platz. Unsere Maschine wurde entladen und wir warteten auf Verwundete, die wir mitnehmen sollten. Bis auf den Motorenlärm der abfliegenden, anfliegenden, landenden, startenden und rollenden Maschinen war nicht viel von einem Kessel zu merken, und ich dachte mir schon: »Na, die Buben haben wieder mal ganz anständig gepranzt.« Meine Ungläubigkeit wurde fast auf dem Fuße bestraft. Unter den inzwischen höher gegangenen Wolken brausten urplötzlich sechs einmotorige Flugzeuge auf den Platz zu. »Was sind denn das für komische Krähen«, fragten wir uns. Es waren IL 2, die bekannten gepanzerten russischen »Schlächter«. Erkennen und hinein in meinen Drehkranz. Das M.G. hatte ich für solche Überraschungen schon bereit gemacht. In den anderen Maschinen harrten die Bordfunker gleich mir in ihrem Schaukelsitz auf die jetzt bald in Platznähe kommenden Schlächter. Alle M.G.'s aus den B-Ständen zeigten in Richtung der angreifenden Maschinen. Die leichte Flak ballerte am gegenüberliegenden Platzrand schon eifrig nach den in etwa 500 m fliegenden Maschinen. Jetzt lösten sie die Bomben aus, man konnte sie deutlich erkennen und verfolgen — sie fielen alle zu kurz am gegenüberliegenden Platzrand in den Acker. Jetzt beharkten sie den Platz mit ihren Bordwaffen. Aber aus jeder Maschine flitzten den Angreifern die Leuchtspurfäden entgegen. Flugs drehten sie ab und suchten das Weite. Es muß ein ohrenbetäubender Lärm gewesen sein: Detonieren der Bomben (viele Blindgänger), Ballern der Flak und das Knattern der ...zig M.G.'s. Dazwischen landeten gerade ein paar Maschinen herein und als die Flak mit Schießen begann, schwang sich quer über den Platz eine Me 109 in die Lüfte und verfolgte die sechs Maschinen, die schon unseren Blicken entschwunden waren ... Wackelnd kam sie zurück. Trotz der Unmassen von abgestellten Flugzeugen war es dem Russen nicht gelungen, mit seinen sechs Maschinen auch nur den kleinsten Erfolg zu erzielen — im Gegenteil, die 109 holte sich eines dieser Schäfchen herunter. — Die Wolkendecke riß jetzt auch bei uns auf, da mußten wir mit einer noch größeren Aktivität der russischen Luftwaffe rechnen. Bei ausgesprochen schlechtem Wetter ließen sich die russischen Schlachtflieger, Jäger und Kampfmaschinen doch nicht sehen. Wurde das Wetter aber besser, dann kamen sie immer in Scharen. Nachdem wir zugeteilt bekamen, was wir mitnehmen sollten (bei diesem Flug war es nur 1 Verwundeter, alle anderen hatten schwere Verwundungen und mußten liegen, wir konnten sie also nicht mitnehmen), starteten wir und schraubten uns über dem Platz durch die Wolken wieder auf 3000 hinauf. Von russischen Jägern ungeschoren, etwas von der Flak belästigt, konnten wir in Moro landen. Zwei*

*Flüge in den Kessel starteten wir an diesem Tage noch. Dieselben Begleiterscheinungen: Flak, bombenwerfende Schlächter usw. Beim zweiten Flug, es waren nur noch vereinzelte Wolken über Pitomnik zu sehen, flogen immer zwei Me 109 ihre Bahnen über dem Kessel und fanden reiche Beute, konnten wir doch selbst bei diesem Aufenthalt zwischen Landung und Start allein drei russische Maschinen herunterfallen sehen.*

*Überall konnten unsere Jäger auch nicht sein, die Russen kamen immer wieder in ganzen Haufen angeschnurrt, hängten sich hinter landende Maschinen und machten manche Ju 52 und die alte He 111 E zur Minna. Eine He 111 E fliegt in ungefähr 500 m und kommt gemächlich tiefer, um zu landen. Wie hingezaubert plötzlich zwei feindliche Maschinen hinter ihr, ein Jäger und ein Schlächter. Eine hängt sich, langsam näher kommend, ans Leitwerk . . . und die Besatzung merkt nicht, daß ihre Maschine von hinten bedroht wird — es befindet sich kein Heckstand in der Maschine. »Du Schande, wenn das gut geht«, denke ich mir. Scheinbar ist der Jäger, — der Schlächter schwenkt jetzt ab zum Platz, — noch nicht zum Schuß gekommen.*

*Jetzt kommt noch eine dritte Maschine hinzu und die He 111 kurvt langsam immer tiefer. »Das ist ja eine Me 109«! Sie setzt sich hinter den Spitzmaustyp. Ein richtiges Katz- und Mausspiel. Die beiden vorderen Maschinen merken nicht, daß sie bedroht sind. Da krachen auch schon einige Feuerstöße aus der 109 auf den Russen. Der hat Lunte gerochen und dreht mit einer Steilkurve ab. Typisch, was jetzt folgt, und was wir in Pitomnik so oft zu sehen bekamen. Werden die Iwanowitsche von einer 109 angegriffen, gehen sie stiften, nischt wie stiften. Aber dieser ist schon getroffen — eine lange Rauchfahne zieht hinter ihm her. Die 109 bleibt hinter ihm und verpaßt ihm noch ein paar Feuerstöße. Kurz darauf stellt sie sich auf den Kopf und stürzt ab. Aufschlagbrand. — Aus. Einer von vielen. Daß sich sogar die Schlächter hinter gestartete und landende Maschinen setzen, nur so nebenbei. — Beim dritten Flug an diesem Tage hatten wir sechs Verwundete mitgenommen, beim zweiten acht. Es hatte sich beim dritten Start in Pitomnik schon wieder zugezogen. In 1200 m, in 1500 lag die Wolkenschicht, plötzlich M. G. und Kanonengeknatter. Was ist denn los? Daß sich von hinten unbemerkt ein Jäger angeschlichen hat, ist ausgeschlossen, da haben wir zu gut aufgepaßt. »Von vorn ein Jäger«! ruft der Beobachter. Immer noch das Geknatter, von dem wir vorher nicht wußten, wo es herkam. Jetzt hörte es auf, getroffen hatte er scheinbar nichts — im selben Augenblick huschte er einige Meter über der Maschine hinweg, dreht eine Kurve. Das M. G. schußbereit in den Händen, schickte ich ihm eine volle Trommel nach. Kommt der wieder? Nein. In Kürze waren die leuchtend roten Sowjetsterne und dann die ganze Maschine im Dunst verschwunden. Kurz darauf vier russische Maschinen — Jäger oder Schlächter — rechts hinter uns, 800 m Entfernung. Ha! Ihr belästigt uns nicht mehr!*

*die Wolken nahmen uns gleich anschließend in ihre weichen, weißen Polstergebilde auf. Durch die Wolken kommen sie uns nicht nach. Über den Wolken Kurs Heimat. —«*

Die 6. Armee konnte unter derartigen Versorgungsbedingungen weder leben noch kämpfen. Der Geschwadermeteorologe Friedrich Wobst schrieb zu dieser Zeit fast täglich kurze Briefe nach Hause. Sie berücksichtigten nicht nur die Wetterlage, sondern gaben zwischen den Zeilen auch manchen Hinweis auf die fast hoffnungslose Lage.

*Im Osten, den 2. 12. 1942*
*(Morosowskaja)*

*»Nun ist der erste Advent gewesen, ohne daß wir daran denken konnten. Im Donbogen ist der Teufel los. Teile unserer Truppen wurden abgeschnitten; sie werden bis zu ihrer Entsetzung aus der Luft versorgt. Unser Platz ist so zu einem der wichtigsten Punkte in diesem Raume geworden, was dazu führt, daß Iwan uns Tag und Nacht besucht, seine Eier abwirft und auch mit Panzern dauernd um uns herumfühlt. Aber hier ist trotzdem alles bester Zuversicht. Selbst wenn es noch länger dauern sollte, so wird doch die rechte Lösung gefunden werden. Das Wetter ist temperaturmäßig noch immer gut ertragbar. Die Temperaturen schwanken um 0°, gehen nachts auf —8 bis —10°. Für die Fliegerei macht es uns aber viel zu schaffen. Manchmal möchte ich ganz die Lust verlieren. Aber dann gehts immer wieder weiter. Ich habe jetzt nicht nur das Geschwader, (KG 55), sondern auch Stuka's, Jäger und Schlächter zu beraten. Da gibt's neben viel Arbeit viel Sorgen. Jedoch, es geht alles um das große Ziel, und das werden wir erreichen.«*

*6.12. 1942*

*»Der Kampf mit dem Wetter ist ein Kampf um das Leben der Kameraden in der Festung Stalingrad geworden, die ja nur noch von der Luftwaffe versorgt werden können. Tag für Tag Schlechtwetter mit Nebel, tiefen Wolken, oft auch Schneetreiben, entweder bei uns oder in der Festung, so daß unsere Maschinen nicht oder nur einmal am Tage — und auch das unter schwierigsten Verhältnissen — fliegen können. Manchmal ist das Wetter in der Festung schön, bei uns aber schlecht. Dann können sie dort nicht verstehen, weshalb die Flieger nicht kommen und zweifeln an uns und schimpfen. Die Russen haben nun einen großen Raum überflutet, aber sie werden es büßen müssen. Um die Weihnachtszeit werden wir hier in entscheidenden Kämpfen stehen«.*

*7.12. 1942*

*»Hier bahnen sich Dinge an, von denen wir später einmal sprechen werden. Wenn es wieder weihnachtet, werden wir bestimmt an 42 vor Stalingrad denken, wo es gilt, die nun schon seit Wochen vom Feinde eingeschlossenen Kameraden zu befreien. Wenn es uns trotz aller herangeführten Feindkräfte gelingen sollte, wird hier wirklich weihnachtliche Freude einziehen«.*

*10. 12. 1942*

*»In zwei Stunden wird hier der Kälteeinbruch mit tiefen Temperaturen aber Wetterbesserung eintreten. Das macht mich so froh, daß ich Dir schnell ein paar Zeilen schreiben muß. Gestern konnte überhaupt nicht geflogen werden. Was das für die eingeschlossenen Kameraden bedeutet, die nur auf Brot und Munition warten, kann sich niemand so leicht vorstellen. Bei uns ist es jetzt 5 Uhr 20 so hell, daß gestartet werden kann. Ich stehe täglich 02.45 Uhr auf, zeichne die Wetterkarte und telefoniere in der Welt herum, um noch Unterlagen für die Wettervorhersage zu haben, bis der Angriff läuft. Dann geht es den ganzen Tag! An Tagen ohne Einsatz wegen Schlechtwetter lege ich mich von 10 bis 11 Uhr lang. So behalte ich die nötige innere Ruhe. Es ist eine ungeheure nervliche Anspannung, auch bei Heinz Höfer, mit dem ich auf einer Grasbucht schlafe.«*

## DURCHBRUCH RUSSISCHER PANZERVERBÄNDE AM TSCHIR

Russischen Panzer- und Mot-Verbänden gelang am 21. Dezember 1942 der Durchbruch am Tschir.

Bei dem Entsatzversuch der 4. Panzerarmee (Deckname »Wintergewitter«) aus Richtung Kotelnikowo auf den Südrand des Kessels mußten die Kampfgruppen zwei Tage rollende Einsätze auf Feindkräfte im Mischkowa- und Akssay-Abschnitt fliegen.

Am 22. und 23. 12. wurde starker Feinddruck auf Tazinskaja und Morosowskaja ausgeübt. Luftversorgungsführer, Oberst Kühl, entschloß sich, da der Feinddruck stärker wurde und eigene Verbände wegen schlechten Wetters auf den Gegner nicht eingesetzt werden konnten, die Verbände aus Morosowskaja nach rückwärts zu verlegen.

Am 24. 12. 1942 wurde der Flugplatz Tazinskaja überrollt und fiel als Absprungbasis für die Luftversorgung aus.

In Millerowo, das zur Festung erklärt worden war, kämpften deutsche Truppen um die Behauptung dieser Plätze. Die 1. FBK/KG 55 zeichnete sich durch besondere Leistungen aus. Man stelle sich fliegertechnisches Personal vor, das um sein Leben kämpfte! Manch guter Kamerad fiel. Auch in Morosowskaja sah es brenzlich aus. Hans Grah, der frisch aus Dijon von der IV. Gruppe kam, notierte in seinem Tagebuch:

*18. 12. 42*

*in Moro (Morosowskaja), Meldung beim Geschwader. Oberst Kühl. Major Kiel. Man verhandelt lange und immer wieder, was mit mir geschehen soll. Ich komme nicht dahinter. Ich bin erschüttert über die Stimmung. Alle sind übermüdet, die Einsätze nach Stalingrad sind schwer, vor allem das Wetter macht viel zu schaffen. Die Müdigkeit kommt vor allem vom stundenlangen Warten auf den Einsatz, ein ewiges Hin und Her, sollen wir, sollen wir nicht, nein es geht nicht, doch wir fliegen. Ich mache das am Rande einige Stunden mit. Keiner kann mir sagen, was ich machen soll, wo ich hin soll. Endlich, vorerst zur 1. Staffel. (Wie ich nach dem Kriege von Oberst Kühl erfahre, sollte ich Adjutant werden, jedoch war der alte Adjutant noch da, man konnte ihn nicht ablösen, weshalb, weiß ich nicht.)*

*Vorerst komme ich im Offizierskasino notdürftig unter, wieder auf allen möglichen Gefechtsständen, warten, bis abends 9 Uhr keine Entscheidung. Gruppe fliegt bei schlechtem Wetter Versorgung, große Landeschwierigkeiten in Pitomnik. Schneegestöber.*

*Russische »Nähmaschine« wirft einige Bomben auf den Platz vor dem Kasino. Ich stehe am Fenster, Landser laufen, da fliegt mir das Fenster entgegen. 30 m vom Kasino eine Bombe. Ich höre die Maschine, sie fliegt weg. Weitere Bomben, 50, 70 m weiter.*

*Ich gehe in den Raum nebenan, da liegen einige Kameraden unter dem Tisch, der Spieß, einige Ritterkreuzträger. Ich frage, was sie da machten. Sie sprangen mir fast ins Gesicht.*

*Abends Hühnchenessen.*

*20. 12. 1942*

*Bin bei der 1. Staffel, ohne Aufgaben. Lt. Schüren, Flugzeugführer, kommt zu mir und klagt, sein Beobachter sei krank, er fliege schon seit Tagen nicht mehr. Ob ich als alter Beobachter nicht mit ihm fliegen wolle. Hauptmann Nedden einverstanden. Spätere schwere Auseinandersetzung mit Oberst Kühl, daß ich ohne sein Einverständnis geflogen sei. Aber er läßt mich weiter mitfliegen.*

*Einigermaßen gutes Wetter.*

*Vier Einsätze Stalingrad.*

*Es ist nicht so einfach, sich in dieser Umgebung zurechtzufinden. Peilgerät ist geändert. Bombenabwurfgeräte sind neu. In aller Eile versuche ich den Anschluß zu gewinnen. Ungewohnt die Orientierung ohne markante Punkte auf der Erde, alles voller Schnee. Wetter ist einigermaßen. Wir sind letzte Maschine.*

*Maschinen sind mit Versorgungsbomben beladen, angeblich Verpflegung und Munition.*

*Da das Wetter annehmbar, mache ich nicht viel mit Peilgerät usw. und »genieße« den Flug. Vor uns tauchen bald die Kulissen von Stalingrad*

*auf. Rauchschwaden. Hochhäuser, Dunst. Da ist der Platz von Pitomnik. Es liegen eine ganze Menge Maschinen herum. Wir landen, werden umringt von einer Menge Menschen, ausladen, schnell, schnell. Dann werden Verwundete herangebracht und in die Maschine verladen.*
*Beim ersten Flug waren es fünf, beim zweiten sechs. Es hieß, vier seien nur zugelassen. Der Mechaniker kommt beim dritten Flug zu mir und meldet, daß wir unmöglich starten könnten, wir seien zu »13«, das ginge doch nicht. Ich fragte, ob eventuell noch einer unterzubringen sei. Nach vielem Hin- und Her ging es. Wir flogen zu 14 zurück, 10 Verwundete aus dem Kessel!*
*Es ging alles so schnell, daß man kaum einen Eindruck von der Lage im Kessel erhalten konnte. Auch erfaßten wir alle den Ernst der Lage noch gar nicht so richtig, jeder dachte, in ein paar Tagen wird das wieder ausgebügelt sein. Es gingen Gerüchte um, daß von Süden Ersatz unterwegs sei. Daher auch die geringe Zahl von Verwundeten, die wir mit herausnahmen. Sicher, bei 14 Mann gab es wirklich keinen Platz mehr in der Maschine, sie lagen fast aufeinander. Aber wenn man bedenkt, daß Rudat Ende Januar mit 25 oder sogar 27 Mann, wohl einer der letzten Flüge, herauskam, dann muß man sagen, daß wir noch Tausende mehr hätten herausholen können. Abends kleine Adventsfeier. Doch ziemlich gedrückte Stimmung.*

*21. 12.*

*Wir sitzen schon seit Stunden und warten auf den Einsatz. Das Wetter ist gut. Aber in Stalingrad soll es sehr schlecht sein. Immer wieder neuer Alarm und hin zur Maschine. Es heißt, in Pitomnik aufgerissen, jedoch ostwärts der Wolga Wolken aufliegend. Start wird wieder abgeblasen.*
*Dann doch Start. Rundsprechverfahren: Wenn Wetter zu schlecht, keine Experimente, Versorgungsbomben abwerfen und zurück. —*
*Wir starten, das Wetter erscheint gut. Doch bald Wolken, wir ziehen höher, die Gruppe ist verhältnismäßig dicht zusammen. Es sind wohl so an die 25 Maschinen. Wir fast als letzte. Auf dem Beobachtersitz ein Major der Pioniere, den wir mit in den Kessel nehmen. Für ihn scheint das ein netter Ausflug zu sein. Er sitzt vergnügt da und genießt den Flug!*
*Plötzlich Qualm in der Kanzel. Motor spuckt, Schüren stellt ab. Rauchfahne. Bis jetzt hatte ich nicht viel getan zur Orientierung, wir waren ja dicht am Haufen. Aber nun bleiben wir zurück. Da tauchen zwei Jäger auf.*
*Schüren ruft »Drosseln, wir werden angegriffen, nehmt uns in Eure Mitte auf«. Aber die fliegen weiter. Die Jäger greifen an, eröffnen das Feuer auf große Entfernung. Schnell nun koppeln. Wo sind wir? Peilen? Tschir und Don liegen kurz hinter uns, wir müssen etwas südlich von Kalatsch sein. Wir tauchen in die Wolken. Kurze Beratung, zurück oder weiter? Zurück*

*ist zu weit, und die Jäger! Kurz vorher waren die Wolken noch ziemlich offen. Höhe 3000. Ich studiere in aller Eile die Karte, welche Höhen sind im Kessel vorhanden. Ich weise Schüren ein, ich habe den Sender von Pitomnik, wir sinken, wir müssen über dem Kessel sein, tiefer! Wir sind südlich von Pitomnik, Abstandsbestimmung, 20 km?, tiefer! Höhenmesser 200, 100, 70 m, keine Bodensicht. — Der Pioniermajor sitzt unbekümmert da, er weiß und spürt nichts von unserer Aufregung. — Es wird kritisch, weniger sinken, es wird etwas heller. 50 m, na, die Hügel sind fast ebenso hoch. Bodensicht, etwas rechts hinter uns liegen viele Flugzeuge um einen Platz. Ich erkenne Artillerieeinschläge. Bassargino, der aufgegebene Flugplatz in der Frontlinie.*

*Ich weise Schüren ein, mehr nach links, nach Norden. Unter uns im Wolkendunst Schluchten, Hügel. Einzelne Wolkenfetzen bis auf den Boden. Da sieht man Soldaten. Schüren fragt aufgeregt: »Russen«, ich habe verstanden »Truppen« und sage »Ja«. Schüren zieht die Maschine sofort in die Wolken. Ich verzweifele fast, nun wieder vorsichtig herunter. Ich gebe Anweisung, alles, was in der Maschine ist, herauswerfen!*

*Die Kameraden, die was finden, werden sich freuen.*

*Vor uns gegen die Wolkenfetzen, Flugzeugwracks, das muß Pitomnik sein. Wir haben den Platz, Wolken liegen fast auf, Schneegestöber. Das Fahrgestell geht nicht raus. Ziemlich unsanft werfe ich den überraschten Pioniermajor von seinem Platz, er hält sich am Steuerknüppel fest, ich haue ihn da weg. Schubse ihn zurück. Pumpe das Fahrwerk 'raus, wir schweben ein. Das Fahrwerk rastet kurz vor dem Aufsetzen ein. Wir sehen nur einen Teil vom Platz, der andere Teil im Schneesturm, wir rollen aus, stehen irgendwo auf dem Platz, es ist nichts mehr zu sehen. Raus aus der Maschine. Der Major weiß nicht, wie ihm geschieht, wie er sagte, hatte er nichts gemerkt, was mit uns los war und glaubte dann, nun sei es am Ende.*

*Aufbrummen von Motoren, eine Maschine startet, wir sehen nichts im Nebel und Dunst. Genau auf uns zu, von einer anderen Stelle noch eine. Wir werfen uns hin, dicht über uns hebt sie ab. Mehrere Maschinen starten, es wird kritisch, wir wissen nicht, wo wir auf dem Platz sind. Dann kommt ein Krad, danach werden wir zum Platzrand geschleppt. Wir haben nicht mehr viel auszuladen, wir hatten schon fast alles vorher verteilt und abgeworfen. Von der FBK der Jäger kommen einige Mechaniker. Sie stellen fest, Schußloch im Kühlrohr, läßt sich reparieren, dauert zwei bis drei Stunden.*

*Längere Zeit danach landen die anderen Maschinen der Gruppe, sie waren zunächst wegen des Wetters umgekehrt, wegen angeblicher Wetterbesserung dann doch noch wieder gestartet. Etwas besser ist's ja, aber man kann nur gerade eben den Platzrand erkennen. Etwas weiter weg fallen einige Bomben.*

*Hauptmann Nedden will uns mit herausnehmen, aber wir sind zuversichtlich, daß die Reparatur klappt.*
*Lt. Schüren hat die Anschrift eines Vetters, der hier auf dem Platz sein soll. Wir fragen uns durch und landen in einem »komfortablen« Erdbunker. Der Vetter ist Bäcker und hat von Vorräten für Weihnachten Spekulatius gebacken und gut darauf aufgepaßt, damit die Kameraden auch erst Weihnachten etwas davon bekommen. Wir dürfen probieren. Nun erfahren wir auch etwas mehr über die Lage im Kessel. Sie ist keineswegs so rosig, wie wir immer noch annehmen. Die Verpflegung ist ernstlich reduziert. Stellenweise auch ernste Lage an den einzelnen Fronten. Bei den vielen mit eingeschlossenen rückwärtigen Dienststellen läßt die Moral sehr nach, vor allem bei den Rumänen und Italienern. Gegen 10 Uhr Start. Zunächst wollen wir niemanden mit hinausnehmen, da uns doch nicht so ganz geheuer vorkommt, daß die Maschine wieder in Ordnung sein soll und auch die Nachtlandung in Moro. Aber dann kommen doch einige Leute mit Sondergenehmigungen, u. a. ein junger Unteroffizier, der zum Studium Genehmigung hat, in die Maschine. Vorher haben wir noch alles, was wir entbehren können, dem Vetter von Schüren übergeben, Decken, Notverpflegung usw. Start fast bei Sicht 0, Moro soll frei sein. Nach 3/4 Stunden, Landung in Morosowskaja.*

*22. 12.*

*Dichter Nebel, kein Start möglich. Nördlich von Tazinskaja soll ein russischer Durchbruch erzielt worden sein. Wir hören auch von Kämpfen bei uns im Norden. General Carganico, der Flugplatzkommandant, versucht eine Verteidigung des Platzes zu organisieren. Oberst Kühl trifft Vorbereitungen, den Platz zu räumen. Wir verpacken unsere Sachen. Kasinovorräte werden den einzelnen Koffern zugepackt.*
*Hauptmann Nedden erklärt, die Vorbereitungen zur Weihnachtsfeier gingen ungeachtet der Aufregung weiter. Aus Bombenkisten werden Bänke und Tische gezimmert.*
*Große Teile der Ausrüstung werden vorsorglich verladen.*

*23. 12.*

*Schlechtes Wetter, kein Einsatz möglich. Von Tazinskaja, Sitz VIII. Fliegerkorps, kommen aufregende Nachrichten. Russische Panzer im Anmarsch. Räumung des Platzes untersagt. Aber keine Drahtverbindung mehr.*
*Vorbereitung zu einem Kampfauftrag mit Bomben. Wetter zu schlecht. Moro nicht unmittelbar bedroht. Funkverbindung nach Tazinskaja, wir hören gerüchtweise, daß der Platz unmittelbar bedroht, jedoch nach wie vor Verbot der Räumung. Es sind einige Maschinen gestartet, aber schlechtestes Wetter. Wir laden um, Bomben, Verpflegung, wieder Bomben, aber es kommt zu keinem Einsatz.*
*Abends an der Straßengabelung in »Moro« fliehende rumänische und*

*deutsche Truppen nach Süden, unfaßbare Bilder, Panjewagen, Soldaten ohne Waffen. Dann in aller Ruhe ein Geschütz mit Zugwagen in Richtung Front, als man keinen Platz macht, ein Obergefreiter mit Pfiff schießt mit der MP über die Köpfe, das Geschütz rollt weiter. Und nach Süden Massen flüchtender Soldaten. Die Italiener auf dem Platz; Jäger am Südende, werden nervös, ein Tanklager und Munitionslager wird gesprengt.*

*24. 12.*

*Im Morgengrauen Russen in Tazinskaja. Nebel, Panzer auf dem Platz, tolle Szenen, startende Flugzeuge, teilweise geflogen vom technischen Personal.*

*Wir rüsten wieder auf Bomben um, Wolkenuntergrenze 30 m, bewaffnete Aufklärung nach Westen und Norden um den Platz.*

*Zunächst 1. Staffel eine Kette, 1 x 500 kg, 10 x 50 kg Bomben. Schneetreiben, wir bleiben dicht zusammen. Hptm. Nedden führt. Nichts festzustellen in der schneebedeckten Steppe. Offensichtlich 10 km bis 20 km im Umkreis feindfrei. Nedden dreht zurück. Wetter ist zu schlecht. In der Kurve sehe ich im Dunst einen Feuerschein etwas nördlich, wir fliegen drauf zu, werden von starkem Abwehrfeuer empfangen. Ein paar Katen, daneben ein Lkw und vier, fünf oder sechs Panzer, ein Haus brennt. In aller Eile Bomben fertig, ich erkenne den Sowjetstern auf den Panzern, vermutlich beim Tanken. Bomben mit Verzögerung oder ohne, ich weiß es nicht mehr genau. Bomben 'raus, sie fallen mitten in den Pulk, Explosionen, der Heckschütze brüllt vor Begeisterung: Volltreffer, Volltreffer! In der Kurve beim Abdrehen sehe ich Brände und Explosionen. Aber auch uns hat es erwischt, ob von unseren eigenen Bomben, Wurfhöhe war ca. 20 m, oder von der Flak. Der rechte Motor fällt aus, die Kanzel ist voller Qualm. Offensichtlich ist auch am Leitwerk etwas, die Maschine läßt sich kaum noch steuern. Wir drehen ab, aber wo sind wir? Nordwestlich von Moro, aber wie weit? Der Schnee fegt über die Steppe, kaum etwas zu erkennen, die Wolken liegen fast auf. Schüren wird mit dem Motor nur schwer fertig, die Maschine läßt sich kaum steuern. Ich liege auf der Matte, Karte vor mir, aber was nutzt sie, kein Kennzeichen auf dem Boden, nu'r Schnee. Die Maschine dreht nach links, das Seitenleitwerk hängt vermutlich fest. Ich stemme mich mit in die Steuerung. Peilen hat keinen Sinn. Weit weg vom Platz können wir nicht sein, aber nichts zu erkennen, nur weiße Wand vor uns und weißer Boden dicht unter uns. Da, vor uns wie ein Schemen der Getreidesilo von Morosowskaja. Da ist der Platz. Aber wir haben die falsche Richtung, da geraten wir zwischen die Maschinen und die Bombentrichter und die Bombenstapel. Vorsichtig eine Platzrunde, aber die Maschine hält genau auf den immer größer vor uns aufwachsenden Silo zu. Ich versuche, mitzusteuern, es nutzt nichts, die Maschine schiebt weiter. Der Silo wird immer größer. Ich schreie Schüren etwas zu ...*

*Von nun an weiß ich selbst nichts mehr, ich finde mich erst acht Tage später im Lazarett Simferopol wieder.*
*Wie Schüren mir berichtet, habe ich Schüren Anweisungen gegeben, die zu einem »Riesenslip« führten, wir schlugen auf dem Boden kurz vor dem Silo auf, ich flog, nicht angeschnallt, durch die Plexischeiben heraus, Schädelbruch, Hüftpfannenbruch, Augenverletzungen.*
*Schüren mehrfacher Bruch der Sprunggelenke. Die beiden anderen keinerlei Verletzung. Die Maschine lag unmittelbar am Schrottplatz des Platzes. Der Sanka stand bereit, die Feuerwehr hat wohl noch etwas zu löschen gehabt.*
*Die Kameraden hatten angenommen, wir wären mit einem Motor durchgestartet, Schüren hatte später unter diesen Vorwürfen noch etwas zu leiden.*
*Ich war zwar besinnungslos, habe aber auf alles noch reagiert. So kamen wir zum Truppenverbandplatz in »Moro«, der Assistenzarzt verweigerte die Behandlung.*
*Ich gab Schüren meine Pistole aus dem Stiefel und sagte, schieß das »Schwein« über den Haufen. Der Geschwaderarzt sorgte für uns. Wir wurden noch am gleichen Tage nach Saki geflogen.*
*Am 25. 12. ins Lazarett nach Simferopol.«*

Bei Tshertkowo waren Versprengte der 298. ID eingeschlossen. Als wandernder Kessel konnten sich die Männer auf eigene Linien durchkämpfen. Jeder der Überlebenden denkt noch heute dankbar an die stete, die Kampfmoral hebende Unterstützung durch die Luftwaffe.
Morosowskaja wurde am 27. 12. geräumt, fast alles Gerät gerettet, nur die bereitgestellten Koffer der Besatzungen wurden verbrannt. So hatte Hans Grah im Lazarett von Simferopol zwar keine Privatsachen mehr, aber einen großen Teil der Kasinosachen im Koffer! Das Wetter klarte auf. Der Gegner, der bis kurz vor Morosowskaja vorstoßen konnte, wurde durch die in Morosowskaja liegenden Verbände in rollenden Einsätzen völlig vernichtet.
Die Lage in Morosowskaja und Tazinskaja, wo der Stab des VIII. Fliegerkorps (Fiebig) lag, war mehr als kritisch. Friedrich Wobst schrieb nach Hause:

*Weihnachten 1942, Morosowskaja*

*»Bei uns ist es nun ganz anders geworden als wir es uns dachten. Der Weihnachtsabend ist da, wir wollten mit den befreiten Kameraden zusammen sein. Nun sind wir selbst abgeschnitten. Letzte Nacht brachen die Russen westlich von uns über die Bahn hinweg nach Süden durch. Nun stehen sie in unserem Rücken. Da für kommende Nacht der direkte Angriff auf unseren Platz erwartet wird, wurden die Flugzeuge aus Einsatzgründen im Laufe des Tages nach rückwärts geflogen. Es war ein einziger*

*Kampf mit dem Wetter, wie ja die ganze Entwicklung nur durch das Schlechtwetter und das Ausschalten der Luftwaffe eingetreten ist. Der Kommodore (Oberst Dr. Kühl), Heinz Höfer und ich sind hier geblieben. Denn nur von hier aus kann das Einsatzwetter richtig beurteilt werden, können die richtigen Befehle rechtzeitig an die weiter zurückliegenden Verbände gegeben werden. Wenn nur das Wetter besser würde. Das ist unser tägliches Stoßgebet. Bei diesen Nebellagen bleiben nur wenige Stunden, an denen das Wetter für den Einsatz gut ist.*

*2. Weihnachtsfeiertag, Morosowskaja 1942*

*»Es war ein denkwürdiger Abend. Wir waren nur ganz wenige. Meldungen kamen und gingen; denn inzwischen ist unser Geschwader etwas ganz anderes geworden mit einer weit größeren Aufgabe und Verantwortung. Einsatz- und Versorgungsführer für alle hier liegenden Verbände. Wir wollten gerade ein paar Stunden schlafen, da begann um Mitternacht ein mörderisches Artilleriefeuer an den sanften Höhen nördlich von uns. Am 1. Feiertag wurde durch einen kräftigen Kälteeinbruch von Osten her das Wetter plötzlich besser, dann ganz gut. Jetzt konnte endlich geflogen werden, und jetzt sahen wir erst, was wirklich los war. Der Russe stand mit solcher Übermacht unmittelbar vor uns und führte laufend neue Verstärkungen heran, daß unser Schicksal bis gestern mittag besiegelt gewesen wäre. Aber von da an rollten die Luftangriffe von Stukas, Jägern, Schlächtern und Kampfflugzeugen bis in die Nacht und weiter bis heute früh und wieder weiter. Die Russen waren so nahe an uns herangekommen, daß die Stukas ausholen mußten, um überhaupt die Höhe für den Sturz zu erreichen. Der Russe hatte große Verluste. Aber das stört ihn wohl wenig. Er bringt immer wieder neue (Truppen). Vielfach geht die Infanterie beim Bombenwurf gar nicht erst in Deckung. Am kritischsten sind immer wieder die Nächte, in denen russische Panzer durch unsere Linien brechen, Unheil und Verwirrung anrichten und nicht vor Tagesanbruch gefaßt werden können. Im NW, N und NE ist der Himmel rot von den brennenden Dörfern. Wenn nur das Wetter trotz aller Kälte (—20 Grad) und Wind dabei noch anhält, dann gelingt wohl noch ein Aufhalten. Der Wind ist bei solcher Kälte das Furchtbare, er nimmt bei der Kälte alle Körperwärme fort. Deshalb springen auch die Motoren so schlecht an, die Wärmegeräte schaffen es kaum. Hoffentlich. Morgen ist unser Hochzeitstag. Post haben wir natürlich keine bekommen. Die Bahnlinie nach hinten ist ja abgeschnitten.«*

*Sylvester 1942, Morosowskaja*

*»Ich bin jetzt oft so unruhig, daß der Brief gar nicht schnell genug fertig werden kann. Verzeih, aber es hängt mit der dauernden Schlaflosigkeit und seelischen Spannung zusammen.*

*Wir leben wie nie zuvor unter dem Motto: Himmelhoch jauchzend, zu*

*Tode betrübt. Das Kriegsglück schwankt unter unseren Fenstern von Stunde zu Stunde, mindestens aber vom Abend zum Morgen. Werden noch am Nachmittage die Feindkräfte, die uns unmittelbar bedrohten, zerschlagen, so haben sie sich während der Nacht wieder gekräftigt und pauken mit ihrer Artillerie. Mit ihren Luftangriffen haben sie wenig Erfolg gehabt. Sie wurden meistens abgeschossen. Gestern auf einmal sechs, heute zwölf. Darüber freuen wir uns wie die Kinder, ohne an das Schicksal der Flieger zu denken. Jeden Abend fragen wir uns, wie es wohl am nächsten Morgen sein wird. So vergehen die Tage, ohne zu wissen, welcher Wochentag es ist. Z. Zt. zählen wir nur noch Tag und Nacht, nach gutem und schlechtem Wetter, Ich denke heute zurück an jenes Neujahr, wo wir beim Läuten der Glocken und leichtem Schneegestöber vom Kaffee Amend nach Hause gingen. Wenn es doch bald wieder würde! Beim Beginn des Jahres werden Wünsche mancher Art gewechselt. Ich habe nur den einen: bald mit Dir ein geordnetes Familienleben führen zu können, worauf wir uns ja schon so lange freuten, ohne recht dazu zu kommen.«*

Die Entfernung der Absprunghäfen bis zum hauptsächlichen Kesselversorgungsflugplatz Pitomnik spielte eine entscheidende Rolle für die Versorgungslage der eingeschlossenen Armee.
In letzter Minute konnte der Stab des VIII. Fliegerkorps aus Tazinskaja gerettet werden. Die auf dem Platz liegenden Maschinen schafften es unter feindlichem Artillerie- und Panzerbeschuß bei allerschlechtester Wetterlage gerade noch, nach Nowotscherkask und Rostow-West auszuweichen.
Wie glücklich waren die abgekämpften Männer des KG 55, als am 31. Dezember 1942 endlich auch die III. Gruppe nach der Auffrischungszeit von Saki kommend in Morosowskaja eintraf. Es war kein schöner Sylvesterabend.

# *1943*

## ZURÜCK NACH NOWOTSCHERKASK!

Oberst Kühl handelte als Lufttransportführer 1 nach dem Desaster von Tazinskaja sofort. Morosowskaja drohte auch eingekesselt zu werden. Am Tschir wankte die dünne Front. Das Wetter war zum Verzweifeln. Schneestürme verursachten meterhohe Verwehungen auf den Absprunghäfen. Bei den tiefen Temperaturen kam es zunehmend zu Anlaßschwierigkeiten der Motoren. Vereisung war das hauptsächlichste Flugrisiko. Innerhalb von acht Tagen (28. 12. 1942 bis 4. 1. 1943) verloren die Versorgungsverbände 62 Flugzeuge!

Als am 2. Januar 1943 dichtester Nebel in 'Moro' herrschte, entschloß sich Oberst Kühl dennoch, seine Verbände nach Nowotscherkask, etwa 350 km von Stalingrad entfernt, in Sicherheit zu bringen. Die Startbahn wurde mit Laternen gekennzeichnet, die Maschinen vollgepackt, im Einzelflug ging es dann — glücklicherweise ohne nennenswerte Verluste — nach Nowotscherkask, wo nur das allernotwendigste technische Personal lag, die Masse war schon auf der Verlegung nach Stalino.

Oberst Kühl, sein Ia Heinz Höfer und der Meteorologe Friedrich Wobst blieben in Moro, weil sie hofften, daß das Wetter sich bessern würde. Das konnte nur in Moro selbst rechtzeitig beurteilt werden. Es nützte nichts, am 4. Januar mußte der Platz gesprengt werden, mit ihm das große Verpflegungslager der 6. Armee, russische Panzer schossen bereits in den Platz.

Seit dem 10. Januar 1943 brandete der lang erwartete Großangriff der Russen gegen die inzwischen hoffnungslos eingeschlossene 6. Armee. Eine neue Verteidigungslinie konnte nicht aufgebaut werden. Pitomnik, der größte Platz im Kessel, fiel am 16. Januar 1943. Gumrak wurde durch fünf Brüche von Jagdflugzeugen blockiert. Der »Sturzacker« Bassargino war durch Brüche mehrerer Kampfflugzeuge bald darauf blockiert. Stalingradsky war zwar Notlandeplatz, konnte aber nur als Abwurfplatz für Versorgungsbehälter genutzt werden. Die tägliche Versorgungsleistung war auf weit unter 100 to abgesunken.

Am 15. Januar 1943 erhielt Generalfeldmarschall Milch von Hitler einen Sonderauftrag:

»Da nun einmal der Entschluß gefaßt worden ist, Stalingrad zu halten, müssen hierzu auch alle Mittel angewandt werden. Ich habe zwar den Eindruck, daß sich dort alles weitgehend anstrengt, und daß — im großen gesehen — alles geschehen ist, was geschehen konnte.
Ich verlange jedoch, daß nun in Zukunft tatsächlich 300 to in die Festung transportiert werden, damit sie sich halten kann und somit die Bindung starker russischer Kräfte erreicht wird. Sie erhalten von mir die entsprechenden Sondervollmachten und die Befugnis, an alle Kommandostellen der Wehrmacht Befehle und Anordnungen zu geben!« —

Mit dieser Sondervollmacht traf Milch in Taganrog am 16. Januar von Richthofen, den Oberbefehlshaber der Luftflotte 4, in seinem Befehlszug.
Empörung herrschte bei den Frontkommandeuren über diesen »Kommissar«, den die militärische Oberste Führung des Dritten Reiches geschickt hatte. Man war ja viel gewohnt von »oben«, nur das fehlte gerade noch. Der Generalfeldmarschall konnte auch nichts mehr ändern! Aus dem Kessel kamen vermehrt bittere Vorwürfe an die Luftwaffe, der man anlastete, ihren Versorgungsversprechungen nicht nachzukommen. Die Luftwaffe erhielt Befehl, einen Offizier zu Generalfeldmarschall Paulus in den Kessel zu entsenden, um sich in Gumrak über die fliegerischen Verhältnisse genau zu unterrichten, für die Vervollständigung fehlender Einrichtungen zu sorgen und das Armeeoberkommando über die Lage der Luftwaffe aufzuklären. Oberst Kühl wollte diese Aufgabe übernehmen. Der KG des VIII. Fliegerkorps, General Fiebig, verbot ihm dies jedoch. Daraufhin bestimmte Kühl den bewährten Kommandeur der III. Gruppe KG 27 »Boelcke«, Major Thiel, der diese Mission in außerordentlich bestimmter aber auch taktvoller Weise erledigte.
Sein Bericht (Zitat: Cajus Bekker) ist erschütternd genug:

*»Der Platz ist aus 1500 bis 2000 Meter Höhe an gewalzter Startbahn, herumliegenden Brüchen und zahlreichen Bomben- und Artillerietreffern gut zu erkennen. Das Landetuch (Landekreuz) war mit Schnee überdeckt. Kurz nach dem Ausrollen meiner Maschine wurde der Platz bereits von zehn feindlichen Jägern mit Bordwaffen angegriffen. Jedoch wagten diese sich nicht unter 800 bis 1000 Meter wegen der dann einsetzenden leichten Flakabwehr.*
*Gleichzeitig lag auf dem Platz Artilleriestreufeuer. Ich hatte die Motoren gerade abgestellt, da konzentrierte sich das Feuer auf mein Flugzeug in Form eines regelrechten Schulschießens. Der Feind konnte mit schwerer und mittlerer Artillerie, deren Abschüsse aus offener Feuerstellung man zum Teil aus Richtung Südwest erkennen konnte, den ganzen Platz bestreichen ... Der Platz ist vom fliegertechnischen Standpunkt aus gesehen taglandeklar; nachtlandeklar nur für gute, erfahrene Besatzungen ... Im ganzen liegen dreizehn Bruchflugzeuge auf dem Platz. Breite der Landebahn infolge der Brüche nur etwa 80 Meter. Für Nachtflug beson-*

*ders hinderlich eine Me 109 am Ende der Startbahn, die bei überladenem Flugzeug sehr gefährlich werden kann. Räumen dieses Hindernisses wurde sofort bei Oberst Rosenfeld beantragt. Auf dem Platz verstreut zahlreiche (nicht geborgene) Verpflegungsbomben, zum Teil schon halb verschneit ...*
*Als ich (von der Meldung bei Generaloberst Paulus) zu meinem Flugzeug zurückkehrte, war es durch Artillerietreffer schwer beschädigt, der Bordmechaniker war gefallen. Ein zweites Flugzeug meiner Kette stand ebenfalls schwer beschädigt unklar außerhalb der Landebahn. Obwohl ich etwa um 11 Uhr gelandet war, war ein Entladekommando bis 20 Uhr nicht eingetroffen. Mein Flugzeug war weder entladen noch enttankt, obwohl der Kraftstoff doch so dringend benötigt wurde. Als Grund wurde das schwere Artilleriefeuer angegeben. Um 15 Uhr begannen russische Störflieger (U-2) in Schwärmen zu drei bis vier Flugzeugen den Platz zu überwachen. Ich habe mich vom Start aus überzeugt, wie der Landebetrieb gesteuert wurde. Es war nicht möglich, bis 22 Uhr auch nur ein Flugzeug hereinzuholen ... Der Leuchtpfad blendete bei Annäherung eines deutschen Flugzeuges zwar mit sieben Lampen auf und bot ein weithin sichtbares Ziel. Im selben Moment fielen sofort Bomben der russischen Störflieger. Ein landendes und ausrollendes Flugzeug wäre mit Bomben eingedeckt worden ... So wurde deutschen Flugzeugen nur durch kurzes Aufblenden der Platz gezeigt, um wenigstens den Abwurf von Verpflegungsbomben sicherzustellen ...«*
*Auf dem Gefechtsstand der 6. Armee, wo Thiel die zahlreichen unüberwindlichen Schwierigkeiten und Hindernisse der Luftversorgung zur Sprache bringen soll, schlägt ihm nur Ablehnung, Bitterkeit und Verzweiflung entgegen.*
*»Wenn nicht gelandet wird«, sagt Generaloberst Paulus, »bedeutet dies den Tod der Armee. Jede Maschine, die landet, rettet 1000 Menschen das Leben. Der Abwurf nützt uns gar nichts. Viele Bomben werden nicht gefunden, die Leute sind zu schwach, um sie auf dem Rollfeld zu suchen, wir haben keinen Sprit, um sie abzuholen. Ich kann keine Linie mehr sechs Kilometer zurücknehmen, da die Leute vor Entkräftung umfallen. Heute ist der vierte Tag, an dem die Leute nichts mehr zu essen bekommen haben. Schwere Waffen können nicht zurückgebracht werden, weil kein Sprit vorhanden ist. Sie gehen verloren. Die letzten Pferde sind aufgegessen. Können Sie sich vorstellen, daß sich Soldaten auf einen alten Pferdekadaver stürzen, den Kopf aufschlagen und das Gehirn roh verschlingen?« Dieser letzte Satz, berichtet Major Thiel, könne auch von einem der anderen anwesenden Herren, von General v. Seydlitz, Generalmajor Schmidt, Oberst Elchlepp, Oberst Rosenfeld oder Oberleutnant Kolbenschlag stammen. »Es wurden von allen Seiten Einwürfe gemacht.« Erbittert fährt Paulus fort: »Was soll ich als Oberbefehlshaber einer Armee sagen, wenn der einfache Mann zu mir kommt und bettelt: Herr*

Panzerfäuste werden in Versorgungsbomben für Stalingrad verpackt.

Beißende Kälte und Schneestürme auf den Absprunghäfen ...

... und Opfer für die 6. Armee. Mit sieben schwerverwundeten Stalingradkämpfern an Bord stürzte die Besatzung Lt Moldenhauer in der G1 + DH am 5. Januar 1943 wegen starker Vereisung im Anflug auf Nowotscherkask bei der Landung ab. Ob ihr Grab wohl noch erhalten ist?

Der Flugzeugführer (hier: Hptm Wittmer) gibt einem Heereskameraden einen Überblick über die Lage »von oben«.

Eine Kampfbesatzung geht durch den Bodennebel zu ihrer Maschine (links).

Der Beobachter in seiner Gefechtsposition (rechts außen).

Der »verdrahtete« Platz des Bordfunkers (links).

Bordschütze in der »Bola« (Bodenlafette) (rechts außen).

Abwurfsequenz von Versorgungsbehältern, fallschirmgebremst.

Störangriff einer »Rata« bei Nacht.

Versorgungsbomben auf dem Hauptumschlagsplatz für die 6. Armee in Morosowskaja, Winter 1942.

So sah das Kommodorezimmer danach aus (Stalino 1943).

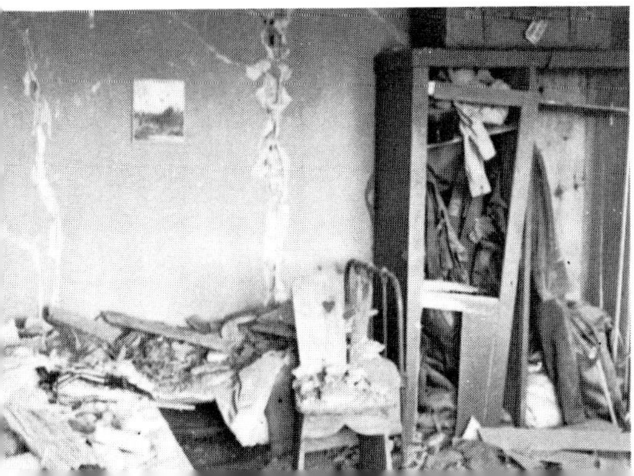

Am 29. April 1943 flog die MUNA Stalino in die Luft – durch Zufallstreffer einer »Nähmaschine«.

General Pflugbeil bei der RK-Verleihung an Olt Barth und Olt Rudat am 24. März 1943 in Stalino (links oben).

Selten vereint. Die Führung des KG 55 »Greif« am 28. März 1943 in Stalino. V. l.: Hptm zur Nedden, Kdr I./KG 55; OTL von Linsingen, Kdr IV./KG 55; O Kühl, Kdore KG 55; OTL Queisner, Kdr III./KG 55; Hptm Höfer, Kdr II./KG 55 (rechts oben).

Es gab wohl nur einen Oberbürgermeister, der an der Ostfront als Beobachter in einem Kampfgeschwader flog, Dr. Robert Ernst aus Straßburg! V. l.: Major Höfer, Oberst Kühl, Major Ernst, Olt Seib, 15. Juli 1943 in Charkow-Rogan.

Leuchtbomben über dem Öllager von Saratow. 20. Juni 1943, 2240 Uhr, Treffer in Saratow.

*Generaloberst, ein Stückchen Brot? Warum hat denn die Luftwaffe versprochen, daß die Versorgung durchgeführt werden kann? Wer ist denn der verantwortliche Mann, der die Möglichkeit aussprach? Wenn man mir das gesagt hätte, daß es nicht möglich ist, ich hätte der Luftwaffe keinen Vorwurf gemacht, denn dann hätte ich mich durchschlagen können. Damals, als der Einbruch erfolgte, war ich noch stark genug, um den Durchbruch zu erzwingen, heute ist es zu spät.«*

*Hat der Oberbefehlshaber vergessen, daß es sein eigener Entschluß war, in den »Igel« zu gehen? Hat er vergessen, daß alle Frontbefehlshaber der Luftwaffe ihn damals beschworen haben, bei diesem Entschluß nicht auf die Möglichkeit einer Luftversorgung für 250 000 Mann im russischen Winter zu vertrauen? Weiß er nicht mehr, daß es der allseits gepriesene »Führer« war, der die 6. Armee festband, obwohl er, Paulus, schon lange um die Genehmigung zum Ausbruch gerungen hatte? Daß Hitler die 6. Armee der Vernichtung preisgab, weil ihm dieses Opfer in sein strategisches Gesamtkonzept paßte?*

*Paulus: »Der Führer hat mir in die Hand versprochen, er und das ganze deutsche Volk fühlten sich für die Armee verantwortlich. Und jetzt diese fürchterliche Tragödie der deutschen Kriegsgeschichte, weil die Luftwaffe versagt hat!«*

*Generalmajor Schmidt, der Chef des Stabes, spricht von Verrat und Verbrechen. Schmidt: »Diese herrliche 6. Armee muß so vor die Hunde gehen!«*

*Und Paulus: »Wir sprechen bereits aus einer anderen Welt zu Ihnen, denn wir sind tot. Von uns bleibt nichts anderes übrig, als was die Chronik noch über uns schreibt. Haben wir den Trost, daß es zu irgend etwas nütze gewesen ist.«*

*Dieses Gewitter von angestautem Zorn und lodernder Verzweiflung entlädt sich also über einem Major und Gruppenkommandeur der Luftwaffe, der mit seinen Männern Tag und Nacht nichts anderes als seine Pflicht getan und alles versucht hat, Unmögliches möglich zu machen. Erschüttert verläßt Thiel den Gefechtsstand der toten Armee. Sachlich führt er in seinem Bericht die Vorwürfe und Ausbrüche der Generale auf deren furchtbare Nervenanspannung zurück. Nach Thiels Rückkehr aus dem Kessel versuchen die Transportverbände noch einmal das Äußerste, um weitere Verpflegung, Munition und Treibstoff nach Stalingrad einzufliegen. Noch in der Nacht zum 22. Januar landen 21 He 111 und vier Ju 52 vollbeladen im Gumrak. Dann wird auch dieser Platz von den Sowjets überrannt.«*

In diesem Zusammenhang interessiert auch noch der Aus- und Einflug von General Pickert, Kommandeur der 6. Flakdivision, des höchsten Luftwaffenoffiziers im Kessel. Er flog mit einer Maschine des KG 55 aus dem

Kessel, um Vortrag bei Hitler zu halten. Der Wiedereinflug in den Kessel mit einer hervorragenden Besatzung bei Nacht gelang nicht, trotz einstündigem Kreisen über dem Fliegerhorst im Kessel, wegen ungewöhnlicher Flakabwehr am Boden. Jene Darstellung in dem Roman von Plivier entspricht in keiner Weise den Tatsachen. Pickert war völlig aufgeregt, als ihm beim ersten Mal der Rückflug nicht gelang. Nachdem Kühl ihm für die nächste Nacht den gleichen Flug vorbereitet hatte, verbot ihm von Richthofen den Rückflug — nicht zuletzt, um ihn wieder zur Verfügung zu haben für eine neue 6. Flak-Division im Rahmen der neu aufzustellenden 6. Armee.

Der Befehl vom 18. Januar 1943: »Es muß im Kessel gelandet werden« forderte Opfer. Die III. Gruppe KG 55 hatte zu dieser Zeit zwölf Besatzungen von 27 erforderlichen.

Nur drei konnten starten, weil die Maschinen der anderen unklar waren. Die Besatzungen Lt. Leipold, Uffz. Adrian und OGefr. Danz starteten bei eisiger Kälte, schwer beladen mit Verpflegungsgut für die 6. Armee nachts um 20 Uhr 40. Der Beobachter von Lt. Leipold, OFw. Lochner, äußerte vor dem Start noch gegenüber Michael Deiml, dem Bordmechaniker von Uffz. Adrian, daß er ein ungutes Gefühl habe.

Leipold landete mit seiner G1 + BR in Gumrak und ist seitdem mit seiner Besatzung vermißt. Adrian versuchte zehnmal zur Landung anzusetzen und mußte immer wieder durchstarten, weil der provisorisch angelegte Landepfad zu kurz war und an der dritten Lampe ein Bruch lag. Die Verpflegungsbomben (20 Brotsäcke!) mußten also doch abgeworfen werden. Auch die Besatzung Danz machte es so. Auf den Bericht an das OKL wegen Nichtbeachtung eines Befehls erfolgte keine Reaktion. —

Die Besatzung Danz fiel am 10. August 1943 beim Auflösen des Verbandes über Dnjepropetrowsk, als sie mit der Besatzung Lt. Sichler zusammenstieß; die Besatzung Adrian fiel am 5. März 1941 in Merefa bei Charkow nach Beschuß durch russische Jäger. Michael Deiml war durch Zufall nicht dabei und überlebte den Krieg als einziger der fünfzehn Flieger, die am 18. Januar 1943 nachts in Gumrak zu landen versuchten.

Die deutsche Front zog sich unaufhaltsam nach Westen zurück. Rostow-Bataisk fiel am 20. Januar 1943. Am 26. Januar landeten Maschinen des KG 55 zum letzten Male in Stalingrad, wo Elend herrschte. Die Soldaten waren größtenteils unterernährt und hatten starke Erfrierungen. Ganze 45 to konnten insgesamt nur in den Kessel gebracht werden. Das reichte nicht einmal zum Sterben. Manche wertvolle Verpflegungsbombe pendelte am Fallschirm in russische Linien. Die Katastrophe trieb dem Höhepunkt zu.

Der letzte Brief von Friedrich Wobst aus dieser Zeit:

*»Ich möchte von hier am liebsten nichts schreiben. In der letzten Zeit mußten wir soviel an Not und Elend erleben, daß das Lachen aus unseren Gesichtern gewichen ist. Immer wieder peinigt uns die Frage, wie das alles nur möglich war. Dieser Winter mag wettermäßig gnädiger sein als der vorige, aber in seiner Auswirkung übertrifft er ihn bei weitem. Hunderttausende deutscher Frauen und Mütter, Bräute und Kinder werden am Ende um ihre Lieben in dem unendlichen Rußland weinen.*
*Rings um uns tobt der Kampf. Der Russe versucht, uns vom Norden her den Rückzug abzuschneiden und von Süden her die Zange zu schließen. Wenn es doch nur bald Frühling werden wollte.«* —

Trotz aller Anstrengungen der Flieger konnte der Untergang der Armee nicht verhindert werden. Das Ende kam unvermeidlich. Der letzte Funkspruch aus der Festung lautete:

»2. 2. 1943, 8 Uhr 40
An Heeresgruppe Don, nachrichtlich General Hube.
XI. AK hat mit seinen sechs Division im schwersten Kampf bis zum letzten Mann seine Pflicht getan.
Es lebe der Führer!
Es lebe Deutschland! gez. Strecker«

Das Ringen um Stalingrad war beendet und vergeblich.
Vom 24. November 1942 bis 31. Januar 1943 verlor die Luftwaffe bei der Versorgung Stalingrads:

266 Ju 52
165 He 111
42 Ju 86
9 FW 200
5 He 177
1 Ju 290

488 Maschinen und 1100 Mann fliegendes Personal!
Stärkemäßig entsprechend fünf Geschwadern. Das ist ein ganzes Fliegerkorps! Darin sind nicht alle die anderen Kampfverbände enthalten, die — quasi nebenher — auch durch Abwurf von Versorgungsbomben die Not lindern helfen wollten.
Niemals wohl hat die Luftwaffe einen so konzentrierten und von vornherein zum Scheitern verurteilten Einsatz bis zum Letzten durchstehen müssen.
Zum ersten Male stand die Luftwaffe und mit ihr das Kampfgeschwader 55 ganz unter dem Eindruck der Defensive, des Rückzugs. In diesem Schatten stand dann alles, was das Geschwader noch erleben mußte.

EINSATZÜBERSICHT KG 55

(Versorgung Stalingrad vom 29. November 1942 bis 3. Februar 1943)

| Zeitraum | Flugzeuge eingesetzt | Flugzeuge erfüllt | Totalverluste | Ladung in to | | | Kraftstoff in cbm | | | Rücktransporte | | |
|---|---|---|---|---|---|---|---|---|---|---|---|---|
| | | | | Verpflegung | Munition | Zuladung | B4 | Otto | Diesel | Verwundete | Leere Behälter | Postsäcke |
| 29. 11. 42 bis 16. 01. 43 | 1766 | 1548 (92 %) | 53 | 1245,61 | 722,55 | 90,85 | 576,36 | 379,36 | 41,6 | 8605 | 2229 | 437 |
| 17. 01. 43 bis 03. 02. 43 | 800 | 712 (89 %) | 6 | 295,53 | 45,04 | 8,31 | 32,97 | 79,99 | — | 556 + 47 anderes Pers. | 240 | 96 |
| insgesamt | 2566 | 2260 | 59 (3 %) | 1541,14 | 767,59 | 99,16 | 609,07 | 459,35 | 41,6 | 9208 | 2369 | 553 |
| | | | | 2407,89 to | | | 1110,02 cbm = 888,01 to | | | | | |
| | | | | insgesamt 3295,9 to | | | | | | | | |

## ERSCHÖPFT UND DENNOCH NEUE AUFGABEN

Nach den kräftezehrenden Einsätzen in und um Stalingrad brauchten die Männer Ruhe. In Saki wurden Geschwaderstab und II. Gruppe aufgefrischt. Um fit zu bleiben, wurden gelegentlich Störeinsätze bei Tag und Nacht im Kubanbrückenkopf und Raum Armawir—Krasnodar zur Unterstützung des Heeres geflogen.
Die III. Gruppe hatte nach Stalino verlegt. Dem IV. Fliegerkorps nunmehr unterstellt, unterstützte sie das Heer bei den Abwehrkämpfen am Don und teilweise auch im Kaukasus. Dazu gehörte es auch, das Eis des Don zu bombardieren, um den Sowjets Übergangsmöglichkeiten zu nehmen.

Dem Geschwader waren zusätzlich unterstellt:

I./KG 27 »Boelcke«
III./KG 27 »Boelcke« mit 14. (Eis)/KG 27
II./KG 53 »Legion Condor«

Die Tageseinsätze lagen mit Schwerpunkt auf Eisenbahnzielen im Raume Alexandrowka—Federowka—Bataisk und Kramatorskaja—Don Delta. Auch Versorgung (z. B. Stepanowka 15. 2. 1943) und Flüge von Ssalsk bis Mineralnyje—Wody gehörten dazu. Dichter Schneefall, tiefe Wolkenuntergrenzen bis zu 150 m und Nebel waren die Probleme, mit denen sich die erschöpften Besatzungen hauptsächlich auseinandersetzen mußten. Alte, erfahrene Besatzungen, die weder durch Verwundung noch Nervenschwäche oder Tod ausfielen, erreichten hohe Feindflugzahlen. Am 10. Februar 1943 hatten die Besatzungen OLt. Rudat und Fw. Dobler die 300sten Feindflüge (am 27. Februar OFw. Samorski sogar den 400sten Feindflug) überlebt. Ein Grund zu bescheidenem Feiern in angespannter Situation. Ein paar Cognacs konnten schon spendiert werden.
Am Manytsch und im Kaukasus wollte Stalin den Südflügel des deutschen Heeres zertrümmern. Ein »Super-Stalingrad« schwebte ihm vor. Rostow, das Tor zum Kaukasus, wollte er schließen. Diese Gefahr im Vorfeld von Saporoshje und Stalino konnte gebannt werden. Hitler traf am 17. Februar auf Mansteins Gefechtsstand in Saporoshje ein, um sich an Ort und Stelle über den »Ungehorsam« des SS-Panzerkorps Hausser zu informieren, das Charkow am 15. Februar 1943 gegen Führerbefehl geräumt hatte. Manstein hielt Lagevortrag. Angesichts der nahenden russischen Panzer verließ Hitler mit seiner Fw 200 »Condor« Hals über Kopf Saporoshje! Jetzt hatte Manstein freie Hand, um die gefährliche Lage abzuwenden.
In kühnen Bewegungsschlachten zwischen Dnjepr und Donez wurden die russische 6. Armee und die Panzergruppe Popow zerschlagen. Mansteins Korps formierten sich zum Angriff auf Charkow und konnten die Lage zwischen Donez und Dnjepr durch zwei Angriffsschlachten wiederherstel-

len. Die Stellungen des Winters 1941 waren zurückgewonnen, Charkow am 14. März und Bjelgorod am 21. März wieder in deutscher Hand.
Der Klarstand des Geschwaders entsprach dem anderer in diesem Raum eingesetzter Verbände. In diesem Zustand war es nicht mehr in der Lage, große Erfolge zu erzielen:

| | Verfügungs-bestand | Einsatzklar | in Prozent |
|---|---|---|---|
| I./KG 55 | 26 | 8 | 31 % |
| III./KG 55 | 21 | 5 | 24 % |
| KGr. zbV 5 | 29 | 10 | 35 % |
| Gesamt | 76 | 23 | 30 % |

General der Flieger Pflugbeil überreichte am 28. März 1943 in Kirowograd anläßlich eines Geschwaderappells OLt. Rudat, I./KG 55 und OLt. Barth, II./KG 55, sicherlich auch stellvertretend für alle Leistungen des Geschwaders, das Ritterkreuz und nahm Verleihungen des EK I. und II. Klasse für weitere Soldaten des Geschwaders vor.
Ende März 1943 scheiterte die Offensive der russischen Heeresgruppe Watutin. Die deutsche Südfront stand dank der Schlammperiode wieder. Wie lange noch? Die Abwehrkämpfe am Kubanbrückenkopf hielten an. Das KG 55 flog gegen Noworossisk, Abinskaja, Poti, Batum und Gelendschik. Anfang Mai 1943, endlich, lag das Geschwader wieder gemeinsam auf dem Platz Stalino zusammen, fast erholt.
Die I. Gruppe wurde herausgelöst und nach Barth verlegt, wo sie die III./LG 1 bildete. Dafür kam als I. Gruppe neu die bewährte KGr. z. b. V. 5 in den Verband. Dieser Wechsel vollzog sich ruhig und problemlos, weil diese Gruppe schon dem Geschwader von den Stalingradeinsätzen her verbunden war. Auch technisch machte das keine Probleme, diese Gruppe flog auch die He 111.

## EIN ERSTER FEINDFLUG

Anfang März 1943 kam die junge Besatzung

Josef Thurnhuber, FF, »Sepp«
Georg Kellermann, BO
Karl Düsterberg, BF
Hans Sievers, BM
Andreas Stark, BS, »Reser«

von der IV. Gruppe aus Dijon frisch an die Front zur III. Gruppe (Maj Queisner) nach Kirowograd. Im Gegensatz zur IV. Gruppe in Dijon, wo

jede freie Stunde durch Unterricht oder Wachdienst genutzt wurde, konnte man bei der Einsatzgruppe, abgesehen vom Reinigungsdienst, mit seiner Freizeit anstellen, was man wollte, wozu vor allem die älteren Kameraden rieten, mit der Begründung, daß man später im Einsatz ohnehin kaum ausgehen könne.
Das Interesse an den kommenden Aufgaben bewegte jeden jungen Neuankömmling aus der »Etappe«. Bei alten, erfahrenen Besatzungen wurde Rat geholt. Die Schülerattitude wurde langsam abgelegt. An jeder Flugbesprechung wurde teilgenommen, um ja aufmerksam alle Einzelheiten mitzubekommen. Überall gab es »Alte«, die lehrreiche Erfahrungen mitteilten. Bei den einen war es kameradschaftliche Bereitwilligkeit zu helfen, bei den anderen schlug die alte, nie aussterbende Fliegerkrankheit durch, die Eitelkeit. Nachdem endlich der erste Feindflug angesetzt worden war, konnte es mit dem Frühstück, dem Herrichten der Stube und Lauf zum Gefechtsstand gar nicht schnell genug gehen. Eifrig wartete die Besatzung auf den ersten Feindflug am 12. März 1943, worüber Georg Kellermann berichtet:

*»Auch an diesem Morgen des ersten Einsatzes war ich gerade dabei, einen alten Kameraden von Bug auf Rügen, der schon über vierzig Feindflüge hatte, wie eine Zitrone mit meinen Fragen auszuquetschen, als sich im Treppenhaus des zweistöckigen Gebäudes die Stimme von Sepp vernehmen ließ, der laut nach mir rief. Sofort eilte ich nach unten und war sprachlos, denn der Einsatzbefehl war für uns da. Hätten mir die alten Kameraden nicht so oft erzählt, daß wir mit Geduld genau wie sie am Anfang noch einige Tage warten müßten bis wir zum Einsatz kämen, wäre die Überraschung nicht so vollkommen gewesen. Der Erfolg dieser Reden war, daß ich nicht vorbereitet war. Als wir dann doch auf dem Gefechtsstand erschienen, war die Flugbesprechung schon im Gange.*
*Das wenige, was wir noch zu hören bekamen, reichte für mich nicht aus, ein klares Bild von der Lage zu bekommen. Ähnlich erging es auch Sepp, denn bei diesen Besprechungen wurde nur das Nötigste in der kurzen, kargen Fliegersprache gesagt. Während man noch versuchte, sich ein klares Bild vom bevorstehenden Einsatz zu machen, hieß es schon zu den Lkw gehen, welche uns zum Platz bringen sollten. Eben im Begriff aufzusteigen, fragte mich OLt. Schmidt, der Staffelkapitän der 8. Staffel, ob ich über den Frontverlauf orientiert sei. Für einen Beobachter ist es eine Selbstverständlichkeit, daß er die Front in seine Karte eingetragen hat, aber in diesem Fall kam ich gar nicht dazu, und so mußte ich, von Mißfallensäußerungen begleitet, den Weg zum Gefechtsstand nochmals antreten. Dort war der Kommandeur Major Queisner sehr verwundert, mich nochmals zu sehen. Noch mehr war ich es selbst, als er mich mit Namen ansprach. Es war mir also klar, daß er sich mein Gesicht gut*

*eingeprägt hatte bei jenem Zwischenfall auf der Krim. Damals mußten wir uns als neu angekommene Besatzung bei ihm vorstellen. In Reihe angetreten, wie das so üblich war, begrüßte er uns mit Handschlag. Dabei, ich konnte mir beim besten Willen den Grund nicht erklären, brüllte er mich plötzlich an; ich sollte das Grinsen unterlassen, ob mir das lächerlich vorkäme usw. Ich bin damals sehr erschrocken, doch legte ich kein besonderes Gewicht auf diese Sache, weil ich mir sagte: dem paßt dein Gesicht nicht, da kann man nichts machen. (Ein Fall, der bestimmt sehr oft vorkam bei der Wehrmacht.) Es beruhigte mich um so mehr, als ich erfuhr, daß der Kommandeur ziemlich abgeflogen und daher leicht erregbar war. Jedenfalls gab ich ihm durch meine Unterlassungssünde neuen Stoff zum Schelten, und infolgedessen wurde der Frontverlauf sehr oberflächlich in die Karte eingetragen, da ich es vorzog, so schnell wie möglich wieder zu verschwinden. Erst auf dem Wagen, der uns zum Platz brachte, kam ich wieder dazu, ruhig zu überlegen. Da hatte ich nun zum erstenmal einer Einsatzflugbesprechung beigewohnt und wußte nun doch nichts Genaues. Bekannt war mir lediglich vom Auftrag der Ort Tschugujew, ein Dorf südöstlich von Charkow. Man konnte nun schlecht die Kameraden fragen, denn das würde bedeuten, daß man bei der Besprechung nicht aufgepaßt hatte. So spitzte man eben die Ohren, um aus den Gesprächen, welche sich nur um den bevorstehenden Einsatz drehten, das herauszuhören, was wichtig war.*

*Die deutsche Frühjahrsoffensive war im Rollen und bereits bis östlich von Charkow vorangetragen. Bei dem Dorf Tschugujew hatten russische Kräfte in einem ausgedehnten Waldstück am rechten Ufer des Donez einen Brückenkopf gebildet. Aus dieser Stellung heraus leisteten sie dem deutschen Angriff erbitterten Widerstand, und man hatte deshalb Kampfverbände angefordert. Unsere Aufgabe war es nun, mit unseren Bomben mitzuhelfen, den Feind zu verjagen. Am Platz angekommen, eilten die Besatzungen zu den zugewiesenen Flugzeugen. Es war uns klar, daß wir als Neulinge nicht gerade den besten und schnellsten Vogel bekommen würden und waren daher sehr skeptisch. Äußerlich sah man ihm aber nichts Nachteiliges an, er war gut gepflegt und ein neues Muster der H-Serie mit Innenaufhängvorrichtung für Bomben. Bevor wir aber die Maschine besteigen konnten, holte uns unser Kettenführer nochmals zusammen, um seine letzten Anweisungen zu geben. Wenige Minuten später waren wir zu den Maschinen entlassen. Von jetzt ab war sich jede Besatzung selbst überlassen, konnte sich aber und mußte sogar, da es ein Großeinsatz war, an die von oben gegebenen Richtlinien halten. Das verminderte das Maß der Verantwortung ganz beträchtlich. Der Kommandeur und mit ihm die Kettenführer des Verbandes hatten die navigatorische und taktische Arbeit zu leisten, während wir nur zu folgen hatten wie die Schafe dem Hirten. Bei diesem Stand der Dinge hätten wir eigentlich fast unbelastet zum Flug starten können. Aber wir waren weit davon entfernt, in Ruhe die Dinge an uns herankommen zu lassen, was ja begreiflich war, denn die Tatsache, daß der langersehnte Augenblick gekommen war, machte uns aufgeregt. Wie oft hatte man schon auf den Schulen von Einsatz und Ruhm geträumt und jetzt ging alles ganz nüchtern vonstatten. Man mußte sich gewaltsam zur Ruhe zwingen, was leider nicht völlig gelang, und mit dieser leichten Nervosität kletterten wir in die Maschine.*

*Die vertraute Umgebung der Kanzel hatte eine beruhigende Wirkung auf uns. Mechanisch und doch gewissenhaft, wie wir es auf der Schule gelernt hatten, wurden die notwendigen und unerläßlichen Überprüfungen der Geräte und Einrichtungen vorgenommen. Mit gemischten Gefühlen betrachtete ich die 32 Bomben in den Schächten, rüttelte an den Ladeschienen, um mich zu vergewissern, daß sie richtig auf den Zünderköpfen saßen. Am R.A.B. (Reihenabwurfautomat) kontrollierte ich die Schauzeichen und warf auch einen Blick auf den Z.S.K. (Zünderschaltkasten), jenes Gerät, das den Bomben das Leben mitgibt auf die Reise und doch das Leben vernichtet.*

*Anschließend setzte ich mich auf meinen Platz und schnallte die Fallschirmgurte an. Sie waren noch neu, und es gelang nicht ohne Anstrengung. Inzwischen hatte jeder seinen Platz eingenommen und seine Überprüfungen beendet. Sepp stellte seinen Sitz passend, bewegte Seiten- und Querruder. Hans und Reser beäugten ihre MG 15, und ersterer gab dann Sepp beim Anlassen der Motoren seine Hilfe, überwachte Öldruck (eine Spezialität von Hans), Temperatur und Drehzahl bei der Magnetprüfung. Als dann die Motoren liefen, schaltete Karl das FT ein und wir konnten uns unterhalten. In der Zwischenzeit waren schon die ersten Maschinen an den Start gerollt und auch unsere Kette fügte sich in den Verband ein. Dann blickte die ganze Gruppe, in ausgerichteter Formation, auf die gelbe Standarte des Kommandeurs, und als diese eingezogen wurde, dröhnten alle Motoren im Vollgas auf. Die Maschinen rollten an, wurden immer schneller, und eine Kette nach der anderen erhob sich geschlossen in die Luft. Es war 10 Uhr 41.*

*Festgeschnallt auf meinem Sitz versuchte ich, mir nun nachträglich auf der Karte einen Einblick zu verschaffen über unser Ziel. Da es vorläufig für mich nichts zu tun gab, verfolgte ich auf der Karte unseren Weg und warf öfters ein Auge nach unten, wo die schneebedeckte Landschaft, die zuerst sehr schnell vorüber glitt, mit zunehmender Höhe immer mehr Zeit ließ zu ihrer Betrachtung. Der ganze Verband stieg stetig mit 2 m/s höher. Für Sepp war es etwas anstrengend, denn dauernd mußte er darauf achten, eng aufgeschlossen, Fläche an Fläche, am Verband zu bleiben. Zum Glück machte unser Vogel gute Fahrt, aber wenn man auch diesen glücklichen Umstand in Rechnung brachte, so war es für*

*Sepp doch eine Leistung, da es das erste Mal war, daß er mit so schwer beladener Maschine im Verband flog.*
*Die Sicht war klar und gewährte einen weiten Rundblick. Vor uns lag bereits der Dnjepr. Im Sonnenlicht hob sich das weiße Band des Flusses ganz deutlich aus der einförmigen Schneelandschaft hervor. Wenige Minuten später überflogen wir ihn und ließen die Stadt Krementschug links unter uns liegen. Je näher wir der Front kamen, um so mehr steigerte sich die Nervosität wieder. Immer wieder überzeugte ich mich in meiner Unruhe, ob die Geräte in Ordnung waren und überlegte den Vorgang des Wurfes. Obschon da weiter nichts zu tun war als am R.A.B. die mechanische Auslösung zu ziehen, war doch die ganze Besatzung besorgt, daß es klappte und wir die Bomben gut los wurden. Der Verband zog nun majestätisch in 3500 m Höhe schneller als während des Steigens dahin und bald gelangten wir auf die Höhe von Poltawa. Von dort waren es nur noch wenige Minuten bis zur Front. Hans, Karl und Reser waren längst auf ihren Gefechtsstationen und spähten den Luftraum ab, um eventuell auftauchende Feindjäger zu entdecken und sofort unter Feuer nehmen zu können, derweil Sepp alle Achtsamkeit darauf richtete, weiterhin eng am Verband zu bleiben.*
*Durch die Bord-zu-Bord-Anlage (BzB) kam der Ruf: »Vor uns die Front«. Gespannt blickte ich nach unten, aber außer einem schmalen, teils unterbrochenem, weiß schimmerndem Band am äußersten Horizont, es handelte sich um den Donez, konnte ich nichts Besonderes feststellen. Aber trotzdem bekam ich Herzklopfen als ich vom Sitz glitt, um mich langausgestreckt in die Kanzel zu legen, dabei die Bodenwanne des Kettenführers beobachtend. Da kam auch schon der Befehl vom Kommandeur: »An alle, an alle, Achtung Bombenklappen auf«. Heiß und kalt rann es mir über den Rücken, während ich diesem Befehl nachkam. Hastig griffen die Finger nach dem Aufzug des R.A.B. Die OV-Schaltung am Z.S.K. und der Hauptschalter wurden eingeschaltet, ohne aber die Maschine vor uns aus den Augen zu lassen. Sepp war ebenfalls leicht nervös und fragte immer wieder, ob auch alles in Ordnung sei. Von da ab ging alles sehr schnell. Rasch versuchte ich noch einen Blick auf das Ziel zu werfen, sah aber nur Wald. Dagegen sah ich ganz vorne wie bei der Stabsstaffel die grauen gefährlichen Dinger aus den Schächten purzelten. Im Augenblick erschrak ich etwas, da ich glaubte, wir wären noch nicht am Ziel, deshalb zögerte ich eine Sekunde, als ich sah, daß auch der Kettenführer die Bomben warf. Aber nach dieser Schrecksekunde löste auch ich den Hebel und beobachtete dabei die Schauzeichen wie sie nacheinander erloschen. Reser hatte den Kopf fest gegen die Bola gedrückt. Nachdem er seinen pflichtigen Ruf »Bomben fallen« durchgegeben hatte, beobachtete er die Einschläge. Leider kam ich selbst nicht dazu, es ihm gleich zu tun. Nachdem Hans durch die Schachtreihen gelaufen war um zu sehen,*

*ob vielleicht so ein gefährlicher Brocken hängen geblieben war, mußten schnellstens die Bombenklappen zugemacht werden. Der Verband befand sich schon in der Abflugkurve, und für uns war es wichtig, bei der nun zunehmenden Fahrt (ohne Last geht es ja immer schneller), nicht durch offene Bombenklappen abgehängt zu werden. Abgehängte Maschinen sind eine leichte Beute der Jäger, und das zu sein, verspürten wir keine Neigung. Beim Zielanflug war es verhältnismäßig ruhig gewesen, aber kaum befand sich die Gruppe auf Heimatkurs und die B.z.B.-Anlage war ausgeschaltet, sprudelte ein jeder darauf los, um seine Eindrücke loszuwerden. Dazwischen hatte ich aber aus Vorsicht mein MG ausprobiert, man konnte ja nicht wissen. Reser berichtete über die Lage der Bomben, konnte aber weiter nichts sagen, als daß es da unten im Wald sehr viele Explosionen gegeben hatte. Schließlich waren es fast 1000 Bomben, die der gesamte Verband warf. Sepp war ganz besonders froh, daß wir unsere Last los hatten.*

*Aber ich war es nicht weniger. Während wir uns unterhielten, blieb jeder auf seinem Gefechtsposten, doch kein Jäger war zu sehen. Allmählich zeigten unsere Gesichter eine gewisse Enttäuschung. Nach all dieser vorherigen Aufregung, ausgenommen Reser, denn er hatte uns schon 15 Feindflüge mit Oblt. Ludewig voraus, während wir auf der Krim noch davon träumten, kam uns das alles zu einfach und risikolos vor. Es war nur ein Spazierflug und ich schämte mich ein wenig, daß ich vorher umsonst so aufgeregt war. Aber immerhin, es war für uns ein Erlebnis, und wir waren mächtig stolz, daß wir dabei sein konnten.*

*Der Rückflug verlief ohne Störung auf dem gleichen Kurs. Nun hatte man ja gelöste Nerven und konnte den schönen Anblick, den unser Kampfverband bot, voll genießen. In prächtiger, geschlossener Formation erreichten wir den Einsatzhafen. Eine Staffel nach der anderen setzte zur Landung an. Da die Landung einzeln erfolgte, mußten wir noch einige Minuten um den Platz fliegen, bis schließlich auch wir an der Reihe waren.*

*Es war 12 Uhr 53.*

*N. B. Die Kantine wartete auf uns, denn das Ereignis des ersten Feindfluges mußte gefeiert werden.«*

Diese Besatzung fiel nie durch Krankheit oder Verwundung aus. Beim KG 200 wurde sie geschlossen zum Ritterkreuz eingereicht. Nur »Sepp« Thurnhuber, der Flugzeugführer, erhielt dann stellvertretend für alle am 12. März 1945 in Bergamo das Ritterkreuz verliehen.

## PANZERWERK GORKIJ UND DIE RAFFINERIEN VON SARATOW

Hatten die ersten Monate des Jahres 1943 noch ganz unter den Nachwirkungen des im Untergang Stalingrads kulminierenden Zusammenbruchs des Südabschnitts der deutschen Ostfront gestanden, so gelang es trotz der ungeheuren Verluste im April 1943 doch wieder, eine zusammenhängende Abwehrfront zu stabilisieren. Das Ostheer rüstete sich sogar wieder zu einem Gegenschlag größeren Umfangs, um den im Abschnitt Kursk weit nach Westen vorspringenden sowjetischen Frontbogen zu bereinigen und damit die Gefahr zu beseitigen, daß der Gegner diesen Sack zum Ausgang einer neuen raumgreifenden Offensive machen würde. (Unternehmen »Zitadelle«). Erstmalig begann sich nach der Stalingrader Katastrophe und ihren Folgeerscheinungen wieder eine optimistischere Betrachtung der Frontlage bemerkbar zu machen.

Für die Luftwaffe spiegelte sich diese veränderte Auffassung darin wieder, daß die drängenden Forderungen nach taktischer Luftwaffenunterstützung nachließen, und man anfing, den Blick für die Gesamtlage freizubekommen. Es schien so, als könnten die vorübergehend notwendigen taktischen Einsätze langsam ein Ende finden und die schweren Kampfverbände endlich wieder ihrer eigentlichen Bestimmung gemäß operativ eingesetzt werden.

Das KG 55 war im März aus dem Verband des VIII. Fliegerkorps (General Fiebig), in dem es die Schlachtenfolge um Stalingrad durchgekämpft hatte, entlassen worden und erneut dem IV. Fliegerkorps (General Pflugbeil) unterstellt worden. Nicht zu Unrecht wurde das als Zeichen einer einsatzmäßigen Neuorientierung gewertet, war doch das IV. Fliegerkorps für seine Spezialisierung im operativen Einsatz bekannt.

Eines Tages war es dann doch soweit, daß mit schwerpunktmäßiger Zusammenfassung schwerer deutscher Kampfverbände der Versuch gemacht werden konnte, die noch im Aktionsbereich liegenden sowjetischen Rüstungszentren anzugreifen, um damit die materielle Versorgung der russischen Front mit Waffen und Munition, wenn nicht ganz zu stoppen, so doch fühlbar zu beeinträchtigen. Gelang das, so mußte sich daraus für die deutsche Abwehrfront eine Erleichterung ergeben, die gerade am Ausgang der Schlammperiode im höchsten Grade wünschenswert erschien. Jeder Tag, den die möglichen russischen Angriffsoperationen hinausgezögert werden konnten, bedeutete schließlich für die deutsche Front einen Zuwachs an Festigkeit. Vor allem kam es darauf an, die russische Panzerproduktion bzw. die Spritversorgung der russischen Panzerdivisionen wirksam zu stören, denn ohne diese den deutschen Verbänden zahlenmäßig weit überlegenen Panzerpulks konnten die Russen kaum mit Aussicht auf operative Erfolge angreifen.

Der Führung des IV. Fliegerkorps boten sich vordringlich zwei Ziele an: Gorkij mit seinen auf Hochtouren arbeitenden Panzerproduktionsstätten (Molotow-Werke) und Saratow mit bedeutender Kugellagerindustrie und großen Ölraffinerien. Beide Ziele lagen freilich an der Grenze der Reichweite deutscher Kampfverbände. Der Ausbildungsstand der deutschen Kampfbesatzungen ließ die Hoffnung auf einen Erfolg durchaus gerechtfertigt erscheinen, auch wenn die Einsätze im Horizontalhochangriff geflogen werden mußten. Das neue Zielgerät Lotfe 7D erlaubte präzisen Bombenwurf.

In den Morgenstunden des 4. Juni 1943 verlegte das KG 55 von seinem Einsatzhafen Stalino in der Ukraine in den ca. 600 km weiter nördlich gelegenen Raum Brjansk, in welchem die Absprungbasen für den bevorstehenden operativen Einsatz vorbereitet waren. Alles, was in die Luft zu bringen war, erreichte bis mittags die Absprunghäfen Karatschew (II./KG 55) und Seschtschinskaja (III./KG 55) — die I./KG 55 befand sich in der Neuaufstellung und nahm an diesen Einsätzen nicht teil —. Mit den fliegenden Verbänden verlegte das Spitzenpersonal der Bodenfunktioner. Die gut ausgebauten Feldflugplätze waren für das Unternehmen reichlich mit Bomben und Kraftstoff bevorratet worden. Im Laufe des Nachmittags lief die technische Vorbereitung reibungslos ab. Starke eigene Jagdkräfte schirmten die Plätze gegen feindliche Überraschungen aus der Luft ab. Das war um so notwendiger, als es die Frontnähe unwahrscheinlich machte, daß der Russe die überraschend einfallenden starken Kampfverbände nicht bemerken würde. Zum anderen aber stand auch zu erwarten, daß nach den ersten Angriffen auf die für die sowjetische Kriegführung lebenswichtigen Ziele, die russische Luftwaffe den Versuch machen würde, diese Bedrohung auszuschalten. Wie richtig diese Vorsorge war, sollte sich bereits nach den ersten Einsätzen zeigen, als der Russe versuchte, Seschtschinskaja mit einem rasanten Schlachtfliegerangriff von 20 gepanzerten Il-2 auszuräumen. Rechtzeitig durch die Jagdsperre erkannt, wurde dieser russische Gewaltschlag zu einem totalen Fiasko für die Angreifer. Die zum Teil weit ins feindliche Hinterland nachstoßenden deutschen Jäger ließen nicht einen der Angreifer wieder heimkehren.

Auch weitere Versuche, die deutsche Angriffswelle in ihren Ausgangsbasen zu treffen, wurden durch den Jagdschutz bereits im Anflug erstickt, so daß der Platzbetrieb ungestört durchgeführt werden konnte.

Die Flugbesprechungen in den improvisierten Navigationsräumen zeigten den vorzüglichen Geist der deutschen Besatzungen, die, zum Teil aus noch wenig fronterfahrenem Nachwuchs bestehend, sich absolut der Wichtigkeit der Aufgabe bewußt waren. Nach der Lückenbüßerei der taktischen Einsätze während der Rückzugsperiode endlich wieder selbst Schläge austeilen zu können, vor allem aber der Art der Waffe entsprechend, operativ fliegen zu können, gab einen moralischen Auftrieb von hohen

Graden. Mit intensivster Flugvorbereitung, die erfahrungsgemäß bereits den halben Erfolg garantiert, wurde an Hand der von Fernaufklärern erflogenen Zielunterlagen die Aufgabe erarbeitet. Das Ziel hieß Gorkij, das alte Nischnij-Nowgorod der Zarenzeit. Schwerpunkt war das allein 4 Quadratkilometer Areal bedeckende Spitzenwerk der roten Panzerproduktion, das »Molotow-Kombinat«. Die Zielunterlagen vermittelten ein instruktives Bild von der Bedeutung dieses Werkes, dessen Wochenproduktion — Agentenmeldungen zufolge — allein an T-34 damals 800 Einheiten betragen sollte. Die einzelnen Zielräume wurden auf die Staffeln verteilt, Anflughöhen und -zeiten abgestimmt, die Flugwege festgelegt und Funk- und Navigationsunterlagen ausgegeben. Inzwischen war durch das technische Personal und die Bordmechaniker sowie Bordschützen die Beladung erfolgt. Entsprechend der Zielausdehnung war gemischte Beladung innerhalb der Staffeln befohlen. Neben schweren Minenbomben (1700—2400 kg) wurden die bewährten 70-kg-Sprengbomben und 50-kg-Splitterbomben geladen. Schwere Ölflammbomben und die üblichen Schüttkästen für Stabbrandbomben vervollständigten die ausgesuchte Kollektion. Dabei kam es darauf an, die einzelnen Maschinen in ihrer Beladung genau auf die vorgeschriebenen Angriffszeiten abzustimmen, denn nur so war die anzustrebende Waffenwirkung in rollendem und sich wirkungsmäßig überlappendem Einsatz sicherzustellen. Für die Besatzungen hieß das, präziseste Einhaltung ihrer befohlenen Angriffszeiten.

Noch in der Dämmerung rollten die ersten Ketten zum Start. Wegen des noch herrschenden Büchsenlichts bei Frontüberflug wurde im Kettenverband geflogen.

Zwar war für jede Maschine Einzelwurf in dem zugewiesenen Geschwaderzielraum befohlen, doch konnte in der hellen nordischen Nacht auf weite Strecke hin mühelos im lockeren Verband geflogen werden. Die verschiedenen Angriffsnächte waren zumeist völlig wolkenlos. Die einzige wettermäßige Störung bildete in einer Nacht auftretende Hitzegewitter, die aber den alten Rußlandbesatzungen ohnehin bekannt waren und von den jungen Besatzungen ohne Ausfälle gemeistert wurden. Startbeginn am ersten Einsatztag war 20 Uhr. Für die südlich von Moskau vorbeiführende Anflugstrecke waren rund 3 Stunden Flugzeit zu veranschlagen, da russische Flakmassierungen an wichtigen, unterwegs liegenden Objekten umflogen werden mußten. Die Angriffshöhen staffelten sich von 4000—6400 m. Als Navigationshilfsmittel stand »dankenswerterweise« der Sender Moskau zur Verfügung, der auf Trägerwelle mühelos gepeilt werden konnte, da man versäumt hatte, ihn rechtzeitig stillzulegen. Andererseits gestatteten die ausnehmend hellen Nächte mit nordlichtartigen Erscheinungen eine präzise terrestrische Navigation. Der mehrfache Überflug der Oka gab gute Kontrollpunkte, wie dann auch das aus der Tiefe heraufschimmernde Band des Flußlaufes im letzten Anflugabschnitt zum untrüglichen Wegweiser wurde, da Gorkij am Zusammenfluß der Oka und Wolga liegt. Abgesehen von dem bunten Feuerwerk der Flak aller Kaliber und des dichten Scheinwerfernetzes, war das Ziel von den Leuchtbomben der ersten Angriffswellen so gut ausgeleuchtet, daß es bereits meilenweit für die anfliegenden Maschinen erkennbar war. Auch markierten schon bald nach Angriffsbeginn ausgedehnte Brände die einzelnen Zielräume klar. Vom Angriffsführer wurde über BzB laufend die notwendige Zielansprache gegeben, so daß sich jeder Besatzung bereits im Angriff die Chance eines Erfolges darstellte.

Der über mehrere Stunden rollende Angriff ließ in jener Nacht immer wieder flammende Detonationswolken vom Boden aufsteigen. Nur die letzten Maschinen des Angriffs hatten erheblich unter den Qualmentwicklungen der Brände zu leiden und waren in der Sicht insofern behindert, als eine einwandfreie Erkennung der einzelnen Zielräume nicht mehr möglich war.

Es war klar, daß ein derartig ausgedehnter Zielkomplex nicht in einer einzigen Nacht restlos zu zerstören war. So flogen die für das Unternehmen zusammengefaßten Kampfverbände noch an den beiden Pfingsttagen, dem 5. Juni und 6. Juni 1943, und dann, nachdem zwischenzeitlich die Fernangriffe auf Saratow und Jaroslawl rollten, nochmals am 10., 13. und 22. Juni 1943 auf Gorkij. Es war für die angreifenden Besatzungen, gerade nach der Periode der Rückzugskämpfe, ein befriedigendes Gefühl, die fortschreitenden Zerstörungen in der Rüstungsindustrie Gorkijs beobachten zu können und in dem Bewußtsein zu fechten, damit dem erbittert ringenden Heer Luft schaffen zu können. Hatte man bereits in der ersten Angriffsnacht aus dem Inferno, was sich unter den in die Tiefe rauschenden Bomben auftat, gemeint, eine restlose Zerstörung angerichtet zu haben, so war es überraschend feststellen zu müssen, was es in den nächsten Einsätzen dort immer noch an Brennbarem gab. Fast in jeder Nacht zeigte der Schluß des Angriffs ein von Flammen durchzucktes Rauchfeld unübersehbarer Ausdehnung.

Unermüdlich aber flogen deutsche Fernaufklärer die für die Führung notwendigen, ergänzenden Zielbilder heran, so daß die Angriffsschwerpunkte jeweils den vorausgegangenen Wirkungserfolgen angepaßt werden konnten.

Entsprechend der Bedeutung des Objektes hatte der Russe alles, was er an Nachtjägern verfügbar hatte, aufgeboten. Ohne Rücksicht auf seine Flakabwehr setzte er die Jäger ein, die sich aber, trotz der günstigen Einsatzbedingungen, die die ausnehmend hellen Nächte boten, taktisch wie Anfänger verhielten und gegen die deutschen Kampfbesatzungen keine Erfolge hatten, obgleich viele Maschinen Jagdbegegnungen — wenn zumeist auch ohne Angriff — melden konnten. Das KG 55 beschloß diese Angriffsoperation mit nur 2 Totalverlusten, was bei rund 300 Einsätzen noch nicht einmal 1 % ausmachte. Beide Verluste kamen auf Konto der — wie stets — gut schießenden russischen Flak. Demgegenüber ergaben auf der positiven Seite die Zielwirkungsbilder der Fernaufklärer einen vollen Erfolg der Angriffsserie. Völlig zerstört, d. h. dem Erdboden gleichgemacht, wurden 2 große Hallen der Endmontage, die Schmiedewerkstatt, die Hauptgießerei, ein Stanzwerk und eine Anzahl von Treibstofflagern. Schwer getroffen wurden 4 große Montagehallen, das Hauptmagazin, das Hauptelektrizitätswerk, die Panzerprüfstände, die Motorenbauabteilung, die Dreherei und die Gießerei für Zubehörteile. Hier hatten die Bomben immerhin so nachhaltig gewirkt, daß mit langfristigen Produktionsunterbrechungen zu rechnen war, die, selbst bei der ausgeprägten russischen Fähigkeit zu Improvisationen nicht ausgeglichen werden konnten. Völlig ein Raum der Flammen wurde die Barackenstadt der Arbeiterunterkünfte des Werkes.

Russische Berichte gaben die hierbei entstandenen Menschenverluste später mit 15 000 an. An fertigen und bereits auf den Bändern der Endfertigung rollenden Panzern vom Typ T-34 wurden Agentenmeldungen zufolge 800 Stück vernichtet, also eine volle Wochenproduktion. Nachweisbar wurde durch den Angriffsschlag auf Gorkij das Molotow-Werk für 6 Wochen völlig lahmgelegt, so daß in dieser Zeit keinerlei Panzerausstoß erfolgen konnte. Später arbeitete das Werk mit stark eingeschränkter Kapazität.

Die erfolgreichen Angriffe auf das Panzerwagenwerk waren ein Beweis für die Wirkungsmöglichkeit, die im operativen Einsatz der Kampfverbände lag. Trotz der Härte der physischen und psychischen Beanspruchung hatten die Besatzungen überzeugend demonstriert, zu welchen Leistungen sie fähig waren. Der Front war eine fühlbare Entlastung durch derartige operative Einsätze zu bringen, die sich im großen Rahmen der Kriegführung am Ende positiver auswirken mußte, als die lokalen Abwehrerfolge bei der Verheizung in taktischen Einsätzen als Heeresbegleitwaffe.

Im Rahmen dieser Einsätze flog die III./KG 55 unter ihrem Kommandeur Major Antrup am 13. Juni 1943 ihren 10 000. Einsatz (Besatzung Lt. Hübner). Neben dem realen Erfolg aber war die Möglichkeit, endlich wieder einmal mit geballter Faust zuschlagen zu können und das aus dem Erfolg reifende Bewußtsein, daß die Kampfverbände, wo sie ihrer eigentlichen Aufgabe entsprechend eingesetzt waren, immer noch eine Karte sein konnten, die zu stechen vermochte, für die alten Besatzungen wie für den Nachwuchs ein psychologischer Gewinn von hohen Graden. Der verheißungsvolle Auftakt einer großräumigen operativen Luftkriegsführung sollte freilich leider nur ein Auftakt bleiben, denn der Zusammenbruch des Unternehmens »Zitadelle« im Frontbogen von Kursk verschärfte die Erdlage bereits im Juli 1943 so, daß die Geschwader wiederum als »fliegende Feuerwehr« in die Brennpunkte der erneut entflammten Abwehrkämpfe geworfen werden mußten. Die Rüstungszentren, in denen auch 1943 noch die russische Wehrkraft hart zu treffen gewesen wäre, entschwanden durch die weitergehenden Rückzüge langsam aus der Reichweite der schweren Bombenverbände, die sich im nun immer deutlicher werdenden »Krieg des armen Mannes« in Aufgaben opfern mußten, für die sie nicht geschaffen waren.

## UNAUFHALTSAMER RÜCKZUG

Ab Ende Juni galten die täglichen Einsätze der Heeresunterstützung im Raum Kursk—Orel zur Vorbereitung des großen Unternehmens »Zitadelle«, dieser gewaltigen Doppelschlacht, der größten und entscheidendsten des Rußlandkrieges, die am 5. Juli 1943 um 3 Uhr 30 mit einem Schlag von 1700 Bombern, Stukas, Jagd- und Schlachtflugzeugen gegen russische Flugplätze, Gräben und Artilleriestellungen begann. Trotz zahlreicher Einzelerfolge — wie der Vernichtung ganzer sowjetischer Panzerbrigaden aus der Luft — wurde das Operationsziel nicht erreicht. Der Feind war übermächtig. Am 17. Juli mußte die Schlacht daraufhin abgebrochen werden. Mit Recht nennt sie die sowjetische Kriegsgeschichte »die Schlacht von welthistorischer Bedeutung«. Sie erst erzwang die Kriegswende und nicht Stalingrad, wie oft angenommen wird.

Das KG 55 flog an acht Einsatztagen vom 6. bis 17. Juli 899 Einsätze! Der 7. Juli forderte höchste Genauigkeit im Bombenwurf. Bei Gremutschi und Krassaja mußten im Rahmen der Unterstützung für das II. SS-Panzerkorps bis auf 200 m vor den eigenen Linien die Bomben geworfen werden. 178 Einsätze wurden alleine an diesem Tage geflogen. Bei den Staffeln waren schon mehrere »Jubiläumsflüge« absolviert. Die 6. Staffel flog den 3000sten Feindflug am 6. Juli, mitten im Geschehen um die Schlacht bei Kursk.

Die russische Jagdabwehr wurde immer besser. Möglicherweise durch Funkaufklärung wußte die russische Führung rechtzeitig, wohin jeweils schwerpunktmäßig die Kampfverbände flogen. Nicht selten hingen die »roten« Jäger schon über dem Zielgebiet. Nur durch strikte Einhaltung der Kampfformation gelang es, die Verluste gering zu halten. Ein Kampfverband gewann nur dadurch an geballter Luftabwehrfeuerkraft. Dennoch wurden zuweilen — meist abhängende — Maschinen herausgeschossen, die teilweise im Niemandsland bauchlanden konnten.

Walter Pfefferle weiß von einem Ereignis zu berichten, welches auch auf das Fürsorgedenken der höchsten Vorgesetzten ein Licht wirft. Seine Besatzung mußte auf einem Getreideacker 50 km hinter der Front not-

landen. Flugzeugführer und Beobachter machten »Spähtrupp«, um deutsche Vortrupps aufzuspüren, der Rest der Besatzung blieb an der Maschine zur »Rundumverteidigung« mit Bordwaffen.
Sie bekamen zweimal hohen Besuch. Einmal landete General Pflugbeil, der Kommandierende des Fliegerkorps, kurz darauf General Jeschonnek mit seinem Fieseler-»Storch«. Sie flogen gerade die Front ab, um sich zu orientieren und entdeckten beide zufällig die Notgelandeten. Sie ließen sich über den Einsatz berichten, hinterließen Trink- und Rauchbares und sorgten für die Rettung der Besatzung.
Die neue I. Gruppe, die aus der KGr. zbV 5 gebildet worden war, verlegte am 17. Mai 1943 von Stalino nach Wiesbaden-Erbenheim zur Auffrischung und Neuaufrüstung mit verbesserten He 111. Knapp zwei Monate dauerte die relative Ruhe.
Am 28. Juli traf ein Blitzgespräch von »Robinson«, so der Deckname für Görings Befehlszug, ein: »Verlegung nach Landsberg/Lech, Aufstellung »Gefechtsverband Traub«, nur fliegendes und Bildpersonal hat zu verlegen.« —
In Italien hatte Badoglio am 24. Juli geputscht! Mussolini war verhaftet worden.
Vom 29. Juli bis Mitte August 1943 wurden gedeckte Aufklärungsflüge in Oberitalien (Raum Brenner—Bozen—Trient—Verona—Mantua) zur Feststellung italienischer Marschspitzen durchgeführt. Nach Eintreffen von Oberst Sigel erhielt der Verband die Bezeichnung »Gefechtsverband Sigel«.
Die wohl höchste Anzahl von Feindflügen an einem Tag in vier Wellen flogen die zwei noch in Rußland liegenden Gruppen des KG 55 und am 30. Juli von Stalino. Mit insgesamt 239 Einsätzen wurden an der Miusfront ostwärts Dimitrijewka Artillerie- und Truppenziele bekämpft. An diesem Tag erreichte Hptm. Bätcher, Kdr. I./KG 100 seinen 500sten Feindflug, sein mitfliegender Adjutant Olt. Klein den 300sten Feindflug.
Oberst Kühl hatte sich am 8. August in Dnjepropetrowsk von seinem Geschwader verabschiedet. Major Antrup übernahm als Kommodore von nun an die Geschwaderführung. Er kannte das Geschwader von Anfang an und stieg wie Kühl vom Kettenführer über den Staffelkapitän und Gruppenkommandeur zum Kommodore auf. Übrigens eine Seltenheit in der Luftwaffe.
Die Verlegung der I. Gruppe wurde am 19. August nach Dnjepropetrowsk befohlen. Die FBK fuhr am 21. August per Bahn quer durch Europa nach Osten. Sie traf endlich am 6. September nach mehreren Umleitungen in Saporoshje ein.
33 He 111 hoben am 26. August in Landsberg schwer beladen ab und erreichten mit Zwischenlandung in Lemberg am späten Nachmittag Dnje-

propetrowsk. Die Überführungsflüge bleiben allen Geschwaderangehörigen, die mitflogen und den Krieg überlebten, in steter Erinnerung. Startabbruch in Landsberg wegen zu hoher Ladung, ausladen, neuer Versuch, Abheben mit »Hängen und Würgen«, drei Kreuze geschlagen!!!
Tiefstflug in Rußland, Heckenspringen und Turbulenz, Beulen am Kopf, geschwollene Füße, wegen der nicht festgezurrten Kisten, die daraufflogen.
Das war schnell vergessen, denn schon am nächsten Tag ging es in den Einsatz an die Miusfront.
Am 3. September mußte überhastet nach Saporoshje verlegt werden. Ju 87 mit Lastenseglern im Schlepp mußten aushelfen. Die Zeit drängte. Ziele im Raume Isjum—Kupjansk waren zu bekämpfen, Ziele, die man vom Vormarsch her kannte. Brücken über den Dnjepr, Artilleriestellungen und Truppenansammlungen. Immer dasselbe angesichts des nicht erlahmenden Druckes der russischen Armee. Nach dem Zusammenbruch der Front am Mittelabschnitt verlegte das Geschwader zugleich mit dem KG 51 »Edelweiß« am 12. September 1943 in den Südabschnitt nach Kirowograd, wo die Südfront in Bewegung geraten war. Noworossisk fiel. Nur die Krim wurde von der 17. Armee (Generaloberst Jaenecke) noch gehalten. Bei Krementschug bildete sich ein russischer Frontbogen mit Stoßrichtung auf Kirowograd und Kriwoj Rog.
Zur Heeresunterstützung mußte pausenlos geflogen werden. Es ging an die letzten Kräfte jedes Einzelnen. Der Flugzeugklarstand war beängstigend. Am 1. Oktober war z. B. bei der 9. Staffel nur noch ein Flugzeug einsatzklar, am Nachmittag waren es nach Anstrengung aller hart arbeitenden Männer der FBK dann gerade vier. Nicht selten blieben einer Gruppe nach zwei Feindflügen am Tagesende nur ganze sechs Maschinen einsatzklar, von vierzig Maschinen Sollbestand.
Hohe Anerkennung zollten die Männer im Geschwader all den Offizieren, die zu einer Zeit, als das Kriegsglück nicht mehr auf Seiten der Luftwaffe stand, dennoch an die Front kamen, um auszuhelfen. So kam der Oberbürgermeister der Stadt Straßburg, Dr. Robert Ernst, als Beobachter und flog die schweren Einsätze an der Dnjeprfront mit.
Fred Bollmann hingegen war ein besonderer Fall. Eine Seltenheit fast in der Geschichte der Kampfflieger.
Als Nicht-PG hatte er in der zivilen Justiz kein rechtes Fortkommen zu erwarten. Er wurde Kriegsgerichtsrat der Luftwaffe. Zunächst Kradschütze und Lt. d. R. beim Heer, kam er 1939 zur Kampfbeobachterausbildung in die Luftwaffe. Er flog dann als Ketten- und zeitweise Staffelführer bei der II./KG 26 im Nordmeer und Norwegen, wurde Rechtsberater und Aufsichtsrichter in von Richthofens VIII. Fliegerkorps und flog, wenn Not am Mann war, — fast zwischendurch — bei der II./KG 26 oder I./KG 100 Feindeinsätze. Als Richthofen die Luftflotte 4

übernahm, behielt er wie selbstverständlich auch seinen »fliegenden« Rechtsberater, der am 1. März 1943 als Oberstkriegsgerichtsrat von der »Richterei« als Hptm. d. R. in die »Fliegerei« kam. Im März 1943 führte er die I./KG 100, während der Kommandeur Hptm. Bätcher in Urlaub war, und übernahm am 8. August 1943 die III. Gruppe des KG 55. Am 21. September erhielt er bereits das Deutsche Kreuz in Gold, am 29. Oktober 1944 nach 290 Feindflügen (davon 67 doppelzählend) das Ritterkreuz. Im Dezember wurde er zum Oberstrichter der Luftwaffe ernannt. Das erfuhr er aber erst, nachdem er zuvor noch zum Major d. R. befördert worden war. Es mußte auch im Kriege alles seine Ordnung haben!
Dem Chronisten ist kein anderer Kriegsrichter bekannt, der erfolgreicher Gruppenkommandeur in einem Kampfgeschwader der Luftwaffe gewesen wäre. — Der Frontdruck der Roten Armee hielt auch im Oktober und November 1943 an. Die Kampfstaffeln brauchten dringend Erholung. So verlegte die 9. Staffel am 17. Oktober ins Luftwaffenerholungsheim Talnoje bei Uman und freute sich auf die Ruhe und Gefechtspause, die jedoch schon vier Tage darauf abgebrochen werden mußte. Es brannte schon wieder! Diesmal vor Kriwoj Rog. Ende Oktober/Anfang November war die Landverbindung zur Krim abgeschnürt. Von Sarabus aus mußten Tag und Nacht in den Raum Melitopol, an der Landenge von Kertsch und zum Schutz des Übersetzverkehrs bei Perekop Einsätze geflogen werden. Hinzu kam noch Partisanenbekämpfung im Raum Simferopol. Dabei wurden schwerste Bombenkaliber zum Abwurf gebracht. Die 2500 kg Bomben mußten z. B. in Bagerowo aufgenommen werden, weil der Platz Sarabus nicht genügend Startstrecke bot.
Kurz darauf wurde nach Golta/Perwomaisk verlegt. Die Krim war als Luftwaffenbasis zu gefährlich geworden.
Von dort aus lag bis zur Verlegung nach Polen das Schwergewicht der Einsätze weiterhin auf der Krim (Taman, Eltingen, Kertsch). Der Untergang Deutschlands zeichnete sich ab. Auch die Rücknahme der Front half nichts mehr. Nur der Winter verzögerte eine Katastrophe an den überdehnten Fronten in Rußland.

## DIE LETZTE AUFFRISCHUNG IN POLEN

Ungeachtet der Lage, die sich nach der großen russischen Offensive an der Südfront entwickelte, wurde das im Dnjeprraum eingesetzte IV. Fliegerkorps im Dezember 1943 aus der Front gezogen und entsprechend der Weisung des OKL vom 9. November zu einem Fernkampfkorps umgebildet.
Die Weisung führte aus, daß die Erfolge der Russen auf ihre wachsende

Feuerkraft und Beweglichkeit zurückzuführen sei, wofür die russische Kriegsindustrie die Grundlagen lieferte. Nur durch planvolle und intensive Kriegführung gegen ihre Industrieanlagen könne man eine wirkliche Entlastung von dem materiellen Druck erwarten, den die Rote Armee auch weiterhin an der Ostfront ausüben werde. Noch am 1. November 1943 wurde die Stärke der russischen Luftwaffe auf 23 000 Flugzeuge (ohne Schulflugzeuge) geschätzt, für den 1. April 1944 wurden von der Abwehr bereits 29 000 Frontflugzeuge veranschlagt. Der monatliche Verlust russischer Luftstreitkräfte wurde mit ca. 1900 Flugzeugen berechnet. Die Zahl der russischen Panzer würde am 1. April 1944 etwa 11 000 erreichen.

Im Hinblick auf die eigenen schwachen Kräfte wollte man sich auf den verwundbarsten Teil der russischen Kriegsindustrie, die Kraftwerke und die ebenso verwundbaren Betriebe der Flugmotorenindustrie konzentrieren. Ein 50prozentiger Stromausfall könnte die wichtigsten Werke um Moskau und an der oberen Wolga ausschalten. Eine 50 bis 60prozentige Zerstörung der wichtigsten Flugmotorenwerke in Kuybischew, Kasan und Ufa würde einen Produktionsverlust von fünf bis sechs Monaten hervorrufen. So die Pläne, zu deren Verwirklichung es nicht kam, weil die zur Verfügung stehenden Flugzeuge gerade nur den Raum Jaroslawl—Moskau decken konnten, und das nur mit Mühe, weil die Absprunghäfen zwischen Pleskau und Bobruisk schon in Feindnähe lagen.

Der Entschluß war richtig, es fehlte jedoch an geeigneten Mitteln. Unter diesen Vorzeichen wurde auch das KG 55 »Greif« am 4. Dezember 1943, nach der Schlammperiode und vor dem zu erwartenden harten Winter aus Golta über Terespol in die Basis Polen verlegt. Südlich von Warschau an der Weichsel bei Deblin, Ulez und Podlodowka fand das Geschwader neue Horste, um sich auf die neuen Aufgaben vorzubereiten.

Zunächst durften 70 Prozent des Personals in Urlaub gehen. Zehn Tage wurden maximal genehmigt. In Ulez, einem unfreundlichen Acker, gab es noch keine Fliegerhorstkommandantur, die für Wachmannschaften sorgen konnte. Also mußten die Männer des KG 55 auch noch Wacheschieben. Der Winter war kalt und schneereich. Ein hartes Brot für Techniker und Flieger eines Geschwaders, das alle Höhen und Tiefen im Osten miterlebt hatte und häufig in Wehrmachtsberichten genannt worden war. Die Staffeln hatten mehrere tausend Feindflüge hinter sich und durften sich nun als »Infanteristen« versuchen. Bis zum Ende des Jahres hatte jede Gruppe bereits den 15 000sten Feindflug seit Kriegsbeginn geflogen!

Die Weihnachtsferien der Gruppen konnten endlich einmal wieder fern der Front und leider auch noch fern der Heimat, aber in Ruhe und im Kreise der noch Verbliebenen, freudig und beschaulich verbracht werden, im tiefverschneiten Polen.

Kurz nach dem Jahreswechsel wurde das Geschwader dem »Auffrischungsstab Ost« unterstellt. Langsam und stetig wuchs die Gruppenstärke von 23 Maschinen wieder auf 37 an (He 111-16 und -20, die neuesten Typenreihen dieses altbewährten, »treuen Arbeitstiers« der Luftwaffe). Die Wintertage mit schlechtem Wetter, Schneefall, Nebel und Vereisung, abgelöst von Regen- und Tauperioden, die die Plätze völlig aufweichten, mußten militärisch genutzt werden. Appelle, Exerzieren, theoretischer Unterricht wechselten mit sporadischem Flugdienst. QGH, Einmotorenflug, Bombenwerfen, Verbandsflug, Abwehrübungen, Nachtinstrumentenflug und Nachtlandungen gehörten ebenso dazu wie Vermessungs- und Erprobungsflüge für die Radargeräte »Würzburg«. Bei einem dieser Flüge stürzte die G1 + KL während eines Übungsfluges am Platz aus zunächst unerklärlichen Gründen ab. Von der 3. Staffel fanden Ofw. Schiek, Fw. Ehrhardt, Uffz. Scheurer und Fw. Mensdorf den Tod. Alle Maschinen wurden gesperrt, weil man als Ursache die Reste eines Sabotagesprengkörpers im Rumpftank fand. Das paßte mit den Erfahrungen in der Bandenbekämpfung genau zusammen; Übungsalarme diesbezüglich gab es genug.
Nach Beendigung der Winterperiode, die Ruhe gewährte und neue Kraft schöpfen ließ, warteten die operativen Einsätze auf das Geschwader, das im Jahre 1944 noch einmal fliegerische Höhepunkte erleben durfte, wenngleich die Erfolge auf Dauer die Niederlage nicht verhindern konnten.

# *1944*

Auch im Jahre 1944 war das Geschwader, wie seit dem Beginn des Rußlandfeldzuges, im Osten eingesetzt. Am 10. Dezember 1943 wurde es aus dem Einsatz im Südabschnitt der Ostfront herausgezogen und zur Auffrischung dem »Auffrischungs-Stab Ost« unterstellt. Die Auffrischungszeit wurde dazu benutzt, die Besatzungen, die bis zu dieser Zeit fast ausschließlich zur Unterstützung des Heeres auf dem Gefechtsfeld oder zur Versorgung eingesetzt worden waren, für neue Aufgaben, den Nachteinsatz gegen operative Ziele, vorzubereiten.
Am 21. März 1944 war die Auffrischungszeit beendet.
Am 31. März 1944 wurde der »Auffrischungs-Stab Ost« umbenannt in Generalkommando IV. Fl. Korps, geführt von General Rudolf Meister. An diesem Tag mußte das KG 55 aus dem Absprungraum Deblin—Irena zur Versorgung der »Festung Kowel« eingesetzt werden. Damit begann nach der Auffrischungszeit die bittere Zeit der letzten, schweren Kämpfe im Osten.

## VERSORGUNGSEINSATZ »FESTUNG KOWEL«

Versorgungseinsätze für eingekesselte Verbände waren im allgemeinen nur wenig beliebt. Einerseits galten sie durch den abwurftechnisch bedingten Zwang, in flakbeschußgefährdeten Höhen auslösen zu müssen, als Himmelfahrtskommandos, und andererseits fehlte den Besatzungen das durch die Waffenwirkung gegebene Bewußtsein, dem Feinde sichtbar Abbruch tun zu können. Dennoch war jede Besatzung von dem Willen beseelt, das Letzte herzugeben, um die unter Führung des Gruppenführers und GenLt. der Waffen-SS Gille eingeschlossenen Soldaten in jeder Hinsicht bei ihrem Kampf gegen die Sowjets zu unterstützen. Der von der deutschen Besatzung verteidigte Raum um Kowel hatte ungefähr einen Durchmesser von 2 bis 3 km. Vom Westen her schob sich ein schmaler schlauchförmiger Zugang beiderseits der Bahnlinie Cholm—Kowel an den Kessel heran. Die Spitze der zum Entsatz angetretenen Truppen wechselte in ihrer Entfernung bis zum Ortsrand Kowel zwischen 3 und 8 km.

Der Russe wußte, daß im Wettlauf mit der Zeit alles darauf ankam, die Festung zu Fall zu bringen, ehe der Entsatzkeil sich an die Eingeschlossenen herangekämpft haben würde. Dementsprechend bot er eine Jagdabwehr gegen die Luftversorgung auf, der gegenüber der Jagdschutz der einfliegenden Verbände rettungslos unterlegen war.
Von hoher Qualität war auch die rote Flak, die am Nordrand des Ortes und hart südlich Kowel zwischen der Bahnlinie Kowel—Lemberg und der Turya konzentriert war. Leichte und mittlere Flak und zahlreiche MG's gewannen noch dadurch an Gefährlichkeit, daß vielfach ohne Leuchtspur geschossen wurde, und der Beschuß somit erst bei Treffern in den Maschinen erkannt werden konnte.
Für die Durchführung der Einsätze mußte dem Faktor der Überraschung größter Wert zugemessen werden. Ansonsten richteten sie sich nach Wetter, Wolkenuntergrenze, Sonne und Erdlage. Wurden für den Anflugkurs jeweils verschiedene Richtungen gewählt, um das Überraschungsmoment auszunutzen, so ging der Abflugkurs gemeinhin entlang der Bahnlinie Kowel—Cholm auf Westkurs im Tiefstflug über die schmalste, vom Feind gehaltene Strecke zurück. Im Anflug flog der Verband zum Schutze gegen rote Jäger eng aufgeschlossen in 2500 m über Kobryn—Ratno—ostw. der Straße Ratno—Kowel an, da über dem dortigen Sumpfgebiet des Pripjet mit der geringsten Abwehr gerechnet werden konnte. Etwa 3 km vor dem Nordoststrand von Kowel zogen sich die Maschinen auseinander und begannen in steiler Bahn zu stürzen. Fahrtmesseranzeige dabei ca. 500 km/h. Während des Sturzes wurde das Gas herausgenommen und am Ostrand Kowel eindrehend mit einer Rechtskurve auf Abwurfkurs (längs der Gleisanlagen des Bahnhofs) gegangen. Nach Erreichen einer Höhe von 50 bis 80 m wurde die Maschine auf die für die Fallschirmentfaltung der Versorgungsbomben notwendigen 200 m hochgezogen, dabei die Fahrt auf 250 bis 280 km/h verringert und in Höhe der vom Boden abgeschossenen Signalzeichen der Notzug gezogen, so daß die Versorgungsbomben mit einem Ruck fielen und dadurch während des Fallschirmausstoßes auf engstem Raum zusammenblieben. Nach dem Wurf wurde sofort scharf nachgedrückt und mit Vollgas (1,4 atü Ladedruck und 2500 U/min) im Tiefstflug 3 bis 5 m über dem Boden auf Westkurs entlang der Bahn Kowel-Cholm auf eigenes Gebiet geflogen. Durch den plötzlichen Sturzflug und das wilde Durcheinanderkurbeln vor dem Abwurf wurde die Abwehr erheblich verwirrt und zersplittert. Der 2. und 3. Tageseinsatz wurde in ähnlicher Art durchgeführt, nur veränderten sich dabei, entsprechend dem Sonnenstand, die Anflugrichtungen.
Die rasch zunehmende Abwehr machte es trotzdem erforderlich, die Versorgung zeitweilig in den Nächten durchzuführen, um Erfolg zu haben und die Verluste in Grenzen zu halten. Auch bei Nacht waren die Ein-

sätze von der Feindlage abhängig. Die Abwurfzeiten mußten aufs äußerste zusammengedrängt werden, um nicht auf die durch Lichter gekennzeichneten Abwurfplätze feindlichen Artilleriebeschuß und Bombenwürfe zu lenken.

Da der Versuch, mit 1 Minute Flugabstand zu fliegen, sich wegen der gegenseitigen Störung als undurchführbar erwies, wurde mit 2 Minuten Abstand, mit genauen Befehlen für Fahrt und Höhe, auch beim Steigen und Fallen, geflogen. Der Abwurfplatz wurde für die befohlene Abwurfzeit durch sechs helle Lampen markiert und blieb bis zum Wurf der letzten Maschine aufgehellt. In Richtung 272° vom Abwurfplatz und 26 km davon entfernt war als Navigationshilfe ein Blinkfeuer aufgestellt, das einwandfreie Anflüge erlaubte. Der Verbandsführer gab durch Bordsprechverkehr zur Einweisung der nachfolgenden Besatzungen nach dem Ablaufpunkt (Blinkfeuer Mazejewo) gegebenenfalls stark abweichende Seitentriftwerte bekannt, die mit dem Lotfe ausgemessen waren. Als weitere Hilfe stand 37 km westlich Kowel ein Richtungsscheinwerfer zur Verfügung.

Nach Besserung der Erdlage konnte man schließlich wieder zu den erfolgreichen Tageinsätzen übergehen. Gegen die allerdings stark vermehrte rote Jagdabwehr mußte jetzt im engen Kettenverband (50 m Abstand) bis in Zielnähe geflogen werden. Nach dem Abwurf blieb wieder nur Tiefstflug übrig. Dabei zeigte sich, daß in vielen Fällen Verluste hätten vermieden werden können, wenn die Besatzungen in der Lage gewesen wären, durchweg wirklichen Tiefstflug und dabei Steilkurven durchzuführen. Bei Tiefstflug über der Innenstadt hatte die außerhalb der Häuserzone aufgebaute Flak keine Wirkungsmöglichkeit. Den jüngeren Besatzungen fehlte es oft noch an Zutrauen und Nerven, diese taktisch allein richtige Art des Abfluges generell anzuwenden. Waren auch nur zwei Totalverluste über Kowel zu verzeichnen — Besatzungen Kintrup und Krismeier —, so gab es doch fühlbare Verluste durch Verwundungen, und ca. 10 % der eingesetzten Maschinen fielen durch Treffer für einige Zeit aus.

Bis zum 7. April 1944 wurden vom KG 55 mit 221 Einsatzflügen 274 650 kg Nachschubgut ins Ziel gebracht. Die Trefferlage der Versorgungsbomben am befohlenen Abwurfplatz war, bis auf wenige Ausnahmen, gut. In seinem Abschlußbericht stellte der Verteidiger von Kowel, GenLt. Gille, das auch fest:

»... es ist bewundernswert, wie genau die Luftwaffe ihre Versorgungsbomben trotz des starken Flakbeschusses bei Tag und Nacht in den doch sehr begrenzten Raum abwarf. Unsanft geweckt wurde ich allerdings einmal, als eine Versorgungsbombe, bei der sich der Fallschirm nicht geöffnet hatte, in meinem Zimmer landete. Außer einem Loch in der Hauswand und einigen demolierten Möbeln entstand, Gott sei Dank, kein Schaden!«

Trotz derartiger Präzisionsarbeit, die dem OB Kowel das Frühstück frei Haus lieferte, hatten die Einsätze jedoch gezeigt, daß die He 111 in ihren Flugeigenschaften für derartige Aufgaben zu schwerfällig war und nur bei einigermaßen günstigen Wetterlagen noch vertretbare Einsatzergebnisse erzielt werden konnten. Bei Wolkenuntergrenze zwischen 100 und 1000 m konnte die feindliche Abwehr 100%ig mit Trefferwirkung rechnen und nur die hochgradige Härte der He 111 im Nehmen verhinderte untragbare Totalverluste über Feindgebiet. Wenn die Besatzungen trotz dieses technischen Handicaps bereit waren, sich aufzuopfern, so zeigte das den ungebrochenen soldatischen Einsatzwillen, der auch den letzten Mann des Geschwaders beseelte.

## DER GEGNER IM OSTEN

Wurde bisher durchweg nur vom Einsatz des Geschwaders auf den verschiedensten Kriegsschauplätzen berichtet, so sei diesmal ein Bild des Gegners gezeichnet, so wie er sich an der Front zeigte. Ein halbes Menschenalter ist das nun schon her, doch es wird wohl jedem der alten Kameraden so gehen wie dem Chronisten, daß plötzlich diese Dinge in der Rückerinnerung wieder aktuell ins Bewußtsein treten. Daß der Russe kein leicht zu nehmender Gegner war, auch wenn er in der Luft erst in der zweiten Kriegshälfte überzeugen konnte, wissen alle »Greifen« aus unmittelbarer Erfahrung.
Die nachstehenden Betrachtungen des einstigen Kommandeurs der I. Gruppe, Richard Brunner, beziehen sich auf die Berichtszeit zwischen April 1943 bis Ende 1943, als das Geschwader vorwiegend zur Unterstützung der Heeresoperationen eingesetzt war und im zweiten Teil auf die Zeit ab März 1944 bis Ende des Einsatzes im Ostfeldzug, als wieder operative Einsätze geflogen wurden.

*Berichtszeit ab April 1943 bis Ende 1943*

*Die russische Tagjagd:*
Die russische Jagdwaffe war fast ausschließlich zur Abwehr deutscher Luftangriffe aller Art eingesetzt, insbesondere gegen die deutschen Kampfverbände (Bomber und Stuka) und Aufklärer. Nur in geringem Umfange flog sie Begleitschutz für die eigenen Schlacht- und Kampfflieger.
Alle Jagdflugzeugmuster waren einmotorig und mit Maschinengewehren, höchstens aber mit zwei Bordkanonen bewaffnet. Der meistverwendete Flugzeugtyp war die Jak-9/3. Ihre Leistungsfähigkeit dürfte den deutschen Mustern Me 109 nur wenig nachgestanden haben.
Die durchgeführte Tagjagd der Russen war sowohl nach Stärke, Ansatz

und taktischer Durchführung als auch im Angriffsschwung sehr unterschiedlich und in erster Linie von dem persönlichen Können und dem Schneid des Staffelführers abhängig. In Räumen besonderer Kampfschwerpunkte z. B. im Kubanbrückenkopf, hatte der Russe sichtlich seine besten Jäger eingesetzt. Den besten fliegerischen Ausbildungsstand und Angriffsgeist zeigten die über dem Kubanbrückenkopf und später auf der Krim operierenden Tagjäger. Es handelte sich dabei vorwiegend um eine russische Marinejagdfliegergruppe, deren Flugzeugführer auch in der Luft gut geführt wurden; sie griffen die deutschen Kampfverbände sehr hartnäckig an.

Sowohl ihr Ansatz wie der Angriff selbst verrieten weit größeres Können und mehr Erfahrung, als man es an anderen Frontabschnitten erlebt hatte.

Die Jäger der Marinebrigade ließen sich auch so leicht nicht durch den deutschen Jagdbegleitschutz, der allerdings meist nur aus ein bis zwei Rotten, und wenn es ganz hoch kam auch einmal aus drei bis vier Rotten bestand, einschüchtern, wie es sonst häufig der Fall war. Die Sowjets verfolgten den deutschen Kampfverband manchmal äußerst hartnäckig bis weit über die Front auf deutsches Gebiet, vorallem dann, wenn sie zahlenmäßig dem deutschen Begleitschutz überlegen waren.

Mancher ihrer Angriffe erfolgte konzentrisch, von allen Seiten fast zur gleichen Zeit in der Absicht, den deutschen Begleitschutz zu zersplittern, um einer anderen Gruppe den Angriffsweg auf den deutschen Kampfverband zu öffnen. Die Mehrzahl der geflogenen Angriffe auf deutsche Verbände erfolgte von hinten unter sehr geschickter Ausnutzung des toten Winkels, der für die Bordfunker durch das Leitwerk der He 111 gebildet wurde. Gegen diese Angriffsart konnte man sich nur schützen, indem starke Stufung des Verbandes, die praktisch keinen toten Winkel innerhalb des eigenen Feuerbereichs bot, eingenommen wurde.

Im allgemeinen führten die Russen die Angriffe von hinten seitwärts, meist noch überhöht anfliegend aus (Schrägangriff). Nur in ganz wenigen Fällen wurden in anderen Frontabschnitten gleichzeitig Angriffe von hinten und von beiden Seiten beobachtet. Diese Taktik war ganz sicher falsch und erleichterte häufig die eigene Abwehr ganz erheblich.

Im allgemeinen erzielten die Russen nur selten Erfolge durch Totalabschüsse, wenn der deutsche Kampfverband eng aufgeschlossen und stark gestuft flog (größte Abwehrkraft nach allen Seiten). So gelang es z. B. bei allen von der I. Gruppe in diesem Zeitraum in Staffel- wie Gruppenstärke geflogenen Tagangriffen den Kuban-Marinejägern nur ein einziges Mal, eines der Flugzeuge zum Absturz zu bringen. Sonst, wenn eigener Begleitschutz von Me 109 dabei war, hat dieser trotz meist zahlenmäßiger Unterlegenheit in manchen Fällen russische Angriffe ganz unterbinden, in einigen anderen Fällen wenigstens stark behindern können.

Die russischen Jäger hatten sichtbar großen Respekt vor dem deutschen Jagdflieger und stellten sich diesem nur ungern zum Kampf.
Auffallenderweise wurde bei den Bordwaffenangriffen wenig Leuchtspurmunition verwendet. Die Feuereröffnung des Gegners war immer erst an dem Mündungsfeuer klar erkennbar.
Der Russe neigte überhaupt dazu, aus Maschinenwaffen wenig Leuchtspurmunition zu verwenden, wie es besonders auffällig von seiner Bodenabwehr (Erfahrungen bei Eisenbahnjagd und Versorgungsflügen) festgestellt werden konnte. Er tat das sicherlich aus sehr wohlüberlegten Gründen. Ein übermäßiger Gebrauch von Leuchtspurmunition verleitet den Schützen wegen der damit verbundenen optischen Täuschung zweifellos oft zum Vorbeischießen. Auf weitere andere Vorteile, die bei Nichtverwendung von Leuchtspur die Wirkung erhöhen können, soll hier nicht eingegangen werden. Jedenfalls liegt das Heil nicht in der Leuchtspur, sondern allein in einer gründlichen Schießausbildung nach Vorhaltewerten, eine alte Weisheit. —
Die Erfahrung lehrte, daß ein deutscher schwerer Kampfverband, insbesondere wegen der stärkeren Bewaffnung der He 111-Verband, auch im Jahre 1943 durchaus noch in der Lage war, Tagangriffe mit weiten Frontüberflügen — auch ohne eigenen Jagdbegleitschutz — durchzuführen, ohne dabei wesentliche Verluste zu erleiden. Allerdings nur unter der Voraussetzung, daß der Verband in der Luft auch ordentlich geführt wurde, d. h. sehr enger und stark gestufter Verband geflogen wurde. Das konnten leider nur wenige Verbände bzw. Gruppen. Der eigene Verband mußte nach Erfahrungswerten wenigstens drei Ketten und durfte höchstens neun Ketten eng zusammenfliegend stark sein. Innerhalb dieser Stärke konnte der russischen Tagjagd der wirksamste eigene Schutz entgegengestellt werden. Die Stufung mußte variabel, je nach welcher Seite die Kurven zu fliegen waren und zum anderen, wie seitens der Russen der Angriff geführt wurde, gehandhabt werden. Aus einem solch gut aufeinander abgestimmten He 111-Verband gelang den Russen wirklich nur in den allerseltensten Fällen ein Abschuß. Die zunehmenden Abschußerfolge der Russen am Tage waren fast ausnahmslos darauf zurückzuführen, weil der angegriffene Bomberverband zu weit auseinandergezogen flog, also sich selbst durch die so aufgesplitterte eigene Abwehrkraft nicht genügend schützen konnte. Der gute Verbandsflug bot alleine natürlich nicht genügend Schutz. Er ermöglichte aber erst den eigenen wirksamsten Feuerschutz. Mitentscheidend war eine disziplinierte Feuerführung, die wegen der besseren Übersichtlichkeit einem erfahrenen und besonnenen Funker zu übertragen war.
Die Feuereröffnung durfte nur auf seinen Befehl (BzB) nach dem Stichwort »Feuer — frei« erfolgen. Damit war sichergestellt, daß die Feuereröffnung zum einen schlagartig und zum anderen erst auf wirksame

Entfernung erfolgte. Es wurde bald zur Erfahrung, daß das gegnerische Feuer nur beeindruckt, wenn es sichtbar und wirksam auf den eigenen Verband einwirkte. Das heißt, es kam zuerst darauf an, den angreifenden Russenjäger zu beeindrucken und das war bei ihm nur dann der Fall, wenn ihm Leuchtspurgarben vor der Nase lagen und nicht, wie es überwiegend der Fall war, hinter ihm vorbeigingen. Die Schießausbildung während der Einsatzpausen (auf Jägerattrappen in natürlicher Größe auf improvisierten Schießständen) hat gerade den alten, nur schwer zu überzeugenden Besatzungen gezeigt, daß man sich nicht durch die Leuchtspur täuschen lassen durfte und ausschließlich nach Vorhaltewerten schießen mußte. Erst nachdem das begriffen und beherzigt worden war, konnten in der Luft mit viel geringerem Munitionsaufwand plötzlich auftauchende russische Jäger abgeschossen werden. Der russische Jäger erschrak geradezu vor dem nunmehr gutliegenden und schlagartig einsetzenden Feuer, das wie eine Brause auf ihn wirkte. Er drehte daraufhin fast ausnahmslos ruckartig ab und wagte sich kaum noch ein zweites Mal in dieses Feuer. Wenn der Feind — wie es mehrmals der Fall war — sich wieder gesammelt hatte und einen weiteren Anflug wagte, führte er diesen nur sehr zaghaft aus und brach ihn bei den ersten Feuerstößen des Kampfverbandes sofort wieder ab.
Der einzeln fliegende Bomber, wenn er z. B. Motorstörung oder im Einzelflug Angriffe durchzuführen hatte, erlag in der Regel dem russischen Jagdangriff, sofern er sich diesem nicht rechtzeitig durch Eintauchen in Wolken entziehen konnte. Einzelangriffe in Rußland durchzuführen, ohne genügenden Wolkenbedeckungsgrad, war unmöglich, es sei denn, man setzte entschieden zu viel aufs Spiel.
Mit wenigen Ausnahmen (Marinejagdfliegerbrigade) war die Angriffsmoral der Russen trotz der im Wachsen begriffenen Stärke und des sich bessernden Ausbildungsstandes nicht groß. Das bewies:

a) die meist viel zu frühe, also auf zu weite Entfernung erfolgende Feuereröffnung auf dichtfliegenden Verband,

b) der viel zu frühe Abbruch des Angriffes, wenn dem russischen Jäger gutgezieltes, möglichst schlagartig einsetzendes Abwehrfeuer entgegenschlug und

c) nicht zuletzt der kaum nennenswerte Abschußerfolg aus dichtfliegenden deutschen schweren Kampfverbänden.

Ergänzend läßt sich noch sagen: Auch im letzten Krieg waren die meisten eigenen Verluste auf das Konto der feindlichen Jäger zurückzuführen. Die Flak war im Osten meist nur das kleinere Übel für den angreifenden Kampfverband, auch wenn dieser im Hochangriff im dichten Verband flog. Jede Gelegenheit zur Schulung des Verbandsfluges und der Schießausbildung mußte daher ausgenutzt werden. Der Erfolg war dann in Kürze der, daß in der Folgezeit bei geschlossenen Tagesangriffen nur einmal ein einziges eigenes Flugzeug durch russische Jäger abgeschossen wurde (bei Kertsch). Die Moral der eigenen Truppe war enorm gestiegen in dem Bewußtsein, daß die roten Jäger kaum noch gefährlich werden konnten. Wichtig war, daß auch im Angriff selbst, also über dem Ziel, der eigene Verband nicht gelockert werden durfte, selbst wenn die schwere russische Flak noch so gut lag; denn erfahrungsgemäß erfolgte der feindliche Jagdangriff bei den frontnahen Zielen meist erst kurz vor, selten während des Bombenwurfes, in den häufigsten Fällen aber nach dem Wurf beim Abdrehen. Zu einem Augenblick also, in dem die größte Gefahr des Platzens des Verbandes bestand, weil die Ketten, die die Außenkurven zu fliegen hatten, infolge des geringen Kraftüberschusses und des weiteren Flugweges nach hinten abfielen. Diese Ketten waren den Angriffen am meisten ausgesetzt. Auch im Gruppenverband konnte der Zusammenhalt in der Kurve gewahrt werden, wenn rücksichtsvoll geführt wurde. Es muß aber leider klar ausgesprochen werden, daß die meisten Gruppen in der Luft schlecht geführt wurden, und die Verluste fast ausschließlich auf diese Tatsache zurückzuführen waren. Verluste, die durchaus vermeidbar waren. Jeder Verband in der Luft fliegt nur so gut, wie er geführt wird. In der Regel hatten die deutschen Verbandsführer nicht gelernt, hinten zu fliegen und konnten daher auch nicht die damit zusammenhängenden Schwierigkeiten erkennen. Den nachfliegenden Flugzeugführern war ein enges Aufschließen vielfach unmöglich gewesen, weil ihre Motoren nicht mehr hergeben konnten. Das Ergebnis der Führungsmängel wirkte sich in der Praxis so aus, daß die Führungsflugzeuge rücksichtslos — unbeabsichtigt zwar — vorneweg flogen, ohne zu bedenken, daß den nachfolgenden Flugzeugen, insbesondere den schweren Kampfflugzeugen, keine genügenden Kraftreserven im Steigen, Fallen, beim Kurven und selbst im Geradeausflug verblieben waren. Je größer der Verband, umso langsamer und weicher, schlechthin rücksichtsvoller, hatte aber der Verbandsführer zu fliegen.

Somit hatte der Russe in den deutschen Reihen indirekt einen starken Verbündeten. Seine Abschußerfolge fußten in nicht unbedeutendem Umfange hierauf.

Fest steht, daß er es verstanden hat, diese Schwäche der deutschen Kampfverbände zu nutzen. Einem entschlosseneren und besseren Gegner wäre das in noch viel wirksamerem Maße geglückt, was zur Folge gehabt haben würde, daß schon 1943 die deutschen schweren Kampfverbände am Tage im Osten zur Wirkungslosigkeit verurteilt worden wären. Daß dieser Zustand nicht eintrat, verdeutlicht am besten den wirklichen damaligen Kampfwert der russischen Jäger. Aufgrund seiner zahlenmäßigen Überlegenheit, bei besserer Führung und höherer Kampfmoral hätte er eigentlich in der Lage sein müssen, den Einsatz deutscher, schwerer Kampfverbände (He 111 und Ju 88) am Tage zu unterbinden.

*Die russische Nachtjagd:*

Im Jahre 1943 wurden vom KG 55 Nachteinsätze der besseren Zielauffindung wegen fast nur bei Mondlicht geflogen und waren im Einzelflug bzw. Einzelangriff vornehmlich auf kleinere Ziele (Flugplätze etc.) gerichtet und überwiegend auf die Bekämpfung der russischen Eisenbahnen (Eisenbahnjagd). Hierbei traten gegnerische Nachtjäger praktisch kaum in Erscheinung. Die Bekämpfung deutscher Flugzeuge in der Nacht oblag fast ausschließlich der russischen Flak aller Kaliber.
Der Russe hatte zu dieser Zeit — aus seiner Sicht sehr folgerichtig — den Ausbau bzw. die Aufstellung einer wirksamen Nachtjagdorganisation zugunsten seiner Tagjagd zurückgestellt, weil für ihn nicht dieselbe Notwendigkeit hierfür bestand, wie für die Deutsche Luftwaffe. Das Gros der russischen Rüstungsbetriebe lag außerhalb der Reichweite der deutschen schweren Kampfverbände (die He 177 war noch nicht an der Front): Er hatte aus der bisherigen Einsatzpraxis der Deutschen sicherlich klar erkannt, daß die deutschen Luftwaffenkräfte nach wie vor in erster Linie zur Unterstützung des Heeres auf dem Gefechtsfeld eingesetzt bleiben mußten, also auf Truppenziele aller Art, deren wirksame Bekämpfung letztlich in der Hauptsache nur am Tage möglich war.
Als aber dann die wenigen Überraschungsschläge der schweren deutschen Kampfverbände im Sommer 1943 auf die erreichbaren großen russischen Rüstungsbetriebe bei Gorki, Jaroslawl und Saratow in zusammengefaßten Nachtangriffen geführt wurden, sah sich der Russe doch gezwungen, Nachtjagd zunächst zu improvisieren. Die russische Flak alleine konnte diese deutschen Hammerschläge nicht verhindern.
Geschulte Nachtjagdverbände nach dem Muster der Deutschen oder Engländer haben dem Gegner jedoch noch nicht zur Verfügung gestanden. Die rote Nachtjagd war, mit einem Wort, im Vergleich zu der auf dem westlichen Kriegsschauplatz hochentwickelten und erfolgreichen insgesamt betrachtet rückständig. Aus der Not geboren, konnte sie zunächst nichts anderes sein als unmittelbarer Objektschutz, der durch einmotorige Tagjagdflugzeuge von in der Nähe gelegenen Einsatzplänen angesetzt werden mußte. Genau dieses Bild bot die russische Nachtjagd bei den ersten operativen Angriffen deutscher Verbände. In der Hauptsache wurden zunächst ältere, nachterfahrene Flugzeugführer eingesetzt, vielleicht sogar ältere Tagjäger, die sich in der Hauptsache nach der Taktik »Wilde Sau«, die sich deutscherseits nur vorübergehend bewährt hatte, vergeblich versuchten. Sie wurden vom Boden aus nur mit Richtungsscheinwerfern und ähnlichen Licht- und Leuchtzeichen unterstützt.
Die meist außerordentliche Aufhellung des gesamten Zielraumes durch

Mondschein, große Brände und zahlreiche russische Scheinwerfer boten unbestritten der Nachtjagd seltene Erfolgsaussichten, die noch erhöht wurden durch den für die angreifenden Bomber höchst unangenehmen Umstand, daß sie sich gegen den hellen Nordhimmel (Nordlicht) deutlich abhoben. Es hat wohl kaum eine dabei eingesetzte deutsche Flugzeugbesatzung gegeben, die im Zielraum nicht mehrere eigene Flugzeuge und auch Nachtjäger klar erkannt hat. Es ist keineswegs beabsichtigt, den Wert und die Leistung des damaligen Gegners herabzumindern, aber es muß — zum Glück der deutschen Besatzungen — festgestellt werden, daß die eingesetzten »roten« Nachtjäger völlig versagt haben. Daran ändert z. B. auch nichts die Tatsache, daß ihnen in dem einen oder anderen Falle Erfolge beschieden waren.

Ihr Hauptfehler war, daß sie mit entschieden zu viel Fahrt durch die Gegend kurbelten, statt diese auf etwa dieselbe Fahrtstufe der Bomber zu drosseln, damit sie überhaupt das Ziel im Auge behalten konnten, wenn sie es einmal erfaßt haben sollten. Sie verstanden es auch nicht, den Angriff, wie die deutschen Bomber, aus dem dunkleren Südsektor anzusetzen. Gerade dem Jäger bot sich der Südsektor zur besseren Beobachtung des hellen Nordhimmels wie von selbst an.

Auffallenderweise haben sich die russischen Jäger außerhalb des Feuerbereichs der russischen Flak gehalten, die ein optisch imponierendes Sperrfeuer schoß. Es zeigte sich auch hier, wie schon in England, daß solch ein Sperrfeuer nur moralische Wirkung auf junge Besatzungen ausüben konnte, daß aber eine Batterie allein ein viel wirksameres, gezieltes Feuer in Zusammenwirken mit den Scheinwerfern erzielen konnte.

Über dem Zielraum selbst, also innerhalb des Flakfeuerbereiches, boten sich der Nachtjagd besonders gute Abschußmöglichkeiten wegen der besonders hellen Ausleuchtung und des hellen Untergrundes, verursacht durch die zahlreichen und starken Brände, an, gegen die sich die Bombersilhouetten klar abhoben. Doch blieben die deutschen Verbände merkwürdigerweise innerhalb des Feuerbereiches der Flak von Nachtangriffen völlig unbehelligt.

Bei rechtzeitig erkanntem Nachtangriff genügte den deutschen Kampffliegern ein hartes Abdrehen nach unten in den dunkleren Südsektor hinein, um den Gegner abzuschütteln.

Zusammenfassend ist zur russischen Nachtjagd für die kurze Zeitspanne der operativen Einsätze, die seinerzeit nur bei günstigem Mondstand geflogen wurden, festzustellen, daß ihre Erfolgsaussichten gut, ja sogar hervorragend waren, aber aus taktischem Unvermögen unausgenutzt geblieben sind.

Auf den langen Hin- und Rückflügen traten erst ab der zweiten bzw. dritten Nacht einzelne Jäger auf. Sie kamen aber wegen der seinerzeitig noch unzureichenden optischen Führung vom Boden aus (durch Rich-

Durch eigene Bomben zum Absturz gebracht am 8. September 1943 über Nowo-Ekonomtschenkoje.

Die gesamte Besatzung Fw Biermeier in der G1 + DN aus der 5./KG 55 wurde nach Fallschirmabsprung vermißt (rechts unten Fahrwerk, Bildmitte: Motorblock).

Episoden aus der Eisenbahnbekämpfung.

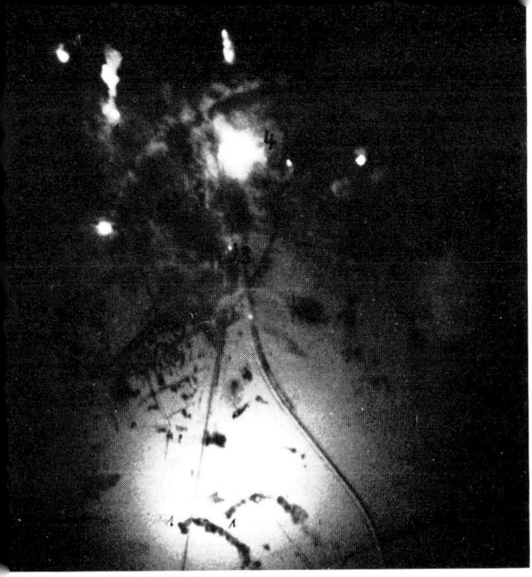

Bahnhof Sarny während des Nachtangriffs der III. Gruppe am 6. April 1944 (oben links).

Trotz Flaktreffers in der linken Fläche wurde der Versorgungsflug nach Kowel am 7. April 1944 dennoch fortgesetzt (oben rechts).

Eine 2500-kg-Bombe und ...

der dazugehörige Bombenkrater.

Geschwadertreffen in Deblin, 29. Januar 1944, v. l.: Seib, Höfer, Kless, Antrup, Barth, Luxenburger.

Der 50 000ste Feindflug wird begossen (im Bild Major Schrödter und Hptm Micklei)

Im August 1944 Einweisung in Minen, Handgranaten und Panzerfäuste in Tonndorf.

Ofw Grimmstein (Mitte), einer der Überlebenden aus der Besatzung Oberst Stoeckl, besuchte seine Kameraden in Deblin, nachdem er von den Briten ausgetauscht worden war.

Nichts los in Focsani!

Im Juni 1944 hatte die 1. FBK den 400sten Motorwechsel durchgeführt.

tungsscheinwerfer und Lampen) nur in seltenen Fällen in losere Berührung mit den deutschen Bombern. Eine auf Funkortung abgestützte Nachtjagd hat der Russe zweifelsfrei noch nicht gekannt. Auch die Streckennachtjagd (von der Front zum Ziel und zurück) vermochte der Russe nur dann zu improvisieren, wenn die Deutschen ihren Kampfverbänden stur immer denselben Kurs (Hin- und Rückflug) befohlen hatten.

*Berichtszeit ab Mitte März 1944 bis 12. August 1944*

*Die russische Tagjagd:*

In der Berichtszeit wurden Tageinsätze nur jeweils für eine kurze Zeitspanne, z. B. zur Versorgung abgeschnittener Heeresteile an der Mittelfront, zur Unterstützung der Absetzbewegungen des Heeres auf der Krim und zuletzt zur Unterstützung des Abwehrkampfes im Raum von Baranow (Weichsel) geflogen. Bei den dabei erfolgten Feindberührungen mit den russischen Tagjägern ergaben sich keine wesentlich neuen Wahrnehmungen und Erkenntnisse, es sei denn, daß man als einzige Änderung ihre deutlich angewachsene zahlenmäßige Stärke gelten lassen will. Auf taktischem Gebiet hatten sie jedoch kaum hinzugelernt. Das zeigte sich vor allem bei den Tageshochangriffen auf die russischen Weichselübergänge im Sommer 1944 ganz eindeutig. Obwohl der Gegner in der Stärke von zwei bis drei Staffeln zu gleicher Zeit beide Seiten eines Kampfverbandes von hinten schräg in Reihe, also praktisch doch einzelflugweise angriff, konnten die roten Jäger nicht in einem einzigen Falle einen Abschuß erzielen. Bei ihren Angriffen waren sie dabei völlig ungehindert durch deutschen Begleitschutz (Me 109) geblieben. Es wiederholte sich die bereits im Vorjahr gemachte Erfahrung, daß rote Jäger einem enggeschlossenen und gut, vor allen Dingen zweckmäßig gestuften Verband gegenüber beinahe machtlos waren. Das schlagartig einsetzende und gutliegende Feuer nahm den Jägern sichtlich den Mut, sich noch ein zweites Mal in den Feuerschlag zu wagen. Dabei waren die deutschen Kampfverbände nicht unverwundbar. Schwächen gab es genug, die russischen Jagdflieger nutzten sie nur nicht genug. Vor allem sind sie, von wenigen Eliteverbänden abgesehen, einfach nicht scharf genug herangegangen. Auf kurze und kürzeste Entfernung bei gleichzeitigen Kettenanflügen von hinten hätten sie sicherlich Flugzeuge aus den Verbänden herausschießen können. Wenigstens aber hätten sie die eine oder andere Maschine krankgeschossen, um sie dann ganz »abzuholen«.
Eine Beobachtung möge noch festgehalten werden: Wenn der russische Staffelführer entschlossen heranging, blieben auch seine Kettenhunde dran. Wenn also der Russe Mißerfolge hatte, ist dies zumeist auch auf das persönliche Versagen des russischen fliegenden Verbandsführers zurückzuführen.

Eine andere Erfahrung hängt mit den Versorgungsflügen zusammen, deren Abwehr für die russische Jagdfliegerführung kein Ruhmesblatt bedeutet.

Die Versorgungseinsätze stellten sowohl die deutsche Führung als auch die Truppe vor schwer lösbare Aufgaben. So konnte der Abwurf des Versorgungsgutes mittels Fallschirmbomben aus wurftechnischen Gründen nur in einer Höhe von 150 bis 200 m ausgeführt werden. Aus taktischen Gründen (oftmals engste Abwurffläche und starke Flakabwehr) mußte er daher mit der schwerfälligen und hierfür wenig geeigneten He 111 im Einzelflug erfolgen. Die russische Jagdabwehr ließ den Tageseinsatz in dieser Form überhaupt nicht zu. Es gab in der Regel daher nur eine Möglichkeit — wenn kein eigener Jagdschutz zur Verfügung stand — diese Versorgungseinsätze in der Dämmerung, möglichst der Abenddämmerung, zu starten. Wenn auch der Anflug zum Schutz gegen Jäger im Verband erfolgte, mußte sich dieser spätestens in der Nähe des Zieles zum Einzelflug auflösen, um einerseits zur Zersplitterung der starken Flakabwehr möglichst von vielen Seiten her abzukippen, und um andererseits den gezielten Zielwurf durchzuführen. Das Schwierigste blieb unter anderem die richtige Wahl des Zeitpunktes des Zielüberfluges. Es durfte in der Höhe nicht mehr zu hell, am Boden dagegen noch nicht zu dämmerig sein, damit der roten Tagjagd keine allzu große zeitliche Einsatzmöglichkeit verblieb, für die deutschen Versorgungsflugzeuge hingegen, genügende Helligkeit zum Erkennen des Abwurfraumes zur Verfügung stand.

Für eine wendige Jagdführung bestanden bei diesen Dämmerungsangriffen immer Erfolgschancen, die die Russen jedoch ungenutzt gelassen haben. Die Frage, warum das nicht geschehen ist, ist schwer zu beantworten. Der Russe hatte doch sonst immer wieder bewiesen, daß er auf neue Lagen schnell einzugehen verstand. Bei diesen Versorgungseinsätzen stand er aber offenbar immer wieder von neuem vor unlösbaren Aufgaben, obwohl es eigentlich leicht gewesen wäre, sich auf sie einzustellen, nachdem ähnliche Operationen von den deutschen Kampfverbänden immer wieder nach dem gleichen Rezept ausgeführt worden waren und man mit dem Entsatz eingeschlossener Heeresverbände durch die Luftwaffe stets rechnen konnte. Die russische Flakwaffe hingegen hat das immer gewußt und ihre Maschinen-Waffen (vornehmlich 2-cm und 4-cm) entsprechend in großer Stärke rund um den eingeschlossenen Platz zum Empfang der Deutschen aufgestellt. Sie war es auch fast ganz allein, die allen schwer zugesetzt hatte. Daß der Feind keine Tagjäger eingesetzt hatte, dürfte nur so zu erklären sein, daß er einmal hinsichtlich deren navigatorischen Fähigkeiten Bedenken hegte, oder aber im Hinblick auf die anbrechende Nacht seinen Jägern die evtl. bevorstehenden Nachtlandungen nicht zugetraut hatte.

Wie dem auch sei, er hätte wenigstens einige Nachtjäger einsetzen können. Diese brauchten sich z. B. in der Dämmerungszeit nur über größeren Einschließungsorten aufzuhalten (wie z. B. Wilna). Für diese Jäger wären die einzeln fliegenden Versorgungsflugzeuge eine leichte und sichere Beute gewesen.

*Die russische Nachtjagd:*

Die zusammengefaßten deutschen operativen Nachteinsätze trafen den sowjetischen Nachschub schwer. Der Feind versuchte daher mit allen Mitteln, sich der neuen, vornehmlich auf den Eisenbahnverbindungswegen, drohenden Gefahr zu erwehren. Der Ausbau der Nachtjagdführungsorganisation, wie der vermehrte Einsatz der russischen Nachtjäger, meist mit einmotorigen Tagjagdflugzeugen, ließen seine großen Anstrengungen deutlich erkennen. Die feindliche Nachtjagdtätigkeit nahm von Woche zu Woche erkennbar zu. Traten bei den ersten Einsätzen des IV. Flieger-Korps Nachtjäger zunächst nur über den Zielräumen und nur vereinzelt auf dem An- und Rückflug auf, so erfolgte bereits Anfang Mai 1944 der Nachtjagdeinsatz im gesamten Kampfraum westlich des Dnjepr einschließlich Kiew, besonders in mondhellen Nächten. Hauptträger der Jagdabwehr waren nach wie vor einmotorige Tagjagdflugzeuge. Anfang Mai wurde über Kiew einwandfrei das Muster LA-5 erkannt. Vereinzelt wurden bereits zweimotorige Nachtjäger vom Typ PE-2 mit und ohne Angriff beobachtet. Ferner wurde im Monat Mai 1944 solch ein zweimotoriger Nachtjäger in Begleitung von zwei einmotorigen Flugzeugen erkannt, die sich in Kette fliegend durch Blinkzeichen verständigten. Dieser Zwei-Motor-Jäger sollte allem Anschein nach die beiden Ein-Motor-Jäger an die deutschen Bomber heranführen.
Schon bald waren in der Angriffstaktik der russischen Jäger Verfeinerungen erkennbar. Verbandsflug in Ketten und Rotten wurde von ihnen angestrebt. Die Bordwaffenangriffe erfolgten meist von unten aus allen Richtungen.
Bei mehreren Nachteinsätzen konnte beobachtet werden, daß der Russe durch Abwurf von Leuchtbomben, die sich in der Farbe von den deutschen unterschieden, über dem angreifenden deutschen Verband eine Anleuchtung versucht hatte, um auf diese Weise Tagjagdbedingungen zu schaffen. Auffallend war, daß der russische Nachtjagdangriff weniger gegen den Bomberstrom angesetzt war, sondern sich vorwiegend gegen die deutschen Zielfinder und Beleuchter richtete.
Die Absicht, damit zunächst die Zielfindung und Ausleuchtung zu verhindern, um weitgehendst den Wirkungsangriff zu vereiteln, war taktisch richtig.
Einzeln fliegende Flugzeuge, die vom Bomberstrom abgekommen waren, wurden mit zunehmender Übung und Erfahrung der roten Nachtjagd

hartnäckig verfolgt. Einzelne Besatzungen, vornehmlich die Zielfinder und Beleuchter, meldeten hartnäckige Verfolgung durch einmotorige Nachtjäger mit bis zu fünf Anflügen bis zur HKL. Der Russe erwartete verschiedene Male die Kampfflugzeuge bereits über eigenem Gebiet in der Nähe der Leuchtfeuer in der Hoffnung, sie durch ihre Positionslampen leichter erkennen und abfangen zu können. Daraufhin wurden die Positionslampen rechtzeitig gelöscht. Auch an Wendepunkten des Bomberstroms, die durch die Markierungsbomben gekennzeichnet waren, versuchten die russischen Nachtjäger Erfolge zu buchen.

Die Verständigung der Feindjäger untereinander erfolgte wahrscheinlich durch BzB und durch das für die betreffende Nacht gültige Erkennungssignal (ES). Mit diesem jeweils gültigen ES wurde auch in einigen Fällen von russischen Nachtjägern der roten Flak vorübergehend Befehl zur Feuereinstellung gegeben.

In zunehmendem Maße meldeten deutsche Besatzungen häufigen Vorbeiflug von feindlichen Jägern, ohne daß Angriffe erfolgten sowie vergebliches Suchen des Gegners mit Hilfe von Bordscheinwerfern (z. T. unter dem Rumpf montiert). Nimmt man noch Abhörergebnisse über den feindlichen Nachtjagd-Funksprechverkehr ergänzend hinzu, so kann man aus der Art und Weise, wie geflogen und Erfolge erzielt worden waren, schließen, daß die feindliche Nachtjagd im Einsatzraum des IV. Flieger-Korps überwiegend nach Sicht und nur in sehr geringem Umfange auf Funkmeßgeräte abgestützt war. Dagegen war die Bodenorganisation für den optischen Nachtjagdleitverkehr hervorragend ausgebaut worden. An vielen Stellen wurden Richtungsscheinwerfer erkannt, die die Flugrichtung der deutschen Kampfverbände angaben, während gleichzeitig am Boden weiße, rote oder grüne Lampen in verschiedenen Formen und Kombinationen (ähnlich wie in den Anfangszeiten der englischen Nachtjagd) aufleuchteten. An anderen Stellen wiederum wurde bei Überflug deutscher Flugzeuge vom Boden aus mit bunten Sternen geschossen. Die Leuchtzeichen (vermutlich durch Flugmeldeposten) ermöglichten sicherlich mittels ihrer bestimmten, jeweils verschiedenartigen Form und Farbenzusammenstellung dem Nachtjäger, insbesondere in dunklen Nächten, eine Orientierung anhand solcher sichtbar gemachten »Koordinatensysteme«.

Durch Auf- und Abblenden, Schießen von Leuchtkugeln usw. wurde vermutlich der Überflug der deutschen Flugzeuge optisch gemeldet. Es ist sicherlich anzunehmen, daß diese und noch weitere Flugmeldeposten mit einer oder mehreren Leitstellen in Verbindung standen, die ihrerseits nach Auswertung der Flugmeldung die unterstellten Nachtjäger durch Funksprüche ungefähr an den Gegner heranzuführen versucht haben.

Die russischen Nachtjagdflugplätze hatten im Kampfraum des IV. Flieger-Korps im Verlaufe der Einsatzperiode erheblich an Zahl zugenommen.

Wenn auch die Erfolge der roten Nachtjagd insgesamt gesehen noch nicht

nennenswert waren, so ergab sich aus den letzten Einsätzen im August 1944 schon sehr klar, daß an ihrem Ausbau planmäßig und folgerichtig gearbeitet worden war im Bestreben, zur Verdichtung der gesamten russischen Abwehr beizutragen.
Großen Eindruck auf die deutschen Besatzungen hat die russische Nachtjagd nicht gemacht. Es bestand jedoch aller Grund, den weiteren Ausbau aufmerksam zu verfolgen. Der Zeitpunkt, zu dem die Russen mit dem Funkmeßaufbau ihrer Nachtjagdleitung zum Abschluß kommen würden, lag nicht mehr allzu fern.
Von den drei eingesetzten Gruppen des KG 55 gingen während der Bomberstromangriffe nur insgesamt vierzehn Flugzeuge verloren. Von diesen vierzehn vermißten Flugzeugen entfielen bestimmt nicht alle auf das Konto der roten Nachtjagd, sondern ein angemessener Teil, nach alter Erfahrung, auf normale technische Störungsursachen.

*Die sowjetische Bomberwaffe*

Über die russischen Bombenflieger konnten deutsche Staffelkapitäne und Gruppenkommandeure nur dann Erfahrungen gewinnen, wenn sich ihre Angriffe gegen die deutschen Einsatzhorste gerichtet haben. Ausgerüstet waren die roten Bomberverbände fast ausschließlich mit zweimotorigen Flugzeugen, deren Typen starke Ähnlichkeit mit dem Typ Douglas C-47 hatten. Ob es sich hierbei um Lizenzbauten gehandelt hat, konnte nicht mit Bestimmtheit gesagt werden, aber mit an Sicherheit grenzender Wahrscheinlichkeit kann angenommen werden, daß spätestens ab Anfang 1944 ein Teil des roten Bomberbestandes aus anglo-amerikanischen Lieferungen herrührte. Diese Muster entsprachen in ihrer Leistungsfähigkeit (Geschwindigkeit, Gipfelhöhe, Bombenzuladung) durchaus dem deutschen Typ He 111. Die deutsche Jagdabwehr hatte Tagesangriffe der russischen Bomber auf den deutschen Nachschub sowie auf die eigene Fliegerbodenorganisation praktisch den ganzen Krieg über, jedenfalls aber bis etwa Herbst 1944 fast total verhindert. Tiefere Einflüge über die HKL hinweg auf deutsches besetztes Gebiet am Tage hat die russische Bomberwaffe im Südteil der Ostfront nur ein einziges Mal durchzuführen gewagt (29. April 1943), und zwar auf den mit deutschen Kampfgruppen belegten Fliegerhorst Stalino. Da aber zum Zeitpunkt des Angriffes selbst die deutschen Gruppen in der Luft im Einsatz standen, verpuffte der russische Bombenangriff, der in Staffelstärke erfolgt war. Dieser Überraschungsangriff (die HKL verlief am Donez und Mius) war zeitlich aber deshalb gut gewählt, weil die geringen in diesem Kampfraum stehenden Tagjägerkräfte zur Verstärkung am Kubanabschnitt abgezogen worden waren. Die Entblößung dieses Raumes von deutschen Jägern war zweifelsfrei durch Agenten richtig erkannt und an den russischen Nachrichtendienst gemeldet worden.

Als aber die Russen am folgenden Tage den Angriff wiederholten, hatte ein einziger, schnell zurückverlegter deutscher Jägerschwarm den roten Bomberpulk noch vor Erreichen des Zieles zersprengen und fast ganz vernichten können.
Einen erheblichen Erfolg hatten diese russischen Bomber aber doch zu verbuchen, weil sie — wenn auch nur zufällig — das vom Rollfeld weitabgelegene Bombenlager getroffen hatten. Es flog stapelweise restlos in die Luft.
Wie auch schon in anderen Fällen verwendeten sie hierbei die erbeuteten, sehr unangenehmen deutschen kleinkalibrigen Splitterbomben SD 2, die übrigens weit mehr als die schweren Bomben die wenigen am Boden stehenden deutschen Flugzeuge übel durchsiebt hatten. Auch hatten die vielen Blindgänger, die nur sehr schwer zu räumen waren, das Gelände verseucht und unsicher gemacht.
Die russischen Bomber konnten sich praktisch nur nachts tiefer hinter der HKL bewegen. Sie taten auch das nur mit verhältnismäßig geringen Kräften, weil wohl der Ausbildungsstand einen breiteren Einsatz nicht zuließ.
Die russischen Nachtangriffe auf deutsche Horste hatten in keinem Fall den Charakter eines Vernichtungsangriffes; es handelte sich nur um reine Störangriffe. Sie vermochten den Start- und Landebetrieb nicht zu verhindern, konnten ihn höchstens hin und wieder für kurze Zeit nur unterbrechen. Diese Behinderung gelang den Russen besser, wenn es sich um Störangriffe auf für sie leichter auffindbare Horste handelte, also um solche Einsatzhäfen, die wie auf der Krim z. B. nahe am Wasser lagen. Der Russe versuchte zwar die navigatorisch weit schwerer zu ermittelnden Ziele im Binnenlande durch Leuchtbombeneinsatz (nebenbei bemerkt, war dieser dann viel zu gering und ungenau angesetzt) aufzufinden. Der Gesamterfolg seiner Nachttätigkeit war insgesamt gesehen aber zur zahlenmäßigen Stärke seiner Bomberflotte bedeutungslos.
Größere Nachtangriffe mit starken zusammengefaßten russischen Kräften haben im Südabschnitt stattgefunden, wenn auch festzustellen war, daß der Russe in Mondnächten — wahrscheinlich wegen der besseren Einsatzbedingungen für die unerfahrenen Besatzungen — größere Kampftätigkeit entfaltet hatte.
Offenbar hat sich die russische Kampffliegerführung im letzten Krieg deshalb auf die geschilderte Kriegsführung beschränken müssen, weil die Mehrzahl der »roten« Bomberbesatzungen nur über ungenügende taktische Fähigkeiten verfügt hat.
Die deutsche schwere Flak war nachts, wenn sie nicht über akustische oder funkmeßtechnische Schießunterlagen verfügte, gegen russische Nachtbomber ohne Wirkung und machtlos geblieben. Das änderte sich aber sofort, wenn sie gut mit Scheinwerfern zusammenarbeiten konnten. Diese

waren leider nur sehr dünn gesät. Oftmals hatte der Nachtbomber, wenn er vom Scheinwerfer festgehalten worden war, seine Bomben im Notwurf geworfen, in der Befürchtung, in Kürze Opfer eines deutschen Nachtjägers zu werden. Der Nachtjägerschreck saß dem Russen erkennbar im Nacken. Man hatte im übrigen den Eindruck, daß es den Nachtbomberbesatzungen weniger auf den unter allen Umständen gezielten Wurf ankam, als vielmehr darauf, ihre Ladung bald loszuwerden, um schnell den Osten und die Heimat wieder zu erreichen! —

## DIE 14. EISENBAHNBEKÄMPFUNGSSTAFFEL (14. [EIS]/KG 55)

Der Chronist stellt ganz bewußt diese Staffel aus der sonst etwas anonymen, insgesamt großen Leistung aller Einheiten des Geschwaders heraus, weil diese Staffel alleine auf sich gestellt, fern vom Geschwadereinsatzraum operierend, dem Namen des Geschwaders auch im Bereich anderer Luftflotten, Fliegerkorps und Heereskampfabschnitte Ehre machte.
Im Laufe des Krieges stellte sich heraus, daß es nur einen Weg gab, die vorzügliche russische Nachschuborganisation, die sich hauptsächlich der Eisenbahnen bediente, zu bekämpfen: Spezialiserung und Zusammenfassen von geeigneten, erfahrenen Besatzungen in besonderen Einheiten.
Schon zu Beginn des Jahres 1943 gab es in jedem Kampfgeschwader mindestens eine Staffel, die schwerpunktmäßig zur Eisenbahnbekämpfung eingesetzt wurde. Im KG 55 »Greif« nahm diese Aufgabe die 9. Staffel solange wahr, bis am 1. Juni 1943 als Spezialstaffel die sogenannte Eisenbahnbekämpfungsstaffel (14. [Eis]/KG 55) aufgestellt wurde. Natürlich bildeten die in dieser Aufgabe schon erfahrenen Besatzungen der 9./KG 55 den Stamm der neuen Staffel. Nach und nach wurde die 9. Staffel von jungen Besatzungen, die die IV. Gruppe in Dijon ausbildete und zuführte, aufgefüllt und konnte dann wieder den eigentlichen Auftrag im Kampfgeschwader wahrnehmen. Der besondere Auftrag der 14. (Eis)/KG 55 war: »Bekämpfung des russischen Eisenbahnverkehrs (Nachschub) durch Vernichtungs- oder Störangriffe — vornehmlich bei Nacht — bis weit in das feindliche Hinterland hinein.« Dieser operative Auftrag führte dazu, daß die Eisenbahnbekämpfungsstaffeln aus dem Geschwaderverband zwangsläufig ausscheiden mußten und den Luftflotten direkt für den Einsatz unterstellt wurden; in diesem Falle der Luftflotte 1 im Nordabschnitt. An Flugzeugen standen der 14. (Eis)/KG 55 die Heinkel He 111 H-16 mit Bordbugkanone und elektrischem Feinhöhenmesser zur Verfügung.
Die *Einsatztaktik* ergab sich aus den besonderen Aufgaben aufgrund der

besonderen Bedrohung, insbesondere durch die schwere feindliche Eisenbahnflak und das Operieren weit hinter der eigenen Front. Grundsätzlich wurden Einsätze nur bei Nacht (wenn möglich, mondhell) und im Einzelflug durchgeführt. Die den Besatzungen zugewiesenen Zielräume wechselten ständig. Steter Auftrag: Bewaffnete Aufklärung entlang von Eisenbahnstrecken; Startzeit und Angriff richteten sich nach dem Mondaufgang bzw. dem Büchsenlicht.

Die Front wurde in etwa 2500 m Höhe überflogen, um von der russischen Flakabwehr nicht erfaßt zu werden oder aber das anzufliegende Ziel dem Feind vorher nicht erkennbar zu machen.

Nach dem Frontüberflug wurde sofort mit gedrosselten Motoren unter ständigen Kursänderungen im Gleitflug in den Tiefstflug übergegangen. Die durchschnittliche Flughöhe über Grund betrug zwischen 15 bis 30 Meter! Der letzte Ablaufpunkt mußte gegen den Mond liegen, um aus der Dunkelheit der Nacht den Bahnhof bzw. die Eisenbahnstrecke anfliegen zu können.

Besondere Aufgaben hatten der Bordmechaniker und Bordfunker, um den Flugzeugführer und den Beobachter zu entlasten, deren ganze Konzentration der Navigation, der Zielerfassung und dem Bombenwurf galt. Der Bordmechaniker saß in der Kanzel ausnahmsweise zwischen Flugzeugführer und Beobachter, um laufend die Flughöhe laut anzusagen. Sobald der Feinradiohöhenmesser weniger als 20 Meter über Grund anzeigte, hob er seine Stimme merklich. Kam der »Zug vom Dienst« endlich ins Visier, löste der Flugzeugführer die auf Abstand vorgewählten und mit 7 sec VZ (Verzögerung) eingestellten Bomben im Reihenwurf aus. Standardbewaffnung waren 36 x 50-kg-SC-Sprengbomben, gemischt mit Brandbomben.

Nach dem Angriff wurde sofort gekurvt, um die Bombenwirkung im Ziel auszumachen. Bei Sprit- oder Munitionszügen konnte man sich das auch zuweilen sparen. Ein Blick zurück genügte, um in dem entfesselten Brandinferno die Schatten der Reste eines Zuges zu erkennen. Sollten die Treffer nicht »gesessen« haben, wurde vom Ziel abgelassen und nach neuen Zielen im Angriffsraum gesucht. Dabei kam es des öfteren vor, daß man ungewollt einen stillen Bahnhof überflog; wenn die »Kameraden der anderen Feldpostnummer« aber nervös wurden, verrieten sie sich mit Flakfeuer. Das bedeutete dann das Ende guter Tarnung und meist auch des versteckten Zuges zugleich.

Alte »Eisenbahner« glauben noch heute fest, daß die feindliche Leuchtspur der Flakstellungen ihnen das Leben gerettet hat. Hierbei kam dem Bordfunker seine besondere Aufgabe zu. Er saß hinten oben in der He 111 auf seinem »Schaukelstuhl« und hatte einen guten Überblick über das Geschehen am Boden. Er alleine gab die Anweisungen, wie sich der Flugzeugführer mit der Besatzung am besten durch das mörderische Flakfeuer

manövrieren konnte. Die Besatzung vertraute den Steuerkommandos des Funkers blindlings.
»Drücken, ziehen, rechtsreintreten, linksreinlatschen!« waren gebräuchliche Redewendungen in der Enge der sturzfinsteren Kanzel, in der nur Glimmlichter der Instrumente verrieten, daß die Maschine lebte. Nur schemenhaft, von Bränden und Flakgarben erleuchtete Gesichter zeigten für Bruchteile von Sekunden, daß die Gemeinschaft in der Kanzel um ihr Leben kämpfte.
Eher ein Himmelfahrtskommando! In jeder Woche blieben ein bis zwei Besatzungen aus. Von den meisten fehlt jeder Hinweis auf ihr Schicksal. Kaum aus dem Gefahrenbereich heraus, wurde zunächst langsam auf Höhe gegangen, um zunächst einmal zu sehen und zu prüfen, ob an der Maschine noch alles klar sei. Außerdem, wer Höhe hatte, konnte mit wenigstens einem Motor noch mit »Hängen und Würgen« in die Nähe der eigenen Front gelangen, wenn nicht sogar den Heimathafen erreichen.
Der Gefechtsbericht lautete dann kurz und knapp z. B.:

»14. (Eis)/KG 55, Einsatz He 111 H-16/R-1 22. 3. 1944 1715 bis 2018, über Ziel 1756 bis 1930, Jakobstadt-Ziel-Jakobstadt, Eindringtiefe 460 km. Tiefangriff Bahnhof Basary, Planquadrat 1767, 32 SD 50, 5 bis 8 Züge erkannt. Riesige Explosion, Stichflamme 300 bis 400 m, ausgedehnter rötlicher Brand (ca. 20 Kesselwagen) mit starker Rauchentwicklung bis 1400 m Höhe. Beim Abflug etwa 10 mittlere Explosionen. Nach 10 Min. laufend große Explosionen (Muni) mit Stichflammen bis 100 m. Rauchwolke bis 2000 m. Flak aller Kaliber im Bahnhof Basary, leichte Flak Planquadrat 9643, vermutlich Flugplatz. Besatzung Oblt. Schmidt.«

So verzeichnet im Leistungsbuch des Feldwebels Martin Junglehner unter Lfd. Nr. 103.
Im Kameradenkreis hörte sich das dann im einzelnen folgendermaßen an:

*»Start bei Sonnenuntergang mit Abflug 320 Grad vom Feldflugplatz Jakobstadt. Beidrehen nach Osten auf ca. 90 Grad, Frontüberflug nach 40 Minuten in 2000 Meter, dann Tiefangriff von Osten her in ca. 20 Metern über dem Bahngleis. Endlich voraus ein dunkler, immer größer werdender Fleck, ein Bahnhof mit fünf bis acht Zügen unter Dampf in Richtung Westen. Druck auf den Auslöser am Steuerhorn, Bomben fallen, die erste Explosion hob unsere Maschine in die Höhe wie einen Fahrstuhl. Durch den Explosionsdruck wurde die Schiebetür zwischen der Führerkanzel und dem Bombenschacht der guten He 111 aus den Angeln gehoben. Gleichfalls durch den Druck wurde der Hauptsicherungsknopf an der E-Schaltung hinter dem Flugzeugführersitz ausgeschaltet. In diesem Augenblick kein Licht am Instrumentenbrett. Wurde aber kompensiert durch eine 100 Meter hohe Stichflamme hinter uns.*

*Nach allgemeiner Überwindung des erlebten Schauspieles, ein Druck des Bordmechanikers am Hauptsicherungsknopf und Abflug in gleicher Höhe bis außer Reichweite der Flak aller Kaliber. Erst später ansteigend, wo dann 20 km weiter der Staffelkapitän in seiner Maschine das nächtliche Schauspiel mit beobachtet hatte. Bei der Landung am Heimatplatz fragte er, was wir angestellt hätten. Beim Abflug waren ja noch etwa 10 mittlere und später noch große Explosionen mit Stichflammen zu beobachten. Der Feindnachrichten-Abhördienst im Stabe General Pflugbeil berichtete uns, wie der Schwiegersohn Stalins (der damalige Eisenbahnminister General Karganowitsch) über die »Schmidt'schen Vandalen« schimpfte und befahl, diese Himmelhunde herunterzuholen. Der am nächsten Morgen geflogene Bildauftrag eines Fernaufklärers bestätigte den Erfolg des Angriffes mit einem schwarzen Fleck weit über das Bahnhofsgelände hinaus. Drei Tage später hatten russische Eisenbahnpioniere aber bereits um den Bahnhof ein neues Gleis gelegt und der Nachschub rollte weiter. Uns sagte General Pflugbeil, ihm hätte Generaloberst Busch mitgeteilt, der Vormarsch der Russen sei um mehrere Wochen verzögert worden.«*

## MIT »JUNGEN HASEN« UNTERWEGS

Die jungen Besatzungen, die von der IV. Gruppe in Dijon an die Front geschickt wurden, verstanden zu fliegen, zu navigieren und Bomben zu werfen. Was ihnen fehlte, war die Fronterfahrung. Das konnte man in einer Ergänzungsgruppe nicht lernen. Also hieß es, den Neuen, Einsatzerpichten, alte, fronterfahrene Männer mit in den Einsatz zu geben, als »Korsettstangen« — auch für die Nerven.
Walter Pfefferle berichtet aus seiner Erfahrung:

*»Winter 1943/44, die 14. Eis/KG 55 liegt in Perwomajsk und fliegt von dort ihre Einsätze in mondhellen Nächten im Tiefflug. Der elektrische Höhenmesser zeigt oft nur 15 bis 25 Meter Höhe, manchmal nur 10 Meter über den russischen Eisenbahnlinien, auf denen der Nachschub zur Front rollt.*
*Alle Augenpaare starren voraus. Höher — tiefer, so klingt es dem Kutscher in den Ohren. In dunklen Nächten werden Bahnhöfe aus größeren Höhen angegriffen. Aber wenn es nur irgend geht (alte Hasen besonders) wagen wir auch Tiefflüge, bei denen sich der gute Mond nur so ab und zu mal sehen läßt. An einem solchen Einsatz werde ich als Bordfunker einer neu hinzugekommenen Besatzung zugeteilt. Der junge Bordfunker fliegt bei meiner Besatzung. Man tauscht öfters ältere erfahrene Besatzungsmitglieder gegen die neuen aus.*

*Ein Teilstück einer wichtigen Bahnlinie wird uns zugeteilt. Im Tiefflug wird ein Zug ausgemacht. Wütendes Flakfeuer aus dem auf dem letzten Waggon montierten Vierling empfängt uns. In der Aufregung (erste Beute!) verfehlen die Bomben ihr Ziel. Neuer Anflug — wieder daneben, die Russen feuern gut und ohne Unterbrechung. Endlich beim vierten Anflug trifft der junge Beobachter sein Ziel, der Zug steht in Flammen. Aus größerer Höhe werden über 40 Explosionen gezählt, vermutlich ein Spritzug. Wieder geht es im Tiefflug über die im Mondlicht glänzenden Schienen. Ein kleiner Bahnhof wird überflogen, in dem mehrere Züge stehen. Eine Lok ist dabei, die Waggons auseinanderzuziehen, um möglichst wenig Angriffsfläche zu bieten. Linkskurve zurück, wieder Anflug in geringer Höhe, die Bomben fallen und treffen, ich sitze als Funker auf meiner Schaukel in der Kuppel und freue mich über die Detonationen. Auf einmal fliegt der Deckel der Bodenwanne auf, Erde und Steine fliegen, ich weiß im Moment nicht, was los ist. Zum Glück flogen wir in jener Nacht ohne Bordschützen, der sonst in der Wanne liegt! Über die Sprechanlage werde ich von den Dreien, die vorne sitzen, gefragt, ob ich noch lebe und was los sei, dasselbe frage ich zurück. Kalter Fahrtwind strömt zur offenen Bodenwanne herein. Nun werde ich als der Ältere gefragt, was zu tun sei. Ich sage dem Kutscher, er solle auf Höhe gehen und dann probieren, ob die Mühle noch manövrierfähig sei. Tatsächlich gehorcht die He den Steuerausschlägen. Zu allem Verdruß ist inzwischen am Heimathorst Schlechtwetter aufgezogen. Qbi-qgo. Wir werden auf den Nachbarhorst verwiesen. Dort liegt die Eis/KG 27.*
*Vereisung droht, der junge Flugzeugführer wird nervös, und ich muß eine qdm-Peilung nach der anderen holen. Da noch andere Verbände den Platz anfliegen wollen, ist es für mich schwer, immer gleich Verbindung zu bekommen. Ich werde aufgefordert, PAN zu geben.*
*Endlich sind wir gelandet. Auf der Flugleitung werden wir gleich als die PAN-Geber erkannt, und bissige Bemerkungen (Flaschen!) sind einzustecken. Müde hauen wir uns in die uns zugewiesenen Fallen. Am anderen Morgen geht es mit der lädierten Mühle zurück zum Heimathorst. Dort staunen die Techniker, daß die Mühle überhaupt noch flog. Der Lack war weggebrannt und der Rumpf verbogen. Ursache: der Beobachter warf seine Bomben aus 10 Meter Höhe im Bahnhof o. v., das heißt ohne Verzögerung. Wir mußten also in die eigene Splitterwirkung fliegen! In einer der folgenden Nächte mit Schneesturm und Schneeverwehungen rutscht der Bordschütze bei offener Klappe aus der Bodenwanne und fliegt aus etwa 30 Meter Höhe beim Start aus der Mühle. Schwerverletzt wird er aus einer Schneewehe am Rande des Platzes geborgen. Ein halbes Jahr später ist er wieder da.*
*Nacht für Nacht wird geflogen. Die Erfolge sind mal größer mal kleiner. Immer wieder kehrt eine Besatzung nicht mehr zurück, auch Oberleutnant*

*Bermadinger kommt mit seiner Besatzung in einer Nacht nicht mehr zurück. Bodenberührung, heißt es kurz und bündig bei den nächtlichen Tieffliegern.*

## 150 KILOMETER HINTER DER FRONT NOTGELANDET!

Was der eiserne Wille zum Überleben vermag, schildert der Bericht der Besatzung Justen so eindringlich, daß sich ein weiterer Kommentar erübrigt. Der Chef der Luftflotte 1, General der Flieger Pflugbeil, ließ es sich nicht nehmen, persönlich die nach entbehrungsreichem Marsch durch Sumpf- und Feindgebiet zurückgekehrte Besatzung in Jakobstadt zu beglückwünschen.

150 Kilometer hinter der Front mußten sie notlanden, nachdem durch einen Flaktreffer bei Nacht ihre Maschine manövrierunfähig geworden war. Nach zwölf Tagen erreichten diese Männer deutsche Linien vor Pleskau und kehrten noch am selben Tag zu ihrer Staffel nach Jakobstadt zurück. Ofhr. Jordan holte sie in seiner G1+IY von Petserie ab.

14. (Eis.)  
Kampfgeschwader 55

Gefechtsstand, 27. Mai 1944  
(Jakobstadt)

Gefechtsbericht der Besatzung Fw. Justen, Fw. Junglehner und der  
Uffz. Schweinzer (†), Uffz. Hankel, Uffz. Färber

Vorbemerkung des Staffelkapitäns: Standorte sind zuverlässig nach der Rekonstruierung des Marsches bei der Vernehmung am Eintrefftag (25. 5.) auf Karte 1 : 300 000 festgelegt.

»Wir flogen am 13. 5. um 22.06 Uhr im Tiefflug die Bahnlinie Dno-Staraja Russa an und kamen schätzungsweise 2 km vor Wolot (0822/35 ost) überraschend an die Bahn und bogen auf ihr nach Osten ein. Wir waren nach dem Anflug vielleicht fünf Sekunden über dem Gleis, als wir einen Flakvolltreffer von schwerer Flak in die Kanzel erhielten. Der Beobachter, Uffz. Schweinzer, war sofort tot. Von der Kanzelunterseite war eine Fläche von etwa zwei Quadratmeter weggerissen worden, sämtliche Instrumente fielen aus. Wir warfen die Bomben im Notwurf und kurvten von der Bahn weg in Richtung Süden, gingen sofort auf Höhe, wobei die Maschine unnormal schwankte und die Fahrt abnahm. Die Motoren liefen zunächst normal weiter. Nach etwa zwei Minuten fing der rechte Motor an zu qualmen (wahrscheinlich infolge Beschädigung der Kühlstoffleitung). Daraufhin stellte der Flugzeugführer den Motor ab. Durch Einmotorenflug und wegen Ausfall der Kompaßanlage wurde die Maschine unbemerkt auf die Nordostseite der Bahnlinie gebracht. Zunächst hielt sich die Maschine noch etwa eine Minute lang in etwa 800 Meter Höhe, dann zeigte aber auch der linke Motor starken Leistungsabfall und begann stark zu schütteln, was sich ungeheuer auf die gesamte Maschine übertrug. Die Maschine fiel schnell bis auf 200 Meter, so daß Zeit zum Fallschirmabsprung nicht mehr vorhanden war.

Von dieser Höhe ging es sehr schnell nach unten, dicht über die Baumkronen hinweg in eine Waldlichtung. Hier wurde vom letzten Baum ein Teil der rechten Fläche abgerissen.

Notlandestandort: 09883/35 Ost. Nach Bauchlandung brannte die linke Seite der Maschine, so daß wir sofort ausstiegen. Wir standen gleich bis an den Bauch im sumpfigen Wasser und versuchten so schnell wie nur möglich von der brennenden Maschine wegzukommen. Der Funker mußte als letzter aussteigen, da sein Notausstieg stark klemmte (Drehkuppel in He 111 H-16/R 1) und sich auch nicht mit Gewalt öffnen ließ. Er verließ erst die Maschine auf Zuruf durch die Beobachterluke. Nach etwa zwei Minuten flogen nacheinander die Benzintanks in die Luft. Der Flugzeugvernichter zerstörte durch Explosion die Maschine vollkommen. Wir wateten dann durch das Wald- und Sumpfgelände bis 4.00 Uhr morgens (14. 5.). Wir verbargen uns im Strauchwerk, konnten aber nicht schlafen. Als die Sonne schien, begannen wir unseren Marsch nach Westen. Der Armkompaß gab uns die Richtung. So erreichten wir gegen 20.00 Uhr die Bahn, die von Dno (98292/25 Ost) nach Norden führt. An der Bahnlinie beobachteten wir lebhaften Zugverkehr, in der Hauptsache in nördlicher Richtung. Während zwei Stunden Beobachtung (20.00 bis 22.00 Uhr) fuhren etwa 5 Züge. Die Eisenbahn war dort eingleisig, das zweite Gleis abgebaut. Bei jedem Zug wurde stark gegrölt und gesungen. Die Besatzung schließt auf Truppentransporte, die unter Alkohol standen. Die Bahnlinie war in dieser Gegend mit einem Flakturm leichter Flak bestückt, sonst wurde keine Bewachung festgestellt.

Bei Dunkelheit gegen 22.00 Uhr überquerten wir die Bahnlinie und kamen an einen Wald. Vom Bahnhof, der etwas südlich lag, zum Wald hin und umgekehrt fuhren viele Lkws, die mit Spritfässern beladen waren. Die Beladung wurde durch Fässergeräusch und Geruch festgestellt. Im Wald wurden die Fässer auf- und abgeladen (Spritlager) Standort: 09774 r. u./35 Ost.

In dieser Nacht marschierten wir bis 4.00 morgens (15. 5.). Ein Fluß sperrte unseren Weg, der Schelon, der weiter ostwärts in den Ilmensee mündet. Er war etwa 70 bis 80 Meter breit und ziemlich tief. Da wir zu erschöpft waren, um den Fluß zu durchschwimmen, kehrten wir in den Wald zurück. Wir verbargen uns im Unterholz und versuchten zu schlafen. Wahrscheinlich befanden wir uns in der Nähe des Dorfes Ilemo (99894 r. u./25 Ost). Die Umgebung steckte voller Russen. Es war viel Schießen zu hören, das in der Hauptsache von halbwüchsigen Jungen und zum Teil von Soldaten herrührte. Auch beobachteten wir während des Tages Schulbetrieb mit Doppeldeckern (Flugplatz Rjelbizy 09771/35 Ost).

Während dieser Zeit beobachteten wir ein abgelegenes Haus, das wir abends überfallen wollten. Nach Einbruch der Dunkelheit schlichen wir uns 'ran und durchsuchten Schuppen und Erdlöcher und fanden Gerste und füllten damit die Taschen der Kombinationen. Von unserer Verpflegung hatten wir nur noch etwas Schokolade, die aufgeteilt wurde und möglichst lange aufgespart werden sollte.

Um Mitternacht (16. 5.), nachdem es ruhig geworden war, versuchte einer von uns, den Fluß zu durchschwimmen, kehrte aber wieder um. Das Wasser war zu tief und reißend und konnte nur ohne die hemmenden Kleidungsstücke durchschwommen werden. Die Ausrüstung von zwei Mann wurde in einen Waschtrog getan, den wir in einer verlassenen Hütte gefunden hatten, die Kleidung der anderen beiden auf einen Birkenstamm festgeschnallt. Auf diese Weise gelang es uns, mit der Ausrüstung über den Fluß zu kommen. Nachdem wir auf dem anderen Ufer die Kleidung wieder angezogen hatten, schlugen wir uns weiter durch Wald und Sumpfgelände nach Westen durch. Hier stellten sich zum erstenmal Fußbeschwerden ein. Mit Hilfe unserer Verbandspäckchen gelang es uns, bis 5.00 morgens durchzuhalten (Standort etwa 99883 u. m./25 Ost). Da der Untergrund sumpfig war, trugen wir Reiser zusammen und errichteten notdürftig ein Lager, um trocken zu liegen. Auch in dieser Gegend hörten wir viel Schießen. An diesem Morgen aßen wir wieder von der mitgenommenen Gerste, einen Rest der Schokolade hielten wir noch zurück. Abends, nach Dunkelwerden (16. 5.) überschritten wir die in der Nähe des Rastplatzes gelegene Rollbahn (Verkehr des ganzen Tages 5 Lkw) nach Süden. Wir kamen bald an einen Bach von 20 Meter Breite. An seinem Hang stießen wir auf einen verlassenen Bunker. Wir durchsuchten ihn nach Nahrung und fanden drei Rüben und etliche halbverdorbene Kartoffeln, die wir im Sack, den wir unterwegs gefunden hatten, mitnahmen. Dem Bach entlang marschierten wir nach Süden, überquerten eine Straße, bis wir an ein Wehr mit Mühle kamen. Hier durchwateten wir den Bach. Dabei mußten wir Birkenstämme zu Hilfe nehmen, weil das Wasser sehr reißend war. Um 1.00 morgens (17. 5.) trafen wir auf eine Scheune, in der wir zu übernachten beschlossen. Wir entledigten uns sämtlicher nasser Kleidungsstücke, versteckten sie und bereiteten uns tief im Stroh eine Lagerstatt. Am Morgen um 09.00 Uhr erwachten wir durch Stimmen und Geräusche. Zwei Frauen waren damit beschäftigt, Stroh aus der Scheune zu schaffen. Wir wurden von ihnen jedoch nicht entdeckt. Als die Frauen fort waren und alles ruhig blieb, zogen wir uns Hose und Hemd an, nahmen die andere Kleidung unter den Arm und liefen barfuß in den Wald. Auf den Feldern arbeiteten viele Russen, aber wir wurden von niemandem beachtet.

Auf einer kleinen Lichtung breiteten wir unsere Kleider zum Trocknen aus und legten uns zur Ruhe. Es war ein heißer Tag. Mittags trugen wir Reisig zusammen und machten ein kleines Feuer. Darauf rösteten wir die aus dem Bunker mitgenommenen Kartoffeln und aßen sie. Um 15.00 Uhr wollten wir aufbrechen, blieben aber wegen der drückenden Hitze liegen. Außerdem war der Wald wieder sumpfig, so daß wir mit den wundgelaufenen Füßen nur schwer vorwärts kamen. Wir blieben also liegen, um nicht vorzeitig zu ermüden und brachen erst um 20.00 Uhr auf. Das sumpfige Waldgelände hatten wir bald durchschritten und gingen an kleinen Dörfern (Standort 98211 10/25 Ost) vorbei in westlicher Richtung weiter. Um 22.00 Uhr stießen wir an einen kleinen Bach, den wir leicht durchwaten konnten. Nach einer Stunde Marsch trafen wir auf ein großes Sumpfgebiet, das unzugänglich war. Wir gingen daher den gleichen Weg zurück zum letzten Dorf, an dem wir etwa um Mitternacht (17./18. 5.) vorbeigekommen waren. Da unsere Kräfte zu Ende gingen, drangen wir wieder in den Wald ein, um uns für die Nacht ein Lager herzurichten. Um Trinkwasser zu gewinnen, gruben wir ein Loch in den Boden. Wir schliefen bis 7.00 Uhr morgens. In dem ausgehobenen Loch hatte sich genügend Wasser zum Trinken angesammelt. Wir waren jedoch noch so erschöpft, daß wir zunächst liegenbleiben mußten. In Abständen von einer halben Stunde tranken wir von dem Wasser und aßen von den Gerstenkörnern, um wieder zu Kräften zu kommen. Am späten Nachmittag erhoben wir uns und gingen zu einem Dorf, in das wir eindringen wollten, um uns Lebensmittel zu beschaffen. Nachdem wir drei Stunden vor dem Dorf gelegen und beratschlagt hatten, sahen wir von unseren Vorhaben ab und umgingen das Dorf. Auf einem Feldweg marschierten wir bis zu einer Mühle weiter. Dies war etwa um Mitternacht (18./19. 5.). Zwei von uns versuchten, in die Mühle einzudringen, sie war jedoch verschlossen. Währenddes kam ein russischer Soldat vorbei, der uns aber nicht bemerkte. Dann kamen wir wieder durch ein Dorf und begegneten an einer Straßenkreuzung einer Gestalt, vermutlich einem Posten, vor dem wir stehen blieben. Er wich jedoch vor uns zurück und verschwand im Dunkeln. Nachdem wir die Kreuzung überschritten hatten und uns mitten im Dorf befanden, kam plötzlich ein Posten auf uns zu und rief drei Mal »stoi«. Wir antworteten mit »da-da« und gingen an ihm vorbei. Es gelang uns, das Dorf, das mit LKWs stark belegt war, unbehelligt zu verlassen (etwa 80 bis 100 LKWs). Frühmorgens legten wir uns, im Gebüsch verborgen, zum Schlafen nieder. In dieser Nacht regnete es heftig, so daß wir wegen der Nässe frühzeitig aufbrachen. Den ganzen Tag über marschierten wir durch Wald und Sumpf. Einmal sanken wir bis zum Bauch in den Morast ein.

Nachdem wir uns herausgearbeitet hatten, gelangten wir allmählich wieder auf festeren Boden und kamen gut vorwärts. Unterwegs fanden wir einmal ein Kibitznest mit vier Eiern, die wir austranken.

Am Abend des 19. 5. erreichten wir den Radilovskojesee (Ostseite Mitte 99784/25 Ost). Wir gingen nach Süden um den See herum und erstiegen einen Hügel, der mit Heidekraut bewachsen war. Oben befand sich ein Trigonometrischer Punkt, der laut Inschrift von einer deutschen Baukompanie errichtet worden war. Durch die großen Anstrengungen und den Hunger war unser Funker so erschöpft, daß wir nicht mehr weiter konnten. Wir froren in unseren nassen Kleidern und vermochten kaum zu schlafen.

Am nächsten Morgen (20. 5.) war es noch kalt, aber der Regen hatte aufgehört. Wir marschierten bis an die Rollbahn Luga-Pleskau (89892/25 Ost). Wegen des regen Verkehrs in beiden Richtungen warteten wir bis zur Dunkelheit und überschritten dann die Straße. In der Nähe der Straßenabzweigung nach Bahnhof Nowoselje 8986/25 Ost übernachteten wir. Von der Bahn herüber hörten wir Flakfeuer aller Kaliber und MG-Feuer. Während des Marsches am 20. 5. hatten wir uns von Gerstenkörnern und Sauerklee ernährt, den wir im Wald fanden. Am 21. 5. überquerten wir die Straße zum Bahnhof und kamen nach längerem Marsch an die Bahnlinie, an der Doppelposten auf- und abgingen. Auf freier Strecke war ferner leichte Flak postiert, die etwa 20 Meter vom Bahndamm seitlich abgesetzt in Stellung war. Die Geschützbedienung war am Geschütz. Tagsüber marschierten wir an der Bahnlinie entlang nach Nordosten; laufend Trupps von etwa fünf Mann in voller Ausrüstung im Abstand von fünf bis zehn Minuten (Beobachtungsdauer 15.00 bis 20.00 Uhr). Wir warteten an der Bahnlinie, umgeben von russischen Wachsoldaten bis Eintritt der Dunkelheit. Dann gingen wir über den Bahndamm. Die Bahn ist zweigleisig, an der Stelle jedoch ein Gleis gesprengt. Zugverkehr am Nachmittag bis zum Abend: Ein Zug 1:60, Truppentransport, LKW, Kräder, PKWs, Aurorankwagen und Mannschaftstransportwagen, vier Wagen Flak, darunter leichte Flak und MG. Auf der anderen Seite der Bahn stießen wir auf einen kleinen Wasserlauf, hinter dem sich ein Sumpfwald ausbreitete. Beim Überschreiten dieses Baches wurde durch das Knacken von Astwerk ein Posten auf uns aufmerksam. Er rief »stoi, stoi!!!« hinter uns her und schoß zweimal auf uns. Nach diesen Schüssen näherten sich noch andere Posten der Stelle und wir liefen etwa zwei Kilometer in den Wald hinein. Danach waren wir völlig erschöpft und mußten uns niederlegen.

Bis hierher waren wir der Annahme gewesen, daß wir nicht nördlich, sondern südlich der Bahnlinie Pleskau — Staraja-Russa notgelandet waren und folglich glaubten, die ganze Zeit südlich dieser Bahnlinie marschiert zu sein, und daß es sich bei der angetroffenen Rollbahn um die Straße Ostrow (88563) — Porschoff (9827) handle.

Erst bei der Bahnüberquerung wurde uns der eigentliche Standort klar. Es konnte sich hierbei nur um die Bahnlinie Pleskau-Luga handeln. Am 22. 5. standen wir bei Hellwerden auf und setzten unseren Marsch fort. Da unsere Füße bereits seit dem dritten Tag wundgelaufen waren, fiel uns das Gehen jetzt immer schwerer. Unser Verbandszeug von insgesamt 14 Päckchen war uns durch das dauernde Verbinden der Füße ausgegangen. Wir behalfen uns mit Taschentüchern und Seidenschals und schleppten uns nur langsam weiter. Unsere Nahrung bestehend weiterhin aus einigen Gerstenkörnern, die aber allmählich zur Neige gingen. Wir marschierten immer noch durch den Wald nach Westen und kamen

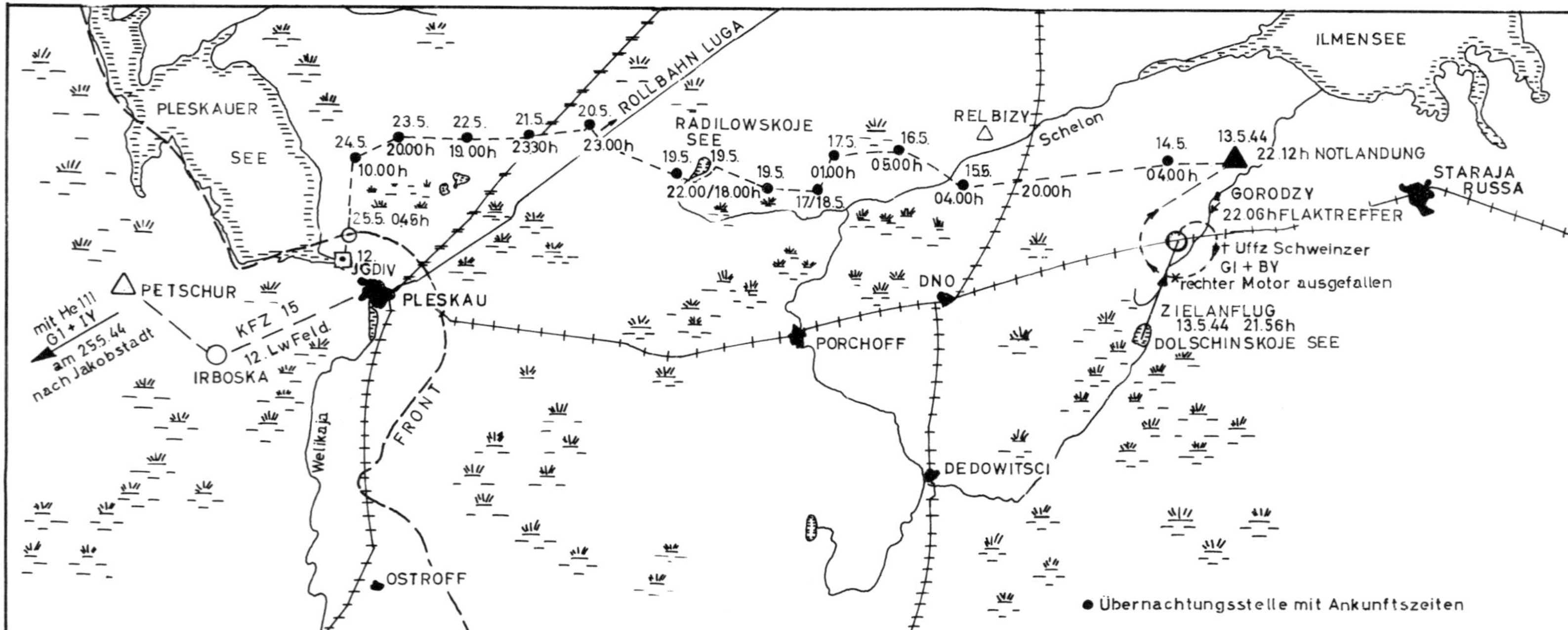


Notlandung u. Flucht der Besatzung Justen

unterwegs an verlassenen Bunkern und Hütten vorbei. Hier suchten wir wieder nach Nahrungsmitteln. Wir fanden einige Rüben und steckten sie als eiserne Ration in den Sack, den wir immer mit uns geführt hatten. Um die Mittagszeit fanden wir in einem Bunker Kartoffeln. Wir wuschen sie im Moorwasser und brieten sie im Bunkerofen. Am Nachmittag verließen wir den Wald, marschierten auf einem Feldweg weiter, der sich über einen Hügel zog. Auf dieser Höhe sahen wir uns plötzlich zwei russischen Soldaten mit einem Pferdefuhrwerk gegenüber. Einer von ihnen grüßte mit Handhochheben auf Bauernart mit »Sdrawstwuyte« (spricht »Sdrasste«), während der andere seinem Nebenmann eine mißtrauische Gebärde machte und ihm mit dem Ellbogen in die Seite stieß. Auch wir grüßten alle mit »Sdrasste«. In dem Wagen befand sich Stroh und zwei MP. Diese beiden Soldaten legten sich anschließend flach auf den Boden und beobachteten uns noch etwa zwei Kilometer. Wir gingen an ihnen vorbei und kamen in ein ausgebranntes Dorf. Nach weiteren zwei Kilometern erreichten wir das Dorf Beljajewo 89871. Immer weiter nach Westen marschierend trafen wir auf einem Kieferhügel noch einmal verlassene Wohnbunker, in denen wir Kartoffeln und Rüben fast im ungenießbaren Zustand entdeckten. Hunger tat weh und wir nahmen den Vorrat mit und trafen nach Durchquerung eines Waldstücks wieder auf verlassene Bunker. Hier wurden wir von einem Gewitter überrascht. Wir verkrochen uns in einem gut erhaltenen Bunker und verbrachten in ihm die Nacht (Standort: Waldstück 5 km westlich Dorf Beljajewo 89871). Am 23. 5. schliefen wir, bis es hell wurde. Wir suchten eine geeignete Feuerstelle, brachten aber kein Feuer zusammen, weil die Streichhölzer durch die Nässe verdorben waren. So mußten wir die Kartoffeln liegen lassen und ohne etwas zu essen aufbrechen, da sie roh nicht zu genießen waren. Einige Stunden mochten wir marschiert sein, als wir wieder auf Wohnbunker stießen, die wir sofort nach Eßbarem durchstöberten. Darin fanden wir Zwiebeln und etwas Salz.

Dabei überraschte uns eine Frau, die zwei Kinder mit sich führte. Uffz. Färber fragte die Frau auf russisch, wieviel Kilometer es noch nach Ostrow seien. Darauf erfuhren wir von der Frau, daß Pleskau dreißig Kilometer von unserem Standort entfernt war, und die Frau zeigte uns auch die Richtung nach Pleskau noch richtig an. Dann fragten wir die Frau, was sie in ihrem Beutel habe. Sie sagte, daß Brot darin sei und gab es auf unsere Aufforderung sofort heraus. Außerdem erhielten wir von ihr einen Liter Milch, so daß jeder von uns einen Becher voll erhielt. Das ganze gab uns einen mächtigen Aufschwung. Bezahlung nahm die Frau nicht an. Wir gingen nun in Richtung Westen weiter und stießen auf ein Kloster, an dem wir nördlich vorbeimarschierten. Auf einer Anhöhe sahen wir plötzlich in zwanzig Kilometer Entfernung einen großen See vor uns liegen. Es konnte sich nur um den Pleskauer-See handeln. (Standort etwa 89791 m. o.). Darauf steuerten wir in Marschrichtung 210 Grad südw., schritten einem kleinen Bachtal entlang und kamen am Abend in sumpfiges Waldgelände. Dort fanden wir mehrere Bunker. In einem von ihnen schliefen wir bis 10.00 Uhr des nächsten Tages. Bevor wir uns zum Schlafen niederlegten, aßen wir wieder etwas Gerste und einige Zwiebeln, die wir noch hatten. Vor dem Einschlafen hörten wir MG-Feuer und stärkere Artillerieeinschläge. Wir vermuteten, daß die Front nahe sei, die Entfernung schätzen wir auf 15 km.

Am 24. 5. brachen wir um 10.00 Uhr morgens auf, ohne etwas zu essen, durchquerten ein Sumpfgelände und legten uns auf eine trockene Anhöhe, vor Sicht geschützt, ins Gebüsch. Wir blieben bis etwa 22.00 Uhr liegen. Es war kalt und Regen löste sich mit Hagelschauern ab. Wir aßen die letzte Gerste und einige Zwiebeln. In südwestlicher Richtung, auf etwa 190 Grad, brachen wir auf und überschritten die zerstörte Bahnlinie Gdow. Dann wateten wir durch Sumpfge-

lände bis an ein tief eingeschnittenes Flußbett vor, an dessen Südhang Bunker eingebaut waren. Wir stellten fest, daß sie besetzt waren. Kurz vor Mitternacht kamen wir an einer seichten Stelle ohne Zwischenfall über den Fluß. An dem von dem Feind besetzten Südhang kamen wir unbemerkt vorbei und schlugen den Weg zur feindlichen HKL ein, denn die feindlichen Infanteriewaffen, welche die deutschen Linien beschossen, gaben uns die Richtung an. Wir schoben uns genau zwischen zwei MG-Ständen durch die Posten und gelangten nach Überschreiten von zwei mit Wasser gefüllten Gräben unbehelligt bis in die vorletzte feindliche Linie. Wir wurden von einem Posten mit »stoi« angerufen und fingen an zu murmeln, als undeutliche Antwort. Er gab sich auch damit zufrieden.
Als wir ein Stück von ihm weg in eine andere Richtung gingen, wurden wir noch öfters so angerufen. Es gelang uns aber, weiter nach Westen weg und aus den Gräben heraus zu kommen. In einiger Entfernung von uns beschossen einige MGs links und rechts von uns die deutschen Stellungen. Wir folgten der Richtung aufrechtgehend und befanden uns im Niemandsland. Wir wurden von den Russen noch einige Male mit »stoi, stoi!« angerufen, worauf wir nur mit »pst, pst, pst« erwiderten. Anscheinend nahm der Feind nun an, daß es sich bei uns um einen eigenen Stoßtrupp handelte, denn er schoß plötzlich mit zwei MGs eine Gasse, das heißt, ein MG streute von uns aus nach links, das andere nach rechts, wahrscheinlich zum Feuerschutz und Erleichterung des vermeintlichen Spähtrupps. So kamen wir bis dicht an die deutschen Stellungen heran, immer aufrecht gehend, da wir von deutscher Seite kein Feuer bekamen. Hier mußten wir einen abgeschossenen Panzer umgehen (T 34). Ungefähr dreißig Meter vor den deutschen Stellungen überfiel uns ein Feuerüberfall der deutschen Infanterie, so daß wir liegen bleiben mußten. Wir riefen nun laut »Nicht schießen! Hier sind deutsche Flieger!« Wir hörten auf deutscher Seite Alarmrufe und Rufe nach dem SMG. Darauf schrien wir wiederholt, daß wir deutsche Flieger sind. Nach einiger Zeit wurde das Feuer eingestellt. Wir wurden in den Graben hereingerufen, mußten die Hände hochheben und um einen abgeschossenen Panzer, der schräg im deutschen Graben lag, herumkommen. Dies war am 25. 5. um 0.45 Uhr an einem Stützpunkt bei Bogdanowo bei der 2./Jäg.Regt. 25 (L), einer Kompanie der 12. Lw. Felddivision. Ein Uffz. und mehrere Soldaten nahmen uns in Empfang und brachten uns zum Kompaniegefechtsstand.
Der Kommandeur der 12. Lw. Felddiv. veranlaßte nach der eingehenden Vernehmung durch die Feldgendarmerie die telegrafische Benachrichtigung unserer Angehörigen. Wir wurden hier gut verpflegt und konnten die erste körperliche Reinigung vornehmen. Am Tag (25. 5.) wurden wir mit Kfz 15 nach Petserie (7827) gebracht, von wo uns eine He 111 der Staffel abholte und zum Feldflughafen der Eis. KG 55 zurückflog.

gez. Schmidt
Oberleutnant und Staffelkapitän«

## DER 5000STE FEINDFLUG DER 14. (EIS)/KG 55

Am 3. September 1944, einem Sonntag, konnte der Staffelkapitän und Ritterkreuzträger der 14. (Eis)/KG 55, Oberleutnant Franz Schmidt — auch »Eisenbahnerschmidt« genannt — in Riga-Spilve mit seinen kampferfahrenen Männern in einer kleinen Feierstunde den 5000sten Feindflug würdigen.
Er rief die Tage in die Erinnerung zurück, als man sich noch in der

9. Staffel immer mehr auf die Bekämpfung von Nachschub- und besonders Eisenbahneinrichtungen und -material spezialisieren mußte, um die anderen Staffeln für den Einsatz als operative Fernkampfstaffeln freizuhalten.
Wie bei jeder Spezialaufgabe waren natürlicherweise die Besatzungen, die sich ausschließlich der Eisenbahnbekämpfung widmeten, dem Können anderer Kampfflieger in ihrer Aufgabe weit überlegen.
Jede Besatzung flog alleine, bei Nacht, tief im feindlichen Hinterland, was alleine schon besonderen Mut von jedem Einzelnen forderte und fliegerische Fähigkeiten verlangte, die mit keiner anderen Art des Einsatzflugbetriebes an der Front vergleichbar waren.
Kaum eine der alten Besatzungen war noch in der Staffel an diesem Abend in Riga. Gefallen, vermißt oder in Gefangenschaft. —
Das Schicksal vieler Flieger im Osten.
Ausnahmen wie der Ritterkreuzträger Ofw. Otto Meyer oder gar Ofw. Karl Schäfer gab es natürlich auch.
Karl Schäfer flog am 19. September 1944 nach erst gut zwei Jahren an der Front seinen 400sten Feindflug als Beobachter. Er begann seine fliegerische Laufbahn am 7. Mai 1942 mit seinem ersten Feindflug gegen Rückzugsbewegungen der Russen über die Straße von Kertsch zunächst als Bordmechaniker. Nach 300 Feindflügen ließ er sich zum Beobachter ausbilden. Aufgrund seiner guten Fronterfahrung hatte er damit keinerlei Schwierigkeiten.
Als sich im Februar 1944 an der Nordostfront, wo General Pflugbeil die Luftflotte 1 befehligte, eine Krise abzuzeichnen begann, wurde die Staffel auf seine Veranlassung hin aus dem Südabschnitt herausgezogen und nach Pleskau-Süd verlegt. Er kannte die Staffel und ihre Leistungen allzu gut.
Hier erst lag der eigentliche Wirkungsraum mit gezielten Aufträgen für die Könner auf dem Gebiet der Eisenbahnbekämpfung.
Immer wieder lauteten die Einsatzbefehle: »Bekämpfung Bahnstrecke Waldai-Staraja-Russa, Waldai-Nowgorod, Bahnhof Basary, Toropez, Polozk, Luga.« Als die Front zurückgenommen werden mußte, verlegte die Staffel nach Jakobstadt/Düna. Der Auftrag blieb unverändert.
Nur im April mußte für einige Tage nach Bobruisk verlegt werden. Ausschließlicher Auftrag: Bekämpfung der Bahnstrecke Kiew-Korosten, um die Stoßkraft der Russen mindern zu helfen.
Lange währte der Aufenthalt in Jakobstadt nicht. Wegen der heranrückenden Front wurde die Staffel nach Riga-Spilve zurückgenommen. Was diese Staffel bekämpft und geleistet hatte, zeigt alleine die kurze Auswertung mit nüchternen Zahlen von sechs Einsatzmonaten (Februar bis August 1944: 80 Einsatznächte). Es wurden bei einem durchschnittlichen Klarstand von fünf bis sechs Maschinen u. a. bekämpft:

216 Bahnhöfe
224 Züge mit 6500 Wagen
104 Wagenreihen mit 2200 Wagen
47 Lkw-Ansammlungen
12 Öllager
5 Munitionslager
2 Benzinlager

Kein Wunder, daß General Pflugbeil einmal in seiner launigen, aufmunternden Weise die Männer dieser Staffel als »Sargnägel der sowjetischen Bahnhofskommandanten« bezeichnete.
Am 26. September 1944 wurde die Staffel aus dem Einsatz gezogen und in Gutenfeld/Ostpreußen stationiert. Die Maschinen wurden eingemottet. Zunächst. —

## OPERATIVER EINSATZ IM »BOMBERSTROM«

Nachdem im Ablauf des Jahres 1943 das Geschwader mit wenigen Ausnahmen fast ausschließlich zur Unterstützung des Heeres auf Truppenziele und Bereitstellungen eingesetzt worden war, erfolgte nun der Einsatz seit Beginn des Jahres 1944 hauptsächlich im Bereich der eigentlichen Aufgaben eines Kampfverbandes, nämlich im operativen Luftkrieg gegen wichtige Ziele im Hinterland des Gegners. Im Vordergrunde standen die operativen Angriffe gegen Eisenbahnknotenpunkte.
Durch die inzwischen gesteigerte russische Jagdabwehr mußten Angriffe der He 111-Verbände auf operative Ziele im rückwärtigen Kampfraum ausschließlich auf die Kampfführung bei Nacht verlegt werden. Daher trat zunächst die Forderung auf, durch künstliche Ausleuchtung und Markierung des Zieles Wurfbedingungen wie bei Tage zu schaffen. Die Wirkung des Bombenteppichs bei Nacht konnte nur unter dieser Voraussetzung Erfolg versprechen. In diesem Zusammenhang trat zum ersten Mal der Begriff des »Bomberstromes« in den Vordergrund. Der zusammengefaßte Nachtangriff fußte hinsichtlich der Anwendung des Bomberstromes (Erhöhung der eigenen Angriffswirkung und Zersplitterung der feindlichen Abwehr) auf den im Westen und Süden gemachten Erfahrungen. Die zur Bekämpfung zugewiesenen Ziele (Bahnhöfe) konnten wegen ihrer geringen Ausdehnung (200 x 100 m) nur durch einen dichten Bombenteppich nachhaltig zerstört werden. Das, was bisher am Tage durch engsten Verbandsflug im Gruppen- oder Gefechtsverband erzielt werden konnte, mußte bei Nacht durch die Anwendung des Bomberstromes erreicht werden.
Um Erfolg in dieser neuen Kampfführung zu erzielen, mußte ein beson-

ders hoher Ausbildungsstand aller Besatzungen, sowohl im Bombenwurf wie auch in der Navigation gefordert werden. Das wurde in zweimonatiger, ununterbrochener praktischer und theoretischer Ausbildungsarbeit während der Auffrischungszeit (in Deblin) erreicht. Unter Berücksichtigung der dargestellten Verhältnisse konnte der Erfolg eines solchen Einsatzes nur erreicht werden, wenn die Führung der im Bomberstrom zusammengefaßten Verbände in der Luft klappte. Die im folgenden festgelegten Angriffsverfahren ermöglichten nicht nur den planmäßigen Angriff auf befohlene Hauptziele, sondern auch bei ungünstiger Wetterlage am Hauptziel die Umleitung des Zielfinderverbandes sowie des Bomberstromes auf ein vorbereitetes Ausweichziel mit gleicher Wirkung. Die Befehlsgebung für einen solchen Einsatz lief nach gewissen Stufen ab:

Art der Befehle:

1. Der *Grundbefehl* enthielt alle grundsätzlichen Bestimmungen für die Durchführung des zusammengefaßten Nachtangriffs auf Punktziele. Zu seiner Ergänzung wurden laufend »taktische Hinweise« herausgegeben. In ihnen wurden neue Einsatzerfahrungen und Erkenntnisse ausgewertet und den Verbänden zur Kenntnis gebracht.
2. Die *Vorwarnung* erfolgte fernmündlich so früh wie möglich und enthielt Einzelheiten über Ladung, Absprungverlegung usw. zur Herstellung der taktischen Einsatzbereitschaft.
3. Der *Vorbefehl* enthielt unter einem Decknamen des Zieles schriftlich oder fernmündlich alle notwendigen Einzelheiten für die taktische Durchführung eines beabsichtigten Einsatzes, wie Ziel, Ausweichziel, Feindlage, Kräfteeinsatz, Flugweg, Wegmarkierung.
4. Der *Einsatzbefehl* gab fernschriftlich oder fernmündlich nur noch Stichwort X — und Markierungszeichen und enthielt notfalls Änderungen zu dem bereits erfolgten Befehl.
5. Die *Startfreigabe* ging unmittelbar nach endgültiger Entscheidung aufgrund der beim Korps vorliegenden Wettermeldungen den Verbänden fernmündlich zu.

Der zusammengefaßte Nachtangriff unterteilte sich in zwei besonders vorzubereitende Teile.

1. Angriff des Zielfinderverbandes, genannt »Lichtzauber«
2. Der Angriff des Wirkungsverbandess, genannt »Paukenschlag«.

Der Zielfinderverband hatte folgende Aufgaben zu erfüllen: Wegmarkierung, Zielfindung, Zielbeleuchtung, Zielmarkierung und Wirkungsbeleuchtung. Die Führung des Zielfinderverbandes lag in den Händen des »ersten Steuermanns«. Er war der Verbandsführer des Zielfinderverbandes und verantwortlich für die gesamte Durchführung des »Lichtzaubers« über dem Ziel. Von ihm und seiner Arbeit, besonders von seiner Zielansprache, hing der gesamte Erfolg eines Angriffs ab.

Im Laufe der ersten Einsätze stellte sich heraus, daß der »erste Steuermann« seinen zugemuteten Aufgaben nicht ganz gerecht werden konnte. Es wurde deshalb ein »Angriffsführer« befohlen, der zunächst verantwortlich war für die Führung des Wirkungsverbandes. Ihm wurden dann auch die volle Verantwortung für letzte Entscheidungen, Freigabe des Wirkungsangriffes, Unterbrechung des Wirkungsangriffes, Änderung der Zielverteilung, Angriff auf Ausweichziele, Abbrechen des Angriffs, Freigabe des Brandbombenangriffs usw. übertragen.
Er mußte in allen Fällen, in den aufgrund der Wetterlage Abweichungen vom Einsatzbefehl erforderlich waren, selbständige entscheidende Befehle aus der Luft an alle beteiligten Verbände geben. Er faßte seine Entschlüsse aufgrund persönlicher Erfahrungen bzw. der Vorschläge des »ersten Steuermannes«. Es war deshalb eine einwandfreie, disziplinierte Zusammenarbeit zwischen ihm und seinem »ersten Steuermann« und zwischen ihm und seinen unterstellten Verbänden erforderlich.
Mit dem Eingang der betreffenden Befehle lief die Einsatzvorbereitung an, denn das Gelingen eines Einsatzes war neben vielen anderen Dingen von einer gründlichen Vorbereitung abhängig, ja sie war bereits der halbe Erfolg. Die vorher berechneten und für jede Besatzung verbindlichen Überflug- und Angriffszeiten mußten genau eingehalten werden. Als Mindestzeitbedarf haben sich im Laufe der Einsätze insgesamt ungefähr fünf Stunden ergeben.

a) Für die Vorbereitung des Einsatzes beim Geschwader, Durchgabe des Befehls an die Gruppen (überschlägige Berechnungen der Flugzeiten, Angriffsfolge, Angriffshöhenstufung, Startrichtung, Startfolge der einzelnen Gruppe) etwa 1 bis 1$^1/_2$ Stunden.
b) Einsatzbefehl der Gruppen an die Staffeln (Kursberechnung, Bombenwurfbefehl, Nachrichtenbefehl, Funkerzettel) etwa 1 Stunde.
c) Einsatzvorbereitung bei den Gruppen bzw. Staffeln (Einsatzbesprechung) etwa 1$^1/_2$ Stunden.

Der Start selbst mußte gut organisiert sein. Es mußte auf die Sekunde genau gestartet werden, um den Gesamtablauf nicht von vornherein zu stören. Es kann heute festgestellt werden, daß alles bis auf einige nicht vorauszusehende Zwischenfälle reibungslos verlief. Der Flug selbst machte navigatorisch keine Schwierigkeiten. (Siehe Hinweis über Navigationshilfsmittel.)
Der Wirkungsangriff erfolgte im Horizontalhochangriff mit dem Lotfe 7 D. Es hatte sich gezeigt, daß diese Angriffsart die größte Aussicht auf Treffererfolg bot. Der Bombenwurf wurde verantwortlich von jeder Besatzung vorgenommen. Nachdem auf Angriffskurs mit Hilfe von markiertem Ablaufpunkt und Hilfsziel Seitentrift und Grundgeschwindigkeit genau ermittelt worden waren, war unter Berücksichtigung der Werte des Bombenabwurfbefehls der Präzisionswurf mit einem Zielanflug anzu-

streben. Haltepunkt wie immer die durch den »ersten Steuermann« angesprochene Zielmarkierung oder Brände am Boden. Zu Beginn der operativen Angriffe wurde versucht, nur mit Bränden auszukommen.
Man mußte aber doch feststellen, daß ohne eine farbige Markierung eine einwandfreie Zielansprache nicht gewährleistet war. Die angesagte Ablage der Zielmarkierung vom befohlenen Haltepunkt sowie die Entfernung des Haltepunktes vom befohlenen Zielteil (bei Zielaufteilung), waren dabei zu berücksichtigen. War der befohlene Haltepunkt bzw. angesprochene Haltepunkt durch Brände oder Qualm verdeckt oder nicht zu erkennen, so mußte sich jeder Beobachter selbst einen geeigneten Haltepunkt wählen. Hierzu mußte er sich besonders die Entfernungen von markanten Punkten zur Zielmitte nach dem Luftbild gut eingeprägt haben.
Die Ansprache der Bodenmarkierung und ihre Lage zum befohlenen Haltepunkt wurde anhand der Zieluhr durchgeführt. Diese Zieluhr war von allen Besatzungen vorstellungsmäßig so auf das Ziel zu legen, daß Richtung 12 Uhr in Angriffsrichtung voraus, Richtung 06 Uhr infolgedessen in Angriffsrichtung achteraus zeigte. Hierdurch wurde für alle Angriffe eine einheitliche Ansprache der Ablage der Bodenmarkierung erreicht.
Waren die Besatzungen vom Feindflug zurückgekehrt, so wurden sie eingehend über ihre Erfahrungen vernommen.
Neben der gewöhnlichen Erfolgsmeldung wurde besonderer Wert gelegt auf:

— Navigatorische Durchführung, auftauchende Schwierigkeiten.
— Wetterverhältnisse, angegebener und angetroffener Wind.
— Wurfbedingungen am Ziel, wie war die Sicht? (Dunst?)
— Abwehr am Ziel, im Anflug und Abflug.
— Beobachtungen eigener Bombenlage im Ziel mit Eintragung in die Zielbildskizze.

Der »Angriffsführer« bzw. der fliegende Verbandsführer nahm eingehende Stellung zu jedem Einsatz. Die gemachten Erfahrungen wurden gesammelt, gesichtet und sofort dem Korps zur weiteren Auswertung zugeleitet. Die Besatzungen wurden immer wieder darauf hingewiesen, die Augen offen zu halten, keine Erfahrungen zu verschweigen, auch auf die geringsten Kleinigkeiten zu achten. Was auf diese Weise zusammengetragen wurde, konnte manchen Kameraden das Leben retten. Jedes Besatzungsmitglied trug die Verpflichtung in sich, zum gemeinsamen Wohl beizutragen.
Abschließend kann gesagt werden: Diese Einsätze waren aufgrund gutdurchdachter Vorbereitungen und disziplinierter Durchführung mit die erfolgreichsten seit Bestehen des Geschwaders.

## METEOROLOGISCHE VORAUSSETZUNGEN FÜR DEN EINSATZ IM BOMBERSTROM

Die wettermäßigen Bedingungen für die operativen Nachteinsätze waren an einwandfreies Wetter am Ziel gebunden. Bei einer Bewölkung über 3/10 war ein Wirkungsangriff von vornherein zum Scheitern verurteilt. Auch bei Bewölkung unter 3/10 war es nur Glück, wenn ein Angriff Erfolg hatte. Da die Angriffszeiten sehr kurz bemessen waren, konnte gerade während der Angriffszeit eine Wolkenbank über oder neben dem Ziel stehen und das Erfassen des Ziels im Zielgerät verhindern oder mindestens erschweren.

Die Sichtverhältnisse mußten ebenfalls gut sein. Mit Sichtweiten, bei denen ohne weiteres ein Tagesangriff noch möglich gewesen wäre, war der Angriff bei Nacht sehr schwierig, weil das Licht der Leuchtbomben durch die Dunstteilchen reflektiert wurde und dadurch Blendung ergab, die ein einwandfreies Erfassen des Zieles sehr behinderten. Das trat besonders dann ein, wenn der Dunst bis über 3000 m heraufreichte, während Dunstschichten bis zu einigen hundert Metern nicht so störend wirkten. In flachen Dunstschichten (Inversionen) breitete sich hingegen der Qalm von Bränden allmählich so stark aus, daß das Ziel während der zweiten Hälfte einer Angriffsperiode stark der Sicht entzogen wurde.

Schlechtes Wetter auf den Absprungplätzen und während des Anfluges behinderten die Durchführung von Angriffen wenig. Nur in ganz vereinzelten Fällen konnte wegen schlechten Wetters an den Absprungplätzen nicht zum Einsatz gestartet werden. Praktisch nur dann, wenn an den Liegeplätzen und in deren weiterer Umgebung aufliegende oder fast aufliegende Wolken mit großer Höhenerstreckung und starker Vereisung vorhanden waren, die das Sammeln des Bomberstromes und Erreichen der erforderlichen Höhe vor Einflug in das Feindgebiet unmöglich machten. Starke Bewölkung auf dem Anflug oder auch ausgesprochene Schlechtwetterfronten brachten in keinem Falle einen Angriff zum Scheitern. Meistens konnte der Flugweg auch über oder in den Wolken noch erkannt werden. War das nicht möglich, so konnte das Ziel ohne weiteres durch Fliegen nach Koppelzeiten gefunden werden. Ein besonderes Beispiel dafür waren die Einsätze von Deblin aus auf die Flugplätze von Poltawa und Mirgorod. Während des ganzen Anfluges herrschte bei diesen Einsätzen starke Bewölkung zwischen 6/10 und 10/10 schwankend, und im Raum des oberen Dnjepr war sogar eine Gewitterfront mit bis über 6000 m hochreichenden Haufenwolken zu überwinden. Erst 50 bis 100 km vor dem Ziel hörte die Bewölkung auf, so daß über dem Ziel dann günstige Angriffsbedingungen herrschten.

Trotz des schlechten Wetters während des Anflugs erreichten seinerzeit mit geringen Ausnahmen alle Flugzeuge zeitgerecht das Ziel. Die Angriffe konnten mit sehr guter Wirkung durchgeführt werden. Aufgrund der Bedingung, daß am Ziel einwandfreie Wetterbedingungen herrschen mußten, erklärt sich die verhältnismäßig geringe Zahl geflogener Einsätze. Von 104 Tagen, an denen Einsätze geplant waren, wurde an 46 Tagen zum Einsatz gestartet. Nur ein ganz geringer Teil der ausgefallenen Einsätze war auf schlechtes Wetter an den Liegeplätzen oder auf schlechte Platzbedingungen zurückzuführen.

Die Wettervorhersage für den Anflug und für das Zielgebiet war im allgemeinen mit hoher Genauigkeit möglich. Besonders gut wurden die Veränderungen des Wetters im russischen Raum erfaßt, die durch Veränderungen der Großwetterlage bedingt waren, z. B. Verlagerung der Fronten und deren Aufzugswolkenfeldern. Schwierigkeiten machte die Erfassung der Veränderungen von Inversionsbewölkung in Hochdruckgebieten. Es war oft schwierig, anzugeben, ob sich eine derartige Bewölkung bis zur Angriffszeit aufgelöst haben oder ob sich während der Nacht über dem Zielgebiet nach Bewölkung bilden würde. Nur auf diese Wetterlagen waren die Fehlvorhersagen hauptsächlich zurückzuführen. Im Laufe der Zeit entwickelte sich die Praxis, bei solchen Wetterlagen einen geschwadereigenen Wetteraufklärer so rechtzeitig in das Zielgebiet zu schicken, daß dessen Meldungen kurz vor der Startzeit vorlagen. Nach diesen Meldungen wurde die Entscheidung über die Startfreigabe getroffen.

Die Vorhersage der Höhenwinde war anhand der vorliegenden Messungen und der Karten des Höhenwetterdienstes immer mit hinreichender Genauigkeit möglich. Ausgesprochene Fehlvorhersagen gab es nicht. Von den 46 geflogenen Einsätzen wurde am Ziel in fünf Fällen größere Wolkenbedeckung angetroffen. Zwei der Angriffe blieben davon völlig erfolglos, während bei dreien noch das Ausweichziel angegriffen werden konnte. Drei weitere Angriffe hatten nur mäßigen Erfolg, weil aus Wettergründen entweder die Zielfindung oder aber der Angriff selbst erschwert worden waren.

## NAVIGATIONSHILFSMITTEL

Während der Einsätze im Jahre 1944 standen an der Ostfront folgende Navigationshilfsmittel zur Verfügung:

*Schwere Funkfeuer*
Sie waren einwandfrei zu gebrauchen bis auf einzelne Überlagerungen, die aber ausgeglichen wurden durch andere gut zu hörende Funkfeuer.

*Leichte Funkfeuer*
Sie wurden hauptsächlich als Ansteuerungsfeuer auf den Einsatzplätzen aufgestellt und von den Besatzungen für den Platzanflug gerne benutzt.

*Elektra-Anlagen (Sonne)*
Durch die günstige Aufstellung der Sonne Warschau (Hauptrichtung Ost) und der Sonne Raum Dünaburg (Hauptrichtung Süd) war den Besatzungen Gelegenheit gegeben, auch auf größere Entfernungen innerhalb des Einsatzraumes verhältnismäßig genaue Standortbestimmungen vorzunehmen. Störungen traten wenig auf. Es waren nur Ablenkungen im Raum der Pripjetsümpfe (bis zu 20 km) festzustellen.

*Cyklop-Anlagen*
Sie wurden jeweils auf das betreffende Ziel ausgerichtet und von den Besatzungen öfters zur Flugkontrolle abgehört.

*Schwere Leuchtfeuer*
Sie waren meistens gekoppelt mit den schweren Funkfeuern. Die Sichtweite war sehr gut. Sie hatten aber den Nachteil, daß sie mit den benachbarten Leuchtfeuern verwechselt werden konnten, da sie ohne Kennung strahlten.

*Mittlere Leuchtfeuer*
Sie dienten zur Verbindung der schweren Leuchtfeuer und bildeten sogenannte Leuchtfeuerstraßen. Sie hatten im übrigen dieselben Nachteile wie die schweren Leuchtfeuer.

*Leichte Leuchtfeuer (Morsekennfeuer)*
Ihre Sichtweite war geringer im Verhältnis zu den mittleren und schweren Leuchtfeuern, waren aber besonders beliebt, da sie durch eine Morsekennung den Besatzungen den genauen Standort gaben.

*Sonderanlage*
Ein leichtes rot/weißes Drehleuchtfeuer am Platz Deblin-Irena. Sichtweite bis durchschnittlich 30 km. Es hat sich außerordentlich gut bewährt.

*Feindliche Navigationshilfsmittel (russisches Rosenfunkfeuer)*
Sie wurden wegen ihrer Unzuverlässigkeit verschiedentlich ausprobiert, aber wenig benutzt (häufiger Standortwechsel).

Der Einsatz der Navigationshilfsmittel reichte vollständig und bot genügend Möglichkeiten, einwandfreie Navigation zu betreiben, auch wenn einzelne Einrichtungen ausfielen.

## TYPISCHE EINSÄTZE

Einige typische Einsätze aus dieser Periode mögen zum weiteren Verständnis der Lage beitragen, wobei zu berücksichtigen ist, daß im Stabe des IV. Flieger-Korps ein Oberbahnrat als Eisenbahnfachmann den Geschwadern besondere Hinweise zur Bekämpfung von Eisenbahnzielen gab, um optimale Zielwirkung zu erreichen.

1. *Verlauf eines Einsatzes unter normalen Bedingungen*
   10./11. Mai 1944 Bahnhof SCHEPETOWKA
   Die Befehlsgebung verlief wie vorgesehen.
   Vorwarnung, Vorbefehle, Einsatzbefehle, liefen zeitgerecht ein, die Gruppen konnten in Ruhe alles vorbereiten.
   a) Es starteten am 10. Mai 1944 von 22.20 bis 23.00 Uhr 99 He 111.
      Es landeten von 01.38 bis 08.07 96 He 111.
   b) Drei Flugzeuge brachen ab, davon ein Flugzeug über eigenem Gebiet.
   c) Kein Flugzeug vermißt.
   d) Das Hauptziel wurde von 96 He 111, mit 132 550 kg Bomben angegriffen.
      Wirkungsbeobachtungen: Eine große Explosion und mehrere kleinere, ein großer und mehrere kleinere Brände im Bahnhofsgelände.
   e) Zwei Flugzeuge griffen Notziele bei LUCK und ROWNO an.
   f) Der Überflug der befohlenen Wendepunkte erfolgte zeitgerecht.
   g) *nicht mehr auffindbar (der Verfasser)*
   h) Abwehr beim Anflug bei ROWNO und LUCK. Am Ziel mäßige Flak aller Kaliber. Zwei Scheinwerfer, ein einmotoriger Nachtjäger ohne Angriff beobachtet.
   i) Wegmarkierung gut, Zielfindung gut, Zielerleuchtung am Anfang schlecht, dann gut, Zielmarkierung genügend.
   k) Navigationshilfsmittel einwandfrei.
   l) Stellungnahme des fliegenden Verbandsführers:
      1. Start einwandfrei.
      2. Wegmarkierung und Zielfindung gut und zeitgerecht.
      3. Zielbeleuchtungen und Zielmarkierung setzten zu spät ein, so daß die Lage der ersten Bomben schlecht war. Ab X-Zeit + 6 Min. wurde die Zielbeleuchtung und Zielmarkierung gut und damit die Lage der Bomben besser. Die Einweisung durch den »ersten Steuermann« erfolgte zu spät, dieses hatte zur Folge, daß die meisten Besatzungen ohne Zielansprache werfen mußten.
         Gegen Ende des Angriffes wurde das Ziel durch Qualm und Rauch fast verdeckt.
      4. Gesamterfolg: Mittel bis gut.
   m) Stellungnahme des Korps nach Luftbild-Auswertung: gut.

2. *Ein mißlungener Angriff.*
   24. April 1944 Bahnhof SARNY
   Die Befehlsgebung verlief wie vorgesehen.
   Der Einsatz konnte wie immer vorbereitet werden.

a) Es starteten 90 He 111, von 00.41 bis 01.23 Uhr.
   Es landeten 89 He 111, von 04.10 bis 05.12 Uhr.

b) Ein Flugzeug brach über eigenem Gebiet ab.

c) Kein Flugzeug vermißt.

d) Der Angriff auf das Hauptziel wurde wegen fast 10/10 Bedeckung unterbrochen. Der Angriff auf das Ausweichziel aus demselben Grund nicht möglich. 15 Flugzeuge warfen auf erkannte Notziele. Alle sonstigen Flugzeuge kehrten mit Bomben zurück!

e) 15 Flugzeuge warfen 19 800 kg Bomben auf Flakstellungen, belegte Ortschaften und Lkw-Kolonnen. Wirkung wurde nicht erkannt.

f) Der Überflug der Wendepunkte erfolgte zeitgerecht.

g) Wetter bis Brest wolkenlos, Sicht 50 km. Dann Schichtbewölkung 9/10 in 2000 m bis PINSK. Sicht 20 km. Bis kurz vor dem Ablaufpunkt wolkenlos. Am Ziel 10/10 Wolken von 1800 bis 2200 m, darüber wolkenlos. Sicht unter den Wolken 10 km. Rückflug 10/10 bis zu den Liegeplätzen.

h) Abwehr: Auf Anflug beim Ablaufpunkt, mäßige Flak aller Kaliber, am Ziel mäßig schwere Flak, starke mittlere und leichte Flak. Zwei bis drei Scheinwerfer. Zwei einmotorige Jäger erkannt. Auf Flugplatz Sarny drei bis vier startende Flugzeuge. Rückflug bei Pownc mäßige Flak aller Kaliber. An den Bahnstrecken mittlere und leichte Flak.

i) Wegmarkierung: gut, Zielfindung wegen 10/10 Wolken nicht möglich, Zielbeleuchtung ausgefallen, Zielmarkierung nicht zu erkennen.

k) Navigationshilfsmittel einwandfrei.

l) Stellungnahme des fliegenden Verbandsführers:
   1. Start erfolgte reibungslos.
   2. Orientierung auf Anflug nach Erdsicht und Luftmarkierung einwandfrei möglich.
   3. Der Angriff auf das Haupt- und Ausweichziel wegen 9/10 Bedeckung nicht möglich. Die Angaben und Befehle des 1. Steuermannes waren nicht mißzuverstehen. Trotzdem ist es unverständlich, warum die Sprechdisziplin besonders von »ESKIMO« auf eine derartige Weise durchbrochen wurde. (Frage, wo soll geworfen werden? Wo ist das Ausweichziel? usw.) Hierdurch haben sich verschiedene Besatzungen verleiten lassen, ihre Bomben auf nur ungefähr vermutete Ziele zu werfen. 80 % aller Besatzungen sind mit Bomben gelandet!
   4. Die Angriffszeit war im Hinblick auf die schon beginnende Dämmerung etwas spät angesetzt. Die eigenen Flugzeuge hoben sich gut gegen den Osthimmel ab und hätten angreifenden Jägern ein gut auszumachendes Ziel geboten.

5. Kein Angriffserfolg.

m) Stellungnahme des Korps: Kein Angriffserfolg.

3. *Ein Angriff mit Umleitung aufs Ausweichziel.*

5./6. Juli 1944 Bahnhof SMOLENSK, Ausweichziel Bahnhof KRITCHEW.

Die Befehlsgebung verlief wie vorgesehen.

Der Einsatz konnte wie immer vorbereitet werden.

a) Es starteten 67 He 111, von 20.31 bis 21.03 Uhr.
   Es landeten 58 He 111, von 02.24 bis 03.12 Uhr.

b) Acht Flugzeuge brachen ab.

c) Ein Flugzeug überfällig. (Wie sich später ergab, ist die Besatzung abgesprungen. Teilweise zurückgekehrt, teilweise verwundet im Lazarett.)

d) Wegen ungünstiger Wetterlage am Hauptziel wurde das Ausweichziel Bahnhof KRITCHEW angegriffen. 58 He 111 warfen 74 390 kg Bomben. Wirkungsbeobachtung: Der größte Teil der Bomben fiel ins Bahnhofsgelände. Zu Beginn der Angriffszeit mehr im Südteil, später auch im Nordteil. Im Südteil vier bis fünf große und kleinere Brände. Um 00.38 Uhr eine Explosion beobachtet.

e) Fünf He 111 griffen mit 8040 kg Bomben ein Notziel an.

f) Überflug der Wendepunkte wie vorgesehen.

g) Von Leuchtfeuer KATZE bis in den Raum MINSK Quellbewölkung in 3000 bis 4000 m, bis P1 wolkenlos. Ab P1 zunehmende Bewölkung. Am Hauptziel 10/10. Am Ausweichziel 5/10, später 3/10.

h) Abwehr: Nachtjäger bei SMOLENSK beobachtet. Am Ausweichziel mittlere und leichte Flak. Am Anfang stärker, dann schwächer werdend.

i) Zielfindung, Zielmarkierung einwandfrei.

k) Navigationshilfsmittel einwandfrei.

l) Stellungnahme des Angriffsführers:
   Wegen ungünstiger Wetterbedingungen am Hauptziel mußte das Ausweichziel angegriffen werden. Die rechtzeitige Umleitung funktionierte ausgezeichnet. Zusammenarbeit zwischen Angriffsführer und Steuermann sehr gut. Zielfindung, Zielmarkierung am Ausweichziel zeitgerecht und gut.
   Gesamterfolg befriedigend, vielleicht auch gut.

m) Stellungnahme des Korps: Gesamteindruck gut.

Wie kritisch die Bewertung von Einsätzen durch das Geschwader war, möge die folgende Gegenüberstellung dokumentieren.

## BEWERTUNG DER EINSÄTZE

Von 46 geflogenen operativen Einsätzen wurden bewertet:

| Vom Geschwader nach Augenbeobachtung | Vom IV. Fl.-Korps durch größtenteils Luftbild-Bestätigung |
|---|---|
| Keine sehr gut | 4 mit sehr gut |
| 3 gut bis sehr gut | 3 gut bis sehr gut |
| 13 gut | 17 gut |
| 11 mittel bis gut | 4 mittel bis gut |
| 2 befriedigend | 4 befriedigend |
| 12 mäßig | 8 mäßig |
| 4 mit schlecht | 4 schlecht |
| 1 kein Erfolg | 2 kein Erfolg |

Diese Übersicht zeigt, daß die Bewertung von seiten des Geschwaders im ganzen genau, eher etwas niedriger war, als die Bewertung durch das IV. Fl.-Korps, das bessere Luftbildunterlagen zur Verfügung hatte. Aufgrund der Bewertung durch das Fl.-Korps sind von 46 Einsätzen nur 14 als mäßig und weniger gekennzeichnet, davon wieder nur zwei als restloser Mißerfolg wegen schlechten Wetters.

## DER 50 000STE FEINDFLUG DES GESCHWADERS UND VERLEGEBEFEHL NACH RUMÄNIEN

Einen Höhepunkt im ereignisreichen Leben des Geschwaders bildete zweifellos der Nachteinsatz vom 10. auf 11. Mai 1944 auf den Bahnhof SCHEPETOWKA. Nach dem Einsatz vom 5. auf 6. Mai 1944 waren 49 965 Flugzeuge seit Beginn des Krieges über Feindgebiet eingesetzt worden. Das 35ste, am 11. Mai 1944 landende Flugzeug, hatte den 50 000sten geflogen. Das große Ereignis zog jeden Angehörigen des Geschwaders in den Bann. Alle am Boden gebliebenen Soldaten, ob Offizier oder Mann vom Geschwader oder Horst, versammelten sich beim Eintreffen der ersten Flugzeuge an einem selbstgebastelten »Triumphbogen«, um den gelandeten Kommodore Willy Antrup zu empfangen und zu beglückwünschen. Nach der ersten Begrüßung und dem Absetzen der notwendigen Erfolgs- und Gefechtsmeldungen wurde im großen Kameradenkreise eine feuchte Feier mit »Kurzen« veranstaltet. Die Erwähnung im Wehrmachtsbericht vom 13. Mai 1944 erfreute jeden Mann im KG 55 »Greif«, obwohl das Geschwader schon wieder »auf Achse« zu neuen Brennpunkten war. Wer gedachte anläßlich solch eines Jubiläums wohl noch all' der Jahre zuvor. Wer hatte es noch überlebt?

Polenfeldzug: Lemberg, Krakau, Radom.
Frankreichfeldzug: Durchbruch von Sedan, Großangriff gegen Paris.
Schlacht um England: Portsmouth, Manchester, London, Bristol, Glasgow, und Belfast, Schiffsziele.
Ostfeldzug: Wieder Lemberg, Brody, Ukraine, Krim, Stalingrad, Kaukasus, Gorkij und Saratow, Kowel.
Das KG 55 »Greif« hätte mit den zurückgelegten Feindflugkilometern die Erde rund 400mal umfliegen können. Ein Flugzeug hätte alleine viereinhalb Jahre fliegen müssen, um die Gesamtflugstundenzahl zu erreichen.
50 000 Feindflüge. Eine runde Jubiläumszahl. Was beinhaltete sie nur alles an Leid bei Freund und Feind! Fast fünf Jahre Krieg! —
Vom 11. Mai bis 16. Mai 1944 verlegten die I. und II. Gruppe, Unterstellung VIII. Fl.-Korps, kurzfristig in den Südabschnitt der Ostfront auf den Flugplatz Focsani zur Unterstützung der Absetzbewegungen des Heeres auf der Krim. Diese Episode, so konnte man es nicht anders nennen, war äußerst strapaziös für die Besatzungen, die so guten Willens waren. Die Krim war verloren. Der Landser stellte lapidar fest: »Nichts los in Focsani«.
Bald wurden die Staffeln des Greifengeschwaders zurückgerufen. Die operativen Einsätze im Osten forderten wieder jeden Mann und jede erfahrene Besatzung.

## POLTAWA, 22. JUNI 1944

Seit 1941 konnte die Reichsluftwaffe nur selten noch zur Führung selbständiger strategischer Luftoffensiven gegen die Kraftquellen des Gegners eingesetzt werden. Zahlenmäßige Schwäche, technische Unzulänglichkeiten und die zunehmende Stärke der feindlichen Luftverteidigung trugen maßgeblich dazu bei.
Zudem wurden die Kampfflieger mangels ausreichender personeller und materieller Verstärkung in den zum Dauerzustand gewordenen Krisen zur Unterstützung des Heeres und der Luftversorgung von »Festen Plätzen« verschlissen.
Erst spät, gegen Ende des Jahres 1943 versuchte die Luftwaffenführung, gegen manche waffeninternen Widerstände, Lehren aus diesen Fehlschlägen zu ziehen.
Zur Bekämpfung der verwundbarsten Teile der russischen Kriegsindustrie, wie z. B. die Chemiekombinate, Kraftwerke und Flugmotorenindustrie plante man die Bildung von Fernkampfflieger-Korps. Nur die schwachen Kräfte und die geringe Reichweite der zur Verfügung stehenden Flugzeuge verhinderten die Realisierung der Pläne im großen Rahmen.

General Rudolf Meister meldete, nach entsprechender Ausbildung seiner Verbände, sein IV. Fliegerkorps im März 1944 einsatzbereit für besondere Aufgaben. Mit Hilfe von Pfadfindergruppen, die die Zielmarkierung bei Nacht vornahmen, war er zuversichtlich, Nachtangriffe nach Art der britischen »Bomberströme« durchführen zu können — trotz der für den Flieger navigatorisch schwierigen Weiten des Ostens. Durch den geschickt zusammengefaßten Einsatz einiger seiner Kampfverbände gegen den massierten Eisenbahnaufmarsch des Gegners westlich Kiew und Smolensk bewies er bereits die Leistungsfähigkeit seines Fliegerkorps für derart schwierige Einsatzaufträge. —

Am 21. Juni 1944, morgens um 05.30 Uhr, starteten 163 schwere B-17 »Flying Fortress« der 8. USAAF von ihren Basen in England — als Teil eines großen Angriffs auf Berlin. Sie sollten nach der Zielbekämpfung der Reichshauptstadt nicht auf ihre Absprunghorste zurückkehren. Sie gehörten zu einer der am meisten geheimgehaltenen Bomberkräfte der Alliierten des Zweiten Weltkriegs im Rahmen der »Operation Frantic«.

Die »Operation Frantic« war Tarnbezeichnung für sogenannte »shuttle bombing«-Einsätze (»Weberschiffchen«) amerikanischer Bomber zwischen Basen in England oder Italien und Rußland. Nachdem die deutsche Luftfahrtindustrie ihre Flugzeugwerke außerhalb der Reichweite der Bomber der Alliierten verlagert hatte, war es die einzige Möglichkeit für den Gegner, mit dieser Strategie diese wichtigen Industriezweige zu erreichen, ganz abgesehen davon, daß diese Einsatzart den Sowjets beweisen sollte, wie sehr Präsident Roosevelt an einer guten Zusammenarbeit mit den sowjetischen Verbündeten nach dem Kriege gelegen war.

Der amerikanische Fliegeroberst »Archie« Old, Führer des erwähnten US-Großverbandes, konnte wegen eines nicht ordnungsgemäß verschlossenen Tanks nicht rechtzeitig die Verbandsführung übernehmen und mußte unmittelbar nach dem Start wieder landen. Innerhalb von nur dreißig Minuten war er jedoch wieder in der Luft und überflog an der Spitze seines bereits versammelten Verbandes um 07.07 Uhr die britische Küste in Richtung auf seine sowjetischen Horste, die in knapp 2400 km Entfernung lagen.

Sauber formierten sich das 45. US-Kampfgeschwader mit den Kampfgruppen 96, 388 und 452 sowie das 13. US-Kampfgeschwader mit den Kampfgruppen 95, 100 und 390 auf dem Wege nach Ruhland, einer Flugkraftstoffabrik nahe der Autobahn ca. 120 km südlich von Berlin.

Die Bomben fielen. Der Verband kehrte nicht um, sondern flog weiter über Polen an Minsk vorbei zur Landung in Poltawa, Pirjatin und Mirgorod. —

Im Gefechtsstand des IV. Fliegerkorps in Brest-Litowsk herrschte gegen 10.00 Uhr vormittags nach dem Anruf der Luftflotte 6 höchste Spannung.

Nach fast zweiwöchiger Flucht zurück in den eigenen Reihen. Btl.Kdr. und Kp.Chefs des 25. Jäger Rgt (L) empfangen die Besatzung Justen von der 14. (Eis)/KG 55 am 25. Mai 1944 in Pleskau.

Nur Uffz Willi Schweinzer, der BO, war nicht dabei, er fiel bereits durch Flaktreffer am 13. Mai 1944 über Wolot.

Sie können wieder lachen. V. l.: Fw Justen, Uffz Henkel, Uffz Färber, Fw Junglehner.

Die 14. (Eis)/KG 55 ist angetreten in Riga-Spilve, in Erwartung von General Pflugbeil. V. l.: StffKpt Hptm Franz Schmidt, Fw Justen, Fw Junglehner, Uffz Färber, Uffz Henkel, Ofw Jordan.

Bereitstellung für den operativen Einsatz auf Poltawa, am 21. Juni 1944

Flug in die Nacht, gen Osten, zusammen mit dem KG 53 »Legion Condor«.

Letzte Vorbereitungen und Anlegen der Fallschirme.

Lt Karl-Heinz Ludwig, der Chef der Ln-Kp.

»Angriffsführer Mirgorod«, OTL Wilhelm Antrup, Kdore des KG 55, faßte den richtigen Entschluß, Poltawa anzugreifen, nachdem sein Verband aus Wettergründen Mirgorod nicht bekämpfen konnte.

Ob die »Pfadfinder« wohl das richtige Ziel markierten? Maßgeblich bleibt der Angriffsbefehl des Verbandsführers.

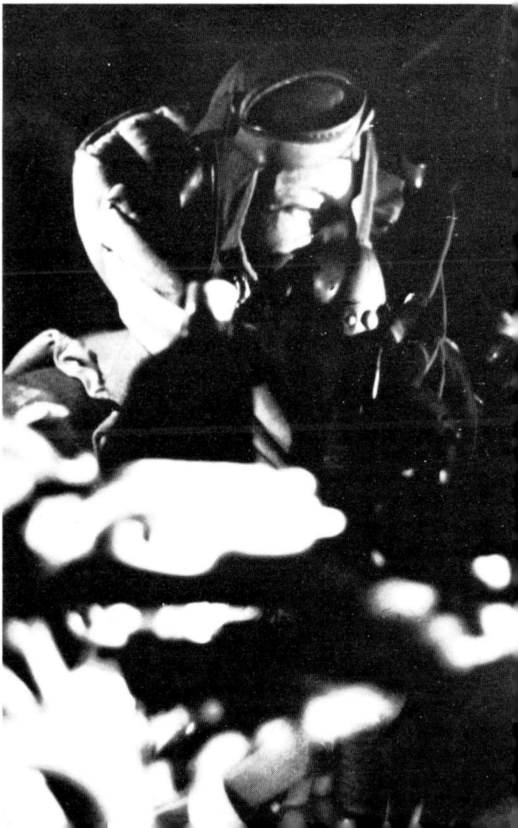

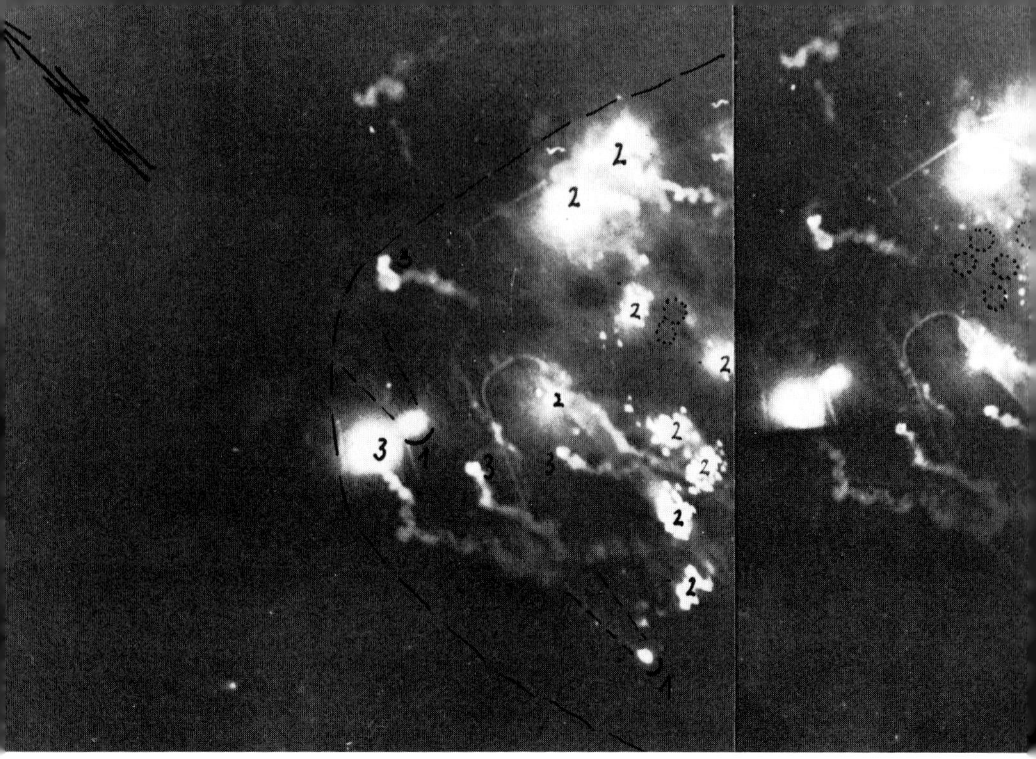

Originalaufnahmen der I./KG 55 während des Angriffs auf Poltawa.

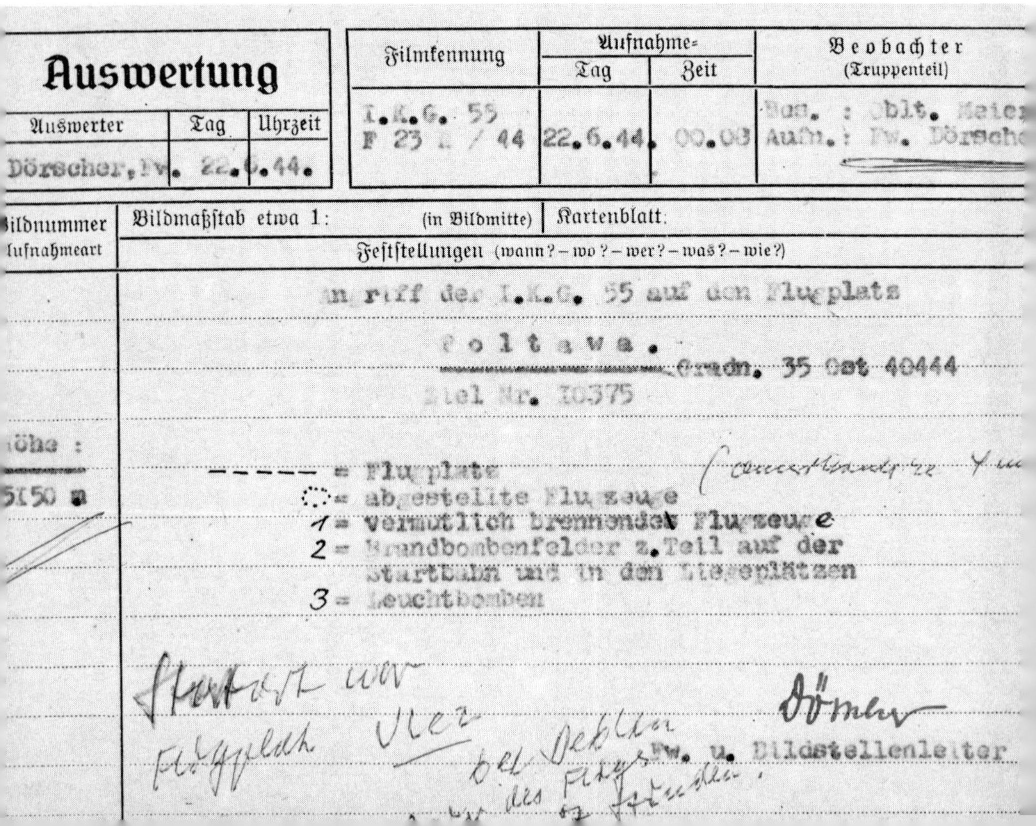

| **Auswertung** | | | Filmkennung | Aufnahme- Tag | Aufnahme- Zeit | Beobachter (Truppenteil) |
|---|---|---|---|---|---|---|
| Auswerter | Tag | Uhrzeit | I.K.G. 55 F 23 R / 44 | 22.6.44. | 00.08 | Bos. : Oblt. Meier Aufn. : Fw. Dörsche |
| Dörscher, Fw. | 22.6.44. | | | | | |

Bildnummer Aufnahmeart | Bildmaßstab etwa 1: (in Bildmitte) | Kartenblatt:

Feststellungen (wann? – wo? – wer? – was? – wie?)

Angriff der I.K.G. 55 auf den Flugplatz

Poltawa.

Gradn. 35 Ost 40444

Ziel Nr. 10375

Höhe : 5150 m

----- = Flugplatz

◌ = abgestellte Flugzeuge

1 = vermutlich brennende Flugzeuge

2 = Brandbombenfelder z.Teil auf der Startbahn und in den Liegeplätzen

3 = Leuchtbomben

Fw. u. Bildstellenleiter

Der erste Einflug von US-Bombern B-17 »Flying Fortress« und Begleitjägern P-51 »Mustang« war gemeldet worden. Die möglichen Folgen für die deutsche Kriegsführung — insbesondere für das Heer — waren unübersehbar, und das angesichts der Schwäche deutscher Jagdabwehr im Osten!
Die Luftaufklärung meldete, daß ca. 140 B-17 in Poltawa und etwa 56 P-51 in Mirgorod gelandet sind.
Endlich traf am 21. Juni 1944 gegen 15.00 Uhr der so dringend erwartete Angriffsbefehl des Flieger-Korps ein:

»Noch heute nacht sind die Flugplätze Poltawa und Mirgorod anzugreifen. Es kommt darauf an, gleichzeitig die US-Bomber und die Jäger zu vernichten«.

Aus Reichweitengründen mußten die in der Basis Brest-Litowsk—Radom liegenden Kampffliegerverbände KG 27 »Boelcke« und KG 53 »Legion Condor« sofort in die Räume der Basis Bialystok und Minsk verlegen. Das KG 55 konnte auf seinen Horsten Deblin, Ulez und Podlodowka bleiben, weil es keine Reichweitenprobleme gab. Die Vorbefehle jagten einander.

»Verlegung vorbereiten! Neues Ziel! Bomben auf den Einsatzhäfen laden. Betriebsstoffaufnahme auf den Absprunghäfen bei Minsk. SC 50 Bomben o.V., Splitterbomben, 10 % Brandbomben. Bomberstrom-Angriff, Angriffszeit voraussichtlich 0.00 Uhr. KG 27 und KG 53 Ziel Poltawa, KG 55 Ziel Mirgorod. Pfadfinder entsprechend aufteilen, Angriffsführer werden bestimmt. Luftbilder werden zugeflogen«.

Die Luftbilder des Fühlungshalters der 2./(F) 100, aus seiner einsam fliegenden He 177 aufgenommen, zeigten eine friedensmäßige Aufstellung der US-Flugzeuge. Kostbare Zeit war durch die um Stunden verzögerte Befehlsgebung verlorengegangen. Die Eisenbahnbekämpfung wurde sofort eingestellt. Größte Eile tat not. Nichts Neues für die bewährten Verbandsführer mit ihren gut eingespielten Führungsapparaten. Innerhalb kürzester Zeit fielen die Vorkommandos auf den Absprunghäfen ein. Nur das KG 4 »General Wever«, einer der Pfadfinderverbände, konnte in Bialystok in Ruhe seine Vorbereitungen treffen. —
Generalmajor Robert L. Walsh, Kommandierender der im Osten stationierten strategischen US-Bomber-Kräfte, informierte Oberst Old, daß die russischen Verbündeten zu Ehren seiner gerade eingetroffenen Männer in Gegenwart von Sowjet-General A. R. Perminow um 22.00 Uhr ein Empfangs-Dinner geben wollten. Frisch gewaschen und gekleidet fand man sich rechtzeitig im Offizierskasino Poltawa ein und saß zu Tisch. Kurz vor Mitternacht, 23.35 Uhr, meldete eine russische Ordonnanz dem General Perminow: »Deutsche Flugzeuge haben eigene Linien in Richtung auf den Platz überflogen.« In aller Ruhe aß man in der Zuversicht weiter, daß deutsche Flugzeuge bis Poltawa gar nicht vordringen können. Diese

Ruhe und Zuversicht wurde erst gestört, als zum dritte Male ein russischer Soldat mit einer weiteren, besorgniserregenden Meldung eintrat.
Darauf bemerkte der russische General nur trocken: »Lassen Sie uns in die Splittergräben gehen!« Was auch in aller Eile geschah, zur Überraschung der sich so sicher fühlenden amerikanischen Flieger. Die russische Flak begann bereits zu schießen. Oberst Old sah nichts in der finsteren Nacht, er hörte nur das vertraute Motorengeräusch vieler, sehr vieler deutscher Kampfflugzeuge. Und plötzlich das grelle, taghelle Licht mehrerer Leuchtbomben. Das Inferno begann.
Noch im Graben sich duckend fragte Oberst Old seinen amerikanischen General: »Wo bleiben die Jäger der Roten Armee?«
Nicht ein einziger war in der Luft! —
Den Angriffsgruppen Poltawa und Mirgorod wurden je 20 Pfadfinderflugzeuge des KG 4 »General Wever« zugeteilt. Gut geplant sollten sie um 23.45 Uhr über dem Ziel stehen, Kurs: Minsk—Zusammenfluß Pripjet/ Dnjepr—Lubny, von hier KG 27 und KG 53 Angriff auf Poltawa, KG 55 auf Mirgorod.
Die Wettervorhersage sah gut aus. 8—10/10 Wolken in 2000 m, auflösend, Ziel wolkenlos, später heller Mond aufkommend.
Gerade noch rechtzeitig wurden die beteiligten Verbände startbereit.
Durch einen plötzlichen, schweren Wolkenbruch, der den Boden so aufweichte, daß die zeitgerechte Beladung mit Bomben verhindert wurde, fiel das KG 27 für den Einsatz aus; es kam nicht aus dem Platz heraus. Fliegerglück, Fliegerpech? Neuer Entschluß. Je eines der verbleibenden Geschwader konnte also nur ein Ziel angreifen. Der Schwerpunktangriff gegen den US-Bomberverband war in Frage gestellt. Im Zweifelsfalle mußte eben auf Poltawa *und* Mirgorod »gekleckert« werden.
Die Navigationsfunkfeuer »Egon-Minsk« und »Sonne-Warschau« waren einsatzbereit, zum »Koppeln« würde sich bei der schwierigen Erdorientierung der weit im Bogen um den Zielraum fließende breite Dnjepr als gute Hilfe anbieten.
Der »Angriffsführer Mirgorod«, Oberstleutnant »William« Antrup, Kommodore vom KG 55 »Greif«, versammelte kurz nach 21.00 Uhr seinen Verband südlich Warschau und schloß sich dem deutschen »Bomberstrom« unter Führung der Pfadfinder des KG 4 an.
Die Zielmarkierer und Beleuchter waren genau eingewiesen. Angriffshöhe 4000 bis 5000 m.
Sektorenangriff aus NW, 0.00—0.15 Uhr über den Zielen. Auf einen Ablenkungsangriff wurde bewußt verzichtet, die Angriffsstärke hätte sich sonst noch mehr verringert.
Nachrichten über Verstärkungen der russischen Nachtjäger lagen nicht vor. Waren die Nachtjagdsuchgeräte wohl eingetroffen? — Nein, so etwas gab es im Osten nicht.

Ab 20.30 Uhr rollte der Start. Erst die Pfadfinder des KG 4 aus Bialystok, dann die Kampfgeschwader 53 und 55 aus dem Raum Minsk bzw. Warschau. Es dämmerte noch. Bald wurde es dunkel, nicht allzusehr, aber doch die Erdorientierung erschwerend. Man flog nach Osten, also in die Nacht. Ab und zu schimmerte ein Fluß durch den allmählich aufkommenden Dunst. Da kam das Pripjet-Knie bei Kalinkowitschi. Die Front war also überflogen.

Die Peilungen stimmten. Man war beruhigt bei den Pfadfindern. Es würde »hinhauen«! — aber ...

wie geplant lief es nicht ab.

Es hatte nicht »hingehauen«. Sicher würde General Meister die negative »Erfolgsmeldung« wieder nur mit einem mürrischen »Heil Hitler« quittieren. —

Die auf Mirgorod eingesetzten Pfadfinder kamen, infolge eines schweren Gewitters, nach Poltawa, mit ihnen also auch das KG 55. Der »Angriffsführer Mirgorod«, Oberstleutnant Antrup, faßte dennoch den Entschluß, nun auch Poltawa anzugreifen.

Er hatte gut daran getan. So wurde, durch Unbill des Wetters und dann durch richtige Entschlußfassung des Verbandsführers, der taktische Sieg und damit ein strategischer Erfolg gesichert. Etwa 200 Maschinen über dem Platz (alleine KG 55 mit 91 Maschinen). Damit war auch der Ausfall des KG 27 wieder einigermaßen wettgemacht.

Seit 00.30 Uhr am Morgen des 22. Juni 1944 fielen etwa 100 to Bomben bis 01.45 Uhr auf Poltawa I (ZielNr 10375, 35 Ost 4044). Von 02.00 Uhr bis 02.20 Uhr dasselbe noch einmal als zweite Welle mit hauptsächlich SD-2 Splitterbomben, und Tiefangriffen mit Bordwaffen!

Beim Generalkommando liefen — nur diesen Einsatz betreffend — kurze Funksprüche über den durchgeführten Angriff ein. Man war entspannt. Die Bestätigung des Erfolges brachten am nächsten Tag die Bilder der Fernaufklärer: 47 Bomber zerstört, etwa 29 beschädigt.

Von dem mühselig nach Rußland gebrachten Kriegsmaterial gingen verloren:

| | |
|---|---|
| Ca. 150 000 l | Flugkraftstoff |
| 465 | 250-Pfund Sprengbomben |
| 1 400 | 100-Pfund Brandbomben |
| 400 000 | Schuß Munition |

US-Oberleutnant Joseph G. Lukacek und US-Leutnant Raymond C. Estle fielen zusammen mit dreißig russischen Soldaten dem Luftangriff zum Opfer, weil sie während des Angriffs brennende Maschinen zu löschen versuchten.

Keine der deutschen Kampfbesatzungen wurde auch nur verletzt. In der darauffolgenden Nacht wurde auch Mirgorod noch angegriffen. Weil die

US-Flugzeuge inzwischen ausgeflogen worden waren, wurden nur die dort lagernden Nachschubgüter zerstört.
Die Luftflotte hatte das Ergebnis im Funk mitgehört. Das OKL erhielt Nachricht. Der Kommandierende General schilderte die Panne mit dem Wetter. Man nörgelte zwar und war ein wenig ärgerlich über den Ausfall des KG 27.
So weit von der Front entfernt konnte man das auch sein! Die lästigen Fragen waren schon in der Nacht dauernd zu beantworten, zu einer Zeit, als das Korps alle Hände voll zu tun hatte, um den Verbänden noch helfen zu können. Diese »renitenten Stabsfragen« störten den Gefechtsstandbetrieb erheblich. Es war doch nun nichts mehr zu ändern! So etwas kommt eben vor, besonders wenn man die Befehle zu spät erhält und kein zeitlicher Spielraum gelassen wird, um Reibungen zu überwinden. Der Kommandierende des IV. Fliegerkorps, General Rudolf Meister, schickte seinen Kampffliegern nach diesen erfolgreichen Nachtangriffen folgendes Fernschreiben:

»Am 21. Juni 1944, gegen 15.00 Uhr, fielen amerikanische 4-mot Bomber von England kommend auf sowjetischen Fliegerhorsten ein. Trotz der Tatsache, daß die KG 4, KG 53, KG 55 und KG 27 erst nach 15.00 Uhr alarmiert wurden, gelang es diesen Geschwadern, sich in beispielhafter Weise in kürzester Zeit auf einen vernichtenden Schlag gegen amerikanische Verbände vorzubereiten. Nach dem Anflug unter schwierigen Wetterbedingungen und unter beispielhafter Zusammenarbeit mit Zielfinder-, Zielmarkierer- und Zielbeleuchterflugzeugen griffen die genannten Verbände mit großem Erfolg an. Ich danke den Männern dieser Verbände und spreche ihnen für bewiesene Tapferkeit meine Anerkennung aus.«

Nach allen Anstrengungen für die Errichtung einer alliierten Kampfbasis in Rußland, um Deutschland in die Zange nehmen zu können, gaben es die Vereinigten Staaten aufgrund der »Nächte von Poltawa« auf, weiterhin Bomberkräfte in Rußland zu stationieren, solange kein entsprechender Schutz durch Nachtjäger, Flak und Radar zur Verfügung stand.
Stalin wollte diesen Forderungen nicht nachkommen. Damit starb die ursprüngliche Idee der »Operation Frantic«, wenngleich in kleinerem Umfang noch Einsätze, so z. B. die letzten in diesem Konzept am 18. September 1944 zur Versorgung der eingeschlossenen Truppen von Bor-Komorowski in Warschau geflogen wurden.
Das IV. Fliegerkorps wurde dennoch bald nach seinem Erfolg in Poltawa aufgelöst. Der laufende Betriebsstoffmangel und die russische Offensive zwangen die Luftwaffe im Osten wieder, die unmittelbare Unterstützung des Heeres auf dem Gefechtsfeld wahrzunehmen. Zu strategischen, zusammengefaßten Bomberoffensiven fehlte es an Mitteln.
Poltawa war wohl einer der erfolgreichsten strategischen Einsätze der Luftwaffe im Osten, für die Amerikaner dagegen eine glatte Niederlage.

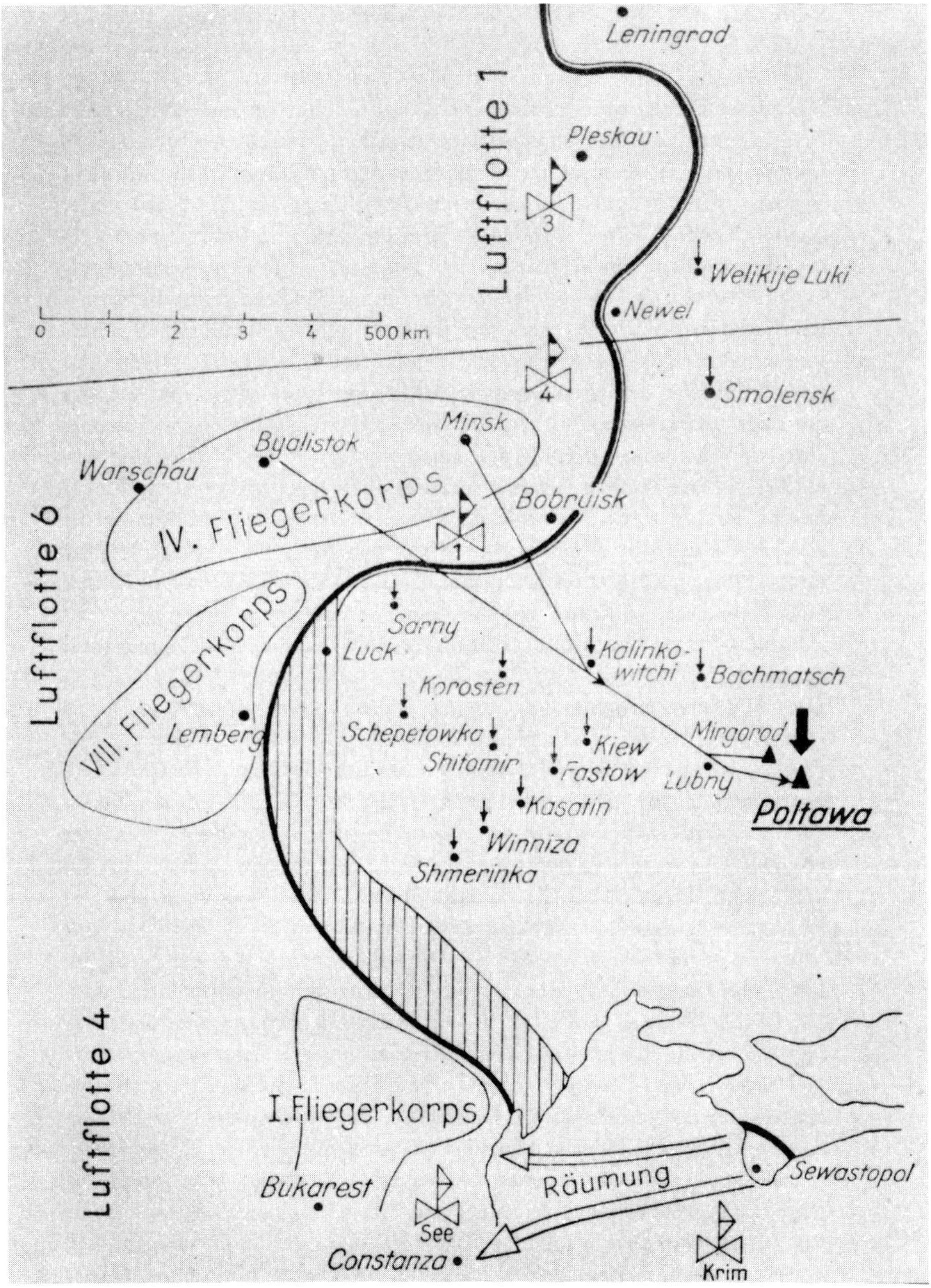


21. Juni 1944 Dislozierung der deutschen Fliegerkräfte in Rußland

## VOM KAMPF IM OSTEN ZU VERSORGUNGSEINSÄTZEN IN DEN WESTEN

Nach dem Erfolg von Poltawa und Mirgorod blieben nur noch wenige Nachteinsätze, die den Rückzug des deutschen Heeres im Osten decken sollten. Welikije-Luki, Lukow, Baranow im Weichselbogen, Tarnow, Warschau. Die Ereignisse an der Front überstürzten sich. Das Geschwader mußte auf die Plätze Tonndorf, Schroda und Hohensalza zurückgenommen werden. Am 12. August 1944 flog das Geschwader — ausgenommen die 14. (Eis)/KG 55 — den letzten Einsatz im Osten gegen die Weichselbrücken bei Warschau und den Brückenkopf bei Baranow. Die Maschinen wurden im Walde getarnt abgestellt. Im September 1944, nach der am 6. Juni 1944 erfolgten Landung der Alliierten in der Normandie, war die Lage in Frankreich so kritisch, daß bereits viele Häfen vom Feinde eingeschlossen waren. Sie wurden zu »Festungen« oder »festen Plätzen« erklärt — und mußten bis zum letzten Mann gehalten werden. Wieder mußte die Luftwaffe einspringen, um zu helfen und Versorgungsgüter aller Art einfliegen. Vom Verbandspäckchen, über Bekleidung bis zur Panzerfaust und Infanteriemunition. Das Transportgeschwader 30, das von Zellhausen, südlich Frankfurt, diese Aufgaben in fünf- bis sechsstündigen Flügen über Feindgebiet bisher wahrgenommen hatte, war total ausgeblutet.

Die Führung entsann sich des bewährten Kampfgeschwaders 55 »Greif«, das bei der Versorgung Stalingrads und weiterer Festungen wie Cholm und Kowel bereits einen hervorragenden Namen hatte. Ohne eigene Maschinen verlegten Besatzungen der III. Gruppe mit der Eisenbahn auf den neuen E-Hafen und übernahmen »alte Krücken« vom Typ He 111. Die II. Gruppe verlegte mit 35 Maschinen von Hohensalza im Warthegau. Dünkirchen, die Kanalinseln, die Insel Walcheren und das brennende Aachen, alle brauchten Nachschub. Um all diese Plätze war schwerste gegnerische Flak massiert. Alle Einsätze mußten bei Nacht im Einzelflug durchgeführt werden, ohne Navigationshilfsmittel, nur nach Sicht. Kein Wunder, daß in der Kanzel sechs Augenpaare unter äußerster Nervenanspannung mit der Koppelnavigation beschäftigt waren, gejagt vom Radar des Gegners und seinen Nachtjägern. So konnte es wie bei einem Einsatz nach Dünkirchen geschehen, daß eine einsame He 111-Besatzung mit vollbeladener Maschine unversehens über dem hellerleuchteten Platz Amiens in alliierten Nachtflugbetrieb geriet. Was tun? Ganz einfach, Nerven behalten, eigene Positionslichter einschalten und in die Platzrunde einreihen, bis man wieder im Dunkel der Nacht untertauchen konnte. Wilhelm Mylius schrieb darüber den folgenden Bericht:

*»10. 9. 1944*
*Die II./KG 55 liegt in Hohensalza (Warthegau), Gruppenstab und FBK auf dem Platz, die Staffeln sind auf drei Güter verteilt. Die Maschinen stehen weitab vom Horst in Birkenwäldchen, getarnt und gegen Korrosion ›eingemottet‹.*
*Abends nach 21.00 Uhr kommt auf dem kleinen Dienstweg die Vorwarnung: Eine Gruppe KG 55 zur Versorgung der Festungen an der Westküste Frankreichs nach Westdeutschland verlegen, nachdem am heutigen Vormittag eine Gruppe vom KG 53 von Feindflugzeugen über Deutschland zerschlagen worden ist.*
*Bald darauf kommt der Befehl, die Maschinen für frühestmöglichen Start am 11. 9. startklar zu machen; Aufgabe: Versorgung der Festungen Brest, Lorient, St. Nazaire, La Rochelle und Royan.*
*Im Gruppenstab und beim technischen Personal wird die Nacht zum Tag gemacht, nichts Neues für die Männer, um zur befohlenen Zeit alles klar zu haben.*
*Nachdem ein kleines Vorkommando mit der Aufgabe betraut wurde, für eine flotte Räumung des Platzes nach dem Landen der Gruppe und gute Tarnmöglichkeiten sowie für Bereitstellung der Unterkunft und Verpflegung zu sorgen, gestartet ist, fliegt die Gruppe am 11. 9. um 07.00 Uhr mit 35 Maschinen ab. In niedriger Höhe und ohne Funk- oder Sprechverkehr, um den Feind keine Abhörmöglichkeiten zu bieten, und landet um 09.30 Uhr in Zellhausen bei Aschaffenburg.*
*Die Landung und die Einweisung der Staffeln auf ihre Liegeplätze durch das Vorkommando klappte gut. Aber der Feind war doch noch so zeitig da, daß fünf Maschinen, die gerade in die Tarnboxen gezogen werden sollten, von ›Mustangs‹ in Brand geschossen wurden. Verwundet wurde niemand.*
*Auf dem Platz lag das Transportgeschwader 30 unter Führung von Major Winter, der sämtliche Maschinen verloren hatte — meist auf dem Platz durch Beschuß von Jabos — und sich jetzt über den Neuzugang freute. Manches Telefongespräch ging schon am ersten Tag in den Warthegau, daß wir Versorgungseinsätze fliegen dürften und nicht gleich mit der Bahn zurückfahren müßten; fünf Tage dauerte das Hin und Her, dann fuhr doch der größte Teil von uns mit der Bahn zurück!*
*Die Transporter nahmen uns in ihren Unterkünften kameradschaftlich auf und gaben uns manchen Tip für die Versorgungsfliegerei; denn in Wirklichkeit waren sie froh, für einige Tage abgelöst zu werden, da sie reichlich abgekämpft waren infolge der anstrengenden und aufreibenden Nachtfliegerei. Hatten sie tagsüber doch vor den zahlreichen Tiefangriffen auch keine Ruhe. So hatte ich erreicht, daß wir einige Einsätze fliegen konnten.*
*Am 11.9. um 20.00 Uhr starteten wir zum ersten Mal in Zellhausen zum*

*Absprunghorst Straßburg, wo die Besatzungen Flugeinweisung und Zielunterlagen erhielten, während die Techniker die Maschinen mit Versorgungsbomben beluden.*
*Am 12. 9. um 01.00 Uhr morgens ging der Verein dann auf die »Reise«. Die Gefühle waren etwas gemischt. Die an die Reichweite grenzende Flugstrecke, die Schlechtwetterlage im heimatlichen Landegebiet sowie die hohen Verluste unserer Vorgänger gaben wenig Grund zu Optimismus.*
*Über Feindgebiet flogen wir 100 bis 300 m über Grund. Da auch die Amerikaner nachts ihre Panzerspitzen versorgten, war diese die verkehrsübliche Höhe. Man mußte nur aufpassen, welche feindliche ES verwendet wurde und hofften, dieselbe in Straßburg erhalten zu haben, dann konnte man mit ziemlicher Sicherheit über erleuchtete Flugplätze und Marschkolonnen quer durch Frankreich fliegen. Am Ziel war die Flak unangenehm, weil die niedrige Abwurfhöhe zur Treffsicherheit eingehalten werden mußte. Daher hatten wir zur Täuschung und Ablenkung für jede Besatzung Flughöhe (auch Gleitflug mit gedrosseltem Motor) und Anflugrichtung befohlen. Die Markierung der Abwurfstelle war sehr unterschiedlich, da abhängig von der Einsichtsmöglichkeit des Feindes, Größe des Kessels und der Nachahmungsgeschwindigkeit des Gegners (Scheinanlagen).*
*Das Wetter über den Festungen war gut, in der Heimat jedoch sehr schlecht, so daß kaum eine Maschine auf dem Heimathorst Zellhausen landete, man wurde bis Leipzig/Dresden verschlagen und kehrte erst im Laufe des Tages zurück. Um trotz der langen Flugstrecke noch Kraftstoff hierfür zu haben, gingen die Flugzeugführer schon sehr zeitig auf Sparflug; FT-Verkehr sollte möglichst vermieden werden. Jeder kann sich vorstellen, mit welcher Freude jede telefonische Rückmeldung einer Besatzung aufgenommen wurde!«*

Bis in den November 1944 hinein mußten diese Versorgungsflüge durchgeführt werden. Mancher meldete sich telefonisch nicht zurück. Sein Fliegergrab liegt nicht nur in Frankreich, in der Nähe der »Festungen«, sondern auch im Taunus oder im Schwarzwald, weil er den Heimathafen aufgrund schlechten Wetters nicht mehr erreichte oder gar Opfer alliierter Jabos wurde.

## AUSWERTUNG 1944

| | |
|---|---|
| Im Jahre 1944 flog das Geschwader insgesamt | 123 Einsätze mit |
| | 4 250 über dem Feind eingesetzten Flugzeugen |

Dazu kamen noch die Einsätze der IV. Gruppe und der 14. (Eis)/KG 55. Die Gesamtzahlen unterteilen sich in:

a. Einsätze zur Unterstützung des Heeres (auf dem Gefechtsfeld)

| | |
|---|---|
| Das Geschwader flog | 22 Einsätze mit |
| | 602 Flugzeugen |
| Davon brachen über eigenem Gebiet ab | 16 Flugzeuge |
| Über Feindgebiet | 6 Flugzeuge |
| Vermißt wurden | 2 Flugzeuge |
| Insgesamt waren über Feindgebiet eingesetzt | 586 Flugzeuge |
| und warfen | 749 850 kg Bomben |

b. Einsätze zur Versorgung Ost

| | |
|---|---|
| Das Geschwader flog | 23 Einsätze mit |
| | 535 Flugzeugen |
| Davon brachen über eigenem Gebiet ab | 11 Flugzeuge |
| Über Feindgebiet | 6 Flugzeuge |
| Vermißt wurden | 11 Flugzeuge |
| Insgesamt waren über Feindgebiet eingesetzt | 513 Flugzeuge |
| und warfen | 619 100 kg Versorgungsgut |

Bei den Versorgungseinsätzen war die Verlustzahl der eingesetzten Flugzeuge auf 2,1 % angestiegen, im Gegensatz zu der Verlustzahl von 0,44 % bei den operativen Einsätzen.
An Transportgut wurden pro Flugzeug ca. 1200 kg befördert. Tatsächlich wurde wesentlich mehr geladen, wobei aber zu bedenken ist, daß die Flugzeuge, die ihr Ziel nicht fanden, und unverrichteterdinge mit ihren Bomben zurückkehrten, in der Zahl der eingesetzten Flugzeuge mit enthalten sind.

c. Einsätze zur Versorgung West

| | |
|---|---|
| Das Geschwader flog im Westen | 32 Einsätze mit |
| | 96 Flugzeugen |
| Davon brach über eigenem Gebiet | kein Flugzeug ab. |
| Über Feindgebiet hingegen | 25 Flugzeuge |
| Vermißt wurden | 2 Flugzeuge |
| Insgesamt waren über Feindgebiet eingesetzt | 96 Flugzeuge |
| und brachten | 125 550 kg Versorgungsgut zur Truppe. |
| Eingesetzt waren Teile von | zwei Gruppen des Geschwaders. |

Das ergibt eine durchschnittliche Beladung pro Flugzeug von 1300 kg. Diese Zahl beinhaltet die Flugzeuge, die über dem Feindgebiet abgebrochen haben, etwa 26 %. Eine verhältnismäßig hohe Zahl, die aber begründet ist in den schlechten Wetterbedingungen und der schwierigen Zielfindung.

d. Operative Einsätze gegen Eisenbahnziele im Ostraum

| | |
|---|---|
| Das Geschwader war an | 46 Einsätzen beteiligt, fast immer mit allen Gruppen und größtmöglichem Kräfteeinsatz mit |
| | 3 164 Flugzeugen. |
| Davon brachen ab über eigenem Gebiet | 104 Flugzeuge = 3,33 % |
| Über Feindgebiet | 35 Flugzeuge = 1,14 % |
| Vermißt wurden | 14 Flugzeuge = 0,44 % |
| Insgesamt waren über Feindgebiet eingesetzt | 3 055 Flugzeuge |

(Die geringe Unstimmigkeit der Zahlen entsteht dadurch, daß nur einwandfrei über Feindgebiet verlorene Flugzeuge als über Feindgebiet eingesetzt gewertet wurden.)

| | |
|---|---|
| Davon waren über dem Hauptziel | 2 759 Flugzeuge = 90,31 % |
| Über Neben- und Ausweichzielen | 292 Flugzeuge = 9,56 % |

Diese hohe Zahl erklärt sich dadurch, daß ganze Angriffe aus Wettergründen auf das Ausweichziel umgeleitet werden mußten.

| | |
|---|---|
| Es wurden bei diesen Einsätzen | 3 782 730 kg Bomben geworfen |

Auf die Gruppe umgerechnet war jede mit der wahrscheinlich in der deutschen Kampfluftwaffe nie zuvor erreichten Zahl von durchschnittlich 27 Flugzeugen beteiligt. Das Geschwader mit drei Gruppen brachte durchschnittlich 81 Flugzeuge zum Einsatz. Diese Zahlen werden bekräftigt durch einige Spitzenleistungen:

Am 4.— 5. 5. 1944 Ziel Bahnhof Rowno gestartet:
99 Flugzeuge, 97 über Feindgebiet.
Am 10.—11. 5. 1944 Ziel Bahnhof Schepetowka gestartet:
99 Flugzeuge, 98 über Feindgebiet.

Am 5.— 6. 5. 1944 Ziel Bahnhof Kiew—Darnitza gestartet:
97 Flugzeuge, 92 über Feindgebiet.
Am 21.—22. 6. 1944 Ziel Platz Poltawa gestartet:
96 Flugzeuge, 91 über Feindgebiet.

Welch ungeheure Arbeit in diesen Zahlen steckt, kann nur der ermessen, der weiß, welch' aufopfernder Einsatz vom technischen Personal geleistet werden mußte, um den hohen Klarstand der Flugzeuge sicherzustellen.

e. Einsatz der 14. (Eis)/KG 55

| | |
|---|---|
| Über Feindgebiet eingesetzt | 1 216 Flugzeuge |
| An den Feind gebracht | 1 982 075 kg Bomben |
| und | 27 800 kg Versorgungsgut für die Truppe |

f. Einsatz der IV./KG 55

| | |
|---|---|
| Eingesetzt | 23 Flugzeuge |
| An den Feind gebracht | 8 000 kg Bomben |
| und | 5 000 kg Versorgungsgut für die Truppe |

Am 11. 11. 1944 flog die III./KG 55 den letzten Einsatz des Geschwaders als Kampfverband. Mit ihm ging eine erfolgreiche Zeit zu Ende.

Insgesamt wurden seit Beginn des Krieges:

54 271 Flugzeuge über Feindgebiet eingesetzt,
60 938 211 kg Bomben und 7 514 390 kg Versorgungsgut abgeworfen.

## TECHNISCHER ENSATZ

Nach Verlegung auf die neuen Einsatzhäfen Deblin—Irena für die II. und III. Gruppe und Ulez für die I. Gruppe wurden die Gruppen mit Flugzeugen bis auf 36 Stück aufgefüllt. Die I. und II. Gruppe waren am Anfang reinrassig mit He 111-H 16 und die III. Gruppe zu $^3/_4$ mit He 111-H 11 und H 20 und $^1/_4$ mit H 16 ausgerüstet. Die He 111-H 16 wurde laufend zur Erzielung größerer Reichweite umgebaut. Es wurden ein Rumpfbehälter für Betriebsstoff, zusätzlicher Ölbehälter und ETC 2000 eingebaut. Der Umbau gestaltete sich zunächst schwierig, weil nur unvollständige Einbausätze oder nur Umbausätze für H 20 geliefert wurden. Durch die hervorragenden Arbeitsbedingungen und -leistungen der Werft Deblin—Irena ging der Umbau verhältnismäßig schnell vonstatten, so daß das Geschwader als eines der ersten des IV. Flieger-Korps mit den technischen Verbesserungen in den Einsatz gelangen konnte. Zur schnelleren Durchführung der Arbeiten wurden die Flugzeuge in den Werkstattzügen der FBK's für den Umbau vorbereitet. Technisches Personal der Gruppen wurde auch der Werft zur Verfügung

gestellt. Der Werkstattzug (mot.) 1 in Ulez, der auch der Werft Deblin unterstand, war arbeits- und einsatzmäßig hervorragend. Gleichzeitig wurde ein großer Teil der Flugzeuge durch Teilkontrollen und Sonderprüfungen auf Null-Stand gebracht.
Die Arbeiten wurden erheblich gestört und erschwert durch das Anlaufen der Ausbildung, so daß ein großer Teil der Flugzeuge für diese Aufgabe einsatzklar gehalten werden mußte. Eine besondere Anerkennung muß der Werft ausgesprochen werden, die Brüche bis zu 40 % reparierte und die Flugzeuge somit dem Bestand des Geschwaders erhielt.
Die Werkstattzüge des Geschwaders waren durch Motorwechsel und kleinere Reparaturen voll ausgelastet. Die Betriebsstunden der Motoren sollten möglichst unter 50 % gehalten werden, was auch erreicht wurde.
Gleichzeitig wurden in der Zeit vom 15. 1. bis 1. 4. 1944 alle Kraftfahrzeuge des Geschwaders grundüberholt. Dafür wurde vom Geschwader eine besondere Instandsetzungsstaffel zusammengestellt.

Es wurden überholt: 196 Kraftfahrzeuge und dabei
85 Motoren gewechselt.

Die Ersatzteile und Motoren wurden vom Geschwader selbst beschafft. Vor allem aus den ZEL Warschau, Königsberg und Breslau. Die Überholungen wurden so ordentlich durchgeführt, daß das Geschwader bei den Verlegungen im Juni und Juli keinerlei Ausfälle und Einbußen an Fahrzeugen erlitt.
Nach der Umrüstung auf Reichweite wurden alle Flugzeuge mit einem neuen Tarnanstrich versehen, in alle Flugzeuge FuG 25 und Sprengsätze eingebaut und pro Gruppe vier Flugzeuge mit Bildgerät ausgerüstet und in allen Flugzeugen Nachtjägerleuchten angebracht. Diese Arbeiten wurden sowohl vom technischen Personal der Gruppen, als auch von der Werft durchgeführt. Vom Geschwader wurde eine Abdichtungsvorrichtung für die Drehkranzlafette des Funkerturms entwickelt und in alle Flugzeuge eingebaut.
Besondere Schwierigkeiten bereiteten die Motoren. Bei den Frontreparaturwerken kamen sehr schlecht überholte Motoren zum Einbau. Zum anderen waren die Motoren durch starke Staubentwicklung auf den Einsatzplätzen einem starken Verschleiß unterworfen. 80 % der Flugzeug-Ausfälle waren auf Motorstörungen zurückzuführen. Die Werkstattzüge der FBK's benötigten für einen doppelseitigen Motorwechsel im Durchschnitt einen halben Tag. Am Anfang lag die durchschnittliche Betriebsstundenzahl der Motoren für das Geschwader bei 45 Stunden pro Motor. Im Mai und Juni 1944 wurde diese Zahl erheblich gesteigert, und zwar auf 104 Stunden. Die anfänglich so niedrige Zahl war darauf zurückzuführen, daß man die Motoren zu früh ausbaute, um die Anzahl der Betriebsstunden unter 50 % des Zulässigen zu halten.

Als das Geschwader Ende März 1944 in den Einsatz ging, war die Umrüstung bis auf Einbau einzelner Bildgeräte abgeschlossen. Die Gruppen verfügten über 37 Flugzeuge, von denen 33 pro Gruppe klar waren. Im Durchschnitt war der Gruppenbestand 34 Flugzeuge, von denen im Durchschnitt 28 einsatzklar waren. Die Ersatzteilbeschaffung war durch eine »Eisgast« (»Eisenbahngeräteausgabestelle«) und den Park Deblin gesichert.

Engpaßteile wurden direkt aus den Zeugämtern des Reiches durch das Korps bzw. durch das Geschwader selbst abgeholt.

Die Anlieferung von Bomben und Betriebsstoff war in den ersten Monaten gut. Erst im Juni 1944 traten Betriebsstoffschwierigkeiten auf. Vor allem konnten Ulez und Podlodowka, wo die I. und III. Gruppe lagen, nicht schnell genug mit Bomben und Betriebsstoff bevorratet werden. Dafür mußte in Deblin beladen und betankt werden. Das gesamte technische Personal leistete in dieser Zeit hervorragende Arbeit und trug im wesentlichen zu den hohen Einsatzzahlen und Erfolgen des Geschwaders bei.

# *Die Kommandierenden Generale*

Das Kampfgeschwader 55 »Greif« hatte Kommandierende Generale als Vorgesetzte, die ihm besonders zugetan waren, weil das Geschwader brachte und leistete, was man von ihm erwartete. Es seien diejenigen erwähnt, denen das Geschwader in längeren, harten Zeiten unterstand:

Zunächst der *General Robert Ritter von Greim*, später Generalfeldmarschall. Alter Weltkriegsflieger mit Pour le Mérite. Während des Aufbaus in aller Technik der erfahrenste Mann ab 1935. In seiner taktischen Führung *forderte* er von oben her, aber er hatte ein weises menschliches Verständnis. Als alter Frontmann hatte er — über seinen Generalstab hinweg — Sinn für Schwächen an der Front und ließ dann auch mal eine Eins gerade werden.
Für das Geschwader ein ganz prächtiger General, sozusagen ein Vater in Frankreich und in Rußland (als KG V. Fliegerkorps).

*General Kurt Pflugbeil.* Dies ist nun der dem Geschwader am nächsten verlobte, besser verheiratete General und Kommandierender des IV. Fliegerkorps. Er hatte das Geschwader in sein Herz geschlossen. So sagte er es beim Abschied des Kommodore Oberst Kühl vom Geschwader in Stalino. Unauffällig ruhig nach außen, immer in sich ausgeglichen, was sonst bei den Generälen nicht immer so zu beobachten war, sicher in allen Einsatzfragen; ein fürsorglicher Soldat, der nie zur Truppe kam, ohne eine Liebenswürdigkeit mitzubringen. In der Taktik fordernd: »Kühl, werfen Sie nächstens 500 m vor die Front« — kam dem Verband als unmöglich vor, machte es aber dann. In der Strategie: Als der Feind bereits über Stalino bis zum Dnjepr durchgebrochen war, gab er von Richthofen, seinem Flottenchef, als alter, ruhiger »Hund« ein Korsett.
Der beste und zugleich menschlich honorigste General, der dem Geschwader und dem das Geschwader wechselseitig die Ehre gab.

*General Martin Fiebig*, (KG VIII. Fliegerkorps), unterstand das Geschwader in den schweren Zeiten in Stalingrad. Hart nach außen, weich aber drinnen.
Sein Herz hing an der 6. Armee, die im Kessel von Stalingrad verendete. Um dieses Schicksal weinte er einmal im Geschwadergefechtsstand in No-

wotscherkask. In den letzten Tagen des Januar 1943 wollte er fast stündlich wissen, ob auch alles geschähe.
Man zeigte es ihm: Menschen der Technik in freier Wildbahn bei 35° Celsius minus.
Er brach seelisch an dem Untergang von Stalingrad. So ging man auseinander, bevor er im Balkan eine neue Aufgabe übernahm.
Nicht innerlich, aber *sehr* achtend begegnete er dem Geschwader. In verschiedener Weise war er ausgesprochen fürsorglich.

*Generalfeldmarschall Wolfram Frhr. von Richthofen* war das, was sein Titel besagte. Er war ein »Marschall« der Luftwaffe. Von der Front her als Kommandierender General des VIII. Fliegerkorps hatte er ein Zusammenwirken von Luftwaffe und Heer entwickelt, das nachher die Alliierten in Italien einfach kopierten.
In der Frontführung als Luftflottenchef: nachdem er die Erfolge der II. Gruppe im Bombenhochwurf mit dem Lotfe 7 D sah, gab er Oberstleutnant Kühl das Geschwader und dann den »Gefechtsverband« mit mehreren Einheiten in der Donschlacht und zur Versorgung des Kessels von Stalingrad.
So etwas von vollendeter technischer Versorgung am Platz und rückwärts wie im Großeinsatz auf Stalingrad gab es nie. Im Technischen wurden alle Wünsche der Front auf den rückwärtigen Parks sofort erledigt; sogar Segelflugtransportanhänger an He 111 wurden jeder Gruppe zugeteilt.
Der Mann handelte in ungewöhnlicher Art von der Front her. Dem Verbandsführer alle Freiheiten im Einsatz und im Taktischen überlassend.
Er war ein Preuße. Mit dieser Begabung, nach unten abzugeben, wo er einen Dummen fand, der ihm klug genug war. Im Stabe reiner, papierfreier Schreibtisch, und dann mit dem Fieseler Storch zur Front.
Die Art, wie er sich im engsten Kreise unterhalten konnte — Gedanken fern der Front — war die eines vollendeten schlesischen Kavaliers, dem nichts mehr vom Feldmarschall anzumerken war. Eine feinfühlig-taktvolle Art, die seinem inneren adligen Wesen entsprach. —

*General Rudolf Meister* war ein aufrechter, klarer und verantwortungsbewußter General, der seine Truppe kannte. Ein sehr gebildeter Offizier, ungeheuer arbeitsam — Schlaf schien er überhaupt nicht zu kennen —, der sich für Schulung und Weiterbildung seiner unterstellten Verbände stets bemühte und erfüllt war von außerordentlicher Fürsorge für alle seine Soldaten.
Seine Einsatzbefehle waren hart und kompromißlos. Bei Einsatzbesprechungen vor und nach dem Einsatz kam sein mitfühlendes Soldatenherz ganz zum Ausdruck. Dank seiner Angriffstaktik und -technik gelang es ihm trotz Gegenwehr, mit seinem IV. Fliegerkorps auf dem operativen

Einsatzsektor hervorragende Erfolge zu erzielen. Zu einer Zeit, wo der Stern der Luftwaffe bereits zu sinken begann.
Er verstand es, Großeinsätze geistig und technisch so vorzubereiten, daß mit nur geringen Verlusten Eisenbahn-, Verkehrsknotenpunkte und wichtige Industrieziele nachhaltig zerstört werden konnten.
In der Einsatzvorbereitungsphase konnte General Meister von peinlicher Genauigkeit sein, vor allem, wenn sich Angriffsphasen über mehr als 24 Stunden erstreckten. Der Einsatz auf Poltawa brachte für das IV. Fliegerkorps und damit General Meister nur dadurch den großen Erfolg, weil die taktischen, operativen Vorbereitungen nach genau durchdachtem Plan abliefen und die technischen Vorbereitungen wie Startzeiten, Navigationshilfen, Ablaufpunkte, Angriffshöhe, Bombenwurf und Rückflug sich den operativen Belangen unterzuordnen hatten.
In seinem Korpsstab verstand er es, erfahrene Truppenoffiziere unterstellter Geschwader in stetem Erfahrungsaustausch mit jüngeren, wenig fronterfahrenen Generalstabsoffizieren fruchtbar und reibungslos zusammenarbeiten zu lassen.
Ein überlegener Truppenführer, der sowohl die Anerkennung unterstellter Geschwader als auch der vorgesetzten Luftflotte fand.
Sein allzu früher Tod nach dem Kriege hinderte ihn daran, am Aufbau der neuen Fliegertruppe der Bundeswehr mitzuwirken.

*Diese »unsere Generäle« verließen uns:*

| | | |
|---|---|---|
| Wolfram Freiherr von Richthofen | — | im Tode mit Gehirntumor unmittelbar nach der Kapitulation. (10. 10. 1895—12. 6. 1945) |
| Robert Ritter von Greim | — | im Freitod, als er zur Gefangenschaft abgeführt werden sollte. (22. 6. 1892—24. 5. 1945) |
| Martin Fiebig | — | von den Briten ausgeliefert und gehängt in Jugoslawien. (7. 5. 1891—24. 10. 1947) |
| Kurt Pflugbeil | — | nach zehnjähriger russischer Gefangenschaft an deren Folgen zu Hause gestorben. (9. 5. 1890—31. 5. 1955) |
| Rudolf Meister | | (1. 8. 1897—11. 9. 1958) |

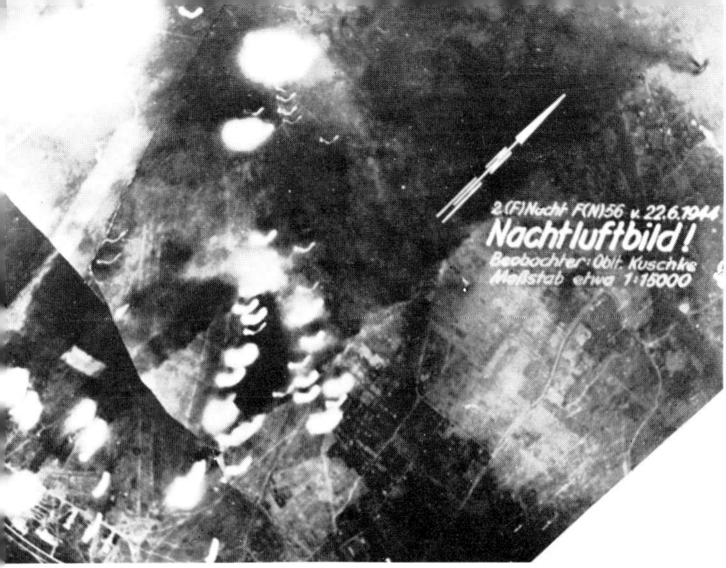


Fernaufklärer fotografierten Poltawa noch kurz vor Ende des Angriffs.

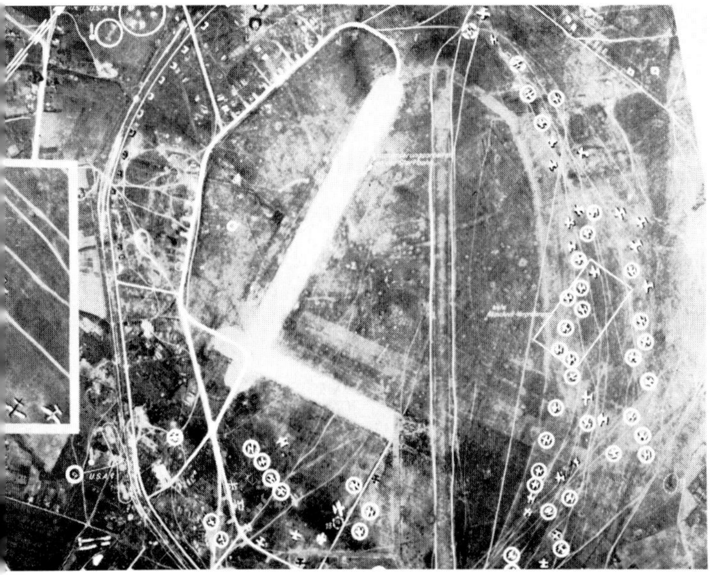

Die Auswertung nach dem letzten großen operativen Angriff deutscher Kampfflieger im Osten zeigte, welche hohen Verluste die 8. USAAF erlitten hatte.

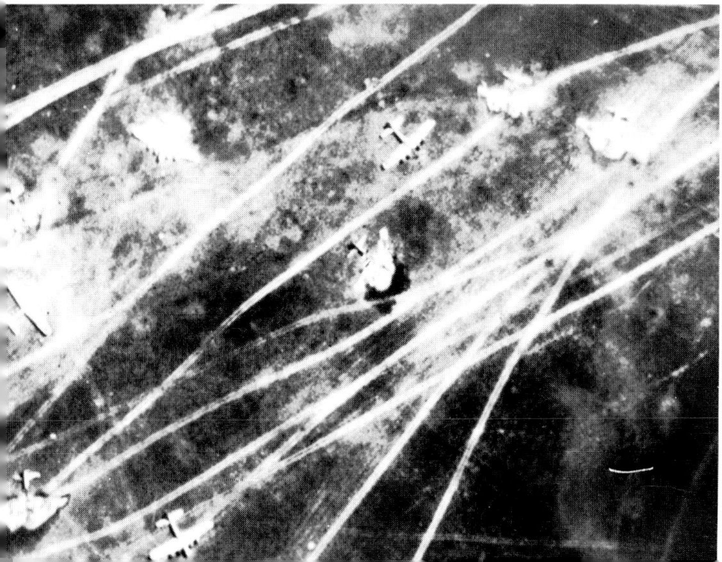

»Blindflugschulung« in Straubing 1945! (oben rechts)

Ungestört konnten alliierte Bomber bei Tage Straubing überfliegen. Ob sie wohl wußten, daß hier ein Me 262-Tagjagdverband im Werden war? (oben links)

»Mustang« Jaboangriff am 5. Februar 1945 in Straubing.

So sah der Me 262 Flugplatz Neuburg nach dem Angriff vom 20. März 1945 aus!

Kein Wunder, daß das KG 55 (J) die letzten Schüsse im Kriege als »Kampfgruppe Greif« mit der Panzerfaust abgeben mußte, im wenig geübten Erdeinsatz.

Herzliches Wiedersehen in Gießen nach Jahren der Entbehrung und Gefangenschaft (oben links).

Altkommodore Dr. Ernst Kühl bei seiner Rede zur Einweihung des Ehrenmals des KG 55 »Greif« (oben rechts).

General der Flieger Rudolf Meister bei der Enthüllung des Ehrenmals in Gießen 1956.

Das Ehrenmal, an dem sich regelmäßig die Traditionsgemeinschaft »Greif« trifft.

Im Einsatz und im Tode vereint, das Grab einer Besatzung. – Sinnlos vertan? –

*Unterstellung des KG 55 »Greif«*

| | |
|---|---|
| Polenfeldzug | 2. Fliegerdivision (Neiße)<br>General Bruno Loerzer |
| Luftschlacht um England | V. Fliegerkorps<br>General Robert Ritter von Greim |
| Ostfeldzug bis Oktober 1941 | V. Fliegerkorps<br>General Robert Ritter von Greim |
| Sondereinsatz Moskau<br>(Juli/August 1941) | II. Fliegerkorps<br>General Bruno Loerzer |
| Oktober1941—März 1942 | IV. Fliegerkorps<br>General Kurt Pflugbeil |
| Dezember 1941—März 1942<br>(II. und III. Gruppe Ruhe<br>in Frankreich) | IX. Fliegerkorps<br>General Joachim Coeler |
| März 1942—Juni 1942 | VIII. Fliegerkorps<br>General Wolfram Freiherr von Richthofen |
| Juni 1942—Juli 1942 | I. Fliegerkorps<br>General Günter Korten |
| Juli 1942—März 1943 | VIII. Fliegerkorps<br>General Martin Fiebig |
| April 1943—September 1943 | IV. Fliegerkorps<br>General Kurt Pflugbeil |
| Oktober 1943—September 1944 | IV. Fliegerkorps<br>General Rudolf Meister |
| Oktober 1944—Kriegsende | IX. Jagdkorps<br>Generalmajor Dieter Peltz |

# *Das Ende zwischen Donau und Isar 1945*

Die pausenlosen Tag- und Nachtangriffe alliierter Bombergeschwader rüttelten die Luftwaffenführung, insbesondere nach den vernichtenden Nachtangriffen auf Hamburg in den letzten Julitagen 1943, auf. Der Reichsverteidigung mußte von nun an Vorrang vor anderen Fronten eingeräumt werden.

Die »Festung Europas« besaß kein schützendes Dach. Obwohl Hitler Ende 1943 entschieden hatte, monatlich 3000 Jagdflugzeuge zu produzieren, waren die deutschen Kraftquellen so schwer angeschlagen, daß die Ölversorgung bereits gelähmt, die Transportbewegungen ins Stocken geraten und die Luftverteidigung ausgepumpt und abgenutzt waren. Dennoch konnte der Widerstandswillen der Bevölkerung durch vermehrte alliierte Terrorangriffe nicht gebrochen werden.

Im März 1944, als das KG 55 »Greif« noch im Osten kämpfte, wurde der »Jägerstab« unter Milch und Speer gebildet. Er sollte erreichen, daß die Produktion weiter auf 4000 Jagdflugzeuge gesteigert werde. Das gelang nur mit der Verlagerung der Flugzeugherstellung unter Tage und in eine Vielzahl von Kleinbetrieben. In der Tat erreichten die Herstellungszahlen den höchsten Wert überhaupt während der gesamten Kriegsjahre. Es waren hauptsächlich die bewährten aber technologisch schon nicht mehr dem neuesten Stand entsprechenden Typen Me 109 und Fw 190.

Das epochemachende Strahlflugzeug Me 262 wurde durch die Verbohrtheit Hitlers, es als »Blitzbomber« zu verwenden, der Jagdfliegertruppe allzulange vorenthalten. Diese Fehlentscheidung zwang zu Änderungen des als Jagdflugzeug konzipierten Typs und verhinderte die Serienreife in unverantwortlicher Weise.

Es dauerte Monate, bis endlich wenigstens jede zwanzigste Me 262 an die Jagdflieger abgeliefert werden durfte. Zu lange, um möglicherweise noch eine Entscheidung am Himmel über Deutschland herbeiführen zu können.

Der Gegner verfügte durch unsere relativ unmodernen und dezimierten Jagdflugzeuge über eine nicht zu bezwingende, überwältigende Überlegenheit in der Luft.

Am Abend der Invasion, dem 6. Juni 1944, kämpften ganze 319 deutsche

Flugzeuge gegen 14 674 alliierte Flugzeuge! Trotz Verstärkung der Luftflotte 3 in Frankreich sollte sich das Kräfteverhältnis von 1 : 25 in der Folgezeit nicht ändern. Daran mußte die deutsche Luftwaffe endgültig zerbrechen.
Es half auch nichts mehr, Kampfgeschwader für den Jagdeinsatz umzurüsten, zu einer Zeit, wo bereits offensichtlich war, daß Deutschland durch abgestimmte alliierte Operationen innerhalb kürzester Zeit, im Herz getroffen, in eine nördliche und südliche Front aufgeteilt werden sollte.
Während dieser Zeit wurde das bewährte Kampfgeschwader 55 am 19. September 1944 endgültig aus dem Einsatz gezogen, dem Generalkommando IX. Fliegerkorps (Generalmajor Peltz) unterstellt und der Befehl zur Umrüstung auf einen Jagdverband erteilt.
Kurz bevor Kommodore Richard Brunner am 22. November 1944 das Geschwader übernehmen sollte, erhielten er, seine Gruppenkommandeure und Staffelkapitäne bei Breslau einen kurzen Einweisungslehrgang in die Tagjagdaufgaben.
Die Gruppen verlegten auf Plätze im niederbayerischen Raum
(I. Gruppe: Straubing; II. Gruppe: Plattling; III. Gruppe: Ganacker; Geschwaderstab: Amtsgerichtsgebäude Landau).
Die IV. Gruppe lag noch in Pilsen, während die 14. (Eis) Staffel noch an Brennpunkten in Mitteldeutschland kämpfte und vielen, in Festungen Eingeschlossenen mit Versorgungseinsätzen Entlastung zu bringen versuchte.
Die herausragenden Versorgungseinsätze der 14. (Eis) Staffel mögen an dieser Stelle erwähnt werden, weil diese Staffel wahrlich bis zum bitteren Ende unter härtesten Bedingungen, und das stets bei Nacht, noch Einsätze fliegen mußte und hohe Verluste erlitt. Das Schicksal der folgenden Orte wurde mehrfach beschrieben:

| | |
|---|---|
| »Festung« Posen | 7. 2., 9. 2., 14. 2., 17. 2.—22. 2. 1945 |
| »Festung« Schneidemühl | 11. 2. 1945 |
| »Festung« Breslau | 16. 2., 17. 3.—21. 3. 1945 |
| »Festung« Glogau | 25. 2., 18. 2., 5. 3.—15. 3., 17. 3.—19. 3. 1945 |
| »Platz« Zarzenzin | 20. 1. und 21. 1. 1945 |
| »Platz« Ebenfelde | 25. 1. 1945 |
| »Platz« Waltersau | 25. 1. 1945 |

Zusätzlich wurden im Raum Küstrin Bombenangriffe zum Eissprengen der Oder geflogen, eine deprimierende Art des Bombenwerfens! Man versuchte, den Russen — vergeblich — am Oderübergang zu hindern. Die chronischen Versorgungsschwierigkeiten zwangen die Staffel, auf allen möglichen Plätzen in Brandenburg zwischenzulanden, um wenigstens ein paar Tropfen Sprit zu bekommen.

Am 27. April 1945 flog diese bewährte Staffel, vielfach erwähnt in Wehrmachtsberichten, die letzten Einsätze von Königgrätz aus. Dann wurde sie aufgelöst. —

Zu einem Zeitpunkt also, wo das KG 55 bereits als »Erdtruppe« kämpfte.

Umrüstung und Umschulung des Verbandes nahmen die 9. Fliegerdivision wahr, die Oberst Hajo Hermann (»wilde Sau«) führte. Der Verband erhielt von nun ab die Bezeichnung KG 55 (J).

Die aus den Kampfbesatzungen freiwerdenden Beobachter, Bordfunker, Bordmechaniker und Bordschützen konnten weitgehend in Planstellen des fliegertechnischen Bodenpersonals überführt werden. Der Rest mußte zur Auffüllung der Personalverluste bei anderen Bodentruppen wie Eisenbahnflak, Fallschirmtruppe, SS-Einheiten und benachbarten Heeresverbänden abgestellt werden. Viele fanden noch in den letzten Kriegswochen den Tod im Erdkampf, weil sie dafür gar nicht genügend ausgebildet worden waren. Nur die IV. Gruppe ging mit großen Teilen in den sogenannten Industrieeinsatz (hauptsächlich in die Düsentriebwerkfabrikation), einige wenige bildeten mit Restgruppen anderer Kampffliegerverbände die Ergänzungsjagdgruppe des IX. Fliegerkorps (J) in Pilsen. Die mehr als mangelhafte Umschulung auf die Jagdflugzeuge Me 109 (I. und II. Gruppe) und Fw 190 (III. Gruppe) konnte bis März 1945 beendet werden. Sie wurde durch die laufenden alliierten Bombenangriffe (fast ständig MYO-Lage!) erheblich gestört, dazu kamen häufige Aufräumungsarbeiten, der Bau von Unterständen, Bunkern und Einmannlöchern, wobei auch die Flugzeugführer mit Hand anlegen mußten, um zu überleben. Vom 14. bis 16. Februar 1945 fanden die furchtbaren Terrorangriffe auf Dresden statt.

Am 15. Februar wurde der Flugplatz Obertraubling bei Regensburg von ca. 300 alliierten Bombenflugzeugen angegriffen. 50 Me 262 sollen zerstört worden sein. Vielleicht gerade die Maschinen, die das KG 55 (J) bekommen sollte?

Während des mit 500 Bombern gegen Nürnberg geflogenen Tagesangriffes am 20. Februar 1945, der im Anflug mit Teilen über Straubing abflog, wurde der Platz Straubing von 10 Mustangs im Tiefstflug bekämpft, wobei auch Flugzeuge des KG 55 (J) zerstört wurden.

Wenige Freiwillige meldeten sich zu den letzten hoffnungslosen Einsätzen beim »Sonderkommando Elbe« (Rammjäger). Auch das »Unternehmen Bienenstock« mit seinen geplanten Sabotage-Einsätzen auf US-Plätze in Oberitalien konnte — glücklicherweise — aus Wettergründen nicht mehr durchgeführt werden. Es war ohnehin zu spät!

Die 16- bis 18jährigen Flakhelfer und Flakschützen, das letzte Aufgebot, konnte gegen das zermürbende Jabofeuer mit ihrer Flak nichts ausrichten.

Die Versorgung der Verbände nahm groteske Formen an. So mußten Marketenderwaren aus der Rhön beschafft werden. Ein Unterfangen, das fünf Mann mehr als 48 Stunden band.
Für Ende März 1945 wurde die weitere Umrüstung auf Me 262 (Turbojäger) befohlen.
Als jedoch am 21. März 1945 der Flugplatz Neuburg, wo die neuen Turbojäger zuhauf standen, von amerikanischen Bombern geradezu umgepflügt worden war, ging auch dieser Traum für das KG 55 (J) zu Ende. Dennoch wurde von der obersten Führung an diesem Traum festgehalten. Ungeachtet der Tatsache, daß viele bewährte Kampffliegerflugzeugführer für den Jagdeinsatz ungeeignet waren, an eine Tagausbildung gar nicht mehr zu denken war und die theoretische und praktische Umschulung mangels Ausbildungsgerät und Vorschriften in unverantwortlicher Weise vernachlässigt werden mußte. Es bestand keine Aussicht mehr, zum fliegerischen Einsatz zu kommen.
Kommodore Brunner beurteilte die Lage rechtzeitig richtig und befahl, nachdem der Amerikaner bereits in der Oberpfalz stand und russische Truppen durch Österreich an die Reichsgrenzen vordrangen, sich gruppenweise für den Erdeinsatz vorzubereiten. Am 14. April 1945 war es soweit. Gruppenappelle wurden angeordnet. So auch in Straubing, wo der Kommandeur der I. Gruppe, Major Schirmböck, seinen Männern kurz und trocken bekanntgab, daß das Kampfgeschwader 55 »Greif« aufgelöst worden ist und geschlossen als »Kampfgruppe Greif« zur Unterstützung einer Volksgrenadierdivision zwischen Donau und Isar den Erdabwehrkampf zu führen habe.
Hartnäckiger Widerstand wurde geleistet, von Männern, die hierfür nicht ausgebildet waren. Dennoch taten sie auch hier ihre Pflicht und starben für etwas, was sie für richtig gehalten haben, für ihr Deutschland, für ihre Familien. Um 21.00 Uhr, am 25. April 1945, wurde der Fliegerhorst Straubing gesprengt. —
Flieger wurden Spähtruppführer! Einige setzten sich mit »selbstgebautem« Gipsverband per Fahrrad in die Heimat ab. Es fehlte an Waffen. Manch' einer hatte noch nicht einmal ein eigenes Gewehr — und sollte kämpfen! Es blieb diesen »armen Schweinen« nur die weiße Fahne! Amerikanische Panzer standen schon in Straßkirchen (26. April 1945).
Oberleutnant Meier hatte beim Abmarsch in der Nacht des 26. April 120 Mann, am Morgen des 28. April waren es in Zeholfing noch 32 Mann! Der Rest war in der Dunkelheit verlorengegangen. So ging es in die »Isarstellung«. —
Mit 250-kg-Bomben wurden Brücken gesprengt. Alles, was sich bewegte, wurde durch amerikanische Heeresaufklärer vom Typ »Auster« sofort gesichtet. Sie leiteten gezieltes Granatwerferfeuer auf den »verlorenen Haufen«, der sich in der Nacht vollends auflöste und schlicht »türmte«.

Das jahrelang geübte soldatische Verhalten brach zusammen, man fühlte und dachte nur noch als hilfloser, kleiner Mensch und reagierte entsprechend.

Kopflose, erschöpfte Landser in Scheunen von Bauern, die inständig baten, das Feld zu räumen, um nicht feindliches Feuer auf sich zu ziehen.

Es war zu spät!

Es folgte Schlag auf Schlag, was jeder Landser erlebte. Amerikanische Jeeps rollten vor, Gefangennahme, nervöse amerikanische Soldaten mit der MP im Anschlag, der Griff zur 08 und zur Armbanduhr, Einlieferung in provisorische Gefangenenlager (Scheunen, Wiesen, Gehöfte), nach zwei bis drei Tagen endlich eine halbe Büchse mit Konserven als ersehnte Verpflegung. Kalte Nächte im Freien, ohne Decke oder Plane, ohne Schlaf, geschwächt und demoralisiert dazu.

Endloser Regen mit Morast im Lager Regensburg, unter freiem Himmel, 50 000 Gefangene.

Am 7. Mai klarte der Himmel auf. Die Waffen schwiegen, wenn auch noch nicht offiziell.

Kameraden wurden von US-Posten grundlos zusammengeschlagen. Läuse, kahlgeschorene Köpfe, kein Trinkwasser. Man versuchte, das Donauwasser aufzubereiten. Die Belegung des Lagers war inzwischen auf 120 000 gewachsen. Not und Elend, wohin man sah. Mancher öffnete sich die Pulsadern oder erhängte sich an den Zwischenzäunen.

Die Ersten wurden am 23. Mai 1945 entlassen. Manche waren den Russen ausgeliefert worden und mußten zum Teil zehn Jahre den Haß einer ideologisierten und fanatisierten Nation erdulden.

Von nun an hieß es, die Familie finden, sofern sie das Inferno des Krieges überlebte, und eine neue Existenz aufbauen.

Die Luftwaffe hatte mit etwa:

140 000 Gefallenen
155 000 Vermißten
40 000 Verwundeten

bitter bluten müssen.

Für die Überlebenden brach eine Welt zusammen. In Gedanken an die gefallenen und vermißten Kameraden, mit denen man jahrelang in einer Kampfgemeinschaft lebte, kam aller Schmerz von Neuem hoch. Hoffnungslosigkeit gepaart mit Optimismus: »es wird schon irgendwie weitergehen« gab dennoch auch den »Greifen« die Kraft, zäh und still, jeder an seinem Platz, am Aufbau des in Trümmern liegenden Deutschland mitzuhelfen.

# *Der Kameradenkreis »Greif«*

— Traditionsverband des ehemaligen Kampfgeschwaders 55 —

Das gemeinsame Erlebnis der Friedens- und Kriegsjahre hatte trotz aller Wirrnisse des Zusammenbruchs und der ersten Nachkriegszeit die gegenseitige Verbundenheit gewachsener Kameradschaft wachgehalten.

Nach der Kapitulation 1945 wuchs von Jahr zu Jahr der Wunsch, sich zur Pflege der Kameradschaft, zur gegenseitigen Hilfe in schwerer Zeit und zur Aufklärung von Gefallenen- und Vermißtenschicksalen regelmäßig zu treffen.

Es begann mit kleinen Zusammenkünften in Gießen, Hamburg und Berlin. Der letzte Kommodore, Major Richard Brunner, der in Schleswig-Holstein einen festen Arbeitsplatz gefunden hatte, ging zunächst daran, eine Anschriftensammlung zusammenzustellen. Nachdem auch Oberst Kühl aus englischer Kriegsgefangenschaft zurückgekehrt war, wurden die einzeln bestehenden, losen Verbindungen enger geknüpft.

Dank des ganz persönlichen Einsatzes von Richard Brunner und der spontanen Zusage von Fritz von dem Hagen, der als Forstmeister in Uetze in der Lüneburger Heide auch über entsprechende Räumlichkeiten verfügte, konnte am 19. und 20. Mai 1951 das erste Nachkriegstreffen zur Gründung des Kameradenkreises stattfinden. Insgesamt fanden 27 ehemalige »Greifen« den Weg nach Uetze, zum Teil auf etwas abenteuerlichen Wegen.

Einige bildeten Fahrgemeinschaften und fuhren im Konvoi, aus dem westfälischen Raum rollten Kühl, Antrup, Schüren und Schmidtmann mit einem Jeep-Kleinbus an, Seidlitz und Weyer wagten es mit einem Pkw Hanomag, Modell 25, Mylius fuhr mit einem Leichtmotorrad, Gottschalk erschien mit Obstlieferwagen, Brunner und Südel schafften es mit ihrem Krad nach strapaziösen Pannen, sich am späten Abend als allerletzte der stimmungsvollen Schar anzuschließen. Das Wiedersehen nach so langer Zeit war stürmisch und herzlich, von dem Hagen hatte alles vorzüglich organisiert.

Die Frau des Hauses sorgte für das leibliche Wohl aller, wie es in der damaligen Zeit nur eben möglich war.

Ernst Kühl zeigte damals bereits den Weg auf:

*»Ein erstes Wiedersehen nach den Jahren der Not und der Bewährung eines neuen Lebens! Ein Anschluß an die gemeinsam erlebte und die eigene Vergangenheit, die wieder wach ist im Besten ihrer Tradition: dieser stahlblauen Kameradschaft, die uns verband und prägte und weiterhin eine Stütze sein soll, jedem, wo er steht. Nicht denkbar ist sie ohne alle Männer, die sich in dieser Kameradschaft zusammenfanden, in der Luft und am Boden ohne Unterschied eines Ranges. Wie wir im bitteren Ernst zusammenstanden, so haben wir angehoben, das Gedächtnis der Gefallenen und Vermißten zu ehren, das Schicksal der Kriegsgefangenen, der Witwen und Unterstützungsbedürftigen einzubeziehen in unsere Fürsorge. Wie wir in froheren Stunden zusammenstanden, so wollen wir uns wiedersehen und treffen!«*

Als Ergebnis des Uetzer-Treffens wurde u. a. beschlossen, daß Richard Brunner zum Geschäftsführer der Gemeinschaft, die den Namen »Kameradenkreis Greif« führen solle, bestimmt wurde und Pfingsten 1952 das erste große Geschwadertreffen stattfinden solle.
Pfingsten 1952 war es in Oberissigheim soweit. Hierzu schrieb Siegfried Zantke den folgenden Bericht, teilweise in rechtem Fliegerjargon:

*»In jahrelanger, mühevoller Kleinarbeit hatte Richard Brunner eine Anschriftensammlung der alten Kameraden angelegt, die zur entscheidenden Voraussetzung des großen Unterfangens wurde. Hans Rybka übernahm, unterstützt von Walter Ruppert, die technische Vorbereitung des Treffens, nachdem feststand, daß dem mainfränkischen Raum, seiner zentralen Lage halber, der Vorrang zu geben war. Doch schon die erste »Zielaufklärung« erforderte viel Geschick. In Hanau tagten Turner und Kegler zum in Aussicht genommenen Termin. Im traditionsverbundenen Langendiebach belegten die »Veronikas« der Amis die besten Quartiere und außerdem wies der Bürgermeister auf die »fliegerfeindliche« Gesinnung seiner Bevölkerung hin. Endlich fand sich in Oberissigheim der geeignete »Horst«.*
*Alter »Greif« Heinz Conrad hatte den glücklichen Gedanken gehabt, dort des einzigen Gastwirts Töchterlein zu ehelichen, so daß das rechte Manöverquartier offenstand. Und, um es vorweg zu nehmen, die Aufnahme durch die Bevölkerung war über alles Lob erhaben und konnte glatt als achtbarer Teil des so oft berufenen Danks des Vaterlandes an seine Soldaten gelten.*
*So kam der Pfingstsonnabend heran. Dank großherziger Spenden konnten auch die mittellosen Kameraden zum Anflug starten. Von allen Seiten her schoben sich die »Greifen« dem Zielhafen zu. Schon vorm Meldekopf am Bahnhof Bruchköbel gab es die ersten stürmischen Wiedersehensbegrüßungen. »Menschenskind, lebst Du auch noch?« Kameraden, die sich zehn*

*Jahre nicht mehr gesehen hatten, lagen sich in den Armen, klopften sich auf die Schultern und verbargen die Rührung jener Stunde hinter sehr männlichen Sprüchen. Das Rotgelbblau der Greifenwappen wies den Weg zum »Schwan« in Oberissigheim. Der Zubringerdienst klappte. Beweis: markante Staubfahnen auf der Anflugschneise. Der Zeremonienmeister, Hans Rybka, hatte alle Hände voll zu tun, damit jeder seinen Liegeplatz zugewiesen bekam. Doch allgemein wurde nach bewährter Tradition erst einmal nachgetankt. Der alte Brauch wurde nicht gebrochen: Der beste Platz ist immer an der Theke!*

*In der engen Gaststube drängte sich das Volk, welches von sich behauptet, ein sonniges Land zu sein, und jeder Neuankömmling wurde mit zünftigem Kampfgeschrei empfangen. Bis er erst einmal seine Erfolgsmeldung aus den sieben Jahren bürgerlicher Einsatzzeit abgegeben hatte, waren die Tassen schon mehrfach aneinandergerieben. Noch vor der offiziellen Eröffnung des Treffens, setzte der Schwanenwirt die erste PAN-Meldung an die Brauerei ab. Schon jetzt war es klar, daß alle Erwartungen übertroffen werden würden, und die Bevorratung der Tankstelle bei weitem nicht ausreichen konnte. Die Wiedersehensfreude schob sich zu höchsten Kumulustürmen empor. Da waren Kumpels, die längst schon tot geglaubt, plötzlich quicklebendig unter uns. Aus Kanada, hinter sibirischen Stacheldrähten hervor, aus afrikanischen Wüstenlagern waren sie endlich wieder in die Heimat zurückgekehrt. Und wer selbst nicht kommen konnte, weil er arbeiten mußte, vom Eheweib die Bremsklötze vorgestellt erhielt, oder in der Ostzone festsaß, von dem wurde erzählt und berichtet.*

*Es war hohe Zeit, daß in dem Trubel endlich der offizielle Teil des Festes begann. Viel später wäre es nicht mehr möglich gewesen, geordnete Verhältnisse in den Verband zu bekommen.*

*Max Heyna, den das Kriegsende in Oberissigheim eine neue Heimat hatte finden lassen, begrüßte den Kameradenkreis im Namen des gastgebenden Dorfes und des vorbereitenden Festausschusses. Aus Österreich waren die Kameraden gekommen, wie aus dem Saarland, der Schweiz, Schweden. Als in den frühen Morgenstunden auch »Berlin« einfiel, war das Anlaß, eine neue Platte aufzulegen. Zum Schlafen war es ohnehin zu spät geworden. Gerade, daß man noch dazukam, dem Gebot der Höflichkeit die Konzession zu machen, das morgendliche Startfrühstück beim Quartiergeber einzunehmen. Trotz allem, abgeschmiert war keiner.*

*Erst gegen Mittag lief das Programm des offiziellen Teils wieder an. Der große Saal war bis auf den letzten Platz besetzt, als Ernst Kühl das Wort ergriff und jene männliche Erlebnisgemeinschaft als ein alle Zeitumstände überdauerndes Bekenntnis zu einer inneren Verpflichtung jedes einzelnen auf die soldatischen Tugenden der Ehre, Treue und Kameradschaft herausstellte. Im Gedenken an die alten Frontführer auch unseres Geschwaders Ritter von Greim, Pflugbeil, Frhr. von Richthofen und Fiebig gab er der*

*Freude Ausdruck, auf dem Treffen den letzten Korpschef, General Meister, als Ehrengast in unserer Mitte begrüßen zu können.*
*Anschließend gab Richard Brunner einen eingehenden Rechenschaftsbericht über Entstehung und bisherige Tätigkeit des Kameradenkreises, der inzwischen bereits 613 alte »Greifen« namentlich erfaßt hatte. Kurz charakterisierte er die Aufgaben der einzelnen Fachreferate und sprach die Hoffnung aus, daß dieses 1. Treffen zu einer noch aktiveren Gemeinschaftsarbeit führe, als sie bisher angelaufen sei. Dabei stellten sich klar drei konkrete Aufgabengebiete für die künftige Arbeit des Kameradenkreises heraus.*

1. *Pflege der kameradschaftlichen Verbindung, ohne Ansehen früherer Ränge und Dienststellungen, aus der Erkenntnis heraus, daß die einst einigenden männlichen Tugenden ihre Gültigkeit nicht verloren haben. Gleichzeitig Fühlungsaufnahme mit anderen Traditionsverbänden der ehemaligen Waffe, sowie Wahrnehmung der sich aus der Vergangenheit ergebenden fliegerischen und soldatischen Interessen.*
2. *Betreuung der Hinterbliebenen der Gefallenen, der Angehörigen der Gefangenen und Vermißten, sowie der Kriegsversehrten und der als sog. »Kriegsverbrecher« Inhaftierten. Damit verbunden eine soziale Unterstützung für in Not geratene Kameraden, durch Arbeitsvermittlung, Auftragserteilung und sonstige mögliche Hilfeleistungen. Weiter juristisch-sozialrechtliche und ärztliche Beratung.*
3. *Neuzusammenstellung der bei Kriegsende verlorengegangenen Chronik des alten Geschwaders, als Unterlage einer späteren gerechten Urteilsfindung über die deutsche Kriegsführung und die soldatischen Leistungen.*

*Aus dieser Aufgabenstellung ergab sich die Zweckmäßigkeit der eigentlichen Geschäftsführung des Kameradenkreises, Sonderreferate für Stellenvermittlung, Soziale Betreuung, Geschwaderchronik, Rechtsberatung und Sportflug anzugliedern.*
*Nach der Kassenprüfung und Entlastungserteilung sprach Wilhelm Antrup den Dank des Kameradenkreises für Richard Brunners so selbstlose Arbeit aus und machte sich zum Sprecher aller, wenn er ihn als Auftakt der Vorstandswahl bat, auch fernerhin die Führung des Kameradenkreises zu behalten. Die anschließende Vorstandswahl bestätigte Richard Brunner als 1. Vorsitzenden und attachierte ihm zu seiner Unterstützung in einstimmiger Wahl Gerhard Nottebohm als Kassenprüfer und Siegfried Zantke als Schriftführer. In dieser Zusammensetzung wurde dem neugewählten Vorstand Geschäftsvollmacht für den Kameradenkreis erteilt. Die bestehenden Referate fanden in ihrer Aufgabenstellung und personellen Führung ihre Bestätigung, lediglich das Referat Geschwaderchronik wurde aus Zweckmäßigkeitsgründen dem Schriftführer des Kameradenkreises übertragen.*

Das Fest war gelungen, der Kameradenkreis entstanden und die erforderliche Organisation gebildet.
Zum 2. Geschwadertag wurde aus vielen Gründen nach Gießen eingeladen. Gießen war Friedensstandort, lag verkehrsmäßig günstig und zentral, und es lebten sehr viele ehemalige Geschwaderangehörige in der Stadt und der weiteren Umgebung. Friedrich Jordan übernahm die Vorbereitung und Durchführung in Arbeitsteilung mit hilfsbereiten Kameraden. Auf Grund der guten Erfahrungen, die in Oberissigheim mit der Verlegung des Treffens in eine dörfliche Gemeinde — auch hinsichtlich der Unterbringungsfrage — gemacht worden waren, wurde Heuchelheim als Treffpunkt gewählt.
Am Samstag, den 5. Juni 1954, trafen aus dem ganzen Bundesgebiet, aus Österreich und aus dem Saarland die Kameraden ein. Wer sich am Pfingstsonnabend Gießen näherte, fand unter den vertrauten gelbschwarzen Wegweisertafeln ein unübersehbares blaugerandetes Hinweiszeichen mit der Beschriftung KG 55, so wie es einst die Wegweiserbäume der Etappenstraßen in West und Ost geziert hatte. In Heuchelheim grüßte dann das Greifenwappen von der »Turnhalle« alle jene, die sich zwischen den Wagenschlangen hindurchwanden zum Tagungslokal. Mit Karten von den Einsatzgebieten, Bildtafeln, deren Großphotos einen repräsentativen Querschnitt des Kriegseinsatzes des KG 55 gaben und dem Emblem des Geschwaders vor zwei gekreuzten Latten ausgeschmückt, bot der Tagungsraum jenes Milieu, das bereits in den ersten Minuten jeden Neuankömmling in den alten Reihen heimisch werden ließ. Wie beim 1. Geschwadertreffen vor zwei Jahren in Oberissigheim, so war auch diesmal wieder der erste Abend einem kameradschaftlichen Beisammensein vorbehalten, das ganz unter der Parole »Weißt Du noch ...« stand. Daß es sich diesmal viele »Muttis« nicht nehmen ließen, ihren »Kämpfer« in den engeren Kreis der alten Kameraden zu begleiten, war sicherlich ein Gewinn und verbreiterte die Basis des Zusammengehörigkeitsgefühls ganz erheblich.
Unter den Ehrengästen des Abends fanden sich neben dem Bürgermeister der gastgebenden Gemeinde die Witwe unseres 1. Geschwaderkommodores, General Süßmann, der ehemalige Standortälteste von Gießen — der Friedensgarnison des Geschwaders — und das Ehrenmitglied des Traditionsverbandes, General Halm ein. Landrat und Oberbürgermeister von Gießen hatten brieflich ihre Grüße übermittelt. Nach begrüßenden Worten des mit der Organisation des Treffens betrauten Kameraden Friedrich Jordan nahm der letzte Kommodore des KG 55, Richard Brunner, das Wort zur Begrüßung.
Der Rest des Abends, besser der Nacht, gehörte dem Zusammensein im Staffelkreis, und bald temperamentvoll, bald besinnlich wurden Erinnerungen aufgefrischt. Ganz klar, daß hier Bodenpersonal neben fliegenden

Besatzungen, der Obergefreite neben dem General, die Kameraden aus Österreich zwischen denen aus der Ostzone und von der Saar jene Einheit bildeten, wie das immer gewesen war. Eine mustergültige Organisation hatte dafür gesorgt, daß jeder, der es wollte, auch zwischen 4 und 5 Uhr morgens die Haustür zu seinem Privatquartier — sie waren von der Bevölkerung kostenlos zur Verfügung gestellt (!) — noch offen fand ...

Der Pfingstsonntag fand seine besondere Weihe in der Gedenkstunde am Gefallenenehrenmal durch Pfarrer Nies. Nach dem gemeinsamen Mittagessen wurden im Rahmen der Arbeitstagung die Berichte über die Entwicklung des Kameradenkreises, der heute mit seinen 730 Mitgliedern einer der stärksten unter den Traditionsgemeinschaften der fliegenden Verbände ist, die Kassenlage, die Arbeitsvermittlung, soziale Unterstützungsaufgaben usw. gegeben. Vertreterinnen des DRK sprachen anhand der ausgehängten Vermißtenlisten des KG 55 über ihre Suchdienstarbeit und leiteten eine Klärung der Fälle ein, zu denen anwesende Kameraden Aussagen machen konnten. Mit der Entlastung des bisherigen Vorstandes und der Wahl der Kameraden Friedrich Jordan zum ersten Vorsitzenden des Kameradenkreises und der Kameraden Ulrich und Nottebohm als seine Vertreter, der einstimmig gebilligten Erhebung der Kameraden Dr. Kühl und Brunner zu Ehrenvorsitzenden und der Entscheidung, fortan alle zwei Jahre ein Geschwadertreffen in Heuchelheim bei Gießen abzuhalten, schloß der offizielle Teil der Zusammenkunft.

Der Abend brachte unter Teilnahme der Bevölkerung einen »Fliegerball«, an dem alles dran war, und jene »Kameraden von der anderen Feldpostnummer«, die heute Gießen zum Standort haben, fühlten sich unter ihren einstigen Gegnern »sauwohl« (obgleich dieses Wort auszusprechen ihnen einige Schwierigkeiten machte, die aber an der Theke langsam überwunden werden konnten). Daß es am nächsten Morgen erhebliche Startverzögerungen bei der Heimreise gab — trotz einwandfreien Flugwetters —, sei am Rande erwähnt.

Nunmehr hatte der Kameradenkreis einen festen Standort gefunden. Alle zwei Jahre traf und trifft sich die Gemeinschaft der Angehörigen des Kampfgeschwaders 55 »Greif« auf Burg Gleiberg bei Gießen.

Ein besonderer Höhepunkt in der Geschichte des Traditionsverbandes waren ohne Zweifel die Vorbereitung und Verwirklichung des Geschwader-Ehren- und Mahnmals in Gießen, das dann schon am Geschwadertag 1956 von General Meister enthüllt und seiner Bestimmung übergeben werden konnte.

Es war alleine Friedrich Jordan, der mit finanzieller Unterstützung aller Kameraden und all seiner persönlichen Kraft in bemerkenswerter Hartnäckigkeit sein Ziel verfolgte und beispielhaft erreichte. Ihm gelang es, die Zustimmung des Magistrats der Stadt Gießen zu erwirken und den Maler und Bildhauer Seelemeyer, Lüneburg, einen ehemaligen Kampfflieger, zu gewinnen, das Ehrenmal zu schaffen. Die Stadt Gießen hatte bereits während des Krieges an markanter Stelle eine Anlage geschaffen, die einmal nach Kriegsende zu einem Ehrenmal ausgebaut werden sollte. Die deutsche Katastrophe von 1945 hatte das freilich dann verhindert. Erhalten aber blieb die gelungene architektonische Anlage eines Halbrunds aus Natursteinen, dessen Mitte von einem steinernen Obelisk ausgefüllt wird.

Der Adler wurde mit der Hand aus Kupfer getrieben, um ihm die erforderliche Leichtigkeit zu geben. Dadurch war es möglich, ihn auf dem sieben Meter hohen Natursteinsockel in eine Vorlage zu bringen, so daß man den Eindruck hat, er fliege. In seinen Fängen hält der Adler das Greifenwappen. Symbol der Stadt Gießen und des Kampfgeschwaders 55.

Die Kosten in Höhe von DM 6500,— wurden alleine vom Kameradenkreis »Greif« aufgebracht. Der 4. Geschwadertag, zugleich 20. Gründungstag des Geschwaders, Pfingsten 1956, stand ganz im Zeichen der Enthüllung des Ehrenmals. Fliegerkamerad Pfarrer Nies leitete die Weihestunde mit schlichten, eindringlichen Worten eines Gottesmannes ein.

Dann wandte sich Oberst Dr. Ernst Kühl in einer knappen, soldatischen Ansprache an die Versammelten:

*»Im Angesicht dieses Ehrenmals aus Künstlerhand, das das alte Kampfgeschwader 55 heute in dieser feierlichen Stunde seinen gefallenen und vermißten Kameraden weiht, neigen sich die lebenden Kameraden in menschlicher Anteilnahme vor den Angehörigen, den Witwen, den Waisen und Eltern derer, die von uns gegangen sind. Für uns leben sie weiter im Gedächtnis!*

*Dieses Ehrenmal sei aber auch ein Mahnmal für unsere Jugend, der Opfer jener Zeit in Ehrfurcht zu gedenken, der Männer, die sich damals in Hingabe für ihr Volk und im Glauben an eine gute Sache selbst überwunden haben.*

*Im Namen der hier versammelten Kameradschaft des Greifengeschwaders, das durch alle Feldzüge mit Stolz das Wappen dieser Stadt Gießen getragen hat, bitte ich Sie, Herr General Meister, den einzigen noch lebenden Kommandierenden General, der unserem Geschwader in so besonderer Weise verbunden gewesen ist, unser Ehrenmal zu enthüllen.«*

Dieser Aufforderung nachkommend, enthüllte General Meister mit den folgenden Worten das Geschwader-Ehrenmal:

*»Möge dieses Mal, errichtet in der Stadt Gießen, zu Ehren und zum Gedenken der Gefallenen und Vermißten eines der besten und der bewährtesten Kampfgeschwader unserer früheren Luftwaffe der heutigen und den kommenden Generationen stets vor Augen halten das hohe Soldatentum,*

*das in jenen lebte. Das Höchste des Soldatentums ist aber die Treue. Ebenso wie vor nunmehr 40 Jahren junge deutsche Regimenter bei Langemark mit dem Deutschlandlied auf den Lippen in den Kampf zogen, so trugen auch diese Deutschland im Herzen. In Treue gaben sie ihr Leben für Deutschland!*
*Ich enthülle nunmehr das Mal, das errichtet wurde für die Gefallenen und Vermißten des Greifengeschwaders, des ehemaligen Kampfgeschwaders 55!«*

Es war für alle, die dem Weiheakt beiwohnten, ein unvergeßlicher und zu Herzen sprechender Augenblick als nun die Hülle des Denkmals fiel, das anschließend von dem Vertreter der Stadt Gießen, Stadtrat Kötter, mit Worten in die Obhut der Stadt genommen wurde, die zeigten, daß der alles Soldatische diffamierende Ungeist der ersten Nachkriegsjahre nur eine vorübergehende Erscheinung war und die soldatische Leistung von einst endlich auch im Volk die ihr gebührende Anerkennung gefunden hat. Stadtrat Kötter führte aus:

*»Herr General! Meine sehr verehrten Damen, meine Herren! Liebe Kameraden des ehemaligen Kampfgeschwaders 55!*
*Ich begrüße Sie im Namen des Magistrats der Stadt Gießen und damit der gesamten Stadt und ihrer Bevölkerung. Ich heiße Sie recht herzlich willkommen zu ihrem Traditionstreffen hier in Gießen und zur Weihe Ihres Ehrenmals.*
*Es sind nunmehr fast zwei Jahrzehnte verflossen seit mit dem Bau dieses Ehrenmals begonnen worden ist, und aus der Geschichte dieses Baues heraus und aus den Schwierigkeiten seiner Vollendung während des Krieges und aus dem Anschein, als ob seine Vollendung nach dem Krieg mit dem damaligen Zeitgeschehen und Geist nicht vereinbar sei, herausgeboren aus einer politischen und geistigen Standortlosigkeit der damaligen Zeit, läßt sich schon in etwa nicht nur der äußere Rahmen erkennen, in dem dieses Mal hier entstanden ist, sondern es läßt sich auch erahnen, daß dieses Mal ursprünglich als ein reines Erinnerungs-, als ein Denkmal an die Gefallenen des ehemaligen Kampfgeschwaders 55, gedacht war. Der Inhalt, der Sinn und Zweck dieses Ehrenmals hat sich nicht gewandelt, sondern erweitert und ergänzt. Dieses Mal ist heute für uns alle einmal ein Denkmal, eine Erinnerung, ein Mahnmal an die Gefallenen des Kampfgeschwaders 55. Es ist darüber hinaus ein Zentralpunkt, ein Treffpunkt, sei es auch nur in sehr großen Zeitabständen, des Besuches hier unmittelbar aber doch ständig in der Erinnerung, in Gedanken ein Treffpunkt für alle Angehörigen des ehemaligen Kampfgeschwaders. Dieses Mal ist darüber hinaus ein Mahnmal für die Angehörigen unserer jungen Bundeswehr, ein äußeres Zeichen dafür auch, daß diese junge* Bundeswehr nur bestehen und

gedeihen und wachsen kann in der Traditionsverbundenheit. *Und wer etwa der Auffassung sein sollte, daß von einer solchen Tradition im Hinblick auf unsere junge Bundeswehr nicht gesprochen werden sollte, der verkennt das Wesen der Tradition, der sieht in der Tradition und in ihrer Pflege nichts anderes als ein Abklatsch dessen, was einmal als äußere Form zu erkennen war. Tradition ist etwas ganz anderes.* Tradition heißt: aus dem geschichtlichen Boden die Kraft schöpfen, um aus dieser Kraft heraus den gerade vorhandenen und neuen geschichtlichen, politischen und geistigen Gegebenheiten entsprechend etwas Neues und Starkes erwachsen zu lassen. *In diesem Sinne verstehe ich Traditionsgebundenheit auch unserer jungen Bundeswehr.*

*Und dieses Mal hat noch einen vierten Sinn. Es stellt das äußere Merkzeichen dafür dar, daß diese Stadt und ihre Bevölkerung in dankbarer Erinnerung derer gedenken, die einmal hier als Soldaten gelebt haben, derer gedenken, die als Angehörige dieser früheren Verbände ihr Leben gegeben haben und derer gedenken und sich derer noch verbunden fühlen, die heute noch als Angehörige des ehemaligen Geschwaders hierher nach Gießen kommen, um hier Kameradschaft, gegenseitige Hilfe und Treue zu pflegen und zu üben.*

*In diesem vierfachen Sinne betrachten wir dieses Mal und seinen Inhalt. Und aus diesem Geist heraus haben wir uns gefreut, der Bitte der Angehörigen des ehemaligen Kampfgeschwaders 55 entsprechen zu dürfen und dieses Mal in die Obhut der Stadt Gießen nehmen zu können. Wir übernehmen dieses Mal in unsere Obhut als ein Ehrenmal für die Gefallenen des ehemaligen Kampfgeschwaders 55, als ein äußeres Zeichen der Erinnerung, als ein Kristallisationspunkt für die Angehörigen, die noch leben, als ein Zeichen für unsere junge Bundeswehr und ihre Angehörigen, die hier in dieser Stadt leben, für die Geschichte, aus der heraus auch diese Wehr, so wie ich es vorhin dargestellt habe, entsteht und als ein äußeres Zeichen für die Verbundenheit unserer Stadt mit allen Angehörigen der ehemaligen Verbände und den Angehörigen unserer jungen Bundeswehr.«*

Die über den engeren Kreis des Geschwaders hinausgehende Verbundenheit mit den ehemaligen Soldaten und Mitkämpfern sowie mit der jungen Bundeswehr fand ihren sichtbaren Ausdruck in der Tatsache, daß die soldatischen Traditionsverbände, sowie die Verbände der Heimkehrer und der Kriegshinterbliebenen, der Kriegsgräberfürsorge und des Luftsports es sich nicht nehmen ließen, durch ihre Sprecher den Toten und Vermißten hier die letzte Ehre zu geben. Jeder Kranz der vor dem Denkmal niedergelegt wurde, war ein Gruß an jene, die allen unvergessen bleiben und für deren soldatische Pflichterfüllung dieses Ehrenmal den Lebenden zur Mahnung erstellt wurde.

Die zweijährlich stattfindenden Treffen des Kameradenkreises in Gießen

mit einer Totenfeier am Geschwadermahnmal wird allen »Greifen« stete Verpflichtung bleiben, solange es ihnen möglich ist, den Weg dorthin zu finden und zu tun — als bescheidenen und dankbaren Treuebeweis für alle gefallenen Fliegerkameraden.
Wie Treue über den Krieg hinaus auch Kraft geben konnte, mag zum Abschluß die kurze Ansprache von Dr. Robert Ernst, gehalten am Geschwadertag 1956, vermitteln. — Dr. Ernst war Oberbürgermeister von Straßburg. Es gab besondere Zeiten in seinem Leben, die ihn veranlaßten, sich freiwillig an die Front zu melden. Er diente dem Kampfgeschwader 55 »Greif«. Als Elsässer mußte er u. a. dafür nach dem Kriege schmachvoll büßen. —

*»Meine lieben ›Greifen‹!*
*Wenn ich darum gebeten habe, Ihnen heute abend meinen Dank auszusprechen für die Kameradschaft und Treue, die Sie mir erwiesen haben, dann geschieht es nicht deshalb, weil ich mein persönliches Schicksal so wichtig nehme; glauben Sie mir das! Ich gehöre zu den Bevorzugten, die aufgrund ihres Schicksals Treue und Kameradschaft in so herrlicher Weise erleben durften, wie es nicht vielen vergönnt ist.*
*Als ich in meiner Zelle im Jahre 1954 den Bericht unseres Geschwaderbriefes zu lesen bekam, ich kann Ihnen versichern, da war ich so gepackt und gerührt wie selten in meinem Leben. Und sehen Sie, und viele unter Ihnen, Heimkehrerkameraden, die werden mir das bestätigen: nichts hat uns so stark gemacht als die Verbundenheit mit der Heimat, als das Gefühl, nicht verlassen zu sein. Sie haben mir ein ungeheures Geschenk damals bereitet, und es war für mich etwas ganz Besonderes, daß in meinem Prozeß im Januar 1955 einer der Unseren, unser so verehrter und ich sage ruhig, geliebter Kommodore Oberst Kühl an meiner Seite stand. In einem solchen mehrtägigen Prozeß braucht man auch Kraft von außen her, und die Art und Weise, wie Dr. Kühl neben mir stand, das brachte Kraft!*
*Wer ihn kennt, der kann sich vorstellen, wie er da vor einem französischen Militärgericht stand, so wie nach meiner Auffassung jeder von uns als deutscher Mann in jeder Verhandlung gegenüber Vertretern anderer Nationen stehen muß, nicht hochmütig, aber fest und mannhaft, nicht nachgiebig, aber das Recht in jeder Weise vertretend. Ich werde es nie vergessen, wie die neun französischen Offiziere ihn sehr ernsthaft betrachteten und den Geist unserer deutschen Wehrmacht, unseres deutschen Soldatentums in diesem Augenblick empfanden. Sie fragten ihn dann: ›Wo kommen Sie her?‹*
*Es wurde ausdrücklich vom Präsidenten betont: ›Sie brauchen nichts zu sagen — es ist keine Antwort zu geben, wenn Sie nicht wollen, denn es ist eine private Frage‹. — Und ich werde es nie vergessen, wie er dann er-*

*klärte: ›Meine Mutter war Schlesierin, mein Vater Pommer und aufgewachsen bin ich in Ostpreußen‹. Und ich fühlte mich als Elsässer, als Deutscher aus dem Westen, gestützt von dem Deutschen aus dem Osten.*
*Meine Kameraden! Ich werde der Letzte sein, der etwa heute deshalb, weil er zehn Jahre in französischen Gefängnissen sitzen mußte irgendwie gegen eine Verständigung redet. Ganz im Gegenteil, ich bin wie voraussichtlich Sie alle der Überzeugung, daß wir unbedingt Verständigung brauchen zwischen den Völkern, und daß wir auch mit den Franzosen zu einer ehrlichen, echten, wirklichen Verständigung kommen müssen. Wir sitzen ja schließlich in einem Boot. Aber wir können diese Verständigung nicht dadurch erreichen, daß wir in allem windelweich uns anpassen, sondern wir müssen, wenn wir eine echte Verständigung erreichen wollen, auch mannhaft soldatisch zu all dem stehen, was wir für richtig und notwendig halten. Ich hoffe, daß gerade aus dem Geist, der uns »Greifen« verbindet, aus dem Geist des Soldatischen, der Ehrlichkeit, der Wahrhaftigkeit und Mannhaftigkeit ein echtes, wirklich innerlich befriedetes Europa erwachsen möge.«*

. . . Sinnlos vertan?
Als ob wir von der Ebene des Menschlich-Vergänglichen
zu einem gültigen Urteil dessen,
was im tiefsten Sinne sinnvoll oder sinnlos ist,
gelangen könnten! . . .

(aus: Dr. Robert Ernst — »Rechenschaftsbericht eines Elsässers« —)

# *Anhang*

## 1. VERLUSTE DES KG 55 »GREIF«

Das Kampfgeschwader 55 »Greif« verlor im Zweiten Weltkrieg insgesamt

mindestens 1631 Soldaten,
davon etwa 188 Offiziere,
990 Unteroffiziere,
450 Mannschaften,
3 unbekannte Dienstgrade.

Im Einzelnen:

| | vermißt | gefallen | gefangen |
|---|---|---|---|
| Offiziere | 79 | 76 | 33 |
| Unteroffiziere | 450 | 428 | 112 |
| Mannschaften | 216 | 205 | 29 |
| Andere | 2 | 1 | 0 |
| Gesamt | 747 | 710 | 174 |

Das Schicksal der Gefallenen und Vermißten wurde dank der Hilfe des Suchdienstes des DRK, der Deutschen Dienststelle (WAST) Berlin, des Volksbund Deutsche Kriegsgräberfürsorge und zahlreicher Zuschriften ehemaliger Geschwaderangehöriger lückenlos zu klären versucht. Einbezogen ist eine Verlustliste, die das Militärgeschichtliche Forschungsamt der Bundeswehr in Freiburg im Jahre 1962 von England zurückerhalten hatte. Bei Durchsicht der Namensaufstellung werden sicher noch Fehler offenkundig werden, die nur in Zusammenarbeit mit dem Leser zu verbessern sein werden.
Von der alphabetischen Namensreihenfolge wurde bewußt abgesehen, um übersichtlicher die Zeiten schwerer Einsätze herauszustellen.

Hinweise und Ergänzungen nimmt jederzeit entgegen:

Traditionsgemeinschaft
Kampfgeschwader 55 »Greif«
6301 Fernwald-Albach
Wiesenstraße 15

In der folgenden Verlustliste (Stand: 22. 02. 1945) sind *alle* Verluste, also auch zeitweilige Ausfälle durch Verwundung, Krankheit o. ä., im Sinne militärischer Verlustmeldungen aufgeführt.

Bedeutung der Abkürzungen:

| | | | |
|---|---|---|---|
| † | = gefallen | BF | = Bordfunker |
| v | = vermißt | BM | = Bordmechaniker |
| vw | = verwundet | BS | = Bordschütze |
| G | = Gefangenschaft | Kdore | = Kommodore |
| z | = zurückgekehrt | Staka | = Staffelkapitän |
| S | = Selbstmord | Füke | = Führungskette |
| F | = Fahnenflucht | PK | = Kriegsberichter |
| FF | = Flugzeugführer | FBK | = Flughafenbetriebs-kompanie |
| BO | = Beobachter | | |

Verluste Englandeinsatz

| am | Einheit | 1. Ziel 2. Unfallort | Verlust durch | Dstgrd., Name, Vorname | Status | Verbleib |
|---|---|---|---|---|---|---|
| 7. 7. 40 | 4. | 1. Portland 2. Kanal | Jäger | Fw Jaffke, Hans | BM | vw |
| 11. 7. 40 | 2. | 1. London 2. engl. Küste | Jäger | Ofw Slotosch, Erich | FF | G |
| | | | | Oblt Schweinhagen, Siegfried | BO | G |
| | | | | Fw Steiner, Herbert | BF | G |
| | | | | Uffz Müller, Willi | BS | † |
| | | | | Ofw Schlüter, Hans | BM | † |
| 11. 7. 40 | 2. | 1. London 2. engl. Küste | Jäger | Fw Aleith, Herbert | FF | v |
| | | | | Uffz Maiereder, Karl | BO | v |
| | | | | Fw Ruschewitz, Willi | BF | v |
| | | | | Uffz Reindl, Alfred | BS | v |
| | | | | Uffz Klein, Paul | BM | v |
| 12. 7. 40 | Stab | 1. Flugpl. Erkdg. n.R. Portsmouth 2. unbekannt | unbek. | Oblt Kleinhans, Walter | BO | † |
| | | | | Fw Möhn, John | FF | G |
| | | | | Fw Kalina, Heinz | BF | G |
| | | | | Ofw Knecht, Fritz | BM | G |
| | | | | Ofw Müller, Philipp | BS | G |
| 19. 7. 40 | 7. | 1. Southampton 2. engl. Küste | vermutl. Jäger | Hptm Westhaus, Rudi | BO | † |
| | | | | Uffz Biskup, Max | FF | † |
| | | | | Fw Maeder, Kurt | BF | † |
| | | | | Fw Kasten, Rudolf | BM | v |
| | | | | Gefr Mensel, Arthur | BS | v |

| am | Einheit | 1. Ziel<br>2. Unfallort | Verlust durch | Dstgrd., Name, Vorname | Status | Verbleib |
|---|---|---|---|---|---|---|
| 29. 7.<br>40 | 8. | 1. Bristol-Filton<br>2. unbekannt | Motor-<br>brand | Fw Metzner, Theodor | FF | G |
| | | | | Uffz Marke, Josef | BO | G |
| | | | | Uffz Bäcker, Kurt | BF | G |
| | | | | Gefr Ostheimer, Ernst | BM | G |
| | | | | Gefr Morgenthal, Heinz | BS | G |
| 3. 8.<br>40 | 7. | 1. Bristol<br>2. engl.Küste | Flak | Ofw Geissler, Gerhard | FF | † |
| | | | | Uffz Ohmann, Karl | BO | v |
| | | | | Uffz Weber, Walter | BF | v |
| | | | | Uffz Thieme, Werner | BM | v |
| | | | | Uffz Westphal, Friedrich | BS | v |
| 12. 8.<br>40 | 9. | 1. Bristol<br>2. Rambervillers/<br>Frkr. | Absprg. b.<br>Rückkehr v.<br>Feindflg/<br>Ausf.beider<br>Motoren | Uffz Schmidt, Herbert | FF | † |
| | | | | Uffz Held, Siegfried | BO | v |
| | | | | Uffz Bubel | BF | vw |
| | | | | Fw Paulussen | BM | vw |
| 14. 8.<br>40 | Stab | 1. Liverpool<br>2. unbekannt | Jäger | Oberst Stoeckl, Alois | Kdore | † |
| | | | | Oberst Frank, Walter | BS | † |
| | | | | Oblt Brossler, Bruno | FF | † |
| | | | | Fw Grimmstein, Heinz | BF | G |
| | | | | Fw Thiel, Jonny | BM | G |
| 15. 8.<br>40 | 2. | 1. Störangr.a.<br>Brest-Ply-<br>moth<br>2. Notldg.b.<br>Carolles | Motoraus-<br>fall | Uffz Frey, Alfons | BF | † |
| | | | | Lt Zobel, Teja | FF | vw |
| | | | | Fw Marx, Gustav | BO | vw |
| 16. 8.<br>40 | 4. | 1. Feltham<br>2. 15 km südl.<br>Aldershot | Jäger | Hptm Sabler, Wladimir | BO | v |
| | | | | Fw Müller, Ernst | FF | v |
| | | | | Fw Magerhans, Walter | BF | † |
| | | | | Uffz Schmidtke, Erich | BM | v |
| | | | | Gefr. Szymanowski, Albin | BS | v |
| 16. 8.<br>40 | 6. | 1. Horsham<br>2. SW Horsham | Jäger | Oblt Wieland, Wilhelm | FF | G |
| | | | | Fw Langstrof, Hans | BO | G |
| | | | | Uffz Appell, Werner | BF | G |
| | | | | Uffz Hattendorf, Anton | BM | † |
| | | | | Uffz Pulver, Gerhard | BS | v |
| 16. 8.<br>40 | 6. | 1. Feltham<br>2. Feltham | Geschoß-<br>splitter | Fw Henze, Paul | BF | vw |
| | | | | Fw Wurm, Heinrich | BO | vw |
| 16. 8.<br>40 | 7. | 1. Flugplatz<br>Heathrow<br>2. unbekannt | Jäger | Lt Theobold, Rudolf | FF | G |
| | | | | Fw Hornbostel, Rudolf | BO | G |
| | | | | Gefr Glaser, Helmut | BF | G |
| | | | | Uffz Weber, Albert | BM | † |
| | | | | Gefr. Moorfeld, Johannes | BS | † |
| 23. 8.<br>40 | 2. | 1. Störungsflug<br>engl.Südküste<br>2. Kanal | Fallsch.<br>absprg. | Gefr. Kawlath, Harald | BS | v |
| | | | | Ofw Heinze, Kurt | BF | vw |
| | | | | Ofw Weis, Otto | BM | vw |

| am | Einheit | 1. Ziel<br>2. Unfallort | Verlust durch | Dstgrd., Name, Vorname | Status | Verbleib |
|---|---|---|---|---|---|---|
| 23. 8. 40 | 3. | 1. Southampton<br>2. Southampton | Flak | Lt Weber, Heinrich<br>Gefr Kaden, Johannes | BO<br>BS | vw<br>† |
| 25. 8. 40 | 9. | 1. London<br>2. Kanal | Jäger | Fw Schmaderer, Alois<br>Lt Jerusel, Gustav<br>Gefr. Klesatschek, Franz<br>Fw Neidel, Paul<br>Fw Alt, Hans | FF<br>BO<br>BF<br>BM<br>BS | G<br>†<br>†<br>†<br>† |
| 26. 8. 40 | 1. | 1. Portsmouth<br>2. unbekannt | Jäger | Oblt Krenn, Ignatz<br>Uffz Morrack, Helmut<br>Uffz Degen, Hans<br>Uffz Schneiders, Willi<br>Fw Schreck, Alois | FF<br>BO<br>BF<br>BS<br>BS | G<br>G<br>G<br>G<br>z |
| 26. 8. 40 | 5. | 1. Portsmouth<br>2. Portsmouth | Jäger | Uffz Steiger, Konrad<br>Uffz Lösch, Willi<br>Gefr Stratmann, Gustav | BF<br>BM<br>BS | vw<br>vw<br>vw |
| 26. 8. 40 | 4. | 1. Portsmouth<br>2. Portsmouth | Jäger | Oblt Herrfurth, Joachim | BO | vw |
| 26. 8. 40 | 4. | 1. Portsmouth<br>2. Portsmouth | Jäger | Lt Walter, Klaus<br>Ofw Hennecke, Otto<br>Uffz Schufft, Oskar<br>Uffz Marner, Fritz<br>Flg Wimmer, Josef | FF<br>BO<br>BF<br>BM<br>BS | G<br>†<br>G<br>G<br>G |
| 26. 8. 40 | 4. | 1. Portsmouth<br>2. unbekannt | Jäger | Lt Metzger, Albert<br>Uffz Schandner, Rudolf<br>Uffz Paas, Rudolf<br>Fw Urhahn, Julius<br>Flg Fessel, Rudolf | FF<br>BO<br>BF<br>BM<br>BS | G<br>†<br>†<br>†<br>† |
| 26. 8. 40 | 3. | 1. Portsmouth<br>2. Portsmouth | MG-Treffer | Uffz Thaden, Otto | BS | vw |
| 28. 8. 40 | 7. | 1. Liverpool<br>2. Villacoublay | Beim Start z.Feindflg. abgestürzt | Lt Mützel, Heinz<br>Lt Scheithauer, Heinz<br>Gefr Schreiber, Erich<br>Ofw Brohr, Karl<br>Gefr Bretthauer, Helmut | FF<br>BO<br>BF<br>BM<br>BS | †<br>†<br>†<br>†<br>† |
| 30. 8. 40 | 8. | 1. Liverpool<br>2. Versailles | unbek. | Lt König, Albert<br>Uffz Müller, Alfred<br>Gefr Groh, Ludwig<br>Gefr Raths, Arno<br>Gefr Friedriski, Heinrich | BO<br>FF<br>BF<br>BS<br>BM | †<br>†<br>†<br>†<br>† |
| 6. 9. 40 | 6. | 1. London<br>2. (Villacoublay) Lisieux | Absturz bei Landung | Lt Seeliger, Hilmar | FF | † |
| 10. 9. 40 | Stab | 1. London | Absturz bei Landung | Uffz Lange, Walter<br>Fw Eckert, Kurt<br>Gefr Wiedemann, Arthur<br>Gefr Koller, Franz | FF<br>BO<br>BF<br>BM | †<br>†<br>†<br>vw |

| am | Einheit | 1. Ziel<br>2. Unfallort | Verlust durch | Dstgrd., Name, Vorname | Status | Verbleib |
|---|---|---|---|---|---|---|
| 13. 9. | Stab | 1. London | vermutlich | Lt Rockenhäuser, Helmut | BO | † |
| 40 | III. | 2. Etrutat | Vereisung | Fw Neubacher, Kurt | FF | † |
| | | | | Uffz Preuß, August | BF | † |
| | | | | Fw Link, Georg | BM | † |
| | | | | Ofw Brannegger, Andreas | BS | † |
| 14. 9. | 4. | 1. Brighton | Jäger | Lt Hansen, Wolfgang | FF | vw |
| 40 | | 2. Kanal | | | | |
| 14. 9. | Stab | 1. London | Jäger | Lt Parey, H.-Fried. | FF | † |
| 40 | | 2. Kanal | | Lt Schlink, Friedrich | BO | † |
| | | | | Gefr Wanger, Otto | BF | † |
| | | | | Gefr Petersen, Willi | BS | † |
| | | | | Fw Geiger, Josef | BM | vw |
| 15. 9. | 8. | 1. Portland | Jäger | Uffz Schüll, Paul | BM | † |
| 40 | | 2. Portland | | Gefr Zornemann, Paul | BS | vw |
| 15. 9. | 9. | 1. Portland | Jäger | Uffz Rothen, Heinz | BO | G |
| 40 | | 2. Kanal | | Uffz Janson, Andreas | BF | † |
| | | | | Uffz Keil, Fritz | BM | † |
| | | | | Gefr Konrad | BS | † |
| 20. 9. | 3. | 1. Filton | vermutlich | Uffz Goliath, Willi | FF | † |
| 40 | | 2. unbekannt | Flak | Fw Alpers, Theodor | BO | † |
| | | | | Uffz Gertz, Walter | BF | G |
| | | | | Uffz Pohl, Hans | BM | † |
| 25. 9. | 1. | 1. Filton bei | vermutlich | Fw Jürges, Fritz | FF | G |
| 40 | | Bristol | Motor- | Hptm Köthke, Karl | BO | G |
| | | 2. Kurz nach Ab- | schaden | Gefr Weissbach, Rudolf | BF | G |
| | | flug vom Ziel | | Uffz Altrichter, Josef | BM | † |
| | | | | Flg Müller, Otto | BS | G |
| 25. 9. | 5. | 1. Bristol | vermutlich | Oblt Weigel, Gottfried | FF | G |
| 40 | | 1. Bristol | Flak | Ofw Narres, Alfred | BO | G |
| | | | | Fw Engel, Georg | BF | G |
| | | | | Fw Gerdsmeier, Karl | BM | G |
| | | | | Gefr Geib, Karl | BS | G |
| 25. 9. | 6. | 1. Filton | Jäger | Hptm Brandt, Helmut | FF | G |
| 40 | | 2. SW Filton | | Ofw Wittkampf, Günther | BO | † |
| | | | | Ofw Kirchhoff, Rudolf | BF | † |
| | | | | Uffz Mertz, Hans-Fr. | BM | † |
| | | | | Gefr Beck, Rudolf | BS | † |
| 25. 9. | 6. | 1. Filton | unbek. | Oblt Kindor, Helmut | | vw |
| 40 | | 2. Filton, | | Uffz Turek, Erich | BS | vw |
| | | Rückflug | | | | |
| 25. 9. | 7. | 1. Filton | Jäger | Oblt Bröcker, Hans | FF | † |
| 40 | | 2. Filton | | Oblt Scholz, Harry | BO | † |
| | | | | Uffz Schraps, Kurt | BF | G |
| | | | | Uffz Weidner, Günther | BM | † |
| | | | | Uffz Hanft, Josef | BS | † |

| am | Einheit | 1. Ziel<br>2. Unfallort | Verlust durch | Dstgrd., Name, Vorname | Status | Verbleib |
|---|---|---|---|---|---|---|
| 26. 9. 40 | 2. | 1. Southampton<br>2. 10 km SW Insel Wight | Jäger | Oblt Graf Schweinitz, Manno | FF | v |
| | | | | Uffz Widmann, Heinrich | BO | v |
| | | | | Uffz Schob, Werner | BF | v |
| | | | | Gefr Helfer, Richard | BS | v |
| | | | | Gefr Wastian, Erich | BM | v |
| 26. 9. 40 | 3. | 1. Portsmouth<br>2. Portsmouth | Jäger | Oblt Karbe, Adalbert | FF | vw |
| | | | | Lt Wilser, Fried | BO | vw |
| 29. 9. 40 | 9. | 1. Gloucester<br>2. St. Georgs-Kanal | Jäger | Oblt Köhler, Hans | FF | v |
| | | | | Fw Birkholz, Horst | BO | † |
| | | | | Uffz Firchau, Rudolf | BF | † |
| | | | | Fw Lippert, Martin | BM | v |
| | | | | Gefr Günther, Franz | BS | † |
| 29. 9. 40 | 9. | 1. Gloucester<br>2. St. Lô | Jäger | Uffz Hernberg | FF | vw |
| | | | | Fw Blessing | BO | vw |
| | | | | Ogefr Nuscher | BM | vw |
| | | | | Gefr Tasche, Heinz | BS | vw |
| | | | | Uffz Hemmerle, Emil | BF | vw |
| 30. 9. 40 | 1. | 1. Flugzeug-Werke Yeovil<br>2. Abflug v. Ziel | Jäger | Fw Steidel, Wilhelm | BM | vw |
| 30. 9. 40 | 3. | 1. Yeovil<br>2. engl. Küste | Jäger | OFw Arend, Rudolf | BF | vw |
| 30. 9. 40 | 4. | 1. Yeovil<br>2. unbekannt | Jäger | Uffz Rudeck, Erich | FF | v |
| | | | | OFw Güttler, Helmut | BO | † |
| | | | | Gefr Bauer, Karl | BV | v |
| | | | | Gefr Strauss, Fritz | BM | v |
| | | | | Gefr Schocke, Willi | BS | † |
| 30. 9. 40 | 4. | 1. Yeovil<br>2. unbekannt | Jäger | Fw Eggert, Emil | FF | † |
| | | | | Uffz Kübler, Rudolf | BO | † |
| | | | | Ogfr Geyer, Willy | BF | † |
| | | | | Gefr Rösel, Willi | BM | † |
| | | | | Gefr Biedermann, Willi | BS | † |
| 30. 9. 40 | 5. | 1. Yeovil<br>2. Yeovil | Jäger | Fw Zimmermann, Helmut | BO | † |
| 30. 9. 40 | Stab | 1. Yeovil<br>2. Kanal | Jäger | Uffz Barabas, Robert | FF | † |
| | | | | Uffz Steglich, Rudolf | BF | vw |
| | | | | Gefr Feichtmair, Sebastian | BM | vw |
| | | | | Gefr Becker, Rolf-Sieg. | | vw |
| | | | | Hptm Kühl, Ernst | BO | vw |
| 8. 10. 40 | 6. | 1. Eastleigh<br>2. Rückflug | Flak | OFw Struckmeyer, Heinrich | FF | vw |

| am | Einheit | 1. Ziel<br>2. Unfallort | Verlust durch | Dstgrd., Name, Vorname | Status | Verbleib |
|---|---|---|---|---|---|---|
| 8. 10. 40 | 6. | 1. Thorney-Island<br>2. Thorney-Island | Bodenberührung bei Tiefangriff | Lt Flügge, Ulrich | BO | † |
| | | | | Fw Ens, Ernst | FF | † |
| | | | | Uffz Ehrensberger, Johann | BF | † |
| | | | | Uffz Herber, Ernst | BM | † |
| | | | | Gefr Pawlik, Hans | BS | † |
| 8. 10. 40 | 6. | 1. Thorney-Island<br>2. Thorney-Island | Jäger | Uffz Heinzl, Herbert | BO | vw |
| | | | | Uffz Bogner, Josef | BS | vw |
| 14. 10. 40 | 4. | 1. Yeovil<br>2. Cherbourg | Notlandg. Motorausfall | Lt Hansen, Wolfgang | FF | vw |
| | | | | Uffz Reinhold, Horst | BO | |
| 26. 10. 40 | Stab | 1. London<br>2. Versailles | Absturz bei Landung | Lt Oberhofer, Franz | FF | † |
| | | | | Oblt Eitner, Bodo | BO | † |
| | | | | Gefr Schweikert, Michael | BF | † |
| | | | | Uffz Krümmel, Kurt | BM | † |
| | | | | Uffz Kemlitz, Kurt | BS | † |
| 1. 11. 40 | 8. | 1. London<br>2. unbekannt | unbek. | Lt Tüffers, Hans | FF | G |
| | | | | Uffz Hawerstreng, Ernst | BO | G |
| | | | | Uffz Bubel, Richard | BF | † |
| | | | | Uffz Juvan, Josef | BM | † |
| 13. 11. 40 | 5. | 1. Bristol<br>2. Bristol | Jäger | Fw Hauber, Karl | BS | † |
| 19. 11. 40 | 2. | 1. Southampton<br>2. unbekannt | Flak | Oblt Klawe, Hans | FF | † |
| | | | | Fw Gutekunst, Wilhelm | BO | G |
| | | | | Uffz Zeitz, Rudolf | BF | G |
| | | | | Gefr Nirschel, Xaver | BS | † |
| 24. 11. 40 | 5. | 1. Bristol<br>2. unbekannt | Flak | Ofw Müller, Werner | FF | v |
| | | | | Lt Heiland, Gerhard | BO | v |
| | | | | Fw Gaick, Heinrich | BF | v |
| | | | | Stfw Heidt, Heinrich | BM | † |
| | | | | Sdfr. 2 Weihmüller, Emil | PK | v |
| 8. 12. 40 | 9. | 1. London<br>2. Villacoublay | Beim Start z.Feindflg. abgestürzt | Lt Lehenbauer, Walter | FF | † |
| | | | | Uffz Hermann, Heinz | BO | † |
| | | | | Fw Schreier, Gottfried | BF | † |
| | | | | Fw Reis, Karl | BM | † |
| 21. 12. 40 | 7. | 1. Liverpool<br>2. Beaumont le Roger | Bei Rückkehr v. Feindflg. abgestürzt | Uffz Würthner, Ernst | FF | † |
| | | | | Gefr Tillack, Richard | FF | † |
| | | | | Uffz Merker, Rudolf | BO | † |
| | | | | Fw Schilbach, Siegfried | BM | † |
| 22. 12. 40 | 3. | 1. Manchester<br>2. engl. Südküste | Jäger | Uffz Zimmermann, Bruno | FF | † |
| | | | | Ofw Richter, Walter | BO | G |
| | | | | Gefr Waibel, Adolf | BF | † |
| | | | | Gefr Wroblewski, August | BS | † |

| am | Einheit | 1. Ziel<br>2. Unfallort | Verlust durch | Dstgrd., Name, Vorname | Status | Verbleib |
|---|---|---|---|---|---|---|
| 12. 3. 41 | 5. | 1. Birkenhead<br>2. unbekannt | Jäger | StFw Brüming, Karl | FF | G |
| | | | | Fw Düssel, Alexander | BO | † |
| | | | | Fw Steiger, Konrad | BF | v |
| | | | | Ofw Weisse, Willi | BM | v |
| 21. 3. 41 | 6. | 1. Liverpool<br>2. wahrscheinl. London | Jäger | Hptm Berlin, Wolfgang | BO | G Staka |
| | | | | Ofw Single, Karl | FF | G |
| | | | | Fw Diem, Xaver | BF | G |
| | | | | Fw Kuznik, Leonhard | BM | † |
| | | | | Fw Ludwinski, Heinrich | BS | † |
| 13. 3. 41 | 7. | 1. Birkenhead<br>2. Birkenhead | Jäger | Oblt Hesse, Walter | FF | G Staka |
| | | | | Lt Groschopf, Gottfried | BO | G |
| | | | | Ofw Manek, Bernhard | BF | † |
| | | | | Fw Klein, Helmut | BM | † |
| 13. 3. 41 | Stab | 1. Liverpool<br>2. Kanal | Jäger | Fw Brannat, Herbert | BS | † |
| | | | | Uffz v.d.Burg, Herrmann | BF | vw |
| 14. 3. 41 | 6. | 1. Glasgow<br>2. unbekannt | Jäger | Oblt Henschke, Eckehardt | FF | † |
| | | | | Fw Härter, Franz | BO | † |
| | | | | Fw Krüger, Heinz | BF | † |
| | | | | Fw Smolinski, Willi | BM | † |
| 14. 3. 41 | 8. | 1. Birkenhead<br>2. Südküste England | Jäger | Fw Schloms, Herbert | BF | vw |
| | | | | Fw Drechsel, Fritz | BM | vw |
| 14. 3. 41 | 8. | 1. Birkenhead<br>2. Südküste | Jäger | Fw Brzoska, Paul | BM | vw |
| 14. 3. 41 | 6. | 1. Glasgow<br>2. Kanal | Jäger | Lt Barth, Eitel | FF | vw |
| | | | | Uffz Schuster, Ulrich | BO | † |
| | | | | Uffz Grimmich, August | BF | vw |
| | | | | Uffz Wallrabenstein | BM | vw |
| 15. 3. 41 | 7. | 1. London<br>2. Südküste England | Jäger | Lt Rächle, Wilhelm | FF | v |
| | | | | Uffz Stäps, Wolfgang | BO | v |
| | | | | OFw Both, Richard | BF | † |
| | | | | Fw Waschto, Albert | BM | v |
| 15. 3. 41 | Stab | 1. London<br>2. unbekannt | unbek. | Uffz Bauer, Claus | FF | v |
| | | | | Gefr Strauch, Josef | BO | v |
| | | | | Gefr Utikal, Eduard | BF | v |
| | | | | Uffz Schumacher, Josef | BM | v |
| 19. 3. 41 | 8. | 1. London<br>2. unbekannt | Höhentod | Fw Lindenkamp, Franz | BM | † |
| 2. 4. 41 | 7. | 1. Seeaufklärung<br>2. Kanal | unbek. | Uffz Wagner, Hans | FF | v |
| | | | | Oblt Wolff H.-Ludw. | BO | † |
| | | | | Uffz Papadi, Karl | BF | v |
| | | | | Ofw Bürkle, Wilhelm | BM | v |
| | | | | Uffz Ehlers, Robert | BS | v |

| am | Einheit | 1. Ziel<br>2. Unfallort | Verlust durch | Dstgrd., Name, Vorname | Status Verbleib |
|---|---|---|---|---|---|
| 8. 4. 41 | 1. | 1. Greenak<br>2. unbekannt | unbek. | Ofw Schwiering, Heinrich<br>Fw Ehrlich, Werner<br>Fw Letzgus, Wilhelm<br>Fw Nottmeier, Ernst | FF †<br>BO †<br>BF †<br>BM † |
| 9. 4. 41 | 3. | 1. Coventry<br>2. unbekannt | Jäger | Ofw Söllner, Heinz<br>Hptm Bodemeyer, Otto<br><br>Fw Kaufhold, Hans<br>Fw Link, Herbert | FF G<br>BO G<br>Kdr I.<br>BF G<br>BM G |
| 9. 4. 41 | 5. | 1. Birmingham<br>2. unbekannt | Jäger | Fw Keppler, Gottfried<br>Fw Schmeling, Willi | BM †<br>BF vw |
| 9. 4. 41 | 5. | 1. Birmingham<br>2. unbekannt | Jäger | Uffz Müller, Alfred<br>Uffz Neumann Gerhard<br>Gefr Langhans, Rudolf<br>Gefr Berg, Heinrich | FF †<br>BM †<br>BO †<br>BF G |
| 12. 4. 41 | 8. | 1. Bristol<br>2. Kanal | Motor-ausfall, Jäger | Gefr Rode, Bruno<br>Uffz Rähse, Erich<br>Uffz Ulbricht, Walter<br>Gefr Berger, Karl | FF v<br>BO v<br>BF v<br>BM v |
| 9. 4. 41 | 8. | 1. Coventry<br>2. unbekannt | Jäger, Motor-ausfall | Oblt Bartens, Jürgen<br><br>Ofw Vornier, Franz<br>Ofw Pons, Fritz<br>Fw Kübler, Hermann | BO †<br>Staka<br>FF †<br>BF G<br>BM G |
| 9. 4. 41 | 9. | 1. Flugplatz Netheravon u. Truppen-lager Yeovil<br>2. Kanal | Jäger | Uffz Hengenhauser, Alois<br>Fw Pottkämper, Herbert<br>Uffz Heinke, Werner<br>Sdfr. Kirchhoff, Erwin | BO vw<br>BF vw<br>BM vw<br>BS vw |
| 11. 4. 41 | 2. | 1. Birmingham<br>2. unbekannt | unbek. | Lt Lohmann, Werner<br>Gefr Rappel, Werner<br>Fw Tröger, Julius<br>Fw Ahorner, Friedrich | FF v<br>BO v<br>BF v<br>BM v |
| 11. 4. 41 | 3. | 1. Birmingham<br>2. Trouville | Jäger | Lt Graf v. Krockow, Caspar<br>Ofw Mandrey, Rudolf<br>Fw Gebhardt, Siegfried | FF †<br>BO †<br>BF † |
| 11. 4. 41 | 7. | 1. Birmingham<br>2. unbekannt | Jäger | Lt Prinz Biron, Gustav<br>von Kurland Ludwig<br>Ofw Wünsch, Walter<br>Fw Hiestand, Hans<br>Gefr Klipp, Kurt | FF v<br>FF v<br>BO v<br>BF v<br>BM v |
| 11. 4. 41 | 9. | 1. Birmingham<br>2. unbekannt | unbek. | Lt Buse, Günther<br>Fw Kanera, Wilhelm<br>Fw Scheele, Willi<br>Uffz Roick, Kurt<br>Uffz Schober, Franz | FF G<br>BO G<br>BF †<br>BM †<br>BS † |

| am | Einheit | 1. Ziel<br>2. Unfallort | Verlust durch | Dstgrd., Name, Vorname | Status | Verbleib |
|---|---|---|---|---|---|---|
| 14. 4. | Stab | 1. Sonderauftrag | unbek. | Lt Pröhl, Werner | FF | v |
| 41 | | 2. unbekannt | | Fw Stenull, August | BO | v |
| | | | | Uffz Drewes, Fritz | BF | v |
| | | | | Gefr Zeidler, Bernhard | BM | † |
| | | | | Gefr Weidauer, Erich | BS | † |
| 15. 4. | 5. | 1. Belfast | Jäger | Ofw Fraedrich, Walter | FF | v |
| 41 | | 2. unbekannt | | Oblt Pawlak, Erich | Ia, BO | v |
| | | | | Ofw Burschik, Adolf | BF | v |
| | | | | Ofw Volk, Hans | BM | v |
| 15. 4. | 8. | 1. Belfast | unbek. | Oblt v. Seidlitz, Günther | FF | † |
| 41 | | 2. unbekannt | | Fw Hümmer, Franz | BO | † |
| | | | | Uffz Sauer, Herbert | BF | G |
| | | | | Uffz Rosenberg, Horst | BM | G |
| 15. 4. | 8. | 1. Belfast | ohne Be- | Gefr Höffner, Hubert | BO | G |
| 41 | | 2. Bristol | fehl | Uffz Czaplinski, Herbert | BF | G |
| | | | über | Gefr Schmidt, Heinrich | BM | G |
| | | | Bristol | | | |
| | | | abgesprg. | | | |
| 17. 4. | 6. | 1. London | Landung | Gefr Reisert, Gerhard | FF | † |
| 41 | | 2. Chartres | | Uffz Maiwald, Franz | BO | † |
| | | | | Gefr Siegert, Fritz | BF | † |
| | | | | Gefr Dietrich, Josef | BM | † |
| 22. 4. | 3. | 1. Plymouth | Nacht- | Lt Conrady, Hans | FF | v |
| 41 | | 2. unbekannt | jäger | Ofw Findeisen, Herbert | BO | v |
| | | | | Gefr Richter, Rudolf | BF | v |
| | | | | Uffz Schmidt, Waldemar | BM | v |
| 5. 5. | 4. | 1. Glasgow | Absturz | Gefr Decker, Karl | FF | v |
| 41 | | 2. La Verte | beim | Gefr Christoph, Gerhard | BO | † |
| | | Vidame | Hinflug | Gefr Reichert, Heinz | BF | † |
| | | (Frk) | | Gefr Perzinger, Franz | BM | † |
| 7. 5. | 6. | 1. Liverpool | Jäger | Fw Hottenrott, Walter | FF | v |
| 41 | | 2. unbekannt | | Uffz Götze, Paul | BO | † |
| | | | | Uffz Gerstle, Karl | BF | † |
| | | | | Ofw Reese, Hermann | BM | v |
| 7. 5. | 1. | 1. Glasgow | unbek. | Lt Becker, Günther | FF | v |
| 41 | | 2. unbekannt | | Uffz Vilser, Emil | BO | v |
| | | | | Uffz Faulhaber, Edgar | BF | v |
| | | | | Ofw Lunz, Georg | BM | v |
| 7. 5. | 1. | 1. Liverpool | Jäger | Oblt Knörringer, Adolf | FF | G |
| 41 | | 2. unbekannt | | Ofw Kloos, Aloys | BO | G |
| | | | | Ufz Rathsam, Ludwig | BF | G |
| | | | | Ofw Kohlhepp, Karl | BM | G |
| 7. 5. | 3. | 1. Liverpool | Jäger | Lt Wolff, Alexander | FF | † |
| 41 | | 2. unbekannt | | Uffz Amann, Willibald | BO | † |
| | | | | Uffz Ante, Eduard | BF | v |
| | | | | Fw Tibusch, Paul | BM | † |

| am | Einheit | 1. Ziel<br>2. Unfallort | Verlust durch | Dstgrd., Name, Vorname | Status | Verbleib |
|---|---|---|---|---|---|---|
| 7. 5. 41 | 3. | 1. Liverpool<br>2. unbekannt | Jäger | Lt Dunkerbeck, Heinz | FF | G |
| | | | | Fw Kitzing, Fritz | BO | G |
| | | | | Uffz Salm, Joachim | BF | † |
| | | | | Uffz Gentzsch, Alfred | BM | † |
| | | | | Flg Mildenberger, Cornell | PK | † |
| 8. 5. 41 | 6. | 1. Sheffield<br>2. unbekannt | Jäger | Fw Ender, Gerhard | FF | † |
| | | | | Fw Müller, Heinrich | BO | G |
| | | | | Uffz Schakat, Bruno | BF | † |
| | | | | Fw Schopf, Georg | BM | G |
| 10. 5. 41 | 2. | 1. London<br>2. unbekannt | unbek. | Oblt Lumma, Bruno | FF | † |
| | | | | Ofw Manier, Georg | BO | v |
| | | | | Uffz Arndt, Gerhard | BF | v |
| | | | | Uffz Kretschmann, Reinhold | BM | † |
| | | | | Uffz Martin, Heinrich | BS | v |
| 10. 5. 41 | 2. | 1. London<br>2. engl. Südküste | unbek. | Uffz Bornstedt, Heinz | BM | vw |
| | | | | Uffz Hofmann, Walter | BF | vw |
| 10. 5. 41 | 2. | 1. London<br>2. engl. Südküste | Jäger | Fw Behr, Heinz | FF | v |
| | | | | Uffz Leisser, Ruppert | BO | v |
| | | | | Uffz Knispel, Arthur | BF | v |
| | | | | Gefr Kotlorz, Helmut | BM | v |
| | | | | Gefr Horanek, Herbert | BS | v |
| 10. 5. 41 | 7. | 1. London<br>2. engl. Südküste | Jäger | Fw Blümich, Richard | FF | † |
| | | | | Fw Mehlber, Edmund | BO | v |
| | | | | Uffz Ahrens, Wilhelm | BF | v |
| | | | | Gefr v. d. Heyden, Herbert | BM | v |
| | | | | Gefr Moritz, Josef | BS | v |
| 10. 5. 41 | 7. | 1. London<br>2. unbekannt | unbek. | Stfw Schied, Adolf | FF | † |
| | | | | Lt Reiser, Martin | BO | G |
| | | | | Ofw Schuderer, Leodegar | BF | † |
| | | | | Ofw Huber, Lorenz | BM | † |
| 10. 5. 41 | 9. | 1. Aluminiumwerk<br>2. Birmingham | unbek. | Oblt Speck, Johann | FF | † |
| | | | | Fw Muhn, Fritz | BO | † |
| | | | | Gefr Budde, Rudolf | BF | G |
| | | | | Fw Rühle, Siegfried | BM | † |
| 11. 5. 41 | 4. | 1. Flugplatz Tangmere<br>2. Flugplatz Tangmere | MB-Boden-Abwehr | Uffz Gzamkow, Werner | BO | vw |
| 11. 5. 41 | 8. | 1. Flugplatz Bicester<br>2. unbekannt | unbek. | Oblt Gündel, Horst | BO | † |
| | | | | Fw Wimmer, Willy | FF | † |
| | | | | Fw Neuber, Heinrich | BF | † |
| | | | | Uffz Scheuringer, Karl | BM | v |
| | | | | Gefr Röhl, Karl | BS | v |

| am | Einheit | 1. Ziel<br>2. Unfallort | Verlust durch | Dstgrd., Name, Vorname | Status | Verbleib |
|---|---|---|---|---|---|---|
| 17. 5. 41 | 7. | 1. Birmingham<br>2. engl. Südküste | Jäger | Lt Pichler, Helmut | FF | † |
| | | | | Fw Abraham, Berthold | BO | † |
| | | | | Fw Stöger, Lorenz | BF | † |
| | | | | Ofw Seefeld, Kurt | BM | † |
| 27. 5. 41 | 4. | 1. Bewaffnete Seeaufklärung im Kanal<br>2. unbekannt | unbek. | Fw Kempel, Lorenz | FF | |
| | | | | Uffz Nuglan, Kurt | BO | † |
| | | | | Fw Göbel, Martin | BM | † |
| | | | | Fw Stadel, Otto | BF | † |
| | | | | Gefr Wiederer, Josef | BS | † |

Verluste Rußlandfeldzug und Reichsverteidigung

| am | Einheit | 1. Ziel<br>2. Unfallort | Verlust durch | Dstgrd., Name, Vorname | Status | Verbleib |
|---|---|---|---|---|---|---|
| 22. 6. 41 | 1. | 1. Flugplatz Kiew<br>2. unbekannt | unbek. | Ofw Hinrichsen, Carsten | BF | v |
| | | | | Uffz Wolf, Willi | BM | † |
| | | | | Gefr Deutsch, Heinz | BS | v |
| 22. 6. 41 | 3. | 1. Flugplatz südl. Dubno<br>2. 20 km südl. Dubno | Jäger, Absturz, Aufschlagbrand | Uffz Bähringer, Werner | FF | v |
| | | | | Uffz Buttscher, Franz | BO | v |
| | | | | Uffz Argstorfer, Karl | BF | v |
| | | | | Ofw Lerche, Arthur | BM | v |
| | | | | Gefr Restemeier, Oskar | BS | † |
| 22. 6. 41 | Stab II. | 1. Flugplatz Adamy<br>2. nordwestl. Kamionka | Notlandg. n. Beschuß | Oblt Charisius, Eberhard | FF | v |
| | | | | Fw Dröge, Kurt | BO | v |
| | | | | Uffz Krosta, Helmut | BF | v |
| | | | | Fw Lenz, Karl | BM | v |
| | | | | Ogfr Lühmann, Wilhelm | BS | v |
| 22. 6. 41 | 5. | 1. Luftpark Lemberg<br>2. unbekannt | Jäger | Fw Rudolph, Herbert | BF | v |
| | | | | Gefr Becke, Hubert | BM | v |
| | | | | Sf.(Z) Elend, Karl | BS | v |
| 22. 6. 41 | 6. | 1. Flugplatz Zalosy<br>2. Zlocgow | Notlandg. n. Beschuß | Lt Lutz, Hans | FF | † |
| | | | | Ogfr Klenkens, Kurt | BO | v |
| | | | | Ogfr Bütje, Johann | BF | v |
| | | | | Ofw Kuhn, Bruno | BM | v |
| | | | | Gefr Riemer, Heinrich | BS | v |
| 22. 6. 41 | 7. | 1. Flugplatz Mlynow<br>2. unbekannt | Jäger | Gefr Waßmuth, Georg | BF | v |
| | | | | Uffz Lonsinger, Georg | BM | v |
| | | | | Gefr Neumeier, Sebastian | BS | v |
| 22. 6. 41 | 7. | 1. Flugplatz Mlynow<br>2. unbekannt | Jäger | Uffz Wohlfeil, Horst | FF | v |
| | | | | Uffz Moser, Eugen | BO | v |
| | | | | Uffz Börngen, Werner | BF | v |
| | | | | Uffz Parplies, Alfred | BM | † |
| | | | | Gefr Bäringhausen, Hermann | BS | † |
| 22. 6. 41 | 9. | 1. Flugplatz Luck<br>2. 30 km w. Luck | Jäger | Gefr Ganz, Franz | FF | vw |
| | | | | Ogfr Gans Fritz | BO | vw |
| | | | | Gefr Stander, Karl | BF | vw |
| | | | | Gefr Messerschmidt, Fritz | BM | vw |
| | | | | Gefr Pichlmeier, Michael | BS | vw |

| am | Einheit | 1. Ziel<br>2. Unfallort | Verlust durch | Dstgrd., Name, Vorname | Status | Verbleib |
|---|---|---|---|---|---|---|
| 22. 6. 41 | 7. | 1. Flugplatz Mlynow | Jäger | Ofw Neidel, Leonhard | BM | vw |
| 22. 6. 41 | 7. | 1. Flugplatz Mlynow | Jäger | Gefr Kappeler, Karl | BM | vw |
| 22. 6. 41 | 8. | 1. Flugplatz sdl. Mlynow | Jäger | Offz Kaden, Johann | BS | vw |
| 22. 6. 41 | 8. | 1. Flugplatz sdl. Mlynow | Jäger | Ofw Eisenmann, Willi | BM | vw |
| 22. 6. 41 | 9. | 1. Flugplatz sdl. Mlynow | Jäger | Uffz Parr, Josef | BF | vw |
| 23. 6. 41 | Stab | 1. Aufklärung i. R. Brody<br>2. 10 km ndl. Kamionka | Jäger | Oblt Klinger, Horst,<br>Uffz v. d. Burg, Hermann<br>Fw Zühlke, Willi<br>Uffz Jennen, Paul | BO<br>BF<br>BM<br>BS | vw<br>†<br>†<br>† |
| 23. 6. 41 | Stab III. | 1. Truppen zw. Wlodzimierz-Luck<br>2. während des Fluges | Flak | Ofw Achatz, Hans | BO | vw |
| 23. 6. 41 | 7. | 1. Truppen zw. Wlodzimierz-Luck<br>2. während des Fluges | Flak | Obgfr Kummer, Willi<br>Gefr Gföllner, Ferdinand | BM | vw |
| 23. 6. 41 | 8. | 1. wie oben<br>2. 40 km wstl. Luck | Flak | Lt Raschka, Friedrich<br>Fw Henkis, Otto<br>Fw Möller, Hermann<br>Ofw Brzoska, Paul<br>Gefr Hubbert, Adolf | FF<br>BO<br>BF<br>BM<br>BS | †<br>†<br>†<br>†<br>† |
| 23. 6. 41 | 8. | 1. Truppen zw. Wlodzimierz-Luck<br>2. während des Fluges | Flak | Uffz Schumacher, Erich | BO | † |
| 23. 6. 41 | 8. | 1. wie oben<br>2. wie oben | Flak | Uffz Maier, Georg | BS | G |
| 23. 6. 41 | 9. | 1. Truppen zw. Wlodzimierz-Luck<br>2. während des Fluges | Flak | Uffz Hengenhäuser, Alois<br>Gefr Engler, Erich | BO<br>BS | †<br>vw |
| 23. 6. 41 | 9. | 1. wie oben<br>2. wie oben | Flak | Ofw Knetzsch, Paul<br>Fw Brunner, Otto | BM<br>FF | vw<br>vw |
| 23. 6. 41 | 9. | 1. wie oben<br>2. wie oben | Flak | Obgfr Schneider, Rolf | BO | vw |

| am | Einheit | 1. Ziel<br>2. Unfallort | Verlust durch | Dstgrd., Name, Vorname | Status | Verbleib |
|---|---|---|---|---|---|---|
| 24. 6. 41 | 1. | 1. Truppenansammlung im Raum Luck-Dubno-Rowne | Flak | Uffz Schäfer, Lorenz<br>Uffz Kienke, Paul | BS<br>BF | vw<br>vw |
| 25. 6. 41 | 5. | 1. Flugplatz Kiew<br>2. unbekannt | Jäger, Einmotorflugzeug | Uffz Nickel, Franz<br>Stbfw Krämer, Karl<br>Uffz Albrecht, Werner<br>Uffz Grau, Lothar<br>Gefr Rockel, Johann | FF<br>BO<br>BF<br>BM<br>BS | v<br>v<br>v<br>v<br>v |
| 25. 6. 41 | 7. | 1. Eisenbahn Kowel-Sarny<br>2. unbekannt | Erdbeschuß | Uffz Zuschlag, Ludwig | BS | vw |
| 25. 6. 41 | 8. | 1. wie oben<br>2. unbekannt | Erdbeschuß | Uffz Dochow, Gerhard<br>Uffz Reisse, Herbert | BF<br>BS | vw<br>vw |
| 26. 6. 41 | 4. | 1. Angriff Pz. u. Truppen<br>2. Südl. Wald von Leszniow. Aufschlagbrand. Kein Fallschirm gesichtet. | unbek. | Lt Stork, Helmut<br>Stbfw Barth, Ernst<br>Fw Hovestädt, Willi<br>Ofw Jaffke, Hans<br>Gefr Walther, Oswald | FF<br>BO<br>BF<br>BM<br>BS | v<br>v<br>v<br>v<br>v |
| 26. 6. 41 | II. | 1. wie oben | Erdbeschuß | Fw Lipp, Karl<br>Ogfr Bledau, Max | FF<br>BS | vw<br>vw |
| 26. 6. 41 | 1. | 1. Flugplatz Berditschew<br>2. Berditschew | Jäger | Ofw Axt, Hartmut | BF | vw |
| 26. 6. 41 | 3. | 1. Shitomir<br>2. Shitomir | Jäger | Ogfr Kressner, Helmut | BM | vw |
| 26. 6. 41 | 3. | 1. fdl. Panzerangriff Brody<br>2. Brody | Erdbeschuß | Gefr Schneidenberger, Karl | BF | vw |
| 27. 6. 41 | 7. | 2. Lemberg<br>2. Lemberg (Stadtmitte) | Flak | Ofw Gründer, Alfred<br>Uffz Hübner, Hermann<br>Ogfr Pflug, Fritz<br>Uffz Jakobi, Günter<br>Gefr Jemko, Willi | FF<br><br>BF<br>BM<br>BS | v<br>v<br>v<br>v<br>v |
| 28. 6. 41 | 6. | 1. Panzerbereitstellung NW Toporow<br>2. ü. Toporow Notlandung i. Uhro | Erdbeschuß | Gefr Schaaps, Walter<br>Uffz Weinem, Karl-Heinz | BO<br>BM | vw<br>vw |
| 28. 6. 41 | 2. | 1. wie oben<br>2. Lemberg | Jäger | Fw Trenkmann, Hans<br>Gefr Jung, Kaspar | BF<br>BS | vw<br>vw |

| am | Einheit | 1. Ziel<br>2. Unfallort | Verlust durch | Dstgrd., Name, Vorname | Status | Verbleib |
|---|---|---|---|---|---|---|
| 28. 6. 41 | 5. | 1. Flugplatz Berditschew<br>2. Flugplatz Berditschew | Jäger | Gefr Klein, Willi | BS | † |
| 28. 6. 41 | 5. | 1. wie oben<br>2. wie oben | Jäger | Gefr Ullrich, Leopold<br>Gefr Spielmann, Walter | BO<br>BS | †<br>† |
| 30. 6. 41 | 1. | 1. Zloczow u. Straßen südlich | Jäger | Oblt Obermüller, Rudolf<br>Fw Tschenchner, Georg<br>Uffz Wegener, Heinz | BO<br>BF<br>BS | v<br>v<br>v |
| 1. 7. 41 | 8. | 1. Marschkolonne bei Zloczow<br>2. üb. Feindgebiet | Erdbeschuß | Uffz Feihl, Josef | BO | vw |
| 2. 7. 41 | 9. | 1. fdl. Kolonnen NO u. O Luck<br>2. üb. Feindgebiet | Erdbeschuß | Lt Thurner, Hans | FF | vw |
| 6. 7. 41 | 2. | 1. Berditschew-Skvira<br>2. Berditschew | MG-Beschuß | Fw Mark, Gustav | BO | vw |
| 6. 7. 41 | 4. | 1. Str. Shitomir-Kiew<br>2. Str. Shitomir-Kiew | Erdbeschuß | Uffz Brugger, Werner | BM | vw |
| 7. 7. 41 | 6. | 1. Bahnlinie Wolkowien-Zmierzymka-Winniza<br>2. Südostrd. Wolkowien | rechter Motorbrand | Besatzung am 13. 7. 41 zurückgekehrt | | |
| 7. 7. 41 | 6. | 1. wie oben | Jäger | Gefr Helbig, Willfried<br>Ofw Hanninger, Hans | BS<br>BM | vw<br>vw |
| 7. 7. 41 | 0.5. | 1. wie oben | Jäger | Gefr Hölzl, Peter<br>Gefr Skonitzki, Theo | BF<br>BM | †<br>vw |
| 7. 7. 41 | 5. | 1. wie oben | | Ogfr Last, Kurt | BM | vw |
| 8. 7. 41 | 1. | 1. Bahnlinie Korosten-Kiew<br>2. bei Kiew | Flak | Fw Reck, Josef | BF | vw |
| 11. 7. 41 | Stab | 1. Aufklärung Raum Winniza<br>2. unbekannt | unbek. | Lt Doppelhammer, Karl<br>Fw Bräunig, Fritz<br>Fw Schulte, Norbert<br>Gefr Wied, Max<br>Gefr Munster, Anton | FF<br>BO<br>BF<br>BM<br>BS | v<br>v<br>v<br>v<br>v |

| am | Einheit | 1. Ziel<br>2. Unfallort | Verlust durch | Dstgrd., Name, Vorname | Status | Verbleib |
|---|---|---|---|---|---|---|
| 11. 7. 41 | 1. | 1. Kolonnen Raum südl. Machnowka<br>2. unbekannt | unbek. | Oblt Bartmuß, Kuno | BO | G |
| | | | | Ofw van Rißwick, Johann | FF | † |
| | | | | Uffz Wolf, Richard | BF | † |
| | | | | Uffz v. d. Flierdt, Günther | BS | † |
| | | | | Ogfr Bergmann, Günther | BS | † |
| 11. 7. 41 | 3. | 1. Zmerynka<br>2. Zmerynka | Jäger | Uffz Bauer, Christian | BS | vw |
| 11. 7. 41 | 4. | 1. NO Nowograd-Wolynsk<br>2. Nowograd-Wolynsk | | Uffz Mayer, Georg | BF | † |
| 11./12. 7.41 | 7. | 1. Brücken bei Kanew<br>2. unbekannt | unbek. | Oblt Herrfurth, Joachim | BO | v |
| | | | | Uffz Mäneler, Edmund | FF | v |
| | | | | Gefr Stelzer, Karl | BF | v |
| | | | | Uffz Pawlowski, Bruno | BM | v |
| | | | | Uffz Homa, Heinrich | BS | v |
| 16. 7. 41 | 9. | 1. Truppen u. Eisenbahn NO Zwiahel<br>2. Korosten | Flak | Uffz Dornauf, Robert | BF | vw |
| | | | | Ofw Knetsch, Paul | BM | vw |
| | | | | Uffz Klooster, Johann | BS | vw |
| 21. 7. 41 | 1. | 1. Flugplatz Tschernigow<br>2. b. Mizosz | Ausfall beider Motoren | Fw Sohn, Erich | FF | † |
| | | | | Ofw Himmel, Otto | BO | vw |
| | | | | Fw Dietz, Karl | BM | † |
| | | | | Ogfr Renn, Anton | BS | vw |
| 23. 7. 41 | 1. | 1. Flugplatz Bojary<br>2. Flugplatz Bojary | Detonation einer B-ELA 2 | Fw Hellmann, Werner | | vw |
| 25. 7. 41 | 2. | 1. Drogobusch<br>2. SW Drogobusch | Flak | Oblt Mößner, Hans | FF | v |
| | | | | Fw Reiter, Hans | BO | v |
| | | | | Fw Schneider, Josef | BF | v |
| | | | | Uffz Benkmann, Hans | BS | v |
| 26. 7. 41 | 2. | 1. Drogobusch<br>2. SW Drogobusch | Besch. | Uffz Botsch, Willi | BS | vw |
| 26. 7. 41 | 2. | 1. Bahn bei Bobrowizy<br>2. b. Karanta | Motorausfall | Uffz Engst, Heinz | FF | vw |
| | | | | Ofw Willimzik, Arthur | BO | vw |
| | | | | Uffz Wachter, Hans | BF | vw |
| | | | | Gefr Kuhse, Werner | BM | vw |
| 28. 7. 41 | 3. | 1. Minan<br>2. Minan | Jäger | Uffz Oslowsky, Kurt | BS | vw |
| 28. 7. 41 | 3. | 1. Moskau<br>2. sdl. Tolotschin | Motorschaden | Lt Schwarz, Hermann | FF | † |
| | | | | Ofw Bocksch, Hans-Ulr. | BO | † |
| | | | | Uffz Hein, Wilhelm | BF | † |
| | | | | Uffz Busse, Wilhelm | BM | † |

| am | Einheit | 1. Ziel<br>2. Unfallort | Verlust durch | Dstgrd., Name, Vorname | Status | Verbleib |
|---|---|---|---|---|---|---|
| 3. 8. 41 | 2. | 1. Flugplatz Lubny<br>2. über Tscherkassy | Jäger | Gefr Michalke, Walter | BS | vw |
| 7. 8. 41 | 2. | | MG-Beschuß | Ofw Schucker, Herbert | BM | vw |
| | | | | Uffz Selinger, Franz | BS | † |
| 11. 8. 41 | Stab | | | Uffz Sauerbier, Willi | BS | † |
| 12. 8. 41 | 1. | 1. Sablonow<br>2. Sablonow | Jäger | Gefr Scherer, Ludwig | BS | vw |
| 20. 8. 41 | 6. | 1. Bf. Meschin<br>2. Bf. Meschin | Jäger | Fw Rockmann, Kurt | BM | vw |
| 21. 7. 41 | 4. | 1. Moskau<br>2. unbekannt | unbek. | Ofw Hänel, Heinrich | FF | v |
| | | | | Oblt Harms, Bernhard | BO | v |
| | | | | Uffz Poch, Franz | BF | v |
| | | | | Fw Posch, Anton | BM | v |
| 30. 7. 41 | 5. | 1. Bf. Bryansk<br>2. Bryansk | Jäger | Fw Schmeling, Willi | BF | vw |
| | | | | Gefr Kleine-Walter, Rudolf | BS | † |
| 15. 8. 41 | 4. | 1. Gomel<br>2. Bojary | Absturz am Platz | Oblt Willisch, Walter | FF | † |
| | | | | Ogfr Weber, Josef | BM | † |
| | | | | Gefr Kotzenbauer, Hugo | BF | † |
| | | | | Ogfr Grüner, Willi | BM | † |
| 22. 8. 41 | 6. | 1. Straßen Raum Chabnoje<br>2. unbekannt | unbek. | Fw Franke, Karl | FF | v |
| | | | | Uffz Otto, Karl | BO | v |
| | | | | Fw Förster, Hans | BF | v |
| | | | | Fw Wurm, Heinrich | BM | v |
| | | | | Uffz Lenz, Emil | BS | v |
| 24. 8. 41 | 5. | 1. Straßen bei Oster<br>2. unbekannt | Jäger (Notlandung hinter der Front) | Gefr Becker, Kurt | BF | † |
| 27. 8. 41 | 6. | 1. Raum Bojary<br>2. unbekannt | unbek. | Lt Knobel, Ekkehard | FF | v |
| | | | | Gefr Schlages, Walter | BS | v |
| | | | | Gefr Honka, Reinhard | BF | v |
| | | | | Uffz Weinem Karl-Heinz | BM | v |
| | | | | Uffz Parsch, Ehrenfried | BS | v |
| 28. 8. 41 | 1. | 1. Fluplatz Poltawa<br>2. b. Poltawa | Jäger | Gefr Helmschrott Andreas | BM | † |
| | | | | Gefr Weissmüller, Karl | BS | vw |
| 29. 8. 41 | 3. | 1. Dnjepropetrowsk | Flak | Ofw Heike, Max | BM | † |
| | | | | Gefr Linnemann, Wilhelm | BS | vw |
| 29. 8. 41 | 5. | 1. Gornostaipol<br>2. Gornostaipol | Jäger | Uffz Rasch, Kurt | BM | vw |

| am | Einheit | 1. Ziel<br>2. Unfallort | Verlust durch | Dstgrd., Name, Vorname | Status | Verbleib |
|---|---|---|---|---|---|---|
| 2. 9. 41 | 4. | 1. Aufklärung Raum Dnjepropetrowsk<br>2. Dnjepropetrowsk | Flak | Uffz Ruttkies, Helmut | FF | v |
| | | | | Uffz Lath, Günther | BO | v |
| | | | | Uffz Dorn, Willi | BF | † |
| | | | | Ofw Költsch, Fritz | BM | v |
| | | | | Gefr Herrmann, Anton | BS | v |
| 6. 9. 41 | 2. | 1. Flugplatz bei Charkow<br>2. bei Kirowograd | Flugzeugabsturz | Ogfr Ahlers, Rudolf | BS | vw |
| 8. 9. 41 | 2. | 1. Flugplatz bei Charkow<br>2. bei Kirowograd | Flugzeugabsturz | Ofw Ringholz, Philipp | FF | vw |
| | | | | Uffz Möller, Heinz | BM | † |
| | | | | Gefr Brandenberg, Günther | BS | vw |
| 8. 9. 41 | 4. | 1. Raum Kowel Hochwika<br>2. Kowel-Hochwika | Flak | Uffz Thon, Erich | BF | vw |
| | | | | Ogfr Gold, Rudolf | BS | vw |
| 8. 9. 41 | 3. | 1. Bahnlinie n. Poltawa<br>2. Prischib | Jäger | Ogfr Pritzkow, Kurt | BF | vw |
| | | | | Uffz Kern, Rudolf | BM | vw |
| | | | | Gefr Pilgram, Friedrich | BS | † |
| 9. 9. 41 | 6. | | Flak | Uffz Bär, Martin | BS | † |
| 12. 9. 41 | II. | 1. Flugplatz Semenowka | | Lt Otter, Maximilan | BO | † |
| | | | | Uffz Meier, Wilhelm | BM | v |
| | | | | Gefr Rummel, Willi | PK | † |
| 18. 9. 41 | 3. | 1. Bahnlinie Karlowka-Poltawa<br>2. Mechworoschtscha | Erdbeschuß | Uffz Schleicher, Helmut | FF | vw |
| | | | | Oblt Schulz-Kleedehn Ernst-Joachim | BO | † |
| | | | | Gefr Schumtzler, Erich | BF | vw |
| | | | | Uffz Hempel, Gerhard | BM | vw |
| | | | | Uffz Dagne, Willi | BS | vw |
| 21. 9. 41 | 4. | 1. Bf. Charkow<br>2. unbekannt | unbek. | Lt Friedrich, Arthur | BO | † |
| | | | | Gefr Manger, Josef | BF | v |
| | | | | Gefr Schulze, Wolf-Diet. | BM | † |
| | | | | Gefr Pippert, Willi | BS | v |
| 22. 9. 41 | 6. | 1. Bahnlinie Charkow-Kupjansk | Jäger | Fw Kaffenberger Georg | BM | vw |
| | | | | Uffz Degen, Kurt | BS | vw |
| 22. 9. 41 | II. | 1. Bf. Charkow<br>2. unbekannt | unbek. | Besatzung zurückgekehrt | | |
| 25. 9. 41 | 2. | 1. Charkow<br>2. bei Charkow | Zerstörer | Fw Marx, Gustav | BS | vw |
| | | | | Uffz Knopp, Paul | BS | vw |
| 25. 9. 41 | 4. | 1. Eisenbahn Bjelgorod-Charkow | | Uffz Wagner, Paul | | vw |

| am | Einheit | 1. Ziel<br>2. Unfallort | Verlust durch | Dstgrd., Name, Vorname | Status | Verbleib |
|---|---|---|---|---|---|---|
| 1. 10. 41 | 5. | | Erdbeschuß | Uffz Renard, Karl-Heinz | FF | vw |
| 1. 10. 41 | Stab | 1. Kramatorskaja<br>2. Kramatorskaja | | Uffz George, Konrad | BS | vw |
| 6. 10. 41 | 9. | 1. Kramatorskaja<br>2. Kramatorskaja | Flak | Fw Müller, Karl<br>Uffz George, Konrad | BM<br>BS | †<br>vw |
| 10. 10. 41 | 9. | 1. Charkow<br>2. unbekannt | unbek. | Uffz Ganz, Franz<br>Uffz Gans, Fritz<br>Ogfr Kielisch, Felix<br>Uffz Memmerle, Gerhard<br>Uffz Betz, Alois | FF<br>BO<br>BM<br>BF<br>BS | v<br>v<br>v<br>v<br>v |
| 17. 10. 41 | 6. | 1. Bahnlinie Kupjansk-Waluiki<br>2. Kupjansk-Waluiki | Erdbeschuß | Gefr Ernst, Heinrich | BF | vw |
| 18. 10. 41 | 7. | 1. Truppen ndl. Charkow<br>2. unbekannt | unbek. | Uffz Ebicht, Hans<br>Fw Holland-Kune, Walter<br>Fw Heinrich, Ottokar<br>Fw Marx, Hubert<br>Uffz Schröder, Karl-Fr. | FF<br>BO<br>BF<br>BM<br>BS | v<br>v<br>v<br>v<br>v |
| 20. 10. 41 | 4. | 1. Kolonnen Raum Charkow<br>2. unbekannt | unbek. | Besatzung zurückgekehrt | | |
| 20. 10. 41 | 5. | 1. Straßen Raum Woltschansk<br>2. unbekannt | unbek. | Gefr Weber, Wilhelm<br>Uffz Weidmann, Albert<br>Gefr Albert Heinrich<br>Ogfr Stöberl, Josef | BO<br>BF<br>BM<br>BS | v<br>v<br>v<br>v |
| 21. 10. 41 | 6. | 1. Kolonnen Raum SO Oskol<br>2. Kolonnen Raum SO Oskol | Erdbeschuß | Ogfr Schulz, Otto | BS | vw |
| 25. 10. 41 | 6. | 1. Kolonnen Raum Waluiki<br>2. südlich Waluiki | Erdbeschuß | Oblt Jonas, Wolfgang<br>Gefr Junge, Josef | FF<br>BM | vw<br>vw |
| 3. 11. 41 | 5. | 1. Züge an Str. Malirowo-Rostow<br>2. ostw. Rostow | Jäger | Uffz Giessen, Kurt | BM | † |

| am | Einheit | 1. Ziel<br>2. Unfallort | Verlust durch | Dstgrd., Name, Vorname | Status | Verbleib |
|---|---|---|---|---|---|---|
| 12. 11. 41 | 6. | 1. Bahnlinie Swoboda-Zaitomonowka | unbek. | Lt Klammer, Friedrich | FF | v |
| | | | | Gefr Großkopf, Leopold | BS | v |
| | | | | Ogfr Pyttlik, Aluis | BF | v |
| | | | | Uffz Wettig, Rolf | BM | v |
| | | | | Uffz Schultheiss, Heinrich | BS | v |
| 30. 10. 41 | 8. | 1. Kriegshafen Kertsch | Flak | Oblt Fahrholz, Günther | FF | vw |
| 5. 11. 41 | 9. | 1. Eisenbahn Raum Rostow<br>2. Raum Rostow | unbek. | Fw Untiedt, Werner | FF | v |
| | | | | Gefr Sengbein, Fritz | BS | v |
| | | | | Gefr Bondzie, Heinz | BF | v |
| | | | | Uffz Schröder, Josef | BM | v |
| | | | | Gefr Witzke, Horst | BS | |
| 31. 10. 41 | 9. | 1. Dnjepropetrowsk | Motorstör. Notlandung Überführungsflug | Hptm Bismarck, Hans-Jo. | FF | vw |
| | | | | Uffz Schneider, Rolf | BF | vw |
| | | | | Uffz Blaskura, Hans | BS | vw |
| | | | | Ofw Knetsch, Paul | BM | vw |
| | | | | Fw Künnemann, Robert | BO | vw |
| 30. 12. 41 | 3. | 1. Überführungsflug<br>2. Gowidlino 54 km w. Danzig | Baumberührung | Lt Müller, Albrecht | FF | † |
| | | | | Ogfr Ernst, Otto | BO | † |
| | | | | Ogfr Engelbertz, Franz | BF | † |
| | | | | Ogfr Kopriva, Ernst | BM | † |
| | | | | Fw Kolzmann, Walter | BS | vw |
| | | | | Uffz Burgmann Otto | BM | vw |
| 6. 1. 42 | 2. | 1. Eisenbahn bei Millerowo<br>2. bei Alexandrowka | Motorenschaden | Ofw Klein, Rudolf | BO | † |
| | | | | Uffz Heinerl, Karl | BS | † |
| 15. 1. 42 | 2. | 1. Ort Wladislawawka<br>2. unbekannt | unbek. | Lt Grothoff, Kurt | FF | v |
| | | | | Uffz Illedits, Andreas | BO | v |
| | | | | Ogfr Drechsler, Siegfried | BF | v |
| | | | | Ogfr Palmer, Helmut | BM | v |
| | | | | Ogfr Märtens, Werner | BS | v |
| 16. 1. 42 | 1. | 1. Kavallerie und Truppenverb. Str. Petropawlowka—Alexandrowska<br>2. Alexandropol | Flak | Uffz Tersteegen | BF | vw |
| 31. 1. 42 | 1. | 1. Truppenbekämpfung NO Feodosia<br>2. Karpatsch/Krim | Infanteriebeschuß | Uffz Hausmann, Paul | BS | † |

| am | Einheit | 1. Ziel<br>2. Unfallort | Verlust durch | Dstgrd., Name, Vorname | Status | Verbleib |
|---|---|---|---|---|---|---|
| 13. 2. 42 | 2. | 1. Angriff auf Barwenkowa<br>2. unbekannt | unbek. | Uffz Zink, Hubert | FF | v |
| | | | | Ogfr Boekh, Theodor | BS | v |
| | | | | Ogfr Rettenmeier, Bernhard | BF | v |
| | | | | Ogfr Werth, Karl | BM | v |
| | | | | Ogfr Bläsche, Willy | BS | v |
| 13. 2. 42 | 3. | 1. Raum Barwenkowa—Bussanowa-Studensk<br>2. unbekannt | unbek. | Uffz Wolf, Herbert | FF | v |
| | | | | Uffz Ellendt, Fritz | BO | v |
| | | | | Ogfr Meyer, Henry | BF | v |
| | | | | Ogfr Maidowski, Günther | BM | v |
| | | | | Uffz Tutzschke, Waldemar | BS | v |
| 15. 2. 42 | 1. | 1. —<br>2. Flugplatz Kirowograd-Nord | Durch Luftschraube | Ofw Dietrich, Albert | BS | † |
| 21. 2. 42 | 2. | 1. Angriff auf Truppen zwischen Blisnjesy u. Barwenkowa<br>2. wie 1. | Infanteriebeschuß | Fw Kastler, Paul | BM | vw |
| 3./9. 3.42 | 10. | 1. Hull (England)<br>2. unbekannt | unbek. | Oblt Schneider, Anton | BO | v |
| | | | | Ofw Beißer, Engelbert | FF | v |
| | | | | Fw Wak, Willy | BF | v |
| | | | | Fw Kuberka, Gustav | BM | v |
| 21. 2. 42 | 2. | 1. Barwenkowa u. Blyonjezy | | Fw Kastler, Paul | BM | vw |
| 9. 3. 42 | 3. | 1. Izjum<br>2. Kamenka | Flak | Ogfr Tomalla, Alfred | BS | † |
| 10. 3. 42 | 3. | 1. Waluiki<br>2. Wirowka | Flugzeugabsturz | Oblt Borsutzky, Herbert | FF | † |
| | | | | Uffz Zettler, Heinz | | † |
| | | | | Fw Matheja, Anton | BF | † |
| | | | | Uffz Zafnik, Franz | BM | † |
| | | | | Ogfr Aust, Hermann | BS | † |
| 18. 3. 42 | 1. | 1. Rm.südl.d. 50.Brt.-Grd.<br>2. 10 km NO Slawjansk | Flak | Lt Schneider, Heinz | FF | † |
| | | | | Ofw Will, Hugo | BO | † |
| | | | | Uffz Flemming, Erich | BF | † |
| | | | | Fw Meck, Heinz | BM | † |
| | | | | Ogfr Voigt, Walter | BS | † |
| 18. 3. 42 | 1. | 1. Lok-Bekämpfung bei Ligensk<br>2. unbekannt | unbek. | Uffz Moroschowek, Otto | FF | v |
| | | | | Hptm Frick, Georg | BO | v |
| | | | | Uffz Frey, Karl | BF | v |
| | | | | Uffz Krämer, Robert | BM | v |
| | | | | Uffz Höpfl, Franz | BS | v |
| 18. 3. 42 | 1. | 1. Lok-Bekämpfung bei Ligensk<br>2. 30 km O Ligensk | Erdbeschuß | Gefr Wienke, Fritz | BS | vw |

| am | Einheit | 1. Ziel<br>2. Unfallort | Verlust durch | Dstgrd., Name, Vorname | Status | Verbleib |
|---|---|---|---|---|---|---|
| 15. 3. 42 | | 1. Saltow<br>2. Saltow | Flak | Ogfr Vesold, Ignak | BS | vw |
| 10. 5. 42 | 2. | 1. Asowsches Meer nördl. Kertsch<br>2. Kertsch | Infanterie | Fw Werry, Arnim<br>Uffz Knabbe, Hans<br>Ogfr Holtkamp, Heinz<br>Ogfr Hagen, Johann<br>Ogfr Antenrieth, Kurt | FF<br>BS<br>BF<br>BM<br>BS | †<br>†<br>†<br>†<br>† |
| 10. 5. 42 | 4. | 1. Straße Marajewka—Kertsch<br>2. unbekannt | unbek. | Lt Heise, Gilbert<br>Uffz Brösel, Otto<br>Fw Rohmann, Wilhelm<br>Uffz Poppe, Hans-Georg<br>Ogfr Sehm, Herbert | FF<br>BO<br>BF<br>BM<br>BS | v<br>v<br>v<br>v<br>v |
| 10. 5. 42 | 4. | 1. Straße Marajewka—Kertsch<br>2. unbekannt | unbek. | Uffz Richter, Herbert<br>Fw Schulz, Hermann<br>Uffz Nendwich, Franz<br>Ogfr Windschiegl, Ernst<br>Ogfr Stricker, Wilhelm | F<br>BO<br>BF<br>BM<br>BS | v<br>v<br>v<br>v<br>v |
| 15. 5. 42 | 4. | Raum Alexandrowka—Seremejewka | unbek. | Uffz Pfuhlmann, Günther<br>Uffz Meyer, Heinz<br>Gefr Buck, Ernst<br>Ogfr Wujawz, Reinhard<br>Gefr Windschuh, Fritz | FF<br>BO<br>BF<br>BM<br>BS | v<br>v<br>v<br>v<br>v |
| 15. 5. 42 | 2. | 1. Truppen bei Ochotschoje<br>2. unbekannt | unbek. | Lt Kruse, Rolf<br>Ogfr Swatos, Victor<br>Fw Eberlein, Johann<br>Ogfr Hidwanger, Leo<br>Uffz Börner, Kurt | FF<br>BO<br>BF<br>BM<br>BS | v<br>v<br>v<br>v<br>v |
| 15. 5. 42 | 2. | | unbek. | Ofw Hohberg, Alfred<br>Uffz Mueck, Reinhold<br>Fw Schaffer, Otto<br>Uffz Kuhse, Werner<br>Uffz Bodehagen, Gustav | FF<br>BO<br>BF<br>BM<br>BS | v<br>v<br>v<br>v<br>v |
| 6. 5. 42 | 3. | 1. Money<br>2. Money | Flak | Uffz Dobler, Johann | BO | vw |
| 8. 5. 42 | 1. | 1. Parpatschgraben (Krim)<br>2. 4 km westl. Tulumschek (Krim) | Rammen durch Jäger | Oblt Schmidtmann, Fritz<br>Stfw Fink, Erich<br>Ofw Rütten, Konrad<br>Uffz Weißbach, Fritz<br>Ogfr Witte, Günther | FF<br>BO<br>BF<br>BM<br>BS | vw<br>†<br>vw<br>†<br>† |
| 10. 5. 42 | 3. | 1. Dshankoj<br>2. Dshankoj | Flak | Uffz Krämer, Friedrich | BM | vw |
| 10. 5. 42 | 3. | 1. Bagerowo<br>2. Mayak-Salyn | Erdbeschuß | Ogfr Storch, Otto | BS | vw |
| 13. 5. 42 | 2. | 1. Straße westl. Kanyschburm<br>2. Wessiljewka | Jäger | Uffz Ruge, Günther | BM | vw |

| am | Einheit | 1. Ziel<br>2. Unfallort | Verlust durch | Dstgrd., Name, Vorname | Status | Verbleib |
|---|---|---|---|---|---|---|
| 13. 5. 42 | 2. | 1. Angriff auf Truppen Kertsch<br>2. Martowka | Jäger | Lt Gröndahl, Heinrich<br>Fw Hilpert Josef<br>Uffz Fock, Walter | FF<br>BF<br>BS | vw<br>†<br>vw |
| | | Raum Kertsch | Flak | Ofw Othmer, August | BM | vw |
| | | Raum Krasnograd | | Uffz Liebig, Erik | BS | vw |
| 8. 5. 42 | 9. | | MG-Beschuß | Ogfr Frenk, Adolf | BS | vw |
| 9. 5. 42 | 7. | 1. Angriff auf Kertsch<br>2. westlich Kertsch | Flak | Uffz Puschel, Ferdinand | FF | vw |
| 10. 5. 42 | 7. | 1. Angriff auf Kertsch<br>2. westlich Kertsch | Erdbeschuß | Hptm Köppen, Hartwig<br>Fw Piel, Hans<br>Uffz Hadaschinsky, Harry<br>Uffz Becker, Richard<br>Uffz Heppe, Kurt | FF<br>BO<br>BF<br>BM<br>BS | v<br>v<br>v<br>v<br>v |
| 10. 5. 42 | 8. | 1. Truppen bei Kertsch<br>2. unbekannt | Erdbeschuß | Ofw Nebeter, Georg<br>Uffz Stommel, Johann<br>Uffz Zischler, Karl<br>Uffz Falk, Wilhelm<br>Uffz Reisse, Herbert | FF<br>BO<br>BF<br>BM<br>BS | v<br>v<br>v<br>v<br>v |
| 10. 5. 42 | 8. | 1. Truppen bei Kertsch<br>2. unbekannt | Erdbeschuß | Uffz Pfifferling, Max<br>Uffz Ross, Rudolf<br>Ogfr Blömker, Günther<br>Ogfr Heussler, Erich<br>Gefr Schmitz, Heinz | FF<br>BO<br>BF<br>BS<br>BS | v<br>v<br>v<br>v<br>v |
| 10. 5. 42 | 8. | 1. Truppen bei Kertsch<br>2. unbekannt | Erdbeschuß | Lt Ortmann, Helmuth<br>Uffz Skrzypek, Werner<br>Ogfr Pyrscalla, Richard | FF<br>BO<br>BM | v<br>v<br>v |
| 10. 5. 42 | 9. | 1. wie oben<br>2. wie oben | Erdbeschuß | Uffz Klein, Erik<br>Ogfr Gentker, Alois<br>Ogfr Hansen, Helmuth<br>Gefr. Rogalla, Willi<br>Ogfr Ohse, Heinz-Werner | FF<br>BO<br>BV<br>BM<br>BS | v<br>v<br>v<br>v<br>v |
| 14. 5. 42 | 7. | 1. Angriff auf Jeremejeske | Flak | Ogfr Heyl, Wolfgang | BS | vw |
| 18. 5. 42 | 7. | Angriff Raum Ternowaja | Jäger | Ogfr Harrer, Karl | BS | vw |
| 19. 5. 42 | 5. | Verpflegung für Ternowaja (Charkow) | Flak, Aufschlag am Boden beobachtet | Uffz Müller, Kurt<br>Uffz Kleimann, Ernst<br>Gefr Otto, Franz<br>Uffz Wiedemann, Ludwig<br>Ogfr Peterhans, Andreas | FF<br>BO<br>BF<br>BM<br>BS | v<br>v<br>v<br>v<br>v |

| am | Einheit | 1. Ziel<br>2. Unfallort | Verlust durch | Dstgrd., Name, Vorname | Status | Verbleib |
|---|---|---|---|---|---|---|
| 19. 5. 42 | 4. | Versorgung von Panzern bei Ternowaja (Charkow) | MG-Abwehr | Ltd.R. Kappert, Wilhelm | FF | vw |
| 19. 5. 42 | 4. | wie oben | Flak | Ogfr Bosch, Wilhelm | BS | † |
| 23. 5. 42 | 6. | südlich Sorowaje | Infanteriebeschuß | Ogfr Gottbehüt, Walter | BF | vw |
| 26. 4. 42 | 10. | 1. England<br>2. Bristol | Nachtjäger | Ofw Schultze, Willi | BM | † |
| 24. 5. 42 | 1. | 1. Truppen Raum Federowka<br>2. 3 km SW Federowka | Flak (Maschine brennend abgest.) | Lt Raupisch, Hubert | FF | v |
| | | | | Ogefr Weshausen, Werner | BO | v |
| | | | | Ogefr Josefus, Josef | BF | v |
| | | | | Ogefr Bleier, Rudolf | BM | v |
| | | | | Ogefr Kruse, Josef | BS | v |
| 26. 5. 42 | 8. | Raum Tschepel | Flak | Fw Kirstein, Werner | FF | v |
| | | | | Ogefr Kropp, Julius | BO | v |
| | | | | Ogefr Busch, Günther | BF | v |
| | | | | Ogefr Heinemann, Engelbert | BM | v |
| | | | | Uffz Schmit, Franz | BS | v |
| 22. 5. 42 | 9. | Raum Kupjansk | | Lt Börger, Hans | FF | v |
| | | | | Fw Redemann, August | BO | v |
| | | | | Ogefr Prüfer, Hugo | BF | v |
| | | | | Ogefr Bönder, Josef | BM | v |
| | | | | Ogefr Götze, Willi | BS | v |
| 30. 5. 42 | 1. | Kirowograd | Herzschlag (ertrunken) | Ogefr Fuchs, Lembert | BF | vw |
| 5. 6. 42 | 6. | | Notlandg. (Motorbr. auf eig. Gebiet) | Ofw Sehlke, Erwin | FF | vw |
| | | | | Lt Bartsch, Oskar | BO | vw |
| | | | | Uffz Kuwel, Erich | BM | vw |
| | | | | Uffz Pfeifer | BF | vw |
| | | | | Ogefr Rolle | BS | vw |
| 13. 6. 42 | | 1. Aufklärg. Woronesch<br>2. Woronesch | Jäger | Ogefr Kasper, Werner | BS | vw |
| 12. 6. 42 | 3. | 1. Wosnessenowka<br>2. Rubesnoje | Motorschaden | Ofw Stern, Alfons | FF | † |
| | | | | Uffz Schlosser, Josef | BO | † |
| | | | | Uffz Schmidt, Walter | BF | † |
| | | | | Uffz Mergel, Erik | BM | † |
| 15. 6. 42 | Stab | 1. Flugblätter ostw. Belgorod<br>2. Charkow Westrand | Flak | Lt Peters, Karl | FF | vw |

| am | Einheit | 1. Ziel<br>2. Unfallort | Verlust durch | Dstgrd., Name, Vorname | Status | Verbleib |
|---|---|---|---|---|---|---|
| 19. 6. 42 | | | Selbstmord, Kopfschuß | Gefr Schlumberger, Eugen | | S |
| 2. 7. 42 | | Raum Woronesch | Jäger | Uffz Vaupel, Richard | BF | vw |
| | | | | Uffz Liebig, Erik | BS | vw |
| 4. 7. 42 | 2. | 1. Angriff Ostrogoschsk<br>2. bei Wercho-Sassna | Flak | Uffz Schwarz, Stefan | BF | vw |
| 4. 7. 42 | 1. | 3 km sw. Wolokonowka | Flak (Fallsch. Absprung) | Ogefr Kertscher, Helmut | BM | † |
| 25. 6. 42 | 9. | Kupjansk | Flak | Uffz Elbrechtz, Heyko | FF | v |
| | | | | Ogefr Ebert, Richard | BO | v |
| | | | | Ogefr Gerhardt, Martin | BF | v |
| | | | | Ogefr Lineker, Franz | BM | v |
| | | | | Ogefr Reichling, Nikolaus | BS | v |
| 25. 6. 42 | 7. | 1. Bf. Swoboda<br>2. unbekannt | unbek. | Uffz Koppelt, Alfred | FF | v |
| | | | | Lt Wolf, Gerhardt | BO | v |
| | | | | Uffz Kracker, Anton | BF | v |
| | | | | Gefr Werner, Walter | BM | v |
| | | | | Uffz Noack, Siegfried | BS | v |
| 27. 6. 42 | 8. | 1. Bf. Swoboda<br>2. Woltschansk | Jäger (Me 109) | Lt Moldenhauer, Heinz | FF | vw |
| | | | | Ogefr Schams, Josef | BO | vw |
| | | | | Ogefr Horchy, Leopold | BF | † |
| | | | | Gefr Skraitzke, Konrad | BM | † |
| 27. 6. 42 | 8. | 1. Bf. Swoboda<br>2. Woltschansk | Jäger (Me 109) | Fw Hiltner, Karl | FF | G |
| | | | | Uffz Höcker, Arthur | BO | G |
| | | | | Uffz Stenkel, Herbert | BF | vw |
| | | | | Ogefr Febitsch, Johann | BM | † |
| | | | | Uffz Schwarz Albert | BS | † |
| 26. 6. 42 | 6. | Swoboda | | Lt Kremer, Günther | FF | vw |
| 6. 7. 42 | 4. | Bf. Rossosch | Flak | Ogefr Schnemann, Ernst | BF | vw |
| 10. 6. 42 | 8. | 1. Bulazelowka<br>2. Gejewka | Jäger | Oblt Fahrholz, Günther | FF | † |
| | | | | Uffz Kuffner, Friedrich | BO | † |
| | | | | Fw Wökel, Erich | BF | † |
| | | | | Fw Gräf, Georg | BM | † |
| | | | | Ogefr Rudzig, Siegfried | BS | † |
| 12. 6. 42 | 7. | Alexandrowka | Flak | Ogefr Käfer, Helmut | BF | † |
| | | | | Ogefr School, Heinrich | BS | vw |
| 14. 7. 42 | 4. | Dolschariskaja | Notldng., Gehirnerschütterung | Ogefr Wild, Max-Inger | BS | vw |

| am | Einheit | 1. Ziel<br>2. Unfallort | Verlust durch | Dstgrd., Name, Vorname | Status | Verbleib |
|---|---|---|---|---|---|---|
| 30. 7. 42 | 6. | 1. Schiffsziele Wolga<br>2. unbekannt | unbek. | Uffz John, Walter | FF | v |
| | | | | Fw Wallrabenstein, Martin | BO | v |
| | | | | Ogefr Philipp, Peter | BF | v |
| | | | | Uffz Wilhelm, Friedrich | BM | v |
| | | | | Ogefr Schleinhege, Heinz | BS | v |
| 31. 7. 42 | 7. | 1. Schiffsziele Wolga<br>2. 6 km n. Start | unbek. (Aufschlagbrand) | Fw Ewendt, Ilo | FF | † |
| | | | | Gefr Grühl, Hermann | BO | † |
| | | | | Uffz Wascher, Georg | BM | † |
| | | | | Ogefr Homa, Ulrich | BF | † |
| | | | | Fw Messeckas, Arnold | BS | † |
| 31. 7. 42 | 8. | 1. Schiffsziele Wolga<br>2. Nähe Artemowsk | unbek. (Aufschlg. brand) | Fw Ritter, Paul | FF | abgespr. |
| | | | | Uffz Scheidemann, Max | BO | † |
| | | | | Uffz Brsekisch Georg | BF | † |
| | | | | Uffz Kast, Karl | BM | † |
| | | | | Ogefr Julien, Josef | BS | † |
| 27. 7. 42 | Stab IV. | Nachteinsatz England | Nachtjäger | Ofw Sendler, Heinz | BF | vw |
| 30. 7. 42 | Stab IV. | Birmingham | Nachtjäger | Ofw Bock, Richard | FF | G |
| | | | | Hptm Karbe, Adalbert | BO | † |
| | | | | Ofw Becker, Wilhelm | BF | G |
| | | | | Fw Schäffer, Erhardt | BM | † |
| | | | | Ogefr Dolstern, Hans | BS | † |
| 28. 7. 42 | 8. | Raum Saloniki | MG u. Flak | Gefr Schlenker, Karl | BM | vw |
| 29. 7. 42 | 8. | Kalatsch | MG-Beschuß | Fw Tolksdorf, Helmuth | BM | vw |
| 17. 8. 42 | 8. | Temruk | Flak | Fw Zantke, Siegfried | BO | vw |
| 29. 7. 42 | 9. | NW Kertsch | Jäger | Ogefr Schönhofer, Hans | BM | vw |
| 10. 8. 42 | 5. | Hafen Noworossisk | N.Luftkampf z. Notlandg. Evtl. d. russische Schnellboote aufgefischt | Ofw König, Paul | FF | v |
| | | | | Ogefr Steiner, Herbert | BO | v |
| | | | | Fw Nonnemacher, Ludwig | BF | v |
| | | | | Gefr Kerwin, Helmuth | BM | v |
| | | | | Ogefr Katzer, Heinrich | BS | v |
| 15. 8. 42 | 5. | Tuapse (Kaukasus) | Verblutung lk. Obersch. Schuß | Hptm Sohr, Arthur | BO | † |
| | | | | Uffz List, Karl | BM | vw |
| 18. 8. 42 | 6. | Bahnanlage bei Tuapse | | Uffz Brennecke, Wilhelm | BF | vw |

| am | Einheit | 1. Ziel<br>2. Unfallort | Verlust durch | Dstgrd., Name, Vorname | Status | Verbleib |
|---|---|---|---|---|---|---|
| 9. 8.<br>42 | 6. | Mosurdar—<br>Tuapse | unbek. | Lt Schubert, Karl<br>Gefr Frenck, Kurt<br>Ogefr Honsberg, Ludwig<br>Ogefr Schodl, Matthias<br>Ogefr Hollerit, Josef | FF<br>BO<br>BF<br>BM<br>BS | v<br>v<br>v<br>v<br>v |
| 6. 8.<br>42 | Stab<br>II. | Samorsk — kein<br>Feindflug | Bombenan-<br>griff | Gefr Delarü, Emil | BS | vw |
| 10. 8.<br>42 | Füke | 1. Noworossisk<br>2. Schw. Meer | Luftkampf<br>(Schw.Meer) | Oblt Vogel, Friedrich<br>Uffz Römer, Kurt<br>Fw Klinger, Josef<br>Ofw Othmer, August<br>Uffz Liebig, Fritz | FF<br>BO<br>BF<br>BM<br>BS | †<br>†<br>†<br>†<br>† |
| 10. 8.<br>42 | Füke | 1. Noworossisk<br>2. Noworossisk | Jäger | Uffz Bühler, Willy | BS | † |
| 19. 8.<br>42 | III. | 1. Schw. Meer,<br>Tuapse<br>2. Schw. Meer | Flak | Ofw Pottkämper, Herbert | BF | vw |
| 19. 8.<br>42 | III. | 1. Samorsk<br>2. Samorsk | Bombenan-<br>griff | Uffz Schneider, Willy | BM | vw |
| 23. 8.<br>42 | III. | 1. Stalingrad<br>2. Stalingrad | Flak u.<br>Jäger | Fw Hoyer, Günther<br>Hptm Eismann, Hans<br>Uffz Reimann, Günther<br>Ogefr Armani, Johann | FF<br>BO<br><br>BM | v<br>v<br>v<br>v |
| 30. 8.<br>42 | III. | SW Stalingrad | Kopf | Uffz Brösing, Richard | BS | vw |
| 3. 9.<br>42 | III. | Kramatorskaja,<br>Platzflug | Nachtplatz-<br>flug | Ofw Motz, Franz<br>Fw Lemperle, Paul<br>Ogefr Zoller, Alfons | BF<br>FF<br>BM | †<br>†<br>† |
| 30. 8.<br>42 | 2. | SW Stalingrad | Jäger | Uffz Friesacher, Hans | BS | † |
| 15. 9.<br>42 | 6. | Stalingrad | Flak | Ogefr Adam, Heinz | BM | vw |
| 18. 9.<br>42 | 4. | W. Stalingrad | Jäger | Ogefr Lehnemann, Ernst | BF | † |
| 18. 9.<br>42 | 6. | NW Stalingrad | Flak | Ogefr Döring, Paul | BS | vw |
| 21. 9.<br>42 | III. | Stalingrad | Flak | Uffz Eckstein, Gottfried | BS | vw |
| 23. 9.<br>42 | III. | Morosowskaja | Bombenan-<br>griff | Uffz Grande, Walter | | † |
| 23. 9.<br>42 | III. | Morosowskaja | Bombenan-<br>griff | Uffz Kuhn, Hermann | BM | vw |
| 23. 9.<br>42 | III. | Morosowskaja | Bombenan-<br>griff | Ogefr Beerhuss, Hans | BO | † |

| am | Einheit | 1. Ziel<br>2. Unfallort | Verlust durch | Dstgrd., Name, Vorname | Status | Verbleib |
|---|---|---|---|---|---|---|
| 23. 9. 42 | III. | Morosowskaja | Bombenangriff | Uffz Schneider, Rolf | BF | † |
| 21. 9. 42 | 9. | Stalingrad | Notlandung | Uffz Armbruster, Werner | | vw |
| 22. 9. 42 | 9. | Morosowskaja | Bombenangriff | Uffz Kühn, Heinz | | vw |
| 22. 9. 42 | 9. | Morosowskaja | Bombenangriff | Fw Havel, Fritz | | vw |
| 22. 9. 42 | III. | 1. Stalingrad<br>2. über Ziel | Flak | Lt Hichel, Bernhard | FF | v |
| | | | | Uffz Pfannschmidt, Walter | BO | v |
| | | | | Ofw Köhler, Hans | BF | v |
| | | | | Ofw Ruschitzka, Kurt | BM | v |
| | | | | Ogefr Jape, Günther | BS | v |
| 4. 10. 42 | 5. | 1. Stalingrad<br>2. unbekannt | unbek. | Hptm Koop, Johann | FF | v |
| | | | | Uffz Specht, Wolfgang | BO | v |
| | | | | Uffz Kuck, Oskar | BF | v |
| | | | | Uffz Sanders, Theo | BM | v |
| | | | | Ofw Wagner, Walter | BS | v |
| 21. 10. 42 | 3. | Ostlazarett Simferopol | Paratyphus | Ofw Eichelbaum, Ernst | BF | v |
| 22. 10. 42 | 9. | 1. Stalingrad<br>2. Raum Stalingrad | unbek. | Lt Jornstedt, Gerhard | FF | v |
| 1. 11. 42 | 1. | Nova-Pawlowka | Motorausfall | Ofw Henschkel, Rudolf | FF | vw |
| | | | | Uffz Bauer, Georg | FF | vw |
| | | | | Uffz Müller, Kurt | BF | vw |
| | | | | | BF | vw |
| | | | | Ogefr Hein, Georg | BF | vw |
| 29. 10. 42 | 3. | 1. Stalingrad<br>2. 4 km ndl. Soblinska | Flak | Ofw Steinhagen, Gerhard | FF | † |
| 26. 10. 42 | 1. FBK | Fliegerhorst Armawir | Bombenangriff | Uffz Gallinger, Anton | BM | vw |
| 26. 10. 42 | 1. FBK | Fliegerhorst Armawir | Bombenangriff | Gefr Busch, Bernhard | BM | vw |
| 5. 11. 42 | 2. | 1. Stellung ostw. d. Wolga<br>2. Stalingrad | Flak | Ofw Grosse, Gerhard | FF | vw |
| 12. 11. 42 | 2. | Staffel Unterkunft Morosowskaja | Bombenangriff | Uffz Hartmann, Julius | BS | vw |
| 25. 11. 42 | Stab | Morosowskaja | unbek. | Oblt Bliesener, Fritz | FF | † |
| | | | | Fw Hasselberg, Erich | | † |

| am | Einheit | 1. Ziel<br>2. Unfallort | Verlust durch | Dstgrd., Name, Vorname | Status | Verbleib |
|---|---|---|---|---|---|---|
| 20. 11. 42 | Füke | Don-Front | unbek. | Ofw Wagner, Rudolf | FF | v |
| | | | | Oblt Neubert, Hans | BO | v |
| | | | | Uffz Tiedemann, Fritz | BF | v |
| | | | | Fw Wischeler, Hans | BM | v |
| | | | | Uffz Hochgrassl, Toni | BS | v |
| 21. 11. 42 | Füke | NW Stalingrad Don-Front | Flak | Ogefr Bigall, Max | BO | vw |
| | | | | Ogefr Reisner, Hans | BM | vw |
| 21. 11. 42 | 1. | 1. Raum Uletskaja<br>2. nördlich Obliwskaja | Flak | Fw Fillies, Kurt | BM | vw |
| 22. 11. 42 | 2. | 1. Sawrilowka<br>2. Sawrilowka | MG-Beschuß | Lt Schmidt, Werner | FF | vw |
| 22. 11. 42 | 3. | 1. Belonemrisbin<br>2. unbekannt | unbek. | Uffz Knorr, Heinz | FF | v |
| | | | | Ogefr Stephan, Erwin | BO | v |
| | | | | Uffz Hudetz, Karl | BF | v |
| | | | | Uffz Thaner, Albert | BM | v |
| | | | | Ogefr Hans, Herbert | BS | v |
| 23. 11. 42 | 3. | 1. Perelasowsky<br>2. unbekannt | unbek. | Lt Ditz, Wilhelm | FF | v |
| | | | | Uffz Lüddecke, Helmut | BS | v |
| | | | | Uffz Bering, Kurt | BF | v |
| | | | | Uffz Carlin, Albert | BM | v |
| | | | | Uffz Gnau, Hans | BS | v |
| 24. 11. 42 | 3. | 1. Sejasnowsky<br>2. unbekannt | unbek. | Uffz Borsetzky, Herbert | FF | v |
| | | | | Uffz Fasthuber, Friedrich | BS | v |
| | | | | Uffz Becker, Heinz | BF | v |
| | | | | Uffz Vasold, Ignaz | BM | v |
| | | | | Uffz Schraml, Karl | BS | v |
| 25. 11. 42 | 2. | 1. Tschemiskaja<br>2. Morosowskaja | Flak anschl. Absturz | Oblt Oberländer, Werner | FF | vw |
| | | | | Ofw Plaesch, Franz | BO | vw |
| | | | | Fw Hofmann, Walter | BF | vw |
| | | | | Ofw Michel, Karl | BM | vw |
| | | | | Uffz Hallenbach, Alfred | BS | vw |
| 25. 11. 42 | 3. | 1. Sejasnowsky<br>2. Ziel | Flak | Uffz Bauer, Christian | BM | vw |
| | | | | Uffz Risthaus, Heinrich | BS | vw |
| 29. 11. 42 | 2. | 1. Pitomnik<br>2. SW Kalatsch | Motorschaden Notlandg. | Uffz Welkien, Paul Frd. | BF | vw |
| | | | | Gefr Riemenschneider, Fritz | BS | v |
| 11. 12. 42 | 1. | Morosowskaja | Bombenangriff | Uffz Fierseling, Hermann | BM | † |
| 19. 12. 42 | 2. | 1. Pitomnik<br>2. Nähe Pitomnik | Luftkampf | Uffz Hamzal, Alfred | FF | † |
| | | | | Uffz Haag, Werner | BO | † |
| | | | | Uffz Feucht, Friedrich | BF | † |
| | | | | Ogefr Moik, Fritz | BM | † |
| | | | | Gefr Fest, Richard | BS | † |

| am | Einheit | 1. Ziel<br>2. Unfallort | Verlust durch | Dstgrd., Name, Vorname | Status | Verbleib |
|---|---|---|---|---|---|---|
| 24. 12. 42 | 1. | 1. Pitomnik<br>2. Morosowskaja | Flak | Lt Schüren, Ernst<br>Hptm Grah, Hans | FF<br>BO | vw<br>vw |
| 25. 12. 42 | 2. | 1. Mjupin<br>2. Ziel | Flak | Uffz Klausner, Julius | BS | vw |
| 13. 12. 42 | III. | 1. Zarizynsky-Businowka<br>2. wie 1. | Bewaffn. Aufklärg. | FW Kramer, Erich<br>Fw Langhans, Otto<br>Ogefr Gölles, August<br>Ogefr Schlenker, Karl<br>Ogefr Frisch, Wilhelm | FF<br>BO<br>BF<br>BM<br>BS | v<br>v<br>v<br>v<br>v |
| 5. 9. 42 | III. | Angriff auf Jratschi | Not-landung | Uffz Hinterberger, Josef | BM | vw |
| 12. 12. 42 | IV. | 1. Übungsflug<br>2. 5 km sdl. Yeray v. Chalons | Übungsflug | Uffz Friedemann, Fritz<br>Uffz Hartnagel, Willy<br>Ogefr Krause, Fritz<br>Ogefr Rochel, Georg<br>Gefr Koschel, Edar | FF<br>BF<br>BS<br>BS<br>BM | †<br>†<br>†<br>†<br>† |
| 2. 1. 42 | 2. | 1. Überführungs-flug Moro-sowskaja<br>2. unbekannt | unbek. | Uffz Fischer, Friedrich<br>Uffz Klos, Ernst-Er.<br>Uffz Haferkamp, Joachim | F<br>BS<br>BF | v<br>v<br>v |
| 1. 1. 43 | III. | 1. Versorgung Pitomnik<br>2. wie 1. | unbek. | Ofw Stramm, Richard<br>Ofw Meier, Werner<br>Ofw Ronbal, Franz<br>Ofw Strohschnitter, Arthur<br>Uffz Kimik, Alfred | FF<br>BO<br>BF<br>BM<br>BS | v<br>v<br>v<br>v<br>v |
| 1. 1. 43 | 8. | 1. wie oben<br>2. wie oben | unbek. | Ofw Wallner, Kurt<br>Fw Schuh, Hugo<br>Uffz Bonet, Adam<br>Uffz Franz, Otto<br>Ogefr Liebig, Herbert | FF<br>BO<br>BF<br>BM<br>BS | v<br>v<br>v<br>v<br>v |
| 5. 1. 43 | 8. | 1. Nowotscher-kask<br>2. Nowotscher-kask | Vor der Landung Aufschlag-brand | Lt Moldenhauer, Heinz<br>Uffz Schröter, Otto<br>Uffz Ludwig, Franz<br>Uffz Polefka, Robert<br>Uffz Möhler, Kurt | FF<br>BO<br>BF<br>BM<br>BS | †<br>†<br>†<br>†<br>† |
| 21. 12. 42 | 1. FBK | 1. Unterkunft Morosowskaja | Spreng-bombe | Ogefr Neumann, Herbert | BM | vw |
| 25. 11. 42 | II. | Kurierflug | Boden-berührung | Lt Betz, Albert | FF | † |
| 29. 11. 42 | 6. | 1. Pitomnik<br>2. W. Stalingrad | unbek. | Lt Kuhtreiber, Otto<br>Uffz Grimm, Helmut<br>Ofw Wohlgemut, Artur<br>Ogefr Adam, Heinz<br>Ogefr Müller, Erwin | FF<br>BO<br>BF<br>BM<br>BS | v<br>v<br>v<br>v<br>v |
| 17. 12. 42 | 2. FBK | | Flieger-angriff | Ogefr Flöttl, Hans | | vw |

| am | Einheit | 1. Ziel<br>2. Unfallort | Verlust durch | Dstgrd., Name, Vorname | Status | Verbleib |
|---|---|---|---|---|---|---|
| 16. 1. 43 | 1. | Lazarett Simferopol | Typhus | Ofw Matschke, Herbert | | † |
| 20. 1. 43 | 2. | 1. Stalingrad Versorgung | | Lt Schmidt, Werner | FF | v |
| | | | | Uffz Kocher, Richard | BO | v |
| | | | | Ogefr Gärmer, Werner | BF | v |
| | | | | Fw Neugebauer, Fritz | BM | v |
| | | | | Uffz Wentsch, Erwin | BS | v |
| 28. 1. 43 | III. | 1. Stalingrad<br>2. Bagajewskaja | | Hptm Willrett, Walter | FF | v |
| | | | | Uffz Münster, Heinz | BO | v |
| | | | | Uffz Janisch, Othmar | BF | v |
| | | | | Ogefr Wanke, Eberhardt | BM | v |
| | | | | Ogefr Friebe, Alfred | BS | v |
| 19. 1. 43 | III. | 1. Stalingrad<br>2. Stalingrad | | Lt Leipold, Georg | FF | v |
| | | | | Ofw Lochner, Johann | BO | v |
| | | | | Uffz Jacob, Fritz | BF | v |
| | | | | Uffz Potrenik, Robert | BM | v |
| | | | | Uffz Schindelarsch, Ernst | BS | v |
| 22. 1. 43 | III. | ? | | Uffz Beckmann, Bernhard | | † |
| 30. 1. 43 | 1. | Stalingrad | | Gefr Falkenhorst, Waldemar | FF | v |
| | | | | Uffz Schillinger, Wolfgang | BO | v |
| | | | | Gefr Röttinger, Kurt | BF | v |
| | | | | Ogefr Mohrhammer, Karl | BM | v |
| | | | | Ogefr Holfeld, Reinhard | BS | v |
| 2. 2. 43 | 2. | Szenbriganka | Luftkampf | Fw Klauser, Kulius | BM | † |
| | | | | Uffz Hopke, Erich | | vw |
| 26. 1. 43 | 1. | Beljamin/ Don | Inf.-Gesch. | Ofw Lehner, Johannes | BO | † |
| 1. 1. 43 | 1. | Pitomnik | Flak | Ofw Piasta, Otto | FF | vw |
| 13. 2. 43 | 6. | Saki, kein Feindflug | Unfall | Ogefr Tebben, Hans | BS | vw |
| 9. 2. 43 | 3. | Bataisk | unbek. | Lt Schwedler, Paul | FF | v |
| | | | | Ofw Haas, Leonhard | BO | v |
| | | | | Ofw Wiedemann, Gerhard | BF | v |
| | | | | Ofw Krause, Walter | BM | v |
| | | | | Uffz Knopp, Paul | BS | v |
| | | | | Ofw Hellmann, Werner | BM | v |
| 27. 12. 42 | 1. FBK | Millerowo | Verteidg. Millerowo | Ofw Janicke, Rudolf | | vw |
| | | | | Fw Gieseler, Walter | | vw |
| | | | | Uffz Schian, Otto | | vw |
| | | | | Gefr Klaus, Werner | | vw |
| | | | | Gefr Zolda, Hans | | vw |
| | | | | Gefr Kober, Walter | | vw |
| | | | | Ogefr Peter, Julius | | vw |

| am | Einheit | 1. Ziel<br>2. Unfallort | Verlust durch | Dstgrd., Name, Vorname | Status | Verbleib |
|---|---|---|---|---|---|---|
| 10. 1. 43 | 1 FBK | Millerowo | Verteidg. Millerowo | Uffz Welbers, Theodor | | † |
| | | | | Flg Wedekämper, Walter | | † |
| | | | | Uffz Randel, Hans | | vw |
| | | | | Uffz Wieder, Ernst | | vw |
| | | | | Ogefr Lennig, Erwin | | vw |
| | | | | Ogefr Block, Georg | | vw |
| 20. 2. 43 | Füke | 1.<br>2. Dorf Wessely sdl. Nomar | Absturz | Ofw Heil, Karl | FF | † |
| | | | | Uffz Döring, Franz | BO | † |
| | | | | Uffz Braeg, Egon | BF | † |
| | | | | Ogefr Rainer, Hans | BM | † |
| | | | | Ogefr King, Fritz | BS | † |
| 6. 2. 43 | III. | Ssaki, Übungsflug | | Uffz Herrmann, Hans | FF | † |
| | | | | Lt Brennicker, Wilhelm | BO | † |
| | | | | Uffz Reimund, Ulrich | BF | † |
| | | | | Ogefr Burger, Oskar | BM | † |
| 30. 1. 43 | III. | 1. Bagajewskaja | Flak | Uffz Junglehner, Martin | BS | vw |
| 10. 2. 43 | III. | 1. Stalino | Bombenangriff | Ogefr Schulze, Georg | BM | † |
| 11. 2. 43 | III. | 1. NW Rostow | unbek. | Lt Stammerjohann, Gerhard | FF | v |
| | | | | Uffz Weber, Heinrich | BO | v |
| | | | | Uffz Thiemann, Karl | BF | v |
| | | | | Fw Tolksdorf, Helmut | BM | v |
| | | | | Ogefr Kuhn, Kurt | BS | v |
| 21. 2. 43 | III. | 1. Staraja-Rotowka | Jäger | Fw Brösing, Richard | BS | † |
| | | | | Uffz Krupitza, Karl | BM | vw |
| 10. 2. 43 | III. | Flugplatz Stalino | Bombenangriff | Ogefr Roensch, Joachim | BM | vw |
| 6. 2. 43 | III. | Flugplatz Stalino | Bombenangriff | Fw Mensel, Heinz | BS | † |
| 22. 2. 43 | III. | Anastassijewska | Jäger | Uffz Altenstrassen, Augustin | | † |
| 22. 2. 43 | III. | Anastassijewska | Jäger | Ofw Bartels, Eduard | BM | vw |
| | | Raum Malerijew | Jäger | Uffz Amon, Kurt | BF | vw |
| 22. 2. 43 | Füke | Kuzgan | | Uffz Aichenauer, August | BS | vw |
| | | | | Uffz Brunotte, Willi | BS | vw |
| 10. 2. 43 | 1. FBK<br>2. FBK | Flugplatz Stalino | Bombenangriff | Ogefr Lückel, Wilhelm | | † |
| | | | | Ogefr Grüttner, Paul | | † |
| | | | | Gefr Brunken, Wilhelm | | † |
| | | | | Gefr Suchanek, Helmut | | † |
| | | | | Flg Kirchner, Arno | | † |
| | | | | Flg Spieckermann, Heinz | | † |
| | | | | Ogefr Bonnes, Karl-Heinz | | † |

| am | Einheit | 1. Ziel 2. Unfallort | Verlust durch | Dstgrd., Name, Vorname | Status | Verbleib |
|---|---|---|---|---|---|---|
| 22. 2. 43 | 7. | Flugplatz Taganrog | Bomben-angriff | Uffz Schumacher, Hugo | FF | vw |
| 3. 3. 43 | 8. | Ogulzy sdl. Charkow | | Fw Müller, Otto | FF | † |
| | | | | Ogefr Harke, Heinrich | BO | † |
| | | | | Fw Vischer, Paul | BF | † |
| | | | | Ogefr Koppen, Harald | BM | † |
| | | | | Gefr Lange, Karl | BS | † |
| 5. 3. 43 | 7. | Dorf Merefa | Jäger | Uffz Adrian, Peter | FF | † |
| | | | | Ogefr König, Willi | BO | † |
| | | | | Ogefr Schubert, Werner | BF | † |
| | | | | Uffz Deiters, Werner | BM | † |
| | | | | Ofw Ramsberger, Fritz | BS | † |
| 5. 3. 43 | Stab | Dorf Merefa | Jäger | Oblt Bermadinger, Mathias | FF | vw |
| 10. 3. 43 | 1. | Waluiki | Luftkampf | Ogefr Schmidt, Herbert | BS | vw |
| 18. 3. 43 | III. | Bjelgorod Pedilowka (6136) | Jäger | Uffz Liwer, August | FF | † |
| | | | | Lt Niss, Harald | BO | † |
| | | | | Uffz Knäble, Walter | BF | † |
| | | | | Uffz Stannewitz, Hugo | BM | † |
| | | | | Ogefr Plonka, Waldemar | BS | † |
| 1. 2. 43 | 10. | 1. kein Feindflug 2. Georrey-Chambertin | Orient.-flug | Ofw Lüssmann, Heinrich | FF | † |
| | | | | Ofw Rockmann, Kurt | BM | † |
| 11. 4. 43 | 5. | 1. Bataisk 2. Ssaki | Absturz bei Landg. | Lt Kobs, Heinz | FF | † |
| | | | | Uffz Gräber, Gustav | BO | † |
| | | | | Uffz Linke, Fritz | BF | † |
| | | | | Fw Hirschmann, Ulrich | BM | † |
| | | | | Gefr Porst, Ernst | BS | † |
| 18. 4. 43 | 5. | 1. Flakstellg. bei Kabardinka | Luftkampf | Uffz Geiger, Erich | FF | † |
| | | | | Ofw Maas, Herbert | BO | † |
| | | | | Uffz Lesser, Horst | BM | † |
| | | | | Ogefr Hartmann, Ernst-K. | BF | † |
| 12. 4. 43 | 2. | 1. Kropotkin | unbek. | Fw Kuhn, Herbert | FF | v |
| | | | | Uffz Vogel, Hans | BO | v |
| | | | | Uffz Gruber, Adalbert | BF | v |
| | | | | Uffz Görtz, Leonhardt | BM | v |
| | | | | Ogefr Bartels, Ernst | BS | v |
| 15. 4. 43 | 2. | 1. Cholmskaja | unbek. | Uffz Zenthöfer, Siegfried | FF | v |
| | | | | Ogefr Kniese, Arno | BO | v |
| | | | | Uffz Becker, Jakob | BF | v |
| | | | | Fw Baumgartner, Michael | BM | v |
| | | | | Uffz Bartsch, Franz | BS | † |

| am | Einheit | 1. Ziel<br>2. Unfallort | Verlust durch | Dstgrd., Name, Vorname | Status | Verbleib |
|---|---|---|---|---|---|---|
| 21. 2. 43 | 3. | 1. Politot-driskoje | unbek. | Uffz Wiemann, Rudolf | FF | v |
| | | | | Oblt Warnat, Bruno | BO | v |
| | | | | Uffz Bäßler, Rudolf | BF | v |
| | | | | Uffz Pickert, Ernst | BM | v |
| | | | | Ogefr Kargel, Otto | BS | v |
| 20. 2. 43 | 1. | 1. Stefanowka | unbek. | Uffz Scharf, Helmut | FF | v |
| | | | | Gefr Kaupp, Ernst | BO | v |
| | | | | Uffz Schlumberger, Hans | BF | v |
| | | | | OGefr Blauensteiner, Walter | BM | v |
| | | | | Uffz Rauch, Heinz | BS | v |
| 19. 2. 43 | 2. | 1. Jolubroka | unbek. | Lt Radan, Ulrich | FF | † |
| | | | | Uffz Seifert, Siegfried | BO | † |
| | | | | Uffz Habisch, Wolfgang | BF | † |
| | | | | Fw Schmidt, Paul | BM | † |
| | | | | Ogefr Flachskamp, Karl | BS | † |
| 15. 2. 43 | 3. | 1. Versorgung<br>2. Umgebung Kramatorskaja | unbek. | Uffz Voss, Rudolf | FF | v |
| | | | | Ogefr Willerscheidt, Heinz | BF | v |
| 22. 10. 43 | 5. | Jratschi | unbek. | Lt Weyer, Gustav | FF | v |
| | | | | Gefr Fatzkemper, Heinz | BO | v |
| | | | | Gefr Abt, Alois | BF | v |
| | | | | Uffz Skonitzni, Theo | BM | v |
| | | | | Ogefr Strutz, Walter | BS | v |
| 20. 11. 43 | 4. | Kletzkaja | unbek. | Lt Lipp, Karl | FF | v |
| | | | | Major Gabriel, Hans-Joachim | BO | v |
| | | | | Uffz Obermüller, Alois | BF | v |
| | | | | Uffz Lüddemann, Erwin | BM | v |
| | | | | Uffz Jeschke, Gustav | BS | v |
| 26. 11. 42 | 6. | Tschermysews-kaja | unbek. | Fw Rathsmann, Gerhard | FF | v |
| | | | | Ogefr Nöres, Willy | BO | v |
| | | | | Uffz Ohlbrich, Hubert | BF | v |
| | | | | Uffz Schörer, Alois | BM | v |
| | | | | Uffz Gramkow, Werner | BS | v |
| 29. 11. 42 | 6. | Pitomnik | unbek. | Lt Siebe, Claus | FF | v |
| | | | | Uffz Brach, Franz | BO | v |
| | | | | Gefr Koener, Rudolf | BF | v |
| | | | | Uffz Winkler, Hans | BM | v |
| | | | | Gefr Manthey, Paul | BS | v |
| 7. 12. 42 | 4. | Pitomnik | unbek. | Ogefr Birkner, Richard | FF | † |
| | | | | Uffz Russ, Rudolf | BO | vw |
| | | | | Uffz Sannielsen, Helmut | BF | † |
| | | | | Gefr Guan, Paul | BM | vw |
| | | | | Ogefr Steinbach, Erich | BS | vw |

| am | Einheit | 1. Ziel 2. Unfallort | Verlust durch | Dstgrd., Name, Vorname | Status | Verbleib |
|---|---|---|---|---|---|---|
| 17. 12. 42 | 5. | 1. Feindflug 2. Morosowskaja | Jäger | Fw Bröse, Hans | BF | † |
| | | | | Ofw Stratmann, Gustav | BM | vw |
| | | | | Ogefr Schatt, Johann | BS | vw |
| 15. 4. 43 | 6. | Feindflug | unbek. | Fw Kloft, Christian | FF | v |
| | | | | Uffz Schlage, Herbert | BO | v |
| | | | | Uffz König, Walter | BF | v |
| | | | | Uffz Bondzie, Alfred | BM | v |
| | | | | Uffz Heinrich, Andreas | BS | v |
| 4. 5. 43 | 4. | Nymskaja | unbek. | Fw Schweier, Karl | FF | v |
| | | | | Ogefr Brandis, Günther | BO | v |
| | | | | Uffz Kunke, Hans | BF | v |
| | | | | Uffz Triebsch, Kurt | BM | v |
| | | | | Gefr Noisoleck, Hans | BS | v |
| 3. 5. 43 | III. | Krimskaja | unbek. | Uffz Ebeling, Karl | FF | v |
| | | | | Ogefr Eckleben, Richard | BO | v |
| | | | | Ogefr Geerken, Johann | BF | v |
| | | | | Ogefr Ehrke, Hermann | BM | v |
| | | | | Ogefr Holtop, Günther | BS | v |
| 4. 5. 43 | 8. | Krimskaja | unbek. | Lt Patermann, Max | FF | v |
| | | | | Uffz Grobe, Günther | BO | v |
| | | | | Ogefr Vielnasser, Josef | BF | v |
| | | | | Fw Zang, Herbert | BM | v |
| | | | | Ogefr Schwenkner, Hans | BS | v |
| 6. 5. 43 | II. | 1. Feindflug 2. Anapa | Jäger u. Flak | Uffz Bittner, Erich | FF | vw |
| | | | | Oblt Meyer, Hermann | BO | † |
| 29. 3. 43 | II. | 1. Feindflug | schl. Wetter | Lt Kuhn, Karl | FF | vw |
| | | | | Uffz Prochaska, Heinrich | BO | vw |
| | | | | Uffz Boecker, Fritz | BF | vw |
| | | | | Uffz Rasch, Rudi | BM | vw |
| | | | | Uffz Töppel, Rolf | BS | vw |
| 29. 4. 43 | III. | 1. Wannikowskaja | Jäger nach Bauchlandung | Lt Schickling Hans-Peter | FF | vw |
| | | | | Ogefr Reithoffer, Josef | BO | vw |
| | | | | Ogefr Hilbrich, Walter | BF | vw |
| | | | | Uffz Hölscher, Bernhard | BM | vw |
| | | | | Gefr Hofmann, Ernst | BS | vw |
| 24. 4. 43 | 2./KGr z.b.V5 | 1. Shitomir 2. Partisanen | | Oblt Müller, Gebhard | FF | vw |
| | | | | Fw Herrmann, Alfred | FF | vw |
| | | | | Uffz Pfeiffer, Ernst | BS | vw |
| | | | | Ogefr Dreist, Kurt | BO | vw |
| 27. 4. 43 | 3./KGr z.b.V5 | 1. 2. Samorsk | Landung | Uffz Spengler, Ernst | FF | † |
| | | | | Uffz Witt, Karl-H. | BO | † |
| | | | | Uffz Mayer, Alfred | BM | vw |
| | | | | Gefr Herring, Fritz | BS | vw |
| 4. 5. 43 | 3./Kgr z.b.V5 | 1. Pl QU 7526 | Jäger | Uffz Leibrock, Erich | BM | vw |

| am | Einheit | 1. Ziel<br>2. Unfallort | Verlust durch | Dstgrd., Name, Vorname | Status | Verbleib |
|---|---|---|---|---|---|---|
| 11. 4. 43 | III. | 1.<br>2. Flugplatz Samorsk | SD 2 | Ofw Weidenbach, Heinrich | | vw |
| 7. 5. 43 | 3. FBK | 1.<br>2. Flugplatz Stalino | Bomben-angriff | Gefr Palensky, Wilhelm | | vw |
| 13. 5. 43 | III. | 1.<br>2. Flugplatz Stalino | | Ofw Boos, Johann | FF | v |
| | | | | Ofw Wagner, Helmuth | BO | v |
| | | | | Ofw Samorski, Gustav | BF | v |
| | | | | Uffz Rode, Eberhard | BM | v |
| | | | | Uffz Rothert, Kurt | BS | v |
| 17. 5. 43 | 6. | 1.<br>2. Rückkehr Feindflug | Notlandung Motorbrand | Lt Wunderlich, Otto | FF | † |
| | | | | Ogefr Weigel, Werner | BO | vw |
| | | | | Fw Graber, Werner | BF | vw |
| | | | | Gefr Seidel, Kurt | BM | † |
| | | | | Uffz Gnauck, Manfred | BS | vw |
| 9. 5. 43 | 6. | 1. Bataisk | | Fw Dietze, Walter | BO | vw |
| | | | | Gefr Vollrath, Günther | BM | vw |
| 27. 4. 43 | 4. | 1. Nymskaja<br>2. Anapa | unbek. | Uffz Frick, Alfred | FF | vw |
| | | | | Uffz Grypo, Friedrich | BO | † |
| | | | | Ogefr Haller, Josef | BF | v |
| | | | | Gefr Ginsko, Bernhard | BM | † |
| | | | | Ogefr Jaindel, Eduard | BS | † |
| 26. 5. 43 | 5. | 1. Nymskaja | Jäger | Uffz Noller, Richard | | vw |
| | | | | Ogefr Blaschinski, Kasimir | | vw |
| 26. 5. 43 | 5. | 1. Nymskaja | Jäger | Gefr Maaß, Karl-H. | | vw |
| 26. 5. 43 | III. | 1. Nymskaja | unbek. | Uffz Stegmüller, Max | FF | v |
| | | | | Gefr Cawein, Karl | BO | v |
| | | | | Gefr Thudium, Theodor | BF | v |
| | | | | Uffz Merkel, Helmut | BM | v |
| 27. 5. 43 | 8. | Truppenansamm-lungen Krims-kaja | Jäger | Uffz Dietrich, Fritz | BM | vw |
| | | | | Uffz Habura, Walter | BS | vw |
| 28. 5. 43 | 14.— (Eis) | 1. Bahnhof Kropotkin<br>2. unbekannt | unbek. | Ofw Mitrach, Kurt | FF | v |
| | | | | Ogefr Preiskschat, Hans | BO | v |
| | | | | Uffz Borchart, Ernst | BF | v |
| | | | | Gefr Ziebolz, Max | BM | v |
| | | | | Ogefr Gasch, Hubert | BS | v |
| 30. 5. 43 | 9. | 1. Truppenan-sammlung Kuban-Brük-kenkopf<br>2. Zielraum (notgel.in Warnikows-kaja) | Jäger | Uffz Hoppe, Rolf | BM | † |

| am | Einheit | 1. Ziel<br>2. Unfallort | Verlust durch | Dstgrd., Name, Vorname | Status | Verbleib |
|---|---|---|---|---|---|---|
| 26. 5. 43 | 9. | 1. Krimskaja | Jäger | Ogefr Richardt, Wolf-Joach | BF | vw |
| 27. 5. 43 | 8. | 1. Kijewskoje | Jäger | Fw Hönekopp, Wilhelm | BM | vw |
| 27. 5. 43 | 8. | 1. Kijewskoje | Jäger | Uffz Pühringer, Mathias | BM | vw |
| 2. 6. 43 | 9. | 1. Bahnhof Kursk | Jäger Notlandg. im Feindgebiet | Uffz Belz, Edgar | FF | v |
| | | | | Oblt Zander, Heinz | BO | v |
| | | | | Uffz Winkler, Kurt | BF | v |
| | | | | Uffz Scherhans, Horst | BM | v |
| | | | | Gefr Schornstein Aegidius | BS | v |
| 11. 6. 43 | 14. (Eis) | 1. Eisenbahnstr. Kantsmirowky-Rossosch | unbek. | Oblt Diesselhorst, Friedrich | FF | v |
| | | | | Uffz Hartl, Josef | BO | v |
| | | | | Uffz Britsch, Bruno | BF | v |
| | | | | Uffz Jung, Willi | BM | v |
| | | | | Uffz Klaus, Werner | BS | v |
| 14. 6. 43 | 7. | 1. Saratow | Lt.Fkmeldg. Rückflug m. 1 Motor P 1 Qu. 2123 Kurs 236 | Uffz Krüger, Gerhard | FF | v |
| | | | | Fw Schuhholz, Karl | BO | v |
| | | | | Uffz Oblinger, Hermann | BF | v |
| | | | | Uffz Eckert, Alfred | BM | v |
| | | | | Uffz Hoyer, Gotthardt | BS | v |
| 21. 5. 43 | 12. | 1. Nachtübgflg.<br>2. 12 km ostw. Dijon | Jäger | Ofw Dantert, Rudolf | FF | † |
| | | | | Ofw Lindner, Rolf | FF | † |
| | | | | Ofw Pilch, Helmut | BF | † |
| | | | | Uffz Keinath, Reinhold | BO | † |
| | | | | Ogefr Fangmann, Julius | BM | † |
| 16. 6. 43 | 6. Stab II. | 1. Überführungsflug nach Seschtschinskaja | unbek. | Major Lorenz, Johannes | FF | v |
| | | | | Fw Leitner, Hans | BO | v |
| | | | | Ogefr Mencke, Bernhard | BF | v |
| | | | | Ogefr Dworack, Karl | BS | v |
| 15. 6. 43 | III. | 1. Tscheruylskoswki | MG-Beschuß | Ogefr Meyer, Otto | FF | vw |
| 23. 6. 43 | 9. | 1. Saratow | Notlandung | Uffz Ludwig, Erich | BF | vw |
| | | | | Uffz Harl, Franz | BS | vw |
| 20. 6. 43 | 7. | 1. Saratow | Nachtjäger | Ofw Kobbenhagen, Hans | BF | vw |
| 19. 6. 43 | 11. | 1.<br>2. Niederbronn b.Hagenau/E | Übungsflug | Lt Hödl, Josef | FF | † |
| | | | | Gefr Rohr, Siegfried | BO | † |
| | | | | Uffz Merschmann, Ferdinand | BF | † |
| | | | | Ogefr Schönlebe, Frank | BM | † |
| 5. 7. 43 | 6. | 1. Bjelgorod | | Lt Lachmann, Georg | FF | v |
| | | | | Uffz Schmidt, Kurt | BF | vw |
| | | | | Ogefr Maas, Wilhelm | BM | vw |

| am | Einheit | 1. Ziel<br>2. Unfallort | Verlust durch | Dstgrd., Name, Vorname | Status | Verbleib |
|---|---|---|---|---|---|---|
| 5. 7. 43 | 6. | 1. Charkow | Jäger | Uffz Müller, Walter | | vw |
| | | | | Uffz Winkler, Heinz | | vw |
| | | | | Uffz Müller, Ludwig | | † |
| | | | | Gefr Scharmacher, Gerhard | | vw |
| 8. 7. 43 | 6. | 1. Bjelgorod | Jäger | Fw Geiersdorfer, H. Karl | FF | vw |
| 9. 7. 43 | 6. | 1. Bjelgorod | | Lt Paprotka, Hans | FF | v |
| | | | | Ogefr Franke, Heinz | BO | v |
| | | | | Uffz Schnell, Rudolf | BF | v |
| | | | | Ogefr Behne, Willi | BM | v |
| | | | | Uffz Schunke, Paul | BM | v |
| 11. 7. 43 | 5. | 1. Masnoja-Snamja | | Gefr Posedrich, Helmut | BS | vw |
| 13. 7. 43 | 5. | 1. Masnoja-Snamja | | Uffz Kappeler, Karl | BO | vw |
| 7. 7. 43 | 8. | 1. Charkow-Rogan | Jäger | Uffz Loob, Werner | BM | † |
| 13. 7. 43 | 8. | 1.<br>2. Charkow-Woitschenko | Nach Start Zusammenstoß | Oblt Steigenberger, Karl | FF | † |
| | | | | Fw Stachowiak, Karl | BO | † |
| | | | | Uffz Gottlieb, Rolf | BF | † |
| | | | | Fw Hönekopp, Wilhelm | BM | † |
| | | | | Uffz Garlista, Reinhold | BS | † |
| 13. 7. 43 | 8. | 1.<br>2. Charkow-Woitschenko | Nach Start Zusammenstoß | Uffz Werther, Heinz | FF | † |
| | | | | Uffz Wawarenk, Richard | BO | † |
| | | | | Ogefr Christahl, Kurt | BM | † |
| 24. 7. 43 | 5. | 1. Marinowka | Jäger | Ogefr Graus, Erich | BM | vw |
| | | | | Gefr Bärenwald, Erich | BM | vw |
| 2. 8. 43 | III. | 1. Feindflug<br>2. Stalino | Jäger | Uffz Hajder, Max | BM | vw |
| | | | | Uffz Milkan, Hans | BS | vw |
| 5. 8. 43 | 4. | 1. Feindflug<br>2. Stalino | Bomb.gekl. Besatzung Absprung | Uffz Rührseite, Willibald | BM | † |
| 7. 8. 43 | 5. | 1. Beewka | unbek. | Hptm Buhl, Wilhelm | FF | v |
| | | | | Fw Niemeyer, Heinrich | BO | v |
| | | | | Ofw Neumann, Wilhelm | BF | v |
| | | | | Uffz Möhlmann, Heinrich | BM | v |
| | | | | Gefr Hoppe, Manfred | BS | v |
| 7. 8. 43 | 9. | 1. Narodok<br>2. Sohtschew | Jäger | Uffz Jahn, Theo | FF | v |
| | | | | Lt Windisch, Hans-Jo. | BO | v |
| | | | | Uffz Scherer, Hans | BF | v |
| | | | | Uffz Thiesen, Karl | BM | v |
| | | | | Uffz Harl, Franz | BS | v |

| am | Einheit | 1. Ziel<br>2. Unfallort | Verlust durch | Dstgrd., Name, Vorname | Status | Verbleib |
|---|---|---|---|---|---|---|
| 9. 8. 43 | 7. | 1. Anflug<br>2. Dnjepro | | Lt Ness, Karl | FF | † |
| | | | | Ofw Grodd, Heinrich | BO | † |
| | | | | Uffz Umbach, Adolf | BF | v |
| | | | | Uffz Stüwe, Rudolf | BM | † |
| | | | | Fw Kraft, Richard | BS | † |
| 10. 8. 43 | 9. | 1.<br>2. Dnjepro | Zusammenstoß b. Auflösen | Lt Sichler, Hans | FF | † |
| | | | | Ofw Herschenröder, Friedrich | BO | † |
| | | | | Uffz Hoffarth, Rudolf | BF | † |
| | | | | Ogefr Krahnenbley, Wilhelm | BM | † |
| | | | | Gefr Diekhaus, Bruno | BS | † |
| 10. 8. 43 | 9. | 1.<br>2. Dnjepro | Zusammenstoß b. Auflösen | Uffz Danz, Heinz | FF | † |
| | | | | Uffz Schäfer, Eugen | BF | † |
| | | | | Uffz Rinne, Heinz | BO | † |
| | | | | Uffz Malzburg, Ewald | BM | † |
| | | | | Gefr Schnöter, Heinz | BS | † |
| 1. 8. 43 | 9. | 1. Dmitrijewka | MG | Ogefr Schmidt, Herbert | BM | vw |
| 6. 8. 43 | 7. | 1. Belgograd | Jäger | Ofw Pottkämper, Herbert | BF | vw |
| | | | | Uffz Fröscher, Erich | BO | vw |
| 10. 8. 43 | 14 (Eis) | 1. Borowaja | unbek. | Uffz Hilt, Werner | FF | v |
| | | | | Uffz Riegler, Heinrich | BO | v |
| | | | | Ogefr Ritschel, Reinhart | BF | v |
| | | | | Ogefr Deufel, Karl | BM | v |
| | | | | Uffz Tschomtschen, Leopold | BS | v |
| 8. 8. 43 | 6. | 1. Muefa | Fallsch. Absprung | Fw Denke, Heinz | FF | vw |
| | | | | Ogefr Wieniecke, Herbert | BO | v |
| | | | | Gefr Schulze, Paul | BS | † |
| 17. 8. 43 | 5. | 1. Surkaja-Kamenka | unbek. | Fw Fernberg, Adolf | FF | v |
| | | | | Ogefr Werner, Paul | BO | v |
| | | | | Uffz Schuffenhauer, Fritz | BF | v |
| | | | | Fw Alms, Gerhard | BM | v |
| | | | | Oblt Neller, Siegfried | BS | v |
| 14. 8. 43 | 7. | 1. Dnjepropetrowsk | Beim Start Brand | Fw Gresenz, Heinz | FF | † |
| | | | | Gefr Schnerr, Tristan | BO | G |
| | | | | Uffz Born, Gerhard | BF | G |
| | | | | Ogefr Bullinger, Isedor | BM | G |
| | | | | Ogefr Teske, Werner | BS | G |
| 17. 8. 43 | 7. | 1. Ssenitscheno | Jäger | Fw Hüttich, Hans | FF | vw |
| 18. 8. 43 | 1. | 1. kein Feindflug<br>2. Landsberg/Lech | Flugzeugunfall | Uffz Nössbock, Gerhard | FF | † |
| | | | | Ofw Schink, Heinrich | BM | vw |
| | | | | Uffz Kuhlmeier, Herbert | BO | vw |

| am | Einheit | 1. Ziel<br>2. Unfallort | Verlust durch | Dstgrd., Name, Vorname | Status Verbleib |
|---|---|---|---|---|---|
| 21. 8. 43 | 6. | 1. Anastasjewka<br>2. Anastasjewka | Notlandung | Lt Bohne, Hans-D.<br>Ogefr Correns, Walter<br>Fw Erhens, Hans<br>Uffz Hambsch, Karl<br>Gefr Seidel, Hans-G. | FF †<br>BO †<br>BF †<br>BM †<br>BS † |
| 18. 8. 43 | 14. (Eis) | 1.<br>2. Awdejewka | Flak | Lt Matz, Ludwig<br>Uffz Bystricky, Martin<br>Ogefr Staake, Horst<br>Uffz Winkler, Dietrich | FF †<br>BO v<br>BS v<br>BM † |
| 20. 8. 43 | 8. | 1. Kuibyschewo<br>2. unbekannt | unbek. | Fw Henn, Hans<br>Ofw Döring, Paul<br>Uffz Horky, Leopold<br>Ogefr Ebel, Theodor<br>Uffz Harzbecher, Erich | FF v<br>BO v<br>BF v<br>BM v<br>BS v |
| 21. 8. 43 | 9. | 1. Kuibyschewo | Jäger | Ogefr Meier, Michael | BM vw |
| 21. 8. 43 | 8. | 1. Kuibyschewo | Jäger | Uffz Heche, Willi<br>Uffz Sandmann, Hermann | BM vw<br>BS vw |
| 28. 8. 43 | 9. | 1.<br>2. SW Stalino | Jäger | Uffz Hören, Josef<br>Uffz Ahlers, Rudolf<br>Uffz Ribinski, Josef<br>Uffz Landmann, Franz<br>Gefr Sulimma, Friedel | FF †<br>BO †<br>BF †<br>BM †<br>BS † |
| 29. 8. 43 | 7. | 1.<br>2. SW Jekaterinowka | Jäger | Gefr Plehn, Heinz<br>Uffz Pausi, Hermann<br>Gefr Schürmann, Fritz | BO vw<br>BF vw<br>BS † |
| 31. 8. 43 | 7. | 1.<br>2. Malo Nirsanowka | Explosion in der Luft und Brand | Ofw Bonemüller, Rudolf<br>Gefr Pannewitz, Adolf<br>Ofw Lüder, Willi<br>Uffz Schieweck, Ernst<br>Uffz Meisahn, Otto | FF v<br>BO v<br>BF v<br>BM v<br>BS v |
| 29. 8. 43 | 4. | 1.<br>2. Dnjepro Süd 2 | Absturz | Lt Landré, Wilfried<br>Gefr Lawin, Willi<br>Uffz Anger, Karl-Heinz<br>Gefr Allgeier, Erich<br>Ogefr Siebold, Hans | FF †<br>BO †<br>BF †<br>BM †<br>BS † |
| 28. 8. 43 | 2. | 1. Pokorowo<br>2. Pokorowo | Bombenexplosion über Ziel | Oblt Kleinfeld, Paul<br>Ofw Schiffer, Franz<br>Uffz Ulrich, Fritz<br>Uffz Mandel, Ernst<br>Gefr Nowak, Leonhard | FF †<br>BO †<br>BF †<br>BM †<br>BS † |
| 28. 8. 43 | 2. | 1. Pokorowo<br>2. Dnjepro | Bombensplitter | Uffz Maier, Karl | BO † |
| 31. 8. 43 | 2. | 1.<br>2. TXC | Jäger | Uffz Günther, Fritz | BF vw |

| am | Einheit | 1. Ziel 2. Unfallort | Verlust durch | Dstgrd., Name, Vorname | Status | Verbleib |
|---|---|---|---|---|---|---|
| 6. 9. 43 | 2. | 1. 2. Artemowsk | Jäger | Uffz Gerndl, Horst | BS | vw |
| 6. 9. 43 | 1. | 1. 2. Alexandrowka | Jäger | Uffz Kretschmer, Alois | BO | vw |
| 24. 8. 43 | 10. | 2. St. Jean de Losne, Pfeilflug | Notlandung | Lt Graefe, Götz | FF | vw |
| | | | | Fw Schulz, Erich | BO | vw |
| | | | | Uffz Drommard, Friedrich | BF | † |
| | | | | Fw Pfeifer, Wilhelm | BF | vw |
| | | | | Ofw Laue, Willi | BM | vw |
| | | | | Gefr Kirchner, Werner | BS | vw |
| 17. 8. 43 | 12. | 2. Dijon | Bombenangriff | Uffz Triebl, Ernst | BS | vw |
| | | | | Uffz Rudolfn, Johannes | BF | vw |
| 31. 7. 43 | 12. | 2. Schwarzsee bei Kitzbühel | Im Schwarzsee ertrunken | Uffz Michalke, Walter | BM | † |
| 8. 9. 43 | 5. | 2. Nowo-Ekonomtschenkoje | Flugzeug durch fallende Bombe explod., Fallsch.-absprung | Fw Biermeier, Karl | FF | v |
| | | | | Uffz Walther, Johannes | BO | v |
| | | | | Uffz Oehlschlegel, Albert | BF | v |
| | | | | Fw Rasch, Kurt | BM | v |
| | | | | Ogefr Blaschinski, Kasimir | BS | v |
| 11. 9. 43 | 6. | 2. Nowo Podgerodnoje | unbek. | Lt Rasche, Klaus | FF | v |
| | | | | Uffz Krüger, Hans | BO | v |
| | | | | Fw Hieber, Alfons | BF | v |
| | | | | Ogefr Kittner, Bernhard | BM | v |
| | | | | Uffz Scholl, Helmut | BS | v |
| 20. 9. 43 | 7. | 2. Flugplatz Kirowograd | | Ogefr Pöllmann, Erich | BM | vw |
| 21. 9. 43 | 6. | 2. Schtscherkakowka | explod. b. Bombenangriff | Fw Freiburger, Alfons | FF | v |
| | | | | Uffz Milanese, Fritz | BO | v |
| | | | | Uffz Heinecke, Reinhard | BF | v |
| | | | | Uffz Dobmayer, Walter | BM | v |
| | | | | Ogefr Schneider, Johann | BS | v |
| 21. 9. 43 | 6. | 2. Schtscherkakowka | | Uffz Hinrichs, Heinrich | BM | vw |
| | | | | Fw Buschardt, Robert | BS | vw |
| 23. 9. 43 | 8. | 2. Bolschoi-Tokmak | unbek. | Uffz Buchmann, Ernst | FF | v |
| | | | | Lt Baumgarten, Herbert | BO | v |
| | | | | Fw Leupoldt, Alfred | BF | v |
| | | | | Uffz Richter, Karl-H. | BM | v |
| | | | | Ogefr Rupprecht, Ludwig | BS | v |
| 23. 9. 43 | 14. (Eis) | 2. 20 km S. Isjum | Auf Feindgebiet notgeland. | Uffz Zahn, Wilhelm | FF | v |
| | | | | Ogefr. Reithoffer, Josef | BO | v |
| | | | | Uffz Ficht, Hans | BF | v |
| | | | | Uffz Götzel, Heinz | BM | v |
| | | | | Uffz Kreth, Wilhelm | BS | v |

| am | Einheit | 1. Ziel<br>2. Unfallort | Verlust durch | Dstgrd., Name, Vorname | Status | Verbleib |
|---|---|---|---|---|---|---|
| 26. 9. 43 | 1. FBK | 1. kein Feindflug<br>2. Mal Bschawez | Parti-sanen | Fw Brand, Helmut<br>Ogefr Kurz, Walter | BF<br>BS | vw<br>† |
| 24. 9. 43 | 3. | 2. PlQu. 58824a | Flak | Ogefr Stack, Günter | BS | vw |
| 24. 9. 43 | 3. | 2. PlQu. 58824a | Flak | Uffz Pönitzsch, Gotthard | BS | vw |
| 17. 9. 43 | 11. | 2. Fliegerhorst Dijon, Unterkunft | engl. Flugzeug-angriff | Uffz Dietrich, Walter | BM | vw |
| 27. 9. 43 | 6. | 2. Ogijewka | | Gefr Selle, Rudi<br>Ogefr Maslo, Heinz | BS<br>BM | vw<br>† |
| 29. 9. 43 | 6. | 2. Wassiljewka | Flak | Uffz Röder, Rudolf | BS | vw |
| 30. 9. 43 | 6. | 1. Flugplatz Kirowograd | Start | Fw Stegmann, Albert<br>Fw Häger, Paul<br>Uffz Nitschke, Rolf<br>Ogefr Raabe, Walter<br>Ogefr Kretschmer, Erich | FF<br>BO<br>BF<br>BM<br>BS | †<br>†<br>†<br>†<br>vw |
| 3. 10. 43 | 2. | 2. Kirowograd | Bomben-splitter | Uffz Frahm, Hans | BF | vw |
| 23. 9. 43 | 2. | 1.<br>2. Kirowograd | Flak | Ogefr Jäger, Fritz<br>Ogefr Schütt, Helmut<br>Fw Eisel, Walter | BO<br>BM<br>BF | vw<br>vw<br>vw |
| 23. 9. 43 | 7. | 1.<br>2. Bolschoi-Tokmak | Flak | Uffz Summkeller, Ewald<br>Ogefr Range, Hans | BO<br>BM | vw<br>vw |
| 28. 9. 43 | 7. | 1.<br>2. Woroszilowka | Flak am Ziel, Ab-sturz, 2 Fallsch. | Ofw Mayr, Hans<br>Uffz Dahl, Horst<br>Ogefr Spitzner, Gerhard<br>Ogefr Schmitt, Friedrich<br>Ogefr Düde, Gustav | FF<br>BO<br>BF<br>BM<br>BS | v<br>v<br>v<br>v<br>v |
| 29. 9. 43 | III.<br>9. | 2. Woroszilowka SO Saporoshje | Jäger | Uffz Zschiebsch, Erich<br>Uffz Holfert, Werner | BF<br>BF | †<br>vw |
| 30. 9. 43 | III. | 2. Pjatichatki | Fallschirm nicht ge-öffnet | Uffz Schön, Hermann | FF | v |
| 1. 10. 43 | 8. | 2. Neudorf Qu 5867 | Jäger | Gefr Zimmerling, Georg | BS | vw |
| 1. 10. 43 | 9. | 2. SO Saporoshje | Jäger | Uffz Schmidt, Herbert | BM | vw |
| 1. 10. 43 | 7. | 2. Neudorf | Jäger | Uffz Oltmanns, Hans | FF | vw |

| am | Einheit | 1. Ziel<br>2. Unfallort | Verlust durch | Dstgrd., Name, Vorname | Status | Verbleib |
|---|---|---|---|---|---|---|
| 3. 10. 43 | III. | 2. Pokasnoi | Flak | Lt Hübner, Wilhelm | FF | vw |
| | | | | Uffz Netzband, Karl-Heinz | BO | † |
| | | | | Uffz Kronhagen, Waldo | BF | † |
| | | | | Uffz Dietrich, Fritz | BM | † |
| | | | | Uffz Habura, Walter | BS | † |
| 5. 10. 43 | 7. | 2. Kramarewo | Flak | Uffz Hanke, Franz | BO | vw |
| 3. 10. 43 | 9. | 2. SO Saporoshje | Jäger | Uffz Krisch, Günther | FF | vw |
| | | | | Uffz Langanke, Hans | BO | v |
| | | | | Ogefr Scheuermann, | BF | v |
| | | | | Ogefr Wiedner, Walter | BM | vw |
| | | | | Uffz Heubel, Otto | BS | vw |
| 29. 9. 43 | 12. | 1. kein Feindflug<br>2. Dijon-Longvic | Landung | Ogefr Wittenbecher, Kurt | BM | † |
| | | | | Fw Beu, Heinz | BF | vw |
| | | | | Uffz Petry, Wilhelm | FF | vw |
| | | | | Uffz Küster, Kurt | BO | vw |
| 12. 10. 43 | 5. | 1. Feindflug<br>2. Schönau | | Uffz Herrler, Herbert | FF | † |
| | | | | Lt Schäfer, Hans-Dietr. | BO | † |
| | | | | Ogefr Kestel, Hans | BF | † |
| | | | | Gefr Hensel, Heinz | BM | † |
| | | | | Gefr Schenkel, Joh.Peter | BS | † |
| 12. 10. 43 | 8. | 1. Feindflug<br>2. Juwankoff | Flak | Uffz Müller, Helmuth | BS | vw |
| 13. 10. 43 | 14. (Eis) | 1. Feindflug<br>2. Genskoje | Notlandung | Uffz Waldenmaier, Karl-H. | FF | vw |
| | | | | Uffz Albert, Georg | BO | vw |
| | | | | Gefr Walter, Werner | BF | vw |
| | | | | Ogefr Liebich, Kurt | BM | vw |
| | | | | Uffz Wünsch, Robert | BS | † |
| 21. 10. 43 | 5. | 1. Feindflug<br>2. Lichowka | Jäger | Flg Wolfsdorf, Heinz | BS | vw |
| 15. 10. 43 | 10. | 1. kein Feindflug<br>2. Fliegerhorst Dijon | Übungsflug | Uffz Huber, Franz | BO | † |
| | | | | Uffz Pirwitz, Heinz | BO | † |
| | | | | Gefr Benz, Emil | FF | † |
| | | | | Gefr Niebrügge, Friedrich | BF | † |
| | | | | Ogefr Albert, Ernst | BM | † |
| 25. 10. 43 | Stab | 2. Südwestl. Melitopol | Jäger | Uffz Forscht, Toni | BS | † |
| 28. 10. 43 | 4. | 1. kein Feindflug<br>2. Rotmistrowka | Unfall | Fw Wagner, Peter | BM | vw |
| | | | | Lt Liebetrau, Hans | FF | vw |
| | | | | Prüfm. Fuchs, Ludwig | | † |
| 24. 10. 43 | 8. | 1. Feindflug<br>2. Perelowotschnaja | Jäger | Ogefr Hering, Kurt | | † |

| am | Einheit | 1. Ziel<br>2. Unfallort | Verlust durch | Dstgrd., Name, Vorname | Status | Verbleib |
|---|---|---|---|---|---|---|
| 24. 10. 43 | 8. | 1. Feindflug<br>2. Umrau | Bodenberührung | Ogefr Seifert, Hans<br>Ogefr Sistenich, Helmut<br>Gefr Zimmerling, Georg | BS<br>BO<br>BS | vw<br>vw<br>vw |
| 30. 10. 43 | 4. | 1. Feindflug<br>2. Petrowo | unbek. | Fw Martin, Helmut<br>Lt Hofmann, Johannes<br>Uffz Horn, Kurt<br>Ofw Garsetz, Helmut<br>Ogefr Garten, Bernhard | FF<br>BO<br>BF<br>BM<br>BS | v<br>v<br>v<br>v<br>v |
| 31. 10. 43 | 5. | 1. Feindflug<br>2. Wesseloje-Pole | Jäger | Uffz Petrich, Gerhard | BM | vw |
| 10. 10. 43 | 1. | 1. Feindflug<br>2. Machnoje | Jäger | Uffz Schmidt, Hans | BM | vw |
| 18. 10. 43 | 3. | 1. Feindflug<br>2. Pl.Qu. 3943 | Flak | Fw Steinacker, Fritz | FF | vw |
| 23. 10. 43 | 1. | 1. Feindflug<br>2. Popelastnoje | Jäger | Uffz Frank, Georg | BS | vw |
| 26. 10. 43 | 1. | 1. Feindflug<br>2. Nowo-Nikolajewka | Jäger | Uffz Stammkötter, Josef | BF | vw |
| 26. 10. 43 | 2. | 1. Feindflug<br>2. Nowo-Nikolajewka | Jäger | Uffz Michelke, Horst | BF | vw |
| 26. 10. 43 | 3. | 1. Feindflug<br>2. Pl.Qu. 47244 | Jäger | Uffz Mohrenstecher, Kurt<br>Uffz Horvath, Johann<br>Uffz Otto, Fritz | BF<br>BM<br>BS | vw<br>†<br>vw |
| 14. 11. 43 | 1. | 1. Feindflug<br>2. Kertsch | Jäger | Fw Quandt, Herdin | FF | vw |
| 4. 11. 43 | 7. | 1. Feindflug<br>2. 60 km SO Sarabus | Bodenberührung | Lt Mannes, Iser<br>Uffz Kaiser, Wolfgang<br>Uffz Bremerkamp, Erich<br>Uffz Götz, Werner<br>Gefr Eisenschmidt, Alfred | FF<br>BO<br>BF<br>BM<br>BS | †<br>vw<br>†<br>†<br>† |
| 9. 11. 43 | 8. | 1. Feindflug<br>2. Nasso 34 Ost | Flak | Ogefr Kleine, Walter | BM | vw |
| 9. 11. 43 | 8. | 1. Feindflug<br>2. Nasso 34 Ost | unbek. | Uffz Bauer, Werner<br>Ogefr Stempner, Harald<br>Fw Wessel, Hermann<br>Ogefr Metz, Oswald<br>Ogefr Stäber, Horst | FF<br>BO<br>BF<br>BM<br>BS | v<br>v<br>v<br>v<br>v |
| 14. 11. 43 | 8. | 1. Feindflug<br>2. Kertsch | Jäger | Uffz Anhut, Adalbert | | † |
| 25. 11. 43 | 3. | 1. Feindflug<br>2. O Kertsch | Jäger | Uffz Hauptmann, Walter | BM | † |

| am | Einheit | 1. Ziel<br>2. Unfallort | Verlust durch | Dstgrd., Name, Vorname | Status | Verbleib |
|---|---|---|---|---|---|---|
| 25. 11.<br>43 | 3. | 1. Feindflug<br>2. O Kertsch | Flak | Uffz Linden, Herbert | BM | vw |
| 25. 11.<br>43 | 3. | 1. Feindflug<br>2. O Kertsch | Flak | Uffz Breza, Harald | BS | vw |
| 25. 11.<br>43 | 2. | 1. Feindflug<br>2. O Kertsch | Jäger | Uffz Reinker, Helmut | BS | † |
| 25. 11.<br>43 | 3. | 1. Feindflug<br>2. Pl.Qu. 66581 | Jäger | Fw Hillebrand, Wilhelm | FF | † |
| | | | | Fw Langeder, Anton | BO | vw |
| | | | | Ofw Deutsch, Karl | vw | |
| | | | | Ogefr Stiers, Dietrich | BM | vw |
| | | | | Ogefr Mumzert, Hans | BS | vw |
| 25. 11.<br>43 | 6. | 1. kein Feindflug<br>2. Kirowograd | Rollschaden | Fw Steglich, Arno | FF | vw |
| 27. 11.<br>43 | 5. | 1. Feindflug<br>2. Annowka | Flak | Ogefr Clausius, Willi | BF | vw |
| | | | | Ogefr Wahl, Franz | BS | vw |
| 26. 11.<br>43 | 10. | 1. kein Feindflug<br>2. Melun | Hindernis-<br>berührung | Ofw Euler, Heinrich | FF | † |
| | | | | Ogefr Weiss, Martin | BO | † |
| | | | | Uffz Engelbrecht, Jrimbert | BF | † |
| 26. 11.<br>43 | 10. | 1. kein Feindflug<br>2. Melun | Hindernis-<br>berührung | Fw Gatzmanga, Josef | | † |
| 21. 11.<br>43 | 7. | 1. Feindflug<br>2. Wojkow | Jäger | Gefr Fenske, Horst | BM | vw |
| 21. 11.<br>43 | 7. | 1. Feindflug<br>2. Insel Rußky | 2 verbr.<br>3 gef. | Lt Brauns, Albrecht | FF | v |
| | | | | Fhj.Uff.Mistufek, Hans | BO | v |
| | | | | Uffz Wandrey, Heinz | BF | v |
| | | | | Gefr Dreinecker, Gerhard | BM | v |
| | | | | Uffz Törkel, Hans | BS | v |
| 24. 11.<br>43 | 14.<br>(Eis) | 1. Feindflug<br>2. Goroditsche | Notlandung | Fhj.Ofw. Herkner, Erich | FF | vw |
| | | | | Uffz Heyder, Richard | BO | † |
| | | | | Uffz Knapp, Anton | BF | vw |
| | | | | Fw Lindl, Max | BM | vw |
| | | | | Uffz Berghofer, Philipp | BS | vw |
| 24. 11.<br>43 | 14.<br>(Eis) | 1. Feindflug<br>2. Wladimirowka | Notlandung | Fw Ab-Egg, Gustav | FF | vw |
| | | | | Uffz Schmidt, Hans | BO | † |
| | | | | Uffz Heinze, Max-G. | BF | vw |
| | | | | Uffz Gierend, Oswald | BM | † |
| | | | | Uffz Sturm, Otto | BS | † |
| 26. 11.<br>43 | 8. | 1. Feindflug<br>2. Oppasnaja | Flak | Gefr Pawelzik, Gerhard | BS | vw |
| 26. 11.<br>43 | 8. | 1. Feindflug<br>2. 8 km S Kertsch | Jäger<br>(Rammen) | Ofw Jansen, Franz | FF | v |
| | | | | Hptm Weber, Johannes | BO | v |
| | | | | Uffz Forschner, Paul | BF | v |
| | | | | Uffz Schuster, Erich | BM | v |
| | | | | Gefr Blank, Erich | BS | v |

| am | Einheit | 1. Ziel 2. Unfallort | Verlust durch | Dstgrd., Name, Vorname | Status | Verbleib |
|---|---|---|---|---|---|---|
| 2. 12. 43 | 9. | 1. Feindflug 2. Kertsch NO | Infanterie | Uffz Ledermann, Franz | BS | vw |
| 9. 12. 43 | 9. | 1. Überführungsflug 2. Ganowka | Bodenberührung | Uffz Holfert, Werner | FF | † |
| | | | | Uffz Schneider, Alois | FF | † |
| | | | | Ogefr Jungschaffer, Josef | BO | † |
| | | | | Gefr Süssmann, Walter | BO | † |
| | | | | Uffz Vachenauer, Helmut | BF | † |
| | | | | Ogefr Schmitz, Walter | BF | † |
| 12. 11. 43 | 10. | 1. Übungsflug 2. Dijon (Etevaux) | Übungsflug | Uffz Szlackat, Günther | FF | † |
| | | | | Gefr Biegler-König, Hans | BO | † |
| | | | | Gefr Gruner, Helmut | BF | † |
| | | | | Uffz Ebert, Fritz | BM | † |
| | | | | Gefr Seiffert, Rudolf | BS | † |
| 23. 11. 43 | 12. | 1. Übungsflug 2. Les Mailles | Übungsflug | Uffz Mehr, Friedrich | FF | † |
| | | | | Uffz Grosser, Franz | BO | † |
| | | | | Uffz Frank, Anton | BF | † |
| | | | | Fw Flemming, Werner | BM | † |
| 14. 12. 43 | 10. | 1. Orientierung 2. Poleymieux (b. Lyon) | Bodenberührung | Ofw Mohrhardt, Fritz | FF | † |
| | | | | Uffz Stierle, Helmut | FF | † |
| | | | | Uffz Weinekötter, Franz | BO | † |
| | | | | Uffz Schönecker, Albert | BM | † |
| | | | | Ogefr Leitzger, Wolfgang | BF | † |
| 16. 12. 43 | 10. | 1. Verb.Üb.Flg. 2. Crinolois | Zusammenstoß | Uffz Hoche, Wilhelm | FF | † |
| | | | | Uffz Heinz, Josef | BF | † |
| | | | | Ogefr Schellenberger, Willy | BO | † |
| | | | | Fl Marschewski, Benedikt | BM | † |
| 16. 12. 43 | 10. | 1. Ver.Üb.Flg. 2. Crinolois | Zusammenstoß | Fhj.Ofw.Stein, Georg | FF | † |
| | | | | Uffz Meding, Josef | FF | † |
| | | | | Gefr Reis, Herbert | BO | † |
| | | | | Uffz Gürtler, Erich | BF | † |
| | | | | Ogefr Krause, Kurt | BM | † |
| 11. 1. 44 | 9. | 1. Nachtplatzanflug 2. Terespol | unbek. | Uffz Schurmann, Hans-G. | FF | † |
| | | | | Fhj.Fw. Wanner, Richard | BO | † |
| | | | | Ogefr Kusterer, Robert | BF | † |
| | | | | Uffz Waydiek, Kurt | BM | † |
| 11. 1. 44 | 9. | 1. Nachtflug 2. Terespol | unbek. | Fw Görting, Hermann | FF | † |
| | | | | Uffz Barre, Friedrich | BF | † |
| | | | | Ogefr Förster, Martin | BM | † |
| | | | | Ogefr Scharan, Matthias | BS | † |
| 21. 1. 44 | 11. | 1. Krankheit 2. Res.Laz. Kaiserslautern | Phlegmone | Uffz Einsenhauer, Erhardt | BS | † |
| 23. 1. 44 | 11. | 1. Übungsflug 2. St.Aubin b. Orléans | Einmotorenflug | Uffz Lüdecke, Friedrich | FF | † |
| | | | | Uffz Stolte, Paul | BO | † |
| | | | | Uffz Hofer, Josef | BF | † |
| | | | | Gefr Strohmeyer, Theodor | BS | † |

| am | Einheit | 1. Ziel<br>2. Unfallort | Verlust durch | Dstgrd., Name, Vorname | Status Verbleib | |
|---|---|---|---|---|---|---|
| 23. 1. 44 | 2. | 1. Übungsflug<br>2. Ulez | unbek. | Uffz Göbel, Erich<br>Uffz Martin, Josef<br>Uffz Stein, Josef | FF<br>BF<br>BM | †<br>†<br>† |
| 24. 1. 44 | 4. | 1. Übungsflug<br>2. Lublin | unbek. | Fw Wunck, Heinz<br>Uffz Rehm, Walter | FF<br>BF | †<br>† |
| 26. 1. 44 | 12. | 1. Übungsflug<br>2. Münchausen bei Mühlhausen | Notlandung d. Motorbrand | Uffz Geis, Josef<br>Uffz Ehreiser, Helmut<br>Uffz Hilbrich, Walter<br>Uffz Bähren, Erich | FF<br>BO<br>BF<br>BS | †<br>†<br>†<br>† |
| 3. 2. 44 | 5. | 1. Nachtüberlandflug<br>2. Warpunnen bei Senftenberg | unbek. | Uffz Schulze, Erhard<br>Lt Rösler, Hubert<br>Ogefr Clausius, Willi<br>Ogefr May, Franz | FF<br>BO<br>BF<br>BM | †<br>†<br>†<br>† |
| 28. 10. 43 | 12. | 1. Übungsflug<br>2. Annoire (Jura) | Bauchlandung, Motorbrand | Fw Müller, Fritz<br>Gefr Schmidt, Alfred<br>Gefr Weller, Fritz | FF<br>BF<br>BM | vw<br>vw<br>vw |
| 28. 1. 44 | 8. | 1. Übungsflug<br>2. Ogelina bei Slopice | Übungsflug | Lt Gutschmidt, Alfred<br>Uffz Zogeiser, Horst<br>Uffz Meinert, Karl<br>Ogefr Kohls, Heinrich<br>Uffz Müller, Helmut | FF<br>BO<br>BF<br>BM<br>BS | †<br>†<br>†<br>†<br>† |
| 16. 2. 44 | 6. | 1. Übungsflug<br>2. Bobruisk | Jäger | Uffz Satzger, Johann<br>Uffz Kreidmayer, Kurt<br>Uffz Hammer, Herbert | FF<br>BF<br>BM | vw<br>vw<br>vw |
| 20. 2. 44 | 3. | 1. Übungsflug<br>2. Ulez | unbek. | Ofw Schiek, Georg<br>Fw Ehrhardt, Hubert<br>Uffz Scheurer, Werner<br>Fw Mensdorf, Hans | FF<br>BO<br>BF<br>BM | †<br>†<br>†<br>† |
| 5. 2. 44 | 11. | 1. Übungsflug<br>2. Bourges | Zerstörer | Uffz Drees, Otto<br>Ogefr Albert, Ernst<br>Gefr Gehler, Hartmut<br>Ofw Haselbeck, Karl | FF<br>BO<br>BF<br>BM | †<br>†<br>†<br>† |
| 3. 4. 44 | 2. | 1. Kowel<br>2. Kowel | Luftkampf | Uffz Keslinke, Johannes | BM | † |
| 3. 4. 44 | 2. | 1. Kowel<br>2. Kowel | Luftkampf | Uffz Menzel, Erich | BS | vw |
| 31. 3. 44 | Stab | Schulungsflug<br>2. NO Garbatka NW Bakowice | Zusammenstoß bei Verbandsflug | Uffz Löffler, Ernst<br>Uffz Källner, Günther<br>Uffz Benz, Walter<br>Uffz Imhof, Karl<br>Uffz Hehmke, Erich | FF<br>BO<br>BF<br>BM<br>BS | †<br>†<br>†<br>†<br>† |

| am | Einheit | 1. Ziel<br>2. Unfallort | Verlust durch | Dstgrd., Name, Vorname | Status | Verbleib |
|---|---|---|---|---|---|---|
| 31. 3. 44 | Stab | 1. Übungsflug<br>2. NO Garbatka NO Bakowice | Zusammenstoß bei Übungsflug | Uffz Jordan, Heinz | FF | † |
| | | | | Uffz Kitzinger, Sigmund | BO | † |
| | | | | Uffz Weber, Fritz | BF | † |
| | | | | Uffz Bähr, Werner | BM | † |
| | | | | Uffz Grün, Theodor | BS | † |
| 31. 3. 44 | 7. | 1. Sarny<br>2. Walusch | Explosion und Aufschlagbrand | Lt Lämmel, Horst | FF | v |
| | | | | Fw Büskens, Hans | BO | v |
| | | | | Uffz Meister, Wolfgang | BF | v |
| | | | | Uffz Wendt, Gerhard | BM | v |
| | | | | Ogefr Schumacher, Johann | BS | v |
| 31. 3. 44 | 9. | 1. Sarny | Nachtjäger | Gefr Pocke, Johannes | BO | vw |
| | | | | Uffz Wolf, Paul | BF | vw |
| | | | | Uffz Jäkel, Richard | BM | vw |
| | | | | Ogefr Heinrich, Kurt | BM | † |
| 7./8. 4. 44 | 9. | 1. Kiew | unbek. | Lt Haacke, Claus | FF | v |
| | | | | Uffz Witting, Werner | BO | v |
| | | | | Gefr Riemann, Karl | BF | v |
| | | | | Uffz Jäkel, Richard | BM | v |
| | | | | Uffz Herzog, Kurt | BM | v |
| 8. 4. 44 | 7. | 1. Fastow | Jäger | Uffz Walther, Gerhard | BM | v |
| 10. 4. 44 | 3. | 1. Korosten | unbek. | Oblt Eidner, Klaus | FF | v |
| | | | | Uffz Zillekens, Heinz | BO | v |
| | | | | Uffz v. Schuckmann, Friedrich | BF | v |
| | | | | Ofw Stiehle, Josef | BM | v |
| | | | | Ogefr Finke, Albert | BS | v |
| 28. 3. 44 | 12. | 1. kein Feindflug<br>2. Tavaux | Jäger | Ogefr Schmidt, Alfred | BF | † |
| 28. 3. 44 | 10. | 1. kein Feindflug<br>2. Dijon-Longvic | Brandbombe | Gefr Schaefer, Adolf | BS | vw |
| 28. 3. 44 | 12. | 1. kein Feindflug<br>2. Tavaux | Jäger | Uffz Woching, Alfred | BS | vw |
| 28. 3. 44 | 13. | 1. kein Feindflug<br>2. Dijon—Longvic | Brandbombe | Gefr Gastreich, Paul | BF | vw |
| 8. 4. 44 | 3. | 1. Fastow<br>2. 3 km SO Flugplatz Terespol | Notlandung | Fw Braun, Wilhelm | BO | vw |
| | | | | Uffz Emich, Adolf | FF | vw |

| am | Einheit | 1. Ziel<br>2. Unfallort | Verlust durch | Dstgrd., Name, Vorname | Status | Verbleib |
|---|---|---|---|---|---|---|
| 15. 4.<br>44 | 7. | 1. Sarny<br>2. unbekannt | V. Feind-<br>flg.n.zurück.<br>2 brennende<br>Flgz. ü. Ziel<br>m. Aufschlg.-<br>brd. | Lt Ringer, Heinz<br>Uffz Frey, Rolf<br>Ogefr Belz, Werner<br>Gefr Hoffmann, Hermann<br>Uffz Bronner, Karl | FF<br>BO<br>BF<br>BM<br>25. 4.<br>zurück | v<br>v<br>v<br>v |
| 15./16.<br>4. 44 | 9. | 1. Sarny<br>2. unbekannt | 2 brennende<br>Flgz. ü. Ziel<br>m.Aufschlg.-<br>brand | Fw Engster, Paul<br>Uffz Strauß, Reinhold<br>Uffz Gärtner, Ernst<br>Uffz Lechelt, Otto<br>Uffz Schmitz, Kaspar | FF<br>BO<br>BF<br>BM<br>BS | v<br>v<br>v<br>v<br>v |
| 17. 4.<br>44 | 5. | 1.<br>2. Pinsk | Fallsch.-<br>Absprung | Uffz Heinrich, H.-Joach. | BO | † |
| 31. 3.<br>44 | 4. | 1. Kowel<br>2. Kowel | Infanterie | Fw Schumann, Ernst | FF | vw |
| 1. 4.<br>44 | 6. | 1. Kowel<br>2. Kowel | Aufschlg.-<br>brand | Lt Kintrup, Alfons<br>Uffz Sibum, Anton<br>Uffz Lottes, Fritz<br>Fw Hinrichs, Heinrich<br>Ofw Buschardt, Robert | FF<br>BO<br>BF<br>BM<br>BS | †<br>†<br>†<br>†<br>† |
| 21. 4.<br>44 | III. | 1. Welikije-Luki<br>2. Glebokie | Vereisung | Oblt Erjautz, Ernst<br>Ofw Martin, Rudolf<br>Uffz Richardt, Wolf Jo.<br>Fw Dobeleit, Otto<br>Uffz Zenker, Heinz | FF<br>BO<br>BF<br>BM<br>BS | †<br>†<br>†<br>†<br>† |
| 23. 4.<br>44 | 12. | 1. Übungsflug<br>2. Beaune<br>(Cote d'Or) | Jäger | Ofw Schmidberger, Max<br>FW Fock, Walter<br>Uffz Deckers, Jakob<br>Uffz Michalezik, Helmut<br>Uffz Hecke, Walter | FF<br>BO<br>BM<br>BS<br>BF | †<br>†<br>†<br>†<br>† |
| 23. 4.<br>44 | 11. | 1. Übungsflug<br>2. Dijon—<br>Longvic | Jäger | Uffz Weers, Waldemar<br>Ogefr Haase, Horst<br>Gefr Wieland, Günther<br>Gefr Teckentrup, Theordor | BS<br>BO<br>BF<br>BM | vw<br>vw<br>fw<br>vw |
| 23. 4.<br>44 | 10. | 1. Übungsflug<br>2. Dijon—<br>Longvic | Jäger | Uffz Dege, Kurt<br>Ogefr Schmitt, Hans | BF<br>BM | vw<br>† |
| 24. 4.<br>44 | 12. | 1. Übungsflug<br>2. Dijon—<br>Longvic | Jäger | Ofw Priess, Heinz | BO | † |
| 23. 4.<br>44 | 13. | 1. Übungsflug<br>2. Dijon—<br>Longvic | Jäger | Uffz Richter, Franz | BF | vw |
| 5. 5.<br>44 | 6. | 1. Feindflug<br>2. Szach | Jäger | Uffz Kaiser, Eugen<br>Fw Linnenbrügger, Karl | BO<br>BM | vw<br>vw |

| am | Einheit | 1. Ziel<br>2. Unfallort | Verlust durch | Dstgrd., Name, Vorname | Status | Verbleib |
|---|---|---|---|---|---|---|
| 12. 5. 44 | 3. | 1. kein Feindflug<br>2. Focsani Süd | Luftschrb.-schlag, Kopf zertr. | Uffz Mamczak, Paul | | † |
| 4. 5. 44 | 12. | 1. Übungsflug<br>2. Dijon—Longvic | Fernjäger | Ofw Kowalke, Hardy<br>Uffz Burzlaff, Heinz<br>Ofw Eggers, Wilhelm | FF<br>BO<br>BM | vw<br>†<br>vw |
| 4. 5. 44 | 12. | 1. Übungsflug<br>2. Dijon—Longvic | Fernjäger | Gefr Möller, Karl-H.<br>Gefr Drescher, Walter | BF<br>BS | vw<br>vw |
| 4. 5. 44 | 13. | 1. Übungsflug<br>2. Dijon—Longvic | Fernjäger | Ogefr Kleinmichel, Helmut<br>Gefr Jürgens, Heinrich<br>Ogefr Klein, Ewald<br>Gefr Amberger, Erich | FF<br>BF<br>BM<br>BM | †<br>†<br>†<br>† |
| 24. 5. 44 | 9. | 1. Feindflug<br>2. 4 km NO Ichizia | Motorausfall, Bodenberührung | Ofw Stock, Hermann<br>Gefr Hentz, Karl-H.<br>Fw Weber, Walter<br>Ogefr Schönholz, Artur<br>Ogefr Basien, Fritz Joachim? | FF<br>BO<br>BF<br>BM<br>BS | †<br>†<br>†<br>†<br>vw |
| 25. 5. 44 | 5. | 1. Kurierflug<br>2. Siekinka 12 km | Partisanen Notlandung u. verschleppt | Lt Scholten, Friedrich<br>Lt Hommel, Walter | | v<br>v |
| 7. 5. 44 | 5. | 1. Überführung nach Puckowitsch<br>2. Platznähe Ulez | Notlandung in Partisanengebiet | Ofw Gruber, Hans<br>Uffz Hilz, Josef<br>Gefr Dammaschke, Werner<br>Ogefr Ritthaler, Kurt<br>Gefr Engler, Hans Georg<br>Uffz Frosch, Bruno | FF<br>BO<br>BF<br>BM<br>BS<br> | v<br>v<br>v<br>v<br>v<br>† |
| 9. 5. 44 | 6. | 1. Feindflug<br>2. Notlandung | Notlandung | Lt Lampe, Werner | FF | vw |
| 2. 6. 44 | 14. (Eis) | 1. Perno—Andreapol<br>2. unbekannt | Nach Einmotorenflug | Ofw Mehnert, Johannes<br>Uffz Nehmann, ?<br>Uffz Ernst, Heinrich<br>Ofw Breitenstein, Alois<br>Ogefr Böttcher, Heinz | FF<br>BO<br>BF<br>BM<br>BS | v<br>v<br>v<br>v<br>v |
| 11. 6. 44 | 4. | 1. Überführungsflug Terespol<br>2. Zus.St. Terespol | Aufschlagbrand | Ogefr Gössling, Gerhard<br>Fw Gerschütz, Josef<br>Gefr Jahn, Ulrich<br>Uffz Ebeling, Rudi<br>Uffz Schmenk, Erhard | FF<br>BO<br>BF<br>BM<br>BS | †<br>†<br>†<br>†<br>† |
| 11. 6. 44 | 4. | 1. Überführungsflug Terespol<br>2. Terespol | Zusammenstoß, Aufschlagbrand | Uffz Seubert, Ulrich<br>Uffz Morge, Gerhard<br>Uffz Fallscheer, Gerhard<br>Uffz Zschaler, Werner<br>Uffz Theissen, Arnold | FF<br>BO<br>BF<br>BM<br>BS | †<br>†<br>†<br>†<br>† |

| am | Einheit | 1. Ziel<br>2. Unfallort | Verlust durch | Dstgrd., Name, Vorname | Status | Verbleib |
|---|---|---|---|---|---|---|
| 6. 6. 44 | 6. | 1. Feindflug<br>2. Mosty-Wilke | Absprung wegen Motorschaden | Ofw Meighörner, Gerhard<br>Gefr Flöttmann, Gerhard | FF<br>BF | vw<br>† |
| 13. 5. 44 | 7. | 1. Feindflug<br>2. Fastner | unbek. | Uffz Döring, Helmut<br>Uffz Kleinebreil, Gerd<br>Uffz Kaiser, Robert<br>Uffz Wirth, Rudolf<br>Uffz Gottschalk, Konrad | FF<br>BO<br>BF<br>BM<br>BS | v<br>v<br>v<br>v<br>v |
| 17. 5. 44 | 9. | 1. Überführungsflug<br>2. Minsk | Bauchlandung | Ofw v. Rhein, Karl-Herm.<br>Fw Großmann, Josef | BO | vw<br>vw |
| 27. 7. 44 | III. | 1. Feindflug<br>2. Bataisk | Nachtjäger | Uffz Schade, Hans | BF | † |
| 17. 7. 44 | 7. | 1. Bombenangriff<br>2. Stalino Nord | | Gefr Tulaja, Anton<br>Uffz Domer, Christian | BM<br>BS | vw<br>vw |
| 11. 6. 44 | 2.FBK | 1. Überführungsflug<br>2. Terespol | Zusammenstoß Aufschlagbrand | Ogefr Schumacher Johann | BM | † |
| 4. 5. 43 | 4. | 1. Feindflug<br>2. Nymskaja | | Ogefr Hartwich, Hans | BS | † |
| 26. 11. 42 | II. 4. | 1. Versorgung<br>2. Perelawsowsky | unbek. | Ofw Latra, Karl<br>Uffz Echinger, Rudolf<br>Ogefr Wagner, Erich<br>Fw Fritsche, Paul<br>Ogefr Michael, Rudi | FF<br>BO<br>BF<br>BM<br>BS | v<br>v<br>v<br>v<br>v |
| 2. 11. 42 | 5. | 1. Bombenangriff<br>2. Morosowskaja | | Obgefr Greulich, Hans<br>Obgefr Kirchhoffer, Eduard | BS<br>BO | †<br>vw |
| 15. 10. 42 | 6. | 1. Feindflug<br>2. Stalingrad | Jäger | Uffz Paulisch, Ernst | FF | † |
| 10. 7. 42 | 5. | 1. Feindflug Belorodsch<br>2. unbekannt | | Lt Jensen, Max<br>Ogefr Ries, Rudolf<br>Ogefr Bast, Werner<br>Ogefr Klotz, Erwin<br>Uffz Gross, Erich | FF<br>BO<br>BF<br>BM<br>BS | v<br>v<br>v<br>v<br>v |
| 11. 6. 44 | 8. | 1. Kiew<br>2. unbekannt | | Fhj.Fw. Kurzweiler, Erich<br>Uffz Markgraf, Hans<br>Ogefr Mohr, Willi<br>Uffz Kleine, Walter<br>Ofw Blask, Ewald, | FF<br>BO<br>BF<br>BM<br>BS | v<br>v<br>v<br>v<br>v |
| 11. 6. 44 | 8. | 1. Feindflug<br>2. Podlodowka | Absturz nach Start | Uffz Keil, Kurt<br>Fhj.Fw. Beuchel, Werner<br>Uffz Kalabuch, Erich | FF | vw<br>†<br>vw |

| am | Einheit | 1. Ziel<br>2. Unfallort | Verlust durch | Dstgrd., Name, Vorname | Status | Verbleib |
|---|---|---|---|---|---|---|
| 1. 6. 44 | 7. | 1. Kasatin<br>2. Pl.Qu. 703 | Notabspr. n. Ausfall beider Motoren | Uffz Kroner, Paul | BO | v |
| | | | | Fw Schumann, Gustav | BF | v |
| | | | | Ogefr Siewert, Willi | BM | v |
| | | | | Gefr Strobl, Johann | BS | v |
| 11. 6. 44 | 3. | 1. Feindflug<br>2. Beresa Kartuska | Notlandung | Gefr Ramolla, Waldemar | BF | vw |
| 22. 6. 44 | 5. | 1. Mirgorod<br>2. unbekannt | unbek. | Uffz Herr, Friedrich | FF | v |
| | | | | Lt Hasitschka, Otto | BO | v |
| | | | | Uffz Morscher, Herbert | BF | v |
| | | | | Uffz Hahn, Karl-Heinz | BM | v |
| | | | | Ogefr Hauck, Ernst | BS | v |
| 22. 6.<br>23. 6. 44 | 6. | 1. Mirgorod<br>2. unbekannt | unbek. | Oblt Albrecht, Karl | FF | v |
| | | | | Uffz Dörlemann, Walter | BO | v |
| | | | | Uffz Schwarz, Erwin | BF | |
| | | | | Uffz Grossmann, Ernst | BM | v |
| | | | | Ogefr Uhler, Eduard | BS | v |
| 7. 6. 44 | 3. | 1. Feindflug<br>2. Pl.Qu.44735/350 | Nachtjäger | Uffz Bogdan, Walter | BF | vw |
| 27. 6.<br>28. 6. 44 | 5. | 1. Smolensk<br>2. unbekannt | unbek. | Ofw Wanner, Mathias | FF | v |
| | | | | Lt Nass, Karl | BO | v |
| | | | | Uffz Gzebyta, Alfred | BF | v |
| | | | | Uffz Schöler, Kurt | BM | v |
| | | | | Uffz Middendorf, Fleix | BS | v |
| 30. 6. 44 | 4. | 1. Sedscha<br>2. Pl.Qu. 846325 O | Infanterie | Uffz Glabasnia, Alfred | | vw |
| 2. 7. 44 | 4. | 1. Sherkower<br>2. unbekannt | unbek. | Lt Graefe, Götz | FF | v |
| | | | | Ogefr Reschke, Kurt | BO | v |
| | | | | Ogefr Porsch, Fritz | BF | v |
| | | | | Ogefr Goosmann, Friedrich | BM | v |
| | | | | Gefr Sieron, Roman | BS | v |
| 25. 6. 44 | 9. | 1. kein Feindfl.<br>2. Podlowo | Partisanen | Ogefr Bender, Kurt | | vw |
| 29. 6. 44 | Stab III. | 1. kein Feindfl.<br>2. 12 km von Ryke | | SanOfw Hümbert, Anton | | v |
| | | | | Ogefr Eisele, Karl | | † |
| | | | | St.Gef. Burlage, Albert | | † |
| | | | | Ogefr Lhotha, Ludwig | | † |
| 30. 6. 44 | 9. | 1. Feindflug<br>2. Nördlich Bobruisk | Flak | Uffz Hesse, Heinrich | BM | vw |
| 1. 7. 44 | 7. | 1. Feindflug<br>2. Ssloboda | Erdbeschuß | Fhj.Fw. Schäfer, Erich | BS | vw |

| am | Einheit | 1. Ziel<br>2. Unfallort | Verlust durch | Dstgrd., Name, Vorname | Status Verbleib | |
|---|---|---|---|---|---|---|
| 1. 7. 44 | 7. | 1. Feindflug<br>2. Ssloboda | unbek. | Uffz Rössler, Helmut<br>Gefr Hulbert, Werner<br>Gefr Mertens, Artur<br>Uffz Vollmer, Wilhelm<br>Uffz Radtke, Fritz | am 11.7. 44 vollzählig zurückgekehrt | |
| 2. 7. 44 | 9. | 1. Feindflug<br>2. Shuchowiz | unbek. | Ofw Bormann, Heinrich<br>Uffz Fiedler, Victor<br>Fw Heuer, Karl<br>Ofw Demski, Hermann<br>Uffz Claussner, Hans | FF<br>BO<br>BF<br>BM<br>BS | v<br>v<br>v<br>v<br>v |
| 29. 6. 44 | 9. | 1. Feindflug<br>2. Bobruisk | unbek. | Fw Steinl, Karl<br>Uffz Schneider, Franz<br>Ogefr Ebeling, Hans-Karl<br>Fw Beutelrock, Toni<br>Ogefr Beyer, Kurt | FF<br>BO<br>BF<br>BM<br>BS | v<br>v<br>v<br>v<br>v |
| 29. 6. 44 | 3. | 1. Feindflug<br>2. Bobruisk Qu 94752/ 350 | unbek. | Uffz Böckel, Oskar<br>Hptm Büttner, Paul<br>Uffz Vogel, Hermann<br>Uffz Wiese, Heinz<br>Ogefr Rohde, Theodor | FF<br>BO<br>BF<br>BM<br>BS | v<br>v<br>v<br>v<br>v |
| 1. 7. 44 | 3. | 1. Feindflug Sloboda<br>2. Pl.Qu. 84663/25 0 | unbek. | Uffz Nöthel, Reinhard<br>Ogefr Wolter, Gerhard<br>Uffz Sack, Karl-H.<br>Uffz Hamberger, Rudolf<br>Uffz Zabold, Hans | FF<br>BO<br>BF<br>BM<br>BS | v<br>v<br>v<br>v<br>b |
| 4. 7. 44 | 7. | 1. Feindflug Werchmen<br>2. Pl.Qu. 8413/25 0 | unbek. | Lt Steidle, Helmut<br>Fw Witek, Alfred<br>Uffz Holz, Heinz<br>Ofw Laue, Willi<br>Gefr Hertzer, Horst | FF<br>BO<br>BF<br>BM<br>BS | v<br>v<br>v<br>v<br>v |
| 4. 7. 44 | 8. | 1. Feindflug Werchmen<br>2. Pl.Qu. 8412 | unbek. | Lt Anlauf, Rudi<br>Stfw Gegner, Heinz<br>Gefr Landmesser, Ulrich<br>Ogefr Müller, Ferdinand<br>Uffz Weissenfels, Karl | FF<br>BO<br>BF<br>BM<br>BS | v<br>v<br>v<br>v<br>v |
| 6. 7. 44 | 8. | 1. Feindflug<br>2. Druskiniki | Notlandung | Ofw Forst, Friedrich<br>Uffz Hanisch, Friedrich<br>Uffz Sistenich, Helmuth<br>Ogefr Zaufke, Günther<br>Ogefr Geist, Anton | FF<br>BO<br>BF<br>BM<br>BS | vw<br>vw<br>vw<br>†<br>† |
| 16. 5. 44 | 7. | 1. Werkstattflug<br>2. Irena/Deblin | Notlandung/ Motorschaden | Ofw Panther, Udo<br>Ofw Tschimke, Kurt | FF<br>BM | vw<br>vw |

| am | Einheit | 1. Ziel<br>2. Unfallort | Verlust durch | Dstgrd., Name, Vorname | Status | Verbleib |
|---|---|---|---|---|---|---|
| 1. 7. 44 | 1. | 1. Feindflug<br>2. Pl.Qu. 84342 | Partisanen/ vermißt | Fw Orb, Dieter<br>Fw Hillen, Josef<br>Uffz Reinköster, Ernst<br>Ofw Röhl, Max<br>Uffz Maass, Hans | FF<br>BO<br>BF<br>BM<br>BS | v<br>v<br>v<br>vw<br>vw |
| 1. 7. 44 | 3. | 1. Feindflug<br>2. Pl.Qu. 84663/ 25 Ost | MG-Beschuß | Fw Petersen, Ernst<br>Uffz Kühner, Richard | BS<br>BS | vw<br>vw |
| 4. 7. 44 | 2. | 1. Ssloboda<br>2. unbekannt | unbek. | Oblt Waltz, Oskar<br>Uffz Hoffmann, Otto<br>Fw Stehning, Ernst-Aug.<br>Ofw Zeisberg, Erich<br>Uffz Herring, Fritz | FF<br>BO<br>BF<br>BM<br>BS | v<br>v<br>v<br>v<br>v |
| 4. 7. 44 | 3. | 1. Feindflug<br>2. Pl.Qu. 84028/25 Ost | Notlandung | Ogefr Lang, Johann | BM | vw |
| 4. 7. 44 | 2. | 1. Feindflug<br>2. Pl.Qu. 8412 O Minsk | unbek. | Lt Schaefer, Dietrich<br>Uffz Eckstein, Erich-Karl<br>Ofw Geisler, Richard<br>Gefr d'Hedonville, Wolfgang<br>Gefr Rabeler, Karl Hans | FF<br>BO<br>BF<br>BM<br>BS | v<br>v<br>v<br>v<br>v |
| 9. 7. 44 | 1. | 1. Feindflug<br>2. Wilna | Granatsplitter | Uffz Wobrig, Wilhelm | BF | vw |
| 19. 7. 44 | 9. | 1. Verlegung<br>2. Flugplatz Podlodowka | Absturz n. Start | Ogefr Hagen, Eduard<br>Fw Otto, Kurt<br>Ogefr Färber, Fritz | FF<br>BM | vw<br>†<br>† |
| 23. 7. 44 | 4. | 1. Verlegung Deblin Modlin<br>2. unbekannt | unbek. | Fw Schumann, Ernst<br>Ogefr Radtom, Helmut<br>Ofw Figge, Walter<br>Fw Erlebeck, Gustav<br>Ogefr Lamm, Günther | FF<br>BO<br>BF<br>BF<br>BM | v<br>v<br>v<br>v<br>v |
| 23. 7. 44 | 6. | 1. Moloderzno<br>2. unbekannt | unbek. | Uffz Hüttl, Erich<br>Ogefr Thoez, Waldemar<br>Uffz Schaber, Gottlob<br>Ogefr Hammer, Hans<br>Ogefr Jastrow, Joachim | FF<br>BO<br>BF<br>BF<br>BM | v<br>v<br>v<br>v<br>v |
| 20. 7. 44 | 3. | 1. Feindflug<br>2. Pl.Qu. 66121/25 Ost | Fallsch. Absprung Motorschaden | Gefr Braun, Reinhard<br>Uffz Gauß, Karl | BF | z<br>v |
| nicht bek. | 2. FBK | 1. Kolonne Brest Minsk-Wilno<br>2. unbekannt | unbek. | Uffz Frukel, Wilhelm<br>Ogefr Roth, Johann<br>Uffz Gallinath, Walter | | v<br>v<br>v |

| am | Einheit | 1. Ziel<br>2. Unfallort | Verlust durch | Dstgrd., Name, Vorname | Status | Verbleib |
|---|---|---|---|---|---|---|
| 5. 8. 44 | 1. | 1. Feindflug<br>2. Gut Kirschenheim | Notlandung | FW Paul, Karl<br>Uffz Kretschmer, Alois<br>Uffz Krempel, Kurt | FF<br>BO<br>BM | vw<br>vw<br>vw |
| | | Kalina b. Wilno | Fallsch.-absprg. | Uffz Pissot, Karl | BF | vw |
| 6. 8. 44 | 3. | 1. kein Feindflug<br>2. Fohlenhof b.Eichstädt | Notlandung w. Motorschaden | Ofhr Hohenbruch, Oskar<br>Ogefr Annetzberger Andreas | FF<br>BM | vw<br>vw |
| 8. 8. 44 | 1. | 1. Feindflug<br>2. Bedkow b. Petrikan | Fallsch.-absprg. | Uffz Adler, Gerhard | BO | † |
| 7. 8. 44 | 8. | 1. Sportunfall<br>2. Schroda-Ost | | Uffz Heinrichs, Eugen | BM | vw |
| 10. 8. 44 | 7. | 1. Feindflug<br>2. Adamow Qu. 12779/25 Ost | Partisanen | Uffz Rösler, Helmut<br>Uffz Fertner, Willibald<br>Ogefr Mertens, Artur<br>Fw Vollmer, Wilhelm<br>Uffz Radtke, Fritz | FF<br>BO<br>BF<br>BM<br>BS | v<br>v<br>v<br>v<br>v |
| 10. 8. 44 | 7. | 1. Feindflug<br>2. Koziemice—Granica | Partisanen | Ofhr Sievers, Detlev<br>Uffz Beule, Wilfried<br>Gefr Bachtenkirch, Egon<br>Gefr Kaiser, Eduard<br>Uffz Kleinschmidt, Georg | FF<br>BO<br>BF<br>BM<br>BS | v<br>v<br>v<br>v<br>v |
| 18. 8. 44 | 6. | 1. kein Feindflug<br>2. Hohensalza LandFlg.H. | Expl. Körper unbek. Herkunft | Fw Möller, Hermann | | † |
| 20. 8. 44 | 11. | 1. kein Feindflug<br>2. Szolnok Ungarn | Bombenangriff | Ofw Wachsmuth, Ernst<br>Ofhr Wunderlich, Wolfgang<br>Ogefr Becker, Walter<br>Ogefr Goltzsch, Alfred<br>Gefr Brauer, Werner<br>Gefr Schmidt, Erwin | <br>FF<br>BO<br>BM<br>BO<br>BS | †<br>†<br>†<br>†<br>†<br>† |
| 20. 8. 44 | 10. | 1. kein Feindflug<br>2. Szolnok Ungarn | Bombenangriff | Gefr Beer, Günther<br>Gefr Jarysch, Willi<br>Uffz Köstinger, Anton<br>Uffz Töpfer, Rudolf<br>Ogefr Bouillon, Arthur<br>Uffz Patzia, Hans G. | BF<br>BS<br>FF<br>FF<br>BO<br>FF | vw<br>vw<br>vw<br>vw<br>vw<br>vw |
| 6. 9. 44 | 4. | 1. kein Feindflug<br>2. Hohensalza | Sportunfall | Ogefr Vogt, Peter | BS | vw |

| am | Einheit | 1. Ziel<br>2. Unfallort | Verlust durch | Dstgrd., Name, Vorname | Status | Verbleib |
|---|---|---|---|---|---|---|
| 29. 8.<br>44 | 14.<br>(Eis) | 1. Start<br>2. Riga—<br>Spilve | Motorausfall<br>b. Start | Lt Hahn, Alfred<br>Fw König, Victor<br>Ogefr Martins, Kurt<br>Stfw Stüve, Karl<br>Uffz Kindler, Georg | FF<br>BO<br>BO<br><br>BM | †<br>†<br>vw<br>vw<br>vw |
| 20. 8.<br>44 | 10. | 1. kein Feind-<br>flug<br>2. Szolnok<br>Ungarn | Bomben-<br>angriff | Uffz Bröker, Werner<br>Flg Skakie, Wolfgang<br>Uffz Groschitz, Georg<br>Gefr Sielaff, Otto<br>Stgefr Herbst, Erich | BM<br>BM<br>BM<br>BM<br>BM | vw<br>vw<br>vw<br>vw<br>vw |
| 20. 8.<br>44 | 12.<br>13. | 1. kein Feind-<br>flug<br>2. Szolnok<br>Ungarn | Bomben-<br>angriff | Gefr Neumeier, Helmut<br>Gefr Maidhoff, Alois<br>Gefr Merklinger, Andreas<br>Uffz Haschke, Heinz<br>Gefr Fell, Rudolf<br>Ogefr Schuncke, Siegfried<br>Gefr Zamawki, Rudolf | BM<br>BF<br>BO<br>BO<br><br><br>BM | vw<br>vw<br>vw<br>vw<br>vw<br>vw<br>vw |
| 1. 9.<br>44 | 13. | 1. Feindflug<br>2. Panatul-Mua<br>b. Arad/<br>Rumänien | Notlandung<br>Flak | Lt Mayer, Heinrich<br>Fw Bogner, Josef<br>Uffz Tauberl, Heinz<br>Gefr Manz, Robert<br>Uffz Steinbach, Erich | FF<br>BO<br>BF<br>BM<br>BS | z<br>z<br>v<br>v<br>v |
| 12. 9.<br>44 | 4. | 1. Feindflug<br>2. Royan<br>Frankreich | Flak | Lt Schnitger, Willi<br>Uffz Heckmann, Gustav | BO | †<br>vw |
| 13. 9.<br>44 | 6. | 1. Feindflug<br>2. Sorest | Vers.<br>Absprung<br>m. Fall-<br>schirm | Oblt Jungel, Norbert | FF | F |
| 14. 9.<br>44 | 10. | 1. kein Feind-<br>flug<br>2. Szolnok<br>Ungarn | Unfall<br>MP 40 | Uffz Röder, Horst | BO | † |
| 5. 10.<br>44 | 9. | 1. Feindflug<br>2. Zellhausen | Absturz | Fw Meyer, Gerhard<br>Uffz Haser, Engelbert<br>Uffz Fisch, Johann<br>Fw Grabmeier, Franz<br>Uffz Gebhardt, Rudolf | FF<br>BO<br>BF<br>BM<br>BS | †<br>†<br>vw<br>vw<br>† |
| 6. 10.<br>44 | 9. | 1. Feindflug<br>2. Saarburg | Flak | Lt Glieden, Wolfgang | BO | vw |
| 14. 10.<br>44 | 9. | 1. Feindflug<br>2. Großostheim | Unfall | Uffz Weber, Josef<br>Oblt Ludewig, Dieter | BO<br>FF | vw<br>† |
| 15. 10.<br>44 | 8. | 1. kein Feind-<br>flug<br>2. Giessen | Absturz | Fw Kirschmeyer, Heinz<br>Fw Krupitza, Karl<br>Uffz Schillings, Josef<br>Ogefr Schollmeyer Fritz<br>Uffz Friedrich Hugo | FF<br>BO<br>BF<br>BM<br>BS | †<br>†<br>†<br>†<br>† |

| am | Einheit | 1. Ziel<br>2. Unfallort | Verlust durch | Dstgrd., Name, Vorname | Status | Verbleib |
|---|---|---|---|---|---|---|
| 31. 10. 44 | 8. | 1. Feindflug<br>2. Royan | unbek. | Fw Merz, Walter<br>Uffz Huemer, Josef<br>Uffz Endres, Ludwig<br>Ogefr Dziuba, Heinrich<br>Uffz Speer, Bruno | FF<br>BO<br>BF<br>BM<br>BS | v<br>v<br>v<br>v<br>v |
| 2. 11. 44 | 7. | 1. Feindflug<br>2. Dünkirchen | unbek. | Uffz Gans, Wilhelm<br>Uffz Reißmann, Karl<br>Ogefr König, Walter<br>Gefr Wenzel, Friedrich<br>Gefr Zander, Dietrich | FF<br>BO<br>BF<br>BM<br>BS | v<br>v<br>v<br>v<br>v |
| 6. 11. 44 | 7. | 1. kein Feindflug<br>2. Hornisgrinde Schwarzwald | Bodenberührung | Fw Haller, Theodor<br>Fw Hettlinger, Wilhelm<br>Ogefr Albert, Walter<br>Fw Rackel, Heinz<br>Uffz Franz, Ewald | FF<br>BO<br>BM<br>BF<br>BS | †<br>†<br>†<br>†<br>vw |
| 7. 11. 44 | 8. | 1. kein Feindflug<br>2. Reifenberg Taunus | Bodenberührung | Uffz Hackemesser, Rolf<br>Ogefr Sasse, Friedrich<br>Ogefr Möller, Karl-H.<br>Ogefr Ehrich, Gerhard<br>Uffz Benecke, Otto | FF<br>BO<br>BF<br>BM<br>BS | †<br>†<br>†<br>vw<br>vw |
| 9. 11. 44 | 8. | 1. kein Feindflug<br>2. Schroda (?) Warthegau | Verlegung | Fw Fleckinger, Anton | | † |
| 12. 12. 44 | 6. | 1. Übungsflug<br>2. Plattling Niederbayern | Absturz | Fw Schiffgen, Heinz | FF | † |
| 20. 12. 44 | 4. | 1. Übungsflug<br>2. Plattling Niederbayern | Zusammenstoß b. Rollen | Oblt Berking, J. Dieter | FF | vw |
| 16. 12. 44 | IV. | 1. kein Feindflug<br>2. Pilsen | Bombenangriff | Fw Müller, Emil | | vw |
| 1. 1. 45 | 2. | 1. Übungsflug<br>2. Straubing | Flz.Absturz | Ofhr Köhler, Siegfried | FF | vw |
| 4. 1. 45 | 5. | 1. Übungsflug<br>2. Plattling | Zusammenstoß i. d. Luft | Oblt Veith, Alfred<br>Uffz Barein, Erich | FF<br>FF | vw<br>† |
| 23. 12. 44 | 8. | 1. Übungsflug<br>2. Landau | Start | Ofhr Kleinert, Lothar | FF | † |
| 10. 1. 45 | 5. | 1. Übungsflug<br>2. Plattling | Absturz | Ofw Stelzner, Wilhelm | FF | † |

| am | Einheit | 1. Ziel<br>2. Unfallort | Verlust durch | Dstgrd., Name, Vorname | Status | Verbleib |
|---|---|---|---|---|---|---|
| 4. 1. 45 | 9. | 1. Übungsflug<br>2. Haidlfing b. Landau | gerammt | Uffz Wenzel, Fridolin | FF | vw |
| 10. 1. 45 | 1. | 1. Übungsflug<br>2. Haimbuch/ Regensburg | Absturz | Fw Böttger, Arthur | FF | † |
| 16. 2. 45 | 5. | 1. Übungsflug<br>2. Plattling | Absturz | Ofw Schaufuss, Horst | FF | † |
| 22. 2. 45 | 1. | 1. Übungsflug<br>2. Laiblfing b. Straubing | Absturz | Hptm Witte, Wolfgang | FF | † |

## 2. RITTERKREUZTRÄGER DES KG 55 »GREIF«

Das Ritterkreuz zum Eisernen Kreuz war im zweiten Weltkrieg die begehrteste soldatische Auszeichnung der Deutschen Wehrmacht. Dieser für »besondere Tapferkeit vor dem Feind« am 1. September 1939 gestiftete Orden galt in Erweiterung der Ordensstiftung des Eisernen Kreuzes vom 10. März 1813; höhere Stufen wie Eichenlaub, Schwerter und Brillanten kamen im Laufe des Krieges hinzu.
Von 7500 Ritterkreuzverleihungen entfielen ca. 1730 auf die Luftwaffe, wovon das fliegende Personal aller Dienstgrade in den verschiedenen Stufen etwa 1320 Ritterkreuze verliehen bekam.
Den 538 Ritterkreuzverleihungen an Tag/Nachtjäger und Zerstörer stehen 640 Verleihungen an Kampf-, Stuka- und Schlachtflieger gegenüber.
Die Verleihungsbedingungen änderten sich im Laufe des Krieges laufend und richteten sich hauptsächlich nach der Zahl der Feindflüge.

Im März 1943 galt z. B.:

| | |
|---|---|
| 15 Feindflüge | EK II. |
| 20 Feindflüge | Frontflugspange in Bronze |
| 25—40 Feindflüge | EK I. |
| 60 Feindflüge | Frontflugspange in Silber |
| 80 Feindflüge | Ehrenpokal des Reichsmarschalls |
| 110 Feindflüge | Frontflugspange in Gold |
| 140 Feindflüge | Deutsches Kreuz in Gold |
| 200—400 Feindflüge | Ritterkreuz des Eisernen Kreuzes |

Betrachtet man die Verleihungen an die »Kämpfer«, so findet man im Jahre 1940 fast überwiegend Geschwaderkommodores und Gruppenkommandeure, die namens ihrer Verbände für die gezeigten Leistungen in den verschiedenen Feldzügen ausgezeichnet worden waren. (Erste Verleihung an Oberst Robert Fuchs, Kommodore KG 26.) Für alle übrigen Flugzeugführer galten ca. 100 Tag- und Nachteinsätze, vor allem gegen England.
1941 stieg die »interessante« Feindflugzahl schon auf 200.
In den weiteren Kriegsjahren lag sie zwischen 200 und 400, die Mehrzahl erhielt das RK bei etwa 300 Einsätzen, insbesondere die gegen Rußland eingesetzten Besatzungen hatten so hohe und oft noch weit höhere Zahlen bei der Verleihung. Beobachter, Bordfunker, -mechaniker und -schützen hatten fast alle weit über 300 Feindflüge und waren meist Besatzungsangehörige sehr erfolgreicher Flugzeugführer oder Verbandsführer, die selbst bereits das RK hatten.
Die höheren Stufen des RK (4 x Schwerter, 27 x Eichenlaub) erhielten nur außerordentlich bewährte Flugzeugführer, die in der Regel auch Verbandsführer (Staffelkapitän, Gruppenkommandeur, Kommodore) waren und viele

Feindflüge überlebt bzw. mit ihren Verbänden hervorragende Erfolge erzielt hatten.
Ritterkreuze wurden auch posthum oder für in Gefangenschaft geratene Geschwaderangehörige verliehen.
Außer dem Ritterkreuz mit seinen weiteren Stufen wurden an Geschwaderangehörige des KG 55 verliehen:

950 Ehrenpokale des Reichsmarschalls
357 Deutsche Kreuze in Gold
1997 EK I.
2380 EK II.
46 KVK I.
1165 KVK II.

## Ritterkreuzträger im KG 55 »Greif«

Der Verfasser ist Herrn Ernst Obermaier für seine Mitarbeit zur Überprüfung und Ergänzung der vorliegenden Aufstellung der Ritterkreuzträger des KG 55 zu außerordentlichem Dank verpflichtet.

| Dstgrd | Vorname | Name | verliehen als | am | | Bemerkungen |
|---|---|---|---|---|---|---|
| Verliehen vor der Geschwaderzugehörigkeit: | | | | | | |
| OTL | Benno | Kosch | Kdr II./KG 1 | 1. 10. 40 | | |
| Verliehen während der Geschwaderzugehörigkeit: | | | | | | |
| Oberst | Alois | Stoeckl | Kdore/KG 55 | 4. 7. 40 | † | 14. 8. 40 England |
| Major | Friedrich | Kless | Kdr II./KG 55 | 14. 10. 40 | | |
| OLt | Hans | Thurner | FF 9./KG 55 | 6. 8. 41 | † | 11. 6. 44 |
| als Hptm. 587. Eichenlaub | | | Kdr. I./KG 6 | 20. 9. 44 | | Normandie |
| OLt | Adalbert | Karbe | StKpt 3./KG 55 | 12. 11. 41 | † | 30. 7. 42 England |
| Hptm | Heinrich | Wittmer | Kdr III./KG 55 | 12. 11. 41 | | |
| Lt | Fritz | Bliesener | FF 5./KG 55 | 20. 12. 41 | † | 25. 11. 42 Rußland |
| Hptm | Rudolf | Kiel | Kdr. I./KG 55 | 20. 12. 41 | | |
| OTL | Dr. Ernst | Kühl | Kdore/KG 55 | 17. 10. 42 | | verstorben |
| als Oberst 356. Eichenlaub | | | Fliegerführer Nord | 18. 12. 43 | | 2. 2. 72 |
| OLt | Albert | Koller | StKpt 4./KG 55 | 13. 11. 42 | | |
| Hptm | Wilhelm | Antrup | StKpt 5./KG 55 | 13. 11. 42 | | |
| als OTL 655. Eichenlaub | | | Kdore/KG 55 | 18. 11. 44 | | |
| Ofw | Karl | Lipp | FF 4./KG 55 | 16. 11. 42 | † | 20. 11. 42 Stalingrad |
| Olt | Eitel | Barth | StKpt 4./KG 55 | 24. 3. 43 | | |
| OLt | Horst | Rudat | StKpt 2./KG 55 | 24. 3. 43 | | |
| Fw | Walter | Pilz | FF 5./KG 55 | 24. 3. 43 | | |
| OLt | Werner | Oberländer | StKpt 2./KG 55 | 24. 3. 43 | | |
| Hptm | Philipp | Müller | StKpt 1./KG 55 | 3. 4. 43 | | |
| Ofw | Franz | Placzek | FF 2./KG 55 | 3. 4. 43 | | |
| OLt | Josef | Luxenburger | BO 4./KG 55 | 3. 4. 43 | | |
| Hptm | Wilhelm | Mylius | StKpt 6./KG 55 | 3. 4. 43 | | verstorben 10. 9. 70 |
| OLt | Erich | Baumgartl | FF 3./KG 55 | 31. 7. 43 | † | 12. 7. 44 StKpt 9./LG 1 |
| OLt | Franz | Schmidt | StKpt 9./KG 55 | 19. 8. 43 | | verstorben 31. 7. 47 |

| Dstgrd | Vorname | Name | verliehen als | am | Bemerkungen |
|---|---|---|---|---|---|
| Major | Heinz | Höfer | Kdr II./KG 55 | 3. 9. 43 | |
| als Major 656. Eichenlaub | | | Ia/KG 55 | 18. 11. 44 | |
| Ofw | Johann | Boos | FF 9./KG 55 | 9. 10. 43 | Gefangenschaft |
| OLt | Robert | Seib | StKpt 6./KG 55 | 9. 10. 43 | |
| Hptm | Fritz | Schmidtmann | StKpt 4./KG 55 | 29. 2. 44 | |
| Ofw | Otto | Meyer | FF 14. (Eis)/KG 55 | 29. 2. 44 | † 23. 2. 45 Eger |
| OLt | Hans | Bennemann | FF 7./KG 55 | 26. 3. 44 | |
| Fw | Wilhelm | Brennecke | FF Stab II./KG 55 | 26. 3. 44 | |
| OLt | Mathias | Bermadinger | StKpt 14. (Eis)/KG 55 | 5. 4. 44 | † 18. 2. 44 Pleskau |
| FhjFw | Willi | Braun | BO 4./KG 55 | 9. 6. 44 | |
| Fw | Gerhard | Dietrich | FF Stab/KG 55 | 9. 6. 44 | |
| Hptm | Werner | Schmidt | StKpt 9./KG 55 | 19. 8. 44 | |
| Fw | Viktor | König | FF 14. (Eis)/KG 55 | 6. 10. 44 | † 29. 8. 44 Rußland |
| OLt | Alfred | Veith | StKpt 5./KG 55 | 24. 10. 44 | |
| OLt | Werner | Thoss | StKpt 4./KG 55 | 29. 10. 44 | |
| Major | Alfred | Bollmann | Kdr III./KG 55 | 29. 10. 44 | |
| Lt | Erich | Herkner | FF 14. (Eis)/KG 55 | 6. 12. 44 | † 17. 1. 45 Litzmannstadt |
| Hptm | Alfred | Banholzer | StKpt 3./KG 55 | 14. 1. 45 | |
| | Karl | Schäfer | FF 14. (Eis)/KG 55 | 3. 4. 45 | |
| Hptm | Oskar | Dettke | I./KG 55 | 7. 4. 45 | verstorben 27. 3. 67 |
| OLt | Heinrich | Südel | Ia I./KG 55 | 23. 4. 45 | |

Verliehen nach der Geschwaderzugehörigkeit:

| Dstgrd | Vorname | Name | verliehen als | am | Bemerkungen |
|---|---|---|---|---|---|
| OLt | Gerhard | Richter | StKpt 9./LG 1 | 24. 11. 40 | |
| GenMaj | Wilhelm | Süßmann | Kdr 7. FlgDiv | 9. 7. 41 | † Kreta 1941 |
| OTL | Walter | Marienfeld | Kdore/KG 54 | 27. 11. 41 | † 24. 10. 44 GdK |
| OTL | Werner | Klosinski | Kdore/KG 4 | 9. 6. 44 | |
| OLt | Günther | Jolitz | Stfhr 9./LG 1 | 9. 6. 44 | † 12. 2. 44 Italien |
| GenMaj | Hans | Korte | Kdr 2. FlgDiv | 30. 9. 44 | |
| Ofw | Herbert | Geisler | FF Stab/KG 4 | 24. 10. 44 | |
| Hptm | Dieter Clemm v. | Hohenberg | Kdr II./LG 1 | 18. 11. 44 | † 30. 6. 44 |
| Hptm | Karl | Peters | Kdr II./LG 1 | 45 | |
| Lt | Josef | Thurnhuber | FF I./KG 200 | 12. 3. 45 | |
| Lt | Arnold | Döring | FF 10./NJG 3 | 17. 4. 45 | |

## 3. FÜHRUNGSPERSONAL KG 55 »GREIF«

Die Personalveränderungen des Luftwaffenpersonalamtes sind leider nur unvollständig vorhanden, so daß sich die Stellenbesetzungen für die Staffeln, Gruppen und den Geschwaderstab aus diesen Unterlagen nicht lückenlos rekonstruieren lassen. Vermutlich gingen diese Unterlagen durch Kriegsereignisse in Verlust. Mit dankenswerter, unermüdlicher Hilfe der Zentralnachweisstelle des Bundesarchivs in Kornelimünster und Befragung der noch lebenden Angehörigen des Geschwaders wurde die folgende Zusammenstellung so genau wie möglich wie eine Mosaikarbeit zusammengefügt. Ergänzungen werden selbstverständlich in weitere Auflagen eingearbeitet.

*Geschwaderkommodores*

| | | |
|---|---|---|
| 15. 3. 1937 — 6. 3. 1940 | GenMaj Wilhelm Süßmann | † Kreta |
| 7. 3. 1940 — 14. 8. 1940 † | Oberst Alois Stoeckl | † England |
| 15. 8. 1940 — 31. 1. 1941 | OTL Hans Korte | |
| 1. 2. 1941 — 26. 8. 1942 | OTL Benno Kosch | |
| 27. 8. 1942 — 7. 8. 1943 | OTL Dr. Ernst Kühl | verstorben 2. 2. 1972 |
| 8. 8. 1943 — 21. 11. 1944 | OTL Wilhelm Antrup | |
| 22. 11. 1944 — 8. 5. 1945 | Major Richard Brunner | |

*Gruppenkommandeure*

I./KG 55

| | | |
|---|---|---|
| 15. 3. 1937 — 31. 1. 1938 | GenMaj Joachim Kortüm | |
| 1. 2. 1938 — 30. 9. 1938 | Oberst Hans Belau | |
| 1. 10. 1938 — 2. 7. 1939 | Oberst Joseph Brunner | |
| 3. 7. 1939 — 10. 1. 1940 | Major Max Heyna | |
| 11. 1. 1940 — 24. 6. 1940 | Major Walter Marienfeld | † 24. 10. 1944 als General der Kampfflieger |
| 25. 6. 1940 — 13. 2. 1941 | Major Joachim Roeber | |
| 14. 2. 1941 — 9. 4. 1941 | Hptm Otto Bodemeyer | |
| 10. 4. 1941 — 6. 1. 1943 | Major Rudolf Kiel | |
| 6. 1. 1943 — 1. 5. 1943 | Hptm Hans-Günther Nedden | † 25. 4. 1945 Italien |
| 2. 5. 1943 — 20. 10. 1943 | Major Walter Traub | |
| 21. 10. 1943 — 7. 9. 1944 | Major Richard Brunner | |
| 8. 9. 1944 — 8. 5. 1945 | Major Joseph Schirmböck | |

II./KG 55

| | | |
|---|---|---|
| 15. 3. 1937 — 30. 9. 1937 | OTL Joseph Hilgers | |
| 1. 10. 1937 — 27. 1. 1939 | Oberst Walter Lackner | |
| 27. 1. 1939 — 27. 7. 1940 | OTL Otto von Lachemair | |
| 28. 7. 1940 — 27. 10. 1940 | Major Friedrich Kless | |
| 28. 10. 1940 — 31. 3. 1941 | Major Hans-Joachim Gabriel | † 20. 11. 42 |
| 31. 3. 1941 — 26. 8. 1942 | Major Dr. Ernst Kühl | verstorben 2. 2. 1972 |

| | | |
|---|---|---|
| 27. 8. 1942 — 20. 11. 1942 † | Major Hans-Joachim Gabriel | † Rußland |
| 27. 11. 1942 — 2. 7. 1944 | Major Heinz Höfer | |
| 3. 7. 1944 — 29. 12. 1944 | Major Wilhelm Mylius | verstorben 10. 9. 1970 |
| 30. 12. 1944 — 8. 5. 1945 | Major Johannes Herrmann | |

III./KG 55

| | | |
|---|---|---|
| 2. 12. 1939 — 30. 9. 1940 | Major Hans Schemmell | † Rußland 1943 |
| 1. 10. 1940 — 1. 9. 1941 | Hptm Heinrich Wittmer | |
| 2. 9. 1941 — 7. 9. 1942 | OTL Hermann Frhr. von dem Bongart | verstorben 21. 12. 1952 |
| 8. 9. 1942 — 5. 5. 1943 | OTL Wolfgang Queisner | |
| 6. 5. 1943 — 7. 8. 1943 | Major Wilhelm Antrup | |
| 8. 8. 1943 — 30. 11. 1944 | Major Alfred Bollmann | |
| 1. 12. 1944 — 8. 5. 1945 | Major Gerhard Schrödter | |

IV./KG 55 (bis 8. 3. 1941 Ergänzungsstaffel, dann Ergänzungsgruppe)

| | | |
|---|---|---|
| 2. 8. 1940 — 31. 12. 1940 | OLt Joseph Schirmböck | |
| 1. 1. 1941 — 10. 4. 1941 | Hptm Rudolf Kiel | |
| 10. 4. 1941 — 1. 9. 1941 | OTL Hermann Frhr. von dem Bongart | verstorben 21. 12. 1952 |
| 2. 9. 1941 — 2. 2. 1942 | Major Herbert Furchtmann | |
| 3. 2. 1942 — 31. 3. 1943 | OTL Hans-Carl von Linsingen | verstorben 1968 |
| 1. 4. 1943 — 15. 4. 1943 | Major Richard Brunner | |
| 15. 4. 1943 — 31. 7. 1944 | Major Joseph Schirmböck | |
| 1. 8. 1944 — 1. 12. 1944 | Hptm ? Graßemann | |
| 1. 12. 1944 — 8. 5. 1945 | Hptm Egon Schmidt | |

seit

21. 11. 1944 Ergänzungsgruppe (J) IX. Fliegerkorps;
ab 1. 12. 1944 IV./Ergänzungskampfgruppe (J)

Ln-Kp (mot.)

| | | |
|---|---|---|
| 18. 6. 1940 — 10. 9. 1941 | OLt Hans Starke | |
| 11. 9. 1941 — 14. 9. 1943 | Hptm Franz Beulmann | verstorben |
| 15. 9. 1943 — 1. 12. 1944 | Hptm Hans-Dietrich Pfeiffer | |
| 2. 12. 1944 — 8. 5. 1945 | OLt Walter Schulz | |

*Gruppenärzte*

I./KG 55

| | |
|---|---|
| 15. 5. 1940 — 22. 5. 1942 | StA Dr. Joseph Mulzer |
| 23. 5. 1942 — 18. 5. 1943 | StA Dr. ? Schmidt-Ridiger |
| 19. 5. 1943 — 15. 2. 1944 | OA Dr. Paul Näcke |
| 16. 2. 1944 — 19. 3. 1945 | StA Dr. Joseph Mayer |
| 20. 3. 1945 — 8. 5. 1945 | StA Dr. Hans Quasthoff |

II./KG 55

| | |
|---|---|
| 13. 5. 1940 — 24. 8. 1940 | StA Dr. Albrecht von Liebenstein |
| 25. 8. 1940 — 19. 4. 1943 | StA Dr. Hans Glenk |

| | | |
|---|---|---|
| 20. 4. 1943 — 9. 2. 1944 | StA Dr. Wilhelm Miller | |
| 9. 2. 1944 — 19. 3. 1945 | OA Dr. Hans Quasthoff | |
| 20. 3. 1945 — 8. 5. 1945 | StA Dr. Josef Mayer | |

III./KG 55

| | | |
|---|---|---|
| 5. 8. 1940 — 29. 8. 1942 | OA Dr. Wilhelm Miller | |
| 30. 8. 1942 — 8. 5. 1945 | StA Dr. Friedrich Lummerich | verstorben 1945 |

IV./KG 55

| | | |
|---|---|---|
| 19. 5. 1942 — 31. 1. 1943 | StA Dr. Gerhard Jungmann | |
| 1. 2. 1943 — | StA Dr. Klaus Greiner | |

*Staffelkapitäne*

Stabsstaffel

| | | |
|---|---|---|
| 1. 7. 1937 — 30. 6. 1939 | Major Helmut Kleie | |
| 1. 7. 1939 — 31. 1. 1940 | Hptm Wolfgang Müller | † |
| 1. 2. 1940 — 7. 3. 1942 | Hptm Heinz Höfer | |

Ab 7. 3. 1942 wurden Stabsstaffeln und Aufklärungsschwärme aufgelöst, dafür erhielten die Geschwader Führungsketten.

1./KG 55

| | | |
|---|---|---|
| 1. 3. 1937 — 31. 1. 1938 | Major Hans Belau | |
| 1. 2. 1938 — 6. 3. 1939 | Hptm Arthur von Casimir | |
| 7. 3. 1939 — 30. 6. 1939 | Hptm Max Heyna | |
| 1. 7. 1939 — 9. 4. 1941 | Hptm Rudolf Kiel | |
| 10. 4. 1941 — 1. 3. 1942 | Hptm Joseph Schirmböck | |
| 1. 3. 1942 — 30. 4. 1942 | Hptm Philipp Müller | |
| 1. 5. 1942 — 30. 9. 1942 | Hptm Fritz Schmidtmann | |
| 1. 10. 1942 — 31. 1. 1943 | Hptm Heinz Bona | |
| 1. 2. 1943 — 30. 9. 1943 | Hptm Gerhard Schrödter | |
| 1. 10. 1943 — 23. 8. 1944 | Hptm Kurt Micklei | |
| 23. 8. 1944 — 12. 2. 1945 † | Hptm Wolfgang Witte | |
| 13. 2. 1944 — 8. 5. 1945 | OLt Peter Baumgartner | |

2./KG 55

| | | |
|---|---|---|
| 1. 3. 1937 — 26. 1. 1939 | Major Otto von Lachemair | |
| 27. 1. 1939 — 31. 1. 1940 | Hptm ? Heyse | |
| 1. 2. 1940 — 13. 2. 1941 | Hptm Otto Bodemeyer | |
| 13. 2. 1941 — 25. 9. 1941 | Hptm Hans Mössner | |
| 26. 9. 1941 — 14. 9. 1942 | Hptm Werner Klosinski | |
| 15. 9. 1942 — 27. 11. 1942 | OLt Werner Oberländer | |
| 27. 11. 1942 — 30. 6. 1943 | OLt Horst Rudat | |
| 1. 7. 1943 — 11. 11. 1943 | Hptm Alfred Banholzer | |
| 12. 11. 1943 — 1. 7. 1944 † | OLt Oskar Waltz | |
| 2. 7. 1944 — 8. 5. 1945 | OLt Gebhard Müller | |

3./KG 55

| | | |
|---|---|---|
| 15. 3. 1937 — 28. 2. 1940 | Hptm Heinz Rosenthal | |
| 1. 3. 1940 — 30. 8. 1940 | Hptm ? Frhr. von Blomberg | |
| 1. 9. 1940 — 5. 9. 1941 | OLt Adalbert Karbe | † 30. 7. 1942 |
| 5. 9. 1941 — 10. 3. 1942 † | OLt Herbert Borsutzki | |

| | | |
|---|---|---|
| 1. 4. 1942 — 14. 5. 1943 | Hptm Dieter Clemm von Hohenberg | † 30. 6. 1944 |
| 14. 5. 1943 — 31. 10. 1944 | Hptm Alfred Banholzer | |
| 1. 11. 1944 — 8. 5. 1945 | OLt Heinrich Gröndahl | |

4./KG 55

| | | |
|---|---|---|
| 15. 3. 1937 — 30. 8. 1937 | Hptm Heinz Fischer | |
| 1. 9. 1937 — 31. 3. 1939 | Hptm Horst Stein | † |
| 1. 4. 1939 — 16. 8. 1940 † | Hptm Wladimir Sabler | England |
| 17. 8. 1940 — 21. 7. 1941 † | OLt Otto-Bernhard Harms | bei Moskau |
| 22. 7. 1941 — 1. 9. 1942 | OLt Albert Koller | |
| 1. 9. 1942 — 31. 3. 1943 | Hptm Eitel Barth | |
| 1. 4. 1943 — 31. 8. 1943 | Hptm Fritz Schmidtmann | |
| 1. 9. 1943 — 18. 4. 1944 | Hptm Josef Luxenburger | |
| 19. 4. 1944 — 21. 11. 1944 | Hptm Werner Thoss | |
| 21. 11. 1944 — 8. 5. 1945 | OLt Joachim Berking | |

5./KG 55

| | | |
|---|---|---|
| 1. 7. 1937 — 30. 9. 1937 | OLt Rolf Schröder | |
| 1. 10. 1937 — 13. 5. 1940 | Hptm Karl von Knauer | |
| 13. 5. 1940 — 27. 10. 1940 | Hptm Hans-Joachim Gabriel | † 20. 11. 1942 |
| 27. 10. 1940 — | Hptm Wilhelm Antrup | |
| — 4. 10. 1942 † | Hptm Johann Koop | England |
| 1. 4. 1943 — 17. 6. 1943 | Hptm Heinz Dölling | |
| 17. 6. 1943 — 10. 3. 1944 | Hptm Hans Rybka | |
| 10. 3. 1944 — 31. 5. 1944 | Hptm Karl Schmidt | |
| 1. 6. 1944 — 4. 1. 1945 | OLt Alfred Veith | |
| 5. 1. 1945 — 8. 5. 1945 | OLt Hans Bennemann | |

6./KG 55

| | | |
|---|---|---|
| 15. 3. 1937 — 30. 9. 1937 | Hptm Hans Schulz-Müllensiefen | verstorben 1971 |
| 1. 10. 1937 — 30. 4. 1938 | Hptm Bruno Hammer | † |
| 1. 5. 1938 — 31. 6. 1939 | Major ? Behrend | |
| 1. 7. 1939 — 1. 12. 1939 | Major Hans Schemmell | † Rußland 1943 |
| . 5. 1940 — 26. 9. 1940 | Hptm Hellmut Brandt | |
| 27. 9. 1940 — 12. 3. 1941 † | Hptm Wolfgang Berlin | England |
| 12. 3. 1941 — 30. 6. 1942 | OLt ? Steffen | |
| 1. 7. 1942 — 8. 2. 1943 | OLt Wilhelm Mylius | verstorben 10. 9. 1970 |
| 14. 6. 1943 — 20. 3. 1945 | Hptm Robert Seib | |
| 21. 3. 1945 — 8. 5. 1945 | Hptm Gustav Belusa | |

7./KG 55

| | | |
|---|---|---|
| 1. 11. 1939 — 25. 9. 1940 † | OLt Hans Bröcker | England |
| 25. 9. 1940 — 13. 3. 1941 | OLt Walter Hesse | |
| 14. 3. 1941 — 14. 10. 1941 | OLt Joachim Herrfurth | |
| 15. 10. 1941 — 10. 5. 1942 † | Hptm Hartwig Köppen | Rußland |
| 11. 5. 1942 — 29. 12. 1942 | Hptm Walter Traub | |
| 30. 12. 1942 — 3. 1. 1943 † | Hptm Walter Willreth | Nowot-scherkask |
| 16. 4. 1943 — 20. 10. 1943 | Major Richard Brunner | |
| 21. 10. 1943 — 23. 5. 1944 | Major ? Trabitzsch | |
| 24. 5. 1944 — 15. 11. 1944 | Hptm Rudi Hassler | |
| 16. 11. 1944 — 8. 5. 1945 | OLt Karl-Horst Meyer | |

8./KG 55

| | | |
|---|---|---|
| 1. 11. 1939 — 31. 7. 1940 | Hptm Carl-Egon Knauer | |
| 1. 8. 1940 — 30. 9. 1940 | Hptm Heinrich Wittmer | |
| 1. 10. 1940 — 9. 4. 1941 † | OLt Jürgen Bartens | England |
| 10. 4. 1940 — 11. 5. 1941 † | OLt Horst Gündel | England |
| 12. 5. 1941 — 21. 5. 1942 | Hptm Karl Knorr | |
| 22. 5. 1942 — 20. 8. 1942 | Hptm Herbert Furchtmann | |
| 21. 8. 1942 — 25. 5. 1943 | Hptm Egon Schmidt | |
| 25. 5. 1943 — 26. 11. 1943 † | Hptm Johannes Weber | Rußland |
| 27. 11. 1943 — 22. 6. 1944 | Hptm Harry Kleinhammer | |
| 23. 6. 1944 — 8. 5. 1945 | Hptm Franz Olowinsky | |

9./KG 55 (stellte am 1. 6. 1943 die 14. [Eis]/ KG 55 auf)

| | | |
|---|---|---|
| 1. 11. 1939 — ? | Hptm ? Schmitt | |
| 5. 11. 1940 — 10. 5. 1941 † | OLt Johannes Speck von Sternberg | England |
| 11. 5. 1941 — 23. 8. 1942 † | Hptm Klaus-Ulrich Eismann | Rußland |
| 23. 8. 1942 — 1. 6. 1943 | OLt Mathias Bermadinger | † 18. 2. 1944 |
| 1. 6. 1943 — 20. 8. 1943 | OLt Franz Schmidt | verstorben 31. 7. 1947 |
| 21. 8. 1943 — 8. 5. 1945 | Hptm. Werner Schmidt | |

10./KG 55

| | | |
|---|---|---|
| 1. 3. 1941 — 1. 8. 1942 | Hptm Hans-Günther Nedden | † 25. 4. 1945 Italien |
| 20. 8. 1942 — 30. 6. 1943 | Hptm Oskar Dettke | verstorben 27. 3. 1967 |
| 1. 7. 1943 — 30. 8. 1944 | Hptm Eitel Barth | |
| 30. 8. 1944 — 1. 2. 1945 | Hptm Kurt Wilde | |

11./KG 55

| | | |
|---|---|---|
| 21. 3. 1941 — 31. 3. 1943 | Hptm Richard Brunner | |
| 1. 4. 1943 — 7. 9. 1943 | OLt Franz Olowinsky | |
| 8. 9. 1943 — 5. 6. 1944 | Hptm Heinz Bona | |
| 7. 6. 1944 — 5. 1. 1945 | OLt Hans Bennemann | |

12./KG 55 (aufgestellt 1. 7. 1941)

| | | |
|---|---|---|
| 1. 7. 1941 — 31. 3. 1942 | Hptm Dieter Clemm von Hohenberg | † 30. 6. 1944 |
| 1. 4. 1942 — 31. 3. 1943 | Hptm Joseph Schirmböck | |
| 1. 4. 1943 — 20. 11. 1944 | Hptm Egon Schmidt | |

Überführung in Ergänzungsgruppe (J) IX. Fliegerkorps

13./KG 55

| | | |
|---|---|---|
| — ? — | Hptm Kurt Wilde | |

14. (Eis) KG 55 (am 1. 6. 1943 aus 9./KG 55 aufgestellt)

| | | |
|---|---|---|
| 1. 6. 1943 — 18. 2. 1944 † | OLt Mathias Bermadinger | Rußland |
| 19. 2. 1944 — 8. 5. 1945 | Hptm Franz Schmidt | verstorben 31. 7. 1947 |

*Chefs der Flughafenbetriebskompanien (FBK) zur Unterstützung:*

I. Gruppe — 2. FBK (später 1. FBK KG 55)

| | | |
|---|---|---|
| 1. 2. 1938 — 15. 8. 1940 | Hptm Walter Ruppert | |
| 15. 8. 1940 — 15. 9. 1940 | Hptm Otto Baumann | |
| 16. 9. 1940 — 15. 10. 1942 | Hptm Dr. Karl Krazer | |
| 16. 10. 1942 — 30. 6. 1943 | Hptm Albert Groh | |
| 1. 7. 1943 — . 2. 1944 | OLt Hubertus Frhr. von Berlepsch | |
| . 2. 1944 — 8. 5. 1945 | OLt Eduard Platzöder | |

II. Gruppe — 5. FBK

| | | |
|---|---|---|
| 1. 6. 1940 — 15. 2. 1941 | Hptm Hans Otto von Langsdorff | |
| 16. 2. 1941 — 2. 5. 1941 | OLt ? Heerfurth | |
| 3. 5. 1941 — 4. 9. 1943 | Hptm Johannes Ade | |
| 5. 9. 1943 — 8. 5. 1945 | Lt Ernst Stolze | |

III. Gruppe — 3. FBK

| | | |
|---|---|---|
| 28. 2. 1940 — 31. 5. 1941 | Hptm Walter Dobrick | verstorben |
| 1. 6. 1941 — 25. 6. 1943 | Hptm Karl Westerholz | |
| 25. 6. 1943 — 8. 5. 1945 | Hptm Willy Richter | |

IV. Gruppe — 4. FBK

| | | |
|---|---|---|
| 1. 3. 1941 — Auflösung 1945 | Hptm Josef Wildgruber | |

## 4. ZUR ENTSTEHUNG DES KG 55 »GREIF«
(mit Stand zu den jeweiligen Aufstellungsabschnitten)

| | |
|---|---|
| 1. 4. 1934<br>(1. Aufstellungsabschnitt) | »Hanseatische Fliegerschule e. V.«<br>Fliegergruppe Faßberg mit 1., 2. und 3. Kampfstaffel KG 154 |
| 3. 4. 1935<br>(2. Aufstellungsabschnitt) | »Geschwader Boelcke«<br>Faßberg<br>Kampffliegergruppe I./ KG 154<br>(mit »Überbrückungseinheit«) |
| 1. 4. 1936<br>(3. Aufstellungsabschnitt) | Stab und I./KG 154 Hannover-Langenhagen<br>Stab und I./KG 254 Delmenhorst<br>Stab und II./KG 154 Wunstorf<br>*) auch Abstellung für den »Führungsstab Luftwaffenübung Rügen« (Spanien, »Legion Condor«, Kampfgruppe K/88) |
| 1. 10. 1937<br>(4. Aufstellungsabschnitt)<br>— vorläufige Standorte — | I./KG 254 Lippstadt<br>II./KG 254 Eschwege<br>III./KG 254 Diepholz<br>IV./KG 254 Gütersloh<br>*) nach Teilung des Luftkreises IV in Luftkreis IV und VII wurde aus dem KG 254 das KG 257 Lüneburg. Teile verblieben in Lippstadt für weitere Neuaufstellungen. |
| 24. 10. 1938<br>(5. Aufstellungsabschnitt) | Stab KG 155 Gießen<br>I./KG 155 Langendiebach<br>II./KG 155 Gießen<br>*) nach dem Anschluß Österreichs (12. 3. 1938) Umbenennung, weil aus dem alten KG 155 das KG 158 (Wiener-Neustadt) wurde. |

*Standorte des Kampfgeschwaders 55 »Greif«*

(Seit 1. Mai 1939 war die ein- bzw zweistellige Verbandsnumerierung der Luftflotten eingeführt)

| *Geschwaderstab* | *I. Gruppe* | *II. Gruppe* | *III. Gruppe* |
|---|---|---|---|
| Gießen<br>(24. 10. 1938—31. 8. 1939) | Langendiebach<br>(24. 10. 1938—31. 8. 1939) | Gießen<br>(24. 10. 1938—31. 8. 1939) | —<br>— |
| Wesendorf<br>(31. 8. 1939—2. 9. 1939) | Dedelstorf<br>(31. 8. 1939—2. 9. 1939) | Wesendorf<br>(31. 8. 1939—2. 9. 1939) | —<br>— |
| Märzdorf und Neudorf<br>(2. 9. 1939—8. 10. 1939) | Rosenborn<br>(3. 9. 1939—21. 9. 1939) | Märzdorf/Ohlau<br>(2. 9. 1939—22. 9. 1939) | —<br>— |
| Ingolstadt<br>(9. 10. 1939—16. 1. 1940) | Langendiebach<br>(21. 9. 1939—9. 10. 1939) | Gießen<br>(22. 9. 1939—10. 11. 1939) | —<br>Neuaufstellung in |
| Schwäbisch-Hall<br>(17. 1. 1940—9. 2. 1940) | Ingolstadt<br>(9. 10. 1939—13. 2. 1940) | Ingolstadt<br>(10. 11. 1939—13. 1. 1940) | Neudorf/Oppeln<br>(1. 12. 1939—10. 3. 1940) |
| Leipheim<br>(9. 2. 1940—2. 6. 1940) | Neuburg<br>(13. 2. 1940—2. 3. 1940) | Schwäbisch-Hall<br>(13. 1. 1940—3. 2. 1940) | |
| | Fürstenfeldbruck<br>(2. 3. 1940—23. 4. 1940) | Leipheim<br>(3. 2. 1940—10. 5. 1940) | Gablingen<br>(10. 3. 1940—10. 5. 1940) |
| | Neuburg und Lichtenau<br>(23. 4. 1940—10. 5. 1940) | Schwaighofen<br>(11. 5. 1940—31. 5. 1940) | Ehingen<br>(10. 5. 1940—24. 5. 1940) |
| | Baltringen<br>(10. 5. 1940—15. 5. 1940) | | |
| Schwäbisch-Hall<br>(2. 6. 1940—21. 6. 1940) | Malmsheim<br>(15. 5. 1940—23. 6. 1940) | Oedheim<br>(1. 6. 1940—23. 6. 1940) | Eutingen<br>(24. 5. 1940—23. 6. 1940) |
| Villacoublay<br>(21. 6. 1940—16. 6. 1941) | Villacoublay<br>(23. 6. 1940—1. 8. 1940 | Villacoublay<br>(23. 6. 1940—1. 8. 1940) | Villacoublay<br>(23. 6. 1940—18. 6. 1941) |

| *Geschwaderstab* | *I. Gruppe* | *II. Gruppe* | *III. Gruppe* |
|---|---|---|---|
| | Dreux (1. 8. 1940—14. 4. 1941) | Chartres (25. 7. 1940—18. 6. 1941) | |
| | Melun/Villaroche (14. 4. 1941 —12. 6. 1941) | | |
| Labunie (17. 6. 1941—16. 7. 1941) | Labunie (12. 6. 1941—20. 7. 1941) | Labunie (18. 6. 1941—16. 7. 1941) | Klemensow (18. 6. 1941—16. 7. 1941) |
| Mlynow (16. 7. 1941—24. 7. 1941) | auch: Mlynow | Mlynow (17. 7. 1941—20. 7. 1941) | Luck (16. 7. 1941—22. 7. 1941) |
| Shitomir (24. 7. 1941—28. 8. 1941) | Bojary (20. 7. 1941—25. 7. 1941) | Bojary (20. 7. 1941—16. 8. 1941) | Shitomir (22. 7. 1941—4. 8. 1941) |
| | Shitomir (25. 7. 1941—27. 8. 1941) | Shitomir (17. 8. 1941—31. 8. 1941) | Auffrischung: Wien-Aspern (4. 8. 1941—30. 9. 1941) |
| Kirowograd (28. 8. 1941—17. 11. 1941) | Kirowograd (27. 8. 1941—30. 9. 1941) | Kirowograd (1. 9. 1941—23. 11. 1941) | Kirowograd (1. 10. 1941—17. 11. 1941) |
| | Auffrischung: Wien-Aspern und Melun-Villaroche (1. 10. 1941—30. 12. 1941) | | |
| | Kirowograd (1. 1. 1942—27. 2. 1942) | | |
| Auffrischung: Evreux (18. 11. 1941—24. 4. 1942) | Konotop (27. 2. 1942—26. 4. 1942) | Auffrischung: St. André (18. 11. 1941—24. 4. 1942) | Auffrischung: Nantes (18. 11. 1941—28. 4. 1942) |
| Konotop und Kirowograd (24. 4. 1942—5. 5. 1942) | Kirowograd und Sarabus (26. 4. 1942—15. 5. 1942) | Dnjepropetrowsk und Charkow (24. 4. 1942—14. 7. 1942) | Konotop und Sarabus 29. 4. 1942—13. 5. 1942) |
| Sarabus und Dnjepropetrowsk (6. 5. 1942—13. 7. 1942) | Stalino und Charkow (15. 5. 1942—8. 7. 1942) | | Dnjepropetrowsk und Charkow (14. 5. 1942—13. 7. 1942) |
| Kramatorskaja und Samorsk (14. 7. 1942—23. 8. 1942) | Barwenkowo und Kuteinikowo (8. 7. 1942—27. 8. 1942) | Kramatorskaja (14. 7. 1942—3. 8. 1942) | Kramatorskaja (14. 7. 1942—5. 8. 1942) |

| *Geschwaderstab* | *I. Gruppe* | *II. Gruppe* | *III. Gruppe* |
|---|---|---|---|
| Morosowskaja und Saki<br>(23. 8. 1942—2. 1. 1943) | Morosowskaja<br>(27. 8. 1942—14. 9. 1942) | Samorsk/Krim<br>(3. 8. 1942—25. 8. 1942) | Samorsk/Krim<br>(5. 8. 1942—25. 8. 1942) |
| | Auffrischung: Saki<br>(14. 9. 1942—5. 11. 1942) | Morosowskaja<br>25. 8. 1942—2. 1. 1943) | Morosowskaja<br>(25. 8. 1942—25. 10. 1942) |
| Nowotscherkask<br>(2. 1. 1943—31. 1. 1943) | Morosowskaja und Nowotscherkask<br>(5. 11. 1942—30. 4. 1943) | | Auffrischung: Saki<br>(25. 10. 1942—29. 12. 1942) |
| | I/.KG 55 wird III./LG 1,<br>verlegt nach Barth.<br>KG z.b.V. 5 stellt neue<br>I./KG 55 auf | Nowotscherkask<br>(2. 1. 1943—3. 2. 1943) | Morosowskaja und<br>Nowotscherkask<br>(30. 12. 1942—3. 2. 1943) |
| Saki<br>(1. 2. 1943—30. 4. 1943) | | Auffrischung: Saki<br>(3. 2. 1943—6. 5. 1943) | Stalino<br>(3. 2. 1943—23. 2. 1943) |
| | | | Kirowograd<br>(23. 2. 1943—4. 4. 1943) |
| Stalino<br>(1. 5. 1943—3. 6. 1943) | Stalino<br>(1. 5. 1943—20. 5. 1943) | Stalino<br>(7. 5. 1943—3. 6. 1943) | Samorsk/Krim<br>(5. 4. 1943—5. 5. 1943) |
| Charkow/Rogan<br>(3. 6. 1943—3. 8. 1943) | Auffrischung: Wiesbaden<br>(20. 5. 1943—27. 7. 1943) | Seschtschinskaja<br>(3. 6. 1943—21. 6. 1943) | Stalino und Charkow<br>(6. 5. 1943—4. 8. 1943) |
| zwischenzeitlich:<br>Seschtschinskaja und<br>Karatschow | Landsberg/Lech<br>(28. 7. 1943—26. 8. 1943) | Charkow und Stalino<br>(21. 6. 1943—6. 8. 1943) | Dnjepropetrowsk<br>(4. 8. 1943—24. 8. 1943) |
| Dnjepropetrowsk<br>(3. 8. 1943—11. 9. 1943) | Dnjepropetrowsk u. Saporoshje<br>(26. 8. 1943—11. 9. 1943) | Dnjepropetrowsk<br>(6. 8. 1943—15. 9. 1943) | Saporoshje<br>(25. 8. 1943—11. 9. 1943) |
| Kirowograd<br>(12. 9. 1943—20. 10. 1943) | Kirowograd<br>(12. 9. 1943—20. 10. 1943) | Kirowograd<br>(15. 9. 1943—22. 10. 1943) | Kirowograd<br>(12. 9. 1943—21. 10. 1943) |
| Rotmistrowka<br>(20. 10. 1943—27. 10. 1943) | Nikolajew u. Beresowka<br>(20. 10. 1943—30. 10. 1943) | Rotmistrowka<br>(22. 10. 1943—28. 11. 1943) | Rotmistrowka<br>(22. 10. 1943—27. 10. 1943)<br>zwischenzeitlich: Karankut |

| *Geschwaderstab* | *I. Gruppe* | *II. Gruppe* | *III. Gruppe* |
|---|---|---|---|
| Golta/Perwomaisk (27. 10. 1943—4. 12. 1943) | Golta und Sarabus (30. 10. 1943—7. 12. 1943) | Golta/Perwomaisk (28. 11. 1943—4. 12. 1943) | Sarabus und Golta (28. 10. 1943—8. 12. 1943) |
| Deblin-Irena (4. 12. 1943—10. 5. 1944) | Terespol (8. 12. 1943—27. 12. 1943) | Deblin-Irena (4. 12. 1943—11. 5. 1944) | Terespol (9. 12. 1943—27. 12. 1943) |
| | Ulez (27. 12. 1943—11. 5. 1944) | | Deblin-Irena (28. 12. 1943—25. 5. 1944) |
| Focsani (11. 5. 1944—16. 5. 1944) | Focsani 11. 5. 1944—16. 5. 1944) | Focsani (11. 5. 1944—16. 5. 1944) | Podlodowka (25. 5. 1944—20. 7. 1944) |
| Deblin-Irena (16. 5. 1944—28. 7. 1944) | Ulez (16. 5. 1944—27. 7. 1944) | Deblin-Irena (16. 5. 1944—26. 7. 1944) | Glinnik (21. 7. 1944—25. 7. 1944) |
| | Tonndorf (27. 7. 1944—20. 8. 1944) | Hohensalza und Tonndorf (26. 7. 1944—12. 9. 1944) | Schroda (25. 7. 1944—19. 8. 1944) |
| Umschulung der Gruppen ab 19. 9. 1944 in Rosenborn und Friedland, danach Neuaufstellung als KG (J) 55 | | | Zellhausen (19. 8. 1944—11. 11. 1944) |
| Landau (10. 10. 1944—8. 5. 1945) | Straubing (10. 10. 1944—8. 5. 1945) mit Me 109 | Plattling (10. 10. 1944—8. 5. 1945) mit Me 109 | Ganacker (10. 10. 1944—8. 5. 1945) mit Fw 190 |

Am 10. April 1945 stellte das Kampfgeschwader 55 »Greif« den Flugbetrieb ein.
Vom 27. April bis 8. Mai 1945 Erdeinsatz als Kampfgruppe »Greif« im Raum Landau.

Die IV. Gruppe und die 14.(Eis)/KG 55 operierten unabhängig voneinander weit abgesetzt vom Geschwadereinsatzraum.
Während die IV. Gruppe am 8. März 1941 von der Ergänzungsstaffel in Landsberg aufgestellt wurde und hauptsächlich in Dijon junge Besatzungen für die Front schulte, stellte die 9. Staffel, die schon auf Eisenbahnbekämpfungseinsätze spezialisiert war, am 1. Juni 1943 die 14. Eisenbahnbekämpfungsstaffel/KG 55 in Dnjepropetrowsk auf. Nach und nach wurde dann die 9. Staffel wieder aufgefüllt. Die 14.(Eis)/KG 55 war eine selbständige Staffel im Bereich Luftflotte 1 und hatte nur losen Kontakt zum Geschwader selbst.
Aus diesem Grunde werden diese beiden Einheiten hier besonders mit ihren Standorten aufgeführt.

IV. Gruppe

A-Staffel: Ulm-Dornstadt
(1. 4. 1940 — 10. 5. 1940)

Erg.-Staffel: Chartres
(1. 8. 1940 — 1. 10. 1940)

Erg.-Staffel: Landsberg
(1. 10. 1940 — 7. 3. 1941)

Gruppe: Landsberg
(8. 3. 1941 —21. 3. 1941)

Dijon
(21. 3. 1941 — 4. 5. 1944)

Teile in: Gerdauen
(28. 11. 1943 — 18. 2. 1944)

Neuhausen
(19. 2. 1944 — 1. 8. 1944)

Szolnok
(1. 8. 1944 — 30. 8. 1944)

Pilsen
(1. 9. 1944 — 31. 10. 1944)
dort Auflösung

Überführung in Ergänzungsgruppe (J) IX. Fliegerkorps

14. (Eis)/KG 55

aufgestellt: 1. 6. 1943
Dnjepropetrowsk bis 29. 6. 1943

Poltawa
(30. 6. 1943 — 9. 8. 1943)

Kirowograd
(9. 8. 1943 — 22. 10. 1943)

Perwomaisk-Golta
(23. 10. 1943 — 13. 2. 1944)

Pleskau-Süd
(13. 2. 1944 — 27. 2. 1944)

Jakobstadt
(27. 2. 1944 — 2. 8. 1944)
zeitweise, ohne Technik

Bobruisk
(5. 4. 1944 — 13. 4. 1944)

Riga-Spilve
(3. 8. 1944 — 26. 9. 1944)

Gutenfeld/Opr.
(26. 9. 1944 — 20. 1. 1945)

Brieg
(20. 1. 1945 — 22. 1. 1945)

Sagan/Kypper
(22. 1. 1945 — 11. 2. 1945)

Alt-Lönnewitz
(11. 2. 1945 — 4. 4. 1945)

Dresden-Klotzsche und Königgrätz
(4. 4. 1945 — 27. 4. 1945)
dort Auflösung

## 5. NACH DEM »TRUPPENVERSUCH« JU 86 DAS »TREUE, STETIGE ARBEITSPFERD« HE 111

Als die ersten Kampfverbände der Reichsluftwaffe 1935 aufgestellt wurden, fehlte es an geeigneten Bombenflugzeugen. Um die Ausbildung wenigstens in kleinem Rahmen anlaufen zu lassen, wurden die bewährten Ju 52-Verkehrsflugzeuge zu vorläufigen (Behelfs-)Bombenflugzeugen umgebaut. Die folgenden Dornier-Serien Do 11 bis Do 23 waren nicht für den Kampfeinsatz geeignet. Sie genügten gerade noch der Erstausbildung und -ausstattung in den neuen Kampfverbänden.

Anfang 1934 schrieb die Deutsche Lufthansa ein zweimotoriges Schnellverkehrsflugzeug für zehn Passagiere aus, das die sogenannten »Blitzstrecken« befliegen sollte. Die Firmen Junkers und Heinkel wurden beauftragt, Entwürfe und Prototypen nach den besonderen Spezifikationen zu fertigen. Die Bezeichnungen dafür wurden festgelegt mit Ju 86 und He 111.

Auf der Suche nach einem befriedigenden Bombenflugzeug verlangte das Reichsluftfahrtministerium, daß jeder zweite Prototyp der beiden Konkurrenten in einer Bomber-Version zu bauen sei.

Beide Flugzeuge waren freitragende Tiefdecker mit elektrisch betätigtem Einziehfahrwerk.

Heinkel griff bei der Entwicklung auf die aerodynamischen Grunderkenntnisse mit der He 70 »Blitz« zurück.

Die He 111 hatte daher den markanten tropfenförmigen Rumpf, elliptische Flächen- und Leitwerksumrisse und eine völlig glatte Oberfläche in Ganzmetallbauweise.

Die Ju 86, entworfen von Diplomingenieur Zindel, wurde aufgrund der Erfahrungen mit der Ju 60 bzw. Ju 160 entwickelt, ganz gegen die übliche Junkers-»Wellblech«-Tradition, jedoch mit glatter Außenhaut und nach hinten gutem Schußfeld bietendem Doppelseitenleitwerk. Etwas Besonderes zeichnete diesen Typ noch aus. Um das Fliegen wirtschaftlicher und sicherer — auch beschußsicherer — zu machen, wurden für das Muster auf Empfehlung der Lufthansa und des RLM Dieselmotoren vorgesehen. Dafür wurde speziell der Jumo 205 entwickelt und gefördert.

42 A 26

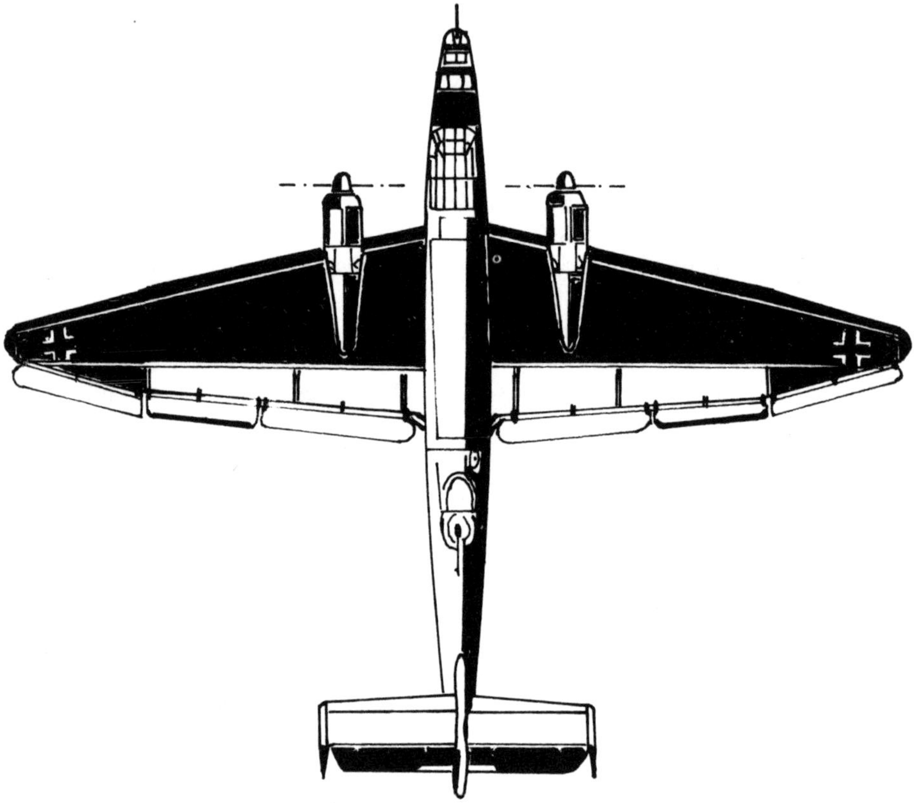

Ju 86 D

| | |
|---|---|
| Spannweite: | 22,54 m |
| Länge: | 17,87 m |
| Höhe: | 5,06 m |
| Flügelfläche: | 82,00 m² |
| Abfluggewicht: | 10 250 kg |
| Besatzung: | 4 (Flugzeugführer links, A-Standschütze im Bug, Funker und B-Standschütze, Bordmechaniker und C-Standschütze in Besatzungsraum hinter dem Bombenschacht) |
| Bewaffnung: | 1 x 7,9 mm MG 15 in Kuppellafette, A-Stand<br>1 x 7,9 mm MG 15 beweglich, halboffener B-Stand<br>1 x 7,9 mm MG 15 beweglich, ausfahrbarer C-Stand |
| Bombenzuladung: | in Vemag's (Vertikalmagazine)<br>8 x SC 100 kg oder 16 x SC 50 kg |
| Reichweite: | 1500 km |
| taktischer Radius (max. Bombenlast): | 570 km |
| Gipfelhöhe: | 5950 m |
| Höchstgeschwindigkeit: | 300 km/h |
| Reisegeschwindigkeit: | 275 km/h in 1000 m Flughöhe |
| Triebwerke: | 2x 600 PS Junkers Jumo 205 C-4 Sechszylinder Einreihen-Doppelkolben-Zweitakt Dieselmotoren mit Flüssigkeitskühlung. |
| Luftschrauben: | Dreiblatt-Metallverstelluftschrauben mit 3,30 m Durchmesser. |
| Tankkapazität: | 1500 Liter |
| Startstrecke: | 300 m |
| Landegeschwindigkeit: | 100 km/h |
| Landestrecke: | 285 m |

Junkers Ju 86

Bereits am 4. November 1934, also noch kein Jahr seit Beginn der Entwurfsphase, nach nur fünf Monaten Bauzeit, hob der erste Prototyp, die Ju 86 ab I mit der Werknummer 4901 bereits zum Jungfernflug in Dessau von der Rollbahn ab. Immerhin vier Monate vor der ersten He 111. Nur war der Jumo 205 noch nicht soweit in der Entwicklung und Fertigung, daß er verwendet werden konnte. Man half sich mit zwei Siemens SAM 22 B (ehemals Sh 22, später BMW-Bramo 322 H). Stabilitätsprobleme taten ein übriges, um den »Vogel« wieder an die Versuchsabteilung bei Junkers zurückzugeben; u. a. wurden ein A-, B- und C-Stand (dieser herauskurbelbar) eingebaut.

Die Produktion der Verkehrs- und Bomberversionen mit Dieselmotoren begann dann endlich Ende 1935. Die Flächen hatten eine etwas andere Form bekommen, die Junkers Doppelflügelklappen wurden je Fläche in drei Teilen angebracht, wobei der äußere Teil als Querruder und die beiden inneren Teile als Landeklappen dienten. Die recht dürftige Reichweite konnte durch den Einbau von Langstreckentanks nur wenig erhöht werden, was natürlich auf Kosten der Bombenzuladung ging.

Die ersten Ju 86 A-1 wurden an das Kampfgeschwader 152 »Hindenburg« (spätere Bezeichnung: KG 1) geliefert. Kinderkrankheiten waren an der Tagesordnung, was sich oft am sehr bescheidenen Klarstand zeigte. Die Ju 86 D hatte bereits einen verlängerten Rumpf, um die Stabilität zu verbessern und einen höheren internen Kraftstoffvorrat zur Verfügung zu haben. Diese Type wurde 1937 mit fünf Flugzeugen zur Kampfgruppe 88 der Legion Condor nach Spanien verlegt, um Truppenerfahrungen an der Front zu sammeln. Nur waren die Jumo 205 C alles andere als für den Kampfeinsatz geeignet. Sie hatten eine entscheidende unangenehme Eigenschaft. Der Diesel mußte mit konstanter Drehzahl geflogen werden, dann war er absolut zuverlässig. Er vertrug keine laufenden Drehzahländerungen, wie nun einmal im Einsatz und Verbandsflug erforderlich. Das Ergebnis waren Heißläufer mit »Kolbenfressern«. Ein weiteres Fehler-Merkmal, das erst nach langen Versuchen in Rechlin behoben werden konnte, war der unerklärliche Leistungsabfall über 5000 m Flughöhe. Und, mancher Bruch am Platzrand nach dem Start war Folge von Motorversagern, weil der »Kutscher« vergaß, die unter den Motoren angebrachten Kühlluftschächte zu schließen, was dazu führte, daß auf den üblichen Grasplätzen Staub, Gras und Geröll angesaugt wurde, was auch der beste Motor derartiger Konstruktion nicht aushielt.

Alle diese Schwachpunkte und die nur knapp über der Ju 52 liegende Höchstgeschwindigkeit besiegelten das Schicksal der Ju 86 als Frontflugzeug. Viele Flugzeugführer erwarben dennoch ihren Blindflugschein mit ihr auf den C-Schulen, wo sie weiter treue Dienste leistete.

Aufgrund der schlechten Erfahrungen mit den Dieselmotoren wurden Versionen mit Sternmotoren gebaut, die u. a. auch in den Export nach Chile, Ungarn, Portugal, Südafrika, in die Schweiz und nach Schweden gingen. Schweden zog z. B. seine Ju 86 erst 1956 aus dem Dienst, was dafür spricht, daß das Flugzeug für gewisse Aufgaben ganz sicher geeignet war.

Besondere Versionen waren die späteren Serien Ju 86 P und R, die als Höhenaufklärer mit vergrößerten Tragflächen, Höhenladern und Druckkabinen bis zu 15 000 m Flughöhe erreichten.

Das KG 55 flog die ersten Ju 86 nur kurze Zeit, u. a. in Eschwege, bevor es reinrassig mit der ersten He 111 ausgerüstet wurde.

Heinkel He 111

Die erste He 111 a (V 1) startete am 24. Februar 1935 zum Erstflug auf dem neuerbauten Werkshorst der Heinkelwerke Marienehe. Zunächst wurde die V-3 als Bombenflugzeug mit verglastem Rumpfbug, mangels leistungsfähigerer Motoren, mit den nicht sehr leistungsfähigen BMW VI Motoren in Erprobung genommen. Die Flugeigenschaften dieses freitragenden Ganzmetalltiefdeckers waren sogar noch weitaus besser als mit den He 70 Erfahrungen erwartet.
1936 standen endlich die erforderlichen Daimler-Benz Motoren DB 600 C mit 910 PS zur Verfügung. Damit war die He 111 B Serie für die Ablieferung an die Truppe bereit. Bald darauf liefen die ersten »Langnasen« mit dem typischen Heinkelflügel und den Holzluftschrauben dem Verband in Gießen und Langendiebach zu.
Wie die Ju 86, so wurden auch He 111 B bei der Kampfgruppe 88 der »Legion Condor« in Spanien zum Einsatz gebracht. Dank ihrer hohen Geschwindigkeit und guten Handhabbarkeit an der Front bewährten sie sich hervorragend. Nur eine Fehleinschätzung sollte später noch viel Blut kosten. Die geringe Abwehrbewaffnung, die man auf Kosten der hohen Fluggeschwindigkeit, die an die der seinerzeit bekannten Jagdflugzeuge fast heranreichte, glaubte opfern zu können.
Ein folgenschwerer Fehler, wie sich später bei der Luftschlacht um England zeigte.
Nach den Erfahrungen mit der He 111 »Berta«, nicht immer befriedigend in kleinen Dingen, ging die Firma Heinkel daran, die He 111 zu modifizieren. Die aerodynamische Form des Bugs wurde geändert, um bessere Sicht für die Besatzung nach vorne heraus zu geben, der Flugzeugführersitz wurde nach links verlagert, das Instrumentenbrett in Kopfhöhe angebracht und das MG im A-Stand nach rechts versetzt, um die Sicht nach vorne zu verbessern, die nach unten ausfahrbare Schützengondel wurde durch eine am Rumpf anliegende Bodenwanne ersetzt. Neue Daimler Benz DB 601 A-1 Motoren mit 1175 PS boten noch bessere Leistung. Das Ergebnis war die He 111 P in der Form wie sie mit begradigten und etwas gestutzten Flächen Standardmuster der Luftwaffe werden sollte. Die H-Reihe mit Jumo 211 F und vier selbstschließenden, beschußsicheren Flächentanks war dann das weiterentwickelte Standardbombenflugzeug der Kampfverbände der Reichsluftwaffe.
Dieses Flugzeug wurde von allen Besatzungen gerne geflogen, weil es dank seiner Flugeigenschaften außerordentlich gut zu handhaben und problemlos zu fliegen war. Die solide Ausrüstung trug ein übriges dazu bei.
Das Fahrwerk war mit guten Elektronbremsen ausgerüstet und nach hinten in die Motorgondeln einziehbar. Pilotensitz, B- und C-Stand waren gut gepanzert.
Insgesamt wurden bis 1944 von den verschiedenen Baureihen 5656 Muster ausgeliefert. Darunter Torpedoträger, Transportflugzeuge, Gleitbomben- und Fernwaffenträger (HS 293, V-1), Ballonsperrenräumer mit Kuto-Nase (auch insbesondere beim KG 55 zur Erprobung), Fernkampfversionen und nicht zuletzt die He 111 Z Reihe, wobei man nach dem Motto »aus 2 mach 1« zum Schlepp mehrerer Lastensegler aus zwei He 111 H-6 durch Einfügen eines besonderen Mittelflügels mit drei Motoren ein fünfmotoriges, leistungsfähiges Zwillingsschleppflugzeug für den Dreifachschlepp (»Troika«) über weite Entfernungen schuf.
Die Heinkel-Bombenflugzeuge in ihren verschiedenen Versionen wurden an China, Ungarn, Rumänien, die Türkei und Spanien geliefert. In Spanien unter Lizenz hergestellte He 111 H-16 als C 2111 flogen dort bis in die späten 60er Jahre.
Das Kampfgeschwader 55 »Greif« flog die He 111 P bis Anfang 1941 bei Einsätzen gegen Polen, Frankreich und England. Später wurde der Verband mit den Versionen H-11 und H-16 ausgerüstet, womit er in Rußland und noch 1944 bei Versorgungseinsätzen im Westen flog.

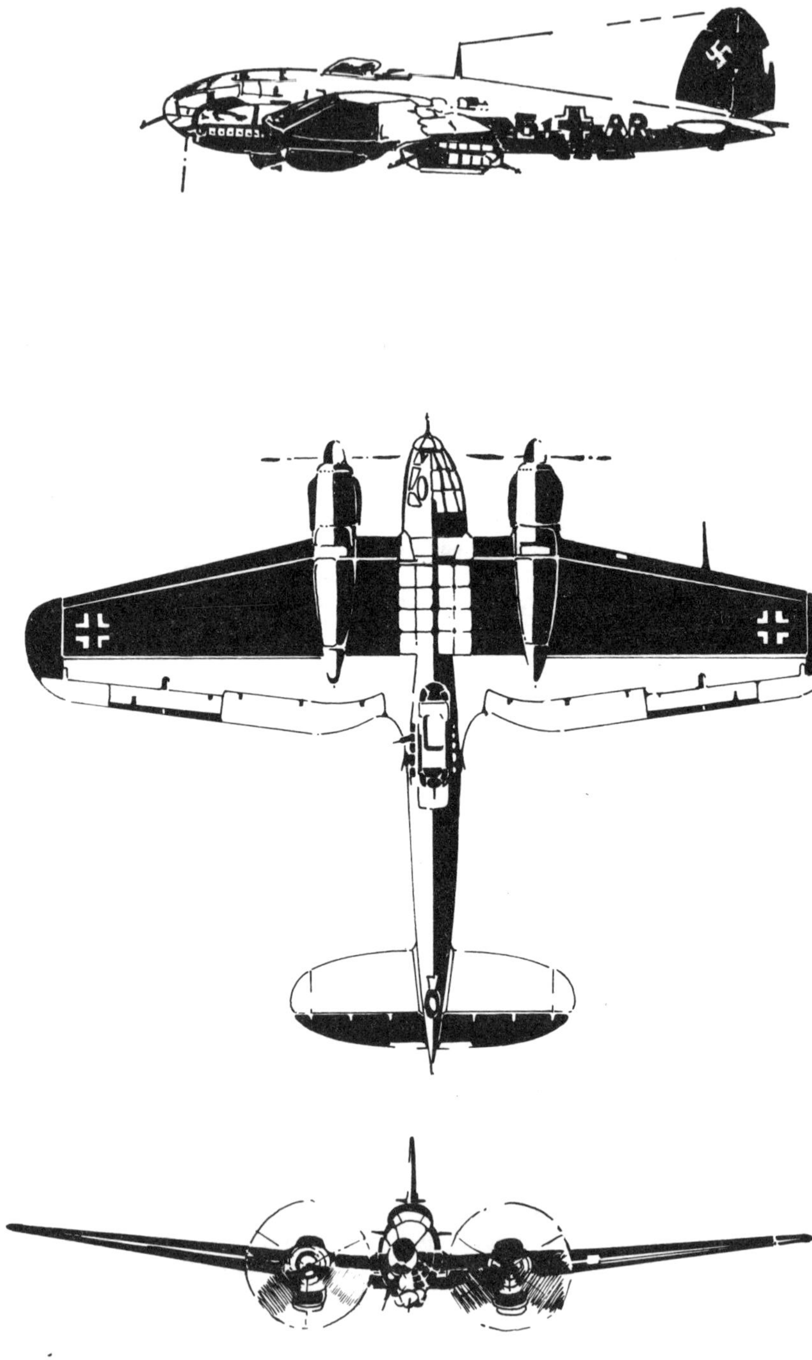

He 111 H-16

| | |
|---|---|
| Spannweite: | 22,60 m |
| Länge: | 16,40 m |
| Höhe: | 4,18 m |
| Flügelfläche: | 86,5 m² |
| Abfluggewicht: | 14 200 kg |
| Besatzung: | 5 (Flugzeugführer links, Beobachter rechts auf Klappstuhl, Bord- und A-Standschütze im Bug liegend, Bordfunker und B-Standschütze, Bordmechaniker und C-Standschütze in Bodenwanne) |
| Bewaffnung: | 1 x 20 mm MG FF in Ikaria-Kuppellafette, A-Stand<br>(1 x 7,9 mm MG 15 zusätzlich möglich)<br>1 x 13 mm MG 131 beweglich, B-Stand<br>2 x 7,9 mm MG 81 Z in Linsenlafette vorne,<br>1 x 7,9 mm MG 15 in Linsenlafette hinten, C-Stand<br>2 x 7,9 mm MG 15 in Rumpfseitenfenstern<br>1 x 7,9 mm MG 15 starr im Rumpfheck |
| Bombenzuladung (max. 2500 kg): | 32 x SC 50 kg Innenlast oder<br>8 x SC 250 kg Innenlast oder<br>16 x SC 50 kg Innenlast und<br>außen 1 x 1000 kg oder<br>1 x 500 kg und 1 x 1400 kg oder<br>1 x 1000 kg und 1 x 1800 kg oder 1 x 2000 kg |
| Reichweite: | 2800 km (1250 km mit 2000 kg Bomben) |
| taktischer Radius (max. Bombenlast): | ca. 650 km |
| Gipfelhöhe: | 7800 m |
| Höchstgeschwindigkeit: | 415 km/h in 5200 m Flughöhe (ohne Bomben) |
| Reisegeschwindigkeit: | 350 km/h |
| Triebwerke: | 2 x 1340 PS Junkers Jumo 211 D<br>Zwölfzylinder V-Motoren mit Flüssigkeitskühlung. |
| Luftschrauben: | Junkers Dreiblatt-Metallverstelluftschrauben<br>mit ? m Durchmesser. |
| Tankkapazität: | 5750 Liter |
| Startstrecke: | 700 m |
| Landegeschwindigkeit: | 130 km/h |
| Landestrecke: | 700 m |

## 6. EINSATZ UND ERFAHRUNGEN MIT DEM LOTFE 7D IN RUSSLAND 1942 BIS 1943

In den ersten Jahren des Krieges glaubte die höhere Luftwaffenführung noch, alleine mit dem Einsatz der Schlacht- und Kampfverbände auszukommen, die Bomben trugen unter dem Motto: »Ran an den Feind — so nahe wie möglich«. So entwickelte sie in besonderer, vielleicht einseitiger Weise den Sturzflug mit Ju 87 und Ju 88 Maschinen, bei dem erst sehr tief ausgelöst die Bomben ins Ziel gebracht wurden. Wenn aber nun, wie in den Einsätzen gegen England schon 1940/41, wegen der Flak und später schließlich Sperrballonen, die Bomben im Horizontalhochflug aus größeren Höhen geworfen werden mußten, erwiesen sich sowohl das Zielgerät als auch die Bombenschützen der Ausbildung wegen als nicht ausreichend. Viele Fehlwürfe auf englische Ziele bei Tag und bei Nacht waren nur dieser Situation zuzuschreiben.

Erst als die Zeisswerke Jena ein neues, mechanisches Zielfernrohr, das Lotfe 7D (lotgerechtes Fernrohr) aus dem Lotfe 7C entwickelt hatten, erhielt die Luftwaffe ein Zielgerät, das hohe Treffsicherheit auch aus größeren Höhen im Horizontalflug versprach.

Diesen Fortschritt erkannte der damalige *General der Kampfflieger,* General Fink, Anfang 1942. Gegen die Ansicht des Generalstabschefs der Luftwaffe, Generaloberst Jeschonnek, setzte er durch, daß die Möglichkeiten eines solchen Zielgerätes wenigstens einmal erprobt werden sollten.

Das Unwahrscheinliche trat ein. Beim Kampfschulgeschwader 100 in Greifswald wurde die II. Gruppe des Geschwaders zur Einweisung befohlen und dann zur Erprobung an die Front abgeordnet. Daß heimlich von OTL Kühl noch Staffelkapitäne und Ia-Offiziere nach Greifswald befohlen wurden, fiel im Kriegsgeschehen nicht weiter auf, tat dem Erfolg des Geschwaders aber außerordentlich gut.

Wurde in Greifswald in die Technik eingewiesen, handelte es sich bereits einen Monat später an der Front um die Art der Taktik im eigentlichen Fronteinsatz. Hier wurde der Einsatz zum Bombenwurf in Ketten entwickelt, wobei die »Kettenhunde« auf Sicht ihres Kettenführers, die Kettenführer aber jeder selbständig zu werfen hatten. Das bedeutete, daß der Verband sich zum Wurf in selbständige Ketten auflösen mußte; bei der Abwehr in Rußland in Höhen von 5500 bis 6500 m Höhe kein Problem, in der Tat.

Absichtlich wurden diese Höhen befohlen, die außerhalb von Flak und Jägern lagen, um den ganz ruhigen Anflug und Wurf sicherzustellen. Die Ablagen im Wurf — auch wenn er noch so gekonnt ins Ziel traf — ergaben nach den Berechnungen der Zeiss-Leute, weil das Truppengerät ja nicht so präzise sein konnte wie der Prototyp, theoretisch bei diesen Abwurfhöhen bis zu 75 m Ablagen. Es wurde dennoch festgestellt, daß diese Werte im Fronteinsatz noch unterschritten werden konnten.

Die größte Schwierigkeit im Hochwurf aus solchen Höhen machte der Luftdruck aus, da die absolute Höhe über Grund die für den Wurf entscheidende war. Sie richtig zu bestimmen, mußte der Höhenmesser nach den Angaben der Meteorologen oder nach einer Tabelle korrigiert werden. Mit dieser Technik von Zeiss und dem vom Kampfgeschwader 55 entwickelten taktischen Verfahren warfen die Besatzungen erstmals in der Geschichte des Horizontalhochfluges der Luftwaffe im gezielten Längswurf aus Höhen über 5000 m mit großen Trefferergebnissen u. a. auf die beiden Brücken bei Rostow und später auf weitere, auch bewegliche Ziele auf See.

Insbesondere nach den Angriffen auf die Brücken von Rostow im Juni 1942 setzte sich bei den höheren Stäben und beim OKL die Ansicht durch, daß der Bombenabwurf aus großen Höhen gegenüber dem Sturzangriff doch große Vorteile und eine Zukunft habe.

Die Erziehung zum exakten Bombenwurf der Besatzungen wurde wesentlich durch Einführung der Fotografie gefördert. Jede Maschine wurde mit Handkammer versehen, und es wurden jeweils drei Bilder gemacht: das erste nach Auslösen der Bombe senkrecht über dem noch unzerstörten Ziel, das zweite beim ersten Einschlag der Bomben, wobei bereits mit drei oder vier Bomben am Boden die Wurfrichtung ersichtlich war, das dritte nach Auftreffen der letzten Bombe der Reihe. Die Stabsstaffel machte dann anschließend, bisweilen kurz hinter der Gruppe, eine Zielaufnahme über die Angriffswirkung (Erfolgsbild).

Die Richtigkeit, den Bombenabwurf aus großen Höhen mit dem Lotfe 7D auszuführen, sprach sich schon kurz nach der Einführung in der Luftwaffe herum. Eine Gruppe des KG 30 entsandte von der Front vor Murmansk einen Offizier zum Geschwader mit dem Bemerken, daß bei der außergewöhnlichen Flakbedrohung über Murmansk die Ju 88 nicht mehr stürzen könne. Man bat um einen ausbildenden Offizier zur Einweisung auf das Lotfe 7D.

Im nächsten Jahre erst, nachdem vom Geschwader nur jeweils fünf Ketten = 15 Flugzeuge eingesetzt werden konnten, haben dann die Amerikaner dasselbe im großen durchgeführt, wobei sie aber z. B. auf das Objekt des bedeutenden Kreuzungspunktes der östlichen und nördlichen Kanäle bei Bevergern in Nordwestfalen aus nur 2000 m Höhe und mit hundert Maschinen ihren erwarteten Erfolg buchen konnten. Dort warf ein Mann an der Spitze allein für den ganzen Verband. Das Geschwader »Greif« hingegen mußte dafür sorgen, daß die Kettenführer und schließlich auch die »Kettenhunde« lernten, sich im Bombenwurf selbständig zu bewegen, sowohl für zukünftige, verantwortlich durchgeführte Einzeleinsätze am Tage als auch in der Nacht.

Der nachfolgende Erfahrungsbericht mag dem am Detail Interessierten weitere Hinweise vermitteln:

*Heinkel He 111 H-1 Kanzelübersicht*

1 Querrudertrimmung
2 Amperemeter
3 Starterbatterieschalter
4 Anlasserschalter (links)
5 Anlasserschalter (rechts)
6 Umschalthebel für Kraftstoffbehälter
7 Ölkühlerklappenbetätigung
8 Brandhähne
9 Schalter für Kurssteuerung
10 Notschalter für Kurssteuerung
11 Motorausschalter
12 Bedienhebel für Luftschraubensteigung (linker Motor)
13 Bedienhebel für Luftschraubensteigung (rechter Motor)
14 Magnetschalter
15 Ausschalter für Dämpfungsflosse
16 Fahrwerkwählhebel
17 Fahrwerkverriegelungshebel
18 Landeklappenhebel
19 Laderbedienhebel
20 Lichtschalter
21 Landeklappenanzeige
22 Fahrwerkanzeige
23 Luftschraubensteigungsanzeige (rechter Motor)
24 Luftschraubensteigungsanzeige (linker Motor)
25 Gashebel
26 Anlaßeinspritzpumpen
27 Sauerstoffanlage
28 Instrumentenbrett für den Notfall
29 Tochterkompaß
30 Höhenmesser
31 Heizungsanzeige Staudruckmesser
32 Zielfluganzeiger
33 Zielfluggerät
34 Wende-/Querlagenanzeiger
35 Kurskreisel
36 Fein-/Grobhöhenmesser
37 Blindanfluggerät
38 Geschwindigkeitsmesser
39 Künstlicher Horizont
40 Steig/Sinkgeschwindigkeitsmesser
41 Schiebefenster
42 Kanzelglas
43 Schiebefenster
44 Windschutzscheibe (geöffnet nur im Notfall)
45 Griff für Schiebefenster
46 Beleuchtungsregler f. Instrumentenbrett
47 Öl-/Benzindruckanzeige (rechter Motor)
48 Öl-/Benzindruckanzeige (linker Motor)
49 Kraftstoffwarnlicht (rechts)
50 Außentemperaturmesser
51 Kraftstoffwahlschalter (rechts)
52 Kraftstoffanzeige (rechts)
53 Kraftstoffanzeige (links)
54 Kraftstoffwarnlicht (links)
55 Kraftstoffwahlschalter (links)
56 Notwurfhebel
57 Schiebefensterverriegelung
58 Künstlicher Horizont
59 Zielfluganzeiger
60 Wende-/Querlagenanzeiger
61 Heizungsanzeige Staudruckmesser
62 Blindanfluggerät
63 Geschwindigkeitsmesser
64 Steig-/Sinkgeschwindigkeitsmesser
65 Höhenmesser
66 Tochterkompaß
67 Kurskreisel
68 Drehzahlmesser (links)
69 Drehzahlmesser (rechts)
70 Kraftstoffdruckanzeige (links)
71 Kraftstoffdruckanzeige (rechts)
72 Öltemperaturanzeige (links)
73 Öltemperaturanzeige (rechts)
74 Kühlstofftemperaturanzeige (links)
75 Kühlstofftemperaturanzeige (rechts)
76 Öl-/Kraftstoffdruckanzeige (links)
77 Öl-/Kraftstoffdruckanzeige (rechts)
78 Sicherheitsglasscheibe
79 Schiebefenster
80 Tasche für Erkennungssignalmunition
81 »Patin« – Peilgeräteanzeige
82 Bedienkurbel für Peilantenne
83 Klappsitz für Beobachter
84 Beobachterliege, Gefechtsposition (Segeltuchbespannung zur besseren Darstellung fortgelassen) »Rollteppich«
85 Beobachtungsscheibe (verzerrungsfrei)
86 Bombenzielgerät
87 Signalpistole
88 Ikaria – MG Lafette
89 Verzerrungsfreie Bugverglasung
90 Kanzelscheibe (Sicherheitsglas)
91 Blendschutz (Beobachter)
92 Blendschutz (Flugzeugführer)
93 Schalter f. Kurssteuerung (Kurvenflug)
94 Borduhr
95 Umlegbares Steuerhorn
96 Steuersäule
97 Bordeigenverständigung (EiV)
98 Seitenruderpedale
99 Verzerrungsfreie Kanzelscheiben
100 Sicherheitsgurtbefestigung
101 Sitzhöhenverstellhebel
102 Höhenrudertrimmrad
103 Bedienknöpfe, Zielgerät
104 Kühlerbedienung (linkerMotor)
105 Ölkühlerklappenbedienung
106 Kühlerbedienung (rechter Motor)
107 Handpumpe zur Notbedienung von Fahrwerk und Landeklappen
108 Handpumpe für Kraftstoff
109 Manueller Kraftstoffeinschalter
110 Kanzelbeheizungsstellhebel
111 Seitenrudertrimmrad
112 Betätigungsarm für Sitzverstellung
113 Sitzhauptbauteil und Betätigungskabel
114 Sitzrahmen
115 Sitzverstellzylinder

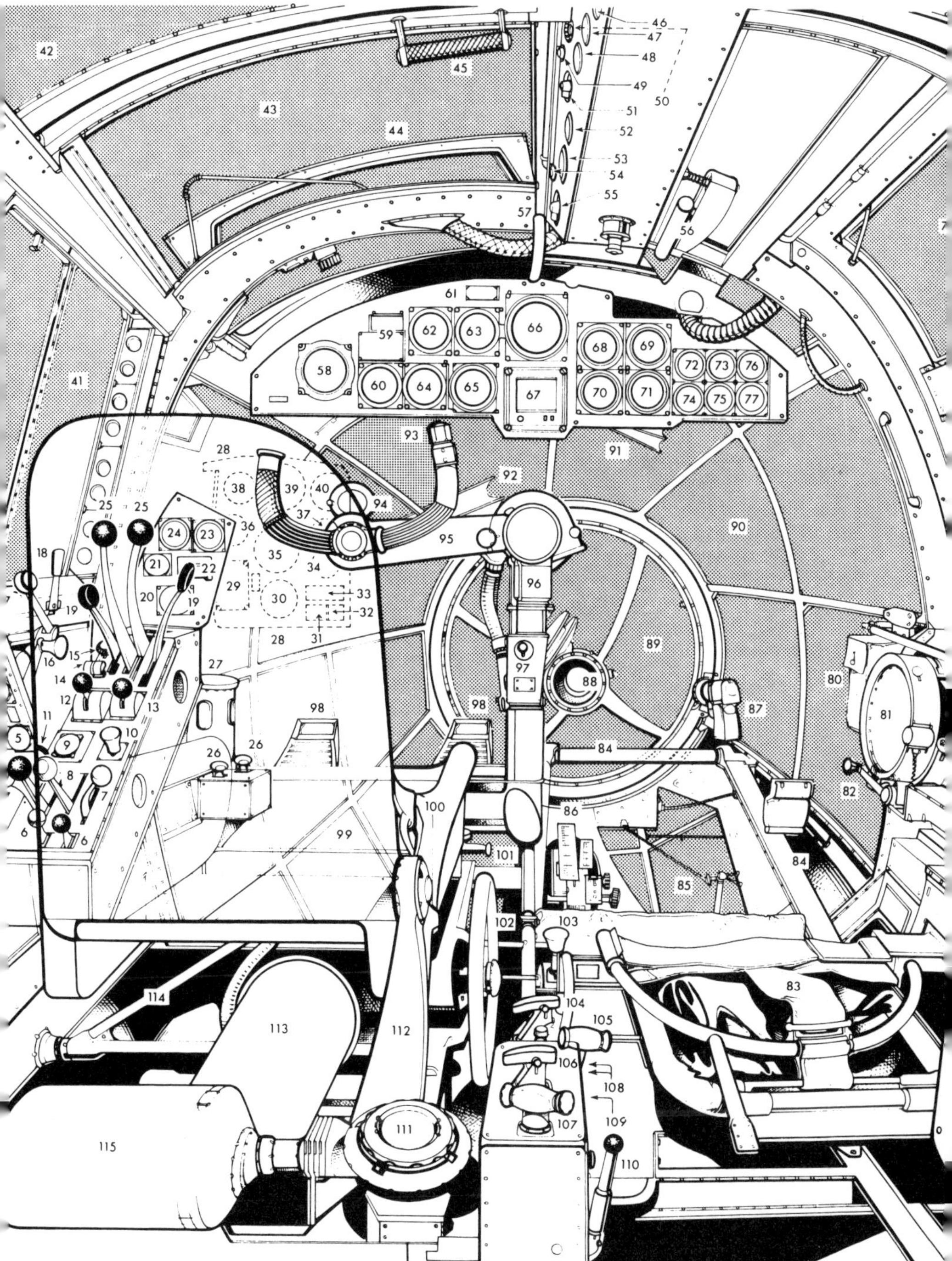

*Heinkel He 111 H-3 (Schnittzeichnung)*

1 rechtes Positionslicht
2 rechtes Querruder
3 Flächenrippen
4 vorderer Holm
5 hinterer Holm
6 Querruderausgleichsklappe
7 rechte Landeklappe
8 Kraftstoffbehälteröffnung
9 Sollbruchstelle
10 Innentank (700 l)
11 Luftschlitze für Öltankkühlung
12 Ölkühlerlufteinlaß
13 Höhenladerhutze
14 Dreiblattverstellschraube
15 Luftschraubenregler
16 Jumo 211 D-1
17 Abgasrohr
18 MG 15 (A-Stand)
19 Ikaria-Sockellafette
20 Verkleidung Bombenzielgerät
21 rechtes Hauptfahrwerk
22 Seitenruderpedale
23 Beobachterliege (Gefechtsposition)
24 MG 15 (Truppenselbstbau)
25 Peilgerät
26 Beobachterklappsitz
27 Steuersäule
28 Gashebel
29 Führersitz
30 aufklappbare Windschutzscheibe
31 Schiebefenster
32 vorderer Rumpfspant
33 Doppelspant
34 linker Bombenschacht
35 verplankte Rumpffenster
36 Mittelgang
37 Doppelspant
38 Peiler
39 Kabinendach
40 Rumpf – MG 15
41 Rumpfschützenschwingsitz
42 FuG 10
43 Rumpffenster
44 Panzerplatte
45 Antennenmast
46 Leuchtbomben
47 Rumpfspant
48 hintere Rumpföffnung
49 MG 15
50 Schlauchbootkasten
51 Rumpfspanten
52 Längsversteifungen
53 rechte Höhenflosse
54 Antenne
55 rechtes Höhenruder
56 vorderer Seitenflossenholm
57 Seitenflossenaufbau
58 Seitenruderausgleich
59 Seitenruderholm
60 Seitenruderaufbau
61 Seitenrudertrimmfläche
62 Seitenrudertrimmspindel
63 MG 17 (fernbedient)
64 hinteres Positionslicht
65 Höhenrudertrimmfläche
66 Höhenflossenaufbau
67 Höhenflossenscharnier
68 vorderer Höhenflossenholm
69 halbeinziehbares Spornrad
70 Spornradstoßdämpfer
71 Höhenrudergestänge
72 Rumpf-/Höhenflossenspant
73 Umlenk-/Gleitrollen
74 Steuergestänge
75 Mutterkompaß
76 Verkleidung für Beobachtungsfenster
77 Beobachtungsfenster
78 MG 15
79 Einstiegluke zur Bodenwanne
80 Schützenstand (liegend!)
81 MG FF (20 mm)
82 hintere Holmverbindung
83 vordere Holmverbindung
84 Ölkühler
85 Motorhalterung mit Schwingungsdämpfung
86 Öltank
87 Motorträger
88 Abgasflammendämpfer
89 Kühlerluke
90 Kühlerwanne
91 linkes Hauptfahrwerk
92 Fahrwerkstrebe
93 Einziehmechanismus
94 Fahrwerkstür
95 Tragflächenverschraubung
96 Führung für Schleppantenne
97 Hinterholmverschraubung
98 linker Flächentank (1000 l)
99 Landeklappensteuergestänge
100 Landescheinwerfer
101 Staurohr
102 Staurohrheizung und Flügelvorderkantenenteisung
103 Landeklappen/Querruderkopplung
104 Landeklappenaufbau
105 Querrudertrimmfläche
106 Querrudertrimmspindel
107 hinterer Holm
108 vorderer Holm
109 linkes Querruder
110 linkes Positionslicht

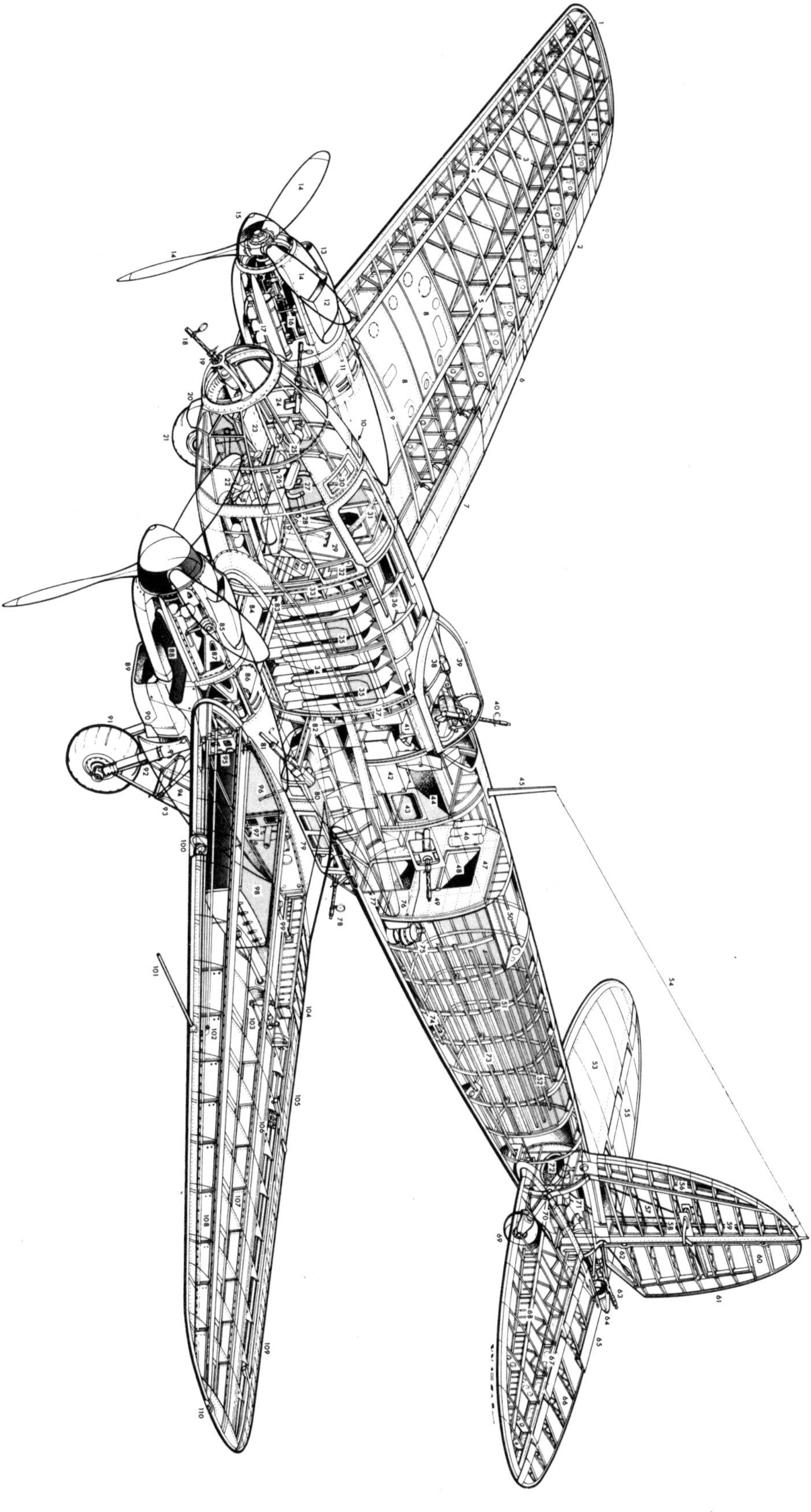

II. Kampfgeschwader 55
Stab/Ia

Br.B.Nr. 655(200)/42 geh.

Gruppengefechtsstand,
den 15. Juli 1942
(Kramatorskaja)

*Erfahrungsbericht*
*über Einsatz Lotfe 7 D.*

I. Technisches:

1. Das Lotfe 7 D besitzt nur noch ein blickwinkelstabilisiertes Leuchtkreuz, das die Eigenschaften des Pendellängsfadens und des Strichkreuzes des Lotfe 7 C in sich vereinigt. Dadurch ist das Schätzen der Mitte zwischen Pendelfaden und Leuchtlängsstrich, wodurch eine genaue Seitentriftbestimmung erschwert wurde, weggefallen.
   Das Lotfe 7 D besitzt ferner eine Einrichtung zur automatischen Einsteuerung der Seitentrift.
   Diese beiden Verbesserungen haben die Möglichkeit einer genauen Seitentriftbestimmung am Ziel und des genauen seitlichen Einsteuerns des Flugzeuges bei Auswanderung des Zieles geschaffen. Die Folge ist eine größere Vereinfachung und Sicherheit des Zielverfahrens und eine wesentliche Verbesserung der Treffmöglichkeit.
2. Durch das Vorhandensein nur eines Rücktriftknopfes am Lotfe 7 D kann für jedes Bombenkaliber und jede Aufhängeart während des Fluges die richtige Rücktrift eingestellt und damit vor allem die verschiedene seitliche Ablage berücksichtigt werden.
3. Die unter 1. genannten Vorteile wirken sich taktisch in folgenden Richtungen günstig aus:
   a) bei Zielen, deren Angriff unmittelbar nach ihrem Erkennen schnell erfolgen muß oder bei denen aus Gründen der Sicht (Dunst, Wolken) ein zweiter Anflug nicht mit Sicherheit durchgeführt werden kann, ferner bei Zielen, die unter 2000 m angegriffen werden müssen (Wolkenhöhe) und infolgedessen erst spät aufgefaßt werden können, ebenso bei von See her anzugreifenden Landzielen hat sich diese Seitentriftbestimmung am Ziel als wesentliche Voraussetzung für gutes Treffen erwiesen.
   b) Der größte Fortschritt aber liegt in der Möglichkeit der Feinbestimmung der Seitentrift am Ziel bis kurz vor dem Abwurf, wenn es sich um Schmal- und Punktziele handelt. Hierdurch wird ermöglicht, z. B. Bahnhöfe, Eisenbahnlinien, Züge, Kolonnen auf Straßen, Dorfstraßen, Bereitstellungen in Schluchten usw. ihrer Länge nach oder unter sehr spitzen Winkeln (10° bis höchstens 20°) mit Aussicht auf gute seitliche Trefferlage auch aus größeren Höhen anzugreifen und damit mehr Bomben zur Wirkung zu bringen, als es beim Schneiden im größeren Winkel bisher der Fall war.
   c) Beim Angriff auf Nachtziele, bei denen man an die Messung an einem Feuer im Zielraum gebunden ist, wird mit Hilfe der Seitentriftbestimmung am Ziel ein gezielter Wurf in einmaligem Anflug erreicht, was aus Abwehrgründen (Erfassen durch Scheinwerfer, Flak und Nachtjäger) oft von großem Vorteil ist.
   d) Mit der Seitentriftautomatik ist eine leichtere und genauere Messung der Seitentrift bei seitwärts sich bewegenden Zielen (vorgehende Panzer, Fahrzeugkolonnen, Züge, Schiffe) möglich gemacht. Dies ist mit Erfolg im Hochangriff über 2000 m z. B. auf Fahrzeugkolonnen vor Kertsch bereits erprobt worden.

II. Taktische und Einsatzerfahrungen

1. Nach der Umrüstung der Lotfe 7 D und der, wenn auch noch nicht abgeschlossenen, Ausbildung in Anklam waren die Trefferergebnisse im diesjährigen Einsatz gegen Sowjet-Rußland (Offensive gegen Kertsch, Durchbruch bei Krasnograd, Kessel von Isjum, Kessel Charkow) vom 7. 5. bis heute nach Augenbeobachtung und Lichtbildbestätigung offensichtlich wesentlich besser als im vorjährigen Sommer- und Herbsteinsatz gegen die Sowjet-Union.

   Es gelang z. B.

   a) Fahrzeugkolonnen, Dorfstraßen mit abgestellten Fahrzeugen und Pontons, Bahnhöfe und Eisenbahnzüge in Längsrichtung oder annähernde Längsrichtung aus Höhen bis zu 5000 m mit großer Sicherheit und so guter Trefferlage anzugreifen, daß der größte Teil der Bomben, z. T. alle Bombenreihen zur Wirkung kamen.

   b) Schwer zu treffende kleinere Ziele, wie Artillerie- und Flakstellungen, konnten in 3- bis 5-maligem Anflug bis zu etwa 3000 m Höhe mit Erfolg angegriffen werden; bei eingegrabenen Batterien mit der Einschränkung, die allerdings bei jeder Angriffsart gegeben ist, daß nur ein Volltreffer zur Wirkung kommt.

   c) Beim Angriff auf einen stark geschützten Feldflugplatz (Flak und Jäger) wurden in einmaligem Anflug aus einer Höhe von 5000 m trotz schlechter Sichtverhältnisse am Ziel die Bomben in der Länge durch ungeschützt (kein Splitterschutz) am Platzrand abgestellte Flugzeuge gelegt, deren Lage am gleichen Tage durch Bilderkundung fotografisch festgestellt worden war.

   d) Bei 3 Nachtangriffen auf Bahnhof Rossosch (Zielausdehnung 1800 x 200 m), von denen einer bei Mondsicht, die beiden anderen bei dunkler Nacht durchgeführt wurden, gelang es, mit der Mehrzahl der Bomben den größten Teil der festen Anlagen (Reparaturwerkstätten für Lokomotiven, Lager- und Montagehallen usw.) zu zerstören, die Belegung (etwa 60 Lokomotiven und 600 Waggons) sowie Gleisanlagen durch Angriffe in Längsrichtung mit einer großen Zahl von Bombenreihen zu treffen und Wagenmaterial zu zerstören bzw. zum Ausbrennen zu bringen.

      Dieser Erfolg ist im wesentlichen darauf zurückzuführen, daß nach angezündeten Feuern, deren Lage in Beziehung zu Bezugspunkten des Fotos durch Funk vorher mitgeteilt werden konnte, mit Lotfe 7 D aus 2000 bis 3000 m Höhe gezielt geworfen wurde, wobei geringe Abwehr ohne Scheinwerfer das Zielen und den Abwurf aus den genannten Höhen erleichterten.

   e) Bei einem Nachtangriff auf den stark scheinwerfer- und flakgeschützten Bahnhof Lichnaja gelang es, aus 2000 m Höhe nach vorher in Brand geworfenen Zügen in der Längsrichtung der Gleisanlagen in einmaligem Angriff mit Seitentriftbestimmung am Ziel zu werfen und zu treffen, obwohl im Zielanflug das Flugzeug von acht Scheinwerfern erfaßt wurde. Trotz starker Blendung im Lotfevisier konnte das Feuer nach hellerer Einstellung des Strichkreuzes ohne Schwierigkeit angezielt werden.

2. Zum Ausgleich der Geräte- und Bombenstreuung sowie Ziel- und Abkommenfehler, die trotz bester Ausbildung im Einsatz auftreten, die auch durch Unsichtigkeit am Ziel bzw. während des Zielanfluges, durch Fehlen markanter Meßpunkte im Ziel und durch die Abwehr hervorgerufen werden, hat sich der Angriff in Ketten, insbesondere auf Schmal- oder Punktziele als äußerst sicher und wirkungsvoll erwiesen. Es ist damit eine verhältnismäßig große Sicherheit gegeben, daß mindestens eine Bombenreihe in Längsrichtung im Ziel liegt. Abstand der Kettenflugzeuge nach der Seite mit mindestens einer Flugzeug-

breite Zwischenraum; Staffelung in der Tiefe, um den Verzug der Auslösung des Kettenhundes auszugleichen, etwa 50 m.
Der Zielanflug in der Kette behindert nicht Kursverbesserungen mit dem Handrichtungsgeber, wenn diese im letzten Teil des Zielanfluges nur mit der Feinstufe erfolgen.

3. Nachdem durch Lotfe 7 D eine Verfeinerung und Vereinfachung des Zielvorganges erreicht worden ist, besteht für gut ausgebildete Horizontal-Kampfverbände eine so weitgehende Treffsicherheit, daß — entsprechende Wetterlage vorausgesetzt — ein Zwang zum Tiefangriff aus Gründen der Treffsicherheit grundsätzlich nicht mehr gegeben sein dürfte. Als günstigste Höhe in bezug auf Treffsicherheit haben sich die Höhen von 2500 bis 4500 m erwiesen.

III. Folgerungen für Auswahl und Ausbildung der Kampfbeobachter

Die Leistungsfähigkeit der Lotfe 7 D kommt nur dann zur Auswirkung, wenn bei der Auswahl der Kampfbeobachter an deren geistiges Niveau und ihre Beweglichkeit wesentlich größere Anforderungen gestellt werden als bisher. Die Gruppe hat die Erfahrung gemacht, daß Kampfbeobachter, die dieser Forderung nicht entsprechen, trotz der Ausbildung in Anklam nicht zu verantwortlichem selbständigem Werfen eingesetzt werden können, während geistig hochstehende und bewegliche Kampfbeobachter, die z. B. aus Bordfunkern und Bordmechanikern erst jetzt kurzfristig herangebildet wurden, vorzügliche Leistungen zeigten.
Es muß deshalb schon durch die Auswahl des Kampfbeobachters gewährleistet sein, daß er zum selbständigen Werfer erzogen werden kann.
Da noch hinzukommt, daß an einen Kampfbeobachter hohe Anforderungen in Navigation und Erdorientierung, besonders beim Zielanflug, gestellt werden müssen, ist für Horizontal-Kampfverbände der Offizier-Beobachter, wie er beim Aufbau der Kampfverbände im Frieden bereits vorhanden war, nicht zu entbehren.
Da die Ausbildung und die Übertragung der Einsatzerfahrungen auf die Besatzungen vornehmlich in den Händen der Staffelkapitäne liegt, müßte nach den praktischen Erfahrungen der Gruppe im Einsatz der letzten Wochen grundsätzlich auch der Staffelkapitän als Kampfbeobachter voll ausgebildet sein.
Dieses hochwertige Zielgerät, das im Einsatz nicht nur exakt und sicher, sondern auch schnell gehandhabt werden muß, kann nur dann zur vollen Auswirkung kommen, wenn die Besatzungen in einer ungestörten und planmäßigen Ausbildung geschult worden sind. Die Wirkungsweise des Geräts bei der Einsteuerung des Flugzeuges im Zielanflug erfordert eine gemeinsame Ausbildung des Kampfbeobachters mit seinem Flugzeugführer.

gez. (K ü h l)
Oberstleutnant und Gruppenkommandeur

Am 3. September 1942 stellten Major Antrup und OTL Kühl in seiner Wohnung in Münster eine Ausbildungs- und Einsatzvorschrift nach den Erfahrungen des Sommers 1942 für das Geschwader zusammen und übergaben sie dem General der Kampfflieger. Obwohl die Erfolge der Gruppe schon eingehend bekannt waren, hatte der GdK diese Erfahrungen nicht an die anderen Geschwader weitergegeben, sondern beorderte nochmals eine verstärkte Staffel unter Oberst Böhm vom Kampfschulgeschwader an die russische Nordfront zur weiteren (bestätigenden?) Erprobung. Als sich OTL Kühl im August 1943 als Kommodore des Geschwaders beim GdK abmeldete, mußte er feststellen, daß dieser — somit ein Jahr später — erst seinerseits eine Vorschrift herausgegeben hatte, die sich — bis auf einen einzigen, nur die Navigation betreffenden, Absatz — wörtlich mit der für das Geschwader herausgegebenen Vorschrift deckte. — (LDv g. 8/3, 1944).

## 7. QUELLENNACHWEIS

Wie im Untertitel der Geschichte des Kampfgeschwaders 55 vermerkt, hat der Bearbeiter eine Chronik aus Dokumenten und Berichten des Geschwaders und seiner gefallenen, inzwischen verstorbenen und noch lebenden Angehörigen zusammenzustellen versucht. Da er selbst nicht zur Kriegsgeneration zählt und die Frontereignisse nicht miterlebt hat, war es gebührende Selbstverständlichkeit, eine Fülle von Primär- und Sekundärliteratur mit auszuwerten und entsprechend zu verarbeiten. Außer der Vielzahl von Unterlagen der sehr fleißigen und in jeder Hinsicht hilfsbereiten Mitarbeiter aus dem ehemaligen Kampfgeschwader »Greif« wurden folgende Werke zur Abrundung des Ganzen herangezogen:


Kriegstagebücher und Tagesabschlußmeldungen aller Gruppen des KG 55 »Greif« (unvollständig, teilweise auf Mikrofilm)
Tagebuch Reinhold Dörscher
Tagebuch Hans Grah
Tagebuch Konrad Rabenstein
Tagebuch Friedrich Wobst
»Der Greifenbrief« — Mitteilungsblatt des ehemaligen KG 55, alle Jahrgänge
Cajus Bekker »Angriffshöhe 4000«, Oldenburg 1964
Paul Carell »Unternehmen Barbarossa«, Berlin 1963
»Verbrannte Erde«, dto. 1966
Winston S. Churchill »Der Zweite Weltkrieg«, München 1954
Hellmuth Günther Dahms »Der Zweite Weltkrieg«, BMVg 1966
Dr. Robert Ernst »Rechenschaftsbericht eines Elsässers«, Berlin 1954
Galland—Ries—Ahnert »Die Deutsche Luftwaffe 1939—1945«, Bad Nauheim, ohne Jahrgang.
Jean Gisclon »Ils ouvrirent le bal«, Paris 1967
Andreas Hillgruber »Die Räumung der Krim 1944«, Berlin/Frankfurt 1959
»Hitlers Strategie, Politik und Kriegführung 1940—1941«, Frankfurt 1965
Walther Hubatsch »Hitlers Weisungen für die Kriegführung 1939—1945«, München 1965
Hans-Adolf Jacobsen »Der Zweite Weltkrieg in Chronik und Dokumenten«, Darmstadt 1959
Albert Keßelring »Gedanken zum Zweiten Weltkrieg«, Bonn 1955
Erich von Manstein »Verlorene Siege«, Frankfurt 1969
Francis K. Mason »Battle over Britain«, London 1969
Ploetz »Geschichte des Zweiten Weltkrieges«, Würzburg 1960
Karl Ries jr. »Markierungen und Tarnanstriche der Luftwaffe im Zweiten Weltkrieg«, Band 1—4, Mainz 1963
»Dora Kurfürst und die Rote 13«, Band 1—4, dto. 1966
Hans-Detlef Herhudt von Rohden »Die Luftwaffe ringt um Stalingrad«, Wiesbaden 1950
Gerhard von Seemen »Die Ritterkreuzträger 1939—1945«, Bad Nauheim 1955
Karl-Heinz Völker »Die Deutsche Luftwaffe 1933—1939«, Stuttgart 1967
»Dokumente und Dokumentarfotos zur Geschichte der Deutschen Luftwaffe«, Stuttgart 1968
Dr. Theo Weber »Die Luftschlacht um England«, CH-Frauenfeld 1956

## 8. MITARBEITER

Der Bearbeiter dankt an dieser Stelle für Mitarbeit, Hinweise, Ergänzungen und Unterstützung ganz besonders:

— Bundesarchiv-Zentralnachweisstelle Kornelimünster,
— Militärgeschichtliches Forschungsamt der Bundeswehr — Fachgruppe VI »Luftwaffen- und Luftkriegsgeschichte«
— Firma Carl Zeiss
— und folgenden persönlichen Mitarbeitern:

Hans Ade
Karl Albrecht
Roland Aliprandi
Willy Antrup
Eitel Barth
Oskar Bartsch
Fritz Beecker
Gustav Belusa
Joachim-Dieter Berking
Rudi Bittner
Franz Böhm
Fritz Böhmichen
Walter Bogdan
Alfred Bollmann
Johann Boos
Richard Brunner
Ernst Croner
Horst Degner
Michael Deiml
Felie Distel
Walter Kugler
Walter Lackner
Dr. Walter Lenhardt
Eugen Lense
Angelika Ley
Werner Lindner
Hans-Joachim Lüdke
Josef Luxenburger
Karl-Horst Meyer z. Felde
Dr. Willi Miller
Hans Mössner
Brigitte Müller
Walter Müller
Oswald Graf zu Münster
Anna-Marie Mylius
Wilhelm Mylius †
Franz Nickel
Ernst Obermaier
Walter Pfefferle
Hans-Dietrich Pfeiffer
Reinhold Dörscher
Rolf Engelke
Dr. Robert Ernst
Rudolf Färber
Werner Frick
Dorothea Gabriel
Kurt Gerlach
Dr. Wolfgang Glieden
Hans Grah
Heinrich Gröndahl
Dr. Karl Gundelach
Hildegard Halm
Wolfgang Hansen
Wilhelm Harland
Rudolf Haupt
Kurt Häuser
Max Heyna
Heinz Höfer
Anton Huber
Karl-Heinz Hummel
Friedrich Jordan
Martin Junglehner
Franz Justen
Kurt Kaulitz
Friedrich Kless
Josef Klinger †
Carl E. Knauer
Karl von Knauer
Helmut Krieger
Dr. Ernst Kühl †
Dr. Hans Quasthoff
Wolfgang Queisner
Konrad Rabenstein
Christian Rapp
Martin L. Reiser
Hanna Reitsch
Josef Riehl
Eberhard Rode
Horst Rudat
Heinz Satori

Hans Schanze
Dr. Josef Schirmböck
Egon Schmidt
Erhard Schmidt
Lothar Schroeder
Dr. Hans Schütze
Adolf Schwachenwald
Wilhelm Steinmann
Dr. H. Steps (Zeiss)
Heinrich Südel
Klaus Thoms
Hans Tysper
Alfred Vogel
Franz Weinert
Dietrich Witte
Friedrich Wobst
Heinz Wollschläger
Heinz-Martin Wronsky
Siegfried Zantke
Heinz Zillekens

STOCKHOLM
PLESKAU
RIGA
SPILVE
JAKOBSTADT
DÜNABURG
DWINA
WITEBS
BOJARY
ORS
NEUHAUSEN
KÖNIGSBERG
GERDAUEN
GUTENFELD
KOWNO
MINSK
MARIENWERDER
BARANOWITSCHE
BROMBERG
THORN
TONNDORF
HOHENSALZA
SCHRODA
TERESPOL
WARSCHAU
ODER
LODZ
GAN
DEBLIN
PODLODOWKA
GLINNIK
IRENA
ULEZ
BRESLAU
LUBLIN
KOWEL
ROSENBORN
MÄRZDORF/OHLAU
LUCK
BRIEG
MLYNOW
KÖNIGGRÄTZ
OPPELN
KLEMENSOW
ZAMOSC
SHITOMIR
NEUDORF
LABUNIE
GLEIWITZ
BRODY
FRIEDLAND
WEICHSEL
BERDITSCHEV
LEMBERG
TARNOPOL
WIEN
ASPERN
DNJESTR
BUDAPEST
DONAU
SZOLNOK
KLAUSENBURG
AGRAM
FOCSANI
BELGRAD